KB168039

3D 사용자 인터페이스 2/e

3D 사용자 인터페이스 2/e

AR/VR 인터페이스 개발자를 위한 필독서

조셉 라비올라 주니어·에른스트 크루이프
라이언 맥마한·더그 바우만·이반 푸피레프 지음

장혜림·이지은 옮김

i!i
에이콘

에이콘출판의 기틀을 마련하신 故 정완재 선생님 (1935-2004)

내 삶의 전부인 사랑하는 가족에게 이 책을 바칩니다.

— 조셉Joseph

아낌없는 사랑과 지원을 보내 준 아내와 아이들에게 이 책을 바칩니다.

— 에른스트Ernst

언제나 응원해 주는 부모님에게 이 책을 바칩니다.

— 라이언Ryan

내 아내 다운Dawn과 사랑하는 아이들에게 이 책을 바칩니다.

— 더그Doug

나를 길러 준 부모님과, 어려운 집필 작업을 함께 견뎌 준 아내에게
이 책을 바칩니다.

— 이반Ivan

지은이 소개

조셉 라비올라 주니어

센트럴 플로리다 대학교 컴퓨터과학 전공 부교수로, 상호작용 시스템 및 UX 클러스터를 총괄한다.

에른스트 크루이프

본-라인-지크Bonn-Rhein-Sieg 응용과학 대학교 비주얼 컴퓨팅 연구소의 컴퓨터과학 전공 임시 교수로 3DMi 그룹의 다중 감각 3D UI 설계를 총괄한다.

라이언 맥마한

텍사스 대학교 댈러스University of Texas at Dallas의 컴퓨터과학 및 예술 조교수로, 미래 몰입형 가상 환경 연구소FIVE, Future Immersive Virtual Environments을 이끈다.

더그 바우만

버지니아 공과대학교 컴퓨터과학 교수로 3D 상호작용 연구 그룹과 인간-컴퓨터 상호작용 센터를 총괄한다. ACM의 저명한 과학자다.

이반 푸피레프

구글의 선진 기술 및 제품ATAP, Advanced Technology and Product 부서에서 기술 프로그램 팀장으로 재직 중이다.

감사의 글

많은 사람들 노고, 지원, 지식의 총체가 없었다면 이 책을 만들 수 없었을 것이다.

먼저 검토자들의 시간과 노력 덕분에 책의 질을 높일 수 있었다. 검토자들의 의견과 제안은 책을 더 완전하고 읽기 쉽게, 유용하게 만들어 줬다. 이 귀중한 일을 맡은 벤 슈나이더만Ben Shneiderman과 해리 허쉬Harry Hersh, D. 제이 뉴만D. Jay Newman, 제프 피어스Jeff Pierce, 디터 슈말스티그Dieter Schmalstieg, 보브 젤레즈닉Bob Zeleznik에게 감사의 말을 전한다. 응원과 지원을 아끼지 않았던 짐 폴리에게도 특별히 고맙다는 말을 전하고 싶다.

다음으로 귀중한 조언과 격려를 아끼지 않은 애디슨 웨슬리Addison-Wesley의 편집장 피터 고든Peter Gordon에게 감사를 전한다. 버니 개프니Bernie Gaffney, 에이미 플라이셔Amy Fleischer, 줄리 나힐Julie Nahil, 히더 멀레인Heather Mullane, 커트 존슨Curt Johnson을 포함한 초판 편집자들 역시 큰 도움을 줬다. 책을 제작하는 과정에서 전문적인 작업을 해준 시몬 페이먼트Simone Payment와 캐롤 랠리어Carol Lallier에게도 고마움을 전한다.

2판을 만들며 협업한 올리비아 베이스지오Olivia Basegio와 수잔 잔Susan Zahn 외 로라 르윈Laura Lewin에게도 감사드린다. 이 정도로 크게 업데이트해서 2판을 인쇄하려면 거의 새 책을 만드는 만큼의 노력을 들여야 했을 것이다.

또 유익한 토론과 협업에 적극 참여해 준 3D UI 커뮤니티 동료들에게 개인적인 감사의 말을 전한다. 마크 마인Mark Mine, 로버트 린데만Robert Lindeman, 매튜 콘웨이Matthew Con-way, 켄 힌클리Ken Hinckley, 슈민 자이Shumin Zhai, 기요시 기요카와Kiyoshi Kiyokawa, 크리스 쇼Chris Shaw, 마크 빌링허스트Mark Billinghurst, 러디 다큰Rudy Darken, 파블로 피구에로아Pablo Figueroa, 베른트 프뢸리히Bernd Fröhlich, 스티브 파이너Steve Feiner, 볼프강 스튀어즐링어Wolfgang Stürzlinger, 마틴 하쳇Martin Hachet, 요시후미 기타무라Yoshifumi Kitamura, 에릭 래간Eric Ragan, 토비아스 횔러러Tobias Höllerer, 라빈 발라크리슈난Ravin Balakrishnan 등 많은 동료가 있었다.

자료의 일부는 미국국립과학재단National Science Foundation이 지원하는 작업에 도움을 받았다. 본 자료에 명시된 의견, 발견, 결론, 추천 문헌은 저자의 것이며 미국국립과학재단의 견해를 반드시 반영하지는 않았다. 또 본 자료에 명시된 의견, 발견, 결론, 추천 문헌은 저자의 것이며 해군연구실ONR, Office of Naval Research의 견해를 반드시 반영하지는 않았다.

조셉 라비올라: 책의 초판을 쓰는 동안 나는 PhD 학생일 뿐이었다. 10년 사이 교수가 됐으며, 센트럴플로리다 대학교University of Central Florida에서 3D 인터페이스 연구를 하면서 내가 그동안 해온 다른 모든 것과 비교도 안 될 정도의 노력을 들였다. 그래서 인터랙티브 시스템과 사용자 경험 연구소 소속 연구자 폴 바르촐릭Paul Varcholik, 에미코 차보누Emiko Charbonneau, 자레드 보트Jared Bott, 살만 치마Salman Cheema, 제프 캐션Jeff Cashion, 브라이언 윌리엄슨Brian Williamson, 테드 릿윌러Tad Litwiller, 앤드류 밀러Andrew Miller, 아룬 쿨쉬레스Arun Kulshreshth, 사라 뷰캐넌Sara Buchanan, 트레비스 코사어트Travis Cossairt, 유진 타란타Eugene Taranta, 코리 피트먼Corey Pittman, 케빈 파일Kevin Pfeil, 안드레즈 바르가스Andres Vargas, 셍 리 코Seng Lee Koh, 코너 브룩스Conner Brooks, 마이클 호프만Michael Hoffman, 짐 크롤리Jim Crowley, 줄리엣 노튼Juliet Norton 등에게 감사의 말을 전한다. 수년 간 나와 함께 박사후 과정postdoc이었고 실험실에서의 3D 사용자 인터페이스 연구를 진척시킨 채드 윈그레이브Chad Wingrave에게도 고맙다는 말을 하고 싶다.

늘 멘토링해 주고 목표를 제고해 준 박사 학위 논문 고문이자 동료, 친구인 안드리스 반 담Andries van Dam에게 감사를 전한다. 아내 미셸Michelle, 아름다운 두 딸 줄리아나Juliana와 조세핀Josephine 그리고 어머니, 아버지, 형제 제이미Jamie를 포함한 나머지 가족들의 사랑과 지지에 고마움을 전한다. 그들이 없었다면 이렇게 큰 프로젝트를 해내지 못했을 것이다.

또 책의 초판에 큰 도움을 준 현재 브라운 대학교Brown University 동료들과 이전의 동료 및 친구들인 존 휴즈John Hughes, 데이비드 레이들러David Laidlaw, 로버트 젤레즈닉Robert Zeleznik, 다니엘 키프Daniel Keefe, 다니엘 아체베도 펠리즈Daniel Acevedo Feliz, 앤드류 포스버그Andrew Forsberg, 로링 홀든Loring Holden, 팀 밀러Tim Miller, 스티브 돌린스Steve Dollins, 리 마코시안Lee Markosian, 데이비드 카렐리츠David Karelitz, 팀 롤리Tim Rowley, 크리스틴 왜거너Christine Waggoner, 브라운 대학교 컴퓨터 그래픽 그룹의 모든 구성원에게 감사를 표한다.

마지막으로 공동저자인 더그, 에른스트, 이반, 라이언의 우정과 이 책을 함께 만든 것에 고마움을 전한다. 제2판을 만들고자 끝나지 않을 것 같은 10년이라는 시간이 걸렸고, 덕분에 커뮤니티 전반에 도움이 되는 가치 있는 결과가 나온 것 같다는 생각이 든다. 그들에게 책을 만드는 데 헌신한 공로를 돌린다.

에른스트 크루이프: 먼저 책을 만드는 데 협조와 도움을 줬고 방대한 토론까지 함께해 준 조셉, 라이언, 더그, 이반에게 감사를 전한다. 또 각자의 방식으로 지지해 준 내 아내와 아이들, 부모님, 형제에게도 감사하다. 프라운호퍼 IMK 소속 가상 환경 그룹인 igroup/ 바이마르 바우하우스 대학교Bauhaus University Weimar의 동료들, TU그라즈Graz, CURE의 증강 현실 그룹, BRSU 비주얼 컴퓨팅 협회에도 감사드린다. (시간 순서대로) 광범위하게 협업해 주고 영감을 준 홀거 레겐브레히트Holger Regenbrecht, 제이콥 비츠Jakob Beetz, 하트무트 세히터Hartmut Seichter, 마틴 괴벨Martin Göbel, 베른트 프뢸리히Bernd Fröhlich, 게롤드 웨쉬Gerold Wesche, 게르노트 하이센버그Gernot Heisenberg, 앨드릭 팬더Aeldrik Pander, 스테피 베크하우스Steffi Beckhaus, 디터 슈말스티그Dieter Schmalstieg, 에두아르도 베아스Eduardo Veas, 알렉산더 보닉Alexander Bornik, 에릭 멘데즈Erick Mendez, 마누엘라 왈드너Manuela Waldner, 다니엘 와그너Daniel Wagner, 안드레 힌켄얀André Hinkenjann, 젠스 마이로Jens Maiero, 크리스티나 트렙코프스키Christina Trepkowski, 알렉산더 마르콰트Alexander Marquardt, 소가타 비스와스Saugata Biswas, 그리고 외부 협력자 베른하르트 리케Bernhard Riecke, 볼프강 스투어즐링어Wolfgang Stuerzlinger, 롭 린데만Rob Lindeman, 에드 스완Ed Swan, 스티브 파이너Steve Feiner, 제이슨 올로스키Jason Orlosky, 기요시 기요카와Kiyoshi Kiyokawa에게도 고마움을 전한다.

라이언 맥마한 : 먼저 이 모험에 나를 끼워 준 더그, 조셉, 에른스트, 이반에게 감사하다. 함께 일할 수 있어 영광이었다. 주말의 집필 작업과 마감 기한을 맞추기 위한 전투를 견뎌 준 내 정혼자 아만다Amanda에게 고마움을 전한다. 그녀의 변함 없는 사랑 덕에 책을 쓸 수 있었다. 계속 지지해 준 내 가족과 어머니, 조앤 맥마한JoAnn McMahan, 친구들에게도 고마움을 표한다. 또 텍사스 대학교 댈러스University of Texas at Dallas의 동료 및 학생, 특히 미래 몰입형 가상 환경 연구소FIVE의 구성원들도 언급하고 싶다. 마지막으로 나의 아버지, 랄프 맥마한Ralph McMahan께 큰 감사를 전한다.

더그 바우만: 조셉, 이반, 에른스트, 라이언과 함께 수년 동안 우정을 나누고 협업한 덕분에 프로젝트를 완성할 수 있었다. 특히 스스로 부족함을 느낄 때마다 도와준 라이언에게 고마움을 전한다. 또 내 생각에 도전하고 나에게 기회를 제공해 주고 여유를 주고 (가장 중요하게는) 친구의 역할 이상으로 나를 밀어붙여 준 가까운 공동 작업자, 토비아스 횔러러Tobias Höllerer와 크리스 노스Chris North에게 감사한다. 버지니아 공과대학교의 제이크 소차Jake Socha, 데이비드 힉스David Hicks, 토드 오글Todd Ogle, 데이비드 클라인David Cline, 벤 냅Ben Knapp, 론 크리즈Ron Kriz, 메디 세타레Mehdi Setareh, 왈리드 타벳Walid Thabet, 토마스 올렌딕Thomas Ollendick, 데이비드 콕스David Cox, 데비 힉스Debby Hix, 존 켈소John Kelso, 조 가바드Joe Gabbard, 채드 윈그레이브Chad Wingrave, 지안 첸Jian Chen, 니콜라스 폴리스Nicholas Polys, 웬디 샤퍼Wendy Schafer, 마치오 핀호Marcio Pinho, 에릭 래간Eric Ragan, 펠리페 바킴Felipe Bacim, 레기스 코퍼Regis Kopper, 타오 니Tao Ni, 이 왕Yi Wang, 비레스와 라하Bireswar Laha, 앤드류 레이Andrew Ray, 버트 체르보Bert Scerbo, 세릴 스틴슨Cheryl Stinson, 마흐디 나비요니Mahdi Nabiyouni, 파나지오티스 아포스톨레리스Panagiotis Apostolellis, 왈라스 레이지스Wallace Lages, 룬 유Run Yu에게도 감사를 표한다. 지지를 보내 준 전체 HCI 커뮤니티 센터, 특히 안드레아 카바너Andrea Kavanaugh에게 고마움을 전한다. 조지아 공과대학교의 과거 동료들인 래리 호지스Larry Hodges, 드류 케슬러Drew Kessler, 데이비드 콜러David Koller, 도날드 존슨Donald Johnson, 도날드 앨리슨Donald Allison, 브라이언 윌스Brian Wills, 진 와인만Jean Wineman, 제이 볼터Jay Bolter, 엘리자베스 데이비스Elizabeth Davis, 알버트 바드레Albert Badre, 벤 왓슨Ben Watson에게도 감사한다. 지금까지 내 경력에 도움을 준 다른 많은 동료와 친구들의 공헌에 고마움을 전한다.

마지막으로 끊임없이 사랑과 지지를 보내 준 내 아내 다운Dawn에게 감사한다. 프로젝트를 하는 동안 내 삶을 가득 채워 준 아이들 드류Drew, 캐롤라인Caroline, 루시Lucy, 레이큰Laken, 데이비드David에게 고마움을 표한다. 또한 다른 가족, 친구, 특히 그레이스 코버넌트 프레스바이터리안 교회Grace Covenant Presbyterian Church의 구성원들에게 감사드린다. 하느님의 가호 덕분에 내 모든 일, 삶이 가능하다는 것을 알고 있다. 오직 하느님의 영광을 위해.

이반 푸피레프: 책은 수년의 공동 작업과 내 동료와의 우정의 결과이며, 그들이 없었다면 절대 책을 내지 못했을 것이다. 이 협업은 일본의 히로시마 대학교와 시애틀의 워싱

턴 대학교의 휴먼 인터페이스 기술 연구소(HIT 랩)가 공동으로 수행한 박사 과정 연구에서 시작했다. 그래서 히로시마 대학교의 마사히토 히라카와Masahito Hirakawa, 브린 홈즈Bryn Holmes, 수잔 웨그호스트Suzanne Weghorst, 나를 HIT랩의 일원으로 맞아 준 톰 퍼니스 IIITom Furness III 교수, 그리고 랩 외부의 삶을 함께 해준 조력자이자 친구들 마크 빌링허스트Mark Billinghurst, 마크 필립스Mark Phillips, 제니퍼 페이마Jennifer Feyma, 크리스 아이롤라Chris Airola에게 고마움을 전한다. 대학원 진학에 큰 도움이 된 문부성 장학금을 준 일본 정부에도 감사드린다.

증강 현실 자료는 일부 교토의 ATR Media Integration and Communication Research Lab에서 수행하는 박사후 과정 연구의 일환으로 제작했다. ATR 커뮤니티와 료헤이 나카츠Ryohei Na-katsu, 준 오야Jun Ohya, 노부지 데츠타니Nobuji Tetsutani, 그리고 조력자이자 친구가 된 준 구루미사와Jun Kurumisawa, 다츠미 사카구치Tatsumi Sakaguchi, 게이코 나카오Keiko Nakao, 류 볼드윈Lew Baldwin, 데스니 탄Desney Tan, 시드니 펠스Sidney Fels, 마이클 라이온스Michael Lyons, 탈 샬리프Tal Shalif 등에게 고마움을 전한다.

책의 초판은 도쿄에 있는 소니 컴퓨터과학 연구소에 연구원으로 있을 때 만들어졌다. 그때 지침을 주고 인내해 준 준 레키모토Jun Rekimoto, 마리오 도코로Mario Tokoro, 히로아키 기타노Hiroaki Kitano, 유미코 가와시마Yumiko Kawashima에게도 감사의 말을 전하고 싶다.

개정판을 준비하면서 엄청난 노력을 기울여 준 공동 저자들에게 깊은 감사를 전한다. 내가 구글 ATAP로 옮기면서 새로운 연구 계획을 수립하고 이를 성장시켜 제품을 만드는 데 노력을 쏟아야 했다. 이 때문에 제2판을 만드는 데 쉬이 공헌할 수 없었다. 구글 ATAP에서 보낸 롤러코스터와 같은 한 해를 함께해 주고 나를 이해해 준 공동 저자들에게 빚을 지고 있다고 생각한다.

| 옮긴이 소개 |

장혜림(bshr89@gmail.com)

IT 기자, 테크니컬 라이터로 활동했다. 개발자 잡지 「마이크로소프트웨어」, 온라인 IT
미디어 「아웃스탠딩」 기자로서 자바 창시자인 제임스 고슬링James Gosling, 파이썬 창시
자인 귀도 판 로섬Guido van Rossum, 대만 디지털 장관인 오드리 탕Audrey Tang을 인터뷰해
기사화했다. 미국 AI 스타트업 '스카이마인드Skymind'의 창립자 겸 최고기술책임자CTO
애덤 깁슨Adam Gibson의 'Deeplearning4j(자바를 활용한 딥러닝)' 국내 강연을 2회 통역했
으며, IT 보안 관련 서적『Security in Computing』(에이콘 2017)을 부분 번역했다.

이지은(wizand@gmail.com)

정보 컴퓨터 공학을 전공하고 모바일 브라우저 개발자로 시작해 SaaS 마켓 운영, 통
신사 과금 서버 운영 및 검증 업무를 수행했다. 현재는 정보 시스템 감리 업무를 수행
하고 있다. 웹이나 모바일 기술에 관심이 많으며 신기술에도 관심이 있다. 『모바일 인
터랙션 디자인』(정보문화사 2015), 『개발자도 알아야 할 안드로이드 UI 디자인』(에이콘
2017) 등 6권의 IT 기술 서적을 번역했다.

3차원^{3D} 디지털 공간에서 실제 생활과 법적으로 인정되는 활동인 직업, 금융, 학습 등이 연결된 가상 세계, 즉 '메타버스^{metaverse}'가 세간의 관심을 모조리 흡수해 버린 시대다. 실제로 구현되기에는 기나긴 시간이 남았다고 해도 지금은 메타버스와 관련된 모든 요소가 이슈몰이를 한다. 오래된 신기술인 3D도 마찬가지다.

일반적으로 가장 큰 관심을 받는 것은 3D 콘텐츠다. 즉 디지털 시공간을 보기 좋게 잘 꾸며야 눈길을 끌 수 있다. 왜냐하면 결국 기기나 콘텐츠를 직접적으로 소비하게 될 대중에게 가장 가깝게 다가갈 수 있는 주제이고, 또 실제 사용 사례와 시나리오를 많이 만들어야 비즈니스와 기술 발전에 도움이 되기 때문이다. 하지만 아무리 재미있는 콘텐츠가 나와도 사용하는 사람이 3D 기술과 제대로 소통하지 못하면 즐길 수가 없다. 그야말로 '그림의 떡'이 돼 버리는 것이다. 3D 사용자 인터페이스가 더 많이 주목 받고 함께 발전해야 하는 이유다.

메타버스의 앞글자를 딴 '메타^{meta}'로 회사 이름을 바꾼 페이스북의 CEO 마크 저커버그도 3D 인터페이스의 중요성을 강조했다. 그는 원래도 VR/AR과 인간 사이 상호작용 기술을 꾸준히 언급해 왔다. 최근에는 궁극적으로 AR이 새로운 컴퓨팅 플랫폼이 될 것이라는 예측도 했는데, 그때까지 인간과 컴퓨터가 상호작용하는 기술의 발전이 핵심이 될 것이라고 말했다. 이와 관련해서 그는 "지금은 사용자가 (3D 상호작용을 하며 기기를 사용할 때) 손목을 주로 사용하지만 갈수록 손, 손가락을 사용해서 디테일한 작업을 할 수 있게 될 것이다. 그리고 결국에는 뇌를 연결해 가상 손을 사용해서 작업을 하는 인터페이스가 개발될 거라고 본다. 먼 이야기지만 생태계를 만들기 위해서 지금부터 준비해야 한다"라고 설명했다. 그리고 메타의 3D 개발자들이 실제로 해당 기술을 개발하고 있다고 밝혔다.

이 책은 이렇게 큰 관심을 받고 있는 '컴퓨터와 인간의 3D 상호작용 방법'을 다각도에서 심층적으로 다뤘다. 우선 40년 동안 부단히 발전한 3D 기술의 역사를 설명했다. 초기 3D 상호작용 기술이 컴퓨터 과학자, 컴퓨터 그래픽 엔지니어의 전유물이었던 것과 비교해 지금의 3D 사용자 인터페이스는 심리학, 교육, 예술, 건축, 협업 관련 이론, 로봇공학, 인터랙티브 3D 그래픽, 심리학 등 다양한 분야와 연계해 통합적으로 발전 중이다. 게다가 이제는 닌텐도 위 리모트, 마이크로소프트의 키넥트와 립모션 컨트롤러, 오큘러스 등 3D 상호작용 기술을 적극적으로 활용한 기기들이 범용화됐다. 비즈니스 측면에서도 가능성을 발견했고, 일반적인 사용자 사례에서 얻을 수 있는 데이터도 풍부해진 셈이다. 따라서 해당 분야는 갈수록 성숙해질 것으로 예상한다.

나아가 이 책은 인간의 감각 및 인지 체계도 설명했다. 기본적으로 인간의 오감이 3D 가상 환경 애플리케이션에서 어떻게 작용하는지 감각별로 최대한 자세히 다뤘다. 즉 시각, 청각, 촉각, 후각, 미각이 실제로 어떻게 작용하는지 파악하고 이를 3D 사용자 인터페이스를 구현하는 데 사용하는 단서로 봤다. 인식 체계의 경우 상황 인지, 공간 인지 등 다양한 유형을 언급하며 이것이 3D 사용자 인터페이스에 어떻게 사용될 수 있을지 소개했다. 이후 인간과 컴퓨터 상호작용의 일반 원칙, 3D 사용자 인터페이스 입출력 하드웨어, 3D 상호작용 기술 및 디자인을 전문적으로 설명하며 체계적으로 해당 분야를 섭렵했다.

이 책은 3D 사용자 인터페이스의 역사, 발전 로드맵과 인간의 감각 및 인지체계에 관해 배경 설명한 다음 이후에 본격적으로 기술, 디자인 등 실용적인 영역을 아울러 설명하는 구조로 돼 있다. 가볍게 트렌드를 좇는 것에 목표를 뒀거나 화려한 기술과 디자인을 선보이는 데만 집중했다면 책을 이렇게 구성하지는 않았을 것이다. 그러나 저자는 3D 인터페이스를 활용할 엔드유저인 인간을 먼저 깊이 이해하려고 했다. 이를 통해 인간의 능력과 한계를 존중하는 효과적인 3D 사용자 인터페이스 기술을 개발하고 디자인하는 데 도움이 되기를 바랐다. 인간이 3D 공간에서 어떤 행동을 먼저 취해야 할지 계획하기 어려워하는 모습, 손을 뻗어서 객체에 접촉해 단단히 붙잡는 모습 등 구체적인 연구들을 담은 논문을 소개한 이유다. 기술에만 매몰될 것이 아니라 인간의 행동과 인지가 상호작용 기술과 디자인 개발에 어떤 함의를 주는지 보여 주고자 한 것이다.

많은 사람은 이미 3D 시대가 눈앞에 와 있다고 생각한다. 이제 3D는 남녀노소 모두에게 익숙한 주제가 됐다. 게임뿐만 아니라 대중적으로 미디어 및 마케팅 용어로서 화려하면서도 직관적인 기술로 알려졌기 때문이다. 실제 관련 기술도 40년 동안 눈부시게 발전했다. 강력한 프로세서, 고화질 디스플레이, 반응형 상호작용, 효율적인 소프트웨어 등 필요한 조건은 다 갖춰진 것처럼 보인다. 하드웨어는 어떤가? AR/VR 머리 장착용 디스플레이 기기HWD, 각종 제스처 및 모션 감지 웨어러블 기기가 이미 우리 손에 쥐어져 있다.

하지만 조금 더 들여다보면 모바일 및 데스크톱의 사용자 인터페이스는 10년 동안 바뀌지 않았다. 또 지금까지 발전된 관련 기술들을 적절하게 결합하는 3D 사용자 인터페이스는 나오지 않았다. 게다가 이미 나온 상호작용 기술도 아직 2D 사용자 인터페이스와 동일한 수준의 표준화를 거치지 않았는데, 3D 기술은 빠른 속도로 발전하고 있다. 물론 서두에 언급한 메타뿐만 아니라 애플, 알파벳(구글의 모회사), 마이크로소프트, 유니티 테크놀로지 등 거대 IT 기업들은 광범위하게 해당 기술을 개발 중이고, AR/VR, 3D 사용자 인터페이스 기술을 요소별로 전문적으로 개발하는 기업들은 꾸준히 생겼다. 관련된 연구와 사용 사례를 만드는 작업도 지속적으로 진행됐다. 비록 나아갈 길은 멀어도 이 분야의 미래가 더 기대되는 이유다.

컴퓨터와 인간의 3D 상호작용을 집대성한 이 책이 현재 AR/VR 연구자 및 개발자에게 필독서가 되길 바란다. 나아가 욕심을 부린다면 3D 사용자 인터페이스가 구현된 미래에 이 책을 다시 펼쳤을 때에도 과연 인간 중심으로 기술이 발전됐는지 확인할 수 있는 기회가 되기를 바란다.

장혜림, 이지은

| 차례 |

1부 | 3D 사용자 인터페이스의 기초

책의 초판이 출판된 것이 바로 어제 같다. 그런데 강의하던 3D 사용자 인터페이스 과정에 출판된 책을 적용한 지도 벌써 12년이 지났다. 당시 이 주제에 대해 야심 차게 준비해서 성공적으로 초판을 냈다. 연구 분야에서 시기적절하게 나와서 환영 받은 선물로, 또 최신 기술 연구에 적극적으로 참여한 저자 팀의 제품으로, 선도적인 연구자의 작업 개선까지 이어지는 일련의 튜토리얼로, 책은 각 분야와 함께 성장했다.

초판 서문에서 짐 폴리Jim Foley는 "마침내 3D 사용자 인터페이스가 받아 마땅한 관심을 얻었다"고 말했다. 당시에도 매우 흥분했지만 그동안 이 분야는 더 흥미진진한 발전을 거듭했다. 초판을 쓰는 동안 데스크톱 컴퓨터와 휴대전화로 작동하는 머리 착용 디스플레이가 발전해, 더 비싼 시스템과 비교해서 성능이 훌륭해졌고 가상 현실은 소비자 곁에 현실로 다가갈 수 있었다. 한편 핸드헬드hand-held 증강 현실 게임은 수백만 다운로드를 기록하며 글로벌 광풍을 일으켰고 초기 상업용 머리 착용형 증강 현실 디스플레이는 이미 열정적인 개발자들이 연구하고 있다.

즉 상호작용형 3D에 필요한 디스플레이는 이제 보편적인 기술이 됐다. 스마트폰의 그래픽 성능은 초판 발행 후 나온 풀사이즈 게임 콘솔과 비슷해졌다. 스마트폰이나 머리 착용형 3D는 위치와 방향을 정확하게 추적하게 됐고, 손 및 신체 자세를 포착하는 하드웨어와 소프트웨어는 이미 진화기에 접어들었다. 스마트워치로 3D 애플리케이션을 실행할 수 있을 정도다.

3D가 보편화한 것과 별개로 강력한 프로세서, 고화질 디스플레이, 반응형 상호작용 장치, 효율적인 소프트웨어만으로 3D를 유용하게 만들 수는 없다. 효과적인 3D 사용자 인터페이스를 개발해 올바른 방법으로 결합하는 작업이 필요하다. 하지만 대다수 사용자 인터페이스 디자이너와 개발자는 2D 사용자 인터페이스에 더 익숙하고 편안하다.

이런 상황을 어떻게 개선할 수 있을까?

이것이 이 책을 낸 이유다. 초판의 저자 라이언 맥마한Ryan McMahan과 함께, 이번에는 조 라비올라Joe LaViola와 에른스트 크루이프Ernst Kruijff, 더그 바우만Doug Bowman, 이반 푸피레 프Ivan Poupyrev가 합류했다. 현재 3D 사용자 인터페이스와 이것이 구축된 소프트웨어, 하드웨어를 이해하는 데 필요한 배경지식을 제공하면서 광범위하게 업데이트한 두 번째 판을 내놓았다. 초판과 마찬가지로 3D 사용자 인터페이스 설계, 구현, 평가하는 방법을 독자에게 전하며 수십 년간 진행 중인 연구 및 실습을 요약, 분류했다. 두 가지 확장 애플리케이션 사례 연구가 책 전반에 실렸으며 고급 디자인, 디스플레이, 입력 장치, 상호작용 기술 또는 평가 방법 등 언급된 가능성 중 적절한 선택을 하는 방법을 예시를 통해 설명한다.

3D 사용자 인터페이스의 기반이 되는 기술은 대부분 2D 사용자 인터페이스 기술과 다르며 동일한 수준의 표준화를 거치지 않았고, 그보다 공격적으로 진화하고 있다. 하지만 하나의 상수가 있다면 바로 사람이다. 따라서 저자는 지각, 인지, 물리적 기반뿐만 아니라 3D 세계에서 상호작용하는 방식에 대해 인간-컴퓨터 상호작용 원칙을 몇 몇 장에 걸쳐 설명한다. 근본적으로 사용자를 이해해 책에 반영함으로써 인간의 능력과 한계를 존중하는 효과적인 3D 사용자 인터페이스를 디자인하는 데 도움을 준다.

현재 컬럼비아 대학교에서 관련 주제로 강의를 하고 있는데, 제2판을 곧 쓸 수 있기를 고대한다. 노련한 연구원이든 실무자든 3D 상호작용의 힘으로 전환점을 맞은 어떤 분이라도 책의 도움을 얻을 수 있을 것이다.

스티브 파이너Steve Feiner

컬럼비아 대학교Columbia University 컴퓨터 과학과 교수
2017년 1월

마침내 3D 사용자 인터페이스가 받아 마땅한 관심을 얻었다. 3D 상호작용 및 3D 디스플레이 연구는 1960년대 이반 서덜랜드Ivan Sutherland와 보브 스프롤Bob Sproull, 프레드 브룩스Fred Brooks, 앤드류 오르토니Andrew Ortony, 리차드 펠드만Richard Feldman과 같은 연구원들이 개척했다. 컴퓨터 보조 디자인 및 시뮬레이션, 방사선 요법, 약물 발견, 수술 시뮬레이션, 과학 및 정보 시각화, 엔터테인먼트 등 상업적으로 성공한 다양한 3D 애플리케이션이 있었고 지속적이고 풍부한 연구 결과와 프로토타입 시스템, 제품이 계속 나왔지만 저자 또는 작성자 그룹이 주제에 대해 쓴 포괄적이고 권위 있는 책은 없었다.

왜 그럴까? 더그 바우만, 에른스트 크루이프, 조 라비올라, 이반 푸피레프가 쓴 이 책이 왜 3D UI를 망라하는 첫 책이 됐는가?

아마도 지난 20년이 WIMP GUI에 머문 침체기였기 때문일 것이다. 윈도우, 아이콘, 메뉴, 포인터는 여전히 수백만 명이 널리 사용하는 GUI다. 맥OSMacOS와 마이크로소프트 윈도우Microsoft Windows뿐만 아니라 유닉스UNIX 사용자들에게도 익숙하다. 사실 수억 명의 웹 사용자는 모두 GUI를 사용한다. 아마 2D GUI의 세상은 오래 지속될 것이다. 웹 페이지, 문서, 프레젠테이션, 스프레드 시트 등 일상에서 평범하게 접하는 세계는 평평하다. 물론 이 중 일부는 3D로 확장될 수도 있는데 사실 2D는 지금도 충분하다. 고맙게 잘 사용하고 있다. 게다가 가리키기, 선택하기, 타이핑 기능은 비교적 빠르고 오류를 덜 일으키니 그저 잘 작동한다고 보면 된다.

아마 많은 이가 2D WIMP GUI를 사용할 때 3D UI를 사용하지 않기 때문에 중요하지 않다고 생각할 수도 있다. 하지만 3D 애플리케이션의 목록에는 항공 우주 및 자동차와 같은 수십억 달러의 제조 산업이 포함돼 있으며 제약 및 건강 관리 산업 등 생명을 구하는 중요한 활동도 들어 있다.

아마 이런 것들이 더그, 조셉, 이반, 에른스트가 보여 주고 싶었던 특정 배경지식이 었던 것 같다. 더그는 조지아 공과대학교[Georgia Tech]의 GVU 센터에서 래리 호지스[Larry Hodges] 등과 함께 3D UI를 사용자 연구와 실험에 신중하게 사용하면서 그 가치를 배웠으며, 현재 영향력 있는 버지니아 공과대학교[Virginia Tech] 소속 HCI 그룹에 속해 있고, 조는 브라운 대학교[Brown University]에서 풍부한 3D 상호작용의 지지자인 앤디 반 담[Andy van Dam]과 함께 일하고 있으며, 워싱턴 대학교[University of Washington] HIT랩[HIT Lab, Human Interface Technology Laboratory] 출신인 이반은 워싱턴 대학교의 HIT랩에서 톰 퍼니스[Tom Furness]와 수잔 웨그호스트[Suzanne Weghorst]와 함께 일했으며 현재 소니 CSL의 준 레키모토[Jun Rekimoto]와 함께 일하고 있다. 에른스트는 독일의 프라운호퍼[Fraunhofer] IMK에서 VE 그룹의 마틴 괴벨[Martin Goebel]과 함께 근무 중이다.

어떤 경우든 이 팀이 연구와 경험으로 우리에게 큰 혜택을 줬다는 것을 기쁘게 생각한다. 원고의 초안을 검토할 때 떠오른 생각을 적어 뒀다. 포괄적인, 백과사전적인, 권위적인, 분류학적인, 심리적 요인 기반, HCI, 인간 요인, 컴퓨터 그래픽 문헌, 저자, 선생, 학생들의 개인적인 연구 경험 기반 등이 있었다.

스스로도 컴퓨터 연구와 인간 연구를 통합하는 일이 중요하다고 오래 이야기해 왔다. 사실 조지아 공과대학교에서 GVU 센터를 만든 주요 전제이기도 하다. 이 책은 확실히 그 권고를 따랐다. 심리학과 인간 요인에 대한 참고문헌을 활용해서 3D 탐색과 상호작용과 관련한 인간 문제를 다루는 수많은 논의를 담았다.

이 책은 진정으로 실무자와 연구자 모두를 위한 내용을 다뤘다. 광범위한 문헌 검토와 예제, 지침은 지금 우리가 해야 할 일을 이해하는 데 도움을 준다. 한편 초판의 13장에서 다룬 연구 아젠다[agenda]를 합친, 3D 사용자 인터페이스의 미래(이 책에서는 12장)의 경우 아직 알지 못하지만 해야 할 일에 대한 감각을 익히도록 만들어 준다.

특히 3D UI 평가를 다룬 11장을 독자들에게 추천한다. 컴퓨터 그래픽 커뮤니티는 이제까지 장치와 기술을 디자인한 뒤, 마치 그것들을 벽에 던지듯이 일방적으로 사용자 커뮤니티에 전달했다. 성공할 수 없는 방법을 썼던 것이다. 진행 중인 디자인 주기 중하나인 평가를 사용자의 요구 사항과 결합하는 데 대한 신중한 연구는, 효과적인 기술을 개발할 가능성을 키운다. 저자들은 3D 인터페이스 디자인의 어려운 작업을 수행하고자 씨름해 왔으며 그래서 이것이 얼마나 중요한지 알고 있다. 3D 인터페이스 평가 프로세스의 독특한 부분을 담은 11.4절은 직접 경험을 통한 지식을 훌륭하게 체계화 했다.

더그, 에른스트, 조셉, 이반에게 감사를 전한다.

짐 폴리

GVU 센터

조지아 공과대학교 컴퓨팅 학과

2004년 3월

초판을 발행한 뒤 10년이 넘었고 시대에 맞게 확실히 변화했다. 초판은 좋은 평가를 받았지만 3D 사용자 인터페이스의 사용이 대학 연구 실험실이나 일부 산업 연구 실험실에 국한돼 있었기 때문에 앞서간 면도 있었다. 지난 10년 동안 하드웨어와 소프트웨어 분야에서 모두 기술 혁신이 일어나면서 상업 분야에서는 다양한 애플리케이션 도메인에서 유용하고 강력하며 참여적인 사용자 경험을 제공하는 3D 사용자 인터페이스 기술을 사용한 가상 현실감 증대 현실 디스플레이, 모바일 장치, 게임 콘솔, 로봇 플랫폼까지 출시했다. 필수 하드웨어 및 소프트웨어의 경우 3D 사용자 인터페이스로 작업하는 대학 연구 실험실을 활성화했고, 교실에서는 가상 및 증강 현실 실습을 할 수 있게 돼 대학원생, 대학 졸업자, 고등학생 수준 학생들까지도 기술을 훨씬 쉽게 접하게 됐다. 이러한 발전 덕분에 책의 내용이 더 유의미해졌고 연구자, 개발자, 애호가, 학생 등 폭넓은 잠재 타깃 독자에게 더욱 유용해졌다. 2판을 때맞춰 잘 출판했다고 생각하는 이유다.

위에서 설명한 변경 사항들을 감안해서 독자의 현재 요구 사항(오래된 것과 새 것)을 반영했고 3D 사용자 인터페이스 하드웨어와 소프트웨어에 대한 방대한 연구 자료를 업데이트하고자 이 책을 크게 개선해야 했다. 또한 10년 사이에 무작위 공간에서 사용자나 객체의 위치와 방향, 움직임을 결정할 수 있는 적절한 센서를 사용하면 3D 사용자 인터페이스를 거의 모든 부분에 적용할 수 있게 돼서 그런 애플리케이션의 존재를 알 수 없다는 입장으로 내용을 쓰기로 결정했다. 즉 책을 더 포괄적이고 시의적절하게 만들어서 하드웨어에서 소프트웨어, 3D 사용자 인터페이스 기술과 애플리케이션의 평가까지, 3D 사용자 인터페이스 디자인을 다루면서도 논의의 힘을 잃지 않는 방향으로 다양한 변화를 줬다.

개정판은 6개 부part로 구성했다. 초판에서 길찾기, 부호 입력 증강 현실을 다룬 3개의 장은 따로 장을 나누지 않고 책의 다른 부분에서 함께 설명했다. 3D 사용자 인터페이스 장의 기본 자료로 사용할 수 있는 기본 배경 지식을 제공하고자 인간 요소와 일반적인 인간-컴퓨터 상호작용을 다루는 2개의 장을 새로 추가했다. 또 최신 연구 개발 및 결과를 토대로 각 장에 새로운 자료를 반영해 크게 수정했다. 더불어 애플리케이션 개발 관점에서 장과 장 사이의 내용 통합이 중요해 모바일 증강 현실 애플리케이션과 1인칭 가상 현실 애플리케이션을 설명하는 2개의 실제 사례 연구를 추가했다. 그 내용은 3, 4, 5부의 각 장 끝에 담았다. 이를 통해 3D 사용자 인터페이스 디자인을 특정 애플리케이션에서 또는 각 3D 애플리케이션에서 활용하는 법을 배울 수 있을 것이다.

이 책의 1부는 두 장으로 구성됐다. 1장에서는 3D 사용자 인터페이스의 개념을 설명하고, 2장에서는 해당 분야의 역사적인 배경지식과 3D 사용자 인터페이스 로드맵, 이를 다른 영역과 연관 짓는 방법을 제공한다. 여기서도 책 전반적으로 두 가지 사례 연구 내용을 소개한다. 2부에서는 일반적으로 인간의 감각 체계와 인간의 인지(3장), 인간-컴퓨터 상호작용 분야에 대한 일반적인 소개(4장)에 중점을 두고 인터페이스의 전반적인 요소, 3D 사용자 인터페이스에 대한 배경 자료를 제공한다. 다양한 3D 사용자 인터페이스 개념과 뒤에 나오는 아이디어를 이해하기 위한 기초 작업이 되겠다. 3부에서는 시각, 청각, 촉각 시스템 출력 장치(5장) 및 3D 사용자 인터페이스입력 장치를 비롯해 물리적인 공간에 있는 사용자의 3D 위치, 방향, 동작 정보 획득(6장)에 중점을 둔 3D 사용자 인터페이스 하드웨어를 다룬다. 4부는 3D 사용자 인터페이스의 대다수에서 이뤄지는 기본적인 3D 상호작용 작업에 초점을 맞추기 때문에 이 책 전체의 핵심이라고 볼 수 있다. 해당 부의 7장에서는 3D 객체 선택 및 조작을 위한 기술을 설명하고 8장에서는 가상 공간과 실제 공간을 넘나드는 탐색 및 길찾기 기술을 다룬다. 마지막으로 9장에서는 애플리케이션 상태를 변경하고 명령을 실행하며 3D 애플리케이션의 전체 입력을 제공하는 데 사용할 수 있는 다양한 시스템 제어 기술에 초점을 맞춘다. 5부는 3D 사용자 인터페이스 디자인과 평가 전략을 설명하는데 10장에서 3D 사용자 인터페이스를 선택, 개발하기 위한 다양한 디자인 전략을 검토하고 11장에서 3D 사용자 인터페이스 기술 또는 애플리케이션을 개발하는 데 굉장히 중요한 요소인 3D 사용자 인터페이스 평가에서 모든 중요한 측면을 샅샅이 다룬다. 마지막으로 6부에서는 이 영역을 한 발자국 더 발전시키고자 풀어야 할 연구 문제를 터놓고 논의하면서 3D 사용자 인터페이스의 미래를 점검하는 12장으로 마무리 짓는다.

초판과 마찬가지로 디자이너와 개발자를 위한 실용적이고 검증된 **지침**guideline을 제공한다. 다음과 같은 텍스트로 표시한다.

> **Tip**
> 사용할 만한 3D UI를 디자인할 때 도움을 얻으려면 이 책의 지침을 따른다.

「3D 사용자 인터페이스 2/e」은 독자가 본인의 목표와 의도에 따라 여러 방법으로 활용할 수 있다. 인간-컴퓨터 상호작용 경험이 없는 대학원 강의 또는 학부 수준의 입문 3D 사용자 인터페이스 디자인 강의에서도 사용할 수 있다. 인간-컴퓨터 상호작용 배경지식이 있는 학생들은 3D 사용자 인터페이스를 더 자세히 배울 수 있다.

개발자와 3D 애플리케이션 디자이너는 영감의 원천이나, 3D UI로 만든 애플리케이션의 디자인, 적용, 평가 과정을 지침으로 만드는 데 책을 활용할 수 있다. 프로세스를 디자인하면서 개발자는 3부에서 적절한 하드웨어를 선택하고 4부에서 특정 상호작용 기술을 선택하며 5부에서 기술과 애플리케이션을 평가하는 방법을 학습하게 된다. 또 10장에서 3D 애플리케이션을 디자인하는 가장 좋은 방법을 구상하는 데 영감을 얻을 수도 있을 것이다. 특히 가상, 증강 현실 커뮤니티 개발자가 애플리케이션을 개발할 때이 책을 읽고 쓸데없이 시간을 낭비하는 잘못을 범하지 않았으면 한다.

마지막으로 연구원은 책을 관련 분야 및 이전 연구의 포괄적인 수집 대상으로 활용해현장에서 수행한 작업을 이해하고 새로운 연구 아이디어를 떠올리며 3D 사용자 인터페이스에서 생기는 문제를 해결할 수 있는 영감을 얻게 돼서 3D UI에 대한 모든 것을한번에 해결하는 역할을 하길 바란다. 12장은 탐구해야 하는 중요한 문제를 안고 있는연구원들에게 특히 유용할 것이다.

> 3D 사용자 인터페이스: 이론과 실제를 informit.com에 등록하면 자료 다운로드, 업데이트, 책에서 잘못된 부분 수정 등을 쉽게 알아볼 수 있다. 등록하려면 informit.com/register에 들어가서로그인이나 가입을 한다. 그리고 책의 ISBN 9780134034324 를 입력하면 '등록된 제품' 아래 부분에 볼 수 있는 콘텐츠가 나온다.

건축가가 본사에 앉아서 도시 공원 입구의 디자인을 최종적으로 다듬는다. 공원 전면을 보여 주는 3차원 가상 모델을 책상 위에 얹는다. 모델을 보더니 지대가 갑자기 낮아지는 구역을 피해 통로를 살짝 옆으로 옮기고, 실물 크기로 만들어 직접 걸어 들어가서 방금 준 변화의 효과를 확인한다. '입구에 있는 어두운 색 사인이 왠지 불안감을 주는 것 같다'고 생각하면서 색상 팔레트를 좀 더 밝은 기본 색상으로 바로 바꾼다. 고개를 드니 클라이언트가 최종 디자인 검토 미팅에 도착했다. 사실 클라이언트는 도시 주변 다른 사무실에 있지만 원격으로 3D 모델을 보고 변경 사항을 제안하고 적용하며 의사소통할 수 있다. "건축 계획은 어떻게 되나요?" 고객에게 묻는다. 건축가가 처음부터 끝까지 프로젝트의 진행 상황을 보여 주는 애니메이션을 실행한다. "첫 번째 단계는 잘 안 될 것 같은데요" 클라이언트가 말한다. "굴착현장이 지금 있는 놀이터랑 너무 가까워요. 보여 드릴게요" 창문으로 눈을 돌리고 공원을 보여 주며 가상의 공사 계획을 구현한다. 건축가는 "그렇군요"라면서 "놀이터를 약간 움직이는 것이 공사 현장을 옮기는 것보다 저렴할 거예요"라고 말한다. 다양하게 바꿔 보고는 다들 계획이 잘 실현될 것이라고 이야기하면서 회의를 마친다.

방금 서술한 시나리오, 그와 비슷한 많은 시나리오는 3D 환경과 애플리케이션의 엄청난 잠재력을 보여 준다. 이 꿈을 현실화할 기술은 여전히 개선할 여지가 크지만, 사실 지금이라도 쓸 수 있다. 하지만 시나리오에도 꿈을 현실로 만드는 데 필요한 정보가 많이 생략돼 있다. 건축가가 공원 모델을 어떻게 로드했고, 이를 조작하는 자세한 과정이 어떻게 되며 경로를 변경하는 데 어떤 기술을 사용하는가? 회의 참가자들이 가상 공간에서 어떻게 대면하는가? 애니메이션이 재생되는 속도는 어떻게 제어되는가? 클라이언트가 실제 장면과 가상 장면을 병합할 때 시스템에 어떻게 지시를 내리는가?

해당 질문은 모두 가상 미래를 다룬 영화와 서적에서 주로 다루는 3D 애플리케이션의 사용자 인터페이스UI, User Interface 및 상호작용 기술 디자인과 관련이 있다. 시나리오는 대개 사용자와 시스템 사이의 상호작용이 직관적인 제스처, 음성 기술이나 '자동적인' 기술을 기반으로 '자연스러울 것'이라고 가정하며 시스템이 사용자의 의도를 추론할 정도로 지능이 높을 것이라고 추론한다. 이러한 유형의 상호작용이 현실적이거나 또는 그보다 바람직할까?

이 책은 3D UI 디자인의 아주 중요한 부분을 다루는데 이는 쓸 만하고 효율적인 3D 시스템과, 반면 사용자에게 혼란이나 오류, 물리적인 불편함을 제공하는 시스템을 구분하고 비교하고자, 위에서 했던 세세한 질문에 대한 답을 찾는 영역이다. 개발자를 위한 실질적인 정보, 최신 연구 결과, UI 디자이너를 위한 쉬운 지침 및 관련 응용 사례를 소개한다. 일반적으로 UI 디자인, 특히 2D UI 디자인에 대한 책은 꽤 있었지만 3D UI 는 크게 관심 받지 못했다. 현장의 결과물들은 수많은 회의에서의 진행 상황, 저널 기사, 단행본의 한 장, 웹사이트에 흩어져 있었다. 그러나 최선의 실험과 최첨단 연구를 통합해서 레퍼런스와 교육 자료로 만들 가치가 있다고 생각했기 때문에 이 책을 내기로 결정했다.

책이 나온 과정

이 책에 대한 이야기는 1998년 4월, 히로시마 대학교와 조지아 공과대학교에서 각각 가상 환경VE, Virtual Environment의 객체 조작을 위한 3D 상호작용 기술을 연구하던 이반 푸피레프와 더그 바우만으로부터 시작한다. 둘은 이메일로 해당 기술의 디자인과 유용성을 비롯해 3D UI의 제반 사항을 논의하기 시작했다. 그런데 당시 워싱턴 대학교의 방문 연구 학생이었던 이반이 다른 연구자들도 논의에 함께하면 시너지를 낼 것 같다고 제안했고, 그 결과 3D UI 메일링 명단을 만들게 됐다. 이후 세계 곳곳에 있는 100명이 넘는 연구자가 명단에 이름을 올렸고 논의에 참여했다(목록 트래픽 아카이빙을 보고 싶거나 명단에 이름을 넣고 싶다면 http://www.3dui.org를 방문해 보자). 조 라비올라와 에른스트 크루이프가 초기 명단에 이름을 넣은 2명의 연구자다.

같은 해 8월 더그는 메일링 명단에 곧 열릴 IEEE 가상 현실 콘퍼런스에 대한 튜토리얼을 만들자고 요청했다. 논의를 거쳐 조와 이반, 에른스트가 더그와 함께 '3D 상호작용의 예술 및 과학'을 주제로 튜토리얼을 제작하기로 했다. 해당 튜토리얼은 휴스턴에서 열린 콘퍼런스에서 큰 인기를 끌었으며 참여한 4명은 ACM 가상 현실 소프트웨어 및 기술 1999, IEEE VR 2000, ACM SIGGRAPH 2000과 2001에서 계속 강의를 진행했다.

그렇게 강의 교재를 보충하고 엄청난 양의 콘텐츠를 개발한 뒤 어느 순간 돌아보니 정보를 책의 형태로 합쳐서 확장해야겠다고 생각했다. 게다가 3D UI 관련 모든 정보를 하루 강의로 전달하기는 불가능했다. 단일한 출처에서는 찾을 수 없는, 엄청난 양의 3D UI 정보를 담은 이 책이 지금 당신의 손에 들려 있는 이유다.

3D 사용자 인터페이스의 기초

1부에서는 3D 사용자 인터페이스(3D UI)를 소개한다. 1장 '3D 사용자 인터페이스 소개'에서는 3D UI가 무엇이며 이것이 중요한 이유를 설명한다. 또한 이 책에서 사용될 핵심 용어 몇 가지를 소개하고, 3D UI를 사용하는 일부 애플리케이션을 소개한다. 2장 '3D 사용자 인터페이스: 역사와 로드맵'에서는 3D UI의 역사를 간략하게 소개하고 관련 영역의 로드맵을 제공해, 이 책의 전체 주제를 보다 큰 맥락에서 자세하게 설명한다.

1장

3D 사용자 인터페이스 소개

데스크톱 사용자 인터페이스(UI)는 이제 시스템 개발 단계부터 중요한 부분이 됐다. 대부분의 전자 제품이 자체 인터페이스의 특징을 '사용하기 쉽고', '직관적이며', '맞춤형'인 것처럼 내세운다 하지만 실제로 데스크톱 UI는 10년 이상 거의 변하지 않았다. 그동안 기본 원칙과 디자인을 고수한 것이다. 이제 이 분야에도 변화의 바람이 불고 있다. 가상 현실(VR, Virtual Reality), 증강 현실(AR, Augmented Reality), 유비쿼터스, 모바일 등 데스크톱을 벗어난 기술이 힘을 얻으면서 개발자, 학생, 연구자들은 3차원(3D) UI 디자인을 공부해야 하는 시대가 왔다.

그래서 1장에서는 '3D 사용자 인터페이스란 무엇인가?'라는 질문의 답을 제공한다. 또한 책 전반에서 사용하는 관련 용어를 정리한다. 더불어 3D UI 디자인의 목적과 용례를 제시한다. 1장의 내용을 참고해서 이 책을 읽어 나간다면 추상적으로 이해하던 개념들을 구체화할 수 있을 것이다.

1.1 3D 사용자 인터페이스란 무엇인가?

요즘 컴퓨터 사용자는 마우스, 터치 스크린 같은 '입력 장치'와 모니터, 태블릿, 스마트폰 화면과 같은 '출력 장치', 끌어서 놓기나 확대/축소할 때 손가락 오므리기와 같은 '상호작용 방식interaction technique', 풀다운 메뉴 같은 '인터페이스 위젯interface widget' 마지막으로 윈도우, 아이콘, 메뉴, 포인터, 데스크톱 메타포와 같은 '사용자 인터페이스 메타포UI meta-phor' 등 UI 컴포넌트에 익숙하다(반 담van Dam 1997).

하지만 요즘 개발되고 있는 새로운 컴퓨팅 환경과 앱에서는 이런 인터페이스 요소를 그대로 적용하기 힘들다. 예를 들어 머리 장착용 디스플레이 기기HWD, Head-Worn Display를 착용하는 가상 현실VR 사용자는 현실 세계를 볼 수 없을 테니 자판을 이용할 수 없다. 증강 현실AR 앱에서 HWD의 해상도가 낮기 때문에 대화상자 같은 텍스트 기반의 인터페이스 요소를 다시 디자인해야 한다. 한편 VR 앱은 3D 공간에서 어떤 방향, 어느 위치로든지 객체를 자유자재로 둘 수 있게끔 만들어야 한다. 이 때문에 2D 마우스로 하던 작업을 적용하기는 적절하지 않다.

따라서 이렇게 혁신적인 시스템은 새로운 기기, 기술, 메타포와 같은 이전에 없던 인터페이스 요소가 필요하다. 일부는 지금 있는 컴포넌트들을 간단히 바꾸는 정도로 충분하겠지만 나머지는 처음부터 새로 디자인해야 한다. 대부분의 새롭게 도래하는 환경은 현실에서 또는 3D 세계에서 아니면 두 세계 모두에서 구현될 수 있기 때문이다. 이를 표현하는 용어를 '3D UI'라고 부른다(더 자세한 정의는 1.3절에서 다룬다).

이 책은 3D UI로 사용할 수 있는 인터페이스 요소(기기, 기술, 메타포)를 묘사하고 분석한다. 동료나 개인적인 경험에서 비롯된 일화나 출판된 보고서에 나온 실질적인 사례를 바탕으로, 특정 시스템에 사용되는 컴포넌트를 선택할 때 길라잡이 역할도 할 수 있다.

1.2 3D 사용자 인터페이스가 필요한 이유

이 책에서 제공하고자 하는 내용이 왜 중요할까? 이 질문의 답을 하고자 책을 발간하게 된 다섯 가지 동기를 적어 보겠다.

- **3D 상호작용은 현실에서의 작업과 연관돼 있다.**

  다양한 영역에서의 작업 특성과, 이 특성의 3D 환경 특징과의 합 덕분에 3차원 상호작용이 현실에서 다방면으로 적용될 수 있다는 사실은 직관적으로 바로 이해가 간다. 예를 들어 가상 환경VE은 사용자에게 '실존'이라는 감각(물리적인 환경을 가상으로 대체하면서 '그곳에 있다'는 느낌)을 느끼게 해줄 수 있다. 이는 게임, 훈련, 시뮬레이션의 특성과 딱 맞아떨어진다. 사용자가 그 환경에서 자연스럽게 상호작용할 수 있다면 앱은 사용자가 이미 그 세계에 대해 잘 알고 있다는 사실을 활용하기만 하면 된다. 3D UI에서는 이 과정이 더 직접적이고 즉각적일 것이다. 즉 사용자의 행동과 그 동작의 결과를 보여 주는 시스템의 피드백 사이의 '인식 거리'가 짧다는 이야기다. 그러면 사용자들은 시뮬레이션이 동작하는 방법인 복잡한 심성 모델을 만들 수 있다.

- **3D UI 기술이 성숙해지고 있다.**

  컴퓨터 앱의 UI는 다양해지고 있다. 전통적인 인터페이스 기준인 마우스, 자판, 윈도우, 메뉴, 아이콘 등(표준 컴포넌트인 WIMP)은 여전히 널리 사용되겠지만 모바일 기기를 포함해 새로 등장한 기기와 인터페이스 컴포넌트도 매우 빠르게 확산되고 있다. 이런 컴포넌트는 추적기, 3D 입력 장치, 제스처 기반으로 한 손으로 조작할 수 있는 기기 등을 포함하는 공간 인식 인터페이스 입력 장치를 전부 포함한다. 입체 영상 디스플레이, 고화질 HWD, 공간 인식 오디오 시스템, 촉각 장치 등 3D 출력 기술도 점점 더 일반화되고 있고, 이들 중 일부는 이미 소비자용 전자 제품으로 등장했다.

- **3D 상호작용은 어렵다.**

  사실 이 기술엔 문제도 많다. 사람들은 3D 공간이라는 개념을 이해하는 것조차 어려워할 때도 있고, 무한히 자유로운 공간에서 어떤 행동을 취한다는 사실 자체를 힘들어 하기도 한다(헤른돈Herndon 등et al. 1994). 같은 3D지만 물리적인 세계에는 컴퓨터 세계에서는 구현하기 힘든 인식 체계의 세밀한 신호, 행동의 제약이 존재한다. 그래서 3D 앱에 UI나 상호작용 기술을 적용할 때는 신경을 많이 써야 한다. 단순히 전통적인 인터페이스 기준들을 적용해서는 문제를 해결할 수 없기 때문이다. 그보다는 실제 세계에서의 상호작용을 기반으로 한 새로운 3D UI나 다른 메타포를 개발해야만 한다.

- **지금의 3D UI는 경직됐고, 사용성이 떨어진다.**

  3D UI를 이미 현실에 적용한 예시도 있다(엔터테인먼트, 게임, 훈련, 심리 치료, 디자인 재검토 과정 등). 이 중 대부분은 그렇게 복잡한 UI가 필요하지 않다. 예를 들어 VR 영화의 경우 사용자가 헤드셋을 착용하고 고개를 돌리면, 보이는 풍경도 같이 달라지는 UI만을 사용할 뿐이다. 더 복잡한 3D 인터페이스(모델링, 디자인, 교육, 과학 시각화, 심성 훈련 등에 적용)는 애초에 디자인하기도 추후 평가하기도 힘들기 때문에 사용하기 불편하거나 사용자 경험UX, User eXperience이 좋지 않은 경우가 많다. 기술 발전은 이 문제를 푸는 데 조금씩 도움을 줄 수는 있겠지만, 완전한 해결책을 제공하지는 않는다. 벌써 40년 동안 AR 기술을 연구했지만 지금의 시스템이 유용하다고 볼 수는 없다는 것이 이러한 사실을 방증한다. 따라서 이 주제에 대해선 좀 더 전반적인 해결책이 필요하다.

- **3D UI 디자인은 한창 뜨는 영역이다.**

  마지막으로 3D UI를 개발하는 작업이 오늘날 인간과 컴퓨터의 상호작용HCI, Human-Computer Interaction 연구에서 흥미롭게 바라보는 주제 중 하나이며 이 분야의 혁신에서 선구적인 역할을 하게 될 것이다. 3D 상호작용과 관련해 탄탄한 배경 지식을 지닌 연구자들은 기초, 실용 연구 개발 기회를 얻을 수 있다.

따라서 새로 나올 상호작용 시스템을 디자인하고 실전에 적용하고 평가하는 모든 사람들이 이 책에 나올 주제를 필수적으로 이해해야만 할 것이다.

1.3 용어

기술 부문에서는 약어나 특수용어를 많이 사용한다. 또 모두가 합의한 정의가 있다면 바로 그 용어를 사용하는 것이 편리하다. 최대한 많은 사람들이 이 책을 읽을 수 있도록 하겠지만 필요하다면 특정 용어를 사용하려고 한다. 책 전반에 나올 용어들을 먼저 설명하겠다.

먼저 HCI 분야에서 사용하는 일반적인 용어들이 이 책에서 어떻게 정의되는지 살펴보겠다.

- **HCI**

  사람과 인터랙티브 기술 사이의 상호작용을 연구하는 분야다. 그러니 HCI를 사용자와 컴퓨터(또는 인터랙티브 기술 자체)의 커뮤니케이션이라고 생각할 수 있겠다. 사용자는 컴퓨터에게 요구하는 바를 행동, 의도, 목표, 쿼리 등으로 전달한다. 그러면 컴퓨터는 사용자에게 외부 세계, 시스템 내부의 상황, 사용자의 쿼리에 대한 응답 등으로 화답한다. 이러한 커뮤니케이션에는 외부 대화를 개입시킬 수도 있고, 둘이 주고받는 형태의 소통일 수도 있으며, 시스템의 응답 형태일 수도 있다. 하지만 대부분의 현대 컴퓨터 시스템에서는 보다 자유로운 형태의 함축적인 형태인 경우가 많다. 어떤 경우에는 지각하기 어려울 정도로 미미할 수도 있다(힉스Hix와 하트슨Hartson 1993).

- **사용자 인터페이스**

  사용자와 컴퓨터의 대화가 일어날 수 있게 만들어 주는 매체다. 사용자 인터페이스UI는 전 과정에서 사용자의 행동과 상태(입력, 투입)를 컴퓨터가 이해하고, 상응한 실행을 할 수 있도록 바꿔 준다. 이어서 컴퓨터의 행동과 상태(출력)를 사람이 이해할 수 있는 언어로 바꿔 주고, 합당한 행위를 하도록 만들어 준다(힉스와 하트슨 1993).

- **입력 장치**

  사용자가 컴퓨터와 소통할 수 있도록 만들어 주는 물리적인 장치(하드웨어)다.

- **자유도**

  몸의 움직임을 보여 주는 독립적인 차원의 개수다. 자유도DOF, Degrees Of Freedom는 입력 장치가 제공하는 투입 행위들을 묘사하는 데 사용된다. 인간의 팔이나 손처럼 움직임이 세밀하고 복잡한 개체나 가상 물체의 가능한 행위들이 포함된다.

- **출력 장치**

  컴퓨터가 사용자와 소통할 수 있도록 만들어 주는 물리적인 장치다. 출력 장치를 '디스플레이'로 부르기도 한다. 센서 정보(예를 들어 시각적인 이미지 외에 소리, 감각, 맛, 냄새, 심지어 평형 감각까지도 포함된다)를 나타낼 수 있는 모든 것을 디스플레이로 부른다.

- **상호작용 기술**

  사용자가 UI를 통해 수행하는 작업을 가능케 하는 방법론이다. 상호작용 기술은 하드웨어(입출력 장치)와 소프트웨어 요소 둘 다 포함한다. 상호작용 기술의 소프트웨어 요소는 입력 장치로부터 얻은 정보를 매핑mapping해서 시스템 내의 행동을 유발하고, 그 결과로 나온 시스템의 출력물을 출력 장치에 나타내는 형태로 매핑하는 작업을 담당한다.

- **사용성**

  사용자에게 직접적으로 영향을 미치는, 인공물(장치, 상호작용 기술, UI 등)의 특성을 표현하는 용어다. 사용성에는 수많은 측면이 있다. 예를 들면 편리함, 퍼포먼스, 편안함, 시스템의 성과 등이 있다(힉스와 하트슨 1993).

- **사용자 경험UX**

  사용자가 인공물과 맺는 모든 관계를 포괄하는 개념이다. 사용성뿐만 아니라 유용성, 심지어는 감정적인 요인까지 담아 낸다. 인공물을 쓰면서 느끼는 재미, 즐거움, 자부심, 디자인의 우아함 등을 감정적인 요인에 포함할 수 있다(하트슨Hartson과 파일라Pyla 2012).

- **UX 평가**

  특정 인공물의 UX 중 일부를 평가하거나 재단하는 과정을 말한다.

열거한 HCI 용어를 사용해서 이제 3D 상호작용과 3D 사용자 인터페이스를 정의해 보겠다.

- **3D 상호작용**

  사용자-컴퓨터 상호작용은 사용자가 실제 또는 가상 3D 공간의 특정 맥락에서 수행한 작업을 의미한다. 3D 그래픽으로 표현한 인터랙티브 시스템이라도 반드시 3D 상호작용과 연관돼 있지는 않다. 어떤 사용자가 데스크톱 컴퓨터에서 건물 모델링된 결과물을 볼 때 3D 상호작용 말고 전통적인 메뉴에서 방향을 선택해서 보려는 상황도 있기 때문이다. 또 3D 상호작용에 반드시 3D 입력 장치가 사용돼야 하는 것도 아니다. 아까 말했던 상황에서 사용자가 건물을 좀 더 들여다보고자 대상물을 클릭했다면, 2D 마우스가 3D 가상 공간에서 읽힌 것이기 때문에 3D 상호작용의 형태라고 볼 수 있다. 하지만 이 책에서는 손짓이나 물리적인 보행 등 진짜 3D 공간에서의 입력 행위를 통해 만들어지는 3D 상호작용을 주로 다룰 것이다. 데스크톱 3D 상호작용에는 다른 상호작용 기술과 디자인 원칙이 적용되기 때문이다. 책에서는 7장~9장에서 데스크톱과 멀티터치 3D 상호작용 기술을 다루긴 하지만, 전반적으로는 3D 공간에서의 입력을 통한 상호작용에 집중하고자 한다.

- **3D UI**

  3D 상호작용과 연관된 UI

마지막으로 3D UI가 사용되는 기술 영역에서의 용어들을 정리해 보겠다.

- **가상 환경**[VE]

  사람의 관점에서 봤을 때 인조의, 가상 공간(보통 3D) 세계를 말한다. 사용자가 실시간 제어를 통해 가상 환경에서의 시점을 정하게 된다.

- **가상 현실**[VR]

  VE에서 사용자가 보다 입체적인 경험을 할 수 있도록 디스플레이, 추적 등 기술들을 활용하는 접근법을 의미한다. VE와 VR은 혼용해도 상관 없다.

- **증강 현실**[AR]

  사용자가 실제 세계에 가상의 사물이나 정보를 덧씌워서 볼 때 시각적인 능력을 증대시키고자 디스플레이, 추적 등 다양한 기술을 사용하는 접근 방식을 일컫는다.

- **혼합 현실**[MR]

  실제 세계와 가상 정보가 서로 다른 조합들로 섞인다는 점에서 VR과 AR을 섞은 접근법의 집합이라고 볼 수 있다. 혼합 현실[MR, Mixed Reality]의 연속체에서는 시스템 안에서 극단적인 가상과 순수한 실재가 혼합된다. 혼합 현실 시스템은 사용자와 상호작용하면서 이 연속체를 움직일 수도 있다(밀그램[Milgram]과 기시노[Kishino] 1994).

- **유비쿼터스 컴퓨팅**

  컴퓨팅 기기와 인프라, 접속 상태가 실제 환경에서 널리 퍼져서 구현될 수 있고, 이 덕분에 사용자들이 '언제 어디서나' 컴퓨터에 접근할 수 있다는 인식을 의미한다(와이저[Weiser] 1991).

- **텔레로보틱스**

  원격 조정을 통해 지리적으로 사용자와 멀리 떨어진 로봇을 제어하는 능력이다.

로봇은 물리적인 세계에서 주로 작동하고 그만큼 자유도가 높기 때문에 작동시킬 때 3D UI를 적용하기가 비교적 쉽다.

1.4 적용 분야

이 책에서 다루는 3D 상호작용과 원칙은 매우 다양한 분야에 적용할 수 있다. 앞으로 이야기할 용례를 기억하면서 책의 장들을 읽어 나가길 바란다. 2장에서 적용 분야 목록을 더 자세히 보여 주겠지만 여기서 간단하게 3D UI를 적용할 수 있는 분야들을 나열한다.

- 디자인과 프로토타이핑
- 유적지와 여행지
- 게임과 엔터테인먼트
- 시뮬레이션과 훈련 프로그램
- 교육
- 예술
- 시각 데이터와 분석
- 건축 설계
- 의약품과 심리학
- 협업
- 로보틱스

1.5 결론

1장에서는 3D UI의 중요성, 관련 용어, 용례를 간단히 소개했다. 2장에서는 '3D 사용자 인터페이스: 역사와 로드맵'을 살펴보겠다. 한 걸음 물러서서 3D UI의 역사와 맥락을 포괄하는 좀 더 큰 그림을 살펴보고자 한다.

2장

3D 사용자 인터페이스: 역사와 로드맵

HCI와 같은 3D UI 분야는 수많은 원리와 학문 영역에서 나온 개념이기 때문에 경계를 정의하기 힘들다. 2장에서는 3D UI의 역사를 서술함으로써 앞으로 이 책에서 나올 내용들의 포석을 깔고자 한다. 또한 연관 주제들이 3D UI 로드맵에서 어떤 위치를 차지하며 어떻게 관련돼 있는지 다루겠다.

2.1 3D UI의 역사

현대 개인용 컴퓨터에서 사용되는 그래픽 사용자 인터페이스^{GUI, Graphical User Interface}
의 역사는 꽤 흥미롭다. 1980년 전 대부분의 컴퓨터 상호작용은 명령줄(커맨드라인)이
었다. 사용자는 자판으로 복잡한 커맨드라인을 외워서 입력해야 했다. 따라서 디스플
레이는 주로 텍스트를 출력하는 용도로 사용됐고, 그래픽을 출력할 때에도 인터랙티브
하지는 않았다. 하지만 1980년쯤 기술이 발전해서 마우스, 저렴한 래스터^{raster} 그래픽
디스플레이가 등장했고 컴퓨터 부품 가격이 합리화됐다. 덕분에 제록스 스타^{Xerox Star}
와 같은 초기 GUI 기술을 구현할 수 있었다. GUI 시대의 도래로 UI 디자인과 HCI가
주요 연구 주제로 급부상했고, 컴퓨터를 사용하는 모든 사람에게 중요한 요소로 자리
잡았다. HCI는 인지학, 언어학, 인문학, 민족지, 사회학, 그래픽 디자인, 산업 디자인 등
수많은 학문 영역 지식이 교차하는 분야였다.

연구 및 실용 영역에서 활용되는 3D UI의 발전도 비슷했다. 3D 그래픽, 증강 현실, 가
상 현실, 3D 위치, 방향, 추적 기술을 포함한 다양한 기술과 얽혀 발전됐다. 각 분야의
기술이 성숙해지면서 새로운 용례가 등장했고, 생각지도 못한 작업에 사용됐다. 이러
한 변화는 UI 디자인 분야에도 시험, 도전의식을 불어넣었다. 따라서 3D UI 연구를 해
야만 하는 환경이 조성됐다. 이제 나머지 절에서는 관련 영역의 발전 과정을 시계열로
보여 주고, 기술의 발전이 3D UI 연구를 촉발하게 됐는지를 자세히 설명하고자 한다.

1960년대 말 아이반 서덜랜드^{Ivan Sutherland}는 완전히 새로운 유형의 컴퓨팅 플랫폼이
나올 것이라고 예상했다(서덜랜드 1965). 컴퓨터가 숫자 계산만 하는 것이 아니라 실제
세계를 시뮬레이션한 뒤 인터랙티브 경험을 제공하고 데이터를 시각적으로 분석한 결
과를 내놓을 것이라는 내용이었다. 몇 년 후 그는 이 비전을 이루기 위한 첫 번째 발걸
음을 내디뎠다. 사용자가 안경처럼 머리에 쓰고 VR과 AR 영상을 볼 수 있는 영상 표시
장치를 개발하면서였다. 크고 무거워서 다루기 힘들었지만 사용자의 머리 위치와 방향
을 세밀하게 추적하는 기기였다. 머리 움직임을 추적한 데이터를 사용했기 때문에 사
용자는 장치를 쓰고도 인터랙티브하게 시각을 결정할 수 있었다. 실제 세계에서 주위
를 둘러싼 세계를 보듯이 자연스럽게 고개를 돌리면 됐다. 최초로 3D 상호작용 기술을
구현한 결과물이었다(그리고 이는 오늘날에도 여전히 기반 기술로 사용되고 있다).

서덜랜드는 시대를 조금 앞섰지만 1980년대와 1990년대 초반에 비로소 VR 시스템

을 실용화할 수 있었다. 덕분에 3D 입체 컴퓨터 그래픽과 음극선관 표시기(CRT 디스플레이), 위치 추적 시스템, VPL 데이터글러브^{DataGlove}와 같은 상호작용 제품이 세상에 나올 수 있었다. 당시 VR 기술은 머리의 움직임을 추적하는 3D 상호작용과는 관련이 적었던 반면, 초기였기 때문에 손과 특정 도구를 추적하는 상호작용을 가능케 하는 데 주력했다. 1987년 짐 폴리가 과학잡지 「사이언티픽 아메리칸^{Sientific American}」에 쓴 기사로 VR이 대중의 뇌리에 처음 인식됐을 때 커버 사진은 영상 시스템이나 복잡한 그래픽 환경을 보여 준 것이 아니라 사용자들이 데이터글러브(완전히 손으로만 입력할 수 있는 제품)로 가상 세계를 조작하는 모습을 담았다.

초기 3D 상호작용 기술은 컴퓨터 과학자, 엔지니어(대부분 컴퓨터 그래픽 커뮤니티 소속)의 전유물이었고 적용 사례도 상대적으로 간단했다. 3D 체계화 데이터셋 시각화와 건축물 구조 실시간 검토, VR 게임은 흥미롭고 유용했을 뿐만 아니라 더 연구해 보고 싶게 만드는 용례였다(더 빠르고 현실적인 그래픽, 더 정확한 머리 움직임 추적, 지연 시간 단축, 더 나은 VR 소프트웨어 툴킷 등). 하지만 UI 품질 측면에서는 발전이 더뎠다. 사용자가 가상 현실에서 객체를 눌렀을 때 이름이 뜨는, 조금 더 복잡한 상호작용을 통해서 주어진 환경을 탐색하는 정도가 일반적인 용례였다. 3D 추적, 영상 기술이 개선되면서(예를 들어 지연 시간을 늦추거나 위치, 방향 추적 정확도가 높아졌다) 연구자들은 더 풍부한 상호작용 툴로 복잡한 용례를 개발하고 싶어 했다. 예를 들어 기존에는 건축가가 가상 세계에서 추적 도구를 활용해 머리를 이리저리 움직이면서 건축물을 짓고 간단한 탐색 활동을 했다면 그가 디자인에 대해 음성으로 주석을 달아서 재생할 수 있게 하고, 건물 정면에 사용된 석재료 유형을 바꾸고 창문 위치를 바꾸거나 파이프나 공기 통로가 보이도록 인테리어 외벽을 없애 보도록 만들 수도 있다. 하지만 그렇게 복잡한 3D 상호작용을 디자인해서 유용하고 효과적으로 사용할 수 있게 만드는 방법을 모른다는 것이 문제였다. 기술은 언급한 용례를 가능케 할 정도로 발전했지만, 3D UI 연구로는 이를 실용적으로 만들어야 했다. 다행히 개인용 컴퓨터에서 사용하는 상호작용 연구에 일찍이 주목한 덕분에 3D 적용 영역이 '상호작용 위기'를 겪고 있을 때 HCI 영역은 제법 높은 수준으로 이미 성숙했다. HCI 전문가들은 좋은 상호작용 디자인의 일반 원칙(닐슨^{Nielsen}과 몰리치^{Molich} 1992)을 개발했고, 실제로 사용할 수 있는 디자인과 개발 프로세스를 확립했으며(힉스와 하트슨 1993), 시스템과 상호작용할 때 사람이 정보를 어떻게 처리하는지를 설명하는 모델을 만들었다(카드^{Card} 등 1986).

지금의 HCI 지식을 3D 상호작용 기술에 적용하면 사용성을 개선할 수 있다. 하지만 전통적인 HCI가 답하지 못했던 3D UI에 대한 의문점은 남았다. 간단히 예를 들어 보자. 어떤 사용자가 추적된 3D 기기를 사용해서 3D 의료 데이터셋을 데스크톱 화면에서 찾고자 한다.

전통적인 HCI는 기기를 돌려서 눈앞에 펼쳐진 장면을 돌리게 하는 등의 직접적인 데이터셋 조작이 직관적이고 효율적이라고 설득할 것이다. 하지만 늘 원칙은 간단해도 세부적인 부분이 중요하다. 직접적인 조작의 매핑을 어떻게 실행할 것인가? 주기를 늘려서 사용자가 피로하지 않게 만들 수 있을 것인가? 제품에 줄이 연결돼 있어서 방해가 된다면 어떻게 할 것인가? 사용자가 자판을 쳐야만 할 때 제품을 잠시 내려 둬야 한다면 그때의 환경 설정을 어떻게 할 것인가? 사용자가 주석을 달고자 특정한 3D 지점을 지정할 때에는 어떤 방법을 써야 할까? 관련된 질문이 꼬리를 문다.

이런 기본적인 수준의 디자인 질문들 외에도 3D UI 디자이너들은 예전에도, 지금도 지연 시간, 한정된 3D 업무 공간, 추적 실패, 거추장스러운 기기 착용, 부착, 조작 등 기술적인 한계에 부딪힌다. 그러므로 종이 위에서 훌륭하게 그려진 디자인이 실제로는 그대로 구현되지 못할 수도 있다. 게다가 연구자들은 가상 공간에서 3D 입력 장치의 무수한 표현 방법과 온갖 종류의 마술 같은 상호작용 방법을 사용해 무한한 디자인 공간을 확보할 수 있다는 것을 깨달았다. 어떻게 일개 디자이너가 이렇게나 커다란 공간에서 최고의(내지는 합리적인) 3D UI 디자인을 선택할 수 있을까?

위에서 나온 질문들은 VR과 AR 웨어러블을 비롯한 다양한 플랫폼에서 3D 입력 장치로 상호작용하는 방식을 디자인하는 것에만 특정한 쟁점들이 논의돼야 한다는 것을 보여 줬다. 언급한 상호작용 기술들은 3D 맥락이라는 공통 화제를 다룬다. 따라서 HCI의 새로운 하위 영역을 **3D 상호작용**, **3D UI 디자인** 또는 **3D HCI**로 부르겠다.

오늘날 3D UI 영역의 연구는 성숙해지고 있다. 다양한 학력, 경력을 지닌 세계의 연구자, 실무자들은 3D 상호작용을 디자인, 평가, 연구하고 있다. 학술 콘퍼런스 발표와 저술(3D UI 연구에 대해서는 IEEE 심포지엄, 공간 UI 연구는 ACM 심포지엄, 이 두 곳을 특별히 추천한다)의 형태로 연구 결과물이 쏟아져 나왔다. 게다가 닌텐도 위 리모트Nintendo Wii Remote, 마이크로소프트의 키넥트Kinect와 립모션 컨트롤러Leap Motion Controller, 오큘러스 터치Oculus Touch 등 3D 입력 장치 기술을 적극적으로 활용한 기기들은 이미 일반 사용자들도 사용할 수 있게 됐기 때문에 3D 상호작용과 연관된 수백 개의 시연 제품, 앱, 자가 제작물이 만들어지기도 했다. 이렇게나 매력적인 분야에서 그동안 어떤 일들이 있어났는지 일일이 찾아내고 이해하기란 하늘의 별따기다. 따라서 3D UI 연구자들의 번뜩이는 생각과 연구 결과를 하나의 자료로 정리하는 것이 이 책을 집필한 목적이다.

2.2절에서는 그동안의 연구에서 발생한 문제의 유형들과 3D UI 작업에서 사용된 접근법을 살펴보고, 다른 분야에서 활용한 작업에서 그것들을 어떻게 적용했는지 알아본다.

2.2 3D UI의 로드맵

책의 내용을 적절한 맥락에서 이해하는 것을 돕고자 3D UI 영역에서 정확히 어떤 주제들이 3D UI 작업을 구성하는 배경이 무엇인지, 3D UI가 다른 영역에 어떤 영향을 미치는지를 논하는 것이 중요하다. 따라서 2.2절에서는 3D UI와 관련된 방대하고 다양한 주제를 아주 간략하게 살펴보도록 하겠다. 그림 2.1은 기본적인 유기적 구조를 나타낸다. 앞으로 나올 주제들에서 대부분의 주제를 포괄할 만한 하나의 참고나, 또 적용할 수만 있다면 그 주제가 들어 있는 책의 특정 부분에 대한 제언을 제공한다.

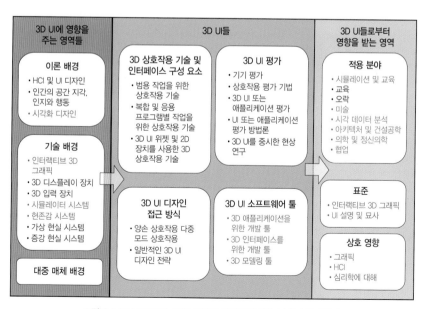

그림 2.1 3D UI 로드맵. 진한 글씨로 작성된 주제만 이 책에서 다룬다.

2.2.1 3D UI 디자인에 영향을 미치는 영역들

3D UI 디자인을 고려해야 하는 연구 영역들을 살펴보겠다. 이제부터 이론적, 기술적으로, 유명 매체들이 이 책에 나오는 주제들을 어떻게 다뤘는지 풀어 낸다.

이론 배경

관련된 이론적 배경은 다음 분야 연구에 기반한다. HCI와 UI 디자인의 기본 원칙, 사람의 공간 인지, 인식 및 관련 행동 양식, 마지막으로 시각 디자인이 포함됐다.

사람의 공간 인지, 인식 및 관련 행동 양식

3D UI의 특징은 사용자가 실제와(또는) 가상의 3D 공간에서 보는 관점과 행동하는 방식으로 정의된다. 그러므로 심리 작용과 공간 인지에 대한 사용자 요인 관련 지식, 공간 인식, 사용자의 탐색, 움직임, 3D 공간에서의 조작은 3D UI 디자인의 배경 정보를 포괄한다. 더 자세한 사항은 3장 '인간 요소와 기본 요소들'에서 살펴보기로 한다. 그러한 지식과 이론의 예시는 다음과 같다.

- 시각적인 인지와 3D로 표현할 수 있는 깊이와 같은 신호들(브루스Bruce와 그린Green 1990, 코슬린Kosslyn 1993, 3장 '인간 요소와 기본 요소들'의 3.3절, 5장 '3D 사용자 인터페이스 출력 하드웨어'의 5.2절)은 3D 공간에서 3D 세계, 물건, 시각적인 피드백을 디자인하는 데 중요하다.

- 공간에서의 소리 인식(덜라흐Durlach 1991, 5장의 5.3절)은 오디오 피드백과 데이터 초음파 파쇄를 디자인하는 데 사용된다.

- 현존감(슬레이터Slater 등 1994)은 어떤 용례의 성공 여부를 측정하는 중요한 지표이고, 3D UI를 자연스럽게 구현하는 '자연주의'와 연관될 수도 있다.

- 인간의 공간 지각력과 개인마다 나타나는 능력의 차이(셰퍼드Shepard와 매츨러Metzler 1971)는 공간 상호작용 기술 디자인의 정보가 된다.

- 3D 환경에 대한 공간 지식 형태(손다이크Thorndyke와 하예스-로스Hayes-Roth 1982, 8장 '탐색'의 9.8절)는 표지판, 상징물 디자인에서 중요한 요소다.

- 행동의 인식적인 계획(카드 등 1983, 3장의 3.4절)은 3D UI에 대한 일반적인 인식, 특히 시스템 제어 상호작용을 고려하는 데 중요한 요소다.

- 손을 뻗어 접촉하고, 단단히 붙잡는 행동 특성(맥켄지MacKenzie와 이버럴Iberall 1994,

마라스^{Marras} 1997, 7장 '선택과 조작')은 3D 선택과 조작 기술을 디자인할 때 필요한 정보다.

시각 디자인

3D UI의 중요한 적용 분야는 시각화, 즉 잘 개발된 시각적인 감각을 활용해 패턴을 찾아내고, 변칙 상황을 탐지하며 복잡한 상황을 이해할 수 있도록 인식할 수 있는 형태로 바꾸는 작업이다. 시각화 연구는 3D UI 디자인을 보완하고, 여기 영향을 미친다. 예시가 될 수 있는 주제들은 다음과 같다.

- 시각적인 데이터 표시 원칙(터프트^{Tufte} 1990)
- 정보, 데이터 시각화 기술(웨어^{Ware} 2000)
- 과학적인 시각화 기술(맥코믹^{McCormic} 등 1987)
- 시각화를 위한 상호작용 기술(슈나이더만^{Shneiderman} 1996)

HCI와 UI/UX 디자인의 기본 원칙

연구자들은 그동안 HCI 분야에서 수많은 지식, 이론, 실용적인 제언을 내놨다. 일부는 전통적인 데스크톱 UI 위주지만, 대부분은 3D UI에도 적용할 수 있을 만큼 일반화됐다. 이와 관련된 더 세부적인 내용들은 4장 '인간-컴퓨터 상호작용의 일반 원칙들'에서 다루겠다. 예시들은 다음과 같다.

- 가시성과 행동 유도성, 제약 조건(닐슨^{Nielsen}과 몰리치 1992, 노만^{Norman} 1990)과 같은 UI/UX 디자인 가이드라인이나 일반적인 체험은 3D UI에도 중요한 요소들이다.
- 행동 이론, GOMS(목표, 운영, 방법, 선택 기준), 시나리오 기반 디자인(보드커^{Bødker} 1991, 카드 등 1980, 로손^{Rosso}과 캐롤^{Carroll} 2001)과 같은 HCI의 모델, 이론은 3D 상호작용을 이해하고 디자인하며 평가하는 데 사용될 수 있다.
- 위계적인 작업 분석, 민족지학 분석, 체험 평가, 인식적인 검토, 사용성 연구(슈나이더만의 1998년 HCI 교과서에서 찾을 수 있다. 11장 '3D 사용자 인터페이스 평가'를 참고하라) 등 UI 디자인과 평가 기술은 3D UI를 적용할 때 곧바로 적용할 수 있다.
- '휠 방법론'과 같은 전체 UX 디자인 수명 주기를 관리하는 방법(하트슨과 파일라 2012)

기술적인 배경

3D UI 디자인과 연관된 수많은 기술 영역이 있다. 상호적인 3D 그래픽, 3D 영상 기기, 3D 입력 장치, 시뮬레이션 시스템, 원격 현장감, 가상 현실, 증강 현실 등이 포함된다.

상호적인 3D 그래픽

컴퓨터 화면에 출력되는, 현실적이면서도 인공적인 3D 사진을 만드는 것은 50년 넘는 컴퓨터과학 연구계의 과제였다. 연구 중 특정 부분은 상호적인 3D 그래픽에 집중돼 있다. 실시간으로 이미지를 렌더링해서 사용자가 곧바로 상호작용할 수 있도록 만드는 것이다(비디오 게임처럼 사용자가 입력한 것이 그대로 그려진다). 이 기술은 3D UI 디자이너가 작업할 수 있는 환경을 제공한다. 3D 그래픽의 배경을 설명하지는 않겠지만 그 주제에 대해 다룬 훌륭한 교과서들이 많다(휴즈Hughes 등 2013). 다음은 상호적인 3D 그래픽에서 눈에 띄는 성장을 보여 준 분야들이다.

- 패스트라인과 폴리곤 렌더링 알고리듬(브레센햄Bresenham 1965)
- 조직 매핑 절차(와트Watt와 와트 1992)
- 실시간 라이트닝 방법(비숍Bishop과 바이머Weimer 1986)
- 하드웨어 기반 렌더링에 필요한 그래픽 칩(올란도Olano와 라스트라Lastra 1998)
- 입체 이미지를 그리는 데 사용하는 알고리듬(데이비스Davis와 호지스Hodges 1995)
- GPU에서의 빠르고 주문 제작 가능한 렌더링을 지원하는 셰이더 알고리듬(응웬Nguyen 2007)
- 고차원의 그래픽 소프트웨어 툴킷과 통합된 개발 환경(유니티Unity 3D와 언리얼Unreal 엔진)

3D 영상 디바이스

오늘날 컴퓨터에 사용되는 모든 시각적인 영상은 3D 그래픽으로 보여 줄 수 있다(적절한 3D 시점에서 그려지는 2D 이미지 등). 하지만 3D UI는 스테레오 뷰(왼쪽과 오른쪽에 조금 다른 이미지를 보여 줘서 심도 효과를 강화한 화면)나 공간 침지spatial immersion 화면(가상 환경에 둘러싸인 듯한 화면) 등 고급 디스플레이에 주로 사용된다. 게다가 많은 종류의 3D UI는 비시각적인 화면에 쓰이기도 한다(다른 방법으로 정보를 전달하는 영상이다). 다음은 고급 3D 영상의 짧은 목록이다.

- 데스크톱 컴퓨터용 입체 영상(슈만트Schmandt 1983)
- 사방으로 둘러볼 수 있는 3D 화면(빔버Bimber 등 2001)
- 증강 현실 체험용(아주마Azuma 1997)을 포함한 머리에 쓰고 영상을 즐길 수 있는 영상 표시 장치HWD, Head Worn Display(멜저Melzer와 모핏Moffitt 2011)
- 투사 기반 공간 침지 영상 화면(크루즈-네이라Cruz-Neira 등 1993)
- 3D 공간 음향 시스템(카프라로스Kapralos 등 2003)
- 충격 및 진동 체감, 택틀tactile, 햅틱haptic 디스플레이(버디아Burdea 1996)

3D 디스플레이에 관한 자세한 내용은 5장에서 다루겠다.

3D 입력 장치

컴퓨터 시스템은 전통적으로 문자 기반(자판), 단일 조작 자유도DOF(다이얼, 볼륨 조절 장치) 또는 2중 조작 자유도(마우스, 조이스틱, 트랙볼) 입력 장치를 수용했다. 3D 입력 장치는 사용자가 동시에 많은 작업을 제어할 수 있도록 더 높은 자유도를 제공한다. 이러한 3D 공간 장치는 이 책에서 논의하는 3D UI 유형의 기반 기술이다. 사용자가 물리적인 3D 공간 맥락에서 사용자가 직접적으로 상호작용할 수 있게 해주는 수단이기도 하다. 3D 입력 장치 유형의 예시는 다음과 같다.

- 위치(그리고 방향) 추적 센서(메이어Meyer와 애플화이트Applewhite 1992, 터크Turk와 프라고소Fragoso 2015, 웰치Welch와 폭스린Foxlin 2002)
- 수동으로 움직이는 자세(그리고 행동) 감각 장치(스터만Sturman과 젤처Zeltzer 1994)
- 다중 조작 자유도 조이스틱(자이Zhai 등 1999)과 3D 마우스(사이먼Simon과 프룃리히Fröhlich 2003)

3D 입력 장치는 6장 '3D 사용자 인터페이스 입력 하드웨어'에서 더 자세히 설명하겠다.

여기까지가 기술적인 배경 설명이고, 주로 3D UI를 이루는 요소에 사용된 기술을 논했다. 이제 언급한 요소로 구성된 전반적인 기술 시스템에 주목하고자 한다. 이 시스템들은 3D UI 디자인의 플랫폼을 제공한다.

시뮬레이터 시스템

VR이라는 용어가 사용되기도 전에 시뮬레이터 시스템은 거대하고 공감각적인 3D 컴퓨터 그래픽의 상호작용 디스플레이를 선도했다. 시뮬레이터는 비행 시뮬레이션, 탱크와 군사용 운송수단 시뮬레이션, 우주 운송수단 시뮬레이션, 엔터테인먼트 영역에서의 시뮬레이션 등 다양한 용례에 사용됐다(포쉬Pausch 등 1993).

원격 현장감 관련 시스템

원격 현장감 시스템은 어느 한 실제 세계에 존재하는 사용자가 또 다른 실제 세계에 존재하는 것처럼 느끼게 한다. 이 시스템은 원격 센서(카메라, 마이크 등)와 또 다른 지역의 화면(시각, 청각, 촉각)과 상호작용 제어 기술(카메라 회전)을 결합해서 만든다. 원격 현장감 기술은 가상 데이터가 아닌 실세계 데이터가 화면에 출력된다는 점을 제외하고는 VR(다음 절 참고)과 많은 면에서 비슷하다.

VR 시스템

실감형 VR 시스템은 상호작용 3D 그래픽, 3D 시각 디스플레이 장치, 3D 입력 장치(특히 위치 추적 장치)를 전부 합쳐서 사용자가 가상 세계 속에 있는 듯한 느낌의 환상을 만들어 낸다. 중요한 VR 시스템들은 다음과 같다.

- 서덜랜드의 원조 헬멧형 영상 시스템(서덜랜드 1968)
- VPL의 헬멧형 디스플레이와 데이터글러브(짐머만Zimmerman 등 1987)
- 일리노이 대학교 시카고 캠퍼스University of Illinois-Chicago의 전자 시각화 연구소가 개발한 케이브 자동 가상 환경CAVE, Cave Au-tomatic Virtual Environment(크루즈- 네이라 등 1993)

AR 시스템

AR은 VR과 거의 비슷한 기술을 사용하지만, 영상에 실존하는 세계와 가상 이미지를 합친 화면이 나오기 때문에 사용자가 보고 있는 장면이 증강, 강화, 수정됐다는 인상을 준다. 사용자가 실제 세계와 가상의 사물과 상호작용해야 하기 때문에 조금 다른 기술을 써야 할 수도 있어서 AR용 3D UI을 디자인하는 작업은 조금 까다롭다. AR 시스템의 예시들은 다음과 같다.

- 컬럼비아 대학교가 개발한 마스MARS 시스템과 같은 HWD 기반 AR(횔러러 등 1999)
- 가상의 사물을 실제 세계에 투사하는 공간 AR(빔버와 래스커Raskar 2005)

- 스마트폰과 태블릿에서 주로 사용되는 소형 모바일 AR(슈말스티그Schmalstieg와 와그너Wagner 2007)

대중 매체

3D UI 작업에 독특한 영감을 주고 새로운 시각을 제공하는 원천이 바로 책(특히 공상과학소설), 영화 등 대중 매체다. 대부분은 완벽히 현실적인 환경에서 지능적인 인터페이스를 활용해 철저히 '자연스러운' 상호작용을 추구한다. 구체적인 예시들은 다음과 같다.

- 3차원 가상 세계 '메타버스Metaverse'를 설명하며 미래 인터넷을 실감나게 묘사해 주는 공상과학소설 『스노 크래시Snow Crash』(스티븐슨Stephenson 1992), '사이버공간cyberspace'이라는 용어를 처음 사용한 공상과학소설 『뉴로맨서Neuro-mancer』(깁슨Gibson 1984), 물리적인 움직임이 자연스럽게 묘사됐고 자연어 상호작용이 가능한 VR 시스템을 등장시킨 소설 『디스클로저Disclosure』(크라이튼Crichton 1994)와 같은 책들
- 보고 느끼고 행동하며 반응하는 모든 것들이 물리적인 세계와 똑같은, 실감나는 가상 환경을 묘사한 TV 시리즈, '스타트렉Star Trek 넥스트 제너레이션Next Generation'
- 영화 '마이너리티 리포트Minority Report', '아이언맨 2Iron Man 2' 등 데이터를 기반으로 허공에서 손짓과 몸짓으로 구현하는 한층 진보된 3D 상호작용 기술

2.2.2 3D UI 하위 영역

2.2.2절에서는 3D UI 분야의 다양한 하위 영역을 다룬다. 여기서는 아주 간단하게 다뤄지겠지만 이 하위영역들은 본 책 콘텐츠의 많은 부분을 구성한다. 따라서 2.2.2절에선 책에서 다뤄지지 않을 참고 레퍼런스들을 제공하고자 한다.

3D 상호작용 기술과 인터페이스 요소

2D UI가 창, 스크롤바, 메뉴 등의 요소와 포인트-앤드-클릭point-and-click 핀치-투-줌pinch-to-zoom, 끌어놓기 등 상호작용 기술로 이뤄진 것처럼 3D UI도 다수의 기술과 요소로 구성돼 있다.

보편적인 작업을 위한 상호작용 기술

선택, 조작, 탐색, 시스템 제어는 3D 상호작용에서 일반적이고 쉬운 작업이다. 각 작업을 하는 과정에서도 적용할 수 있는 상호작용 기술(입력 장치와 UI 소프트웨어의 조합들)이 많다. 이러한 기술들은 현실에서의 행동을 기반으로 할 수도 있지만, 가용성을 증진시키는 '마법 같은' 상호작용과 연관됐을 수도 있다. 책의 핵심 부분인 7~9장에서 이러한 기술을 디자인하는 세계를 자세히 다루도록 하겠다.

복합적이고 특정한 작업을 위한 상호작용 기술

3D UI 중 더 복잡한 작업은 위에서 언급한 보편적인 작업들로 구성된다. 예를 들어 객체의 색을 변경하는 일은 메뉴에서 '색 고르기'(시스템 제어)를 누르고, 객체를 가리킨 뒤(선택), 3D 색을 입힐 공간을 표시하는(조작) 작업을 수반한다. 낮은 수준의 상호작용 기술을 필요로 하는 하위 작업들이 모여서 높은 수준의 상호작용 기술이 되고, 이를 통해 복합적인 작업을 처리할 수 있게 된다. 한편 특정 사용 목적을 지닌 구체적인 작업도 있다. 예를 들어 어떤 공간의 객체를 복제하는 작업은 선택, 시스템 제어, 조작을 포함하는 복합적인 작업으로 보이기도 하지만, 독립적인 작업으로 생각하고 특정 상호작용 기술을 디자인했을 때 분명히 얻을 수 있는 이익이 있다(첸Chen과 바우만Bowman 2009).

3D UI 위젯과 도구

모든 3D 상호작용이 세상에 있는 객체에 직접적으로 적용되는 것은 아니다. 많은 수의 복잡한 작업들의 경우 주어진 환경에 없지만, 우리가 해당 환경과 교류할 때 유용한 객체가 따로 필요하다. 예를 들어 가상 칼은 디자이너가 자동차 모델의 단면을 보려할 때 필요한 객체이고, 종이조각을 표현하는 작은 아이콘은 건물 모형에 붙어서 질감 정보를 보여 줄 때 유용한 객체다. 관련 툴을 9장 '시스템 제어'의 9.4절에서 다룰 예정이다.

2D 장치를 활용한 3D 상호작용 기술

1장 '3D 사용자 인터페이스 소개'에서 설명했듯이 3D 상호작용은 물리적으로 3D 공간 맥락(예를 들어 3D 공간 입력 장치), 가상 3D 공간 맥락(예를 들어 3D 가상 세계)에서 일어난다. 이 책은 3D 공간 입력 장치를 활용한 3D UI 디자인에 집중할 것이다. 2D 입력 장치 맥락(예를 들어 마우스나 터치 스크린 같은 장치를 사용할 때)에서 사용되는 3D 상호작용 기술은 3D UI의 또 다른 하위 영역이다. 예를 들어 3D 모델링 프로그램을 데스크톱 컴퓨터에서 돌릴 때 3D 객체가 활용되는 6도의 자유도로 2D 마우스를 쓸 수 있는 방법이 필요하다. 하지만 이 책에서는 이러한 3D 상호작용을 다루지 않을 예정이다. 관심 있는 독자는 데스크톱 3D 상호작용(코너Conner 등 1992, 젤레즈닉Zeleznik과 포스버그Forsberg 1999)과 터치 기반 3D 상호작용(위그도르Wigdor와 윅슨Wixon 2011)을 참고하기 바란다.

3D UI 디자인 접근법

낮은 수준의 상호작용 기술과 요소들은 복잡한 3D UI를 구성하는 블록이 되지만, 관련 요소들을 사용할 만하도록 이해하기 쉽게 조합하는 일은 결코 쉽지 않다. 그러므로 관련 3D 인터페이스를 개발할 때 높은 수준의 접근법과 전략이 필요하다.

하이브리드 인터랙션 기술

개별 상호작용 기술을 사용성 있게 만드는 방법 중 하나는 현존하는 기술 중 가장 좋은 요소들을 합치는 것이다. 예를 들어 호머HOMER 조작 기술(7장의 7.4.5절 참고)은 광선 투사법과 암 익스텐션, 즉 서로 다른 유형의 기술을 접목한 것이다. 또 다른 하이브리드 상호작용 접근법은 2D와 3D UI를 합치되 각각의 강점을 이용해서 강력한 인터페이스를 창조하는 방법이다. 이런 유형의 상호작용은 종종 시스템 제어에 활용된다(9장 참고).

양손 상호작용

3D UI는 2D 상호작용보다 더 풍부한 입력 도구 세트를 이용할 수 있다. 이와 관련해 인상적인 접근법 중 하나는 사용자에게 두 손을 자유롭게 쓸 수 있도록 하는 상호작용 기술을 개발하는 것이다. 조금 더 나아가면 3D UI는 몸 전체를 활용한 상호작용으로 설계될 수 있다. 해당 내용과 비슷한 다른 전략들을 10장 '3D 사용자 인터페이스 디자인과 개발 전략'의 10.2절에서 확인해 볼 수 있다.

멀티모달 상호작용

3D UI에 들어맞는 또 다른 디자인 전략은 하나 이상의 입력 모달리티를 동시에 사용

하는 것으로, **멀티모달 인터페이스**multimodal interface라고 불린다. 예를 들어 손짓을 활용한 인터페이스와 음성 입력을 동시에 사용하면 복잡한 행위를 간단하게 만드는, 강력하면서도 간결하게 상호작용할 수 있다. 멀티모달 인터페이스는 9장 '시스템 제어'의 9.9절에서 자세하게 다룬다.

3D UI 설계 시 참고할 만한 일반적인 전략들

3D UI를 설계할 때 참고할 만한 일반적인 전략들은 10장에서 구체적으로 다뤄지고, 책 전반에 걸쳐서 사례 연구를 통해 다뤄질 예정이다. 그 내용은 다음과 같다.

- 실제 세계의 메타포를 활용해서 사용자가 정확한 행동을 할 수 있게 도와준다.
- 물리학 기반의 제한을 활용해서 구체적인 요구 사항을 풀어 준다.
- 미학 원칙과 시각 디자인을 적용한다.
- 장치와 상호작용 기술의 공식적인 분류 체계 관련 UI 디자인을 근간에 둔다.
- 연구자들이 개발한 UI 디자인 가이드라인에 근간을 둔다
- 사용자의 현실의 인식적, 인지적, 물리적 제한을 뛰어넘는 '마법'을 사용한다.
- 가상 세계에서 현실 세계에 대한 가정을 의도적으로 침해한다.

3D UI 소프트웨어 도구들

개념적인 UI 디자인을 구체적인 프로토타입과 실행 요소들로 변환하는 데 도구가 필요하다. 이 영역은 굉장히 빨리 변해서 구체적인 툴, 언어, 개발 환경, 표준을 논하지는 않는다. 다만 지금은 적어도 세 가지 카테고리의 툴을 제시해 보겠다.

3D 앱을 위한 개발 툴

소프트웨어 라이브러리와 툴킷, API, 통합개발 환경은 프로그래머들이 3D 그래픽 애플리케이션을 개발하는 데 사용된다. 일반적으로 이런 앱들은 C++ 같은 표준 프로그래밍 언어나 3D 그래픽(예를 들면 오픈GL), 3D 장치 드라이버 등에 사용되는 특별한 API 표준 프로그래밍 언어로 개발됐다.

3D 인터페이스에 특화된 개발 도구

3D UI를 실행하는 목적으로 설계된 도구는 매우 적다. 어떤 3D 툴킷은 디폴트 상호작용 기술, 인터페이스 위젯을 포함한다. 또한 어떤 작업은 3D UI를 묘사하는 언어로 완

성됐다. VRML(가상 현실 모델링 언어), X3D(확장가능한 3D)와 같은 표준은 상호작용 기능을 포함하지만 실질적인 실행은 브라우저나 뷰어 개발자에게 달렸다.

3D 모델링 도구

모든 3D UI는 3D 기하학적인 객체 그리고/또는 장면을 포함한다. 3D UI 시각 디자인만을 위한 3D 모델링 도구를 전혀 알지 못하지만, 애니메이션이나 건축, 엔지니어링과 같은 도메인에 사용되는 모델링 도구는 객체나 3D UI 요소를 개발하는 데에도 사용될 수 있다.

3D UI 평가

다른 모든 UX 작업물처럼 사용성 평가는 3D UI 설계에서 중요한 부분이다. 디자이너가 좋은 아이디어를 채택하는 한편 형편없는 아이디어를 포기하고, 2개 이상의 특정한 UI 컴포넌트를 비교할 수 있게 하며, 완성된 하나의 앱 또는 여러 앱의 사용성을 입증하게 만들어 준다. 3D UI 평가에 대한 자세한 내용을 11장에서 다룰 계획이다.

장치 평가

3D UI 영역에서 UI 컴포넌트는 대부분 새롭고 낯설기 때문에 가장 낮은 수준에서부터 시작돼야 한다. 이 때문에 다양한 입력과 출력 장치의 사용성을 비교해야 한다. 예를 들어 간단한 3D 회전 작업에 쓰이는 장치 유형의 성능을 비교할 수 있다(힝클리Hinckley, 툴리오Tullio 등 1997)

상호작용 기술 평가

보편적이거나 특정한 작업에 쓰이는 새로운 3D 상호작용 기술이 개발되고 있기 때문에 간단히 사용성을 연구하는 작업만으로도 기술 디자인 연구에 길을 터 줄 수 있다. 특정한 작업을 위해 사용할 수 있는 수많은 기술이 있을 때 비교 평가는 이 기술들 각각의 사용성과 성능의 상충 관계를 보여 준다(바우만과 호지스 1997).

완전한 3D UI 또는 앱 평가

한 단계 높은 수준에서는 디자인 전 과정에서 UX를 평가하거나(형성 평가), 통합된 UI나 온전히 3D로만 개발된 앱에 의해 제공되는 UX의 품질을 조사해 그 결과를 평가(총괄 평가)한다.

방법론 평가

어떤 연구자는 3D 인터페이스의 사용성 평가를 위한 일반적인 방법론을 연구했다. 예를 들어 테스트베드 평가(11장, 11.6절 부분)에서 연구자들은 상호작용 기술이 쓰이는 다양한 종류의 작업과 상황 주제들을 파악해서 기술의 품질의 전체 큰 그림을 확보하는 방법으로 상호작용 기술을 비교한다.

3D UI 특정 현상 연구

대부분의 사용성 평가는 작업이 완성된 정도, 인식적으로 사용하기 쉬운 정도, 만족도, 오류율 등으로 측정한다. 하지만 3D UI에만 적용할 수 있는 측정 단위가 있다. 그중 하나는 '현존감' 즉 3D 가상 공간에 들어갔을 때 '그곳에 있다'는 느낌이다(슬레이터 등 1994). 현존감은 대부분의 UI에 적용되는 개념은 아니기 때문에 최근에야 연구자들이 정확히 그것을 정의하며, 측정할 수 있는 방법을 창안하고 있다. 또 다른 독특한 현상에는 '사이버 멀미cybersickness' 즉 실감형 가상 현실 시스템을 사용할 때 신체적으로 느끼는 불편함, 메스꺼움을 의미한다(케네디Kennedy 등 2000). 사이버 멀미의 정확한 정의와 측정법은 이제 막 등장하고 있다. 마지막으로 많은 3D UI가 실제 세계에서의 상호작용을 모방하거나 물리적인 세계에서의 일반적인 행위로부터 영감을 받기 때문에 '현실 충실도' 즉 UI의 현실 반영 수준이 중요해졌다(맥마한McMahan 등 2012).

2.2.3 3D UI의 영향을 받은 영역들

2.2.3절에서는 3D UI가 다른 도메인에 어떤 영향을 미쳤는지 살펴보겠다. 3D UI 덕분에 가능해진 사용 사례를 중심으로 다뤄 보도록 한다.

사용 영역들

3D 상호작용은 다양한 도메인에 적용될 수 있다. 아래에 가장 중요한 것들만 나열해 봤다.

디자인과 프로토타입핑

3D UI는 실제 세계 인공물을 만드는 디자이너가 사실적인 3D 환경에서 직접적으로 작업할 수 있도록 만들어 줬다(와이들리히Weidlich 등 2007). 예를 들어 건축가가 새로운

빌딩을 돌아보면서 전통적인 2D 매체로 그림을 그리거나 계획을 세울 필요 없이 3D 환경을 통해 직접 디자인을 바꿀 수 있다(바우만, 와인만Wineman 등 1998). 서문에서 언급한 시나리오는 디자인할 때 생기는 문제의 유형과 3D UI가 지원할 수 있는 작업들을 잘 보여 준다.

유적지 관리와 여행 산업

유서 깊은 여행지를 방문할 때 종종 실망하곤 한다. 건물은 허물어진 반면 그 주위를 둘러싼 도시는 크게 성장했고, 관련 정보를 얻기도 어렵기 때문이다. AR 기술로 방문 객이 유적지의 과거 모습을 볼 수 있게 만들어 줌으로써 이러한 문제 중 일부를 해결할 수 있다. 경험자의 시각으로 실제 세계의 이미지와 가상의 이미지를 겹쳐 보여 주는 것은 꽤 어려운 일일 수 있다(위더Wither 등 2010). 예를 들어 3D UI는 사용자가 사이트에서 글, 음성 안내, 사진 정보 안내 등을 통해 보고 싶었거나 탐색해 보고 싶었던 시대를 설정할 때 적용될 수 있다(글뤼Gleue와 다네Dahne 2001).

게임과 연예 산업

비디오 게임에 추가될 요소라 하면 3D 영역에서 공간적인 상호작용을 가능하게 만드는 부분이다(노튼 등 2010). 이러한 유형의 상호작용은 가상으로 테니스 공을 치거나 물리적인 운전대를 이용해 가상의 자동차를 운전하는 등의 자연스러운 상호작용 메타포를 제공하는 것뿐만 아니라, 3D에서의 몸짓을 이용해 주문을 외우거나 가상 환경을 날아다니는 것 등 좀 더 마술적인 상호작용을 제공한다. 그 외에도 3D 세계에서 3D 조각을 빚고자 그림을 그리고, VR 게임에서 움직이기 위해 가상 보행 기술을 이용하는 예시를 들 수 있겠다. 게임 3D UI 디자인은 이 책의 사례 연구 분야에서 다룰 예정이다.

시뮬레이션과 훈련

가상, 증강 현실에 기반한 3D 환경은 군사 훈련, 로봇 요원 훈련, 몸에서 바이러스가 퍼져 나가는 과정을 포함하는 정말 다양한 시뮬레이션을 담을 수 있다. 또한 수술, 우주 공간에서의 보행, 비행기 운전 등의 훈련은 3D 환경에서 효과적으로 수행할 수도 있다. 대부분의 시뮬레이션과 훈련 앱은 상호작용 능력이 필요하고, 따라서 3D UI 디자인도 필요하다.

교육

학생들은 3D 가상 세계, AR 실제 세계 환경에서 뉴튼의 법칙부터 역사까지 모든 주제를 공부할 수 있다. 그때 만약 상호작용 수준이 높다면 학생들은 어떤 것이 작동하는 스스로의 심리적인 모델을 구성하는 데 도움이 되거나 정보나 작품을 탐색하고 분석하는 데 다양한 범위의 상황을 실험해 볼 수 있다.

예술

3D 세계는 예술가가 새로운 방법으로 자기 표현을 할 수 있는 도화지가 된다. 어떤 3D 예술은 수동적이지만 최근에는 대부분 보는 사람의 위치, 몸짓, 터치, 음성 등에 반응하는 상호작용 형태를 띤다.

시각 데이터 분석

과학자, 엔지니어, 경영 분석가 등의 직업군에 속한 사람들은 업무에 크고 복잡한 3D(또는 더 다면적인) 데이터셋을 활용한다. 이 데이터를 3D 그래픽으로 시각화하면 단순히 숫자로 결과를 봤을 때는 몰랐을 통찰력과 이해를 구할 수 있다. 사용자는 3D UI 컴포넌트를 이용해 상호작용 기술로 데이터를 탐색할 수 있고 시각화할 때 더 다양한 지점으로 쿼리를 던질 수 있으며 가상 컴퓨터를 뒤엎을 수도 있다(브라이슨Bryson 1996). 앞으로 나올 장들에서 다룰 모바일 AR 사례 연구는 이 카테고리에 속한다.

건축학과 건축 양식

건축 디자인, 건축물 프로젝트는 거대한 3D 물리 환경에서 구성된다. 건축가들은 3D 상호작용 기술로 직접 디자인을 시각화, 수정할 수 있고 계약자들은 공사장에 있는 건축물 기계들의 위치를 지정할 수 있으며 인테리어 디자이너들은 수백 가지의 벽 색깔, 가구, 빛을 조합하고 그 결과를 즉시 얻을 수 있다.

약물과 심성 의학

의학 영역에서 3D는 원격 의학(원격 진단과 치료), MRI와 같은 의학 이미지 3D 시각화, 심성 심리학 등과 같은 예시에 적용되고 있다. 가상 의학과 심성 의학은 좀 더 저렴하고 거부감이 덜하며 안전하다. VR은 물리치료에서 고통을 줄여 줄 수도 있다(호프만 Hoffman 등 2008). 환자가 환경과 상호작용하는 데 3D UI를 활용할 수 있다는 것이다. 예를 들어 3D 입력 장치와 실제 뱀 장난감을 조합해 뱀을 무서워하는 사람이 가상 환경에서 뱀을 집어 들고 다루게 될 수도 있다.

로봇 공학

로봇 공학 기술이 사회에서 영향력을 키울수록 디자이너들은 로봇을 쉽고 직관적으로 제어하고 관리할 수 있는 방법을 제공해야 한다(파일Pfeil 외, 2013). 이 로봇들은 휴머노이드일 수도 있고, 사람이 탑승하지 않는 교통수단UAV이 될 수도 있으며, 원격 조정으로 움직일 수도 있다. 3D UI는 이러한 로봇들을 제어하는 수많은 방법을 가능케 한다. 예를 들어 3D 손 조작 기술을 UAV 제어에 활용하거나 사용자의 손과 팔을 3D 프록시로 보고 원격 조작해서 로봇의 집게 역할을 하게 만들 수도 있다. 3D UI는 직접적인 원격 조작에 활용될 수 있지만 로봇이 어떤 방향으로 움직이거나 상호작용해야 하는 물리적인 물건으로 이동할 때 쓰일 수도 있다.

협업

사무실 한 곳에서가 아니라 팀이 여러 곳에 흩어져서 특정한 작업을 수행해야 하는 경우가 늘고 있다. 따라서 영상 회의, 온라인 발표와 수업, 원격 편집, 디자인 검토에 쓰일 새로운 소프트웨어 산업이 급성장했다(차오Cao 등 2006). 언급한 용례에서 3D UI는 협업에 다양하게 사용될 수 있다(프린스Prince 등 2002). 예를 들어 직접 만나는 것과 거의 비슷하게 공간, 시각적으로 풍부한 경험을 제공해서 3D 환경에서 가상 회의를 열거나 협업 주체들이 3D 환경에 동시 접속해서 새로운 자동차를 같이 디자인할 수 있다.

표준

오늘날 3D UI 영역에서 변하지 않는 진리처럼 여겨지는 표준(데스크톱의 경우 2D 그래픽 사용자 인터페이스가 진리의 표준처럼 받아들이는 것과 비교해서), (ISO 표준과 같은) 문서화한 표준은 없다. 하지만 3D UI 작업은 표준화의 특정 영역에 영향을 끼쳤다(그 영향은 더 커질 것이다).

인터랙티브 3D 그래픽

W3C(월드와이드웹 컨소시엄)는 인터랙티브 3D 그래픽을 포함한 인터넷의 다양한 영역에 적용할 국제 표준을 정했다. 이 작업을 통해 VRML 스펙과 그 후계자 X3D가 생

겼다. 이 표준들은 3D 환경에서의 상호작용을 묘사하는 데 사용되는 잘 정의된 방법을 제공했고 3D 웹브라우저를 실행하는 데 필요한 기능과 특성들을 보여 준다. 기하학, 모형, 조직화에 집중하면서도 이 표준들은 상호작용적인 요소들을 포함하며 계속 추가되고 있다.

UI 묘사

HCI 커뮤니티는 추상화, 플랫폼 의존적인 UI의 묘사, 2D 그래픽 사용자 인터페이스를 위해 제작된 방법을 개발하는 작업을 해왔다(하트슨과 그레이Gray 1992). 정확히 표준이라고 부를 수는 없겠지만, 그럼에도 그런 성격을 띤다. 3D UI 커뮤니티는 그런 묘사어(피구에로아Figueroa 등 2001)가 필요하다고 봤고, 미래에 집중 조명받을 영역이 될 거라고 예상한다.

상호 효과

마지막으로 3D UI 연구자들이 영향을 받은 영역에 거꾸로 영향을 미치는 양상을 다루려고 한다. 이러한 상호작용은 3D UI 작업이 그 자체적인 효과를 넘어서 다른 영역과 관련된 노하우와의 차이를 줄이는 모습을 보여 준다.

그래픽 관련

3D UI는 더 복잡한 시각화에도 사용된다. 예를 들어 시각화된 화면은 입력하는 도중에도, 그 후에도 사용자에게 적절한 정보를 보여 줘야만 한다는 피드백의 원칙을 드러낸다. 3D 객체를 조작할 때 해당 객체가 의도한 위치에 놓일 수 있도록 사용자에게 충분한 깊이감과 위치 지정 신호를 제공해 줘야 한다는 것을 의미한다. 이 신호는 연광 효과나 실질적인 음영, 다양한 정도의 투명도 등 모든 복잡한 실시간 그래픽 알고리듬이 필요하다. 이러한 3D UI 요구 사항들이 그래픽 조사를 더 많이 하도록 만들 것이다.

HCI 관련

3D UI 연구는 전통적인 HCI에서는 보이지 않았던 많은 영역을 개척했다. 대표적인 예시로, 시스템 사용자 경험 연구에서 사용돼야 할 메트릭이 무엇일까? 일반적인 UI에서 속도, 충실도, 만족도, 사용의 용이성 등의 메트릭 정도면 충분할 테지만 3D UI에서는 물리적인 편안함과 현존감도 중요하다. 잘 짜인 UI 디자인을 위한 휴리스틱스, 가이드

라인은 전반적으로 전통적인 HCI에서도 연구됐지만 고려할 것이 더 많아졌고 3D UI 로 범위가 넓어졌다.

심리학 관련

위에서도 설명했듯이 3D UI 디자인은 인지, 인식 심리학에 크게 의존하고 있다. 그런 데 흥미롭게도 3D UI 연구 역시 반대로 해당 심리학 영역 연구에서 이득을 보고 있다. 인지 심리학 주제 중 시각 인지 연구에서 명확하고 일반화 가능한 실험을 설계하는 경 우를 예로 들 수 있는데, 그 이유는 사람들이 실제 세계에서 어떻게 보는지를 명확하게 통제하기 어렵고 어떤 종류의 시각적인 자극은 실제 세계에서 만들어 내기 어렵기 때 문이다. 하지만 인공적인 3D 가상 환경에서는 인간을 탐색하는 등의 (무거운) 주제를 연구할 수 있는 극도로 강력한 환경을 만들어 냄으로써 현실 세계에서의 시각적인 자 극을 제거하고, 사람들이 원하는 것으로만 채울 수도 있다(리케Riecke 등 2002). 상호적 인 가상 세계는 다양한 환경에서 사람의 행동을 연구하는 이상적인 플랫폼이 되기도 한다(블라스코비치Blascovich 등 2002).

2.3 이 책의 범위

이 책은 3D 사용자 인터페이스 디자인을 다루며, 따라서 3D UI에 특정한 내용에 초점 을 맞출 계획이다. 대략적으로 2.2.2절의 주제(3D UI 하위 영역에서 소프트웨어 도구 주제를 제외한 내용)와 일치하는 내용이다. 또한 2.2.1절과 2.2.3절의 배경과 적용 사례 역시 적 절하게 등장할 것이다. 예를 들어 3장과 4장은 각각 인간 요인과 HCI의 기본적인 배경 을 다루며, VR과 모바일 AR 적용 사례 디자인을 언급하는 부분에서 사례 연구 역시 등 장할 예정이다.

물론 이 책이 로드맵에 있는 모든 것을 담지는 못한다. 미처 다루지 못하는 특정한 소 재들은 다음과 같다.

- 현존감과 사이버 멀미에 대한 깊이 있는 논의
- 여러 장치의 설계 및 작동법 등 기술적인 정보
- 3D 환경을 렌더링하기 위한 그래픽 알고리듬과 기법
- 특정한 3D 툴킷, API, 모델링 프로그램 사용 방법

이와 관련된 정보는 위에 언급한 참고 문헌과 각 장에 나열한 추천 도서 및 논문 목록을 참고하길 바란다.

책이 다루는 내용을 시각적으로 보려면 그림 2.1을 참고하면 된다. 그림에서 진한 글씨로 표시된 주제는 자세히 다루고, 회색 글씨로 흐리게 표시된 주제는 내용이 아예 빠졌거나 간단하게만 언급될 것이다.

이미 VR, AR, 전통적인 데스크톱 컴퓨터를 포함한 3D UI를 위한 다양한 플랫폼을 언급했다. 이 책에서는 상호작용 기술과 UI 컴포넌트를 최대한 일반적으로 서술할 것이며, 언급한 원칙과 가이드라인들은 거의 모든 3D UI에 적용할 수 있을 것이다. 하지만 어떤 상호작용 기술은 하나의 플랫폼에서만 잘 작동하도록 설계됐다. 그런 특별한 경우는 등장할 때 언급하겠다.

2.4 사례 연구 소개

5장부터 시작해 각 장에서 나타나는 개념을 강화하는 데 활용되는 사례 연구를 보여줄 것이다. 이 연구들은 3D UI 앱이 어떻게 설계되고 개발되며 평가받는지 구체적인 예시를 제공할 것이다. 2.4절에서는 2개의 사례 연구를 소개할 예정인데 하나는 VR 게임, 다른 하나는 모바일 AR 애플리케이션이다.

2.4.1 VR 게임 사례 연구

고도로 인터랙티브한 VR 경험이라고 할 때 게임이 바로 떠오를 것이다. VR에 관심과 투자가 쏟아지는 지금의 르네상스 시대는 사실 게임과 엔터테인먼트 사용 사례가 이끌었다고 해도 좋기 때문에 자연스럽게 VR 게임을 위한 3D UI 디자인을 이 책의 사례 연구 중 하나로 삼게 됐다. 이 주제를 깊게 파고 들면서 흥미로우면서도 어려울 수 있는 3D 상호작용 이슈를 탐색해 보고자 한다.

모바일 AR 사례 연구(2.4.2절에서 다룰 것이다)와 달리 VR 게임 사례 연구는 상당 부분 가설에 기반하고 추측에 근거한다. 아직 그런 게임을 프로토타입으로 만들거나 연구한 바가 없기 때문이며 그런 디자인은 일단 '종이 프로토타이핑'으로만 존재한다. 하지만 여기서는 즉각적인 디자인이 아니라 효율적인 3D 상호작용 기술에 대해 연구와 경험에 입각해 근거가 마련된 디자인을 언급하고 있다. 또 3D 상호작용 디자인은 VR 게임의 성공을 결정하는 유일하거나 주요한 기준이 아니다. 콘셉트, 스토리라인, 캐릭터, 시각/음향 효과 등 창의적인 결정도 한몫한다. 동시에 상호작용 디자인과 게임 메커니즘은 차이를 야기하는 중요한 요인이 될 수 있으며, 특히 새로운 기술을 쓸 만한 게임을 디자인할 때는 더욱 그렇다(예를 들어 이전 콘솔 게임 UI와 비교했을 때 닌텐도 위에 사용된 상호작용 기술).

사례 연구를 하고자 고전 액션 어드벤처 게임 장르의 VR 버전을 위한 상호작용 기술을 디자인해 보기로 한다. 대표적인 예시로 포털^{Portal} 시리즈, 젤다의 전설^{Legend of Zelda} 시리즈, 툼 레이더^{Tomb Raider} 시리즈가 있다. 이런 종류의 게임은 퍼즐 풀이와 액션 플래닝을 강조하는 한편 기본적인 수준의 물리적인 기술과 타이밍을 필요로 해서 1인칭 슈팅 게임보다 진행 속도가 조금 느리다. 이는 사용자가 물리적으로 게임에 관여하고 실시간으로 상호작용할 수 있기 때문에 VR에 이상적인 조건이지만, 몸을 급히 움직여야 하거나 환경이 바뀌는 것은 사용자에게 물리적으로 해를 입히거나 무리를 줄 수 있기 때문에 문제가 될 수 있다.

게임을 설계하면서 결정을 내릴 때 사용자에게 어떤 목적을 부여하거나 맥락이 될 수 있는 최소한의 스토리 윤곽을 짜야 한다. 물리적으로 이리저리 움직여야 하기 때문에 광범위한 가상 환경이 필요하지만 영역을 한정해야 하므로(넓은 야외 환경에서 물리적으로 크게 움직이는 것은 문제를 일으킬 수 있다), 예를 들어 으스스한 낡은 호텔과 같이 큰 빌딩이 여러 방으로 쪼개진 공간에서 게임을 한다고 가정하자. 플레이어는 온갖 괴물과 나쁜 놈들로 가득 찬 1층에서 꼭대기 층으로 가야만 헬리콥터를 타고 온 우리 편과 함께 탈출할 수 있게 된다고 하자. 하지만 플레이어가 꼭대기 층으로 가기 위해선 아이템을 모으고 퍼즐을 풀어야만 잠긴 문을 열어서 바닥의 엄청난 구멍을 건널 수 있도록 길을 틀 수 있으며 엘리베이터를 작동시킬 수 있다. 그동안 플레이어는 괴물이 몰래 다가오는 것을 경계해야만 한다. 현실 감각 넘치는 1인칭 시점의 VR로 루이지 맨션^{Luigi's Mansion}을 플레이한다고 생각해 보라.

앞으로 나올 장에서 입력 장치를 선택하는 것부터 메뉴를 디자인하는 것 등 VR 게임과 관련된 3D UI 이슈를 살펴볼 것이다.

2.4.2 모바일 증강 현실 사례 연구

강력한 모바일 장치와 센서 네트워크는 복잡한 모바일 그래픽 정보 시스템GIS, Graphical Infor-mation System 앱을 가능케 했다. 이번 사례 연구에서는 환경 분석(베아스Veas 등 2013)과 밀접하게 연관된 모바일 증강 현실 시스템인 시스템(누어미넨Nurminen 등 2011)을 살펴볼 것이다. 크루이프와 동료들이 개발한 해당 시스템은 현장 탐사, 즉 실제 장소에서 환경적인 프로세스를 분석하는 사람들을 지원한다(그림 2.2 참고).

특정 사건이 일어나는 현장에서 분석하면 사무실에 앉아서 일하면서는 얻기 어려운 실질적인 통찰력을 습득할 수 있다. 예를 들어 누군가 홍수나 산사태 뒤에 피해 현황 환경을 만들어서 상황을 분석하려고 한다. 이렇게 복잡한 상황에서는 현장을 직접 방문하지 않고는 정확하게 분석하기 어렵다. 원격 분석을 하자면 환경 자체가 계속 변하는데 이 환경을 반영한 모델은 불규칙하게 바뀔 뿐더러 가장 최근 상황을 보여 주는 정보가 매우 부족하기 때문이다.

그림 2.2 사용자가 산악지대의 하이드로시스 환경에서 AR 장치와 센서 스테이션을 들고 있다(이미지 출처: 에릭 멘데즈(Erick Mendez)).

하이드로시스에서 사용자는 온도 분포 또는 눈의 특성과 같은 데이터의 간단한 관측과 대규모 프로세스의 상세하고 복잡한 분석을 모두 수행했다. 자연 재해 후 발생하는 것과 같은 최종 사용자는 환경 과학자, 정부 직원, 보험 인력, 일반 대중을 포함한다. 각 그룹은 환경 데이터에 대한 경험 수준이 다르고 시스템 사용에 대한 다른 요구 사항을 제시했다.

사용자에게 환경 프로세스를 정확하게 표현하려면 여러 종류의 센서에서 데이터를 캡처하고 처리해야 한다. 이는 고밀도 센서 네트워크를 통해 달성해야 한다. 하이드로시스에서는 비교적 작은 영역의 탐사 장소(최대 수 제곱킬로미터)에 최대 15개의 센서 스테이션을 배치해 고해상도 데이터를 제공했다. 일반적인 날씨 모니터링으로 매일 날씨를 업데이트하는 것과 비교했을 때 1개의 날씨 스테이션은 수 제곱킬로미터를 관리한다. 센서 스테이션에는 기본 기상 센서부터 특수 수문 장비에 이르는 약 10개의 센서를 장착한다. 이는 정기적으로 최대 1분 간격으로 무선 네트워크를 통해 중앙 서버에 판독 값을 보냈다. 중앙 서버에서 데이터에 직접 접속하거나 데이터를 처리하는 시뮬레이션 서버로 데이터를 전송할 수 있었다. 현장에서 사용자는 간단한 온도 분포도에서 복잡한 예측 시각화에 이르기까지 다양한 최신 센서 판독 값과 처리된 데이터에 접근할 수 있었다.

데이터는 1인칭 관점에서뿐만 아니라 다른 사용자 또는 카메라 시스템의 시점에서도 관찰할 수 있다. 하이드로시스의 가장 혁신적인 기능은 공간 인식을 향상시키고자 다른 관점에서 사이트를 평가하는 멀티 카메라 시스템이었다. 각 사용자는 카메라가 들어 있는 착용형 AR 장치를 갖췄고, 다른 카메라는 센서 스테이션이나 삼각대에 장착했다. 또한 열 데이터를 포착하고 환경을 재구성해 최신 3D 모델을 만드는 데 사용된 7미터 길이의 비행선을 배치했다. 사용자는 다양한 카메라로부터 비디오 스트림을 전환해 현장을 더 명확히 인식할 수 있었다. 즉 공간 인식 프로세스 구축을 지원하는 동시에 텔레콘퍼런스 시스템을 사용해 다른 사용자와 관찰한 바에 대해 이야기를 나눌 수 있었다.

열악한 환경을 견딜 수 있는 인체 공학적이면서 견고한 핸드헬드handheld AR 플랫폼부터 멀티 카메라 시점 전환을 위한 효과적인 탐색 방법 설계에 이르기까지 하이드로시스 시스템은 수많은 도전에 부딪쳤다. 따라서 비슷한 요구 사항이 필요한 시스템을 설계할 때 발생할 법한 다양한 문제에 대해 흥미로운 예시를 제공한다. 3장에서 관련 내용을 다루겠다.

2.5 결론

2장에서는 3D 상호작용의 역사를 짚었고 이 풍부하고 흥미로운 영역의 다양한 모습을 같이 훑어봤다. 2부와 3부에서 3D UI 디자인에 대한 이론적, 실제적, 기술적 배경의 세부 사항을 조금 더 설명하겠다.

2부

인간 요소와 인간-컴퓨터 상호작용의 기본

3D UI를 중심으로 이 책의 기타 부분을 이해하려면 인간 요소와 HCI의 기본적인 원칙을 숙지하고 있어야 한다. 이 원칙에 익숙지 않은 독자들은 이후 3~4장에서 나올 개론을 참고하길 바란다.

인간 요소와 기본 요소들

3장에서는 3D UI 디자인에 일반적으로 영향을 미치는 인간 요소 관련 내용을 다룬다. 사용자가 정보를 어떻게 처리하는지에 집중한다. 추가적으로, 앞으로 나올 상호작용 기술과 용법에 대한 장들을 미리 볼 수 있는 인지, 인식, 물리적인 인체 공학 관련 내용도 다룬다.

3.1 소개

새로운 3D 상호작용 기기나 기술이 설계될 때 사용성과 수행 결과에 영향을 미치는 인간 요소를 반드시 고려해야만 한다. 자세하게 논의되거나 분석되지 않지만 인간 요소는 사용자 기반 디자인 프로세스에서 중요한 초석이 된다. '인간 요소'라는 단어는 능력, 특성, 인간 사용자의 한계를 의미하며 몸(행동), 감각(인지)와 뇌(생각)와 관련된 고려 요소를 의미한다. 안전하고 효율적이며 편안하게 사용할 수 있는 환경을 디자인할 때 인간 요소를 이해하는 것이 큰 도움이 된다.

그렇다면 인간 요소를 바탕으로 한 좋은 디자인이 무엇일까? 쉽게 답할 수 없는 질문이다. 다양한 용례와 사용자에 크게 의존해야 하기 때문이다. 상호작용 디자이너는 AR 인지 최적화 상호작용에 영향을 미치는 가시성 이슈를 이야기할 수도 있고, 앱을 훈련시키는 데에서 지식의 이동에 대한 이야기일 수도 있으며, 상호작용 기기를 위한 인체 공학적인 통제의 분석과 설계 등이 포함될 수도 있다. 일반적으로 인간 요소를 바탕으로 한 디자인은 사람의 몸과 마음이 할 수 있는 영역과 디자인을 향상시키고자 사람의 무궁한 잠재력을 사용하는 것에 대한 분석을 의미한다. 사람의 잠재력을 기반으로 한 디자인 프로세스는 특히 예술과 게임 영역에서 혁신적이면서도 사용자 참여형인 인터페이스를 디자인할 수 있게 만든다(베크하우스Beckhaus와 크루이프 2004, 크루이프 2013). 인간 요소를 고려하는 것은 사용자 기반의 인터페이스를 디자인하는 데 중요한 부분을 차지할 뿐만 아니라 4장 '인간-컴퓨터 상호작용의 일반 원칙들'에서 소개할 사용성 관련 엔지니어링 프로세스와도 직접적으로 통합될 수 있다.

인간 요소를 분석하려면 방법론에 대한 일반적인 평가를 잘 이해하고 있어야 한다. 그러므로 4장과 함께 11장 '3D 사용자 인터페이스 평가'도 참고하길 바란다. 인간 요소를 따로 생각하면 전반적인 연구에서 인간 요소가 결부되기 때문에 연구의 복잡도를 낮춰 줄 수 있다는 장점이 있다. 분석적인 방법론 영역을 볼 것이기 때문에 실용적인 고려 사항은 모든 방법이 모든 상황에 적용될 수 있는 것은 아니므로 선택지를 제한할 수 있다. 예를 들어 심성생리학적인 방법은 아무리 환경을 통제하더라도 야외에서 수행되는 연구에 유효하지 않다. 인간 요소와 인체 공학 연구 수행에 대한 논의를 더 알고 싶다면 자코 등의 연구자가 2012년 수행한 연구보고서를 읽어 보기 바란다.

이 장에서 우리는 다양한 인터페이스 디자인에 영향을 미치는 인간 요소의 개론을 살펴보고자 한다. 정보 처리와 관련한 좀 더 높은 차원의 문제를 소개한 뒤(3.2절), 서로 연관된 3개의 인간 요소 카테고리에 집중해 보겠다. 지각(3.3절), 인식(3.4절), 물리적인 인체 공학 이슈(3.5절)가 포함된다. 예를 들어 특정한 디스플레이를 적용한 기기(지각)를 분석하고자 할 때, 어떤 작업을 수행할 때 인식적인 UX가 얼마나 작동하는지를 평가할 때(인식), 몸 전체를 이용한 인터페이스에서 취하는 자세가 피로도에 미치는 영향을 연구하고자 할 때(물리적인 인체 공학 이슈) 이런 요인들을 접하게 된다. 이 카테고리들을 살펴보면서 심리-물리학적인 기반과 주요 인간 요소 관련 문제와, 그런 문제를 분석하는 방법을 설명하겠다. 또한 인간 요소 문제를 논의하면서 뇌-컴퓨터 인터페이스, 청각 관련 신경 시스템을 작동시키며 각성 또는 인식적인 작업을 발생시키는 데에 필요한 생체 신호 측정 활용에 중요한 신경학적인 단계에서의 처리 과정 역시 다룰 것이다.

3장에서는 4장의 내용 대부분의 기초 내용을 다룬다. 책의 나머지 부분을 통틀어 특정한 인간 요소 분야를 다룰 것이다. 따라서 3장을 다 읽지 않고 원하는 부분만 읽더라도 나중에 나올 자료를 이해하는 데 도움이 될 것이다.

3.2 정보 처리 과정

3장에서는 인간 정보 처리 과정을 둘러싼 기초 개념들을 개괄할 것이다.

3.2.1 기초 연구

인간 요소를 기반으로 한 디자인의 기저에 깔려 있는 메커니즘을 이해하고자 사용자가 정보 처리 과정을 유용한 상호작용, 또는 행동으로 연결 짓는지 기초 지식을 습득하는 것은 중요하다. 이 프로세스는 일반적인 정보 처리 과정이며, 4장에서 볼 반복적인 상호작용과 밀접하게 연관돼 있다. 시스템과 상호작용하는 동안 사용자는 수많은 출처를 바탕으로 계속적으로 정보를 습득하며 정보를 표현하고 다양한 형식으로 전달하며 처리된 정보에 기반해 특정 행동을 취한다. 이어 그들은 행동에 따른 피드백을 얻고 이 피드백은 다시 반복적인 정보 처리 과정에 반영된다. 이러한 과정에서 정보의 형태는 바뀔 수밖에 없고 따라서 시간이 걸리고 오류가 발생하는데, 이는 사용자 인터페이스 성능을 정의하는 2개의 주요 원천이다.

정보 처리 모델은 매우 다양한데 3장에서는 지각, 인식, 물리적인 인체 공학, 이 세 가지의 요소를 매핑하는 위켄스Wickens와 카스웰Carswell(1997)의 높은 차원의 모델을 적용하려고 한다. 만약 당신이 정보 처리 과정에 대한 다양한 시각에 관심이 있다면 위켄스와 카스웰의 모델에서도 살짝 언급될 것이다. 그림 3.1에 표현된 우리가 적용할 모델은 정보 처리를 다수의 단계로 나눴고, 3장에서 우리가 다룰 3개의 주요 인간 요소 카테고리와 각 단계가 어떻게 관련되는지 보여 준다.

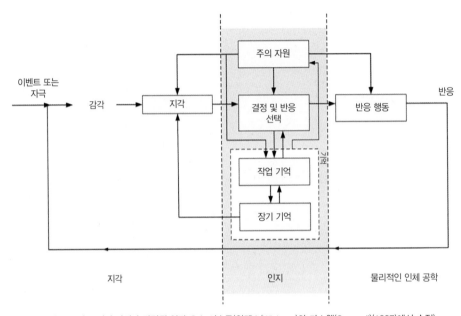

그림 3.1 정보 처리 과정과 관련된 인간 요소 이슈들(위켄스(Wickens)와 카스웰(Carswell)(1997)에서 수정)

이 모델에서는 과거의 경험에서 비롯된 기억을 의미 있게 해석하는 자극이나 이벤트가 감지 또는 인지된다. 인지된 바에 반응해 행동을 선택, 수행하거나 작동 중인 기억 체계, 즉 단기 기억에 정보를 저장할 수 있다. 단기 기억은 수용할 수 있는 능력이 제한돼 있고 주의 자원의 영향을 크게 받는다(예를 들어 어떤 것을 단기 기억하려면 그것에 주의를 기울여야만 한다). 반면 장기 기억은 주의에 직접적으로 영향받지 않지만 우리 주위의 세계, 개념, 절차와 관련된 정보를 저장하는 수용도가 높다. 행동을 취한 결과, 사용자는 피드백을 받고 이 피드백은 다시 반복된 정보 처리 과정에 적용된다.

3.2.2 주의

정보 처리 시스템 과정에서 주의 집중은 하위 처리 과정에 다양하게 영향을 미친다. 인터페이스 디자이너들은 주의 집중을 이해하면 본인 작업에 도움이 된다. 예를 들어 주의는 사용자가 분석 앱에서 검색하는 방법에 영향을 미치며, 역동적인 시공간 환경에서 수집한 정보에 영향을 미치고, 방대한 정보 공간에서 특정한(긴급한) 정보에 주목할 수 있게 만들어 준다.

주의에 대해서는 아직 해석의 여지가 많지만 몇몇 증거들을 봤을 때 주의는 감각 이벤트 지향, 집중 처리를 위한 신호 감지, 경계 또는 경보 상태 유지, 이렇게 세 가지 구성 요소로 이뤄져 있다(포스너Posner와 보이스Boies 1971). 주의는 시각적인 자극과 검색 행동을 처리하는 데 주요한 컴포넌트다(트라이스만Treisman과 젤라드Gelade 1980). 해당 처리 과정에서 정보를 선택하고 다른 정보가 흘러 들어오는 것을 막는 작업에 관여한다(스미스Smith와 코슬린 2013).

주의는 정보 처리 작업에서 다양한 형태를 띤다(위켄스와 카스웰 1997).

- 선택적인 주의는 어떤 이벤트나 자극을 처리할지 선택하는 것이다.
- 집중적인 주의는 집중을 방해하는 다른 자극과 이벤트를 회피함으로써 처리 과정을 유지하도록 만들어 준다.
- 분산된 주의는 제시간에 주어진 포인트에서 하나 이상의 이벤트, 자극을 처리할 수 있는 능력을 말한다.

보통 주의라고 할 때는 대부분 선택적인 주의다. 하지만 신경학적인 수준에서 주의를 분석하고 묘사하는 것은 어려운 일이다. 최근의 연구는 대부분 신경 이미징 방법을 이용하는 이른바 사건 관련 전위ERP, Event-Related Potential를 분석하는 데 집중돼 있다. 타당성 검증 파트에서 ERP를 훑어볼 것이기 때문에 지금은 주의가 현재 장소로부터 주목하던 것을 철회하기, 새로운 장소로 주의 돌리기, 위치에 대한 처리 과정을 지원하기 위한 새로운 위치에서 다시 주의를 기울이기라는 세 가지 심성작용과 연관이 있다는 것을 이해하는 것으로 충분하겠다(포스너Posner와 코헨Cohen 1984). 하나의 감각 경로에 존재하던 주의는 다른 감각 경로의 주의의 방아쇠가 된다(드라이버Driver와 스펜스Spence 1998). 예를 들어 붐비는 기차역에서 한 친구가 손을 흔들고 당신이 그녀에게 주의를 집중하면 아마 그녀가 당신의 이름을 부르고 있다는 것도 알아차리게 된다. 흥미롭게도 많은 연결고리가 서로 다른 인체의 감각적인 양상에 존재하고 있는 것으로 보인다. 3장의 다양한 절에서 이런 이슈들에 주의를 기울이며 특히 3.3.5절에서는 다중 감각 처리를 다룰 것이다.

하지만 일상에서 유용한 주목도는 안타깝게도 특정 병목 현상 때문에 늘어날 가능성이 높은 오류를 발생시키기 쉽다. 그런 병목 현상의 예시는 감각 체계의 제한(예를 들어 낮은 주변시 시력)이나 또는 분산된 주의 작업에서 주의도의 분산 등이다. 그런 오류나 실패는 공간적, 일시적인 수준에서 일어나는 경향이 있고 주의 모드에서 강화되는 경향이 있다. 예를 들어 붐비는 길거리를 걸어다니면서 서로 다른 장소에서 절대 한 번에 습득할 수 없는 방대한 양의 정보를 접할 수 있다. 이러한 정보의 과부하는 시각적인 변화를 감지하지 못하는(시각 장애인을 바꾸는, 시몬스Simons와 렌싱크Rensink 2005) 등 엄청난 규모의 오류를 생성할 수 있다. 예를 들어 영화에서의 연속 오류는 그 규모가 커도 인지하지 못한 채로 지나가곤 한다. 변화를 보지 못하는 것은 시각적인 부분뿐만 아니라 청각 장애인을 바꾸는 것과 같은 청각적인 측면에서도 일어날 수 있다(바이트비치 Vitevitch 2003). 자극이 빠르게 연속적으로 일어나는 경우 오류는 주기적으로 일어날 가능성이 높아진다.

3.2.3 의사 결정, 행동, 스킬

그림 3.1에서 볼 수 있듯이 의사 결정 프로세스는 정보 처리 과정의 핵심이자 다양한 자원으로부터 정보를 수집하고 조직화하며 결합하는 작업이 필요하다. 의사 결정은 2개 이상의 대안들 중 하나를 선택하고 이를 통해 실질적인 결과나 상상 속의 결과를 만들어 내는 과정이다(레토Lehto 등 2012). 고정 자체는 지금의 상황과 잠재적인 행동을 정립하는 데서 시작하고 결과는 그를 뒤따른다. 의사 결정 과정의 속도는 일반적으로 다르고 갈등과 복잡도, 정보를 처리하거나 가능한 결과를 탐색하는 속도의 영향을 받는다. 의사 결정 과정은 문제 해결과 합리적인 방법 도출이 필요하고, 과정들 사이의 경계가 뚜렷하지 않은 경우도 있다.

결정의 구조를 시각적으로 정의하는 일반적인 방법을 이른바 '의사 결정 나무'라고 부른다. 하지만 주의도와 비슷하게 의사 결정 과정을 모델링하는 것은 복잡한 작업이다. 이론들의 개요는 레토 등(2012)의 논문을 찾아보면 좋다. 이 이론들은 3개의 모델을 나타낸다. 규범주의 모델은 통계학과 경제학에서 도출된 방법론이고 합리적인 지각에 기반해 적용된다. 반면 행동주의 모델은 사람의 한계를 설명하고 상황에 따라 의사 결정 과정을 모델링하려 한다. 마지막으로 자연주의 의사 결정 모델은 사람들이 복잡한 작업을 실질적인 상황으로 어떻게 풀어내는지 정의하는 모델이다.

의사 결정에 깊이 연관된 두 가지의 이슈가 있는데 한번 살펴봐도 좋을 것 같다. 바로 **행동**behavior과 **스킬**skill이다. 의사 결정 맥락에서 행동은 경험과 문화, 신념, 습관, 사회적인 규범, 태도 등에 의해 영향을 받아 형성된 특정한 전략을 사용하는 것을 의미한다. 행동은 감정 상태에 의해 달라질 수도 있다. 어떤 효과들은 주기적인 감소 효과를 보인다(예를 들어 미래에 더 일어날 결과의 가치를 깎는 등). 역동적인 불연속성(예를 들어 비슷한 상황에서 다른 결정을 내리거나 직접적인 논리를 거부하는 등)으로 나타나기도 한다(스미스와 코슬린 2013). 사용자 행동은 조건에 의해서도 달라질 수 있는데 이 사실은 러시아 심리학자 이반 파블로프Ivan Pavlov가 특정 자극에 의해 반응이 촉발될 수도 있음을 실험을 통해 보여 주면서 널리 알려졌다(파블로프 1927). 조건을 습관과 혼동해서는 안 되는데 습관이란 장기적인 기억 속에서 인체 장기들이 반복적인 학습에 의해 특정 자극점에 반응을 줄이거나 심지어는 반응하지 않게 되는 현상을 말한다(칸델Kandell 등 2000). 습관은 포비아phobia들의 질환을 치료하는 가상 현실 앱에서 성공적으로 활용됐다(가르시아-팔라시옹Garcia-Palacios 등 2011). 의사 결정 맥락에 적용해 본다면 사용자 행동의 심연을 들여다보는 일은 변수와 같은 이슈를 잠재적으로 드러내는 것과 같으며 태도의 일반적인 리스크다. HCI에서는 연구자들이 사용자 행동 과정을 사용자 의도의 복잡한 모델을 이용해 모델링하려 했고, 이를 특정 시스템과 상호작용하면서 검색 행동을 하는 상황에 적용하려 했다. 3D UI에서는 행위를 통해 사용 제스처와 같은 자연스러운 사용자 상호작용 요소를 디자인하는 방법이 나오기도 했다(위그도르와 윅슨 2011).

사용자 행동은 종종 스킬에 의해 영향을 받는다. 스킬은 사용자가 더 정확하고 빠르게 반응하도록 만들어 주고 반복적으로 비슷한 행동을 취함으로써 습득할 수 있다(피츠Fitts와 포스너 1967). 그를 통해 의사 결정, 기억, 과정 촉진과 연결된다. 피츠와 포스너(1967)는 스킬을 습득하는 서로 다른 세 가지 단계를 정의했다. 인식적인 단계는 지식을 선언하고 교육의 인식적인 셋과 연결되기도 한다. 사용자는 점진적으로 관계적인 단계로 진입하는데 그러면 집중하는 단계라서 오류를 일으킬 확률이 줄어든다. 마지막으로 사용자가 자동적인 단계로 진입하면 정확하고 빠르게 행위를 취할 수 있게 된다. 스킬은 인간의 장기 기억에 선언적인 지식으로 축적되는 것으로 인식된다(칸델 등 2000, 3.4.1절 참고).

스킬은 3D UI의 주요 집중의 대상이 될 수 있다. 기능적인 셋이나 특정 행위는 배우기 어렵고 따라서 스킬을 숙지해야 한다. 게다가 스킬의 전이는 다수의 VR 훈련 앱에서 중요한 요소이며 가상 환경에서 스킬을 배울 수 있을 것이라는 기대감 역시 현실에 적용하기도 쉬워졌다(필빈Philbin 등 1998; 휴즈 등 2005). 의학(톨킹턴Torkington 등 2001; 잭Jack 등 2001), 엔지니어링(로프틴Loftin과 케니Kenney 1995), 불싸움(테이트Tate 등 1997)에서 좋은 예시들을 찾아볼 수 있다.

3.2.4 선택과 행동 제어

선택과 행동 제어는 의사 결정과 밀접한 연관이 있는데 왜냐하면 이것들이 선택과 특정 자극을 기반으로 한 반응으로 인해 나타나는 성과와 관련 있기 때문이다. 2개의 과정이 아주 밀접하게 연결돼 있는 것처럼 보여서 분리하는 작업은 늘 쉽지 않다. 일반적으로 의사 결정은 '깊은 생각'과 연관돼 있는 높은 수준의 인식적인 과정인 반면, 행동 선택은 단순한 인식과 연계된 낮은 수준의 자동적인 처리 과정이다.

반응의 속도와 충실도는 다양한 요소와 연관된다. 먼저 자극과, 더 자연스럽거나 더 빠르고 정확한 성과를 내는 반응의 특정 조합인 자극-반응 조합에 의존한다(피츠와 시거 Seeger 1953). 게다가 자극에 대한 반응은 자극과 반응이 진행되는 시도 과정에서 같을 때 더 빨라진다(버텔슨Bertelson 1961). 반면 반응 시간은 사용자가 작업과 작업 사이를 바꿔야 할 때 늘어난다. 마지막으로 자극-반응 시간은 불명확성과 사전 단서의 영향을 받을 수 있다(샌더스Sanders 1998).

선택과 행동 제어는 내재적으로 사용자 행동과 묶이게 된다. 속도는 충실도의 영향을 받는다. 빠른 반응이 필요할 때 충실도를 어느 정도 포기할 수 있고 이 메커니즘은 속도-정확성 트레이드 오프speed-accuracy trade-off로 불린다(파첼라Pachella 1974). 선택과 행동 제어는 피츠의 법칙Fitts's law의 영향을 받고 제어 성능에 영향을 준다(프록터Proctor와 부Vu 2012).

모터 제어는 많은 3D UI의 주요한 측면이고, 일반적으로 열린 루프 제어와 닫힌 제어, 두 가지 형태를 취한다고 알려져 있다. 열린 루프 제어는 움직임 명령 셋을 정의하는 모터 프로그램 또는 계획과 같은 내부적인 모델에 기반한다. 반면 닫힌 루프 제어는 제어를 적용하는 감각 피드백에 의존적이다. 피츠의 법칙은 많은 모터 행동의 성능을 묘사하는 열쇠이고 수많은 평가 과정에 사용됐다. 이는 또한 목표 지역을 향한 목적성 있는 움직임을 취하는 시간을 묘사한다(피츠 1954). 기존 피츠의 법칙 공식은 다음과 같다.

$$MT = a + b \log_2 (2D/W)$$

MT는 움직이는 시간이고 a와 b는 모델 매개 변수, D는 타깃까지의 거리, W는 타깃의 크기다. 피츠의 법칙은 목표로 한 움직임을 위한 2개의 중요한 성능 요인을 정의한다. 목표 위치까지의 거리를 증가시키고 목표물 크기를 줄이면 성능 시간은 늘어난다는 것이다. 공식은 따라서 속도-충실도 관계를 정의한다. 우리의 움직임이 정확해질수록 움직이는 데 더 오래 걸린다. 움직임은 2개의 단계로 이뤄질 수 있다. 목표물을 향한 빠른 움직임(발리스틱 단계로 알려진) 그리고 타깃이 가까워지는 수정적인 움직임이 있다. 후자는 어려움의 정도(ID), 작업을 수행함으로써 교환되는 정보의 양(비트 단위)와 직접적으로 연관되며 다음 공식에 의해 정의된다.

$$ID = \log_2 (2D/W)$$

ID는 상수 b 이후의 피츠의 법칙 방정식 전체와 동일하다. 색인은 목표를 선택할 때 난이도를 정량화하는 척도다. 결과적으로 두 측정 항목을 결합해 성능 지수를 구성할 수 있다.

$$IP = (ID/MT)$$

IP는 초당 비트로 표시되며 입력 장치의 성능을 정의하는 데 사용된다. 어떤 연구에서 손짓의 IP는 초당 10.6비트, 마우스는 10.4비트, 조이스틱은 5.0비트, 터치패드는 1.6비트(맥켄지 1992)로 나타났다.

시각적인 피드백 방법, 선택 방법, 다른 모터 동작 사이의 조정, 입력 장치의 대기시간 및 작업이 수행되는 실제 순서 등 다양한 요소가 성능 수준에 영향을 준다. 특정 공간과 모터 대칭 역시 영향을 미친다. 손과 발을 조합하는 것이 잘 알려진 예다(프록터와 부 2012).

마지막으로 조타법은 3D UI로 수행되는 다양한 작업과 밀접한 관련이 있다. 조타법은 터널을 조종(이동 또는 탐색)할 시간을 설명하는 예측 모델이다. 터널은 특정 너비의 경로 또는 궤적으로 이해할 수 있다. 이 모델은 경계를 넘지 않고 가능한 한 빨리 터널을 통과하는 작업을 가능케 한다. 예를 들어 VR 게임에서 사용자는 벽을 건드리지 않고 복도를 탐색할 수 있어야 한다. 예를 들어 복잡한 곡선 경로의 경우 조향 법칙은 다음과 같이 정의할 수 있다.

$$T = a + b \int_c \frac{ds}{W(s)}$$

T는 길 위에서 움직이는 평균 시간, C는 s와 W(s)로 한정된 길이며 길의 너비는 s, a와 b는 실험적으로 고정된 상수다. 간단한 길들(예를 들어 연속된 너비 W로 쭉 뻗은 터널)에 대한 조타법은 다음과 같다.

$$T = a + b \frac{A}{W}$$

A는 단순히 길의 길이며 피츠의 법칙과 비슷하게 이 공식에서도 속도와 충실도는 등가교환된다.

3.3 인식

이제 전반적인 정보 처리 원칙을 살펴봤으니 인식(3.3절), 인지(3.4절), 물리적인 인체공학(3.5절)으로 불리는 3개의 서로 다른 정보 처리 주기를 좀 더 자세히 살펴보겠다.

인식 메커니즘을 잘 이해하는 것은 효율적인 인터페이스를 선택하거나 디자인하는 데 중요하며, 뒤에서 다루는 3D UI 가이드라인이 합리적임을 알게 한다. 앞으로 나올 절에서 각각의 인식 채널의 기반과 관련된 주요 단서를 묘사할 것이다. 용어에 대한 전반적인 소개는 골드스타인[Goldstein](2014), 스미스와 코슬린(2013), 시겔[Siegel]과 샤프루[Shapr](2010)를 참고하기 바란다.

3.3.1 시각 시스템

3.3.1절에서는 시각적인 인식과, 실제와 가상 환경이 상호작용할 때 처리되는 다양한 단서의 기초를 소개한다.

기초

시각적인 정보를 처리하는 과정은 서로 교차된 경로의 복잡한 패턴에 의존한다. 아주 낮은 레벨의 경우, 눈 뒤쪽에 있는 신경세포인 망막이라고 불리는 세포의 층위에 의해 포착되는 빛의 강도나 레티나 디스플레이에 표시되는 이미지의 에지^{edge} 형식과 같은 시각적인 장면의 특징을 표시한다. 망막의 서로 다른 세포 부분들은(원추세포, 간상세포) 중앙과 주변 시각 시스템에서 서로 다른 역할을 담당한다. 중앙 시각은 색, 모양, 글자를 볼 수 있으며 주변 시각으로 가면 이는 빠르게 흐려진다. 하지만 주변 시각은 행동을 감지하기 좋은데 이는 움직이는 물체에 빠르게 반응할 수 있다는 점에서 중요하다. 후에 나오겠지만 해당 능력은 넓은 평야를 보여 줘야 하는 디스플레이 시스템에서 유용하다.

망막과 신경 세포는 빛을 전기 신호로 바꾸고 시각 세포를 통해 이 신호를 뇌의 주요 시각 코텍스^{visual cortex}로 보낸다. 주요 시각 코텍스에서는 두 가지 갈래로 갈라진다. 하나는 물체의 위치와 어떻게 움직일지에 대한 정보 처리를 하는 데 중요한 등쪽 경로, 그리고 다른 하나는 인식과 물체의 정체를 관장하는 배쪽 경로. 2개의 경로는 양방향으로 작용하며 정보를 처리하는 데 중요한 역할을 한다. 하위에서 상위로 향하는 처리 과정은 세계가 관찰되는 방향에 대한 정보를, 상위에서 하위로 향하는 과정은 지식, 예상, 신념, 목표 등을 기반으로 한 감각 정보를 해석하는 과정을 관장하며, 따라서 그들은 인지 처리 과정과 연결된다(골드스타인 2014, 스미스와 코슬린 2013).

시각적인 단서

공간 앱에서 사용자는 시각적인 장면을 효율적으로 사용해야 하고, 이는 전시된 콘텐츠의 시각적인 단서를 통해 달성된다. 예를 들어 사용자는 깊이를 표시하는 단서를 이용해 3D 장면의 공간적인 구조를 잘 이해해야 한다. 심도 정보는 사용자가 3D 선택, 조작, 운항 작업을 할 때 앱과 상호작용하는 데에 도움을 준다. 심도 단서는 그러나 충돌을 일으켜서 그릇된 가정으로 이끌기 쉽다. 그러므로 사람의 시각 체계가 어떠한 심도 단서를 이용해 3D 정보를 추출하고, 시각적인 화면이 이런 디바이스를 분석하는 또 다른 중요한 툴을 어떻게 제공하는지도 이해해야 한다.

더 자세한 시각적인 심도 단서 관련 내용은 골드스타인(2014), 메이^{May}와 배드콕^{Badcock}

(2002), 위켄스Wickens, 토드Todd, 시들러Seidler(1989), 세드그윅Sedgwick(1988), 세큘러Sekuler 와 블레이크Blake(1994)의 연구에서 찾아볼 수 있다.

단안, 정적 단서

단안monocular, 정적 깊이 단서는 정적 이미지(일반적으로 단일 눈으로 보이는)에서 추론할 수 있는 깊이 정보를 나타낸다. 정적인 사진에서 볼 수 있기 때문에 정적 단서는 그림 단서로도 불린다. 이러한 단서에는 상대 크기, 수평선에 상대적인 높이, 교합, 선형 및 공중 원근감, 그림자 및 조명, 텍스처 그레이디언트gradient가 포함된다.

객체의 절대적인 크기에 대한 정보가 없는 상태에서 **상대적인 크기**relative size는 심도 단서로 사용될 수 있다. 예를 들어 아무 것도 없는 배경에 크기가 점점 작아지는 원들 그림이 있는 화면이라면 더 작은 원이 더 멀리 있는 것으로 보인다(그림 3.2 참고). **수평선이 있을 때 사물의 높이** 역시 보는 사람의 심도 인식에 영향을 준다. 시각적인 영역의 아랫부분에 있는 수평선보다 아래에 있는 사물은 시각적인 영역에서 보다 위쪽에 있는 사물보다 가까워 보인다.

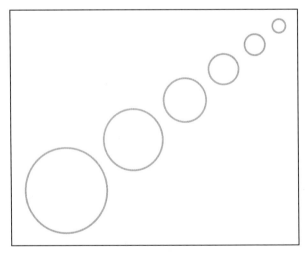

그림 3.2 심도 단서를 보여 주는 상대적인 크기 차이

교합occlusion(또는 등고선 차단 내지는 간섭)은 가까운 사물 때문에 더 멀리 있는 사물이 부분적으로 보이지 않는 현상을 의미한다. 어떤 불투명한 사물이 다른 사물을 맞물면 사용자는 첫 번째 사물이 더 가까이 있다는 것을 알 수 있다(그림 3.3 참고).

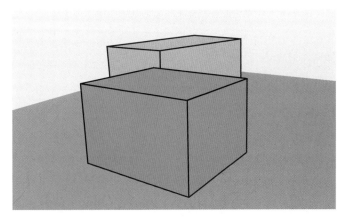

그림 3.3 교합과 선형적인 시각

선형적인 시각^{linear perspective}은 수평선들이 보는 사람으로부터 멀리 떨어질 때 합쳐지는 것처럼 보이는 현상이다. 선들이 서로 가까워질수록 그들이 보는 사람으로부터 멀리 떨어졌다는 것을 알 수 있다. 그림 3.3에서 교합뿐만 아니라 선형적인 시각의 예시 역시 관찰할 수 있다.

공중 시점^{Aerial perspective}(또는 대기 감쇠)은 대기 중에서 빛이 분산이나 흡수하는 양상을 통해 비교적인 거리를 측정하는 방식이다. 예를 들어 사물이 가까워지면 채도가 높아지고 밝아지는 반면 사물이 멀어질수록 채도가 낮아지고 어두워진다.

그림자와 빛은 보는 사람이 심도를 결정하는 데에도 도움을 준다. 그림자는 다른 사물에 드리워지거나 사물에서 근처의 표면으로 옮겨갈 때 심도를 드러낸다. 보는 이는 어떤 장면에서 빛의 출처가 어디에 있는지를 예측할 수 있고 근처 표면에서 사물이 얼마나 떨어져 있는지를 알아챌 수 있다(그림 3.4 참고). 조명을 많이 받는 사물은 일반적으로 보는 사람과 가깝기 때문에 빛을 가하면 심도를 전달할 수 있다.

그림 3.4 그림자를 활용해 심도 차이를 주는 법: 오른쪽의 직사각형이 왼쪽의 직사각형보다 페이지에서 더 높이, 멀리 떨어져 있는 것처럼 보인다.

많은 표면과 개체에는 관련된 패턴이 있다. 이러한 패턴이 2D 표면에 투사될 때 표면 또는 감촉의 밀도는 표면과 보는 사람 사이의 거리에 따라 증가한다. 이 현상을 개체의 **텍스처 그레이디언트**^{texture gradient}라고 하며 상대적인 심도의 단서를 제공한다(그림 3.5 참고).

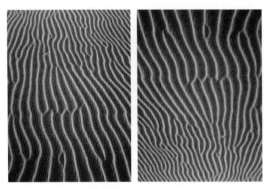

그림 3.5 텍스처 그레이디언트의 효과: 오른쪽 이미지는 단순히 왼쪽 이미지가 반전된 것이다. 두 경우 모두 심도 단서를 제공한다.

동안 신경 단서

동안 신경^{oculomotor cues}(그림 3.6에 묘사된) 단서는 보는 사람의 시각 체계의 근육 중 원근 조절과 두 안구의 비공동성 운동과 같은 긴장 상태로 인해 발생한다. **원근 조절**^{accommodation}은 눈이 어떤 이미지에 집중할 때 안구 근육의 움직임으로 인해 물리적으로 동공을 늘려 주고 이완해서 나타나는 현상이다. 이완되고 늘어난 눈 근육의 상태는 집중된 사물의 거리 단서를 제공한다. 객체가 멀리 있으면 근육이 이완되고 수정체가 더 구면이 되게 한다. 객체가 보는 이와 가까우면 안구 근육은 수정체를 평평하게 당긴다. **비공동성 운동**^{vergence}은 보는 사람의 눈을 회전시켜서 다양한 거리에서 이미지가 합쳐져서 하나가 되게 만든다. 이 회전으로 인해 나타나는 근육의 반응은 객체의 깊이를 알 수 있는 단서가 된다. 보는 사람의 두 눈은 가까운 객체를 볼 땐 한 곳으로 몰리고 멀리 있는 객체를 볼 때는 다시 멀어진다.

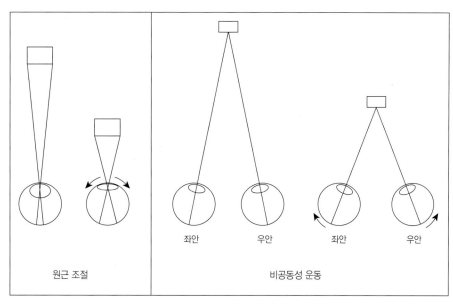

그림 3.6 원근 조절(왼쪽 이미지) 및 비공동성 운동(오른쪽 이미지): 화살표는 조절을 위해 안구가 양쪽으로 늘어나는 모습, 그리고 수렴을 위해 안구가 회전하는 모습을 나타낸다.

동작 시차

심도 정보는 객체가 보는 사람에 따라 움직일 때(예를 들어 정적인 시청자 동작 시차)와 보는 사람이 정적인 개체를 두고 움직일 때(예를 들어 움직이는 시청자 동작 시차), 두 상황이 복합적으로 일어날 때 전달된다. **동작 시차**motion parallax는 객체가 보는 사람에게 가까이 가고자 시각적인 영역을 더 빠르게 가로질러 움직이고, 보는 사람에게서 멀어질 때는 더 느리게 움직인다(그림 3.7 참고). 예를 들어 어떤 사람이 움직이는 자동차 안에 있다고 하자. 자동차가 움직일수록 보는 사람은 가로등이나 공중전화 박스처럼 길가에 세워진 것들이 **빠르게** 지나간다고 느끼는 반면 산, 높은 빌딩 같이 멀리 있는 객체는 느리게 움직인다고 여길 것이다. 이를 3D 환경에 적용한다고 하면 동작 시차는 보는 사람에게 훌륭한 심도 정보를 제공할 수 있다.

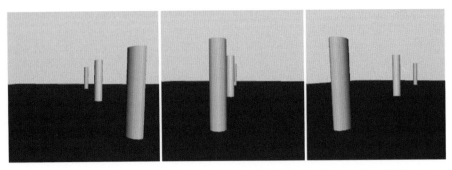

그림 3.7 동작 시차를 묘사하는 일련의 이미지들. 보는 이가 왼쪽에서 오른쪽으로 움직일 때 가장 가까이 있는 실린더가 가장 많이 움직이는 것처럼 보이는 한편 멀리 있는 실린더는 적게 움직이는 것처럼 보인다(이미지 출처: 조셉 라비올리 주니어(Joseph LaViola Jr.)).

양안 시차 및 입체시

대부분의 사람들은 2개의 눈으로 세상을 보는데 각각의 눈은 약간 다른 이미지를 본다. 양안 시차는 이 두 이미지의 차이를 나타낸다. **양안 시차**^{binocular disparity}를 이해하는 가장 좋은 방법은 가까운 객체(예를 들어 당신의 손가락)를 보면서 눈을 한쪽씩 깜빡여 보는 것이다. 2개의 이미지가 서로 다른 것이 확연히 보일 것이다.

양안 시차는 보는 사람에게 더 가까운 객체(그림 3.8 참고)를 볼 때 더 명확하다. 2개의 이미지를 융합하면(원근 조절과 두 안구의 비공동성 운동을 통해) 하나의 입체적인 이미지가 나타나면서 강력한 심도 단서를 제공한다. 이 효과를 **입체시**^{stereopsis}라고 한다. 이때 2개의 이미지는 딱 맞게 융합돼서는 안 되며(예를 들어 객체가 보는 사람에게 매우 가까이 있을 때), **양안 경합**^{binocular rivalry}은 보는 사람이 하나의 이미지를 보지만 일부만 보거나 다른 사진의 일부만 볼 수 있게 만든다.

그림 3.8은 두 객체의 심도를 비교하고자 서로 다른 거리에서 심도 단서의 상대적인 힘을 비교한다(커팅^{Cutting} 등 1995). 숫자가 보여 주듯이 폐색은 이런 비교에서 가장 유용한 단서인데, 왜냐하면 어떤 거리에서도 동등하게 활동하고, 두 객체의 심도 차이가 객체까지의 거리보다 수천 배나 작은 상태에서도 심도가 일정하게 유지되기 때문이다. 이때 폐색과 다양한 심도 단서는 상대적인 심도 정보만을 제공한다. 원근 조절, 두 안구의 비공동성 운동, 입체시, 동작 시차만이 절대적인 심도 정보를 제공한다.

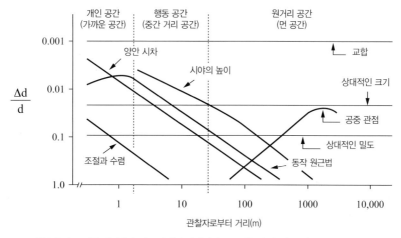

그림 3.8 서로 다른 거리에서 심도 단서의 상대적인 중요성은 커팅 등(1995)에 의해 적용됐다.

3.3.2 청각 시스템

이제 청각 체계와 관련 단서들을 살펴보겠다.

기초

청각 시스템은 감각 채널에서 시각 다음으로 많이 사용될 것이다. 청각 시스템은 바깥귀, 가운뎃귀, 속귀로 이뤄져 있다. 바깥귀는 소리를 모아서 고막으로 전달하는데 이 기관은 소리를 받으면 진동하고 수용한 음파를 모방한다. 고막은 가운뎃귀의 3개의 뼈(망치뼈, 침골, 등뼈)에서 반응을 일으키고 이는 속귀 안의 액체가 움직이게 만든다. 이는 다시 달팽이관 속(속귀) 유모세포 즉 수용체에 영향을 줘서 앞뒤로 굽어지도록 만든다. 광학 신경과 비슷하게, 수용체는 전자 신호를 음향신경으로 보내 주고 여기서 뇌로 전달된다.

귀는 약 20~20,000헤르츠의 주파수를 처리할 수 있으며(나이에 따라 더 높은 주파수에서는 청력이 감소함) 소리의 크기, 피치, 음색을 감지한다. 귀에 들리지 않는 소리(초저주파 및 초음파 음향)는 사람의 귀에는 감지되지 않을 수 있지만 메스꺼움을 비롯해서 인체에 다른 영향을 미칠 수 있다. 사람은 소리의 출처를 귀 사이의 강도 차이를 통해 그 위치를 알아내는 데 능하며 특히 소리가 정면 반구에서 올 때에는 더 감지하기 쉽다(다음 절에서 더 다룰 것이다). 소리는 빠르게 감지되고 경고 기능이 있어서 강력한 피드백 메커니즘으로 사용될 수 있다. 또한 특정한 소리(주의를 기울여서, 3.2.2절 참고)에 집중할 수 있고 나머지 소리를 거를 수 있다(골드스타인 2014).

초저주파(낮은 주파수)의 오용은 사람을 불쾌하게 만들 수 있다. 메스꺼움이 그 유력한 증상이다(크루이프와 판더Pander 2005). 더 주목받아야 할 또 다른 측면은 청각 주파수와 촉각 사이의 연결성인데, 왜냐하면 인체가 촉각 같은 감각으로도 낮은 주파수 소리를 감지할 수 있기 때문이다. 복부, 폐, 특정 뼈와 같은 공동은 음파와 특정 공명의 떨림을 감지하며 특히 낮은 주파수일 때 더 성능이 좋아진다. 그러므로 청각뿐만 아니라 낮은 주파수를 '느끼는' 감각을 전달할 수도 있다. 하지만 인체의 다른 부분이 청각 인지에 어떤 영향을 미치는지에 대한 이해는 아직 제한적이다(크루이프 등 2015).

청각 단서

시각 시스템과 같이 청각 시스템은 청자에게 수많은 서로 다른 위치 단서를 제공해서 소리 출처의 방향과 거리를 결정하게 한다. 그럼에도 서로 다른 위치 단서가 많은데(볼랜더Vorländer와 신-커닝햄Shinn-Cunningham 2015) 여기서는 3D UI에 적용되는 주요 단서들을 논의하고자 한다. 위치 단서와 공간 청력과 관련해 더 자세한 사항은 겔판드Gelfand(1998)와 요스트Yost(1994)의 연구에서 더 찾아볼 수 있다.

양이 단서

양이 단서binaural cues는 각 귀가 수용하는 음파를 비교하면서 등장했다. 소리의 출처에 따라 한쪽 귀는 다른 귀보다 더 빨리 소리를 받아들일 수 있다. 소리가 도착한 귀와 반대편 귀 사이의 시차를 '양측 시차ITD, Interaural Time Difference'라 부르고 이는 소리 출처의 양 방향이 어디인지를 감지하는 데에 중요한 역할을 한다(예를 들어 출처가 청자의 왼쪽인지 오른쪽인지). 비슷하게, 귀가 청자의 머리를 중심으로 나뉘어 있기 때문에 높은 주파수의 음파(2킬로헤르츠 이상)는 머리통에 의해 반사되고 회절돼서 먼 쪽의 머리에는 상대적으로 적은 음향 에너지가 도달해서 음향 사각지대를 만든다. 그러므로 소리의 상대적인 강도는 각 귀에 따라 다르며 소리 출처의 양방향 위치에 따라 다르다. 각 귀에 닿는 소리 강도의 차이는 양측성 강도 차이IID, Interaural Intensity Difference라고 불리며 이 역시 소리 출처의 양방향 위치를 결정하는 데에 중요한 단서가 된다.

양이 단서의 근본적인 문제는 모호한 상황이(다른 단서가 없는 경우) 발생하는 청취자의 머리에 상대적인 위치가 있다는 것이다. 이런 상황은 2개의 서로 다른 소리 출처 위치가 ITD와 IID에 비슷한 가치를 제공할 때 일어난다. 해당 현상은 크게 두 가지로 나뉜다. 첫째 소리 출처가 시상면(인간을 왼쪽과 오른쪽으로 나누는 해부학적 평면)에 있을 때 음파가 각 귀에 거의 동시에 닿으며 두 귀가 감지하는 소리의 강도가 거의 같을 때 IID와 ITD가 0에 가까워진다. 이는 앞뒤 위치를 결정하는 데에 혼동을 줄 수 있다. 둘째, 소리 출처가 청자로부터 약 91센티미터 이상 떨어져 있을 때 ITD와 IID 값이 거의 같아지는 지점군이 있다(켄달Kendall 1995). 이 상황에서 소리 출처를 잡으려면 다른 단서가 필요하다. 관련해서 더 나아간 논의를 보고 싶다면 볼랜더와 신-커닝햄(2015)의 연구를 참고하자.

청자가 애매모호한 양이 신호를 처리하는 하나의 방법은 청자의 머리나 소리의 출처를 역동적으로 움직이는 것이다. 예를 들어 소리 출처가 청자의 바로 앞일 때 머리를 왼쪽으로 돌리면 ITD와 IID가 오른쪽 귀에 집중시켜서 모호함을 줄이려 한다. 하지만 연구 결과를 보면 이 방법이 결정적인 단서가 되기 힘들다(쉴링Shilling과 신-커닝햄 2002).

머리 관련 전달 함수

머리 관련 전달 함수HRTF, Head-Related Transfer Function는 음파가 청자의 몸통과 어깨, 머리, 특히 바깥귀와 어떻게 상호작용하는지를 보여 주는 공간 거름망이다. 바깥귀는 음원의 위치 및 주파수 내용에 따라 중간 및 고주파에서 음파를 높이거나 억제하는, 많은 옹이 및 홈이 있는 비교적 복잡한 해부학 구조다. 그러므로 HRTF는 위치 기반 방법론을 바탕으로 소리 출처의 음파를 수정한다. 이렇게 수정된 음파는 청자에게 위치 단서를 제공한다.

HRTF의 흥미로운 특징 중 하나는 실제 세계 청자의 조건을 담고 있는 공간 정보의 많은 부분을 포괄한다는 것이다. ITD 및 IID 신호는 왼쪽 및 오른쪽 귀의 필터의 상대적 위상 및 크기 내에서 암호화된다. 또한 스펙트럼 정보와 음향 세기는 두 필터의 절대 주파수 종속 크기를 보고 알 수 있다(볼랜더와 신-커닝햄 2015). HRTF는 또한 사용자가 양이 단서에 대한 모호한 경우를 처리하는 데 도움이 되는 단서를 제공한다. 그러나 HRTF는 청취자별로 다르기 때문에 일반화하기 어렵고, 음원을 국지화하기 위한 또 다른 중요한 신호인 잔향 정보를 포함하지 않는다는 한계를 지녔다. HRTF는 특수 장치를 사용해 측정할 수 있으며 개별 사용자를 위해 고품질의 공간 사운드를 생성하는 데 사용된다. 비사용자별 HRTF에 대한 유망한 연구도 수행됐는데 그 예시는 웬젤^{Wenzel} 등(1993)의 연구에서 찾을 수 있다.

반향

자연 환경에서 대기의 성질(예를 들어 온도와 습도) 및 음파를 흡수하고 여러 방향으로 반사할 수 있는 물체를 포함해 다양한 요소가 소리의 출처에서 발생하는 음파에 큰 영향을 줄 수 있다. 그러므로 소리의 출처로부터 발생하는 음파는 청취자에게 직간접적으로(예를 들어 벽 가구 또는 천장을 거쳐서) 도달한다. 여기서 **반향**^{reverberation}은 공간 내의 다양한 표면에서 반사된 파동을 모은 것으로 소리의 출처를 잡기 위한 중요한 음향 신호 역할을 한다.

청취자가 음원의 방향을 인식하는 데 도움이 된다면 신호로서의 반향은 거의 없지만 출처로부터의 거리의 인식을 돕는다(쉴링과 신-커닝햄 2002). 또한 기하학 및 표면 특성을 포함해 청취 환경의 크기 및 구성에 대한 정보도 제공한다.

소리 강도

소리의 강도(소리 크기로 감지되는)는 음원의 거리를 결정할 때 기본 신호다. 강도는 음원과 거리가 멀어질수록 줄어들기 때문이다. 시뮬레이션할 때의 간편함 때문에 3D 청각 디스플레이(비고트^{Begault} 1994)에서 종종 사용했다.

전정기관 단서

엄밀히 말하면 청각 신호를 처리하는 시스템은 아니지만 전정기관은 귀, 청신경과 밀접하게 연결돼 있는데 여기서 이런 단서를 소개하고자 하는 이유다. 전정기관은 인간의 균형을 잡아 주는 체계로 이해하면 딱 알맞을 것이다. 그 구조는 귀 뒤쪽에 위치하고 있으며 타원 기관과 3개의 반원형 도관(운하라고도 함)으로 구성돼 있다. 타석기관(어트리클^{utricle}, 전정기관^{vestibule}, 새큘^{saccule}이라고도 함)은 기관 내의 액체의 움직임에 의해 자극을 받아 중력 및 선형 가속도의 방향 정보를 전달하는 작은 털을 갖고 있다. 3개의 반원형 도관은 서로 수직인 세 평면에 배치되며, 타원 장기처럼 내부의 유모 세포를 자극할 수 있는 액체도 포함한다. 반원형 도관은 각 가속도 및 감속에 대한 정보를 제공한다. 이미 추측할 수 있겠지만 타석기관은 선형 운동을 다루고, 반원형 도관은 회전 운동을 기록하므로 인간의 균형 감각을 잡아 준다.

이 시스템은 또한 정적 및 동적 기능을 모두 포함한 신체 동작에 대한 단서를 제공한다. 타석 시스템은 공간에서 머리의 위치를 모니터링해 인간의 자세를 제어한다. 반원형 도관은 공간에서 머리의 회전 운동을 추적해 전두엽의 안구 운동에 영향을 미치므로 머리가 움직이는 동안에도 사람들이 물건에 초점을 고정시킬 수 있다. 전체적으로 전정기관은 눈, 목, 몸통, 팔다리 제어에 영향을 미친다(골드스타인 2014).

전정기관의 부작용 중 하나는 컴퓨터를 장시간 사용했을 때 생기는 메스꺼움일 것이다. 이는 시각 및 전정 신호 사이의 불일치로 인해 발생할 수 있다고 알려져 있다. 불일치 상황이 극단으로 치닫으면 시각과 전정기관 단서 사이에 심각한 부조화를 초래할 수 있다. 예를 들어 물리적인 움직임을 전혀 경험하지 않고 가상의 롤러코스터를 타는 경우 등이다. 메스꺼움을 피하는 방법은 연구 문헌에서 찾을 수 있는 전정기관 단서의 기여다(해리스Harris 등 1999). 또 다른 방법(크루이프 등 2015, 2016)은 최소한의 전정 정보를 제공해서 자기 동작 인식을 향상시켜 충돌을 완화하는 것이다.

시각과 환경 친화성

많은 경우 시각 시스템을 청각 시스템과 함께 사용해 소리의 위치를 결정하는 데 사용할 수 있는 공간 인식을 구성할 수 있다(웰치Welch와 워런Warren 1986). 물론 이러한 인식은 사운드 소스가 사용자의 시야FOV, Field Of View 내에 있는 경우에만 유용하다. 특정 소리 및 환경에 대한 청취자의 이전 경험은 청취자의 음원 위치 결정 능력에 영향을 미치기도 한다. 이는 길찾기 기능(8장 '탐색' 참고)이 필요한 3D 및 가상 환경 애플리케이션에서 매우 중요할 수 있다.

3.3.3 신체 감각

신체 감각, 또는 촉각 시스템은 무언가를 만지거나 객체를 이해할 때 중요한 인지 체계며 우리 몸 일부의 동작과 위치를 인식하는 방식이다.

기초

인간 체세포 감각 시스템은 다양한 형태의 자극을 받는 관절, 힘줄, 근육, 피부의 지각 수용체의 복합적인 통합체다. 이 시스템은 감각과 촉각에 관련된 촉각 감각을 다룬다.

신체 감각 시스템은 일반적으로 피부, 고유 감각, 운동 감각으로 나뉘며, 후자의 두 감각은 운동 감각으로 종종 설명할 수 있다(골드스타인 2014). 이 시스템은 피부와 피하(피부 아래) 감각, 신체와 팔다리의 위치, 관절과 근육의 기계적 감각을 감지한다. 루미스Loomis와 레더만Lederman(1986)에 따르면 피부 감각은 피부와 관련 신경계 내의 수용체를 통해 신체 외부 표면의 자극에 대한 인식을 제공하는 반면 운동 감각은 관찰자에게 정적 및 동적인 인식을 제공한다(머리, 몸통, 팔다리, 엔드이펙터end effector의 상대적 위치 지정). 이러한 감각은 촉각을 통한 피드백으로도 알려져 있으며, 기하학, 조도(터치), 무게, 관성(힘)과 같은 정보를 인간에게 제공한다.

피부 내에서 기계 수용체라고 불리는 다양한 형태의 촉각 단서가 존재한다. 다른 감각 체계와 달리 이 수용체는 전신에 분포돼 있다. 다른 수용체와 마찬가지로 신경 신호는 두 가지 주요 경로를 따라 뇌로 이동한다. 하나의 경로(내측모대로)는 팔다리의 위치를 감지하고 큰 섬유를 감지하는 것과 관련된 신호를 전달한다. 이 신호는 빠른 속도로 전송돼 이동 제어 및 접촉에 대한 반응을 지원한다. 다른 경로spinothamalic는 더 작은 섬유로 구성돼 있으며 온도와 통증과 관련된 신호를 전송한다.

두뇌에 있는 체세포 감각 피질의 중요한 특징은 그것이 인체의 위치와 관련해 지도처럼 조직돼 있다는 것이다. 펜필드Penfield와 라스무센Rasmussen의 실험은 뇌 난쟁이를 묘사해 피부의 일부 영역이 뇌에서 지나치게 넓은 영역을 차지하는 것을 보여 줬다(펜필드와 라스무센 1950). 이 문제는 3.5.1절에서 다시 언급한다.

피부의 다른 유형의 수용체는 시상하부에 온도 정보를 보내는 온도수용기와 통증을 다루는 통각 수용기를 포함한다. 통각 수용기는 더 강렬한 화학적, 기계적 또는 열 자극을 감지해 척수를 통해 뇌로 신호를 보내며 피부뿐만 아니라 관절, 뼈, 기타 기관에도 존재한다.

고유 수용성 감각, 자기 자신의 몸과 팔다리의 위치 감각은 이른바 자기 수용기로부터의 정보를 기반으로 한다. 이러한 고유 수용체는 근방추와 골지건 기관 및 관절의 섬유질 캡슐에서 발견된다. 고유 감각 신호는 내이(자세 및 움직임 신호 제공)에서 제공되는 전정 신호와 동기화돼 신체 자세의 전반적인 감각을 형성한다(셰링턴Sherrington 1907). 발성 감각 신호는 의식적 신호와 무의식 신호로 나뉘어 서로 다른 경로를 통해 뇌로 이동한다(렘니스커스 경로lemniscus pathway, 등지느러미 또는 복부 척수 소뇌관). 무의식적인 반응의 예는 신체 방향에 관계없이 눈을 수평선에 맞추기 위한 인간의 반사 작용이다(시겔과 사프루Sapru 2010). 운동 감각은 몸과 팔다리의 움직임 감각을 다루면서 독점 감각과 강하게 묶여 있다.

햅틱 단서

이 절에서는 촉각 및 햅틱(촉각, 힘, 운동감) 인터페이스를 설계하거나 평가하는 것이 중요하기 때문에 모든 체세포 신호에 대해 자세히 살펴본다. 체세포 자극의 품질은 자극의 해상도와 특정 인체 공학적 요인에 달려 있다. 공간 해상도는 자극받을 수 있는 인체 영역의 다양성과 민감성을 말하며 손가락 끝과 같은 일부 부분은 다른 부분보다 민감하다. 반면 시간 해상도는 자극의 새로 고침 속도를 나타낸다.

촉각 단서

촉각 신호는 표면 질감과 압력에 대한 정보를 생성하는 다양한 피부 기계 수용체에 의해 감지된다. 이것은 주로 피부 우울증과 변형에 의해 이뤄지며 피부의 움직임 없이 기계적 수용체는 뇌에 정보를 전달하지 않는다. 기계 수용체를 사용해 감지할 수 있는 이벤트는 시간적 및 물리적 특성에 따라 분류할 수 있다. 깁슨(1962)은 우리가 감지하는 다양한 사건에 대한 통찰력을 제공한다. 내용은 다음과 같다.

- **짧은 이벤트**: 압력, 지압, 타격, 쓰다듬기, 살짝 두드리기, 찌르기
- **이동 없이 확장된 이벤트**: 진동, 늘리기, 반죽하기, 꼬집기
- **이동해 확장된 이벤트**: 긁기, 스크레이핑(다듬기), 문지르기, 미끄러지기, 붓질하기, 굴리기

이렇게 다양한 이벤트는 마찰, 조직감, 저항성 등 다양한 객체 프로퍼티property를 감각할 수 있게 만들었다. 우리는 주로 진동의 산물인 조직감을 감지한다(루미스와 레더만 1986). 진동 - 촉각 인터페이스에 널리 사용되는 효과다(콘트라리니스Kontrarinis와 호웨 Howe 1995, 크루이프 등 2006). 일부 피부 부위는 다른 곳보다 민감하다. 예를 들어 사람이 자극할 수 있는 시간의 재생 빈도는 신체의 특정 부분에서 최대 1,000헤르츠까지 감지할 수 있다(매시 1993). 감도는 촉각 통증이라고 하며 사람마다 다르다. 사람 사이의 차이를 테스트하는 데 사용되는 두 가지 방법은 두 포인트 임계값(하나 또는 두 포인트가 자극되는지 감지) 및 격자(표면이 매끄럽거나 홈이 있는지 감지, 골드스타인 2014)다. 촉각

단서에 대한 자세한 내용은 깁슨(1962)과 루미스와 레더만(1986)을 참고하기 바란다.

열상 단서 및 통증

온도 감지기는 따뜻한 수신기와 차가운 수신기를 통해 상대적인 온도 변화를 감지한다. 때로는 차가운 수용체가 더 높은 온도에 반응해 열에 역설적인 반응을 일으킬 수 있다. 다른 한편으로 통각 수용체는 잠재적으로 신체에 손상을 줄 수 있는 자극에 반응해 통증을 유발한다. 통각 수용기는 열, 기계, 화학 물질을 비롯한 다양한 형태의 위험을 처리해 통증에 대한 다양한 인식을 유도한다. 더 최근의 연구에 따르면 통증은 사람이 기대하고 주목할 수 있는 것에 영향을 받을 수 있다고 지적했다(골드스타인 2014).

운동 감각과 자기 수용의 단서

고유 감각 신호는 직접적인 시각적 접촉 없이 잘 이해할 수 있는 신체 관절의 위치와 각도에 대한 정보를 사람에게 제공한다. 즉 시각 장애인이라 할지라도 손과 발의 상대적인 위치와 각도를 쉽게 이해할 수 있다. 고유 감각 신호가 인간의 움직임을 유도하는 데 왜 중요한지 이해하기는 쉽다(디킨슨Dickinson 1976). 우리가 수행하는 많은 조작 작업, 특히 시야에서 벗어난 작업(마인Mine 등 1997)에 유용하기 때문에 독창적인 자극은 3D UI 연구에서 합당한 정도의 주의를 받았다. 운동 감각은 근육 긴장을 통해 신체와 신체의 관계를 결정하는 데 도움이 된다. 그들은 능동적이면서 수동적일 수 있으며 운동이 스스로 유도될 때 활동적인 운동 감각 신호가 감지되고 팔다리가 바깥의 힘에 의해 움직일 때 수동적인 운동 감각 신호가 발생한다(스튜어트Stuart 1996).

촉각 및 운동 감각 단서가 촉각 인식에 미치는 영향

촉각 및 운동 감각 신호 모두 햅틱 인식에 중요하다. 간단한 작업에서는 대부분 하나의 단서가 다른 단서보다 중요하다. 예를 들어 표면 질감을 느끼거나 물체의 상대 온도를 결정하는 것은 지배적인 단서로 작용한다. 반면에 집게를 사용해 단단한 물체의 길이를 결정하는 것은 주로 운동 감각성 신호를 사용한다(빅스Biggs와 스리니바산Srinivasan 2002). 보다 복잡한 작업에서 운동 감각 및 촉각 신호는 매우 핵심적이다. 예를 들어 두 사람 사이의 악수를 상상해 보자. 이 경우 운동 감각 및 촉각 감각 모두 중요한 역할을 한다. 촉각 신호는 상대방의 손의 온도뿐만 아니라 악수에서 느껴지는 압력에 대한 정보를 제공한다. 운동 감각 단서는 각 사람의 손, 팔, 팔꿈치, 어깨의 위치와 움직임에 대한 정보와 다른 사람이 행사하는 힘에 대한 정보를 제공한다. 따라서 촉각 및 촉각 신호의 역할은 우리가 물체를 만지거나 탐구하는 방식에 달렸다. 레더만Lederman과 클라츠키Klatzky(1987)는 그림 3.9에서 묘사된 바와 같이 대상과 그 특성을 이해하기 위한 탐색 절차를 요약한다. 촉각 및 운동 감각 단서의 역할에 대한 광범위한 논의는 레더만과 클라즈키(1987)의 촉각 탐사 관련토론을 참고하자.

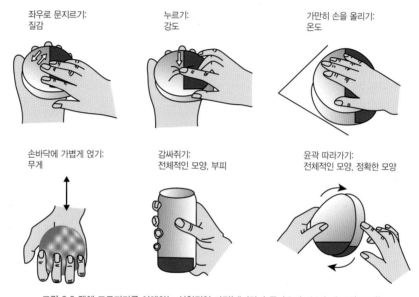

그림 3.9 객체 프로퍼티를 이해하는 실험적인 과정(레더만과 클라츠키로부터 재도안(1987))

3.3.4 화학적인 감각 시스템

대부분의 3D UI에서 맛과 냄새가 다소 적게 표현되지만 실제 환경에서 전반적인 사용자 경험을 풍부하게 할 수 있다. 3.3.4절에서는 화학 감각과 상호작용을 간략하게 살펴본다.

기초

인간 화학 시스템은 냄새(후각 작용) 및 맛(미각 작용) 감각을 처리한다. 두 시스템 모두 기능적으로 연결됐다. 미각은 수용된 후각 정보가 없을 때 알아채기가 더 어렵다. 또한 냄새와 맛은 인체의 문지기로 간주된다. 냄새와 맛은 인체의 문지기 역할을 하는데 그 이유는 인체가 생존하는 데 필요한 것들을 알려 주거나 인체에 해가 될 만한 것들을 탐지해 주기 때문이다. 썩은 과일 조각의 냄새를 맡는 것(아니면 심지어 맛보는 것)에 대해서 생각해 보면 알 수 있을 것이다.

후각은 어떤 환경에 존재하는 물질에 의해 방출되는 공기 중 분자에서 유발된다. 비강, 코, 입을 통해 흡입돼 각각 다른 수용체 세포를 자극하고, 서로 다른 화학적 결합을 감지한다. 비강 내의 화학 수용체는 후각 신경을 통해 코 위쪽에 있는 뇌 영역으로 신호를 보낸다. 그러면 냄새를 구별하고자 다중 수용체 세포가 활성화된다. 이러한 수용체의 특수성은 이들이 뇌에 직접 연결된다는 것이다. 따라서 후각의 인지 주기는 인류의 그 어떤 입력 체계보다 빠르다. 냄새를 감각하는 것 외에도 이른바 삼차 신경 감각이 인지될 수 있다. 이 삼차 시스템은 입술, 혀, 치아, 구강, 비강을 포함한 여러 장소의 통각 수용기에 연결된다. 따라서 인간은 코를 비롯한 다른 신체 부위를 통해 타는 듯한 감각(매운 고추 같은)이나 온도, 또는 피부가 간지러운 느낌을 감지할 수 있다(골드스타인 2014). 이러한 감각은 촉각과 더 밀접하게 관련돼 있으므로 순수 화학적으로 분류할 필요는 없다.

반면 맛을 다루는 수용체는 주로 뇌의 안면 신경계에서 발생하는 신호, 특히 전두엽의 두 영역에서 신호를 전송한다. 맛에 대한 인식은 혀, 구강 및 인후에 약 1만 개의 입맛을 통해 이뤄진다. 미뢰는 새로운 맛에 매우 빠르게 적응할 수 있으며 섭씨 22~32도의 온도 범위에서 가장 활동적이다.

후각과 미각 단서

이 절에서는 다양한 후각과 미각 단서에서 향기의 지각까지 이어지는 상호작용을 더 자세히 살펴본다.

후각 단서

후각 자극은 주로 다양한 악취 단서를 제공한다. 많은 사람이 냄새의 범위를 분류하려 했지만 성공적이지 못했고, 일반적으로 수용되는 분류가 존재하지 않는다. 다양한 후각 단서를 받았을 때라도 지각적 조직을 통해 이러한 신호를 분리하고 그룹화할 수 있다(골드스타인 2014). 예를 들어 아침 식사를 할 때 여전히 커피, 오렌지 주스, 튀김 베이콘을 구별할 수 있다. 실제적으로 냄새는 주로 음식 냄새나 위험(예를 들어 화재)을 감지하는 데 유용하다. 지각 속도가 빠르기 때문에 냄새는 특히 위험을 감지하는 데 적합하다. 인간이 탐지하는 냄새의 종류는 다양하며 복잡한 냄새는 기억하기 쉽다(카에Kaye 1999). 마지막으로 후각 단서는 정서적 사건이나 기억을 유발하는 것으로 보인다. 무의식적으로 또는 의식적으로 냄새는 감정에 영향을 미친다. 예를 들어 다른 사람의 냄새를 맡을 때 관련된 기억이나 경험으로 바로 연결할 수 있는데 이런 감각을 프루스트 효과Proust effect라고 부른다(골드스타인 2014).

미각 단서

냄새와 마찬가지로 취향에 대한 표준 분류가 없다. 그럼에도 다섯 가지 기본 맛, 즉 단맛, 신맛, 짠맛, 쓴맛, 감칠맛(일본의 분류 체계에서 비롯된 고기의 짭짤한 향취)을 일반적으로 받아들이고 있다(골드스타인 2014). 하지만 이러한 범주는 우리가 인식할 수 있는 주요 취향을 정의하면서도 한편으로는 우리의 미각 체계는 냉기, 마비, 금속 감각, 불쾌감, 자극감(또는 신랄함)과 같은 맛도 느낄 수 있다.

풍미

화학 감각은 상호 연관성이 높다. 풍미는 후각 단서와 미각 단서의 결합에서 촉발된다. 대부분의 사람들이 종종 맛이라고 묘사하는 것은 실제로는 비강 및 구강 자극의 경험인 풍미다(셰퍼드Shepherd 2012). 비강과 구강의 공동이 기능적으로뿐만 아니라 물리적으로도 연결돼 있기 때문에 풍미는 쉽게 혼합될 수 있다. 풍미는 사람의 기대와 포만감에 영향을 받을 수 있다(골드스타인 2014).

3.3.5 감각적 대체 및 다중 감각

3D UI를 디자인할 때 서로 다른 지각적 채널을 결합하거나 하나의 지각적 채널에서 다른 것으로 대체하는 정보를 종종 결합시킨다. 또한 서로 다른 지각적 채널을 결합할 때 종종 교차 모달 효과cross-modal effect라는 채널 간의 상호작용을 발견할 수 있다. 3.3.5절에서는 이러한 문제를 보다 자세히 살펴보겠다.

감각적 대체

3D UI를 디자인할 때 특정 감각 채널은 사용자 측 또는 기술적 측면에서 어떻게든 차

단되기 때문에 사용할 수 없는 경우가 종종 있다. 예를 들어 주변 환경이 너무 거대해서 소리 신호를 명확하게 들을 수 없거나 고품질의 힘 피드백 장치를 사용하지 못할 수 있다. 그런 경우 인터페이스 디자이너들은 종종 누락된 정보를 감각적인 대체라고 불리는 과정, 즉 다른 감각 채널을 통해 누락된 정보를 '번역'하려고 한다. 장애인을 위한 인터페이스 설계에서 사용되기 시작한 이 과정은 감각 채널(예를 들어 시각 정보를 청각 정보로 변환) 사이에서뿐만 아니라 감각 시스템 안에서도 일어날 수 있다. 시스템 내 감각적 대체의 가장 잘 알려진 예는 3.3.3절에서 봤듯이 인지 수준에서 함께 작용하는 수용체를 가진 체세포 내에서의 대체다. 따라서 진동 반응은 종종 햅틱 촉감 / 힘 피드백을 발생시키고자 사용된다(마시미노Massimino와 셰리던Sheridan 1993, 콘트라리니스Kontrarinis와 호웨Howe 1995).

감각 대체는 뇌의 소성을 이용한다. 이는 행동, 신경 과정 또는 사고의 변화로 인해 신경 경로와 시냅스를 변화시킬 수 있는 인간의 능력을 의미한다(시모조Shimojo와 샴스Shams 2001). 뇌 손상을 경험한 사람들이 특정 능력을 다시 배울 수 있도록 만들기 때문에 매우 유용하다. 따라서 르네이Lenay 등(2003)의 연구에서도 언급됐지만 한 감각 채널을 다른 감각 채널과 교환할 때 단순히 수용체 수준에서 변화를 맞닥뜨리는 것이 아니다. 사실은 전체 정보 처리 루프가 재정렬된다. 중추 신경계는 새로운 인식 모드를 학습해야 한다. 그 대표적인 예가 시각 장애인을 위해 청각 정보로 시각 정보를 대체하는 것이다. 시각 장애인은 '청각을 통해 보도록' 배워야 하므로 사용자가 다루는 세계의 새로운 인지 모델을 만들어야 한다. 그러므로 감각 채널을 교환할 때 커뮤니케이션의 메타포와 새로운 감각 채널이 정보의 해석에 미치는 영향을 고려해야 한다.

다중 감각 처리 및 교차 모달 효과

다른 감각 채널을 사용하는 또 다른 방법은 이를 추가하거나 통합해 다중 감각적인 인터페이스를 만드는 것이다. 예를 들어 시각 및 청각 단서의 조합을 통해 오롯이 시각적인 표현보다 효과적으로 정보를 전달할 수도 있다. 그러나 연구에서 초점은 전통적인 다중 감각 기술에서 사람의 정보 처리 수준과 다른 다중 감각적인 인터페이스로 옮겨 가고 있는 것에 주목해야 한다. 감각 채널은 서로 영향을 줄 수 있으므로 더이상 별도의 채널이 아니다. 이러한 종류의 다중 감각 처리는 일반적으로 생각하는 것보다 더 자주 발생한다(에른스트Ernst와 뱅크스Banks 2002). 다중 감각 처리 이론은 두뇌 내의 이른바 다중 복합체 영역에서 감각 신호의 통합에 기초한다(파이Pai 2003). 다중 감각 요인에 대한 연구는 진행 중이지만 이미 많은 교차 모달 효과를 확인했다. 이러한 효과에는 편향(2개 이상의 감각 체계의 자극이 다를 수 있고 서로 영향을 미쳐 수정 또는 부정확한 지각으로 이어짐), 농축(한 감각 체계의 자극이 다른 감각 체계의 인식을 향상시킬 수 있음) 그리고 전이(하나의 감각 시스템이 다른 시스템에서 인식을 유발할 수 있음)가 있다. 예를 들어 시력은 다른 양상을 변화시킬 수 있고(맥거크McGurk와 맥도날드MacDonald 1976, 레더만 등 1986), 소리는 시력의 일시적 영향을 변화시킬 수 있으며(시모조와 샴스 2001), 일시적 과제에서 우위를 점할 수 있고(세쿨러Sekuler 등 1997) 촉각은 시각을 바꿀 수 있으며(블레이크Blake 등 2004, 레더만 등 1986), 오디오는 촉각을 변화시킬 수 있다(아이젠버거Weisenberger와 폴링Poling 2004, 크루이프 등 2006, 브레스시아니Bresciani 등 2004). 더 자세한 내용은 시모조와 샴스(2001), 그리고 에른스트와 뱅크스(2002)를 참고하라.

3.3.6 지각 문제 평가하기

지각 문제를 이해하는 것은 효과적인 3D UI를 디자인하는 데 중요하며 이러한 이해를 얻으려면 종종 새로운 데이터가 필요하다. 3.3.6절에서는 중요한 문제와 사용자 연구 또는 실험에서 지각 문제를 평가하는 방법을 살펴본다.

3D UI 관련 보편적인 이슈

3D UI에서 발생할 수 있는 모든 지각 문제에 대한 전체 개요를 제공하는 것은 사실상 불가능하다. 문제는 다양한 차원에 걸쳐 있다. 현실을 복제함으로써 생기는 문제(스토이어Steuer 1992)와 현실에서 경험한 지각적 자극의 정확성은 현재의 기술적 수단으로 재생산하기 어렵기 때문에 대부분의 이슈는 현실 복제 문제와 관련이 있다. 일부 기술 발전은 인간의 능력에 가까울 수 있지만(예를 들어 사람의 눈과 비슷한 해상도의 대형 디스플레이가 제작된 경우) 대부분의 기술에는 한계가 있다. 지각과 관련된 인간 요인의 한계에 대한 일반적인 논의는 스태니Stanney 등(1998)의 연구를 참고하라.

시각과 관련해서 VR 및 AR 시스템에서 문제가 발생할 수 있다. AR에서의 지각 문제에 대한 양질의 소개는 크루이프 등(2010)의 연구를 참고하면 좋다. VR 시스템에서 중요한 문제는 디스플레이 충실도가 제한적으로(맥마한 등 2012) 발생할 수 있으며, 적절한 동작 신호(칼라우스키Kalawsky 1993), 적절한 입체시 신호 부족 (몬-윌리암스Mon-Williams 등 1993), 자신의 신체에 대한 부적절한 시각화(필립스Phillips 등 2012), 심도 과소 평가 및 과대 평가(인터란테Interrante 등 2006, 존스Jones 등 루미스Loomis와 냅Knapp 2003)하는 것을 포함한다. AR 시스템에서 주요 문제 중 일부는 심도 순서, 가시성 및 판독 가능성 문제, 객체 세분화 및 장면 추상화를 포함한다(크루이프 등 2010). 이러한 문제는 폐색(엘리스 Ellis와 멘제스Menges 1988, 리빙스턴Livingston 등 2003), 계층 간섭 및 레이아웃(레이킨Leykin과 투세리안Tuceryan 2004), 렌더링 및 해상도 불일치(드라식Drascic과 밀그램Milgram 1996)와 같은 문제뿐만 아니라 디스플레이 및 캡처 장치 또는 환경 자체와 관련된 문제로 인해 발생한다(크루이프 등 2010).

비시각적 시스템과 관련해 문제는 현실적인 단서를 재현할 때의 한계와도 관련이 있다. 불행히도 이러한 문제는 시각적 시스템보다 주의를 덜 기울이게 된다. 이러한 문제를 해결하면 상호작용을 돕는 충실도가 높은 시스템이 생기고 잠재적으로 감각적인 갈등을 해결할 수도 있다(3.3.5절 참고). 청각 시스템과 관련한 주요 문제는 신호를 현지화하거나 사용자의 주의를 끄는 데 한계가 있다. 종종 이 문제는 환경 소음으로 인해 발생한다(비오카Biocca 1992). **인체 감각 시스템**somatosensory system과 관련해 많은 경우에 인터페이스 디자이너는 촉각 햅틱 정보를 주로 진동 촉각 신호로 변환하고자 감각적 대체물을 사용해야 하므로 기술적 한계에 의해 문제가 종종 발생한다. 이는 질감의 거칠기나 마찰 및 힘의 오역을 포함해 우리가 수용하는 다른 모든 단서에 걸쳐 충실도가 낮은 피드백을 초래한다(르네이 등 2003, 버디아 1996). 접지형 및 비접지형 촉각 햅틱 디스플레이 장치조차도 특히 햅틱 피드백을 하나의 손가락 이상으로 제공해야 하는 경우 비슷한 제한이 있다(부르디 1996). 마지막으로 **화학 시스템** chemical system은 기술과 인간의 한계에 영향을 받는다. 인간은 맛과 냄새에 대해 다른 능력을 지니고 있으며 (4.3.4절 참고) 합성 환경에서 화학 자극은 생산하기가 매우 어렵다. 화학적 자극에 대한 올바른 인식은 정의에 의해 제한된다.

평가 방법

인식 문제를 평가하는 데 사용되는 방법의 대부분은 일반적으로 평가를 설정할 때도 사용된다. 4장과 11장에서 개요를 찾을 수 있다. 또 스태니 등(1998)의 연구도 참고하자.

주관적인 방법

사용자 선호도 척도는 사용자의 전반적인 선호도뿐만 아니라 특정 단서의 품질에도 통찰력을 제공한다. 이 중 많은 부분이 일반 사용자 학습 방법과 일치한다. 그러나 특정 방법을 사용해 평가할 수 있는 지각적 구성 요소가 많이 있다. 아마도 3D 시스템에서 가장 두드러진 것은 사이버 메스꺼움일 텐데 이는 서로 다른 지각 시스템의 충돌 신호에 의해 발생하는 것으로 알려져 있다. 케네디 등(1993), 라비올라(2000)의 연구 그리고 이 책 11장에서 사이버 메스꺼움을 평가하는 방법을 다뤘다. 존재감에 대한 주관적인 측정은 3D UI에 대해서도 중요하다. 사용할 수 있는 다양한 방법에 대해서는 헨드릭스Hendrix와 바필드Barfield(1995), 싱어Singer 등(1994), 슬레이터와 우소Usoh(1993), 리겐브레히트Regenbrecht 등(1998)의 연구를 참고하자. 더 많은 방법은 11장에서 다룬다.

성능 측정

일부 성능 측정은 정보 처리와 관련이 있으며 정보 품질 및 정확도를 분석하는 데 사용된다. 이러한 측정 중 일부는 인지(기억 회상)를 포함하지만 지각 성능을 다루는 다른 방법도 있다. 예를 들어 시각적 검색은 사용자가 산만함을 구분할 수 있는 특정 대상을 찾아야 하는 인기 있는 방법이며 연구원은 시각을 기준으로 대상을 찾는 시간을 분석한다(울프Wolfe 1998). 또 피츠의 법칙을 통해 주로 다뤄지는 모터 동작 성능 분석에 대한 인식 문제는 3.2.3절에서 자세히 설명한다. 특히 지각 영역에서 특정 지각 자극의 특정 효과를 분리하기 위한 다양한 노력이 있었다. 해결된 문제점으로는 시력과 대비 감도, 심도 순서 및 색상 인식이 포함된다(리빙스턴Livingston 등 2012, 화Hua 등 2014, 싱Singh 등 2012). 마지막으로 오디오와 시각적 단서 사이의 상호작용을 분석하는 데 사용되는 것을 포함해 다중 감각 처리(시모조와 샴스 2001)를 분석하는 방법이 있다(스톰스Storms와 자이다Zyda 2000, 에른스트와 빌트호프Bülthoff 2004, 버Burr와 알라이스Alais 2006). 오디오, 전정, 햅틱 큐(리케Riecke 등 2009), 여러 감각 채널과 주의 사이의 잠재적인 상호작용(드라이버Driver와 스펜스Spence 1998)을 포괄한다.

심성–생리학 방법

마지막으로 심성–생리학 방법psycho-physiological method은 특히 시각적 인식을 위해 지각 문제를 다루고자 사용됐다. 눈에 띄는 방법은 사용자의 시점을 측정하는 과정을 말하는 눈 추적이다. 눈 추적 하드웨어 및 소프트웨어를 통해 안구 고정 및 사카드saccade를 포함한 다양한 종류의 안구 운동을 분석할 수 있다. 분석을 통해서는 관심 영역과 특정 영역 방문 횟수를 알 수 있다. 이 영역은 일반적으로 이미지 내용 위에 색으로 구분된 레이어를 배치하는 이른바 히트 맵$^{heat\ map}$을 사용해 시각화하지만 이 용도로 플롯도 사용됐다. 아이 추적은 매우 귀중한 피드백을 제공할 수 있지만 신중한 보정이 필요할 수 있으며 동적 환경에서는 항상 정확하지 않을 수 있다. 안구 추적 방법의 더 자세한 정보는 홈크비스트^{Holmqvist} 등(2011)의 연구에 있다.

3.4 인지

지각된 자극은 수행될 과제를 시작하고자 인지에 의해 처리된다. 따라서 인지는 사용자 상호작용을 볼 때 핵심적인 측면이다. 특히 작업에 환경을 통한 길찾기와 같은 분명한 인지 구성 요소가 포함되는 경우가 그렇다. 3.4절에서는 핵심적인 인지 문제를 검토하고 인지 평가를 논의해 보겠다.

3.4.1 기초

인지에 대해 생각할 때 종종 어딘가에 있고 어떻게든 뇌에 저장된 지식을 생각한다. 그럼 지식이란 정확히 무엇이며 인지에 어떻게 기여할까? 사용자 관점에서 볼 때 지식은 일반적으로 사실이라고 믿고 정당화될 수 있고 일관된 세계에 대한 정보로 간주된다(레흐러^{Lehrer} 1990). 그림 3.1에서 볼 수 있듯이 지식의 생성과 사용을 주도하는 인식은 많은 프로세스의 핵심이다. 그것은 메모리, 언어, 사고의 프로세스를 관리하지만 인식 및 관심과 직접적으로 관련이 있다.

지식은 컨센서스에 도달하지 못했지만 인식적인 과학자들 사이에서 뜨거운 논쟁이 됐던 주제, 표현에 의존하고 있다. 단순화를 위해 스미스와 코슬린의 정의를 따르겠다. 표현은 대상, 사건 또는 개념을 나타내는 물리적 상태이며 의도적으로 구성돼 정보를 전달해야 한다(스미스와 코슬린 2013). 표현은 이미지, 특징 기록, 모범적인 상징, 신경망의 통계 패턴과 유사한 정보를 포함해 다양한 형식으로 정보를 암호화할 수 있다. 이러한 다양한 형식이 함께 작동해 객체를 표현하고 모의 실험을 한다(스미스와 코슬린 2013). 특정 범주의 개별 기억은 종종 이른바 범주 지식을 확립하고자 통합된다. 흥미롭게도 이러한 범주 표현은 서로 다른 감각 채널의 표현을 하나로 모으고 감정을 통해 적응할 수 있다(크리Cree와 맥레이McRae 2003).

범주 지식은 다른 종류의 추억도 있는 장기 기억 장치에 저장된다. 칸델 등(2000)의 연구에 따르면 장기 기억은 선언적(또는 명시적), 비선언적(또는 암묵적) 기억으로 구성된다. 선언적 지식은 주로 사실과 사건들로 이뤄져 있으며, 비선원적 지식은 뇌관, 절차적(기술과 습관과 같은), 연합적이고 비논리적인 기억을 갖고 있다. 후자의 두 범주는 정서적 반응(연관성), 습관화, 과민성 기억(비연관성)을 포함하는 조건 설정과 관련이 있다.

어떻게 장기 기억을 실제로 사용할까? 장기 기억에서 정보를 불러내려면 패턴 완성과 반복을 통해 재활성화돼야 하는 특정 메모리 추적이 필요하다(스미스와 코슬린 2013). 회상은 단서와 맥락의 영향을 받는다. 기억은 연관성이 높다. 불행히도 기억은 완벽하지 못하다. 편향될 수 있을 뿐만 아니라 일치하는 신호가 있을 때 잘못된 속성이 발생할 수 있으며, 제안에 의해 기억이 증발돼 회상이 왜곡될 수 있다. 더욱이 특정 기억은 3.4.3절에서 논의된 것과 유사하게 신호의 과부하로 인해 막히거나 억제되거나 단순히 일치하지 않을 수 있다(칸델 등 2000).

대조적으로 작업 기억은 일시적이다(배들레이Baddeley 1986). 작업 메모리는 단기 메모리 저장에 사용되며 비트 및 정보 조각에 대한 조작 또는 변환 작업을 수행한다. 연구에 따르면 작업 기억 영역(저장될 수 있는 정보의 양)은 사람마다 다르며(데인만Daneman과 카펜터Carpenter 1980) 일반적인 지능 정보를 제공한다. 작업 메모리는 빠르게 감소한다. 예를 들어 구두 항목을 회상하면 리허설을 통해 연장할 수 있는 단 6초 만에 빠르게 감소한다(페터슨Peterson과 페터슨 1959). 또한 기억 기간은 작업 메모리와 장기간 메모리가 얼마나 효과적으로 연결될 수 있는지에 영향을 미친다(케인Kane과 앵글Engle 2000). 작업 기억을 묘사하는 모델의 일부는 앳킨슨-쉬프린Atkinson-Shiffrin 모형(앳킨슨-쉬프린 모형 1971)과 베델레이-히치Baddeley-Hitch 모형(배델레이-히치 1974)을 포함한다. 관심 있는 독자는 소개된 참고 도서에서 자세한 내용을 읽는 것을 추천한다.

3.4.2 상황 인식

이제 인지의 이론적 토대를 이해했기 때문에 인지 인식이 상황 인식에서 시작해 공간 환경에서 상호작용에 어떻게 영향을 미치는지 더 깊이 살펴보도록 하겠다. 항공 분야에서 널리 연구된 상황 인식은 일반적으로 사용자 환경의 현재 상태에 내재화한 모델로 특징지어진다(엔드슬리Endsley 2012). 따라서 주어진 시간과 공간 내에서 환경 내의 요소들에 대한 인식, 그들의 의미의 이해, 가까운 미래에 그들의 지위를 투사(엔드슬리 2012)하는 것들이 있다. 이 상태 모델에는 여러 소스의 정보가 포함될 수 있으며 공간 관계, 동료 사용자, 작업 상태를 설명할 수 있다. 통합 정보는 결정을 내리고 행동 계획을 세우는 데 사용되므로 의사 결정과 직접적으로 관련이 있다. 3D 사용자 인터페이스에서 상황 인지는 우리가 운영하는 공간 설정을 지속적으로 추적해야 할 필요가 있기 때문에 주변의 객체와 어떻게 상호작용하는지에 영향을 미친다. 3D UI 탐색(8장 참고)에서 특정 관심 영역은 길찾기다. 이는 사용자가 '입력'(환경에서 얻은 정보)을 머릿속으로 처리하고 '산출물'(궤도를 따라 이동)을 산출함으로써 의사 결정(어디에 있는가, 어디로 가야 하는가)을 내리는 결정 프로세스(그림 3.10)다. 골리지Golledge(1999)는 인지와 길찾기에 대한 자세한 내용을 알고 싶을 때 좋은 개관을 제시한다. 여기서는 인지 지도 작성, 다양한 종류의 공간 지식, 참고 프레임을 포함해 길찾기에 영향을 미치는 주요 인지 문제를 논의한다.

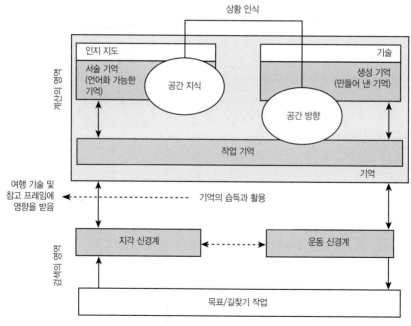

그림 3.10 의사 결정 프로세스에서 길찾기 지도

인지 지도

3D 환경을 탐색하는 것은 환경으로부터 받는 감각 정보의 여러 출처를 처리하고 적절한 여행 궤도를 실행하고자 해당 정보를 사용하는 작업을 포함한다. 환경 정보는 장기 기억에 저장되며 일반적으로 환경에서 얻는 공간 지식의 몸통인 인지 지도라고 부른다. 보다 정확하게 말하면 인지 지도는 공간 지식을 나타내는 정보의 심성적, 계층적 구조다(스티븐스Stevens와 쿠페Coupe 1978, 다운스Downs와 스티Stea 1977). 길찾기 작업을 수행할 때 기존의 공간 지식을 활용하거나 새로운 공간 지식을 습득하는, 이 두 가지를 조합해 사용한다. 인지 지도에서 나무와 같은 구조에 접근하고 이를 사용하고 구축하는 과정을 인지 지도 작성cognitive mapping이라고 한다. 탐색 작업은 인식할 수 있는 정보와 환경에 대한 인지 지도 사이의 관계를 지속적으로 정의하는 엄격한 피드백 반복작업을 기반으로 하므로 우리 스스로 입장과 방향을 이해할 수 있다. 위치와 관측 방향에 대한 지식은 공간 방향이라고 불리는 반면에 공간 방향과 공간 지식(인지 지도)의 조합은 이전에 상황 인식이라고 명명한 것에 기여한다.

공간 지식 유형

검색 전략 및 이동 매개 변수는 공간 지식 습득의 효율성에 영향을 준다. 이러한 요소들은 인지 지도를 효율적으로 작성할 수 있게 만들 뿐만 아니라 질적으로 다른 종류의 공간 지식을 획득하는 데에도 영향을 미친다. 길찾기하는 도중에 사람들은 적어도 세 가지 종류의 공간 지식을 얻는다(손다이크와 하예스-로스 1982, 린치Lynch 1960). 주요 지형지물에 대한 지식은 환경의 시각적 특성으로 구성된다. 시각적으로 눈에 띄는 객체(주요 지형지물)는 이 정보의 일부를 구성하지만, 다른 모양과 크기 및 질감 같은 다른 시각적 특징도 비슷하게 역할한다. 예를 들어 런던에서 빅벤Big Ben과 런던 아이London Eye는 많은 관광객이 주요 지형지물 지식에 즉시 추가하는 장소다. 절차적 지식(또는 경로 지식)은 특정 경로를 따르거나 다른 위치 사이를 횡단하는 데 필요한 일련의 동작을 설명한다. 절차적 지식을 적절히 사용하는 데는 아주 한정된 시각 정보만이 필요하다(게일 Gale 등 1990). 예를 들어 런던을 방문하는 고객은 호텔과 가장 가까운 지하철역 사이의 경로를 빠르게 암기하게 된다.

마지막으로 조사 지식은 객체 위치, 객체 간 거리, 객체 지향으로 구성된 환경의 구성 또는 토폴로지 지식으로 설명할 수 있다. 이러한 종류의 지식은 지도와 유사하므로 방향에만 특정된 지도에서 얻은 지식이라도 일단은 지도에서 얻을 수 있다(다큰Darken과 세빅Cevik 1999). 세 가지 종류의 공간 지식 중에서 설문 지식은 지식의(질적으로) 가장 높은 수준을 나타내며 일반적으로 심성적으로 가장 오래 걸린다.

참고 프레임 및 공간적 판단

실생활에서 동작을 할 때면 마치 우리가 공간의 중심에 있는 것처럼 느낀다. 이 현상을 자체운동(에고모션egomotion)이라고 한다. 이러한 운동을 하는 동안 자기 중심적인(1인칭) 정보를 인지 지도에 맞춰야 하는데 이때 인지 지도는 전형적으로 외심적인(3인칭) 정보를 저장하게 된다(손다이크와 하이에스-로스 1982). 자기 중심적인 참고 프레임은 인체의 특정 부분에 상대적으로 정의되는 반면, 외심적인 참고 프레임은 객체 또는 세계 기준이다. 자기 중심적인 프레임을 바탕으로 작업하는 동안, 역점(눈의 마디 점), 망막 중심(망막), 머리 중심(머리에만 초점을 맞춘 부분), 몸통 중심(토르소), 고유한 하위 시스템(손과 다리와 같은 신체 부위의 시각적 및 비시각적 신호, 3.3.3 절 참고) 등으로 구성된 자기 중심 참고 프레임(그림 3.11)에 따라 판단한다. 참고 프레임에 대한 더 자세한 내용은 하워드 Howard(1991)의 연구를 참고하기 바란다.

그림 3.11 인간 참고 프레임(오른쪽)과 관련된 시점(왼쪽)이다. 자기 중심적 시점(왼쪽 위)과 사용자는 환경 안에 있는 반면 외심적인 시점(왼쪽 아래), 사용자는 바깥에서 그 환경을 내려다본다(이미지 출처: 에른스트 크루이프).

자기 중심적 참고 프레임은 거리(여러 번의 보행 또는 팔 길이와 같은 신체적 피드백에서 얻음) 및 방향(눈, 머리 및 몸통의 방향에서 얻음)과 같은 중요한 정보를 제공한다. 대상의 위치, 방향, 이동은 눈, 머리, 신체의 위치와 방향과 관련된다. 외심 작업 중에 대상의 위치, 방향, 이동은 본문 외부의 좌표로 정의된다. 즉 객체의 모양, 방향, 동작으로 정의내려진다. 외심적인 속성은 방향이나 위치에 영향을 받지 않는다.

3D UI에서 다양한 시점을 사용해 여러 참고 프레임을 사용할 수 있다. 자기 중심적 참고 프레임은 1인칭 시점에 해당하며, 외심 참고 프레임은 3인칭(새의 위치 또는 바깥에서 안쪽을 보는) 시점과 관련된다. 예를 들어 사용자는 여러 비디오 게임에서 일반적으로 탐색을 할 때 환경의 1인칭(자기 중심) 시점으로 보지만 현재 위치(외심)를 보여 주는 환경의 개요 지도에 접속할 수도 있다.

환경을 통해 길을 발견할 때 외심적인 표현(설문 지식)을 구축한다. 그러나 최초로 그 환경에 들어가면 기본적으로 자기 중심적 정보(주요 지형지물과 절차적 지식)에 의존한다. 따라서 처음에는 표식에 의존하고, 그 사이에 경로를 개발하고, 결국 자기 중심적 공간 정보를 외부 조사 지식으로 일반화한다. 그러나 인간의 두뇌가 자기 중심적 및 외심적 공간 지식 간의 관계를 어떻게 결정하는지는 불분명하다.

3.4.3 상황 인식 이슈 평가

인지 문제를 분석하는 것은 3D UI에서 사용자 성능을 더 잘 이해하는 데 중요하지만 어려운 작업일 수도 있다. 3.4.3절에서는 분석할 수 있는 일반적인 문제와 해당 문제를 평가하는 데 사용할 수 있는 방법을 설명한다.

일반적인 문제

인지의 심적인 부담과 오류에 대해 분석할 때 두 가지 주요 문제가 발생한다.

인지 부하mental load라고도 하는 심성적 부하cognitive load는 작업이나 상황에서 요구되는 인지 작업 또는 노력의 양을 나타낸다. 심성적 부하의 양은 두 가지 주요 결정 요인(비덜리치Vidulich와 창Tsang 2012), 즉 외인성 및 내인성 요구에 의해 영향을 받는다. 외인성 요구는 수행되는 작업에 의해 정의되며, 작업 난이도, 우선 순위, 상황에 따른 우연성을 포함한다. 내인성 요구는 정보 처리의 기반이 되는 주의와 처리 자원으로 특징지어진다. 일부 연구자들은 또한 이른바 저메인 프로세스가 효과가 있다고 생각한다. 스키마를 처리, 구성, 자동화하는 데 사용되는 심성 작업을 의미한다. 스키마는 정보 카테고리와 그 사이의 관계를 구성하는 체계적인 사고 또는 행동 패턴이다(디마지오Dimaggio 1997). 사용자의 능력과 기술은 작업의 효율성을 높이고 심성적 부담을 줄일 수 있다.

다음 절에서 볼 수 있듯이 심성적 부하를 평가하는 것은 주관적, 성취 또는 심성 생리학적 수준에서 발생할 수 있다. 심성적 부하와 수행 능력을 평가하는 연구는 종종 밀접하게 연관이 있다(파스Paas와 반 메링엔보어van Merrienboer 1993). 예를 들어 자원의 이용이 자발적 또는 전략적 배분 프로세스(프록터와 부 2010)에 의해 영향을 받을 수 있는 반면, 심성 자원 배분이 자원 가용성의 한계(노르만Norman과 바브로우Bobrow 1975)까지 증가함에 따라 성과도 좋아진다는 것이 밝혀졌다.

정보 처리 파이프라인의 여러 단계를 사용해 자원 할당이 이뤄지는 다양한 차원을 정의할 수 있다. 위켄스Wickens(2008)는 이러한 차원을 다음과 같이 네 가지로 정의했다.

- 처리 차원의 단계는 지각적 및 인지적 작업이 행동의 선택과 실행에 사용된 자원과는 다른 자원을 사용함을 보여 준다.
- 처리 차원 코드는 공간 활동이 구두 활동과 다른 자원을 사용한다는 것을 나타낸다.
- 양상 차원은 청각 지각이 시각 지각보다 다른 자원을 사용함을 나타낸다.
- 시각적 채널 차원은 대상 인식(초점) 또는 인식 또는 방향 및 이동(주변 장치)을 위해 자원이 적용되는 초점 및 주변 시선을 구별한다.

이러한 차원은 3D UI의 성능 문제, 특히 다중 감각 입력 및 출력 방법을 배포하는 성능 문제를 분석하는 데 유용하다. 사용자 인터페이스 디자이너는 종종 이러한 차원과 프로세스를 구별할 수 있는 방법을 사용하지 않지만 성능에 영향을 주는 프로세스 사이에 영향이 발생하는 것을 고려해 볼 가치가 있다.

인간의 오류는 업무 수행이 성공하지 못한 상황을 가리킨다. 셰리던Sheridan(2008)의 정의를 적용해 보면 그는 인간의 실수를 임의적, 암시적 또는 명시적 기준을 충족시키지 못하는 것으로 정의한다. 우리가 주로 인지 차원에 초점을 두는 반면, 인간의 실수는 감각이나 운동 제한으로 인해 발생할 수도 있다(샤리트Sharit 2012). 인간의 실수는 3.2.1 절에서 정의된 대로 인간 정보 처리의 완전한 순환과 관련돼 있다. 장기 기억(3.4.1절 참고)에서와 마찬가지로 편견, 잘못된 속성, 제안은 일반적으로 인간의 실수의 주요 원인이 될 수 있다. 심성적인 부하와 마찬가지로 인간의 실수는 능력과 스킬과 관련이 크며 주의력 메커니즘에 의존한다.

심성적 자원의 비가용성으로 인해 잘못된 행동이 생길 수 있기 때문에 인간의 실수와 심성적 부담은 연관돼 있다. 물론 이러한 차원은 인간-컴퓨터 상호작용 평가에서 수행된 성과 연구와 밀접한 관련이 있다(맥켄지McKenzie 2013).

평가 방법

인지 문제의 평가는 인터페이스가 점점 더 복잡한 데이터 및 작업을 처리함에 따라 3D UI의 반복되는 디자인 주기에서 중요한 부분이 된다. 이 절에서는 주로 심성적 평가 방법에 중점을 두고 오류 평가를 간략하게 정리해 보겠다.

해결해야 할 한 가지 특별한 쟁점은 전반적으로 또는 과제 수준에서 인지 문제를 평가하기를 원하는지 여부다. 후자는 1차 및 2차 작업의 작업량을 별도로 평가해야 하기 때문에 더욱 복잡하다. 이 문제를 다루는 보다 완벽한 방법론을 보려면 비딜리치와 창 (2012)의 연구를 참고하기 바란다.

주관적인 대책

주관적 측정(사용자의 인식 및 경험에 기반)은 인지 부하 측정의 가장 빈번하게 적용되는 범주다. 그들은 인지 과정의 주관적 척도만을 제공하지만, 종종 개별적으로 측정된 성과 문제를 설명하는 데 도움이 된다. 따라서 사용자 인터페이스의 효율성을 설명하는 기본 방법이 아니라 추가적인 측정 방법으로 이해해야 한다. 아래에 소개된 방법은 주로 사용자 공간 능력 및 심성적 부하와 관련된 문제를 해결하는 데 사용된다. 가장 널리 사용되고 자주 상호 연결된 두 가지 방법은 SBSOD와 NASA TLX다.

산타 바바라 방향 측정법Santa Barbara Sense of Direction(헤가티Hegarty 등 2002)의 약자인 SBSOD는 환경 공간 능력에 대한 사람들의 판단을 측정하기 위한 자기 보고 측정 방법이다. 이것은 사용자의 공간 능력을 객관적으로 측정한 것이 아니라 주관적 또는 객관적인 성과 측정과 종종 관련된다. 설문지에는 '방향을 제시하는 데 매우 능숙하다', '거리를 판단하는 데 능숙하다', '환경에 대한 좋은 지도가 없다'와 같은 평가 항목이 포함된다. 설문지의 점수는 사용자의(잠재적인) 공간 능력을 나타낸다.

작업 부담 지수^{NASA TLX}는 1980년대에 도입됐으며 큰 영향을 미쳤다. 항공, 건강 관리, 사용자 인터페이스 실험(하트Hart와 스타블랜드Staveland 1988)에 이르기까지 다양한 분야에서 널리 사용됐다. 작업 부담 지수는 두 부분으로 구성된다. 총 작업 부하는 심성적 요구, 신체적 요구, 시간적 요구, 성취, 노력, 좌절을 포함하는 여섯 가지 하부 조직으로 나뉜다. 따라서 심성적인 부하뿐 아니라 육체적인 노력도 다룬다. 학습 참가자가 주의 깊게 읽어야 하는 각 하위 집단에 대한 설명이 있다. 평가는 100점 범위에서 5점 단계로 수행되고 평가는 종합해서 작업 부하 인덱스를 계산한다.

TLX의 두 번째 부분은 하부 규율의 개별 가중치를 만드는 데 사용된다. 참여자는 인식된 중요도에 따라 하위 집단의 쌍별 비교를 수행해야 한다. 이것은 인식된 작업 부하에 대한 각 측정의 관련성에 대한 참가자의 관점을 파악한다. 그러나 하트(2006)에 의해 보고된 바와 같이 TLX의 두 번째 부분을 사용하는 것은 실제로 실험적 타당성을 감소시킬 수 있다. 이런 이유로 대부분의 경우 첫 번째 부분은 그 자체로 사용된다. 작업부담지수를 사용하면 시간 효율적이며 온라인 도구로 지원되고 잘 구축돼 있으므로 작업 부하를 평가하는 데 매우 편리하다.

다른 작업 부하 평가 기법의 예에는 작업 분석/업무 양 측정 TAWL(비어바움Bierbaum 등 1991), 쿠퍼 하퍼 평가 지수^{Cooper Harper Rating Scale}(하퍼와 쿠퍼 1984) 및 SBAT^{Subjective Workload Assessment Technique}(리드Reid와 니그렌Nygren 1988)가 포함된다.

성능 측정

인식 부하의 성능 측정은 사용자 인터페이스 유효성 검사 영역에서 훨씬 덜 사용되지만 다른 도메인에서 사용될 수 있는 강력한 방법이다.

SAGAT^{Situation Awareness Global Assessment Technique}는 엔드슬리(1988)가 개발한 쿼리 기법이다. 이름에서 알 수 있듯이 상황 인식에 중점을 둔다. 엔드슬리는 상황 인식을 의사 결정 및 행동 계획 및 성과에 앞서 파생된 내부 모델로 간주한다(자세한 내용은 3.4.2절 참고). SAGAT는 인간 참여형 시뮬레이션을 위해 설계된, 이른바 동결 온라인 조사 기술이다. 시뮬레이션은 무작위로 선택된 시간에 멈추며, 피험자는 그 당시의 상황에 대한 인식에 대해 질문을 받는다. 엔드슬리는 메모리 제한 및 지나친 일반화 경향과 같이 실험 후 사용자가 쿼리할 때 일반적으로 발생하는 특정 제한을 극복하고자 고정 기능을 지원한다고 보고한다. 이 기술은 시스템이 사용자의 다양한 상황 인식 요구 사항

을 얼마나 잘 지원하는지에 대한 진단 정보를 제공하며 신뢰할 수 있고 유효하다는 것
이 입증됐다(엔드슬리 2000). SAGAT의 대안 중 일부는 GIM과 SPAM(비덜리히 및 맥밀란
2000)이다.

실험 후에 공간 지식 획득 성능을 평가하고자 다른 방법을 사용할 수도 있다. 특히 지
도의 그림은 공간 지식의 양과 정확도를 조사해 참가자의 기억 회상을 평가하는 데
사용됐다(빌링허스트와 웨그호스트 1995). 그러나 사용자가 그린 지도를 해석하는 데 어
려움을 겪었다(베아스 외 2010, 시겔 1981). 다른 방법으로는 추측 항법(갈리스텔Gallistel
1990)과 원점 복귀(아들러Adler 1971)가 있다.

마지막으로 인지 수준에서 인간의 실수는 다양한 방법을 통해 평가됐다. 인간의 오류
평가는 오랜 역사를 지녔으며, 처음에는 나무와 같은 구조(결합 및 이벤트 트리)로 표현
되는 위험 분석을 수행하는 인간의 오류 가능성을 다루고자 사용됐다. 이와 같이 작
업 분석은 사람의 오류 분석에서 중요한 부분이다(센더Senders와 모레이Moray 1991). 이러
한 방법은 종종 인간 신뢰도 분석이라고도 하며 잠재적으로 중요한 작업에서 인간 행
동의 위험 평가에 사용됐다. 이러한 작업이 더 안전한 3D UI에서 수행되는 작업과 항
상 비교되는 것은 아니지만 오류를 평가하는 방법이 중요할 수 있다. 개요는 샤리트
(2012)의 연구를 참고하자.

심성-생리학 방법

심성적 작업 부하가 본질적으로 생리적이라는 가정 아래 심박수, 동공 확장, 안구 운
동 측정, 뇌파 검사EEG, Electroencephalography를 이용한 뇌 활동 등 다양한 기술이 사용됐다.
뇌파 검사는 심성적인 문제를 해결할 수 있다는 측면에서 유망한 결과를 보여 줬지
만 좋은 데이터를 수집하고 결과를 해석하는 것은 쉽지 않다. 뇌파는 이산 사건에 반
응하는 이른바 사건 관련 전위(P300)를 감지하는 데 사용된다(고퍼Gopher와 돈친Donchin
1986). 그러나 뇌파 검사 측정 값은 이러한 이벤트가 없는 경우에도 기록할 수 있으며,
이는 작업자가 느리게 변경되는 내용을 모니터링할 때 유용하다(크레이머Kramer와 파라
수라만Parasuraman 2007). 불행히도 뇌파는 머리, 눈, 몸 움직임을 비롯한 수많은 인공물
에 민감할 수 있어 분석이 번거로울 수 있다. 뇌 기반 측정에 대한 좋은 개요는 테플란
Teplan(2002)의 연구에서 찾아 볼 수 있다.

또한 스트레스와 불안을 측정하고자 다양한 생리학적 방법이 사용됐다는 점을 언급해야 한다. 정서적 스트레스는 심성적 부하와 관련될 수 있음이 입증됐다(스탈Staal 2004). 방법은 갈바닉 피부 반응 (비아레호Villarejo 등 2012, 야마코시Yamakoshi 등 2008), 심박수 (최Choi와 구티에레스오수나Gutierrez-Osuna 2010, 종윤Jongyoon과 구티에레스-오수나 2011), 뇌파 검사(호세이니Hosseini 등 2010, 코스로와바디Khosrowabadi 등 2011).

3.5 물리적 인체 공학

3D UI를 설계하고 분석할 때 지각과 인지가 가장 큰 관심을 받는 반면 신체적 인체 공학은 편안하고 효과적으로 사용할 수 있는 시스템을 설계할 수 있게 하는 중요한 요소다.

3.5.1 기초

물리적 인체 공학은 기본적으로 인간의 근골격계와 관련이 있으므로 기본적인 인간의 해부학 및 생리학을 이해하는 것이 중요하다. 3.5.1절의 주요 쟁점을 다루는 동안 인간의 해부학에 대한 세부 정보를 제공하는 치라스Chiras(2012)와 신경학적 프로세스를 비롯한 생리학에 대해 심도 있는 홀Hall(2015)의 연구를 추천한다.

근육, 뼈, 지렛대 시스템

물리적 인체 공학은 인체의 각기 다른 부위의 해부학적 능력에 달려 있으며, 이는 특정 작업을 얼마나 잘 수행할 수 있는지를 정의한다. 인체에는 약 600개의 서로 다른 근육이 있다. 모든 근육은 빠른 근육 섬유와 느린 근육 섬유가 혼합돼 구성된다. 후자는 종종 장기간의 수축에 사용될 수 있다(홀 2015). 근육은 뼈에 삽입되는 지점에 긴장을 가하면서 뼈가 지렛대 시스템을 형성하면서 기능한다. 다음 절에서 볼 수 있듯이 인체는 넓은 범위의 동작을 제공한다. 일부 동작에는 더 많은 강도가 필요하고 일부에는 더 긴 동작 거리가 필요하다. 이러한 동작은 근육의 길이뿐만 아니라 지렛대 시스템과도 일치한다(홀 2015).

근육 수축에서는 정적 수축인지 등장성 수축인지가 중요하다. 이것은 다양한 3D 입력 장치를 이해하는 데에도 매우 중요하다(자이 1995). 그림 3.12에서 볼 수 있듯이 근육 수축은 운동이 없을 때가 정적 수축이고 근육은 수축 중에 짧아지지 않는다. 대조적으로 등장성 수축 동안 근육은 짧아진다. 등장성 수축은 동심 또는 편심될 수 있다. 동심 수축에서 근육 긴장은 저항을 충족시키고자 증가하고, 그 후에는 근육 단축과 동일하게 유지된다. 편심 수축에서는 근육이 생성하는 힘보다 저항이 크기 때문에 근육이 길어진다.

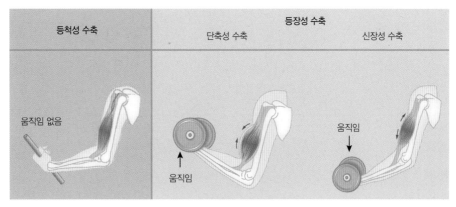

그림 3.12 등척성 수축 대 등장성 수축

인간 동작 형태

인간의 움직임은 관절과 근육에 의해 만들어지며 3.3.3절에서 언급한 것처럼 자극에 대한 반응이다. 말초 신경계는 전기 신호를 통해 이펙터effector를 자극 및 유발하므로 자발적(모터) 및 비자발적 행동 모두를 초래할 수 있다. 대부분의 인간 출력은 조작 또는 탐색과 같은 상호작용 태스크의 양식을 취할 수 있는 제어 작업으로 정의될 수 있다. 이 작업은 인체를 특정 컨트롤러에 연결해 인간과 컴퓨터 입력 장치 사이에 인체를 제어할 수 있는 연결고리를 만든다. 이러한 제어 본체 연결은 물리적 접촉 또는 모니터링 기술(예를 들어 손 움직임이 카메라에 의해 발견될 때)에 기초할 수 있다. 제어 작업은 정확성, 속도 및 주파수, 자유도, 방향 및 지속 시간으로 특징지어질 수 있으며 인체의 해부학적 기능에 크게 영향을 받는다. 따라서 작업 특성은 제어를 인체에 매핑하는 방법의 선택에 직접적인 영향을 준다.

일부 작업은 특정 신체 부위만으로 수행될 수 있다(예를 들어 손가락의 반대쪽에 있는 많은 장치의 의존성 때문에 주로 손으로 세밀한 작업이 가능함). 다른 작업은 여러 신체 부위를 통

해 가능하다. 대안적인 신체 부위로 작업을 수행하는 능력은 제어 대체control substitution
로 이어질 수 있다. 작업이 두 출력 채널 모두에 매핑될 수 있다는 전제하에 하나의
신체 출력 채널을 다른 출력 채널과 교환한다(르네이 등 2003, 루미스 2003). 예를 들어
굴곡은 어깨, 팔뚝, 손목, 손가락, 엉덩이, 무릎을 비롯한 다양한 관절에서 수행할 수
있다. 제어 대체는 다양한 비전통적인 인터페이스의 기초가 됐다(크루이프 2007). 그러
므로 인체 관절의 다양한 가능성을 면밀히 살펴보는 것이 유용하다(그림 3.13 참고).

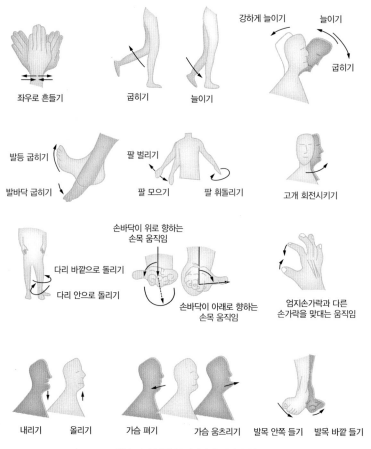

그림 3.13 선택된 물리적인 움직임 유형

그러나 제어 동작을 눈이나 두뇌와 같은 다른 사람의 시스템에도 매핑할 수 있다는 점
에 유의해야 한다. 생체 제어 또는 생체 피드백 시스템으로 알려진 이러한 시스템은 반
드시 모터 동작을 기반으로 하지 않는 작업의 수행을 허용한다.

감각 기관 분포

피질의 감각-운동 분포는 다른 신체 부위의 성능에 중요하다. 3.3.3절에서 언급했듯이 다른 신체 부위와 피질의 영역과의 매핑은 펜필드[Penfield]와 라무센[Rasmussen](1950)에 의해 개척됐다. 결과 중 하나는 유명한 뇌 난쟁이[homunculus]로 신체 부위(특히 피부)와 피질(그림 3.14)의 매핑을 나타낸다. 상호작용 연구에서 맵은 일반적으로 작업을 수행할 수 있는 가능한 정밀도를 표시하는 데 사용된다. 신체 부분이 커지면 더 정확한 조치가 제공될 가능성이 커진다. 이제 사용자 상호작용에 주로 사용되거나 영향을 받는 신체 부위에 대한 강점과 한계를 이해하고자 살펴보겠다.

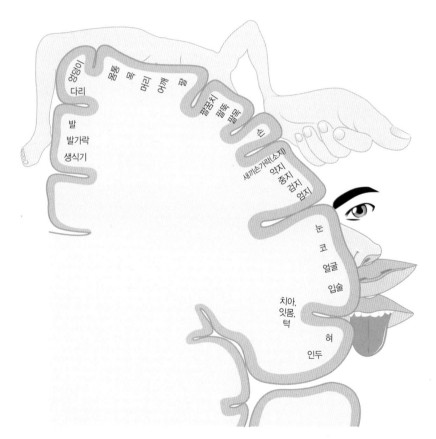

그림 3.14 감각 뇌 난쟁이. 오픈스택스 컬리지(OpenStax College)의 재도안 – 해부학 및 생리학, 코넥션스(Connexions) 웹사이트(http://cnx.org/content/col11496/1,6/).

손과 팔

손은 가장 지배적인 사람 제어 채널이며 사용자가 다양한 장치를 사용해 엄청난 수의 작업을 수행할 수 있다. 일상 생활에서 손은 잡기와 쥐기, 쥐어짜기, 몸짓과 자세, 치기 또는 두드리기, 던지기와 같이 서로 다른 무수한 작업에 사용된다. 손의 근육 - 골격 구성은 손목(손목), 손바닥(중골), 손가락(지골)의 세 가지 뼈 부분으로 구성된다. 또 손에는 엄지손가락, 작은손가락, 손바닥에서 발견되는 3개의 근육 그룹이 있다. 근골격계는 손목의 미끄럼 운동, 손가락과 손목의 각 운동(외전, 내전, 굴곡, 연장) 및 야간을 통한 손가락 협착을 비롯해 수많은 움직임을 관장한다.

총체적으로 손, 손목, 팔의 위치는 지렛대 시스템이며 수많은 제어 측정을 허용한다. 그럼에도 모든 구성이 편안하지만은 않다. 힘, 기간, 반복과 같은 요인에 따라 작업 수행이 제한될 수 있기 때문이다(마라스Marras 2012).

손으로는 거친 동작과 미세한 동작을 모두 해낼 수 있다. 손과 장치 모두 사용해서 인간은 물건을 세게 그러쥐거나 살짝 쥘 수 있다(그림 3.15 참고). 물건을 세게 쥐는 것은 손바닥 내에 장치를 고정시키는 것을 말하며, 정밀하게 가볍게 쥐는 것은 장치 또는 장치의 일부가 손가락 사이에 고정될 때 미세한 동작 제어를 허용한다. 3D 입력 장치의 사용에 대한 다른 근골격계가 미치는 영향을 더 조사하려면 자이 등(1996)의 연구를 참고하기 바란다.

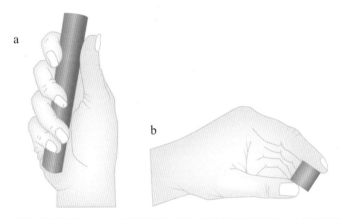

그림 3.15 힘을 줘서 움켜쥐는 모습(a)과 정밀하게 움켜쥐는 모습(b)(카스티엘로(Castiello)의 재도안 2005)

한 가지 중요한 쟁점은 잡는 방식을 설계하는 것이다. 손을 쥐었다가 펴거나 그 모양 자체는 강도에 큰 영향을 미치는 것으로 나타났다. 힘을 주고자(강력한 움켜쥠), 대부분의 장치 설계는 이른바 권총 손잡이로 돌아가게 된다. 대조적으로 정밀하게 움켜쥐는 경우 다른 설계가 필요하다. 예를 들어 소형 나사돌리개의 모양을 생각해 보라. 손잡이 모양과 이를 움켜쥐는 손의 모양은 휴대용 입력 또는 출력 장치를 설계할 때 고려해야 할 중요한 요소다. 그렇게 하지 않으면 기기가 손에서 빠져 나가거나 불필요하게 기기를 다시 만들어야 하며 사용자에게 피로함과 불편함을 초래할 수 있다(마라스 2012, 비스와 크루이프 2010).

손은 한 손만 사용하거나 양손을 사용하는 작업에도 사용될 수 있다. 오른손잡이냐 왼손잡이냐에 따라 한 손(자주 쓰는 손)이 다른 손보다 민감하다. 양손을 사용해야 하는 행동에서 비지배적인 손은 지배적인 손에 대한 참고 틀을 형성한다(기아드Guiard 1987, 그림 3.16). 양방향(비대칭) 상호작용은 많은 2D 및 3D 인터페이스에서 찾을 수 있다. 양적 상호작용에 대한 철저한 토론은 발라크리쉬난Balakrishnan과 힌클리(1999) 또는 벅스턴Buxton과 메이어스Meyers(1986)의 연구를 참고하라.

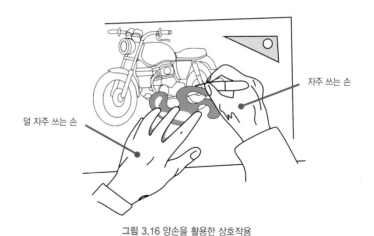

그림 3.16 양손을 활용한 상호작용

발과 다리

발과 다리는 상호작용 중에 종종 사용된다. 이 상호작용은 주로 환경을 통한 물리적 운동(즉 걷기)이지만 발은 손의 대체물로서 다른 애플리케이션 동작을 제어하는 데에도 사용됐다(파카넨Pakkanen과 라이사모Raisamo 2004). 발은 족근, 중족, 발가락으로 구성된다. 발목부터 이어진 섬유질 밴드, 발등의 등쪽 근육, 발 밑의 발바닥 근육의 여러 층을 비롯해 여러 근육 구조물이 발에 달려 있다. 발(발목과 발가락)의 근 골격 구조는 족저 굴곡, 배굴, 반전, 외전, 굴곡, 연장, 활공과 같이 손의 움직임과 부분적으로 유사한 몇 가지 동작을 할 수 있게 만든다. 따라서 손에 의해 수행되는 일부 작업은 잠재적으로 발로도 수행될 수 있다. 당연히 다리-발목 근골격 구조는 손목, 손 구조와 마찬가지로 지렛대 시스템이다. 이 시스템의 주요 목적은 직립 자세와 인간의 움직임 제어를 지원하는 것이다. 일반적으로 발은 다소 거친 제어 작용만을 허용한다(불링어Bullinger 등 1997, 골드스타인 2002).

자세

3D UI가 설계될 때 컨트롤 보디control-body 연계뿐만 아니라 일반적인 자세 사용자도 고려해야 하는 것이 중요하다. 손으로 제어하는 증강 현실 애플리케이션을 사용하는 것뿐만 아니라 다른 많은 전신 인터페이스의 사용으로 자세는 더이상 상호작용할 수 없을 때까지 사용자의 편안함과 피로도에 영향을 미치는 중요한 요소다(비스 및 크루이프 2010). 작업장 설계 분야는 오랫동안 서서 사용하는 기계를 사용하는 사람의 요소를 중심으로 디자인하는 것과 사용자가 앉아 있는 동안 작업을 수행할 수 있게 해주는 특정 유형의 가구에 초점을 맞춘다.

대부분의 3D UI는 손으로 결합된 장치나 제스처를 사용하기 때문에 팔과 나머지 신체의 관계가 중요하다. 다음 절에서 더 자세히 설명하겠지만 팔을 불편하게 둔 채로 장시간 작업해야 하는 경우 어깨와 팔의 피로(HCI 연구원에 의해 '고릴라 팔 증후군'이라는 별명이 붙었다)가 발생한다. 이런 종류의 피로는 신체와 관련해 손과 팔의 높이와 거리에 영향을 받는다. 손이 더 멀리 떨어져 있고 높을수록 사용자가 편안하게 상호작용할 수 있는 시간이 줄어든다. 차핀Chaffin과 앤더슨Anderson(1991)이 설명했듯이 손을 낮추거나(그림 3.17 참고) 신체에 10센티미터 정도 더 가깝게 움직이면 사용자가 편안한 상태(내구 시간)를 두 배나 세 배로 늘릴 수 있다. 따라서 멀리 있는 물체와 멀리 있는 곳까지 상호작용하거나 눈높이에 있는 메뉴를 제어하는 일은 사용자를 빠르게 피곤하게 만들 수 있다. 작업장 설계에 대한 자세한 내용은 마라스(2012)를 참고하기 바란다.

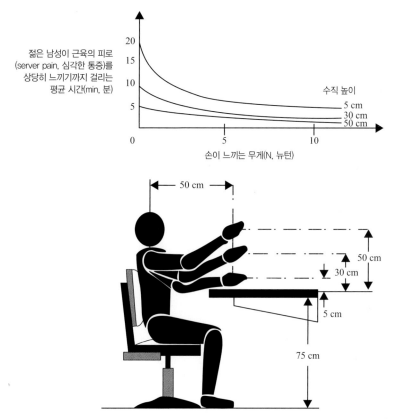

그림 3.17 어깨 근육이 피로해질 때까지 예상되는 시간(차핀과 앤더슨의 재도안 1991)

3.5.2 물리적 인체 공학적 문제 평가

물리적 인체 공학에 대한 분석은 여러 측면을 다루지만 대부분의 연구는 주로 피곤함과 사용자 편의를 고려한다. 3.5.2절에서는 이러한 두 가지 문제와 그 문제를 어떻게 평가할 수 있는지 자세히 살펴본다.

전형적인 문제

평가에서 실제 인간 공학을 다룰 때 UI 디자이너는 주로 상호 연관성이 있거나 분리할 수 없는 두 가지 문제, 즉 피로 및 사용자 편의에 직면한다.

피로도

부하 허용치가 초과되면 인간은 근육, 뼈, 인대뿐만 아니라 통증에도 영향을 받는다. 피로는 특정 지렛대 시스템을 유지하고자 사용자가 취해야 하는 자세와 관련이 있다. 어깨와 등뿐만 아니라 팔과 손목에도 피로가 생길 수 있기 때문이다. 피로의 전형적인 징후로는 자세가 바뀌거나, 팔과 손의 위치가 낮아지거나 또는 입력 장치를 재배치하는 행동 등이 있다. 연구에 따르면 육체 피로가 오래되면 정신적인 스트레스에 영향을 주기도 한다. 육체적인 요인뿐만 아니라 심리적인 요인으로 인해 피로도가 높아지면 작업 수행 시 실수를 할 수도 있고 작업 시간이 늘어날 수도 있다(바커Barker 2009).

사용자 편의

피곤함과 관련해 사용자의 편안함은 신체적, 심리적 차원 모두를 포함한다. 편안함이란 고통의 부재 등을 포함하는 안락한 상태를 말한다. 물리적 인체 공학과 관련해 사용자 편의는 일반적으로 오랜 잠재 기간 동안 편안한 자세를 취하고 유지하거나 특정 장치를 편안하게 쥐고 있는 자세를 말한다. 후자는 물리적인 편안함뿐만 아니라 표면 질감 또는 장치 모양과 같은 디자인 요소를 모두 포함한다.

평가 방법

사용자 편의는 평가하기가 어려울 수 있지만 작업 상황에서 널리 연구된 보건 및 안전 문제와 유사하므로 피로를 평가할 수 있는 다양한 방법이 있다. 모든 방법을 사용하면 사용자별 생리적 경계를 측정하는 것이 중요하다. 편안함과 피로는 근골격계의 특성과 개별 사용자의 능력에 달려 있기 때문이다. 이는 다양한 사용자를 평가에 포함시키는 것이 중요하다는 의미다. 더욱이 피로와 사용자 편의의 경우 주관적인 방법만을 사용하는 것만으로는 충분하지 않다. 다른 방법(예를 들어 주관적 측정 및 사용자 관찰)의 결과를 비교하고 상호 연관시키는 것이 좋다.

주관적 대책

사용자의 편의를 평가하려면 특정 시스템 및 애플리케이션에 대한 사용자 설문 조사가 필요하다. 특정 종류의 작업 및 작업 기간을 반영하고 사용자가 작업을 수행하는 데 사용할 다양한 자세를 처리해야 한다. 또한 사용된 입력 장치의 물리적 측면에 대한 사용자 의견을 묻는 것이 유용하다. 사용자의 편안함과 피로에 대한 대책은 서로 섞여 있어 사용자가 별도로 분리하기가 어려울 수 있다. 다른 신체 부위의 피로도를 요구하는 것이 종종 유용하다. 피로에 관한 질문은 노이어버거^{Neuberger}(2003)의 연구에서 시작할 수 있는데 그 이유는 노이어버거(2003)의 연구에서는 신체적 결함이 있는 사람들을 위해 마련된 다양한 설문지를 비교하기 때문이다. 또 마라스(2012)는 다양한 근육 관련 피로 문제에 대한 좋은 개관 자료를 제공한다.

성능 측정

성능과 피로 또는 사용자 편의의 관계를 평가하기는 어렵지만 일부 방법을 사용할 수 있다. 오류 분석을 포함한 작업 수행 분석은 시간 경과에 따른 다른 피로감과 연결할 수 있다. 즉 피로감을 기록하거나 측정한 경우에도 시간이 지남에 따라 성능이 떨어지는가? 시간 경과에 따른 성능은 여러 요소(예를 들어 학습)에 의해 영향을 받을 수 있지만 피로하면 성능은 확실히 떨어질 수 있다. 위에서 언급했듯이 가끔 사용자는 장치를 다시 쓰거나 작업을 계속하기 전에 팔을 낮춰 잠시 휴식을 취하는 경우가 있다. 이러한 표시는 영상 관측에 태깅^{tagging}될 수 있으며 작업 수행 시간과 비교할 수 있다

심성-생리학적 방법

마지막으로 다양한 생리학적 방법이 피로를 평가하는 데 사용됐다. 이러한 방법은 종종 생체역학 원리를 정의하는 특정 모델에 결합된다. 이러한 모델은 대개 들어올리는 작업이나 밀고 당기는 작업과 같은 특정 작업에 특화돼 있다. 보다 일반적인 접근 방법으로 근육 긴장과 피로를 해결하고자 근전도 검사(근육 활동을 감지하는)가 적용됐다. EMG는 설치가 까다롭지만 위의 모델만으로는 예측할 수 없는 가치 있는 정보를 제공한다. 마지막으로 특정 근육 및 관절 그룹을 측정하는 몇 가지 물리적 장치가 있다. 예를 들어 척추의 움직임을 측정하는 장치다. 자세한 내용은 마라스(2012)의 연구를 참고하자.

3.6 가이드라인

3장에서는 3D 상호작용 기술 및 장치의 분석, 디자인 및 평가에 영향을 미치는 수많은 인적 요소를 논의했다. 3.6절에서는 몇 가지 구체적인 가이드라인을 소개한다.

인적 요소 문제는 성능이 좋은 기술 및 장치의 설계에 큰 영향을 줄 수 있다. 따라서 인적 요소를 염두에 두고 인터페이스를 설계하면 보다 일반적인 사용자 중심 설계에서 알려지지 않은 문제를 해결하는 데 도움이 될 수 있다.

3D UI 디자인은 종종 높은 수준의 인적 요인 문제의 영향을 받는다. 이러한 문제 중 상당수는 이전에 다른 영역에서 연구됐다. 따라서 인터페이스에 영향을 줄 수 있는 근본적인 인적 요인이 무엇인지, 예를 들어 의학 문헌 데이터베이스를 검색하거나 3장의 마지막 부분에서 언급한 인적 요소 표준 참고 중 하나를 참고하는 것이 좋다.

많은 인적 요소는 상호 연관성이 높다. 너무 많은 인적 요인 문제를 목표로 하는 연구 설계를 피하라. 대신 신중한 연구 설계를 통해 해당 문제를 격리하자.

인적 요소의 한계를 보는 대신, 인체의 감각 및 통제 잠재력을 염두에 두고 새로운 인터페이스를 설계하기에 유익하다는 새로운 시각을 지니자(베크하우스와 크루이프 2004, 크루이프 2013).

3장에서 여러 번 언급했듯이 사용 기간은 특정 인적 요인 문제의 영향 정도에 영향을 미치는 경우가 많다. 명확한 예는 시간 흐름에 따른 피로감이지만, 기술 습득에서부터 습관화와 같은 다른 분야에서도 마찬가지다. 일반적으로 종방향 연구는 이러한 효과에 대한 데이터를 얻을 수 있는 유일한 방법이다.

3.7 결론

3장에서는 사용자 중심의 설계 프로세스에서 지각적, 인지적, 물리적 인체 공학적 문제를 해결할 수 있는 견고한 기반을 제공하고자 핵심 인적 요인을 소개했다. 효과적인 상호작용 기술 및 장치를 설계하려면 이러한 요인을 이해하는 것이 중요하다. 장을 진행해 나가면서 3장의 기반이 된 기초 사항들을 다룬다.

추천 도서 및 논문

인간 요소와 인간의 잠재성이 유도한 디자인을 좀 더 자세히 알고 싶다면 다음을 참고하자.

- Salvendy, G.(ed.). 2012. *Handbook of Human Factors and Ergonomics*, 4th ed.

- Kruijff, E. 2013. "Human-potential driven design of 3D user interfaces." *Proceedings of the IEEE International Conference on Artificial Reality and Telexistence* (ICAT 2013). Tokyo, Japan.

인지와 주의를 좀 더 자세히 알고 싶다면 다음을 참고하자.

- Goldstein, E. 2014. *Sensation and Perception*, 9th ed., Wadsworth.

- Posner, Michael I. and Boies, Stephen J. 1971. "Components of attention." *Psychological Review* Vol. 78(5), pp 391 - 408.

교육과 기억을 포함한 인식의 기초, 상황 파악, 인식 부하를 좀 더 자세히 알고 싶다면 다음을 참고하자.

- Smith, E. and Kosslyn, S. 2013. *Cognitive Psychology*. Pearson Education.

- Kandell, E., Kupfermann, I., and Iversen, S. 2000. "Learning and memory." In Kandell, E., Schwartz, J., and Jessell, T.(eds.), *Principles of Neuroscience*, 4th ed. McGraw-Hill, pp 1127 – 1246.

- Endsley, M. 2012 "Situation awareness." In Salvendy, G.(ed.), *Handbook of Human Factors and Ergonomic*, 4th ed.

- Wickens, D. 2001. "Workload and situation awareness.' In Hancock, P. and Desmond P.(eds.), *Stress, Workload and Fatigue Erlbaum*, pp 443-450

인체 공학과 제어를 좀 더 알아보고 싶다면 다음을 참고하자.

- Marras, W. 2012. "Basic biomechanics and workstation design." In Salvendy, G.(ed.), *Handbook of Human Factors and Ergonomics*.

- MacKenzie, I, 1992. "Fitts' Law as a research and design tool in human computer interaction." *Human Computer Interaction* Vol. 7, pp 91 – 139.

인간-컴퓨터 상호작용의 일반 원칙들

4장에서는 인간-컴퓨터 상호작용을 디자인하는 데 밑바탕이 되는 일반 원칙들을 소개한다. 표준 디자인, 평가 방법, 지침들을 3D UI와 연관 지어 설명할 것이다.

4.1 들어가기

3장에서 낮은 수준의 인식, 인지, 심성생리학 능력을 중심으로 설명했다. 4장에서는 인간이 컴퓨터와 상호작용하는 데 필요한 능력들을 어떻게 발휘하는지 풀어낼 것이다. 낮은 수준의 인간 처리 과정 모델부터 높은 수준의 행동 이론 원칙들까지 HCI 영역을 개괄하고, HCI 실무자를 위한 디자인 지침과 UX 엔지니어링 처리 과정을 설명하겠다.

책의 상당 부분은 디자인과 3D UI 평가와 관련해 특정한 사항들을 설명하는 데 할애하겠지만, 기본적인 지식이 있어야 그 위에 3D UI와 관련된 특정한 지식을 쌓을 수 있기 때문에 그 전에 HCI에 대한 일반적인 지식 전반을 서술하기로 했다. 이미 3D UI 관련 배경 지식이 있는 독자도 있겠지만, 모두가 HCI 제반 지식과 처리 과정에 익숙한 것은 아니기 때문이다. 그러므로 4장은 3D 상호작용에 특정한 주제로 더 깊이 들어가기 전에 기본적인 주제를 배워야 하는 독자들에게 필요한 설명으로 채웠다. 4장에서는 HCI 영역 전반과 3D UI와 연관해서 강조할 만한 주제를 개괄하고 이 기반 위에서 더 읽을 만한 것들의 포인트들을 짚어 줄 수 있을 것이다.

4.1.1 HCI란 무엇인가?

HCI는 사용자와 기술 인공물 사이의 관계를 이해해서 사용자가 컴퓨터 기술을 어떠한 목적으로든 효율적으로 사용하도록 디자인하는 방법을 연구하는 영역이다. HCI에서 '인간'을 단어의 앞부분에 넣은 것은 우연이 아니다. HCI는 사용자 중심으로 사용자의 니즈를 파악하는 데 집중한다. 그러므로 사람의 인지(감각), 인식(사고), 심리와 자율, 생물학 등과 관련한 행동에 그 뿌리를 두고 있으며 사용자 중심 영역(앞에서 이미 많이 다른 주제다)과 밀접한 관련이 있다.

HCI에서 '컴퓨터'는 일반적으로 매우 광범위하게 해석된다. 이 단어는 데스크톱과 랩톱 컴퓨터뿐만 아니라 전화기, 시계, 전자레인지, 자동차, 비디오 게임(디지털 컴퓨터 요소가 포함된 것)까지 포함하는 이미지를 떠올리게 만들어야 한다. HCI가 기존 컴퓨터와의 사용자 상호작용을 설계하고 이해하는 데 중요한 역할을 담당했지만, 지금 시대의 상호작용과 HCI와 관련한 더 흥미로운 연구는 데스크톱을 벗어나서 이뤄지고 있고, 이는 3D UI와의 상호작용을 포함한다.

HCI의 정의가 갖는 또 다른 미묘한 뉘앙스는 사람과 컴퓨터 간의 상호작용에 중점을 두고 있지만 컴퓨터 기술이 중재하는 여러 사람(예를 들어 커플, 동료, 작업 그룹, 온라인 커뮤니티) 사이의 상호작용도 포함된다는 것이다. 효과적인 HCI를 설계하는 것은 컴퓨터가 원하는 대로 행동하게 하는 방법뿐만 아니라 인간과 인간 사이의 효과적인 의사소통 및 협업을 가능하게 하는 방법에 관한 것이기도 하다.

그래서 효과적인 HCI란 무엇일까? 이에 대한 대답은 상호작용의 목적에 따라 다를 수 있다. HCI는 다양한 목적을 가진 컴퓨터 기술을 응용하는 것까지 포괄한다. 예를 들어 진지한 업무는 관련된 업무 성과를 측정하는 것까지 포함해서 컴퓨터 응용 카테고리의 중요한 부분인 한편 HCI는 비디오 게임을 보다 재미있고 도전적인 방법으로 즐기게 만들거나, 온라인 채팅을 보다 매력적이고 깊이 있게 만들며, 일정 관리 알림을 짜증나지 않으면서도 제때에 받아 볼 수 있도록 만들기도 하고, 인터랙티브 예술을 좀 더 영감으로 가득 차게 만들어 준다.

목적이 무엇이든 HCI는 단순히 현재 컴퓨터와의 상호작용을 이해하는 것만을 이야기하지는 않는다. 새로운 형태의 상호작용을 디자인하는 것과 마찬가지다. 이는 새로운 입력 장치나 디스플레이를 개발하거나 애플리케이션에서 사용할 제스처의 집합을 설계하거나 창의적인 새로운 방식으로 기존 기술을 재활용하는 형태를 취할 수 있다. 그러므로 과학적 관점(인간-컴퓨터의 상호작용의 세계를 이해하는 것)과 공학 또는 예술 관점(새로운 인간-컴퓨터 상호작용을 생성하고 설계하는 것) 모두의 시각으로 HCI에 접근할 수 있다.

디자인을 많이 강조하기 때문에 HCI의 많은 실무자는 전통적으로 사용자가 눈으로 보고 상호작용하는 컴퓨터 시스템의 일부를 설계하는, 즉 사용자 인터페이스UI에 중점을 뒀다. 최근에는 인터페이스의 특성뿐만 아니라 시스템의 사회적 맥락, 시스템이 살아 있는 도구 및 기술의 생태계를 포함하는 사용자 경험UX 역시 UI 디자인의 일부로 보며 사용자가 시스템을 사용할 때 사용하는 모든 것(예를 들어 교육, 문화적 배경, 정서적 상태)도 포괄한다. UX는 시스템 사용의 정서적 영향을 포함해 효율성에 대한 광범위한 정의에 특히 중점을 둔다.

상호작용 기술은 UI의 특정 요소다. 이들은 사용자가 작업 전체나 일부를 수행하는 방법이며 사용자가 사용한 입력 형식과 관련이 있고(사용자가 피드백을 제공하는 표시 요소도 포함하기는 한다) 시스템상에서 입력과 그에 따른 결과를 도식화한다. HCI 세계의 대부분은 마우스, 키보드, 조이스틱을 통한 상호작용 상태에서 잘 작동하는 기술이 잘 이해되고 표준화돼 있기 때문에 이 기술은 디자이너나 연구원에게는 더이상 중요하지 않다. 하지만 HCI의 특정 분야(3D UI, 터치 기반 제스처 인터페이스, 두뇌 컴퓨터 인터페이스를 포함한)에서 사용되는 입력 장치는 너무 다양하고 광범위하며 비표준이므로 상호작용 기술 설계가 매우 흥미로운 주제가 된다. 따라서 이 책의 주요 부분(4부, '3D 상호작용 기술')은 3D 상호작용 기술 설계에 집중돼 있지만 일반적인 HCI 책에서는 이 주제를 깊이 다루지 않았을 것이다.

모든 UX 디자이너가 초기에 깨닫게 되는 사실은 HCI 디자인이 일련의 절충 과정이라는 점이다. 즉 디자인에 대한 질문은 명확한 대답이 있는 질문이 아니다. 일반적으로 최적의 디자인이란 없다(하지만 일부 디자인은 다른 디자인보다 분명히 우수하다). 디자인 관련 선택을 할 때(그리고 다른 선택을 암묵적으로 거부할 때) 장점과 단점이 있으며, 한 선택의 이점은 다른 선택의 이점과 상쇄돼야 한다. 어떠한 형태의 UX 디자인(특히 3D UI 디자인)이든 첫 번째 원칙으로서 독자들이 이 절충안을 이해하고 분석해서 최상의 행동 방침을 결정할 수 있기를 바란다.

4.1.2 4장의 로드맵

4장에서는 HCI에서 3D UI와 관련성 높은 몇 가지 주요 주제에 대한 요약 및 고급 개요를 제공한다. 다시 한번 이야기하지만 4장과 이전 장은 인간의 요소와 HCI에 대한 배경 지식이 없는 독자를 위한 것이다.

HCI는 인간이 컴퓨터와 상호작용하는 방식과 그러한 상호작용을 설계하는 방식을 이해하는 것 모두에 관심이 있으므로 이 아이디어를 중심으로 장을 구성한다. 4.2절에서는 인간-컴퓨터 상호작용을 이해하고 설명하고자 하는 수년 동안의 연구를 통해 우리가 알고 있는 것을 설명한다. 이 지식은 HCI에 대한 몇 가지 중요한 이론으로 수집 및 종합됐다. 해당 이론들은 4절에서 주요하게 다룰 예정이다.

4.3절과 4.4절은 HCI 디자인 측면을 다룬다. 4.3절에서는 이론에서 볼 수 있는 HCI에 대한 지식과 이해가 디자이너에게 실질적인 지침으로 전환되는 양상을 설명한다. 효과적인 사용자 경험을 제공하는 시스템을 설계하기 위한 고급 원칙과 지침도 논의한다.

우리의 지식이 불완전하고 최상의 지침도 사용자 경험을 보장하기에 불충분하기 때문에 4.4절에서는 UX 엔지니어링 프로세스의 핵심 단계와 요소를 다룬다.

4.2 사용자 경험 이해하기

HCI는 인지 과학과 인간 공학을 포함하는 컴퓨터 과학의 전문 분야로 1980년대 초 처음 등장했다(캐롤Carroll 2012). 이후 HCI는 다른 분야의 연구자들을 끌어들이고 있다. 결과적으로 HCI는 여러 유형의 사용자 경험과 이러한 경험을 더 잘 이해할 수 있는 다양한 접근 방식을 통합하도록 발전했다. 4.2절에서는 HCI 연구원이 개발한 탁월한 UX 모델과 이론을 논한다.

인간과 컴퓨터의 낮은 수준의 상호작용을 논의하면서 4.2.1절을 시작하는데, 이때 사람을 컴퓨터와 상호작용하는 아주 작은 행위를 관장하는 프로세서와 메모리가 있는 컴퓨팅 실체로 간주한다. 그리고 4.2.2절에서는 사용자 작업 모델을 논의한다. 아주 작은 행동에 초점을 맞추는 대신 이러한 모델은 상호작용을 위한 목표를 형성하고 그 목표가 시스템 안에서 달성됐는지 여부를 인지하는 것과 같은 상위 수준의 상호작용에 초점을 맞춘다. 4.2.3절에서는 개념 모델과 용역을 설명한다. 4.2.4절에서는 활동 이론을 논의하고자 사용자와 컴퓨터뿐만 아니라 HCI가 일어나는 실제 환경 설정이 사용자 경험에 어떻게 영향을 미칠 수 있는지 집중적으로 설명한다. 마지막으로 4.2.5절에서 구현된 상호작용의 개념과 유형의 컴퓨팅, 소셜 컴퓨팅, 유비쿼터스 컴퓨팅 등 덜 전통적인 사용자 경험을 통합하는 방법을 논의한다.

4.2.1 인간 프로세서 모델

인간을 복잡한 컴퓨터 시스템으로 모델링하는 것은 인간-컴퓨터 상호작용을 이해하는 초기 접근법 중 하나였다. 카드(1983) 등이 논문에서 처음 묘사한 것에 따르면 **모델 인간 프로세서**Model Human Processor는 그림 4.1에서 볼 수 있듯이 인간과 능력 및 메모리(기억)가 컴퓨터 처리 장치 및 저장 디스크와 유사하다고 간주한다. 이 모델은 3개의 프로세서로 구성된다. 첫째 인식 프로세서는 사용자가 인식한 감각 자극을 처리하고 번역된 정보를 작업 메모리에 저장한다. 인지 프로세서는 작업 메모리와 장기 메모리의 정보를 활용해 의사 결정을 내린다. 마지막으로 모터 프로세서는 물리적 행동을 통해 의

사 결정을 수행한다. 3장(그림 3.1)에서도 비슷한 표현을 제공했다. 인간의 능력에 초점을 둔 낮은 수준의 관점에서 이 과정을 살펴봤다. 4장에서는 동일한 프로세스를 고려하지만 사람-컴퓨터 상호작용의 반복된 고리에 어떤 영향을 미치고, 공식적으로 상호작용 모델을 통해 어떻게 표현될 수 있는지 살펴본다.

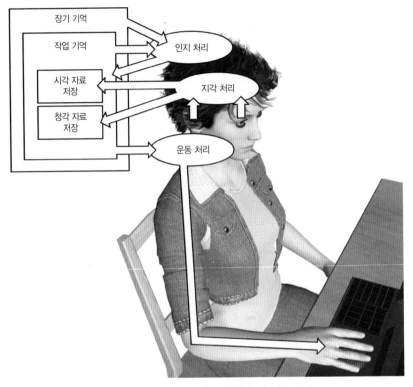

그림 4.1 모델 인간 프로세서(이미지 출처: 카드 등 1983)

모델 인간 프로세서는 인식, 인지, 모터 프로세스를 설명할 수 있다. 각 프로세서에는 주기 시간과 용량 및 감쇠 시간을 예상할 수 있는 관련 메모리가 있다. 예를 들어 카드 등(1983)이 추정한 바에 따르면 인식 프로세서의 최소 사이클 시간이 50밀리초고, 시각 이미지 최대 용량은 17글자이며, 평균 시각 감쇠 반감기는 200밀리초다. 이러한 견적을 사용해 연속적인 이미지에서 볼 수 있는 객체의 최대 시간 간격, 움직이는 것으로 인식할 수 있는 객체의 최대 시간 간격, 2개의 문자열이 일치하는지 확인하는 데 필요한 시간, 인물 수를 계산할 수 있었다. 이 예시들은 모델 인간 프로세서의 대부분이 인식, 인지, 모터 프로세스를 낮은 수준에서 모델링할 수 있는 견고한 기능을 보여 준다.

타자 수준 모형

일부 인간 프로세서 모델은 사용하기 쉽도록 만들고자 이러한 견고성을 희생한다. 예를 들어 **타자 수준 모형**KLM, Keystroke-Level Model은 대중의 인기를 얻을 수 있는 최초의 인간 프로세서 모델 중 하나였다. 카드 등(1980)은 전문 사용자가 상호작용 시스템을 사용하면서 오류 없이 주어진 작업을 수행할 수 있는지를 예측할 수 있도록 모델을 개발했다. KLM은 인식을 가능케 하는 시스템 응답 연산자, 인지 연산자, 4개의 모터 연산자로 구성된다. R 연산자는 사용자가 시스템이 모터 연산자에게 응답할 때까지 대기하는 시간을 나타낸다. M 연산자는 사용자가 심성적으로 하나 이상의 모터 연산자를 준비하는 데 들여야 하는 시간을 나타낸다. 4명의 모터 운영자는 입력 장치 조작, 키 또는 버튼 누르기, 목표물 가리키기, 선 그리기에 중점을 둔다. 특히 H 연산자는 키보드나 마우스 등 다른 장치에 손을 놓는 데 필요한 시간을 나타낸다. K 연산자는 사용자가 키와 버튼을 누르는 데 필요한 모터 기술을 수행하는 데 걸리는 시간을 나타낸다. P 연산자는 화면상의 표적을 가리키는 데 걸리는 시간을 나타내며 보통 피츠의 법칙에 따라 계산된다. 마지막으로 D 연산자는 계층적인 선택지에 적용할 수 있고 조향 법칙으로 추정할 수 있는 일련의 직선 분절체를 그리는 데 필요한 시간을 나타낸다(애콧Accot과 자이 1999). 피츠의 법칙과 조종법에 대한 자세한 내용은 3장 '인간 요소와 기본 요소들'의 3.2.4절을 참고하자.

인간 프로세서 모델과 달리 KLM은 인간 요인이나 심리학과 관련된 지식이 없어도 쉽게 사용할 수 있다. 일 처리 시간은 연산자가 과거에 확립한 추정치를 사용해 예측할 수 있다(카드 등 1980). 따라서 대표적인 사용자로서의 주체를 지정하지 않아도 프로토타입을 제작하지 않아도 디자인을 평가할 수 있다. 그러나 KLM도 한계가 있다. 첫째, 시간을 측정할 수 있다는 장점은 사용자 성능 중 하나의 측면일 뿐이다. 또한 전문적인 사용자와 오류가 없는 작업 실행에만 적용할 수 있다. 심리적인 연산자는 또한 사용자의 인지 행동(및 일부 지각 행동)을 단일값으로 단순화해서 행동의 깊이와 다양성을 나타낼 수 없다.

GOMS

목표, 연산자, 방법, 선택 GOM, Goals, Operators, Methods, and Selection 모델은 KLM보다 복잡한 버전의 모델이며 카드 등(1983)이 만들었다. 목표는 사용자가 시스템을 통해 수행하고자하는 것이며, 대부분 원하는 상태를 정의하는 기호의 구조로 표현된다. 연산자는 KLM의 목표와 유사한 각 목표를 달성하는 데 필요한 초등 지각, 인지, 운동이다. 방법은 특정 목표를 달성하는 데 사용할 수 있는 특정 연산자 시퀀스다. 선택은 동일한 목표를 달성하고자 여러 방법을 사용할 수 있을 때 사용자가 취해야 하는 방법을 말한다. 그림 4.2는 GOMS 모델을 시각적으로 표현한 결과다.

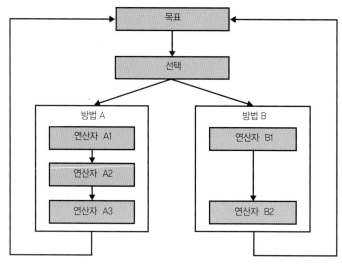

그림 4.2 GOMS 모델의 시각화(이미지 출처: 라이언 맥마한)

터치 상호작용 모델

최초의 HCI 모델 중 하나임에도 인간 프로세서 모델 연구는 현재진행형이다. 최근 라이스Rice와 라티그Lartigue(2014)는 KLM을 터치 스크린과 모바일로 확장하는 **터치 상호작용 모델**TLM, Touch-Level Model을 정의했다. TLM은 최초 응답시간(R), 심성 작용(M), 원점 복귀(H), 키스트로크(K) 연산자를 포함한다. 또한 몇몇 새로운 연산자도 포함한다. 부주의 (X) 연산자는 다른 연산자에 시간을 추가하는 곱셈 연산자로, 자연스럽게 발생하는 부주의한 시간을 나타낸다. 일반적인 터치 제스처는 탭(T), 밀어 넘기기(S), 끌기(D), 꼬집기(P), 확대하기(Z), 회전(O) 연산자로 표시된다. 하나 이상의 손가락이 필요한 특수한 행위는 제스처(G) 연산자로 표시된다. 기울기(L) 연산자는 장치를 실제로 기울이거나 회전하는 데 필요한 시간이다. 마지막으로 초기 행동(I) 연산자는 장치를 잠금해제하는 것과 같이 당장 사용하고자 시스템을 준비하는 데 필요한 동작을 모델링한다.

3D UI를 위한 인간 프로세서 모델

인간 프로세서 모델은 아직 3D UI를 위해서만 설계되지 않았지만 연구원들은 다양한 3D 상호작용을 설계, 분석하고자 이 모델의 개념을 사용했다. 맥마한과 바우만(2007) 은 사용자 연구 중 하나에서 다양한 3D 객체 및 시스템 제어 구성 요소를 선택하기 위한 몇 가지 지각-모터 연산자를 확립했다. 이후 이들 연산자를 사용해 다양한 시스템 제어 작업 시퀀스(예를 들어 행동 우선 또는 목표 우선 과제)의 인지 부하를 추정했다. 천과 휠러러(2013)는 인간 프로세서 모델을 사용해 가볍게 치는 제스처와 터치 스크린 상호 작용과 비슷한 밀어 넘기기 제스처를 비공식적으로 비교한다. 따라서 인간 프로세서 모델을 사용해 3D UI를 설계하고 분석할 수 있다.

4.2.2 사용자 행위 모델

인간 프로세서 모델은 사용자가 특정 작업을 수행할 때 발생하는 개별적인 원자 사건을 나타내지만, **사용자 행위 모델**user action model은 인간과 시스템 사이에서 일어나는 높은 수준의 상호작용을 묘사한다. 이 모델들은 (i) 사용자의 목표, (ii) 사용자의 신체 행동 실행, (iii) 시스템에서 행한 행위의 결과, (iv) 사용자 결과 평가의 네 가지 측면으로 구성된다. 예를 들어 가상 객체를 이동시키려는 목표를 가진 사용자가 있다고 하자. 사용자는 작업 계획을 세우고, 추적 가능한 핸드헬드 장치를 이용해 가상으로 손을 뻗어 '잡기'를 실행하는 버튼을 누른다(가상으로 손을 움직이는 기술을 자세히 알아보려면 7장, '선택 및 조작'의 7.4.1을 참고하자). 시스템은 객체에 닿는 행위로 응답하면서 추적된 장치의 움직임을 따라간다. 사용자는 결과를 보고 객체를 이동시키려던 목표가 제대로 진행되고 있다는 것을 확인한다.

행위의 7단계

노만^{Norman}의 7단계 행위는 최초로 널리 알려진 HCI 사용자 행동 모델이었다. 무엇이 상호작용하기 어렵게 만드는지 이해하고자 노만은 어떤 사람이 시스템과 상호작용할 때 일어나는 일을 정의하기 시작했다. 행동의 구조를 연구하려는 것이었다. 그러면서 그는 '목표와 세계에 일어난 일, 세계 그 자체, 세계를 확인하는 일'이라는 네 가지 고려 사항을 설정했다(노만 2013). 이 가운데 노만은 7단계의 행동을 정의했다.

동작의 1단계는 사용자의 목표(예를 들어 가상 객체를 이동시키는 아이디어)의 형성이다. 2단계는 목표를 성취할 것으로 예상되는 특정 행동(예를 들어 목표물을 잡는 것)을 파악하는 사용자의 의지를 형성하는 것이다. 3단계는 의도를 달성할 행위 계획 또는 동작 시퀀스를 지정한다(예를 들어 핸드헬드 장치로 손을 뻗어 가상으로 물건에 닿고 잡기 버튼을 누르는 행위). 4단계에서 사용자는 필요한 신체 활동을 수행해 계획을 실행한다. 시스템은 이 동작에 응답해 주어진 입력의 결과를 결정한다(예를 들어 가상 객체를 장치의 위치에 부착). 5단계에서 사용자는 시스템에 의해 생선된 자극(예를 들어 핸드헬드 장치의 이용 결과로 보이는 객체의 시각적 표시)을 인지한다. 6단계는 지금의 시스템 상태(예를 들어 가상 손에 객체 부착)를 해석하고자, 감지된 감각자극을 인지 처리한다. 마지막 단계에서 사용자의 의도와 결과를 비교, 평가하고 목표가 진행 중임을 인식한다(예를 들어 객체의 이동). 그림 4.3은 7단계 행동을 시각적으로 표현한 것이다.

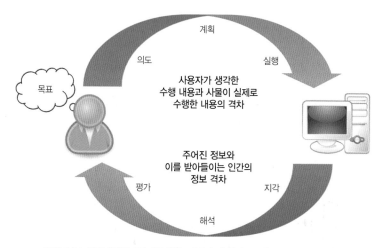

그림 4.3 노만의 행위의 7단계와 실행, 평가의 격차(이미지 출처: 라이언 맥마한)

실행과 평가의 격차

행위의 7단계에 따라 노만은 사용자와 시스템 사이의 상호작용에서 2개의 주요 위상을 지정했다. 첫 번째 위상은 사용자가 시스템에 영향을 미치는 작업과 관련된다. 두 번째 위상은 시스템이 사용자에게 상태를 알리는 방법을 포함한다. 노만은 이 두 위상을 시스템에서 사용자의 심성 모델과 시스템의 진실 사이의 개념적인 거리를 '격차'라는 위상으로 표현했다.

실행 격차gulf of execution는 사용자가 무엇을 해야 하는지를 생각하는 것과, 실제 세계에서 사용자의 목표에 따라 수행해야 하는 실제 인식 및 운동 동작 사이의 차이를 나타낸다. 사용자는 의도를 형성하고 행동 계획을 생각해 내고 목표 달성을 위해 시스템이 요구하는 행동을 실행해서 최종 목표를 이룰 수 있다. 하지만 시스템에서 요구하는 동작이 사용자의 의도와 일치하지 않으면 그 목표를 달성할 수 없다. 가상 객체를 이동하는 예시에서 목표를 고려해 보자. 사용자가 가상 객체를 잡고자 특정 버튼을 누르기를 원한다고 해도 시스템이 다른 버튼을 누르라고 요구하면 추적 장치는 객체를 움직이지 않을 것이다. 따라서 사용자는 목표를 달성하지 못한다.

실행 격차는 기본적으로 시스템의 실제 작동 및 요구 사항에 대한 사용자의 심성 모델 및 기대치를 조정하는 데 잠재적으로 실패했다는 것을 보여 준다. 특정 시스템에 대한 충분한 시간과 경험을 바탕으로 한 사용자는 자신의 목표와 의도를 달성하는 데 필요한 조치 순서와 규칙을 **절차적인 지식**procedural Knowledge으로 개발할 것이다(코헨과 바크다안Bacdayan 1994). 그러나 처음에는 새로운 시스템과 상호작용할 때 사용자는 대상, 단어의 의미, 사실 및 관계에 대한 일반 지식 등 **의미론적인 지식**semantic knowledge에 의존해야 한다(패터슨 등 2007). 사용자의 의미론적 지식이 시스템의 상호작용과 적절하게 일치하지 않으면 사용자는 시행착오를 통해 실행 격차를 좁혀야 한다. 따라서 디자이너는 시스템의 작동 방식과 목표 달성 방법을 사용자에게 알려 주는 UI(예를 들어 행동 유동성, 꼬리표, 메타포 또는 다른 것들이 실패했을 때의 지침 등)을 제공해야 한다.

반면 **평가 격차**gulf of evaluation는 시스템의 실제 상태와 사용자가 인지, 인식하는 내용과 시스템의 상태를 인식하는 것의 차이를 나타낸다. 목표 달성 여부를 평가하고자 사용자는 쓸 수 있는 자극을 인지하고 그 자극을 결과로 해석해, 그 결과가 실행 계획의 예상 결과와 일치하는지 평가해야 한다. 시스템이 제공하는 자극이 감지되지 않거나 섭게 해석되지 않으면 사용자의 의도와 목표가 달성됐는지 여부를 평가하기 어려울 수 있다. 가상 손 예시를 다시 생각해 보면 추적된 장치로 객체를 계속 움직이지 않고 새로운 위치를 표시하고자 객체가 해제될 때까지 시스템이 대기한다고 가정해 보자. 사용자가 물체를 놓을 때까지 객체가 움직이고 있는지 확인하기는 불가능하다. 객체가 더이상 움직이지 않는 시점이다. 따라서 디자이너는 사용자에게 감각 피드백을 제시해 시스템의 실제 상태를 명확하게 만드는 방법을 신중하게 고려해야 하며 사용자가 목표를 향한 진행 상황을 평가하는 데 필요한 정보를 제공해야 한다.

사용자 행위 프레임워크

또 다른 사용자 행위 모델은 사용자 행위 프레임워크^{UAF, User Action Framework}로 노만의 행위 7단계(안드레^{Andre} 등 2001)에 기초한 유용성 개념과 문제에 대한 구조화된 지식을 기반으로 한다. UAF의 핵심에는 사용자 상호작용 순서를 나타내는 상호작용 주기가 있다(하트슨 2003). 상호작용 주기는 노만의 7단계를 본질적으로 (i) 계획, (ii) 해석, (iii) 신체 행동, (iv) 결과, (v) 평가(하트슨과 파일라 2012)의 5단계로 나눈다. 계획은 사용자의 목표와 의도 형성을 포함한다. 해석은 행동 계획을 수립하는 과정이다. 신체 행동은 계획을 실행하는 운동의 측면을 다룬다. 결과(시스템 응답)는 시스템 내부에서 발생하며 시스템에서 생성된 피드백을 포함한다. 마지막으로 평가 단계는 시스템의 상태를 인식하고 해당 상태를 해석하고, 결과를 평가하는 단계를 포함한다.

그림 4.4 하트슨의 상호작용 주기 강조점과 해석의 중요성(하트슨과 파일라 2012)

하트슨과 그 동료들은 7단계 행위와 매우 유사하지만 평가와 비교해 인간-컴퓨터 상호작용 과정에서 해석의 중요성을 강조하고자 상호작용 주기를 개발했다(하트슨과 파일라 2012). 그림 4.4에서 이를 확인할 수 있다. 또한 상호작용 주기는 디자인 개념을 구성하기 위한 계층적 구조를 제공한다. UAF는 이 개념을 몇 가지 확립된 설계 지침과 함께 사용해 유용성 개념 및 문제에 대한 지식 기반을 제공한다. 이에 대한 자세한 내용은 하트슨과 파일라(2012)의 『UX Book』을 참고하자.

사용자 시스템 루프

3D UI용으로 개발된 사용자 행위 모델 중 하나는 맥마한 등이 만든 사용자-시스템 루프user-system loop다(2015). 이것은 시스템 중심으로 노만의 행위 7단계를 적용하는 것을 의미한다. 사용자-시스템 루프에서 모든 상호작용은 입력 장치가 감지, 조작한 사용자 행위로 시작해 전송 기능에 의해 의미 있는 시스템 효과로 기능한다. 이런 효과는 시뮬레이션의 대상, 물리, 인공 지능의 기본 데이터 및 모델을 변경한다. 렌더링 소프트웨어는 시뮬레이션의 업데이트된 상태를 포착하고 출력 장치에 명령을 전송해 사용자가 인지할 수 있는 감각 자극을 만들어 낸다. 본질적으로 사용자와 시스템 사이의 정보 흐름을 모델링하는 것이다(그림 4.5 참고).

가상 손 예시를 생각해 보자. 사용자는 가상으로 물건을 만지거나 버튼을 누르는 행위를 한다. 추적 핸드헬드 장치는 입력 장치의 역할을 한다. 전송 함수는 장치의 위치를 처리하고 가상 객체와 함께 배치돼 있는지, 버튼 상태를 결정해 '잡기' 행위가 실행되고 있는지 확인한다. 시뮬레이션은 핸드헬드 장치가 움직인 뒤 가상 객체의 움직임을 모델링해 상태를 업데이트한다. 렌더링 소프트웨어는 시스템의 시각적 디스플레이에 업데이트된 객체의 위치를 2D 이미지로 생성한다. 이 이미지는 사용자의 눈이 감지할 수 있는 빛을 생성한다. 해당 예제에서 알 수 있듯이 사용자-시스템 루프는 시스템 동작에 초점을 두고 작업하는 한편 UAF의 7단계보다는 사용자 작업에 더 중점을 둔다. 그러나 사용자 중심 모델처럼 사용자-시스템 루프는 사용자 경험을 설계하고 분석할 때 고려할 만한 유용한 사항이다. 특히 입력 장치를 선택하고 함수를 설계하는 것은 3D 상호작용 기술의 사용성에 중요한 사항이다.

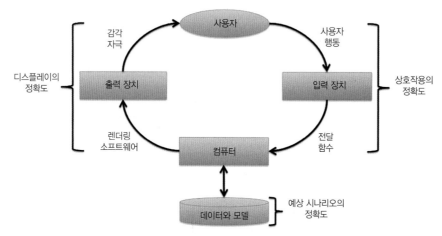

그림 4.5 사용자-시스템 루프는 시스템을 중심으로 두고 사용자와 컴퓨터 시스템 사이의 정보 흐름을 모델로 만들었다. 충실도의 차이에 대한 논의가 사용자-시스템 루프에 얼마나 큰 영향을 미칠지 11장의 11.6.3을 참고하자(이미지 출처: 라이언 맥마한).

4.2.3 개념 모델과 행동 유도성

사용자 행동 모델은 사용자와 시스템 사이에 발생하는 상호작용을 묘사하지만 개념 모델을 사용해 사용자의 기대치가 시스템(또는 디자이너)의 기대치와 어떻게 부합하는지 이해할 수 있다. **개념 모델**conceptual model은 시스템을 구성하는 정보와 작업의 이해다(노만 2013). 이 모델은 개인이 시스템을 이해하는 방식을 기반으로 하며 실제로 시스템을 구성하지 않기 때문에 불완전하고 비공식적인 표현이라고 볼 수도 있다(로슨 Rosson과 캐롤 2001).

디자이너 모델 vs. 사용자 모델

2개의 중요한 개념 모델이 있다. 첫 번째는 **디자이너의 모델**designer's model로 디자이너가 개발 관점에서 시스템을 이해하는 방법이다. 이 모델은 구현된 시스템을 비교적 완전하고 체계적으로 표현해 낸다. 디자이너의 모델에는 시스템의 심성 표현이 포함되지만 작업 분석, 흐름 다이어그램 및 사용 모델과 같은 기술 표현으로도 구성돼 있다(로슨과 캐롤 2001). 두 번째로 중요한 개념 모델은 **사용자의 경험**user's model을 토대로 사용자가 시스템을 이해하는 방법을 나타내는 사용자 모델이다. 디자이너의 모델과 달리 시스템과 임시 상호작용을 해서 형성된다. 이 때문에 시스템 구성 요소와 작동 방식이 불완전하고 단순하게 이해될 수 있다.

시스템의 유용성이 높은 수준을 갖추려면 사용자 모델과 디자이너 모델이 일치하는 것이 이상적이다(노만 2013). 개발 프로세스 중 디자이너는 시스템의 개념 모델을 확장, 수정하는 데 많은 시간을 쓴다. 그러나 사용자는 시스템에 대한 경험과 상호작용만으로 모델을 형성한다. 디자이너가 대부분 사용자와 직접 소통하지 않기 때문에 시스템은 디자이너 모델을 사용자에게 알리는 역할을 한다. 시스템과 UI가 디자이너 모델을 명확하고 일관되게 전달하지 않으면 사용자는 잘못된 개념 모델을 만들게 된다.

예를 들어 2개의 객체만 조작할 수 있는 가상 환경을 생각해 보자. 사용자가 처음으로 환경과 상호작용하려고 할 때 비대화형 객체가 포함될 가능성이 크다. 이렇게 실패한 상호작용을 기반으로, 사용자는 모든 개체가 비대화형이라는 개념 모델을 빠르게 형성할 수 있다. 따라서 디자이너는 책임지고, 사용자에게 시스템이 두 객체를 조작할 수 있음을 충분히 전달해야 한다.

행동 유도성

디자이너 모델과 일치할 가능성을 높이고자 HCI 연구자들은 시스템의 행동 유도성을 연구했다. **행동 유도성**affordance은 사용자가 어떤 일을 하도록 돕는 것을 의미하는 기본 용어다(하트슨과 파일라 2012). 행동 유도성은 지각 심리학에서 유래했으며 깁슨 등 (1977)은 동물에게 무언가를 제공하거나 동물에게 제공하는 환경의 특성을 가리키는 용어로 사용했다. 노만(1988)은 후에 HCI 공동체 내의 개념을 대중이 사용하는 방법을 결정하는 물체의 물리, 지각 속성을 언급하고자 단어를 대중화했다. 예를 들어 외부 건물의 문 내부에 있는 '밀기 전용' 손잡이를 떠올려 보자. 물리적으로 이 손잡이로는 문을 잡아당기는 것이 어렵기 때문에 밀어서 여는 것 외의 행동을 취할 수 없다. 이 행동 유도성(문을 밀어서 열어야만 함)은 이전에 문의 '밀기 전용' 손잡이를 경험한 사람이라면 누구나 쉽게 인지하고 이해할 수 있어야 한다는 것을 의미한다. 시스템의 행동 유도성은 사용자가 작동 방식을 더 잘 이해할 수 있게 해서 시스템의 개념 모델을 향상시킨다.

행동 유도성 개념은 간단하지만 용어가 정확히 무엇을 의미하는지에 대해서 약간의 혼란을 일으켰다. 주로 어떤 연구자들이 다양한 방법으로 행동 유도성을 정의했기 때문이다(노만 1988, 게이버Gaver 1991, 맥그레너McGrenere와 호Ho 2000). 하트슨(2003)이 인식, 신체, 기능, 감각의 네 가지 범주를 제안함으로써 이론적인 방식으로 혼란을 해결했다고 본다.

인식 행동 유도성은 사용자에게 행동 계획에 의해 결정하는 등의 인식적인 행동을 하도록 돕는 시스템 자산이다. 예를 들어 사용자는 가상 도구 벨트에 제공된 지우개로 가상 환경에서 객체를 제거할 수 있다는 것을 이해할 수 있다(9장 '시스템 제어'의 9.8.1절에서 '도구 벨트' 기술을 자세히 살펴볼 수 있다). 신체 행동 유도성은 사용자가 필요한 신체 행동을 수행하는 데 도움이 되는 시스템의 속성이다. 도구 벨트의 예에서 지우개가 사용자의 손에 닿을 정도로 가깝지 않다면 사용자가 의식적으로 손을 뻗지 않고서는 손에 넣을 수 없을 것이다. 하지만 벨트에서 가깝게 위치해 있다면 노력을 덜 들이고 지우개를 선택할 수 있을 것이다. 기능 행동 유도성은 사용자가 높은 수준의 작업을 수행하는 데 도움이 되는 시스템 속성이다. 지우개 도구는 가상 환경에서 객체를 제거하는 기능을 제공한다. 마지막으로 감각 행동 유도성은 목표 달성을 인식하는 것과 같이 감각적인 행동으로 사용자를 돕는 시스템의 특성이다. 예를 들어 햅틱 피드백이 없다면 사용자가 지우개가 객체에 닿아 있는지를 알지 못한다. 사용자가 지우개로 터치할 때마다 시스템이 객체를 강조 표시한다면 사용자는 '만지는 행위'에 대한 인지가 향상될 수 있다.

인식, 신체, 기능, 감각 행동 유도성이 사용자 행위 모델의 네 가지 주요 측면, 즉 사용자의 목표, 신체 활동 실행, 시스템 내에서의 결과 및 평가에 얼마나 부합하는지 주의해야만 한다. 전통적인 UI를 사용하는 디자이너는 주로 인식, 감각 행동 유도성에 관심을 둔다. 이러한 유형의 행동 유도성은 상호작용 설계 및 정보 설계(4.4.3절 참고)와 직접 관련된다. 그러나 3D UI의 경우 이보다 신체 행동 유도성이 더 중요할 수 있다. 예를 들어 사용자가 가상 환경 내에서 이동해야 하는 제스처를 실제로 수행할 수 없는 경우 의도한 동작이 무엇인지 알 수 없고 예상대로 작동하지 않는 제스처로 인해 이동하지 않는다고 인식하지 못한다. 마지막으로 모든 시스템은 일종의 기능 행동 유도성을 제공한다. 사람들이 왜 그것들을 사용할까? 따라서 3D UI 디자이너는 시스템을 만들 때 네 가지 유형의 행동 유도성을 모두 고려해야 한다.

4.2.4 활동 이론

사용자 경험을 이해하고자 만들어진 이전 모델들은 사용자와 시스템에 중점을 뒀다. 그러나 인간은 진공 상태에서 시스템과 상호작용하지 않는다. 다른 사람, 시스템, 객체, 활동이 존재하는 실제 세계에서 발생한다. 이 때문에 HCI 연구자들은 실제 상황에서 인간이 컴퓨터와 어떻게 상호작용하는지 더 큰 그림을 봤다. 이를 때때로 UX의 생태학적 관점이라고도 부른다(하트슨과 파일라 2012). 이로 인해 HCI 연구자들은 특정 환경에서 사용자 경험을 분석하고 설계하기 위한 도구로 새 이론을 채택하고 개발했다. 이중 하나가 활동 이론이다.

활동 이론activity theory은 연구자가 복잡한 실제 환경에서 자신을 배울 수 있도록 돕는 기본 툴이다(캡틀리닌Kaptelinin과 나디Nardi 2012). 이전 UX 모델과 달리 HCI 커뮤니티에서 시작되지 않았다. 1920년대 시작된 러시아 심리학 운동에서 채택됐다. 이 운동의 주요 추진력은 인간의 마음과 사회, 문화의 측면 사이에서 개념의 분열을 극복하는 것이었다(캡틀리닌과 나디 2012). 루빈스타인Rubinshtein(1946)과 비고츠키Vygotsky(1980)를 비롯한 몇몇 연구자들이 이 운동에 근본적인 아이디어를 제공했다. 그러나 일반적으로 레온테브Leont'ev(1978)를 활동 이론의 대표 디자이너로 간주한다(나디 1996).

활동 이론에서 **활동**activity은 주체와 객체 간의 관계로, 'S<->O'로 표현되곤 한다(캡틀리닌과 나디 2012). **주체**subject는 활동에 참여하는 사람이나 집단이고 **객체** object는 동기이자 주체의 필요를 충족해 준다(나디 1996). 예를 들어 사용자(주체)는 시각적 디스플레이(객체)를 이용해 가상 환경을 볼 수(활동) 있다. 그러나 객체가 물리적인 것일 필요는 없다는 점을 유의해야 한다(캡틀리닌과 나디 2012). 예술가가 새로운 자동차 디자인과 관련해 소통하고자 가상 3D 모델이 필요하다면 가상 모델 자체가 소통 활동의 객체가 된다.

활동 이론의 원칙

활동 이론은 몇 가지 기본 원칙이 있다(캡틀리닌과 나디 2012). **객체 지향성**object orientedness은 모든 활동이 객체를 향하며 각각의 객체에 의해 구분된다는 원칙이다(캡틀리닌과 나디 2006). 예를 들어 사용자가 3D 인쇄를 한다면 그 행위의 대상, 객체가 있어야 한다. 또한 공룡 모델을 3D 인쇄하는 활동과 구체를 3D 인쇄하는 활동은 다르다.

활동 이론의 또 다른 원리는 활동이 계층 구조라는 것이다. 활동은 행동들로 구성되며 행동은 작업들로 이뤄진다(캡틀리닌과 나디 2012). **활동**action은 행동을 달성하는 데 반드시 필요한 단계다. 각 단계는 주체가 의식적으로 작업해야 하는 목표에 해당한다. 한편 **작업**operation은 특정 행동을 완성하고자 필요한 조건을 끌어내는 일상적인 프로세스다. 예를 들어 가상 건축 디자인을 검토하는 활동에서 건축가는 모든 공간을 방별로 검토하는 작업을 의식적으로 결정할 것이다. 그러나 이 과정에서 건축가는 이 여정과 관련된 기술이 형편없지 않다면 탐색 작업에 크게 주의를 기울이지 않는다.

내부화와 외부화는 활동 이론의 두 가지 기본적인 원칙이다(캡틀리닌과 나디 2012). **내부화**internalization는 외부 작업이 내부 작업으로 바뀔 수 있다는 개념이다. 예를 들어 터치패드 인터페이스 사용법을 처음 알았다면 많은 사용자는 손가락이 터치패드에서 어떻게 움직이는지를 주시할 것이다. 하지만 시간이 지날수록 대부분의 사용자가 본인의 손가락을 보지 않고 원활하게 사용할 수 있게 된다. 반면 **외부화**externalization는 내부 작업이 외부 작업으로 바뀌는 것을 의미한다. 예를 들어 예술가는 새로운 자동차 디자인을 했을 때 다른 사람과 공유하기 전에 이를 3D 모델로 바꿔서 외부로 표출한다.

중재mediation의 원칙은 주체와 대상 사이의 본래의 관계를 변화시키는 세 번째 주체 개념이다(쿠티Kuutti 1996). 예를 들어 현대 GPS 시스템은 인간이 원하는 위치로 이동하는 활동을 중재한다. 이것과 밀접한 관련이 있는 원칙은 **개발**development이다. 이는 시간이 흐르면서 활동이 변화하리라는 점을 깨닫는 것을 의미한다(캡틀리닌과 나디 2006). 초기 인간은 목적지에 도달하기 위한 시도로 태양과 별을 관찰해야 했지만 지도, 컴퍼스, GPS와 같은 도구로 중재해서 해당 탐색 활동은 시간이 지남에 따라 변화했다.

활동 시스템 모델

엥게스트룀Engeström(1987)은 집단 주체가 수행하는 활동을 설명하는 활동 이론을 확장해 **활동 시스템 모델**activity system model을 제안했다. 활동 시스템 모델은 커뮤니티를 제3요소로 포함시키도록 활동의 개념을 다시 정의해 주제, 커뮤니티, 객체 사이 세 방향의 상호작용을 나타낸다. 또한 엥게스트룀(1987)은 특별한 유형의 객체가 세 가지 서로 다른 상호작용을 중개한다고 주장했다. **도구**instrument는 주체와 객체 상호작용을 중재한다. **규칙**rule은 주체와 커뮤니티 사이의 상호작용을 중재한다. 그리고 **분업**division of

^{labor}은 지역사회와 객체 사이의 상호작용을 중재한다. 마지막으로 활동 시스템의 **결과**^{outcome}는 그림 4.6에서 볼 수 있듯이 상호작용과 중재로 생성된 객체의 변형을 나타 낸다.

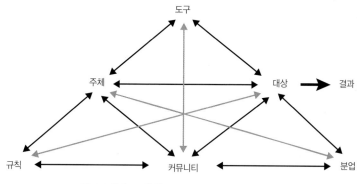

그림 4.6 엥게스트룀 활동 시스템 모델(엥게스트룀 1987)

활동 이론과 활동 시스템 모델에 대한 더 깊은 논의를 살펴보려면 캡틀리닌과 나디 (2012)의 『Activity Theory in HCI』을 참고하자.

활동 이론과 3D UI들

전통적인 인터페이스 외에도 활동 이론은 3D UI에서의 사용자 경험을 이해하는 데에 도 사용됐다. 루소^{Roussou} 등(2008)이 가상 환경에서 사용자 상호작용을 분석하고자 활 동 이론을 활용해 탐구했다. 연구자들은 활동 시스템 내에서 상호작용이 끼친 영향을 기반으로 그 양상을 분류했다. 예를 들어 가상 환경을 사용자의 목표 달성 능력을 중재 하는 도구로 분류했다. 또한 사용자의 개념 모델 변경 사항을 주체 및 커뮤니티를 중재 하는 규칙의 변경으로 분류했다. 연구자들이 제안했듯이 디자인과 3D UI 평가 측면에 서 활동 이론을 이용할 수 있는 수많은 기회가 있다.

4.2.5 체화된 상호작용

활동 이론과 밀접하게 관련된 또 하나의 개념은 **체화된 상호작용**^{embodied interaction}으로, '물리, 사회적 현실 세계인 우리의 세계와 컴퓨터 시스템과의 상호작용하는 방식의 사 실을 활용해 체화한 상호작용'으로 정의된다(두리쉬^{Dourish} 2001). 다시 말해 체화된 상호작용은 실제 인공물과 사회적 대화 경험을 포함해 실제 세계에 대한 친숙함을 활용한다. 두리쉬(2001)는 이렇게 익숙한 실제 세계를 실시간 및 실제 공간에 존재하는 **체화된 현상**embodied phenomena으로 정의한다. 그는 나아가 체화된 상호작용을 체화된 현상과 관련된 상호작용을 통한 '저작물, 조작, 의미의 공유'라고 설명한다.

두리쉬(2001)는 본인의 책『Where the Action Is: The Foundations of Embodied Interactions』에서 주로 유형의 컴퓨팅과 소셜 컴퓨팅의 맥락에서 체화된 상호작용의 개념을 다룬다. 앞으로 HCI 영역들과 각각과 관련된 체화된 상호작용을 설명하겠다.

유형의 컴퓨팅

유형의 컴퓨팅tangible computing은 물리적 환경을 통해 디지털 정보와 상호작용하는 사용자에게 초점을 맞춘 HCI 분야다(이시이Ishii 2008). 구체적으로 이야기하면 실제 사용자 인터페이스TUI, Tangible User Interface는 물리적인 객체를 사용해 디지털 정보의 물리적 표현과, 이와 상호작용하는 물리적 메커니즘을 완벽하게 통합한다(울머Ullmer와 이시이 2001). TUI의 주요 측면은 위치와 다른 물체와의 근접성을 인식하는 다양한 물체에 계산이 분산된다는 것이다(두리쉬 2001). 이는 공간 인식 컴퓨터 장치에 대한 동시 접근과 조작을 허용한다(킴Kim과 마허Maher 2008).

본질적으로 TUI는 체화된 상호작용(두리쉬 2001)을 제공한다. 유형의 컴퓨팅에서 사용되는 물리적 객체는 체화된 현상의 좋은 예다. 이는 물리 세계에 내장돼 있으며 실시간 및 실제 공간에 존재한다. 이러한 실제 객체는 이와 물리적으로 상호작용하고자 고도로 개발된 기술을 활용할 수 있는 기능을 제공한다(두리쉬 2001). 또한 각 물리 개체가 디지털 정보를 나타내기 때문에 사용자는 물리적 상호작용을 통해 의미를 만들고 조작, 공유할 수 있다.

TUI는 3D UI 커뮤티니와 밀접한 관련이 있다. 체화된 상호작용 관점에서 유형의 구성 요소는 디지털 정보의 물리적 표현으로 간주된다. 그러나 AR 관점에서 유형의 구성 요소는 디지털 정보에 의해 향상되거나 보강됐다고 볼 수 있다. 그러므로 이것들은 본질적으로 AR 인터페이스의 부분집합이다(아주마 등 2001).

소셜 컴퓨팅

소셜 컴퓨팅social computing은 사회적 관계를 위한 매개체 또는 중점 역할을 하는 모든 유형의 시스템이다(슐러Schuler 1994). 미디어로서 컴퓨터 시스템은 사회적 협약과 맥락을 가능케 했다(왕Wang 등 2007). 예를 들어 이메일이 종이 기반 우편을 대체한 방식을 생각해 보자. 또는 컴퓨터 시스템이 새로운 기회와 유형의 사회적 상호작용을 창출할 수도 있다(두리쉬 2001). 예를 들어 대규모 멀티플레이어 온라인 롤플레잉 게임MMORPG, Mas-sively Multiplayer Online Roleplaying Game은 게이머가 현실 세계에서는 불가능한 방식으로 사회활동을 할 수 있는 새로운 기회를 제공한다.

소셜 컴퓨팅은 **컴퓨터 지원 협동 작업**CSCW, Computer-Supported Cooperative Work과 밀접한 관련이 있으며, '협업 활동과 그 조정이 컴퓨터 시스템을 통해 어떻게 지원될 수 있는지'를 다룬다(카스텐슨Carstensen과 슈미트Schmidt 1999). CSCW의 주요 관심사 중 하나는 시스템이 사용되는 맥락이다. 조한슨Johansen(1989)은 CSCW 시스템과 관련된 상황을 범주화하고자 그림 4.7에서 볼 수 있는 CSCW 표를 만들었다. 이 표는 위치에 따라 CSCW의 맥락을 분류했다. 시간과 관련해 개인은 같은 또는 다른 시간에 동기식 또는 비동기식으로 협업할 수 있다. 위치는 사회적 상호작용이 같은 장소에 또는 다른 장소에 원격으로 배치될 수 있다.

	같은 시간	다른 시간
같은 공간	**직접 대면 협업** • 회의실 • 화이트보드 • 디스플레이로 화면 시청	**지속되는 협업** • 공용 디스플레이 • 교대근무를 위한 그룹웨어 • 팀 공간
다른 공간	**원격 협업** • 메시징 툴 • 화상 회의 • 가상 세계	**협의 및 조정된 협업** • 이메일 • 달력 공유 • 프로젝트 관리 소프트웨어 • 버전 관리 • 통용되는 용어 정리

그림 4.7 CSCW 표는 소셜 컴퓨팅의 맥락을 시간과 위치에 따라 분류한다(이미지 출처: 조한슨 1989)

본질적으로 사회적 협의와 대화는 의미를 창조하고 조작하고 공유하는 현상을 담고 있다. 따라서 이러한 사회적 상호작용을 촉진하는 소셜 컴퓨팅과 CSCW 앱은 말 그대로 체화된 상호작용을 제공한다(두리쉬 2001). 또한 사회 관계에 초점을 맞춘 CSCW 애플리케이션은 의미를 만들고 조작하고 공유하는 새로운 기회를 제공할 수 있다. 두리쉬(2001)는 이런 기회의 발달을 '전유appropriation'라고 부른다. 이 기회는 본질적으로 실제 환경에서 새로운 관행의 출현과 진화라고 볼 수 있다.

소셜 컴퓨팅과 CSCW는 3D UI 영역과 연관성이 높다. 이 영역에서 초기에 생겼던 목표 중 하나는 '원격 현장감telepresence', 즉 작업 공간과 사람의 공간을 공유해서 협업할 수 있는 시스템을 만드는 것이었다(벅스턴Buxton 1992). 이후 연구자들은 사람이 서로 다른 물리적 3D 공간에 존재하지만 가상 3D 공간에서 상호작용할 수 있게 해주는 시스템을 다수 개발했다. 연구자들은 심지어 두 그룹의 원격 사용자가 가상 환경에서 만나고 3D 사회적 상호작용을 할 수 있는 그룹 사이의 원격 현장감 기술을 개발했다(베크 Beck 등 2013). 연구자들은 이 외에도 3D UI를 공동 시각화 시스템으로 사용해 여러 시스템을 개발하는 방법을 연구했다(팡Pang과 위튼브링크Wittenbrink 1997, 라스카라Lascara 등 1999, 사완트Sawant 등 2000).

4.2.6 이해의 진화

4.2.5절에서는 사용자 경험을 이해하고 설명하기 위한 다양한 모델과 이론을 설명했다. 그러나 이것들은 HCI 및 UX 영역에서 탄생한 수많은 기여 중 작은 예시일 뿐이다. UX 모델과 이론을 과소 평가할 수 있지만 모든 사용자 경험을 완전히 이해하지는 못한다. 대부분 HCI가 끊임없이 변화하고 있다는 사실 때문이다. 이렇게 진화하고, 새로운 UI가 등장하면 HCI 및 UX 연구자들은 사용자 경험을 더 잘 이해하고자 노력할 것이다.

4.3 원칙과 가이드라인 디자인하기

HCI 연구자들은 사용자 경험을 이해하면서 UI 설계를 위한 수많은 원칙과 지침을 생각해 냈고 명료하게 만들었다. 4장에서는 이 중 반복적으로 논의되는 몇 가지 공통적인 사항을 제시한다. 사용자 행동 모델의 네 가지 측면, 즉 (i) 목표, (ii) 실행, (iii) 결과, (iv) 평가에 따라 해당 원칙과 지침을 구성하려고 한다.

4.3.1 목적 중심의 디자인 규칙

UX 디자이너가 사용자의 목표를 쉽게 구성할 수 있는 UI를 만드는 것이 중요하다. UI가 지나치게 복잡하면 목표를 구성하는 데 사용자가 추가 시간을 들여야 할 수도 있기 때문이다. 시스템의 광범위한 기능 때문에 UI가 복잡해진다면 사용자가 무엇을 해야 할지도 모르고 시간 낭비를 하는 상황이 생길 수 있다. 따라서 4장에서는 단순성, 구조, 가시성에 대한 디자인 원칙을 논의하겠다.

단순성

단순성simplicity은 UI를 가능한 한 간단하고 집중적으로 관리해야 한다는 원칙이다(존슨 Johnson 2014). HCI의 인간 프로세서 모델에 의하면 복잡한 UI는 목표를 형성하는 데 적은 구성 요소로 단순한 UI를 만드는 것보다 인식, 인지적인 프로세싱 시간이 더 필요하다. 히크-하이만 법칙Hick-Hyman Law(히크 1952, 하이만 1953)은 공식을 통해 선택의 수가 증가하면 결정 시간이 대수적으로 증가한다고 설명한다. 따라서 시스템 내에서 작업을 수행할 수 있는 구성 요소를 최대한 적게 사용해 UI 디자인을 간단하게 유지하는 것이 중요하다.

UX 디자이너가 UI를 단순하게 유지하려면 많은 지침을 따라야 한다. 닐슨Nielsen (1994)은 UI가 꼭 필요하고 크게 관련된 정보나 구성 요소를 포함해야만 한다고 설명한다. 이 지침의 사용 예시로는 지역 기반 정보 필터링이 있는데 AR 애플리케이션에서 정보 혼란을 줄이는 역할을 한다(줄리어Julier 등 2000). UI를 단순하게 유지하는 또 다른 지침으로는 관계가 없거나 중복되는 정보를 피하는 것이다(콘스탄틴Constantine과 록우드 Lockwood 1999). 예를 들어 타츠게른Tatzgern(2013) 등은 그림 4.8과 같은 AR 애플리케이션에서 중복 정보를 줄이고자 소형 시각화 필터를 사용했다. 마지막으로 관련 없고 중복되는 구성 요소를 제거한 뒤에도 UI가 복잡하다면, 기본 제어 집합을 사용자가 직접 지정할 수 있는 기능을 제공하는 것이 세 번째 지침이다(갈리츠Galitz 2007). 예를 들어 사용자가 직접 스마트폰에서 자주 사용하는 앱을 첫 화면에 띄울 수 있도록 아이콘을

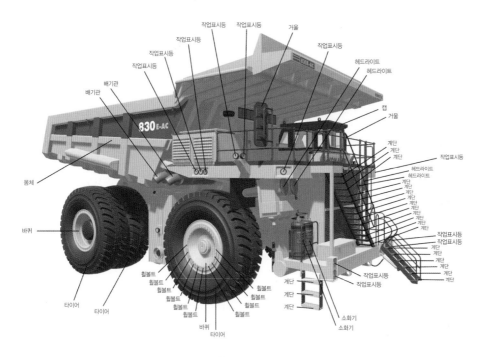

그림 4.8 위의 이미지에서는 트럭에 다수의 꼬리표를 작은 글씨로 달아 놔서 읽기가 어렵다. 아래 이미지에서는 트럭을 단순하게 시각화했고 쓸모 없는 정보를 지웠으며 글씨 크기를 키워서 UI를 간단하게 만들었다(이미지 출처: 라이언 맥마한).

정렬하는 기능을 제공하는 것이다.

구조

구조structure는 UI가 '의미있고 유용한 방식으로' 구성돼야 한다는 디자인 원칙이다(스톤Stone 등 2005). 특히 UI의 구조는 사용자의 개념적인 작업 모델과 맞춰 가야 한다(로슨과 캐롤 2001). 구조는 사용자의 목표를 달성할 것으로 기대되는 특정한 행동을 용이하게 식별할 수 있도록 만들어져야 한다. 이를 위해서 UI의 구성 요소는 '자연스럽고 논리적인 순서로' 나타내도록 구성돼야 한다(닐슨Nielsen 1994).

UX 디자이너는 UI를 구성할 때 몇 가지 지침을 따를 수 있다. 첫째 복잡한 작업을 간단한 하위 작업으로 분류해야 한다(스톤 등 2005). 이와 관련된 3D UI 예제는 바우만과 호지스(1997)가 개발한 호머 기술이다. 호머는 가상 객체를 조작하는 복잡한 작업을 2개의 하위 작업으로 분리해 객체를 선택하고 이를 3D 공간에 배치한다. 많은 데스크톱 3D UI가 객체를 위치시키는 행위를 쪼개서 각각을 제어할 때의 자유도를 높여서 더 발전하기도 한다. 호머와 데스크톱 기반 조작 각각에 대해 더 알고 싶다면 7장, 7.9.1절, 7.7.3절을 참고하자.

또 하나의 구조 지향적인 디자인 지침은 행동의 순서가 그룹지어져서 또는 시작, 중간, 끝(슈나이더만과 플라상Plaisant 2010)의 기술적인 방향으로 조직돼야 한다는 것이다. 코퍼Kopper 등(2011)이 개발한 스쿼드 기술SQUAD technique이 대표적이다. 작은 피사체 그룹을 선택하고자 구형을 만드는 것으로 시작해서 원하는 타깃이 확인될 때까지 쿼드quad 메뉴를 사용해서 차근차근 메뉴들을 골라 나가는 방식으로 선택지를 정제한다(7장의 7.10.3절 참고). 마지막으로 기능을 그룹화하는 비슷한 지침이 있다. 예를 들어 그들의 랩메뉴rapMenu 시스템에서 니Ni 등(2008)은 관계 있는 콘텐츠들을 계층형 파이 메뉴로 구성했다(그림 4.9 참고).

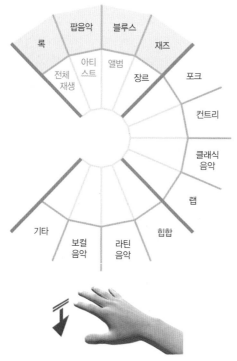

그림 4.9 UI의 구조를 제공할 때 급진적인 메뉴 등 비슷한 규제 사항이나 유사한 콘텐츠는 계층형 메뉴로 구성될 수 있다.

가시성

스톤^{Stone} 등(2005)은 가시성을 '제어를 어디에 사용할지 명확히 해야 한다'는 디자인 원칙으로 정의했다. 사용자가 의도와 그에 따른 행동 계획을 세우려면 지금 어떤 기능과 선택지를 사용할 수 있는지 이해해야 한다. 이 중 사용자는 목표를 달성하고자 단일 기능 또는 일련의 명령을 결정한다.

가시성을 보장하기 위한 첫 번째 설계 가이드라인은 UX 디자이너가 제어 사항을 인식할 수 있어야 한다는 것이다. 이를 발견 가능성이라고도 한다. 웹 기반 인터페이스에서 디자이너는 중요 UI 구성 요소를 '스크롤을 내려야만 볼 수 있게' 만들어서는 안 되고 바로 보이게 배치해야 한다(닐슨^{Nielsen} 1999). 3D UI의 경우 디자이너가 신경 써야 할 것이 더 많다. 먼저 UI 구성 요소가 사용자의 시야 밖으로 벗어날 수 있고, 다음으로 가상 환경의 일부 또는 다른 UI 구성 요소로 인해 제어 부분을 가릴 수 있다. 일반적으로 머리나 몸쪽에 3D UI 구성 요소를 배치하는 것을 추천하는데, 왜냐하면 가장 강력하게 추천할 만한 공간 프레임이기 때문이다. 3D UI 구성 요소 배치에 대한 자세한 내용은 9.5장 9.5.2절을 참고하자.

두 번째 가시성 지침은 친숙하고 인식할 수 있는 방식으로 시각적 아이콘과 기호를 사용해 UI 기능을 표현하는 것이다(슈나이더만과 플라상 2010). 이렇게 함으로써 UX 디자이너는 인지하기 까다로운 꼬리표나 설명 외에 사용자의 인식 처리 과정을 사용해 볼 수 있다. 많은 경우 3D UI도 전통적인 데스크톱에서 사용하는 아이콘, 기호를 참고 삼아 만들어질 수 있다. 예를 들어 무어[Moore] 등(2015)은 가상 음악 인터페이스에서 음표와 코드를 제거하기 위한 방법으로 휴지통 아이콘을 제공했다(그림 4.10 참고). 그러나 전통적인 UI에서와 마찬가지로, 알아보기 어려운 아이콘이나 간접적인 상징성보다 텍스트가 이해하기 쉽다(슈나이더만과 플라상 2010). 따라서 3D UI 디자이너는 본인이 만든 제어 사항을 어디에 어떻게 사용할 것인지 꼬리표를 다는 것에도 친숙해질 수 있어야 한다.

그림 4.10 웨지 뮤지컬의 인터페이스로 사용된 휴지통(무어 등 2015)은 프로그램으로 작곡을 할 때 음표와 코드를 없애기 위한 가시적인 방법으로 사용됐다(이미지 출처: 라이언 맥마한).

4.3.2 실행 중심의 디자인 규칙

사용자가 목표를 설정하는 것을 지원하는 것 외에도 UX 디자이너는 사용자가 행동 계획을 어떻게 구체화하고 실행하는지를 고려해야만 한다. 사용자가 UI 구성 요소를 사용하는 방법을 모르면 UI 구성 요소의 용도를 알아도 작업 계획을 지정하기 어려워진다. 또한 사용자가 계획을 실천하기 어려운 경우 계획을 세우는 것 역시 무의미하다. 마지막으로 UX 디자이너는 사용자가 실천 계획을 실행할 때 오류를 범하는 것을 방지해야 한다. 따라서 4.3.2절에서는 행동 유도성, 인체 공학, 오류 방지의 디자인 원칙을 다룬다.

행동 유도성

행동 유도성affordance은 '통제가 어떻게 사용되는지 분명히 해야 한다'는 디자인 원칙이다(스톤 등 2005). 사용자는 UI 구성 요소의 목적이 무엇인지(가시성이 있다) 이해할 수 있지만 제어 사항을 사용하는 방법을 모를 수 있다(즉 행동 유도성이 부족하다). 예를 들어 사용자는 선택을 할 때 광선-투사 기술이 무엇인지 이해할 수는 있지만 선택을 확인하는 데 어떤 버튼을 눌러야 하는지를 모를 수 있다. 제어 사항을 사용하는 방법은 인식, 물리, 기능, 감각 수용력 등에 좌우되는데 관련 내용은 4.2.3절에 나온다.

행동 유도성을 만드는 것은 모든 UX 디자이너에게 직관적이지 않을 수 있어서 일반적으로 이 과정을 돕기 위한 디자인 지침이 존재한다. 그중 하나는 사용자가 쉽게 배울 수 있는 인터페이스라서 친숙하게 활용할 수 있는 다른 UI를 활용하라는 것이다(콘스탄틴과 록우드 1999). 이는 3D UI 디자이너에게는 도전인데 그 이유는 사용자가 또 다른 3D UI를 경험한 바가 많지 않지 않기 때문이다. 그러나 전통적인 UI의 특정 측면은 3D UI에서 시스템 환경 설정에 2D 메뉴를 적용하는 등의 형식으로 영향력을 미칠 수 있다(자세한 내용은 9장의 9.5.1절을 참고하자).

두 번째 디자인 지침은 사용자가 **직접 조작**direct manipulation하고 상호작용할 수 있는 행동 세계를 시각적으로 표현하는 슈나이더만의 개념적인 직접 조작 기능을 제공하는 것이다(슈나이더만 1998). 원래 직접 조작은 명령 인터페이스와는 달리 상호작용을 시각적으로 표현한 데스크톱 인터페이스와 같은 그래픽 UI를 나타내고자 사용됐다. 그러나 VR UI를 비롯한 많은 3D UI가 본질적으로 직접 조작 개념을 사용하고 있다. 따라서 3D UI 디자이너는 인터페이스가 제공하는 직접 조작의 정도를 인식해야 한다. 특히 가능한 한 시스템의 사실성이나 충실도를 극도로 높게 유지해야 한다(예제를 보려면 그림 4.11을 참고하고, 충실도에 대한 논의를 보려면 11장 '3D 사용자 인터페이스 평가', 11.6.3절을 참고하자).

행동 유도성과 관련한 최종 설계 지침은 일관성이다. 사용자 인터페이스 안에서 구성 요소의 모양, 배치, 동작의 일관성이 있다면 시스템을 쉽게 배우고 기억할 수 있다(스톤 등 2005). 비슷한 상황에서는 일관된 일련의 행동을 해야 한다(슈나이더만과 플라상 2010). 본질적으로 일관성은 시스템을 친숙하게 만든다. 3D UI 디자이너는 입력 장치가 많으면 버튼이 많아진다는 점을 고려해야 한다. 되도록 동일한 유형의 행동에는 같은 버튼이 사용되도록 해야 한다(선택을 위해서는 트리거 버튼, 탐색을 위해서는 엄지손가락 버튼).

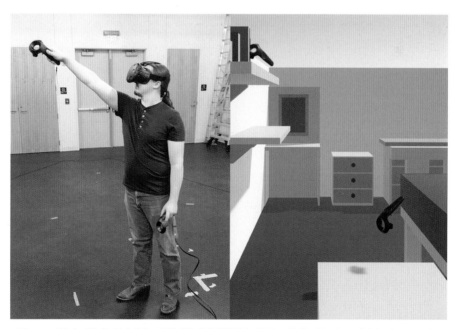

그림 4.11 가상 손 기술 등 실제적이고 현실 재현에 충실한 상호작용을 구현하는 행동 유도 디자인 지침 중 하나(이미지 출처: 라이언 맥마한)

인체 공학

인체 공학ergonomics은 '작업자와 제품을 사용자에게 맞춰 가는 과학'이다(피상Pheasant과 하슬그레이브Haslegrave 2005). UX 설계 원칙에 따르면 인체 공학은 행동 계획을 물리적으로 실행하는 것과 관련이 깊다(물리적 인체 공학의 해부학 및 생리적 기초에 대한 설명은 3장 '인간 요소와 기본 요소들'에서 3.5절을 참고하자). 부상이나 피로감 없이 계획에 필요한 운동 동작을 물리적으로 실행할 수 있는가? 이 질문에 대한 답이 '아니'라면 다른 디자인 지침을 준수했는지 여부에 관계 없이 UI는 잘못 설계된 것이다.

UI를 사용자에게 맞추기 위한 네 가지 디자인 지침은 다음과 같다. (i) 정리, (ii) 도달, (iii) 자세, (iv) 힘(피상과 하슬그레이브 2005; 태넌Tannen 2009). 지침에 따르면 정리는 두 객체가 다른 무언가와 실수로 충돌하지 않고 움직일 수 있도록 충분한 공간을 확보한다. 전통적인 UI의 경우 정리 과정에서 일반적으로 '뚱뚱한 손가락'이 문제인데, 이는 손가락이 근처 버튼을 건드려서 정작 대상 단추를 누르는 데 어려움을 겪는 현상을 말한다. 3D UI의 경우에도 비슷한 문제가 있는데, 부분적으로 작은 객체를 선택하려고 시도할 때 근처에 있는 다른 작은 객체와 충돌할 때 어려움을 겪는 현상이다. 그러나 선택 기술을 강화하면 해당 문제를 완화할 수 있다(7장의 7.4.3절과 7.5.3절 참고).

도달 관련 디자인 지침은 사용자가 터치하고 조작하면서 제어할 수 있는지 확인하는 데 초점을 맞춘다(피상과 하슬그레이브 2005). 도달 범위 문제는 일반적으로 사용자가 손보다 큰 터치 스크린 때문에 한 손으로 스마트폰을 조작하는 데 어려움을 겪고 있다는 것이다. 3D UI에서도 도달 문제가 생기는데, 특히 신체를 기반으로 한 제어 상황에서 두드러진다. 제어 장치가 평균적인 팔 길이가 닿는 곳에 있는데 사용자의 팔은 그보다 짧다면 도달하는 데 어려움을 겪을 것이다.

또 다른 디자인 지침은 사용자의 자세를 편하게 만들라는 것이다(태넌 2009). 해당 문제는 종종 정리, 도달 문제(피상과 하슬그레이브 2005)의 결과일 때가 있다. 하지만 입력 장치의 폼 팩터form factor, 모양 역시 자세 문제의 직접적인 문제가 될 수 있는데, 예를 들어 제어 장치를 쥘 때 손목 모양을 뒤틀리는 경우가 있다. 3D UI가 일반적으로 전통적인 UI보다 광범위한 신체 동작이 필요하기 때문에 UX 디자이너는 특히 편한 자세를 디자인 요구 사항으로 신중히 고려해야만 한다. 앉는 자세, 선 자세 모두 편안해야 하지만 선 자세는 사용 시간이 길어지면 피로감을 줄 수 있고, 앉은 자세는 몸을 돌려서 모든 방향을 봐야 할 때는 불편할 수 있다.

힘은 최종적인 인체 공학 디자인 지침의 중점이며 통제할 때 필요한 힘의 양과 관련이 있다(피상과 하슬그레이브 2005). 힘과 관련해서는 두 가지 문제가 제기된다. 첫째, 제어 장치를 쓸 때 필요한 최소한의 힘이다. 이는 약하거나 몸집이 작은 사용자에게 중요하다. 둘째, 제어 장치를 처리할 수 있는 최대한의 힘의 문제다. 일부 무거운 사용자는 인터페이스 구성 요소가 처리할 수 있는 것보다 큰 힘을 가할 수 있다. 이로 인해 시스템이나 장치가 손상될 수도 있다. 예를 들어 힘의 정보를 피드백하는 장치는 최대 힘에 대해 저항력을 지닌다(5장 '3D 사용자 인터페이스 출력 하드웨어'의 5.4.1절 참고). 사용자가 이보다 더 큰 힘을 발휘하면 해당 장치는 손상되기 쉽다.

오류 방지

가장 중요한 디자인 원칙 중 하나는 사용자의 오류 방지다(슈나이더만과 플라상 2010). 사용자 오류는 여러 이유로 발생한다(사람의 오류에 대한 정의 3.4.3절 참고). 가시성이 낮은 경우 사용자는 복사 기능에 붙여넣기 아이콘과 기능을 혼동할 수 있다. 불량한 행동 유도 기능 때문에 사용자는 지우개 기능을 오용하고 전체 이미지를 삭제할 수도 있다. 또는 불량한 인체 공학 때문에 사용자가 매번 UI 구성 요소를 잘못 누를 수도 있다. 이러한 이유로 발생하는 오류는 작업 시간을 늘리고 사용자를 실망시킨다. 더 중요한 것은 어떤 오류의 경우 되돌리기 어렵거나 아예 수정할 수 없다는 것이다. 따라서 UX 디자이너는 가능한 한 사용자가 실행 중에 오류를 저지르지 않도록 만들어야 한다.

이러한 사용자 오류를 방지하는 데 도움이 되는 디자인 원칙이 있다. 첫 번째는 유효한 행동만 허용하는 원칙이다(슈나이더만과 플라상 2010). 기능이 많이 붙은 시스템의 경우 현재 상태에 따라 모든 옵션이 유효하지는 않다. 이런 경우 유효하지 않은 옵션을 비활성화하고 사용자에게도 그렇게 표시해야 한다(하트슨과 파일라 2012). 예를 들어 대형 가상 객체를 바닥에 떨어뜨리고 다시 줍지 않으면 3D UI 디자이너가 객체에 수직적인 제약을 적용해서 바닥에 계속 붙어 있는 상태로 만들 수 있다. 제약 조건에 대한 자세한 내용은 10장 '3D 사용자 인터페이스 디자인과 개발 전략'의 10.2.2절을 참고하자.

오류를 방지하기 위한 두 번째 디자인 지침은 돌이킬 수 없는 행동이 무엇인지 확인하는 것이다(슈나이더만과 플라상 2010). UX 디자이너는 대부분의 작업 상태를 되돌릴 수 있거나 복구할 수 있도록 구성해야 한다(오류 복구에 대한 자세한 내용은 4.3.4절 참고). 하지만 파일의 현재 상태를 이전 상태로 저장하는 것과 같이 되돌리기 어렵거나 아예 불가능한 경우도 있다. 이때 UX 디자이너는 사용자가 해당 작업을 실행하기 전에 되돌릴 수 없는 작업이라는 점을 확인하도록 요구해야 한다. 대부분 확인 대화 상자를 제공해 수행한다. 하지만 일부 3D UI에서는 음성 명령(9장. 9.6절 참고)을 사용해 현재 물리적 상호작용을 방해하지 않는 상태에서 동작을 확인할 수 있다.

또 다른 오류 예방 지침은 현재 행동을 기반으로 사용자에게 공통된 결과를 제공하는 것이다. 예를 들어 구글 자동 완성 기능은 사용자가 지금까지 입력한 내용을 기반으로 검색어를 제안하는 기능이다(워드Ward 등 2012). 마찬가지로 반복 이벤트를 구성할 때 대부분의 캘린더 애플리케이션은 특정 요일을 지정할 수 있는 기능 외에 매일, 매주, 매월 또는 매해 이벤트를 반복할 수 있게 만드는 옵션을 제공한다. 피크Pick 등 (2016)이 개발한 스위프터SWIFTER 음성 위젯은 오류를 방지하고자 공통된 결과를 제공하는 3D UI의 한 예다. 스위프터를 사용하면 제공된 대체 음성 목록에서 올바른 단어를 선택해 잘못 인식된 음성을 바로잡을 수 있다.

4.3.3 결과 중심 디자인 지침

사용자 행동 프레임워크(4.2.2절 참고)가 결과를 포함하는 주된 이유는 그 결과가 사용자 경험에 큰 영향을 미치기 때문이다. 컴퓨터는 인간을 위한 작업을 수행하고, 다른 작업은 수행하지 않는다. 사용자가 매우 일반적인 상위 수준의 작업을 시작하면 컴퓨터는 가능한 한 적은 양의 입력으로 해당 작업을 처리해야 한다. 하지만 컴퓨터는 작업을 완전히 제어하지 않아야 하며 결과에 대한 사용자 입력을 금지해야 한다. 4.3.3절에서는 자동화 및 제어의 디자인 원칙을 설명한다.

자동화

자동화automation의 디자인 원칙은 컴퓨터와 UI가 높은 수준의 작업(슈나이더만과 플라상 2010)의 일부로 일반적으로 발생하는 낮은 수준의 작업을 자동으로 실행하게 만드는 것이다. 예를 들어 캐스케이딩 스타일 시트CSS, Cascading Style Sheet를 사용하면 각 머리글 인스턴스를 찾아서 수정하지 않고 단일 편집으로 전체 웹사이트의 모든 머리글의 글꼴 크기를 변경할 수 있다. 이런 유형의 자동화는 사용자의 작업을 줄여 주고 사용자가 각 머리글을 실수로 잘못 편집할 가능성을 줄인다.

UX 디자이너가 자동화를 위해 고려해야 하는 세 가지 지침이 있다. 첫째, UI는 사용자가 입력을 지루하게 하지 않도록 디자인돼야 한다(파트슨과 파일라 2012). 많은 3D IU, 특히 인터넷 브라우저와 웹사이트는 사용자의 이름과 주소 등의 정보를 자동으로 채운다. 그러면 이웃에 배달된 피자에 지불하는 꼴과 같은, 바람직하지 않은 결과가 발생할 수 있는 타이핑 오류를 방지하게 된다. 기호 입력과 관련해 이미 많은 문제를 안고 있는 3D UI의 경우 음성 인식을 사용해 입력을 단순화하고 상호작용을 지루하게 만들지 않을 수 있다.

둘째, UX 디자이너는 일반적으로 일련의 작업을 완료할 수 있는 인터페이스를 설계해야 한다(슈나이더만과 플라상 2010). 예를 들어 다수 애플리케이션은 기본 설치 옵션을 사용해 간단한 설치 기능을 제공한다. 이를 통해 사용자는 옵션을 지정하고자 일련의 입력을 요구하는 대신 몇 번의 클릭만으로 설치 프로세스를 시작할 수 있다. 사용자가 경로를 지정할 필요 없이 대상 위치로 이동하는 작업을 자동화하는 대상 기반 탐색 기법(8장 '탐색', 8.6.1절 참고)은 3D UI에서 일련의 동작을 자동화하는 예다.

셋째, UX 디자이너는 유사한 일련의 작업을 병렬로 완료할 수 있는 상호작용 기법을 제공해야 한다. 예를 들어 대부분의 워드프로세서에서 문장을 삭제할 경우 백스페이스 키를 반복해서 눌러 각 문자를 일일이 지우지 않아도 된다. 대신 마우스 커서를 사용해 전체 문장을 선택해 백스페이스 키를 한 번만 누르면 된다. 또 다른 예시는 사용자가 한 번에 여러 객체를 선택할 수 있는 기능을 제공하는 것이다(다중 객체 선택의 일부 3D UI 예제는 7장, 7.10.2절 참고).

제어

자동화와 밀접한 관련이 있는 또 다른 디자인 원칙은 제어다. **제어**control는 컴퓨터와 사용자 인터페이스가 사용자의 행동에 응하도록 하는 원칙이다(슈나이더만과 플라상 2010). 사용자 스스로가 제어하고 있다고 느껴야만 한다. 따라서 UI는 사용자의 행동과 반대되는 결정을 내려서는 안 된다. 그런데 UX 디자이너가 자동화에 관심을 기울이지 않으면 사용자가 시스템을 너무 많이 제어하게 돼서 사용자를 소외시킬 수 있다. 또한 인터페이스가 제대로 구현되지 않으면 기능이 아예 구현되지 않았거나 잘못 만들어져서 사용자가 제어를 못하게 되는 경우가 생길 수 있으며 이 때문에 원하는 결과를 산출하지 못하게 될 수도 있다(하트슨과 파일라 2012).

사용자에게 제어 기능을 제공하기 위한 한 가지 디자인 지침은 자동화를 줄이는 것이다(하트슨과 파일라 2012). 이 지침은 초기 자동화 지침과 모순되는 것처럼 보일 수 있지만 균형을 다루는 것이라 여기면 된다. UX 디자이너는 자동화를 쉽게 해제할 수 있는 메커니즘을 제공해야 한다(슈나이더만과 플라상 2010). 예를 들어 대부분의 자동 수정 기법은 맞춤법이 틀린 단어를 일반적으로 의도된 단어로 자동 대체한다. 그러나 이런 기술에는 종종 사용자가 자동화를 무시하고 사전에 실리지 않은 단어를 허용할 수 있는 간단한 확인 기능이 포함된다. 마찬가지로 3D UI에서 일부 대상 기반 탐색 기술을 통해 사용자는 현재 위치를 둘러보고자 대상 위치를 향한 이동을 해제할 수 있다.

초보자와 전문가(슈나이더만과 플라상 2010)를 모두 지원하는 기능을 제공하는 것도 또 다른 제어 디자인 지침이다. 예를 들어 초보자는 복사를 위한 메뉴 항목과 같은 UI의 속성에 더 의존하게 되며 전문가는 복사를 위한 키보드 단축키와 같은, 보다 효율적인 기능의 이점을 누리게 된다. 초보자와 전문가 모두를 돕는 3D UI 예제는 그림 4.12(8장, 8.6.2 절 참고)와 같이 탐색을 제어하기 위한 경로를 따라 지점을 표시한다. 노바이스Novices는 이 기술을 사용해 원하는 대상에서 단일 점을 지정한 다음 해당 점으로 자동 이동하는 기술을 사용할 수 있다. 하지만 전문가는 동일한 기술을 사용해 여러 지점을 지정하고 탐색 경로를 제어할 수 있다.

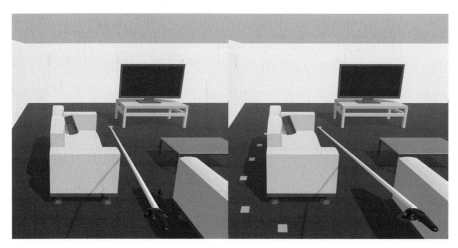

그림 4.12 경로에 따라 지점을 표시하는 탐색 기술은 노바이스와 전문가 모두에게 제어 능력을 제공하는 예시다. 노바이스는 하나의 목적을 특정하는 기술로 이를 활용할 수 있다(왼쪽). 한편 전문가는 탐색 결과를 제어하는 데 필요한 여러 지점을 특정할 수 있다(오른쪽). (이미지 출처: 라이언 맥마한)

아주 명백한 제어 디자인 지침은 기능을 누락하거나 잘못된 기능을 만들지 않는 것이다(하트슨과 파일라 2012). 이런 문제는 대개 UI 또는 백엔드 소프트웨어 버그 때문에 발생한다. 하지만 또한 불완전하거나 지나치게 복잡하게 디자인했기 때문에 사용자 입력 범위, 잠재적인 순서를 고려하지 않아서 발생할 수도 있다. 예를 들어 가상 환경에서 객체를 조작하고 이동할 때 가상 손 기법을 사용하는 3D UI를 생각해 보자. 사용자가 정지된 물체를 이동시키려고 할 가능성까지 UX 디자이너가 고려하지 않으면 실제로 건축 벽을 움직이려 하고 그 근처에서 가상 손 기법을 사용할 수 있게 될 때 사용자가 놀랄 수 있다.

4.3.4 평가 중심 디자인 지침

UX 디자이너는 사용자가 시스템의 결과를 인지, 해석, 평가하는 방법에 관심을 가져야 한다. 원하는 결과가 분명하게 나오지 않은 경우 사용자는 본인이 UI 구성 요소를 잘못 사용했다거나 시스템이 제대로 작동하지 않는다고 생각할 수 있다. 결과가 명백하지만 부정확한 경우 시스템은 오류를 신속하게 복구할 수 있는 기능을 사용자에게 제공해야 한다. 4.3.4절에서는 피드백 및 복구의 디자인 원칙을 설명하겠다.

피드백

피드백 feedback은 '제어를 사용될 때 명확한 결과를 내야 한다'는 디자인 원칙이다(스톤 등 2005). 모든 사용자 행동에 대해 피드백은 있어야 한다(슈나이더만과 플라상 2010). 빈번하거나 사소한 작업에 대해서는 사용자의 작업 흐름을 방해하지 않도록 그저 보통 수준으로 피드백할 수 있다. 하지만 자주 일어나지 않거나 주요 행동에 대한 피드백은 사용자의 주의를 끌기 위해 두드러져야 한다.

피드백을 제공하기 위한 지침 중 하나는 모든 사용자 작업에 즉각적으로 응답해 제어가 손실되는 것을 방지하는 것이다. 일반적으로 제한된 하드웨어와 네트워크 통신은 응답 지연의 원인일 수 있고, 이런 경우 UX 디자이너가 원하는 결과를 즉시 낼 수 있는 방법은 거의 없다(하트슨과 파일라 2012). 하지만 UX 디자이너는 경고 메시지와 진행률 표시줄을 사용해 결과가 지연됐음을 사용자에게 알리는 인터페이스를 만들 수 있다. 이런 알림은 새 환경을 불러오거나 처리하는 데 시간이 걸리는 환경이나 다른 나라에서도 사용되는 효과를 처리하는 경우와 같은 3D UI에 사용될 수 있다.

또 다른 디자인 가이드라인은 유익한 피드백을 제공하는 것이다(슈나이더만과 플라상 2010). 이는 직관적일 수 있지만 적절한 양의 정보를 사용자에게 다시 전달하는 것은 어려울 수 있다. 예를 들어 오류가 났을 때 메시지 대신 오류 코드를 표시하는 경우에는 정보가 지나치게 적어서 사용자에게 도움이 되지 않고 무시당할 가능성이 크다. 또 다른 예시는 마이크로소프트 윈도우 운영체제에서 사용자를 피로하게 만들 수 있는 '죽음의 블루 스크린blue screen'이다. 화면에는 문제가 있다는 알림, 문제에 대한 간략한 설명, 즉시 수행해야 하는 작업, 즉각적인 조치가 작동하지 않을 경우 수행해야 하는 작업, 문제를 디버깅debugging하기 위한 기술적인 오류 메시지 등 텍스트의 '벽'이 존재한다.

유용한 정보가 담긴 피드백 개념은 문자로 표현된 정보를 뛰어넘는다. 예를 들어 광선 투사법(7장, 7.5.1절)을 고려해 보자. 초기 연구 결과는 광선 방향과 관련된 다양한 피드백 때문에 기술의 유용성에 대해 연구 차이가 생겼다. 푸피레프Poupyrev와 웨그홀스트Weghorst 등(1998)은 광선의 방향을 나타내고자 사용자의 손에 부착된 짧은 선분을 사용했으며 추가 피드백이 제공되지 않을 때 사용자가 구현된 기술을 사용하기 어려워한다는 점을 발견했다. 반면 바우만과 호지스(1997)는 지정된 가상 물체를 만지고자 확장되는 동적인 선분을 사용해 사용자가 쉽게 선택할 수 있음을 발견했다(그림 4.13 참고).

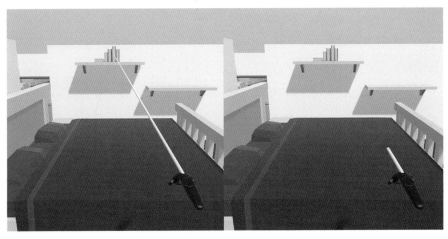

그림 4.13 왼쪽 그림의 광선 투사 기술은 오른쪽에 사용된 기술보다 더 많은 정보를 담은 피드백을 줄 수 있다(출처: 라이언 맥마한).

오류 복구

오류 복구error recovery의 디자인 원칙은 시스템이 사용자가 오류를 인식, 진단, 복구할 수 있도록 도와야 한다는 것이다(닐슨Nielsen 1994). 4.3.2절에서 사용자가 오류를 예방하는 방법을 논의했다. 하지만 복구는 오류가 이미 발생한 뒤 사용자를 지원하는 데 초점을 맞춘다. 이는 사용자가 원래 원했던 결과에도 적용되지만 사용자의 목표를 충족시키지 못한 것으로 평가된다.

복구를 제공하는 2개의 디자인 지침을 설명하겠다. 첫 번째는 쉽게 되돌릴 수 있는 행동을 제공하는 것이다(슈나이더만과 플라상 2010). 가능한 경우 작업은 결과를 되돌릴 수 있어야 하며 쉽게 수행할 수 있어야 한다. 예를 들어 사용자가 사진 편집 애플리케이션에서 이미지를 실수로 잘못된 위치로 이동시키면 사용자는 이미지를 원래 위치 또는 새로운 위치로 간단히 되돌려 놓을 수 있다. 입력과 출력 사이에 일대일 대응관계를 보이는 많은 3D 상호작용 기술은 쉽게 되돌릴 수 있는 행동을 제공한다. 하지만 비동형 매핑nonisomorphic mapping으로는 결과를 내기 어렵다. 동형isomorphism에 대한 더 자세한 정보는 7장, 7.3.1절을 참고하자.

동작을 통해 자신의 결과를 되돌릴 수 없는 경우 UX 디자이너는 추가 제어 기능을 제공하는 지침을 고려해야 한다. 워드프로세서 및 사진 편집 애플리케이션에서 제공되는 실행 취소 및 다시 실행 기능이 지침의 훌륭한 예다. 이런 추가 제어를 통해 사용자는 가역성 단위가 단일 조치, 데이터 입력 작업 또는 전체 조치 그룹(슈나이더만과 플라상 2010)인지와 관계 없이 최신 결과를 쉽게 되돌릴 수 있다. 반전된 결과를 위한 추가 제어 기능을 제공하는 3D UI 예제는 확대축소ZoomBack 기술이다(8장, 8.6.1절 참고). 확대축소 탐색 기술을 통해 사용자는 하나의 제어 기능으로 새 위치로 이동한 다음 두 번째 제어로 이전 위치로 돌아갈 수 있다.

4.3.5 일반 디자인 규칙

어떤 디자인 원칙은 사용자 행동의 모든 단계에서 중요하다. 이 원칙은 평가차, 실행차에 모두 적용되기 때문에 일반적으로 고려해야 할 사항이라고 이야기한다. 만약 UI가 다양한 사용자 집합을 위해 설계되지 않은 경우 일부 의도된 사용자가 장애 또는 기타 제한 조건 때문에 시스템 사용에서 제외될 수 있다. UI에 물리적으로 접근할 수 있는 경우에도 사용자가 시스템의 문법과 어휘를 이해하지 못하면 사용하는 데 어려움을 겪을 수 있다. 마지막으로 많은 양의 메모리 리콜이 필요한 시스템은 사용자에게 부담스럽고 좌절감을 줄 수 있다. 아래에서 접근성, 어휘, 인식의 디자인 원칙을 더 설명해 보겠다.

접근성

접근성accessibility은 장애물이나 환경적인 조건에도 불구하고 의도된 모든 사용자가 인터페이스를 사용할 수 있게 만드는 원칙이다(존슨 2014). 이 원칙은 다양한 사용자의 요구를 인식하고 콘텐츠를 변형함으로써 '보편적 사용성'을 제공하는 슈나이더만과 플라상(2010)의 개념을 반영한다. 여기에는 시각 및 청각 장애인, 이동이 어려운 장애인을 위한 내용이 포함된다. 미국접근권위원회United States Access Board는 키보드와 마우스의 대체품이나 색상 설정, 글꼴 설정, 대비 설정, 이미지 대체 텍스트, 웹 페이지 프레임, 링크 및 플러그인의 대체 텍스트 등을 포함한 지침을 제공한다(https://www.access-board.gov/ict.html).

접근성은 3D UI의 주요 문제였다. 시각 보정을 위한 안경이 필요한 사용자는 HMD 사용에서 소외된다. 눈과 디스플레이 광학 장치 사이에 안경이 들어갈 공간이 거의 없기 때문이다. 3D UI 디자이너는 청각 장애인을 위해 시각 신호로 톤을 변화할 생각을 못 하기도 한다. 3D UI는 본질적으로 전통적인 인터페이스보다 더 많은 물리적인 움직임이 필요하기 때문에 이동 장애인이 가장 소외되는 집단일 것이다.

하지만 3D UI의 접근성을 개선하기 위한 노력은 계속됐다. 삼성 기어 VR과 같은 일부 HMD는 근시가 있는 사용자에게 맞게 초점을 조정할 수 있도록 만들었다. 골전도 헤드폰은 고막 손상 때문에 소리를 듣지 못하는 사용자에게 소리를 들려준다. 연구자들은 십자선이 디스플레이의 같은 위치에 렌더링된다는 증거를 발견해서 균형 장애가 있는 사용자의 안정성을 크게 향상시킬 것이다(샤네와즈Shahnewaz 등 2016). 예제는 그림 4.14를 참고하자. UX 디자이너는 장애가 있는 사용자와 기타 제한 조건에 대한 해결 방법을 계속 탐색해 3D UI의 접근 가능성을 보장해야 한다.

그림 4.14 정적인 참고 프레임은 균형 감각에 문제가 있는 사용자가 매우 쉽게 접근할 수 있도록 도와준다.

용어

또 다른 일반적인 디자인 원칙은 사용자의 **용어**vocabulary를 사용하는 것이다(존슨 2014). UX 디자이너는 사용자의 용어 대신 전문용어나 특수용어를 사용하곤 한다. 문맥을 탐구하는(4.4.2절 참고) 동안 용어에 대해 물어 보고, 문서화하면 이 문제를 해결하는 데 큰 도움이 된다. UX 디자이너는 모든 이해관계자 사이의 어휘 차이점에 대해서도 물어야 한다. 예를 들어 회계사와 회계사 아닌 사람이 시스템을 사용하는 경우 디자이너는 모든 계정의 집합을 의미하는 '총계정 원장'이라는 용어를 써서는 안 된다. 대신 그 기능에 대해 '모든 계정'과 같이 쉬운 용어를 써야 한다.

일반적으로 시각적 표현과 가상 객체가 텍스트보다 선호받기 때문에 3D UI를 디자인할 때 용어는 크게 문제가 되지 않는다. 하지만 용어는 일부 3D UI, 특히 학습이나 교육을 용이하게 만들고자 설계된 UI에서는 중요하다. 예를 들어 그룬커와 사다직(2016)의 연구를 보면 음성 인식 시스템이 VR 기반 교육 중 장교의 명령을 제대로 전하기 위해 착륙 신호 담당관의 용어를 관찰해야 했다(음성 명령 용례에 대한 더 자세한 내용은 9장, 9.6절 참고). 유사한 상황에서 우방크 등(2016)은 의도된 사용자가 개인 보호 장비 프로토콜을 교육할 때 VR 시스템을 이해할 수 있도록 외과 기술자 협회와 동일한 용어를 사용했다(그림 4.15 참고).

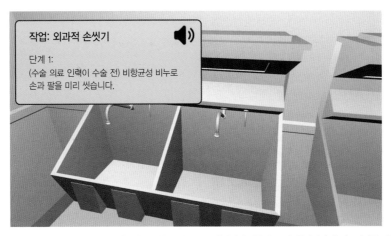

그림 4.15 용어는 학습과 훈련에 집중할 때 필요한 특정 3D UI 영역에서 매우 중요하다(이미지 출처: 라이언 맥마한).

인식

인식 디자인 원리는 사용자가 UI에서 이를 기억할 필요 없이, UI가 조작하는 데 필요한 지식을 제공해야 한다는 것이다(닐슨Nielsen 1994). 인식은 본질적으로 기억이 활성화되고 부호화됐을 때 존재하는 것과 유사한 감각 자극을 받는다. 반면 회상은 유사한 자극이 없을 때 기억을 활성화한다. 정보를 회상이 인식보다 훨씬 어렵다는 것이다(존슨 2014). 따라서 사용자가 한 화면에서 다른 화면으로 정보를 다시 불러오지 않아도 되도록 UI가 사용자의 부하를 최소화하도록 디자인돼야 한다(슈나이더만과 폴라상 2010). 노먼(2013)은 이를 '머리 속의 지식(회상)'에 반대되는 '세계 지식(인식)'이라고 특징짓고 차이를 만들었다.

회상에 대한 인식을 용이하게 만들기 위한 세 가지 디자인 지침을 검토해 보자. 첫째, 사용자가 요구할 가능성이 있는 정보는 사용 기능과 관련해서 배치해야 한다. 예를 들어 대부분의 데이터베이스는 다른 데이터 테이블의 기본 키를 참고해 다대다 관계를 나타낼 때 연관 테이블을 사용한다(예를 들어 'ID 4의 고객 ID 8로 구입한 제품'). 그러나 이런 관계를 표시할 때 UI는 모든 ID가 나타내는 것을 사용자가 기억하지 않아도 되게끔 각 관계의 정보를 가져와야 한다(예를 들어 존이 커피 필터를 구입함). 이 지침은 3D UI에도 적용된다. 예를 들어 지도 및 표지판을 사용하면 길찾기 작업 중에 사용자가 공간 지식을 떠올리려고 애쓰지 않아도 된다(자세한 내용은 8장 8.9.2절 참고).

두 번째 인식에 대한 디자인 지침은 사용자에게 옵션이 무엇인지를 알리는 것이다. 그 래픽 UI와 해당 메뉴 시스템은 명령줄 인터페이스가 요구하는 것처럼 명령을 호출하고 입력하는 것보다 기능을 보고 선택하는 것이 더 쉽다는 것을 보여 줬다(존슨 2014). 이 지침은 음성 명령(9장, 9.6절 참고)과 제스처 명령(9장, 9.7절)과 관련이 깊다. 사용 가능한 기능에 대한 개요가 사용자에게 표시되지 않는 한 이 두 인터페이스는 기본적으로 사용자에게 보이지 않는다. 따라서 사용자는 자신의 옵션을 인식하는 대신 기본적으로 구두 명령이나 특정 제스처를 불러내야 한다. 그러나 연구자들은 실행 전에 명령에 대한 정보를 제공하는 '피드포워드' 메커니즘을 사용해야 한다고 말한다(바우와 맥케이 2008).

회상에 대한 인식을 촉진하기 위한 세 번째 지침은 가능한 경우 사진과 시각적 표현을 사용하는 것이다(존슨 2014). 이는 가시성의 원칙과 직접적으로 연관되며, 아이콘과 기호를 사용해 인식할 수 있는 방식으로 컨트롤한다(4.3.1절 참고). 한편 피드백을 쉽게 인식하는 데도 적용된다. 예를 들어 대부분의 운영체제에는 오류, 경고, 정보 메시지에 대해 고유한 기호가 있다. 3D UI 디자이너는 비슷한 방법으로 실제 객체를 활용할 수 있다. 예를 들어 닐슨[Nillson] 등(2014)은 정지 표시를 사용해 사용자가 걸음걸이 기술을 사용하는 동안 실수로 육체적인 추적 공간 내에서 움직였다는 것을 알아챌 수 있다.

4.3.6 기타 디자인 규칙

위의 디자인 원칙과 지침은 디자이너가 염두에 둬야 하는 광범위한 문제를 다루고 있지만 결코 완벽하거나 철저하진 않다. 연구자가 사용자 연구를 통해 제안하고 검증한 수많은 디자인 지침들이 있다. 4장에서는 가장 일반적으로 인용되는 디자인 규칙의 개요를 제공한다. 다른 디자인 규칙을 배우고자 하는 독자를 위해 4장의 마지막 부분에 읽을 거리를 몇 개 추가해 봤다.

4.4 사용자 경험 엔지니어링

최상의 디자인 원칙과 지침을 갖췄음에도 숙련된 UX 디자이너조차도 모든 디자인에 대해 최적의 사용자 경험을 보장할 수는 없다. 대부분 시스템이 고유한 목적을 갖고 있기 때문에 심지어 유사한 목적을 시스템조차도 실제 환경 설정을 대조하는 데 사용할 수 있다. 결과적으로 일반적인 디자인 원칙과 지침, UX 경험은 특정 UX 디자인의 시스템 사용 및 잠재적 함의를 예측하기에 불충분할 수 있다. 그 대신 탁월한 사용자 경험을 가능하게 하는 시스템은 명확한 엔지니어링 프로세스가 필요하다(매클라우드Macleod 등 1997). 4.4절에서는 사용자 경험을 엔지니어링하는 방법을 논의하고 UX 디자인과 비교해서 또 다른 UX 엔지니어링을 설명하려고 한다.

UX 엔지니어링의 핵심은 프로세스 그 자체다. 프로세스는 UX 팀 구성원이 복잡한 세부 사항을 간과하지 않도록 확인해야 할 목록을 계속 추적하는 지침 역할을 한다. UX 엔지니어링에서 **수명 주기**lifecycle라는 용어는 일련의 단계와 해당 활동으로 구성되는 구조화된 프로세스를 나타낼 때 사용된다(하트슨과 파일라 2012). 유용성 및 UX 엔지니어링(예를 들어 하트슨과 힉스Hix 1989, 메이휴Mayhew 1999, 헴스Helms 등 2006, 크라이츠버그Kreitzberg 2008)에 대한 여러 수명 주기가 제안, 조사됐다. 그러나 4.4절에서는 헴스 등이 원래 제안한 휠 수명 주기와 관련된 단계 및 활동을 설명하겠다(2006).

휠 수명 주기는 (i) 분석, (ii) 디자인, (iii) 구현, (iv) 평가의 네 가지 기본 단계를 UX 엔지니어링에 적용한다. **분석**analyze 단계는 사용자의 현재 활동 및 필요도를 이해하는 단계다. **디자인**design 단계에는 상호작용 개념을 디자인하는 활동이 포함된다. **구현**implement 단계는 프로토타입 또는 완전한 기능을 하는 시스템 형태로 디자인 콘셉트를 구현하는 단계다. 마지막으로 **평가**evaluate 단계는 상호작용 디자인을 확인하고 개선하는 역할을 한다.

이 네 단계 외에도 휠 수명 주기의 핵심 요소는 반복 프로세스라는 점이다. 평가 단계가 완료된 뒤 UX 엔지니어링 프로세스는 분석 단계부터 네 단계로 반복해 계속 진행할 수 있다. 또한 그림 4.16에서 볼 수 있듯이 결과가 불만족스러울 경우 각 단계는 곧바로 반복될 수 있다. UX 엔지니어링을 위한 휠 수명 주기를 사용할 때 이런 반복적인 기회가 중요하다는 것을 발견했다.

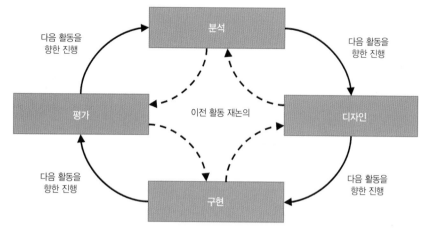

그림 4.16 휠 수명 주기 프로세스와 그 여정에서의 기회(이미지 출처: 하트슨과 파일라 2012)

4.4.1 시스템 목표와 개념

UX 엔지니어링 프로세스로 들어가기 전에 UI를 개발해야 하는 이유가 있을 것이다. 예를 들어 사용자는 시간을 잡아먹거나, 본인을 당황스럽게 하는, 잘못 디자인된 시스템을 사용할 때 지속적으로 불만을 표출하기 마련이다. 또는 대기업 임원이 더 나은 제품을 만들어 시장에서 경쟁하겠다고 나설 수도 있다. 아니면 개인의 영감이 세계를 변화시킬 혁신적인 아이디어를 추구하게 만들 수도 있다. 어쨌든 UX 엔지니어링 프로세스를 시작하는 이유는 늘 있다.

향상된 사용성

UX 엔지니어링의 일반적인 목표 중 하나는 **사용성**usability을 향상시키는 것이다. 사용성이라는 용어는 시스템의 효율성, 효과성, 만족도에 영향을 미치는 시스템의 특성을 나타낸다(하트슨과 파일라 2012). 시스템의 **효율성**effectiveness은 사용자가 의도한 목표를 달성하는 완전성과 정확성에 달려 있다. 예를 들어 사용자가 3D 건물 모델을 만들려고 하면 일반적인 3D 파일 형식(불완전한 결과물)으로 저장할 수 없거나 사용자가 번역해야 할 정도로 표현력이 부족할(부정확한 결과물) 때가 있는데, 이때 3D UI는 비효율적이라고 볼 수 있다. 시스템의 **효과성**efficiency은 목표를 달성하고자 사용한 자원에 달려 있다. 3D 위젯을 주의 깊게 조작하고자 사용자가 가상 객체를 중심으로 많은 시간과 노력을 기울여야 할 때 3D UI는 매우 비효과적이다. 마지막으로 시스템에 대한 **만족도** satisfaction는 사용자와 시스템의 영향을 받는 다른 사람들이 사용하기 편하다고 받아들이는지 여부에 달려 있다.

시스템의 효과성은 결과에 따라 명확하게 결정될 수 있지만, 효율성과 만족도는 몇 가지 다른 요인에 의해 좌우된다(슈나이더만과 플라상 2010, 맥마한 등 2014). **학습 능력** learnability은 초보 사용자가 시스템을 파악하고 작업을 완수하고자 무엇을 해야 할지를 결정하는 속도를 의미하며, 따라서 시스템 사용성의 중요한 측면이다. **지식 보유 능력** retainabilty은 학습 능력과 유사한데, 일정 기간 동안 시스템을 사용하지 않은 사용자가 관련 지식을 잘 유지할 수 있는 능력이다. **용이성** ease of use은 사용자 관점에서 단순성과 시스템을 사용할 때 기울이는 노력의 정도를 나타낸다. **성능 속도** speed of perfor-mance는 사용자가 작업을 수행하는 데 걸리는 시간이다. **오류율** rate of error은 작업을 완료하는 동안 사용자가 내는 오류의 수와 유형과 관련된다. **사용자 편의성** user comfort은 시스템의 성능 (3장, 3.5절 참고)과 사용자에게 필요한 신체 운동량에 따라 다르다. 언급한 것들은 시스템의 사용성에 영향을 주는 일반적인 요소 중 일부일 뿐 완전한 목록은 아니다.

유용성 확보를 위한 노력

UX 엔지니어링의 또 다른 일반적인 목표는 유용한 시스템을 만드는 것이다. 하트슨과 파일라(2012)는 사용자가 업무나 놀이의 목표를 성취할 수 있도록 만드는 것이 시스템의 **유용성** usefulness이라고 설명한다. 유용성과 사용성을 구분해야 한다. 어떤 시스템이 사용하기 쉽다고 해도(예를 들어 배우기 쉽고 사용하기 쉽다) 기능이 사용자의 삶과 크게 연관돼 있지 않으면 그 사용자에게는 유용하지 않다. 따라서 유용한 시스템은 필요한 기능을 제공하면서도 목적을 달성해 주는 시스템이다. 룬드 Lund(2001)는 일상 생활에 통제력을 제공하고 일을 쉽게 처리할 수 있게 만들며, 작업 수행 시 사용자의 시간을 아껴서 생산성에 도움이 되는 등 유용한 시스템의 특성을 정리했다.

사용자에게 미치는 정서적 영향

최근 UX 디자인은 사용성과 유용성뿐만 아니라 사용자 경험의 정서적인 측면에도 초점을 맞추고 있다. **정서적 영향** emotional impact이란 사용자의 감성에 영향을 미치는 사용자 경험의 정서적 측면을 말한다(하트슨과 파일라 2012). 시Shih와 리우Liu(2007)가 말했듯이 사용자는 더이상 사용성과 유용성에 만족하지 않는다. 그들은 시스템으로부터 '감정적인 만족'도 얻기를 원한다. 정서적 영향은 사용성과 유용성의 측면에서 다른 제품과 크게 다르지 않지만, 일부 제품이 인기 많은 이유를 설명하는 데 도움이 된다. 참신함, 우아함, 매끄러움, 아름다움 또는 차가움 등의 특성은 기능은 아니지만 사용자의 반응에 영향을 줄 수 있다.

시스템이 감성적으로 사용자에게 영향을 미칠 수 있는 몇 가지 방법이 있다. 킴Kim과 문Moon(1998)은 매력, 어색함, 우아함, 단순함, 정교함, 대칭, 신뢰라는 정서적인 영향을 묘사하는 일곱 가지 측면을 제시했다. 하트슨과 파일라(2012)는 즐거움, 재미, 기쁨, 미학, 바람직함, 참신함, 독창성, 차가움, 매력, 자기 표현, 정체성, 소유권, 세계에 기여한 느낌을 포함했다. 노만(2004)은 행동, 본능, 반응 세 가지 감정적인 처리를 포함해 감정적 영향의 모델을 제시한다. **행동 프로세스**behavioral processing는 즐거움과 효율성 감각(시스템의 유용성과 사용성에서 비롯됨)과 관련이 있다. **본능 프로세스**visceral processing는 시스템의 모양, 매력 및 미학 때문에 촉진되는 '호감'과 감정이 포함된다. 마지막으로 **반응 프로세스**reflective processing는 시스템을 사용하면서 사용자의 자체 이미지를 확인하고 투영하는 것과 관련된다.

3D UI가 일반 소비자 제품에 보편적으로 사용되면서 디자이너는 사용성과 유용성뿐만 아니라 정서적인 영향에도 주의를 기울여야 한다. VR 같은 기술이 제공할 수 있는 강력하고 본능적인 경험 때문에 정서적 영향은 3D UI와 밀접한 관련이 있다고 볼 수 있다. 3D UI의 정서적 영향과 관련된 문제와 방법론의 개요를 살펴보려면 크루이프 등(2016)의 연구를 추천한다.

시스템 개념

사용자 경험 엔지니어링의 목적과 관계 없이 모든 UX 엔지니어링 프로세스는 시스템 개념에서 시작해야 한다. **시스템 개념**system concept은 계획된 시스템 또는 제품 목표에 대한 요약이다(하트슨과 파일라 2012). 본질적으로 시스템을 위한 사명, 사용성, 유용성, 정서적 영향을 포함하며 이는 엔지니어링 프로세스가 달성하고자 노력해야 하는 사항이다. 시스템이 제공하는 사용자 경험을 나타낸다.

4.4.2 요구 조건 분석

시스템 개념과 프로젝트의 목표가 정해지면 UX 엔지니어링 프로세스의 첫 단계는 의도된 사용자의 요구를 분석하는 것이다. 이를 **요구 조건 분석**requirements analysis(로슨과 캐롤 2001)이라고 한다. 디자인을 새로 하기 전에 현재 상황을 이해하고자 사용자의 작업 영역, 작업 활동, 요구 사항을 분석해야 한다. '일'이라는 용어는 직장에서의 작업뿐만 아니라 학습, 놀이, 창조 활동과 같은 계획된 시스템의 목적을 달성하는 데 도움이 되는 모든 활동을 의미한다. 의도된 사용자를 더 잘 이해함으로써 UX 디자이너는 사용자가 일(또는 놀이)을 하기 위해 시스템이 해결해야 하는 요구 조건을 잘 식별해 낼 수 있다. 다음 절에서 문맥 조사, 문맥 분석, 요구 조건 추출의 하위 작업을 설명한다.

문맥 조사

문맥 조사contextual inquiry는 작업 영역에서 발생하는 루틴과 절차에 대한 자세한 설명을 수집하고자 현장에서 수행되는 작업에 대한 대면 인터뷰와 관찰을 계획하고 수행하는 과정이다(슈나이더만과 플라상 2010, 하트슨과 파일라 2012). 문맥 조사의 목적은 작업 환경 내에서 현재 시스템(전산화, 물리 또는 프로세스 기반)을 사용해 작업 활동이 완료되는 방법을 이해하는 것이다. 이를 적절히 수행하기 위해 많은 세부 사항과 단계가 있는데 다음은 주요 활동 목록이다.

- 방문하기 전에 조직과 일을 수행하는 데 필요한 능력을 학습한다.
- 방문 전에 초기 목표와 질문 목록을 준비한다.
- 주요 개인을 관찰하고 면접할 환경을 준비한다.
- 방문 중 사용자와의 관계를 수립한다.
- 관찰, 면접 중간에 메모를 하거나 영상 및 음성을 기록한다.
- 일을 하면서 생기는 결과물(예를 들어 서류 형식, 소품 사진 등)을 수집한다.

문맥 분석

UX 엔지니어링에서 문맥 조사가 끝난 다음 단계는 수집된 데이터를 분석하는 것이다. **문맥 분석**contextual analysis은 조사 단계에서 모인 데이터를 체계적으로 조직화하고 식별, 해석하며 모델링하고 이를 전달하는 과정이다. 문맥 분석의 목적은 새로운 시스템이 설계되는 작업 환경을 이해하는 것이다. 여기는 사람들, 현재 작업 활동, 그들이 근무하는 환경(로슨과 캐롤 2001)의 세 가지 기본 측면이 포함된다.

상황별 분석의 일면은 관련된 이해관계자를 식별하고 모델링하는 것이다. **이해관계자**stakeholder는 현재 업무 관행에 관여하거나 영향을 받는 인물이다(로슨과 캐롤 2001). 대부분의 이해관계자는 업무나 위임을 수행하는 책임과 역할을 지니고 있다(베이어Beyer와 홀츠블라트Holtzblatt 1998). 또한 이해관계자가 공백 상태에서 일하지는 않기 때문에 개인과 그룹이 더 큰 구조로 조직되는 양상, 사람들이 서로를 통해 일을 수행하는 방식(로슨과 캐롤 2001)과 같은 일터의 사회적 맥락을 고려해야 한다. 조직도와 이해관계자 다이어그램과 같은 **사용자 모델**user model을 이용해 이해관계자, 작업 역할, 관계를 나타낼 수 있다(하트슨과 파일라 2012).

문맥 분석의 또 다른 측면은 현재의 작업활동을 식별, 해석, 모델링하는 것이다. 이를 달성하기 위한 대중적인 접근 방법은 **계층 작업 분석**hierarchical task analysis(로슨과 캐롤 2001)으로, 개별 작업과 하위 작업을 식별하고 계층으로 조직해 작업 활동의 세부 사항과 관계를 파악한다(다이아퍼Diaper와 존슨 1989). 이러한 작업 분석을 **작업 모델**task model이라고도 한다(하트슨과 파일라 2012).

마지막으로 문맥 분석은 **환경 모델**environment model을 통해 작업 환경을 포착하고 표현해야 한다. 환경 모델에는 두 가지 접근법이 있다. 하나는 인공물 모델이고, 다른 하나는 물리 모델이다. **인공물 모델**artifact model은 이해관계자가 작업 중에 물리, 전자 요소를 사용하는 방법을 나타낸다(하트슨과 파일라 2012). 인공물 모델은 식당, 택시에서 사용하는 전자 영수증처럼 물리 요소를 전자 요소로 대체하려는 엔지니어링 시스템에 주로 사용된다. **물리 모델**physical model은 기본적으로 물리적 환경에서 산출물, 이해관계자의 활동을 묘사하는 인공물 모델이다(하트슨과 파일라 2012). 이 모델은 작업 환경을 변경하는 시스템을 디자인하는 데 중요하다. 예를 들어 몇몇 식당에서는 대기선을 줄이고자 전자 키오스크를 활용해 주문을 받는다.

문맥 분석의 목적은 사용자, 작업 및 환경을 이해하는 것이지만 모델을 포착하고 전달하는 체계적인 단계가 필요하다. 아니면 불완전하거나 부정확한 모델이 도출될 수 있으며 엔지니어링 프로세스를 잘못 이끌 수도 있다. 문맥 조사와 마찬가지로 적절한 분석을 수행하는 데 다양한 세부 사항과 단계가 있지만 이 책에서는 상위 수준의 활동만 제시한다.

첫 번째 단계는 문맥 조사에서 수집된 데이터를 검토하고 업무 활동과 대조해 보는 것이다. **작업 활동 노트**work activity note는 문맥 조사에서 관찰된 하나의 개념, 주제, 이슈를 간단하고 명확하게 서술한 결과물이다(하트슨과 파일라 2012). 해당 노트는 엔지니어링팀에서 문맥 조사 데이터를 검토하고 이를 통해 결과를 도출할 때 주요 포인트와 이슈를 포착하는 데 중요한 역할을 한다(슈나이더만과 플라상 2010).

다음 단계는 작업 활동 노트를 선호도 다이어그램으로 만드는 것이다. **선호도 다이어그램**affinity diagram은 작업 활동 노트를 계층적으로 표현한 것이다(슈나이더만과 플라상 2010). 이는 중요 개념, 패턴, 이슈를 강조하고자 유사성이나 공통 주제에 따라 작업 활동 노트를 정리하고 구성하는 역할을 한다(하트슨과 파일라 2012). 일단 정리되면 선호도 다이어그램을 사용해 앞서 논의된 것과 같이 사용자, 작업 및 환경 모델 생성을 알릴 수 있다.

마지막으로 선호도 다이어그램과 모델을 사용해 문제 시나리오와 주장을 구성할 수 있다. **문제 시나리오**problem scenario는 지금의 작업 관행에서 활동을 수행하는 1명 이상의 인물과 관련된 이야기다(로슨과 캐롤 2001). **페르소나**persona는 특정 작업에서 역할과 성격을 지닌 가상의 인물이다(쿠퍼 2004). 문제 시나리오는 일반 이해관계자의 측면, 작업 활동 및 디자인 중 고려해야 하는 작업 환경을 명확히 하고자 작성한다. 이 때문에 문제 시나리오에는 주장의 목록이 실려 있다. **주장**claim은 페르소나에 중요한 영향을 미치는 시나리오의 일면이며 가설적으로 긍정적인 효과와 부작용의 상충 관계로 표현된다(로슨과 캐롤 2001). 주장은 요구 조건을 추출하는 데 특히 중요하다.

요구 조건 추출

문맥 분석만으로는 디자인 과정을 진행하기에 충분하지 않다. 디자인 요구 조건은 분석과 상호작용 디자인 사이의 다리라고 볼 수 있다(하트슨과 파일라 2012). 그러므로 UX 팀은 상황별 분석의 결과에서 요구 조건을 추출해야 한다.

사용자가 필요로 하는 것을 충족하고자 시스템이 제공해야 하는 내용을 **요구 조건**requirement이라고 한다. 슈나이더만과 플라상(2010)은 (i) 기능, (ii) 성능, (iii) 인터페이스의 세 가지 유형의 요구 조건을 식별했다. **기능 요구**^{functional requirement} 조건은 '시스템이 사용자가 가상 환경의 현재 상태를 저장할 수 있도록 허용해야 한다'는 것과 같이 시스템이 요구하는 사항을 나타낸다. 반면 **성능 요구 조건**^{performance requirement}은 시스템이 가정한 바를 수행하는 방법(예를 들어 '시스템은 현재 상태를 저장하고자 3개의 파일을 위한 공간을 제공해야 한다')을 나타낸다. 마지막으로 **인터페이스 요구 조건**^{interface requirement}에는 UI에 필요한 특성이 나와 있다. 예를 들어 '시스템은 현재 상태를 저장하는 동안 진행률 표시줄을 띄워 줘야 한다'와 같다.

다양한 유형의 요구 조건은 문맥 분석 중에 만들어진 모델, 다이어그램, 시나리오, 주장에서 추출해야 한다. 이 과정은 시스템이 제공해야 하는 기능, 해당 기능의 수용 가능한, 또는 원하는 기능을 식별하고 이를 인터페이스에 표현하는 방법을 포함한다. 각 요구 조건이 확인되면 UX 팀은 이를 문서로 작성해야 한다.

요구 조건 문서^{requirement statement}는 시스템에 요구되는 사항을 구조화해서 설명한 내용이며, 각 조건에 대한 범주를 명시한다. 요구 조건은 이를 정당화하는 근거와 조건과 관련된 세부 사항을 명확히 하거나 문서화하는 기타 참고 사항을 포함하기도 한다. UX 팀은 모든 요구 조건을 주요 및 하위 범주로 구성해 요구 조건 문서를 만들 수 있다.

마지막으로 UX 엔지니어링이 진행되면서 요구 조건 및 그 문서를 업데이트할 수 있어야 한다. 분석 중에 대부분의 요구 조건을 식별할 수 있지만 디자인, 프로토타이핑 또는 평가 단계에서 새로운 요구 조건이 나올 수 있기 때문이다. 새로운 조건들이 모두 공식화될 수 있어야 하고 문서에도 추가돼야 한다.

4.4.3 디자인 프로세스

요구 사항이 추출되고 문서화되면 디자인 프로세스를 시작할 수 있다. 여기에는 디자인 도구, 시각, 방법을 사용해 좋은 디자인 아이디어를 탐색, 식별하는 작업이 포함된다. 이런 아이디어는 나머지 UX 팀과 이해관계자에게 전달된다. 끝으로 디자인 제작 도구를 사용해 설계 및 전체 사양을 수정한다.

디자인 도구

디자인 선택지를 탐구하기 위한 세 가지 주요 도구는 관념화, 현실화, 비평이다. **관념**

화^{ideation}는 창의적이고 탐색적인 방법으로 아이디어를 브레인스토밍하는 과정이며 **현실화**^{sketching}는 '예비 디자인 아이디어를 빠르게 표현해 낸 자유 도면'이다(하트슨과 파일라 2012). 관념화와 현실화는 잠재적인 디자인을 생성하는 협업 그룹에서 사용할 수 있어야 한다. **비평**^{critiquing}은 시간을 낭비하거나 별로 좋지 않은 아이디어를 거르고자 이러한 디자인을 검토하고 판단하는 작업이다. 하지만 관념화와 비평은 따로 이뤄져야만 하는데, 그 이유는 창의성과 좋은 아이디어가 묵살되지 않도록 만들어야 하기 때문이다(하트슨과 파일라 2012).

디자인 관점

관념화, 현실화, 비평을 하고자 일반적으로 사용되는 디자인 관점과 태도 역시 세 가지가 있다(하트슨과 파일라 2012). 첫 번째는 사용자가 시스템과 상호작용하는 방식과 관련된 **상호작용 관점**^{interaction perspective}이다. 사용성은 상호작용 디자인 관점의 핵심이다. 즉 사용자 행동 모델(4.2.2절 참고)은 관점을 만들기 위한 토대를 제공한다. 두 번째는 주변 환경에서 시스템을 사용하는 방법과 관련해 나온 **생태학적 관점**^{ecological perspective}이다. 시스템의 유용성에 초점을 두고 활동 이론을 바탕으로 정보가 제공된다(4.2.4절 참고). 세 번째는 **정서적인 관점**^{emotional perspective}이며 시스템의 정서적 영향과 사용자가 중시하는 가치와 관련된다. 정서적인 디자인 관점은 정서적 처리의 세 가지 유형에 초점을 맞춘다(4.4.1절 참고).

디자인 접근법

새로운 시스템이나 UI를 설계할 때 UX 디자이너가 취할 수 있는 수많은 접근법이 있다. **활동 디자인**^{activity design}은 시스템의 기능과 이것이 지원할 활동에 초점을 맞추는 접근법이다(로슨과 캐롤 2001). UX 디자이너는 문서에서 식별된 기능과 성능 요구 조건을 해결하기 위한 아이디어를 생성하기 때문에 활동 디자인을 할 때 생태학적 관점을 유지하는 경우가 많다. 결과 지향 설계 규칙(4.3.3절) 역시 활동 디자인을 하는 중에 고려해야 할 사항이다.

활동 디자인은 보통 큰 그림을 다루는 반면 정보 디자인과 상호작용 디자인은 모두 인터페이스 요구 조건과 관련이 있다. **정보 디자인**^{information design}은 UI의 표현과 배열에 초점을 맞추는 접근법이다(로슨과 캐롤 2001). 평가 차이와 사용자가 목표를 달성했는지를 평가하는 방법 모두와 직접적인 관련이 있다는 이야기다. 이와 같이 목표 지향 및 평가 지향 디자인 규칙(4.3.1 및 4.3.4절)은 정보 디자인을 하는 동안 지속적으로 준수된다. 반면 **상호작용 디자인**interaction design은 UI에 접근하고 제어하는 메커니즘에 초점을 맞춘 접근법이다(로슨과 캐롤 2001). 실행 차이와 사용자가 행동 계획을 세우고 실행하는 방법에 대한 내용이다. 따라서 UX 디자이너는 상호작용 디자인 중에 실행 지향 디자인 규칙(4.3.2절)을 고려해야 한다. 정보 디자인과 상호작용 디자인은 일반적으로 상호작용 관점을 염두에 두고 수행된다.

또 다른 디자인 접근 방식은 '사람들이 사용하는 사물과 기술의 공동 디자인에 직접 참여하는 참여형 디자인'이다(슈나이더만과 플라상 2010). **참여형 디자인**participatory design의 기본 개념은 사용자가 직접 디자인에 참여해야 하며 디자인 과정에 동등하게 투입돼야 한다는 점이다(하트슨과 파일라 2012). 그러나 광범위하게 사용자를 참여시키는 것은 비용이 많이 들고 디자인 프로세스를 지나치게 연장시킬 수 있다(슈나이더만과 플라상 2010). 또한 사용자는 디자인 관점과 지침에 익숙지 않아 UX 디자이너가 자칫 사용자의 차별화된 아이디어를 살리지 못할 수 있다(아이브Ives와 올슨Olson 1984). 그럼에도 참여 디자인에 관심 있는 UX팀은 물러Muller(1991)가 개발한 PICTIVE 접근법을 비롯한 다양한 방식을 고려해야 한다. PICTIVE에서 사용자는 스케치를 하고 정확도가 낮은 프로토타입을 작성하고 다른 이해관계자에게 발표하기 위한 시나리오 연습 과정을 기록한다. UX 디자이너는 이 영상을 보고 디자인 프로세스를 알려 주고자 피드백을 한다.

디자인 표현

디자인 과정 중 UX 디자이너는 새로운 시스템의 개념 모델을 문서화해야만 한다. 하지만 더 중요한 것은 이 개념 모델을 사용자, 이해관계자에게 보여 주고 이들과 소통하는 일이다. 디자인 발표는 이 필요성을 충족해 줄 수 있다.

디자인을 표현하고 전달하는 방법은 다양하다. 가장 단순한 방법 중 하나는 **메타포**metaphor 즉 유추해 새로운 개념을 설명하는 방법이다(로슨과 캐롤 2001). 가장 잘 알려진 메타포 UI는 컴퓨터 바탕화면일 것이다. 개인용 컴퓨터가 회사에서 널리 사용되면서

UX 디자이너는 데스크톱 비유를 사용해 사용자가 컴퓨터와 상호작용하는 방법을 이해할 수 있도록 만들었다. 일단 컴퓨터 바탕화면은 가상 파일과 폴더를 배치하고 구성할 수 있는 공간을 제공했다. 사용자는 파일과 폴더를 이동시켜서 가상 휴지통에 버릴 수 있다. 또한 일부 시스템은 데스크톱에 배치된 가상의 받은 편지함을 통해 전자 메일 기능을 제공했다. 데스크톱 예시에서 볼 수 있듯이 단일 메타포는 디자인 프로세스가 진행됨에 따라 다른 관련 메타포로 이어질 수 있다. 이는 사용자가 시스템 사용 방법을 이해하는 데 큰 도움을 줄 수 있다.

또 다른 디자인 표현에는 시나리오와 스토리보드가 포함된다. **디자인 시나리오**design scenario는 새로운 시스템으로 활동을 수행하는 1명 이상의 인물에 관한 이야기다(로슨과 캐롤 2001). 시나리오의 목적은 사용자가 시스템과 상호작용하는 방식을 표현하고 전달하는 것이다. 상호작용, 생태학적 또는 정서적인 관점에서 디자인 시나리오를 작성할 수 있다. 일부 시나리오에는 새로운 시스템에 대해 전체적으로 세 가지 관점을 모두 포함할 수도 있다. 이것과 밀접하게 연관된 것이 스토리보드다. **스토리보드**storyboard는 계획된 시스템이 어떻게 사용되는지 보여 주는 일련의 도면이다(하트슨과 파일라 2012). 디자인 시나리오는 시스템 디자인을 서면으로 표현하지만 스토리보드는 사용자가 시스템과 상호작용하는 시나리오를 시각적으로 보여 준다.

물리적 모형physical mockup(3D 실체 프로토타입, 장치 또는 제품 모델)은 디자인을 표현하는 또 다른 유형이다(하트슨과 파일라 2012). 물리적 모형은 본질적으로 손에 잡히는 구체적인 스케치다. UX 디자이너가 설계 시나리오를 수행할 수 있게 만드는 역할을 한다. 또한 장치나 시스템이 인체 공학과 관련해서 잠재적인 문제를 식별할 수 있도록 도와준다. 물리적 모형은 전통적으로 종이, 판지 및 테이프로 만들어지지만 3D 프린트가 생기면서 플라스틱으로도 제작된다. 물리적 모형은 특히 3D UI용 특수 목적 입력 장치 디자인과 관련이 있다.

4.4.4 디자인 프로토타이핑하기

휠 수명 주기 구현은 디자인에 생명을 불어넣는 단계다. 상호작용 디자인을 실현시키는 것이다. UX 엔지니어링 프로세스 중 구현 단계는 제품 디자인을 모델링, 평가, 반복하고자 만들어진 디자인의 초기 표현인 **프로토타입**prototype의 형태를 취한다(하트슨과 파일라 2012). 뒤에서 프로토타입의 장단점, 폭과 깊이, 충실도와 상호작용 수준을 비롯해 프로토타입의 다양한 특성과 측면을 설명하겠다.

장점과 단점

프로토타입을 사용하면 몇 가지 이점이 있다. 먼저 다른 사람에게 전달할 수 있을 만큼 구체적인 표현을 제공한다. 또한 '시험 버전 운영'과 디자인 평가를 허용한다. 프로토타입은 이해관계자에게 프로젝트의 가시성을 제공해 주고 오래된 시스템에서 새로운 것으로 전환하는 데 도움을 준다. 하지만 프로토타입에는 몇 가지 단점도 있다. 일부 이해관계자는 프로토타입의 디자인이 완전히 구현되지 않아서 기능이 제한된 것인데 이를 두고 전체 디자인이 형편없다고 간주할 수 있다. 한편 이해관계자는 프로토타입에서 '마법'(시뮬레이션)처럼 실행되는 기능이 실제로 있다고 생각해 버리고 실현할 수 있는 것 이상의 프로토타입을 기대하게 될 수도 있다. 따라서 UX팀은 각 프로토타입의 목적과 기능이 제시되기 전에 이해관계자에게 명확하게 전달해야만 한다.

폭과 깊이

프로토타입을 만들기 전 목적을 명확히 해야 하는데, 그 종류는 정말 다양하다. 프로토타입의 **폭**은 얼마나 많은 기능을 수행할 수 있는지를, **깊이**는 하나의 기능이 얼마나 많은 역할을 해낼 수 있는지를 나타낸다(하트슨과 파일라 2012). 서로 다른 폭과 깊이의 조합을 통해 다양한 종류의 프로토타입을 생성할 수 있다. 예를 들어 **수평 프로토타입**은 다양한 종류의 기능을 지원하지만 그 기능별 깊이는 얕은 프로토타입이다. 따라서 해당 프로토타입으로 사용자가 디자인을 어떻게 탐색하는지를 평가하기 쉽다. 반면 **수직 프로토타입**은 한 기능의 깊이만 깊다. 따라서 특정 기능의 디자인을 상세히 조사하는 데 유용하다.

또 다른 유형으로는 **T 프로토타입**이 있다. 이는 얕은 수준(T의 수평 상단)에서 많은 디자인을 구현하지만 일부 기능의 깊이(T의 수직 부분) 역시 포함한다(하트슨과 파일라 2012). T 프로토타입은 기본적으로 사용자가 시스템을 탐색할 수 있도록 해서 수평 및 수직 프로토타입의 장점을 결합한다. 마지막으로 **국지 프로토타입** local prototype은 폭과 깊이가 제한된, 특정하게 고립된 기능에 초점을 맞춘다(하트슨과 파일라 2012). 국지 프로토타입은 일반적으로 UI의 특정 디자인의 대안을 평가하는 데 사용된다.

프로토타입 충실도

프로토타입의 **충실도**는 의도된 디자인을 얼마나 완전하고 유사하게 반영했는지 나타 낸다(하트슨과 파일라 2012). **낮은 충실도**의 프로토타입은 기능을 거의 또는 전혀 사용하 지 않고 의도한 디자인의 느낌만을 제공한다. 종이, 연필, 테이프로 만든 종이 프로토 타입은 디자인을 결정하기 전 여러 가지를 탐구할 수 있도록 신속하게 구현할 수 있 는 충실도 낮은 프로토타입의 예시다. **중간 충실도**의 프로토타입은 기본적인 디자인으 로 의도한 룩 앤드 필^{look and feel}을 제공한다. 데스크톱, 웹, 모바일 시스템의 중간 수준 프로토타입을 구현하기 위한 소프트웨어 애플리케이션은 옴니그래플^{OmniGraffle}, 발사 믹 목업^{Balsamig Mockups}, 파워포인트, 기본 HTML 등 매우 다양하다. 하지만 3D UI 프로 토타이핑을 위한 툴은 아직 성숙하지 못하다. 마지막으로 최종 제품 거의 비슷한 **높은 충실도**의 프로토타입이 있다. 이는 최종 제품의 룩 앤드 필을 대부분 반영해야 한다. 또 전부는 아니더라도 거의 모든 기능을 갖추고 있어야 한다. 기능적인 요구가 있을 수 있 어서 충실도가 높은 프로토타입은 최종 제품과 동일한 프로그래밍 언어로 구현한다. 일반적으로 프로토타입의 충실도는 각 단계가 반복될 때마다 증가한다.

프로토타입 상호작용 수준

프로토타입의 **상호작용 수준**은 이것이 실현되는 정도다(하트슨과 파일라 2012). 프로토 타입을 개발할 때 일반적으로 네 가지 수준의 상호작용이 이뤄진다. 가장 낮은 수준에 서 **애니메이션 프로토타입**은 이미 결정된 상호작용을 시각화하는 정도라, 사용자에게 상 호작용의 기회를 제공하지 않는다. 사용자가 인터페이스 디자인과 상호작용하는 방법 을 묘사한 영상이 그 예다. 이러한 프로토타이핑 양식은 개발에 투입되지 않더라도 시 각화된 3D UI를 전달하는 데 유용하며 크라우드펀딩 캠페인과 같은 초기 마케팅에 주 로 사용된다. **문서화된 프로토타입**은 애니메이션 프로토타입보다 더 높은 수준의 상호작 용을 제공하지만 사용자는 이미 문서화된 일련의 상호작용을 따라야 한다. 수직 및 T 프로토타입은 특정 기능의 깊이를 탐색하는 데 사용되므로 문서화된 상호작용에 자주 사용된다. **완전히 프로그래밍 된 프로토타입**은 모든 대화형 기능과 백엔드 기능을 구현해 서 최고 수준의 상호작용을 제공한다. 하지만 해당 프로토타입은 개발하는 데 비용이 많이 든다.

완전히 프로그래밍된 프로토타입의 대안은 **오즈의 마법사 프로토타입**^{Wizard of Oz prototype}을 만드는 것이다. 이 프로토타입은 적은 수의 기능만 실행할 수 있게 만들면서도 실제 구현되는 기능과 비슷한 수준의 상호작용을 제공한다. 해당 프로토타입은 사용자의 동작을 관찰한 다음 이에 따라 인터페이스가 적절하게 반응하도록 만들어야 하기 때문에 숨겨진 UX 팀원이 필요하다(오즈의 마법사에서 커튼 뒤에 마법사가 숨어 있었듯이). 3D UI의 경우 다양한 3D 상호작용 기술과 메타포된 UI를 실제로 구현하는 것이 매우 복잡할 수 있기 때문에 이 프로토타이핑 방법이 유용하게 사용될 수 있다. 예를 들어 3D UI 디자이너는 음성 인식이나 제스처 인식 중 하나의 인터페이스만 사용하고 싶은데 둘다 구현해서 사용해 봐야 하는 어려움을 겪고 싶지 않을 수 있다. 이때 오즈의 마법사 프로토타입을 사용하면 음성이나 제스처로 명령을 내릴 때 시스템이 취해야 할 동작을 모방할 수 있다(하예스 등 2013).

4.4.5 프로토타입 평가하기

프로토타입이 만들어지면 기본 디자인이 사용성, 유용성, 정서적 영향과 관련된 목표를 얼마나 잘 충족시키는지 평가해야 한다. 여기 사용할 수 있는 여러 방법이 있다. 11장 '3D 사용자 인터페이스 평가'에서 3D UI를 평가하는 몇 가지 방법을 설명할 것이다. 하지만 11장을 읽기 전에 미리 독자가 익숙해져야 할 몇 가지 평가 방법의 특성을 살펴볼 것이다.

형성 평가 대 총괄 평가

위에서 설명했듯이 휠 UX 수명 주기는 반복적인 과정이다. 이 과정에서 구성 평가는 시스템의 프로세스와 디자인을 알려 준다. 이런 평가는 디자인이 완료되기 전에 디자인을 잘못 선택했는지, 유용성에는 문제가 없는지 식별하는 데 도움을 준다. 즉 형성 평가는 디자인의 '형성'을 지원한다. 반면 UX 엔지니어링 프로세스의 최종 반복 과정에서는 일반적으로 종합 평가를 하게 되며 품질을 평가하기 위한 데이터를 수집하는 데 중점을 둔다. 총괄 평가는 완성된 디자인의 '요약'을 지원한다. 두 가지 유형의 평가는 UX 엔지니어링 프로세스에서 중요하게 작용한다.

신속한 평가 대 혹독한 평가

평가 방법을 선택할 때 고려해야 할 주요 사항은 그것이 빠르게 이뤄지느냐, 엄격하게 이뤄지느냐다(하트슨과 파일라 2012). **신속한 평가**rapid evaluation는 그야말로 빠르게 평가하는 방법이며 비용이 크게 들지 않는다. 그 예시로는 인지 연습 및 휴리스틱 평가가 포함된다(두 가지 방법의 자세한 내용은 11장 11.2절 참고). 반면 **혹독한 평가**rigorous eval-uation는 오류와 부정확성의 위험을 최소화하면서 평가에서 최대한 많은 정보를 얻으려는 공식적이고 체계적인 방법이다. 그러나 혹독한 평가는 시간과 자원 측면에서 비교적 고비용이다. 따라서 UX 평가자는 비용은 적게 들지만 신속하게 평가할지, 값은 조금 들지만 혹독하게 평가할지 결정해야 한다. 일반적으로 빠른 평가는 초기 수명 주기 동안 사용되며 반복돼 가면서 혹독한 평가가 수행될 수 있다. 결과적으로 신속한 평가 방법은 대부분 형성 평가가 되는 경향이 있고, 혹독한 평가는 최종 목표 평가에 사용될 가능성이 높다. 하지만 이런 관계는 독점적인 것이 아니며 혹독한 형성 평가 방법이나 신속한 총괄 평가 방법도 가능하다.

분석 평가 대 실증 평가

평가 방법을 선택할 때 고려해야 할 사항은 분석과 실증 여부다. 분석 평가는 사용 중인 시스템을 관찰하는 것보다 디자인의 고유한 속성을 분석하는 데 초점을 맞춘다(하트슨과 파일라 2012). **분석 평가**analytic evaluation는 일반적으로 UX 전문가가 수행하고 경험적인 방법, 지침에 따라 수행된다(자세한 내용은 11장 11.2절 참고). 반면 **실증 평가**empirical evaluation는 참가자가 시스템을 사용하는 양상을 관찰하면서 수집한 데이터를 기반으로 한다. 본질적으로 분석 평가는 신속한 평가, 실증 평가는 혹독한 평가다. 그러나 메드록Medlock 등(2005)이 제시한 신속하고 반복적인 시험 및 평가RITE 방법처럼 신속하면서도 실증적인 평가 방법 역시 가능하다.

4.5 결론

4장에서는 다양한 디자인 규칙이 도출된 HCI의 기초와 이론을 검토했다. 또한 애플리케이션의 3D UI 예제를 포함해 해당 디자인 원칙과 지침을 자세히 논의했다. 끝으로 UX 엔지니어링 프로세스를 설명했다. 이를 바탕으로 3D UI의 사용자 경험을 디자인하고 평가하겠다는 이 책의 주요 주제를 살펴보겠다.

추천 도서 및 논문

이 분야의 개요를 작성하고자 몇몇 유명 HCI 서적을 참고했으며 더 많이 학습하고자 하는 독자에게 이를 추천하려고 한다. 특히 훌륭한 자료로 3권의 서적을 추천한다.

- Hartson, R., P. Pyla (2012). *The UX Book: Process and Guidelines for Ensuring a Quality User Ex-perience*. Waltham, MA: Morgan Kaufmann Publishers.

- Shneiderman, Ben and Catherine Plaisant (2005). *Designing the User Interface*, 4th edition, Adison-Wesley.

- Rosson, M., and J. Carroll (2001). *Usability Engineering: Scenario-Based Development of Human Computer Interaction*. Morgan Kaufmann Publishers.

3D 사용자 인터페이스를 위한 하드웨어 기술

인간–컴퓨터 인터페이스를 묘사하는 한 가지 방법은 사용자(들)와 시스템 사이의 커뮤니케이션 수단이다. 사용자는 시스템과 명령, 요청, 질문, 의도, 목표를 갖고 소통해야 한다. 시스템은 피드백과 입력을 위한 요청, 시스템 상태에 대한 정보 등을 제공해야 한다. 이 소통 과정을 일련의 해석으로 봐야 한다. 사용자와 시스템은 같은 언어로 이야기하지 않으므로 인터페이스는 통역가나 둘 사이의 중재자 역할을 해야 한다. 실제로 다수 통역 단계가 있다(표 Ⅲ.1). 사용자는 목표를 행동으로 번역하고 입력 장치는 이 행동을 시스템을 위한 전자 형태로 바꾸며 마지막으로 시스템은 이런 신호들을 현 시스템 상태에 기반해 판독한다. 일반적으로 시스템은 사용자의 입력에 어떤 방식으로든 응답하므로 출력을 생성하고자 입력에 일부 변형이 있어야 한다. 이를 변환 함수(transfer function)라고 한다.

이 출력 내용을 사용자에게 전달하고자 시스템은 정보를 디지털 디스플레이에서 표현할 수 있도록 변환해 출력 장치에 의해 사용자가 인식할 수 있는 형태(예를 들어 빛과 소리)로 다시 변환하고 사용자가 마지막으로 이런 인지를 의미론적 표현으로 변환한다. 입력 장치와 출력 장치 사이의 이러한 변환은 **제어-표시 매핑**control-display mapping이라고도 한다.

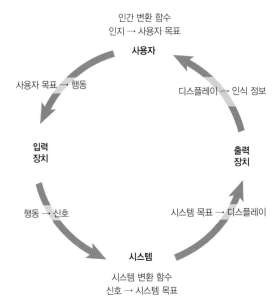

그림 Ⅲ.1 장치와 전환을 통한 인간-컴퓨터 소통

결국 모든 소통에는 물리 장치, 즉 당사자 사이의 소통 수단, 하드웨어가 필요하다. 이 부분에서는 3D UI를 구현하는 데 사용되는 하드웨어 장치에 대한 개요를 제공한다. 5장 '3D 사용자 인터페이스 출력 하드웨어'에서는 사용자의 인지 시스템에 정보를 제시하거나 표시하는 **출력 장치**output device를 설명한다. 시각적 디스플레이가 3D UI용 출력 장치 중 가장 눈에 띄는 유형이지만 청각 및 햅틱 디스플레이도 포함한다. 그리고 후각(냄새) 및 미각(맛)을 포함하는 다른 디스플레이도 개발됐다. 6장 '3D 사용자 인터페이스 입력 하드웨어'에서는 사용자가 시스템에 정보를 제공하는 수단인 **입력 장치**input device를 설명한다. 5~6장의 목표는 3D UI에서 일반적으로 사용되는 기술 유형에 대한 아이디어를 제공하고 현재 장치에 대해 설문조사를 하거나 3D 입출력 디자인에 대해 논의하지 않고 애플리케이션의 장치 선택에 도움을 주기 위한 것이다.

3D 사용자 인터페이스 출력 하드웨어

5장에서는 3D UI에서 일반적으로 사용되는 하드웨어를 논의하겠다. 시각, 청각, 햅틱 디스플레이 장치를 살펴보고 3D UI 디자인과 개발에 미치는 영향을 확인한다. 또한 다양한 출력 장치의 특성을 설명하고 적절한 하드웨어를 선택하기 위한 일반적인 전략을 수립하겠다.

5.1 소개

3D UI의 필수 구성 요소에는 정보를 사용자에게 제공하는 하드웨어가 포함된다. **디스플레이 장치**(또는 출력 장치)라고 불리기도 하는 하드웨어 장치는 인간의 인지 시스템을 통해 다수 사용자 감각에 어떠한 정보를 제공한다. 대다수 사람은 시각, 청각 또는 햅틱(접촉 또는 힘) 감각을 자극하는 데 중점을 둔다. 어떤 경우 후각 시스템(냄새 감각, 나카모토Nakamoto 2013), 미각 시스템(맛, 나루미Narumi 등 2011), 전정 시스템(자기 운동 감각, 크레스 등 1997) 정보도 포함한다. 물론 이런 출력 장치는 컴퓨터가 렌더링, 모델링, 샘플링 기술을 통해 정보를 생성하도록 요청하기도 한다. 이후 장치는 이 정보를 사람이 인식할 수 있는 형태로 변환한다. 따라서 실제 장치가 존재하는 디스플레이가 콘텐츠를 생성하는 데 사용되는 물리 장치와 컴퓨터 시스템으로 구성된다고 볼 수 있다. 5장에서는 디스플레이 장치에 중점을 두면서 그래픽 및 햅틱 렌더링, 3D 음향 효과 생성에 관한 자료 등과 관련된 참고를 제공한다.

디스플레이 장치는 3D UI에서 다양한 상호작용 기술을 디자인, 개발, 사용할 때 고려돼야 한다. 일부 상호작용 기술은 특정 디스플레이에 적절하게 맞아 떨어지기 때문이다. 따라서 디스플레이 장치의 특성을 이해하면 이를 바탕으로 3D UI 개발자는 특정 디스플레이 구성 및 애플리케이션에 가장 적합한 상호작용 기술을 결정할 수 있다.

5장에서는 3D UI에서 흔히 볼 수 있는 다양한 디스플레이 장치 유형(시각, 청각 및 촉각 장치)과 형식을 살펴보겠다. 앞으로 다룰 5~6장에서는 특별히 하드웨어 기술을 다룰 텐데 그 중 첫 장인 셈이다(6장 '3D 사용자 인터페이스 입력 하드웨어'). 3장 '인간 요소와 기본 요소들'에서 인간의 시각, 청각 및 촉각(햅틱) 시스템의 기본 개념을 논의한 내용이 5장에서 다양한 디스플레이 유형의 차이점을 설명하는 데 유용할 것이다. 인간의 감각 체계와 디스플레이 기술 사이의 관계에 대한 자세한 내용은 헤일Hale과 스태니Stanney(2014), 셔먼Sherman과 크레이그Craig(2003) 및 딜라흐와 메이버Mavor(1995)를 참고하자.

5.1.1 5장의 로드맵

5.2절에서 시각적 디스플레이 장치를 살펴보기 시작할 것이다. 먼저 특성을 조사한 뒤 3D UI에서 흔히 볼 수 있는 다양한 유형의 시각적 디스플레이 장치를 제시하고 3D

UI 디자인에 미치는 영향을 논의할 것이다. 5.3절에서는 3D 음향이 생성되는 일반적인 방법을 먼저 설명함으로써 청각 디스플레이를 살펴본다. 이후 서로 다른 음향 시스템 구성의 장단점을 제시하고 3D UI에서 음향 효과의 이점을 논한다. 5.4절에서는 햅틱 디스플레이 장치의 특성, 다른 유형의 햅틱 디스플레이 장치 및 3D UI에서의 용례를 다룬다. 5.5절에서는 서로 다른 디스플레이의 특성에 따른 충실도 개념을 사용한다. 마지막으로 5.6절에서 특정 시스템 또는 애플리케이션에 따라 디스플레이 장치를 선택하는 몇 가지 지침과 전략을 제시하고, 5.7절에서는 사례 연구에서 사용할 특정 디스플레이 구성을 제시할 것이다.

5.2 시각 디스플레이

시각 디스플레이는 사람의 시각 체계로 정보를 제공한다. 이는 3D UI에서 사용되는 디스플레이 장치 중 가장 일반적이다. 소개 부분에서 언급했듯이 컴퓨터 시스템이 디스플레이 장치가 인식 가능한 형태로 변형할 수 있는 디지털 콘텐츠를 생성해야 한다. 이와 관련해서 3D UI의 시각 디스플레이 장치는 실시간 컴퓨터 그래픽 렌더링 기술이 수년에 걸쳐 개발됐다. 해당 기술의 세부 사항은 책의 초점을 벗어나기 때문에 다루지 않도록 한다. 그러나 아크나인-묄러[Akenine-Möller] 등(2008), 앤젤[Angel]과 슈라이너[Shreiner](2011), 휴즈 등(2013)의 연구는 이 기술에 관심 있는 독자를 위해 포괄적인 해결책을 제공할 것이다.

5.2.1 시각 디스플레이의 특징

시각 디스플레이 장치를 설명하는 데 고려해야 할 중요한 특징이 많다. 3D UI 측면에서 시각 디스플레이의 다음과 같은 특징을 제시해 본다.

- 탐지 범위와 관측 시야
- 공간 해상도
- 다양한 모양을 찌그러짐 없이 정확하게 재생하는 모니터의 성능(스크린 지오메트리)
- 광 전달 메커니즘
- 재생률
- 인체 공학 측면

- 심도 단서에 미치는 영향

다른 특징들로는 밝기, 대비, 감마 보정 등이 있다.

탐지 범위와 관측 시야

시각 디스플레이 장치의 탐지 범위^{FOR, Field Of Regard}는 사용자가 시각적 이미지를 표시할 수 있는 실제 공간의 양을 의미한다. FOR은 시각의 각도로 측정된다. 예를 들어 사용자가 서 있을 수 있는 원통형 디스플레이를 제작한 경우 디스플레이의 가로 부분 각도는 360도다.

관련 용어인 관측 시야^{FOV, Field Of View}는 디스플레이에서 순간적으로 볼 수 있는 최대 시야각을 의미한다. 예를 들어 평면 투영 화면의 FOV는 화면에 대한 사용자의 위치, 방향에 따라 달라지므로 화면과 관련해서 사용자의 위치에 따라 가로 FOV가 80도 또는 120도가 될 수 있다. 디스플레이 장치의 FOV는 인간 시각 체계의 최대 FOV(약 180도)보다 작거나 같아야 하며 표준 안경과 같이 추가 광학 기술이 사용되는 경우보다 낮을 수도 있다.

시각 디스플레이 장치의 FOV가 낮을 수 있지만, 머리에 쓰는 형태로 추적 가능한 디스플레이의 경우와 같이 FOR은 여전히 크다. 머리에 착용하는 디스플레이의 경우 FOV는 50도가 될 수 있지만 장치가 사용자의 머리 앞에 부착돼 있으므로 사용자의 눈앞에서는 항상 360도로 표시된다(예를 들어 사용자가 360도 회전하면 늘 시각 이미지를 볼 수 있다). 따라서 FOV α는 항상 FOR β보다 작거나 같다. 일반적으로 각 순간 사용자는 자신이 사용할 수 있는 전체 β도 중 α도를 볼 수 있다.

공간 해상도

시각 디스플레이의 공간 해상도는 픽셀과 관련이 있으며 시각적인 품질의 척도로 간주된다. 해당 측정값은 주로 1인치(2.54센티미터)당 도트 수^{dpi, dots per inch}로 표시된다. 화면에 표시되는 픽셀이 많을수록 해상도는 높아지지만 해상도가 곧 픽셀 수인 것은 아니다(일반적으로 오용되는 용어). 다만 해상도는 픽셀 수와 화면 크기에 따라 달라진다. 동일한 수의 픽셀이지만 화면 크기가 다른 2개의 시각 디스플레이는 큰 화면에서 작은 픽셀보다 화면의 더 큰 부분을 차지할 것이므로 해상도가 동일하지 않으며 큰 화면에서는 1인치당 도트 수가 적다.

사용자와 시각 디스플레이 장치까지의 거리도 공간 해상도를 지각하는 데 영향을 준다. 픽셀 크기는 화면 크기에 따라 1인치당 도트 수처럼 절대 단위로 측정할 수 있다. 하지만 픽셀 크기는 보는 사람을 기준으로 입체 각도로 측정할 수도 있다. 즉 사용자가 디스플레이로부터 멀어질수록 개별 화소를 잘 구분할 수 없기 때문에 인지하는 해상도가 높아진다. 이는 점묘주의 관점에서 그림 작품을 멀리서 감상할 때의 효과와 비슷하다(키세이어Kieseyer 2001). 보는 사람이 그림에 가까워지면 캔버스에 있는 각각의 점을 볼 수는 있지만 멀어지면 점들이 사라지고 개별 점이 융합돼 그림을 응집력 있게 감상할 수 있다. 이는 품질이 낮은 머리 착용 디스플레이에서 문제가 될 수 있는데, 그 이유는 사용자의 눈이 디스플레이 화면과 가까워서(일반적으로 광학 이미지가 더 멀리 떨어져 있는 가상 이미지를 배치하는 데 사용되기는 하지만) 공간 해상도 품질을 떨어뜨릴 수 있기 때문이다.

스크린 지오메트리

시각 품질 측면에서 제 역할을 하는 또 다른 디스플레이 특징은 화면 모양이다. 시각 디스플레이는 직사각형, 원형, L자형, 반구형, 혼합형을 포함해 다양한 모양(5.2.2절 참고)으로 제공된다. 사실 투사의 질감(영사 매핑)과 결합된 투사기를 사용하는 것은 거의 모든 평면 또는 비평면 스크린에서 시각 디스플레이를 만들어 낼 수 있다. 하지만 투사기의 표면과 관련한 불규칙한 화면 모양에는 품질에 영향을 줄 수 있는 비표준 투영 알고리듬을 적용해야 한다. 예를 들어 반구형 디스플레이의 경우 표면의 가장자리에서 왜곡 등의 시각적 잡음이 생겨서 전체적인 품질이 떨어질 수 있다. 또 다른 예시로는 몸의 일부를 투영해서 시각 디스플레이로 표현하면 몸체 부분 형상과 색상을 기반으로 왜곡이나 색상 균형 문제가 발생할 수 있다. 화면 모양이 불규칙하면 원본 이미지가 이를 반영해서 왜곡되는 경우도 있다.

광 전달

모니터, 텔레비전, 전방 투사, 후방 투사 또는 망막에 레이저 광을 직접 보내는 방법, 특수 광학 장치를 사용하는 방법 등 다양한 방식으로 빛을 전송할 수 있다. 액정, 발광 다이오드, 디지털 광 처리 및 유기 발광 다이오드(하이니히Hainich와 빔버 2011)와 같은 다양한 기술을 사용할 수도 있다. 빛 전송 방법은 때로 적용할 수 있는 3D UI 기술 유형을 좌지우지하기도 한다. 예를 들어 전면 투사형 디스플레이 장치를 사용할 때 3D 직접 조작 기술은 사용자의 손이 투사기에 비쳐서 디스플레이 표면에 그림자를 드리울 수 있기 때문에 제대로 작동되지 않을 수 있다. 그 대신 디스플레이 표면 가까이에 설치된 단거리 투사기를 사용하면 문제를 완화할 수 있다(블라스코Blasko 등 2005).

재생률

재생률은 시각 디스플레이 장치가 프레임 버퍼에서 표시된 이미지를 새로 고치는 속도를 나타낸다. 일반적으로 헤르츠Hz(초당 새로 고침)로 나타난다. 재생 빈도는 프레임 속도나 그래픽 시스템에 의해 생성되고, 이미지 속도(휴즈 등 2013)와 초당 프레임 수fps, frames per second와 혼동해서는 안 된다. 그래픽 시스템이 새로 고침 빈도보다 높은 비율로 이미지를 생성할 수 있지만 시각 디스플레이는 새로 고침 빈도 한도 내에서만 이미지를 표현할 수 있기 때문이다. 시각 디스플레이의 재생 빈도는 시각 품질에 영향을 주기 때문에 중요한 특징이다. 낮은 재생 빈도(예를 들어 50~60헤르츠 미만)는 사용자의 시각 체계 감도에 따라 화면이 깜빡거리게 보일 수 있다. 빈도가 높을 수록 가상 또는 증강 환경에서 사용자가 자세를 취하기 시작했을 때와 끝냈을 때 사이의 시간을 나타내는 대기 시간이 단축되고, 시각 디스플레이 장치에서 거의 같은 시각에 그래픽이 렌더링된다(이른바 '모션 광자 대기 시간'). 대기 시간은 상호작용성을 낮출 수 있고 사이버 멀미 등 다양한 부작용을 일으킬 수 있다(라비올라 2000a). 새로 고침 빈도 외의 다른 요소는 추적 및 렌더링 속도를 포함해 대기 시간에 영향을 준다. 그러나 다른 모든 요소가 동일하면 새로 고침 빈도가 높을 수록 대기 시간이 짧아지므로 상호작용 경험이 향상된다.

인체 공학 측면

시각 디스플레이의 인체 공학적 측면 역시 중요한 특성이다. 3D 애플리케이션과 상호작용할 때 사용자가 가능한 한 편해야 하고 장치를 거슬려 하지 않아야 한다. 편안함이 특히 중요한 요소다. 예를 들어 머리 착용 디스플레이의 무게는 오랜 시간 장치를 착용한다고 하면 근육의 긴장과 같은 사용자의 불편함을 유발할 수 있다. 물리적 인체 공학의 배경은 3장 '인간 요소와 기본 요소들'의 3.5절을 참고하자.

심도 단서 효과

마지막으로 시각 디스플레이의 중요한 특징은 다양한 심도 단서(3장 '인간 요소와 기본 요소들' 참고)이며 이는 특히 거리를 인식해 입체감을 느끼는 능력인 입체시와 관련이 있다. 심도 단서의 강도는 시각적인 상황에 따라 다르다. 멀리 떨어져 있는 물체를 볼 때는 두 눈 사이의 불균형이 거의 없기 때문에(9미터 이상 떨어져서) 입체시의 심도 단서 가 강력해진다. 안구 단서는 두 눈 사이의 불균형과 관련이 있기 때문에 사용자로부터 짧은 거리에 있는 대상에게만 효과적이다. 반대로 동작 시차는 시야가 넓은 상황에서 물체를 볼 때 입체시보다 강력한 시각 단서가 될 수 있다. 단 정적인 단서 중에서는 맞 물림이 가장 심하다.

조정과는 별도로 한쪽 눈의 심도 단서는 적절한 렌더링 하드웨어와 소프트웨어를 사 용한다고 가정하면 거의 모든 시각 디스플레이로 종합 생성될 수 있다. 또한 동작 시차 단서는 사용자 또는 물체가 물리적 또는 가상으로 움직일 때 생성될 수 있다. 입체시는 보통 특수 용도의 시각 디스플레이 장치를 필요로 하며 디스플레이 시스템은 정확한 기하학적 특성(즉 대상의 심도에 따라 다양한 양안 불균형)을 반영해서 좌안과 우안의 이미 지를 만들어 낼 수 있어야 한다.

안구 운동 단서에 대해서는 스테레오 시청을 가능케 하는 시각 디스플레이 장치는 수 렴 단서 또한 적절하게 제공할 수 있다. 하지만 입체 디스플레이에는 일반적으로 수용 체 단서가 존재하지 않는다. 그래픽으로 렌더링된 물체는 화면의 심도와 동일한 초점 깊이에서 초점을 맞추기 때문이다(크루즈-네이라 등 1993). 실제로 대부분의 표준 시각 디스플레이 장치에 대한 수용체 단서가 부족해서 그림 5.1에 나와 있는 수용체-수렴 불일치 문제가 발생하기도 한다. 그래픽은 고정된 화면에 표시되므로 사용자가 그래픽 을 보려면 그 깊이에 집중해야 한다. 하지만 사용자의 눈이 서로 다른 왼쪽 눈과 오른 쪽 눈의 이미지를 자체적으로 수렴해서 가상의 깊이에서 물체를 볼 수 있게 만든다. 가 상 물체의 심도와 화면의 심도가 다를 때 사용자의 안구 운동 시스템에서 충돌이 일어 나고 이를 물체까지의 거리와 관련해서 뇌로 전송한다.

일반적으로 용적 측정, 홀로그램, 3D 망막 투영 장치 등 '실제 3D' 디스플레이(5.2.2절 참고)에는 이러한 단서 충돌이 없다. 또한 관측자의 자연스러운 수용 범위 내에 있는 가상 화면의 조명 영역을 합성해 초점이 맞지 않는 디스플레이 요소에서 선명한 이미

지를 나타내는 조명 영역 디스플레이는 수용체-수렴의 불일치 문제를 완화할 수 있다
(란만Lanman과 룹케Leubke 2013). 하지만 해당 장치는 아직 개발 초기 단계다.

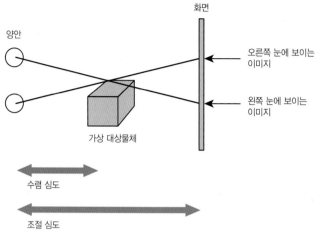

그림 5.1 수용체-수렴 불일치 문제

5.2.2 시각 디스플레이의 유형

이제 3D UI에 사용되는 다양한 유형의 시각 디스플레이는 다음과 같다.

- 단일 스크린 디스플레이
- 서라운드 스크린 및 다중 스크린 디스플레이
- 작업대 및 탁상용 디스플레이
- 머리 착용형 디스플레이
- 임의 표면 디스플레이
- 자동 입체 디스플레이

이어서 각각에 대한 특정 사례를 제시하고 3D 상호작용과 관련해 시각적 디스플레이
유형의 장단점을 살펴보겠다.

단일 스크린 디스플레이

단일 스크린 디스플레이는 일반적으로 비디오 게임, 모델링, 과학 및 정보 시각화를 비
롯한 다양한 종류의 3D 애플리케이션에서 사용된다. 이러한 디스플레이에는 일반 모

니터, 고화질 및 고해상도 TV, 벽이나 스크린 소재를 투영 표면으로 사용하는 전방, 후방 영사 디스플레이가 포함된다. 모바일 AR 및 VR 애플리케이션에서 사용하기 위한 스마트폰 및 태블릿 디스플레이도 이 범주에 속한다(베아스와 크루이프 2010). 스테레오 시스템은 단일 화면 디스플레이와 일부 추가 하드웨어(스테레오 안경 및 스테레오 지원 그래픽 카드 또는 휴대폰을 머리 착용형 디스플레이로 사용하는 특수 광학 장치)를 사용해 가능할 수도 있다. 그런데 일부 단일 스크린 디스플레이는 입체시를 위한 특별한 하드웨어가 필요하지 않을 수도 있다. 본질적으로 자동 입체경 모니터인 경우다(이 절 뒷부분에 더 자세히 다룬다).

적절한 단일 스크린 디스플레이 외에도 입체적으로 시청하려면 한 쌍의 스테레오 안경이 필요하다. 해당 안경은 활성형, 수동형 중 하나일 것이다. 셔터 안경이라고도 하는 활성 스테레오 안경은 시각적 디스플레이의 새로 고침 빈도와 동일한 비율로 셔터를 열고 닫는 것이 동기화된다. 이는 **일시적 다중화**temporal multiplexing라는 기술이다. 활성 스테레오 안경의 예는 그림 5.2에 나와 있다. 왼쪽 눈과 오른쪽 눈의 이미지가 화면에서 빠르게 번갈아 가며 나와서 셔터 안경은 다른 눈의 시야를 보지 못하도록 한 눈의 시야를 조율된 순서로 차단한다. 이는 적외선 또는 무선 신호로 전송된다. 이 동기화를 유지하기 위한 안경, 신호가 차단되면 셔터 안경이 작동을 멈추고 스테레오 효과가 손상된다. 일반적으로 3D UI는 사용자가 3D 입체경 경험을 제대로 할 수 있도록 손이나 다른 물체가 안경과 에뮬레이터 사이로 이동하는 것을 막아야 한다. 활성 스테레오 품질을 높이려면 단일 이미지 디스플레이에 새로 고침 빈도가 높아야 한다. 2개의 이미지(각 안구당 하나의 이미지)가 재생 빈도를 효과적으로 반으로 줄이기 때문이다. 대략 새로 고침 비율이 120헤르츠 이상인 단일 스크린 디스플레이는 일반적으로 잘 감지된 스테레오 이미지를 얻는 데 적합하다.

수동 스테레오 안경은 편광 또는 스펙트럼 다중화를 사용한다. **편광 다중화**polarization multi-plexing는 2개의 분리된 두 겹 이미지를 반대 편광 필터로 거른다. 예를 들어 하나의 필터는 수평으로 편광될 수 있고 다른 하나는 수직으로 편광될 수 있으므로 각 눈은 하나의 이미지만 보게 된다. **스펙트럼 다중화**spectral multiplexing(이른바 입체 사진 스테레오)는 서로 다른 색상의 2개의 분리된 두 겹 이미지를 표시한다. 안경에는 색 필터가 있기 때문에 색이 필터의 색이 아닌 다른 빛깔은 효과적으로 차단된다. 예를 들어 빨간 시안 cyan색이 입체 사진 스테레오 안경을 통과한다면 적색광만 필터를 통과시켜 눈이 자체 이미지만 볼 수 있게 한다. 하지만 입체 사진 스테레오는 상대적으로 저렴하고 색상 제한이 있다는 단점도 있다. 또 다른 유형의 스펙트럼 다중화는 간섭 필터링으로 알려져 있으며 여기서는 빨간색, 초록색, 파란색의 특정 파장이 왼쪽 눈, 약간 다른 파장이 오른쪽 눈에 사용된다. 이 방법은 완전한 색의 3D 스테레오를 지원하지만 표준 편광에 비해 훨씬 비싸다.

그림 5.2 입체적인 이미지를 보는 데 사용하는 활성 스테레오 안경(이미지 출처: 조셉 라비올라 주니어)

일반적으로 활성 스테레오는 가장 높은 품질을 달성하는 것으로 알려져 있다. 이 안경은 색 필터를 사용하는 스펙트럼 다중화 스테레오 안경과 달리 완전한 색 스펙트럼을 사용할 수 있다는 이점이 있다. 그러나 수동 스테레오 안경은 셔터 안경에 비해 저렴하다. 또 새로 고침 빈도를 두 배로 늘릴 필요가 없다. 그래서 활성 안경보다 약간 밝은 이미지를 나타낸다. 절반의 시간 동안 빛을 차단할 필요가 없기 때문이다. 또한 안경과 생성된 이미지 간의 동기화 문제가 없다(즉 동기화 방사체가 필요 없다). 뢰더[Lueder](2012)의 연구에서 3D 스테레오 디스플레이 방법에 대한 보다 포괄적인 설명을 볼 수 있다.

한 쌍의 스테레오 안경(그림 5.3 참고)과 결합된 단일 스크린 디스플레이는 3D 공간 애플리케이션에 적합한, 간단하면서도 효과적인 시각적 디스플레이를 제공한다. 사용자의 머리를 추적해서 따라갈 때(사용자 추적에 대한 설명은 6장 참고) 그 움직임과 화면을 보는 사람의 움직임의 시차가 더 쉽게 줄어든다. 해당 설정은 일반적으로 피시 탱크 VR(웨어 등 1993)이라고 불린다. 이는 서라운드 스크린 장치(이 절 뒷부분 설명 참고)에 비해 저렴하고 크기도 커서 해상도도 크다. 예를 들어 1080p 해상도로 실행되는 60인치 3D HDTV는 매력적인 3D 스테레오 경험을 제공할 수 있다. 또한 거의 모든 입력 장치를 사용할 수 있으며 키보드와 마우스를 최대한 활용할 수 있다. 이런 유연성 덕분에 사용자가 물리적인 세계를 볼 수 있고 대개는 책상에 앉아 있기 때문에 3D 개발자에게 다른 시각 디스플레이보다 많은 입력 장치-상호작용-기술 매핑 기회를 제공한다.

하지만 단일 스크린 디스플레이는 극강의 몰입 경험을 제공하지는 않으며 FOR이 작아서 이동 범위가 제한된다. 이러한 한계는 물리적 기반 탐색 기술(8장 '탐색' 참고)을 사용하지 못하게 하고 주변 시야를 넓히려는 사용자의 능력을 제한한다. 또한 시각 디스플레이의 크기 때문에 상호작용에 사용되는 실제 물체가 시각 디스플레이를 가릴 수 있어서 입체 환영의 모습을 깨뜨릴 수 있다.

그림 5.3 스테레오 안경을 사용하도록 만들어진 모니터(이미지 출처: 조셉 라비올라 주니어)

서라운드 스크린 디스플레이

서라운드 스크린 디스플레이는 화면 세트(그림 5.4에서 표준 예시를 볼 수 있다)로 커다란 곡선 디스플레이 화면 또는 굴곡들의 조합을 통합해 사용자 또는 사용자 그룹의 FOR을 증가시키는 시각 디스플레이다. 하나 이상의 투사 장치를 사용하는 평면 스크린, 서라운드 화면 디스플레이의 주요 특성은, 서로 다른 디바이스 구성에 기초해서 서라운드 수준이 변화하는 대형 FOR에 맞추고자 사용자를 시각적인 이미지로 '둘러싸'려고 한다는 것이다. 수년 동안 출력 장치는 간단한 멀티모니터 디스플레이에서부터 사용자를 완전히 감싸는 대형 서라운드 멀티 투영 스크린에 이르기까지 다양한 구성을 갖추고 있다.

3D 상호작용에 사용된 최초의 서라운드 스크린 디스플레이 중 하나는 일리노이 대학교 시카고 캠퍼스의 전자 시각화 연구소에서 개발됐다. 이 시스템은 CAVE(크루즈-네이라 등 1993) 또는 동굴 자동화 가상 환경으로 불렸으며 4개의 스크린(3개의 벽과 바닥)으로 구성됐다. 이 구성에도 여러 차례 변화가 있었으며 일반적으로 참가자를 둘러싼 3개 이상의 대형 평면 투영 기반 디스플레이 화면(일반적으로 폭과 높이가 약 2.4~3.6미터)이 있다. 화면이 직각으로 배치돼 장치가 대형 상자처럼 보인다. 일반적으로 화면은 후면 투영되기 때문에 사용자가 그림자를 디스플레이 표면에 드리우지 않는다. 그러나 어떤 경우 사용자의 그림자가 사용자 뒤에 있도록(예시는 그림 5.4 참고) 투사기가 설치돼 있다면 이런 서라운드 스크린 장치의 바닥은 전면 투사를 사용할 수 있다. 보다 정교한 구성에서는 360도 FOR을 제공하고자 6개의 스크린이 사용되며 바닥을 포함해 모든 스크린이 후면 투사된다(장치를 수용하고자 많은 공간 필요). 화면 수와 관계없이 한 번에 많은 화면을 처리할 수 있는 강력한 그래픽 카드가 있는 단일 PC 또는 일반적으로는 PC 클러스터가 이미지를 생성하는 데 사용된다.

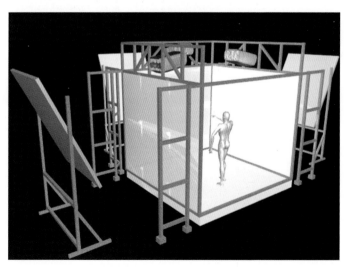

그림 5.4 서라운드 스크린 VR 시스템의 예시다. 4면 장치(3개의 벽과 바닥)를 보여 준다. 장치 위에 설치된 투사기는 바닥에 이미지를 보여 준다(그림에 표시되지 않음)(3D 모델 출처: 브라운대학교 그래픽 그룹 소속 마크 오리벨로(Mark Oribello)).

서라운드 스크린 디스플레이의 기본 구조에는 여러 가지 흥미로운 변형이 가해졌다. 이는 디스플레이 크기, 화면 사이의 FOV 및 각도, 디스플레이 또는 프로젝터의 수 등 여러 요소를 기반으로 한다. 예를 들어 그림 5.5와 같이 화면이 직각일 필요는 없다. 여기에는 3개의 대형 스크린이 사용되고 그 사이의 각도는 약 120도다. 이런 유형의 서라운드 스크린 디스플레이 구성은 여전히 큰 FOV를 제공하지만 한계가 있다. 서라운드 스크린 디스플레이 개념의 더 작은 버전도 개발됐다. CUBE는 32×28인치의 레어 프로젝션 플렉시 유리 화면으로 구성된 360도 디스플레이 환경이다. 사용자는 천장에 매달린 CUBE 내부에서 물리적으로 화면을 보기 위해 돌아선다. 화면은 사용자의 얼굴에서 약 30센티미터 정도 떨어져 있으며 중간 부분까지 확장된다. 카네기 멜론 대학교의 기술센터에서 개발됐으며 사용자를 완전히 둘러싼, 작고 개인화된 버전의 디스플레이를 나타낸다.

그림 5.5 전통적인 직각형 서라운드 스크린 디스플레이 시스템을 변형했다. 이 장치는 3개의 대형 평면 스크린을 사용하며 평면 사이의 각도는 120도다(이미지 출처: 조셉 라비올라 주니어).

이런 소형 장치의 다른 예시는 저렴한 LCD 패널이다(그림 5.6 참고). 패널 수가 증가하면 추가된 패널 수가 표시되는 화면 공간의 양을 늘리는 만큼 사용자의 FOV와 FOR이 증가한다. 물론 LCD 패널 컬렉션을 사용하면 종종 화면 사이에 감지할 수 있는 장벽이 생겨 서라운드 스크린 디스플레이의 매끄러운 정도는 줄어든다. 또한 해당 종류 디스플레이는 사용자를 동그란 패턴으로 둘러싸게 된다.

그림 5.6 디스플레이 패널을 모아서 만든 서라운드 스크린 디스플레이(이미지 출처: 버지니아 공과대학교 컴퓨터 과학과 소속 크리스 노스(Chris North))

지금까지 평면 스크린 형상을 사용하는 서라운드 스크린 디스플레이를 살펴봤다. 서라운드 스크린 디스플레이는 구형 스크린으로도 사용될 수 있는데 반구형(그림 5.7 참고), 원통형, 또는 혼합형(그림 5.8 참고)이다. 이런 유형의 디스플레이는 일반적으로 전면 또는 후면 투사를 사용한다. 곡률은 그림 5.5의 디스플레이같이 평면 디스플레이 화면 사이 각도를 90도 이상으로 만들거나 그림 5.6에서와 같이 디스플레이 패널 모음을 사용해 근사값을 구할 수 있다. 하지만 이런 구성을 진짜 곡선형 서라운드 스크린 디스플레이로 간주하지 않는다.

전면 또는 후면 투사를 사용하는 진정한 곡선형 서라운드 스크린 디스플레이의 경우 다양한 크기의 투사 직경을 지원하기 위한 특수 소프트웨어나 광학 기기가 필요하다. 반구형 디스플레이의 전면 투사의 경우 광각 렌즈가 투사기에 부착돼 출력 이미지가 왜곡된다. 구형 매핑 소프트웨어는 이 이미지를 미리 왜곡해서 곡선 스크린에는 똑바로 표시되도록 만든다. 그림 5.7에서 사용자는 작은 테이블에 앉아 키보드, 마우스 또

그림 5.7 상호작용 분자 시각화에 사용되는 반구형 디스플레이(이미지 출처: 폴 버크)

그림 5.8 반구형 및 원통형 형상을 결합한 곡선형, 후면 투사형 서라운드 스크린 디스플레이의 예시(이미지 출처: 디지털 프로젝션)

는 3D 입력 장치를 사용해 3D 애플리케이션과 상호작용할 수 있다. 훨씬 더 큰 투영 직경의 반구형 디스플레이도 여러 사용자를 수용할 수 있다. 그림 5.8과 같은 후면 투사 곡선의 서라운드 스크린 디스플레이는 미리 왜곡된 이미지가 디스플레이 표면의 정확한 기하학을 따르는 현상과 접근법이 유사하다.

서라운드 스크린 디스플레이 시스템을 사용했을 때 여러 가지 장점이 있다. 일반적으로 높은 공간 해상도와 큰 FOR을 제공한다. 또한 FOV도 크기 때문에 사용자가 주변 시야를 사용할 수도 있다. 서라운드 스크린 디스플레이는 단일 스크린 디스플레이처럼 한쪽 눈의 심도 단서와 움직임의 시차를 발생시키며 사용자가 스테레오 안경을 착용하고 추적할 때 추가 움직임 시차 신호와 입체시를 제공한다. 피시 탱크 VR과 달리 대형 서라운드 스크린 디스플레이의 추적 사용자는 움직이는 모습을 보여 주는 시차가 훨씬 크다. 실제로 장치에서 걸어 다닐 수 있기 때문이다. 예를 들어 사용자는 디스플레이 중앙에 투영된 가상 의자를 걸어 다니면서 의자의 측면과 후면을 볼 수 있다. 피시 탱크 VR 설정으로는 해당 기능을 사용할 수 없다. 서라운드 스크린 장치의 스테레오 문제는 스테레오 단일 디스플레이 구성에서 발견되는 시스템의 문제와 유사하다. 서라운드 스크린 스테레오는 셔터 안경이나 프로젝터용 편광 안경 및 특수 편광 렌즈 등을 수동으로 사용할 수 있다는 것이다. 또한 실제 및 가상의 객체가 환경에서 혼합될 수 있다. 예를 들어 트랙터의 조종석을 디스플레이에 가상으로 가져와서 가상 농지에서 시범 운행할 수 있다.

대형 서라운드 스크린 디스플레이 장치의 가장 큰 단점 중 하나는 값이 비싸고 대용량의 물리적 공간이 필요하다는 것이다. 예를 들어 3개의 벽과 바닥이 있는 3×3미터 CAVE는 디스플레이 스크린과 장착된 프로젝터를 다루고자 길이 9미터, 너비 6.7미터, 높이 3.6미터의 공간이 필요하다. 하지만 단거리 프로젝터나 LCD 패널의 클러스터를 사용하면 필요한 공간을 상당히 줄일 수 있다. 또 멀티 모니터 구성과 같은 소형 서라운드 스크린 디스플레이의 경우 경비가 크게 문제되지 않는다.

시스템 및 투사기 기반 디스플레이의 또 다른 문제점은 사용자가 특정 조건에서 스테레오로 객체를 보는 데 어려움을 겪을 수 있다는 것이다. 사용자가 디스플레이에 가까워지거나 물체가 사용자 앞에 있는 것처럼 보이게 만들 때 시각 시스템의 수용 및 병진 기능을 사용해 두 이미지를 통합하는 작업이 어려워지기 때문이다. 이러한 상황에서 일반적으로 눈의 피로도가 높아진다.

둘 이상의 사람이 서라운드 스크린 디스플레이를 볼 때 그들은 동일한 스크린을 보게 돼 있다. 하지만 이미지는 일반적으로 추적된 사용자의 관점에서 렌더링된다. 추적되지 않은 시청자가 장치 내에서 움직이면 가상 환경에서 응답이 없으리라는 이야기다(즉 이미지가 왜곡된다). 추적된 사용자가 이동하면서 추적되지 않은 모든 사용자는 추적되는 사용자의 관점을 통해 환경을 보게 된다(라비올라 2000a). 하지만 이 때문에 단서의 충돌이 발생하고 사용자는 사이버 멀미에 시달릴 수 있다. 이 문제는 모든 사용자를 수용해야 한다는 모든 시각 디스플레이 장치뿐만 아니라 서라운드 스크린 디스플레이의 근본적인 한계이며, 다중 머리 착용 디스플레이를 사용했을 때의 무제한 활성 시점(올바른 시점을 확보하고자 머리를 추적하는 사용자 시점)에 비해서는 단점이라고 볼 수 있다. 추적되지 않은 사용자가 추적된 사용자와 거의 같은 방향에 머물러 있으면 대략 올바른 시점의 근사값을 얻을 수 있지만 완전히 만족스러운 해결책은 아니다.

활성 시점 포인트의 수를 증가시키고자 수년에 걸쳐 몇 가지 기술이 개발됐다. 그중 하나가 셔터 안경 동기화를 사용해 2개의 활성 입체시(아그라왈라Agrawala 등 1997) 또는 4개의 단일 시점(블롬Blom 등 2002)을 지원하는 것이다. 2개 이상의 활성 시점을 추가하는 방법은 기본적으로 2개 이상의 추적된 사용자의 이미지를 렌더링하고 이미지를 셔터 안경과 동기화하는 것이다. 예를 들어 2개의 활성 입체 시점을 허용하려면 그래픽을 프레임당 네 번(2명의 시청자의 각 눈마다 한 번씩) 렌더링하고 나타내야 한다. 그런 다음 셔터 안경을 수정한다. 1명의 시청자에 대해 두 번째 시청자의 안경이 완전히 꺼지는 동안 좌우 눈의 시점은 켜지고 꺼지는 상태 사이를 오고 간다. 그런 다음 두 번째 시청자의 안경이 또 다시 켜지고 꺼지는 상태에 있는 동안 첫 번째 시청자의 안경은 완전히 꺼진다. 이 방법을 사용하면 각 눈은 4개의 이미지 중 하나에만 표시되므로 각 눈의 새로 고침 빈도는 절반으로 줄어든다. 이 때문에 깜박임 문제가 발생할 수 있다. 렌더링 엔진은 두 배로 계산해야 하므로 프레임 속도에도 영향을 미친다. 최대 6명의 추적 사용자를 위해 보다 정교한 스테레오 지원 접근법이 개발되기도 했다(쿨릭Kulik 등 2011). 이 방법은 편광 기술과 결합된 신속한 시간 순차 이미지 디스플레이를 지원하고자 6개의 맞춤형 DLP 투사기를 사용하는 것이다. 360헤르츠에서 작동하는 고속 셔터 안경이 필요하며 다양한 시나리오에 적응할 수 있도록 애플리케이션에서 프로그래밍할 수 있다. 처음에는 이 방법을 대형 단일 디스플레이 스크린 용도로 설계했지만 서라운드 스크린 디스플레이 구성으로 확장할 수 있다.

물리적인 객체(사용자의 신체 포함)는 서라운드 스크린 디스플레이 시스템에서 그래픽 객체로 표현될 필요가 없지만 이런 유형의 디스플레이 장치에서 물리적 객체를 사용하는 것과 관련해서 물리적/가상 객체 교합 문제가 나타난다. 문제는 사용자가 가상 객체 뒤의 실제 객체를 이동시키려고 할 때 발생한다. 그래픽 객체가 화면에 실제 투영되고 있기 때문에 물리적 객체는 시각적으로 그래픽 객체 앞에 나타난다. 이것은 모든 영사 또는 패널 기반 디스플레이 장치에 나타나는 문제인데 몰입감을 줄이고 입체적 환상을 깨뜨릴 수 있다.

전면 투영을 사용하는 서라운드 스크린 디스플레이(대부분의 후면 투사된 장치보다 디스플레이가 더 밝아진다)의 경우 직접적인 3D 선택, 조작, 탐색 기술이 제대로 작동하지 않을 수 있다. 디스플레이 표면에 너무 가깝게 이동하면 그림자가 생겨서 가상의 물체를 가릴 수 있기 때문이다. 이런 유형의 장치는 가상 레이저 포인터, 제스처, 또는 키보드 및 마우스 기반 비디오 게임 컨트롤과 같은 간접 기술이 잘 작동한다. 마지막으로 서라운드 스크린 디스플레이에 곡률이 있는 경우 공간 해상도와 이미지 품질이 대개 디스플레이 전체에서 균일하게 나타나지 않는다. 예를 들어 반구형 디스플레이의 중심 부분은 해상도와 품질이 높을 수 있지만 가장자리로 갈수록 낮아질 수 있다. 그러나 마줌더[Majumder]와 사자디[Sajadi](2013)는 연구를 통해 자동 스크린 보정 방법으로 해당 문제를 해결하기 시작했다.

작업대 및 탁상용 디스플레이

디스플레이의 또 다른 유형은 작업대 또는 탁상용이다. 해당 유형의 디스플레이 중 하나는 크뤼거[Krüger]와 프뢸리히(1994)가 개발한 반응형 작업대 디스플레이다. 이 장치는 책상, 탁상, 작업대에서 발생하는 상호작용을 시뮬레이션하고 보강하는 데 사용된다. 특성이 다른 2개의 작업대 디스플레이가 그림 5.9에 나타나 있다. 왼쪽에는 디스플레이가 완전히 수평 또는 수직으로 회전할 수 있는 표준 단일 작업대이며 주로 3D 입체 이미지 및 상호작용을 위해 설계됐다. 오른쪽은 2D 입력을 위한 압력 감지 디스플레이며 표면이 있는 작은 작업대를 보여 주기 때문에 사용자가 화면 표면에 글을 쓸 수 있고 2D 및 3D 상호작용 기술을 보다 쉽게 사용할 수 있다.

그림 5.9 작업대 디스플레이(이미지 출처: 바르코(Barco)와 페이크스페이스 시스템(Fakespace Systems))

그림 5.9와 같은 예제 디스플레이는 기술 발전 덕분에 최근 몇 년 동안 진화해 왔다. 왼쪽 이미지와 같은 작업대는 그림 5.10처럼 작고 개인화됐다. 범위 내부 전반사 장애 현상(한Han 2005)과 정전 용량 터치 스크린과 같은 저렴한 다중 터치 입력 기술의 출현으로 그림 5.9의 오른쪽에 있는 작업대 유형은 수평, 다중 터치, 탁상 기반의 비몰입형 2D 디스플레이로 진화했다. 그러나 3D UI 기술(3D 스테레오 및 사용자 추적)을 이런 디스플레이와 결합하면 다중 터치 입력을 3D UI 기술과 결합해 더 풍부한 상호작용 경험을 창출할 수 있기 때문에 3D 공간 상호작용에서 더 강력한 기술로 적용될 수 있다

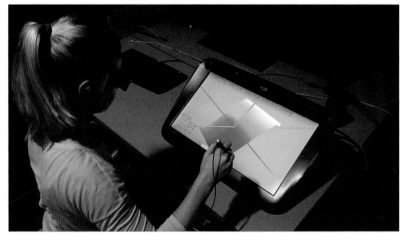

그림 5.10 3D 스테레오와 상호작용을 추적하는 개인화된 작업대 디스플레이(이미지 출처: 조셉 라비올라 주니어)

(스타이니케Steinicke 등 2013). 그림 5.11은 다중 터치와 3D 공간 입력을 모두 사용하는 탁상 기반 디스플레이의 예를 보여 준다(잭슨Jackson 등 2012).

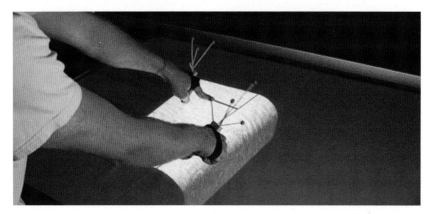

그림 5.11 다중 터치와 3D 공간 입력을 조합한 탁상 기반 작업대 유형 디스플레이(이미지 출처: 브렛 잭슨(Bret Jackson))

일반적으로 작업대 및 탁상 기반 디스플레이는 상대적으로 공간 해상도가 높고 특정 유형의 애플리케이션을 위한 직관적인 디스플레이를 제공한다. 예를 들어 수평 디스플레이 구성은 외과 수술 훈련에 이상적이며 35도 방향 디스플레이는 제도나 3D 모델링에 유용하게 적용될 수 있다. 대형 서라운드 스크린 디스플레이에 비해 작업대 스크린 크기가 작아서 시각적 품질이 향상된다. 작업대 및 탁상 기반 디스플레이는 서라운드 스크린과 단일 스크린 디스플레이(스테레오 및 사용자 추적 하드웨어가 적절하다고 가정했을 때)와 동일한 시각적 심도 단서를 제공할 수 있다.

대형 서라운드 스크린 또는 단일 스크린 디스플레이와 같이 위의 장치는 다수의 사용자를 수용할 수 있지만 앞 절에서 설명된 동일한 시점 제약 상황을 마주하게 된다. 일반적으로 디스플레이는 머리에 착용하는 디스플레이(이 절 뒷부분에서 설명)와 같이 머리에 결합되지 않고 고정돼 있기 때문에 작업대와 상호작용할 때 이동성이 제한되며 대형 서라운드 디스플레이와 같이 둘러싸이지 않는다. 따라서 단일 스크린 디스플레이처럼 사용자가 3D 이미지를 볼 수 있는 시점의 범위가 한정된다. 일부 관점에서는 화면의 전부 또는 일부가 보이지 않는다. 예를 들어 디스플레이 표면이 사용자의 FOV에 더이상 존재하지 않기 때문에 완전히 수평인 탁상용 디스플레이로 정지된 그래픽 객체의 바닥을 볼 수는 없다. 3D 상호작용의 관점에서 작업 기반을 사용할 때 다른 디스플레이 장치에 비해 기동성이 거의 없기 때문에 물리적 기반의 탐색 기술에는 적절하지 않다. 그러나 대부분의 직접 선택 및 조작 기법(7장 '선택 및 조작' 참고)은 화면의 대부분이 팔 길이 범위 내에 있으므로 잘 작동한다.

머리 착용 디스플레이

지금까지 시각 디스플레이 장치에 관한 논의는 정지된 디스플레이(즉 사용자와 함께 움직일 수 없는 디스플레이)에 집중됐다. 이 절에서는 장치가 사용자의 머리에 부착(결합)된 시각 디스플레이를 살펴본다. 3D 애플리케이션에 사용되는 머리 착용 디스플레이 장치는 일반적으로 HMD^{Head-Mounted Display}나 HWD^{Head-Worn Display} 또는 '헤드셋', '고글', '안경'이라고 불린다. 일부 학술계를 제외하고는 아직 일반적인 용어는 아니지만 책에서는 HWD라는 용어를 사용하기로 결정했다. 디스플레이를 착용할 수 있다는 사실을 강조하기 위해서다. 시계나 목걸이, 옷처럼 착용하거나 벗을 수 있다는 의미다. HMD라는 용어의 경우 문학에서는 흔히 사용되지만 디스플레이가 사용자의 헬멧에 영구적으로 부착되면 '얹혀져 있다'는 표현을 쓰지 않을 것이다. HWD는 광학, 기계 및 오디오 구성 요소(일부 HWD는 3D 공간 음향을 지원한다)을 복잡하게 통합해야 하기 때문에 정교한 장비다. 따라서 수년 동안 다양한 디자인과 절충안을 선택한 결과 수많은 유형의 HWD가 설계, 개발됐다. 내부 설계와 관계 없이 HWD의 주요 목표는 하나 또는 2개의 작은 화면(예를 들어 LCD, OLED)을 사용해 사용자의 눈앞에 이미지를 배치하는 것이다. 경우에 따라 스마트폰의 고해상도 화면을 HWD의 작동 기반으로 사용할 수 있다(그림 5.12 참고). 사용된 광학 기술에 따라 굴절 렌즈나 거울의 조합을 사용해 화면에 이미

그림 5.12 스마트폰을 디스플레이 작동 기반으로 사용하는 HWD의 예시(이미지 출처: 삼성)

지를 표시하고 확대한다(HWD의 물리적인 디자인에 대한 자세한 내용은 멜저와 모핏 2011 참고). 장치에 스크린과 광학 기술을 내장한 장치의 예가 그림 5.13에 나와 있다.

그림 5.13 VR을 위한 HWD(이미지 출처: 소니)

기본적인 HWD 개념을 사용하는 다양한 머리 착용형 디스플레인 디자인이 있었다. 볼라스^{Bolas}(1994)는 1990년대 초 디스플레이의 반대편에 균형추로 무게를 더해 조작하기 쉽게 팔 장착형 디스플레이를 개발했다(그림 5.14 참고). 이 균형추는 보다 우수한 광학 기술을 이용하고 무겁고 높은 품질의 디스플레이 스크린(즉 CRT)을 사용할 수 있게 해 더 높은 해상도를 제공한다. 이 장치는 기계적 추적 기술(6장 참고)을 사용해 사용자의 머리 위치와 방향을 추적한다. 쌍^{Tsang}과 동료들(2002)은 이 아이디어를 활용해 뼈대에 평판 디스플레이를 부착한 팔 착용형 장치를 만들었다. 이 디스플레이는 윈도우라는 메타포를 3D 가상 세계로 구현한다. 디스플레이 및 광학 기술이 소형화됐고 개선됐다는 것을 감안할 때 가벼운 폼 팩터에서 동일하거나 더 우수한 해상도를 달성할 수 있다. 예를 들어 오늘날의 HWD는 선명하고 우수한 품질의 해상도를 제공하는 한편 무게는 0.45킬로그램 미만이므로 HWD 기반 팔 착용형 디스플레이는 3D 공간 인터페이스의 영향을 덜 받는다.

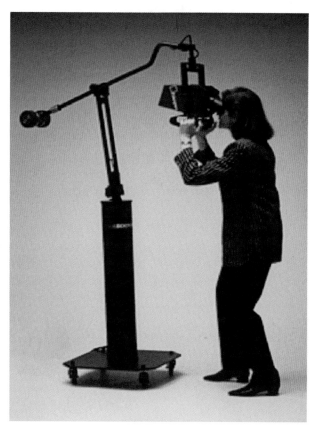

그림 5.14 쌍안경 다중 화면으로 불리는 팔 착용형 디스플레이(이미지 출처: 붐(Boom) 3C, 저작권은 캘리포니아 마운틴뷰(Mountain View)의 페이크스페이스 랩스(Fakespace Labs))

HWD 디자인 다양성을 보여 주는 또 하나의 예시는 HMPD다. HMPD는 머리 착용 장치에 부착된 작은 프로젝터이고 실제 환경에 그래픽 이미지를 투사해 준다. 재귀 반사 재료(스크린 표면과의 입사각에 관계 없이 광선이 원래 방향으로 돌아오는 특수 굴절 자재)는 전략적으로 환경에 배치돼 사용자가 그래픽에서 재료를 재귀 반사하는 것을 보여 준다. 따라서 HMPD는 전통적인 HWD와 투사 디스플레이 사이의 혼합형이다(후아Hua 등 2001). 재귀 반사 디스플레이를 사용하면 가상 객체와 실제 객체 모두에 대해 정확한 차단 신호를 제공하고, 모든 참여자는 각각에게 올바른 시각을 갖기 때문에 HMPD는 혼합 및 증강 현실에서 협업 애플리케이션에 이상적으로 사용될 수 있다(후아 등 2002). 투사기의 소형화 덕분에 마이크로 투사기를 HMPD에 사용할 수 있으므로 선글라스 형태를 유지할 수 있어 고해상도이면서도 매우 가볍다(그림 5.15 참고).

사용자의 망막에 이미지를 직접 투영하는 HWD를 망막 디스플레이라고 한다. 광 스캐닝 디스플레이라고도 하는 가상 망막 디스플레이^{VRD, Virtual Retinal Display}는 인간 인터페이스 기술 연구소에서 고안됐다(티드웰^{Tidwell} 등 1995). VRD를 통해, 레티나 디스플레이에 이미지를 나타내도록 끌어낼 수 있게 만드는 균일한 광선(예를 들어 레이저, LED)을 만들고자 광원이 사용된다. 풀 컬러 이미지를 생성하려면 3개의 광원(빨간색, 초록색, 파란색)이 필요하며 VRD의 단색 버전은 하나의 색만 있으면 된다. 이 광선은 렌더링된 이미지의 강도와 일치하도록 변조가 돼 있어 AR 애플리케이션을 위한 완벽한 몰입형 및 투명 디스플레이 모드를 만들 수 있다. 다음 광선은 망막을 뚫고 스캔해 각 이미지 포인트 또는 픽셀을 적절한 위치에 배치한다.

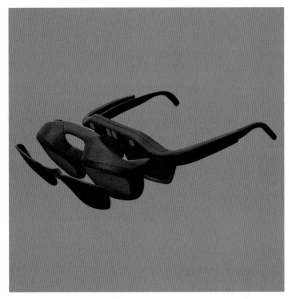

그림 5.15 가상 현실 및 증강 현실 애플리케이션을 지원하는 머리 착용 투사 디스플레이의 예로서 환경에 통합된 불투명 또는 투명 표면으로 투사하는 착용형을 사용한다(이미지 출처: 캐스트AR).

전통적인 HWD의 또 다른 변형은 가상 이미지와 실제 이미지를 모두 볼 수 있는 디자인이다. 이런 유형의 HWD는 증강 및 혼합 현실 애플리케이션을 지원한다. 실시간 및 가상 이미지를 동시에 볼 수 있는 기능을 지원하는 세 가지 주요 HWD 디자인이 있다(빌링허스트^{Billinghurst} 2014). 광학 투시 디스플레이는 사용자의 눈 앞에 광 결합기를 배치한다. 결합자는 부분적으로 투명해 사용자가 실제 세계를 볼 수 있고 부분적으로 반사적이어서 머리 착용 스크린에서 반사된 가상 이미지를 볼 수 있다. 광학 투시 디스플레이 장점은 전체 해상도와 시간 지연 없이 실제 세계를 직접 볼 수 있다는 것이다. 그러나 넓은 FOV를 얻는 것이 더 어려우며 층을 이룬 가상 이미지에 등록 문제가 더 쉽게 발생한다.

영상 투시 디스플레이는 머리 착용 카메라에서 그래픽 하위 시스템으로 실시간 영상을 스트리밍해 가상 컴퓨터 그래픽 이미지를 실시간으로 영상 완충 장치에 렌더링하고 가상 및 실제를 혼합해 작동한다. 그 결과 전통적으로 폐쇄적인 뷰 HWD(아주마 1997)에서 사용자에게 표시된다. 영상 투시 디스플레이는 실제 세계를 디지털화한 이미지를 제공해 넓은 FOV를 보다 쉽게 지원할 수 있을 뿐만 아니라 가상 이미지와 실제 세계 사이에 적용 및 교정 전략을 제공할 수 있다. 또한 실제 및 가상 이미지를 결합하는 데 완벽한 합성 기술을 제공한다. 반면 현실 세계 영상은 거의 항상 직접적인 광학기기보다 화질이 낮다. 영상 투시 디스플레이의 경우 뷰는 정사각형(드라식과 밀그램 1996)이어야 하며 일반적으로 접혀 있어야 하는 카메라의 광 경로에 결정적으로 의존해야 한다(스테이트State 등 2005). 그림 5.16은 초기 AR 영상 투시 디스플레이의 예시를 보여 주며 그림 5.17은 현대 광학 투시 디스플레이를 보여 준다.

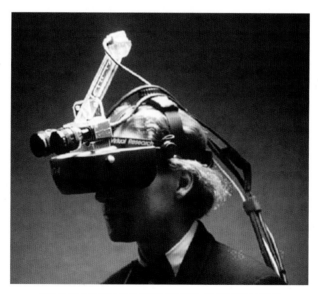

그림 5.16 초기 영상 투시 AR(이미지 출처: 컴퓨터 과학 UNC부)

그림 5.17 현대의 광학 투시 AR 디스플레이(이미지 출처: 엡손과 마이크로소프트)

마지막으로 세 번째 디자인은 머리 착용식 투사기 기반 디스플레이(재귀 반사 표면을 사용하지 않는 디스플레이 포함)를 사용하는 것이다. 이 HWD는 광학 또는 컴퓨터가 아닌 실제 물리 환경에서 실제 및 가상 기술을 결합해 준다. 물론 이런 유형의 디스플레이를 사용하는 많은 문제 중 하나는 이미지가 임의의 객체에 투사되기 때문에 정확한 색상 보정과 관찰이 가능하도록 하는 것이다. 이 유형의 디자인은 아래 '임의의 표면 표시' 절에서 자세히 설명한다.

다른 디스플레이 시스템과 마찬가지로 시각 심도 단서의 관점에서 추적된 HWD는 모든 단안 및 시차 심도 단서를 허용한다. 입체시는 투사기 기반 디스플레이 및 모니터보다 HWD에서 다르게 생성된다. 머리 착용 장치가 아닌 경우 활성 스테레오는 종종 시간 다중화(즉 동일한 스크린 상에 좌안 및 우안 이미지를 순차적으로 그림)를 사용해 생성된다. HWD를 사용하면 한 화면에 2개의 개별 이미지를 그리거나 동시에 2개의 별도 화면(각 눈마다 하나씩)을 그리면 입체시를 얻을 수 있다.

HWD의 가장 큰 장점 중 하나는 사용자가 머리 위치와 방향에 관계 없이 가상 세계를 볼 수 있기 때문에 사용자가 360도 FOR처럼 시각적으로 집중을 완벽하게 해낼 수 있다는 것이다. 추적 HWD는 360도 FOR을 제공하지만 FOV는 장치 구성이나 비용에 따라 다르다. FOV가 낮은 HWD는 인식 및 성능 문제를 일으킬 수 있다. 높은 수준의 HWD조차도 서라운드 스크린 디스플레이에 비해 FOV가 제한될 수 있다. 닐 Neale(1998)에 따르면 제한된 FOV는 사용자가 공간 정보를 수집하고, 익숙하지 않은 공간의 인지 지도를 작성하는 데 방해가 될 수 있다. 또한 크기 및 거리를 인식할 때 왜곡을 하게 되고 일부 시각 작업에서 성능을 저하시킬 수 있다. 그러나 더 나은 광학 및 디스플레이 기술은 100도 이상의 FOV를 달성하는 저비용 설계로 HWD의 FOV를 개선했고 인식적인 문제를 완화하는 데 기여했다.

HWD는 영사 및 단일 스크린 디스플레이와 비교했을 때 또 다른 이점이 있다. 활성 시점 문제가 없다는 점이다. 왜냐하면 각 사용자가 가상 세계에 대해 추적된 시점으로 본인의 HWD를 볼 수 있기 때문이다. 물론 다수 HWD는 이를 구동하고자 더 많은 그래픽 컴퓨팅 성능이 필요하며 다중 시청자는 투명 HWD를 착용할 때 서로를 직접 볼 수 없다.

HWD는 입체시와 관련해서는 장단점을 지닌다. HWD는 눈 하나당 하나의 디스플레이를 사용해서 시간을 다중화할 필요가 없다. 반면 입체 HWD의 잠재적인 문제는 각 사람마다 두 눈 사이의 거리가 다르다는 것인데, 즉 정확한 양안 입체시를 구현하려면 스테레오 이미지를 눈 사이 거리만큼 분리해야 한다는 것이다. 물론 많은 HWD가 다양한 눈 사이 거리에 대해 화면과 시각을 조정해 스테레오 시청을 향상시키는 방법을 제공한다. 또 3D 애플리케이션에 사용되는 가상 카메라 사이의 거리를 설정해서 상호 거리를 변경하기도 한다. HWD의 광학과 관련해서 사용자의 눈 위치를 추적하면 눈 사이의 거리를 적절하게 유지할 수 있다(이토Itoh와 클린커Klinker 2014).

사용자 입장에서 여러 HWD 디자인 이미지를 볼 때 항상 초점이 맞고 초점 깊이감이 동일하기 때문에 가상 깊이가 다른 물체를 볼 때 조정하는 과정에서 수렴 단서 충돌이 발생해 눈에 피로감과 불편함을 줄 수 있다. 이런 현상은 투사 기반 단일 스크린 디스플레이에서도 발생하지만 HWD 및 VRD에서 두드러질 수 있는데 그 이유는 디스플레이가 사용자의 눈과 가깝기 때문이다. 오무라Omura 등(1996)의 연구를 보면 이동식 연속 렌즈를 HMD에 통합해서 문제를 완화하는 시스템이 나왔다. 시선 방향에 따라 렌즈가 지속적으로 조정되는 것이다. 가상 스크린 표면은 사용자의 가상 시점과 동일한 거리에 있는 것처럼 보이며, 수용 및 수렴 단서가 동일한 디스플레이를 제공한다. 맥콰이드McQuaide와 동료들의 연구(2002)를 보면 변형할 수 있는 박막 거울(미세 전자 기계 시스템)을 사용해 VRD에서 초점 평면을 동적으로 변경하는 것과 유사한 기술을 개발했는데 이는 관찰자가 자연스럽게 시각 시스템 단서에 대한 반응을 사용해서 3D 물체를 볼 수 있게 만들어 준다.

시각 추적(6장 참고)은 적응 장애의 문제를 다루는 데 유용한 접근법이다. 망막 디스플레이의 이미지가 고정된 위치로 전송돼서 사용자가 VRD를 사용하는 동안 눈을 움직이면 이미지 전부 또는 일부를 잃기 쉬운데 시력 추적을 사용하면 이를 막을 수 있다. 친탓밋Chinthammit 등(2002)은 시각 추적 시스템을 사용해 VRD 이미지를 사용자의 눈동자와 연결시키는 방법을 연구했다. 이런 유형의 안구 추적 결합 디스플레이 시스템은 여전히 개발 단계지만 저비용의 안구 추적 기술로 해당 접근법을 보다 실용적으로 만들고 HWD가 모든 시각 심도 단서를 지원할 수 있도록 만들어 준다.

HWD는 서라운드 스크린 및 단일 스크린 디스플레이에 비해 휴대성이 뛰어나고 비용이 적게 든다. 하지만 서라운드 스크린과 단일 스크린 디스플레이는 HWD를 작고 가볍게 만들어야 되기 때문에 일반적으로 공간 해상도가 더 높다. HWD의 해상도가 높더라도 투사기와 단일 스크린 대응물은 항상 해상도 곡면보다 앞서 가야 하고 이런 경향은 인간의 시각 체계의 한계에 도달할 때까지 계속될 것으로 보인다.

인체 공학적으로 HWD의 무게와 그 분포를 고려해야 한다. HWD가 클수록 장시간 사용하면 목 근육에 변형을 줄 수 있기 때문이다. 사람마다 머리 크기와 모양이 다르기 때문에 HWD가 모든 사람에게 적합하지 않을 수도 있다. 따라서 HWD의 무게 중심은 사용자의 편안함을 유지하는 데 필수적이다(멜저 2014). HWD의 인체 공학적 고려 사항 중 상당수는 디스플레이를 컴퓨터에 연결하는 케이블링이다. 비투시 HWD를 사용하는 사용자는 케이블을 통해 이동하거나 이동하는 동안 케이블에 감길 수 있다. 이 문제를 해결하려면 디스플레이 자체에 컴퓨팅 기능을 탑재하거나 사용자가 컴퓨터를 휴대하거나 착용할 수 있게 만들거나 무선 기술을 사용해 컴퓨터와 HWD 사이에 디스플레이 및 입력 신호를 전송해야 한다.

실제 세계는 사용자의 시야에서 완전히 차단될 수 있기 때문에 HWD를 착용한 상태에서 상호작용할 때 종종 한 손, 양손 또는 사용된 입력 장치의 그래픽 표현이 필요하다. 이러한 그래픽 표현은 큐브처럼 단순하거나 정확도가 높은 손 모델만큼 정교할 수 있다. 비투시 HWD는 또한 사용자가 장치를 사용할 때 물리적으로 장치를 볼 수 없기 때문에 사용할 수 있는 입력 장치의 유형을 제한한다. 물리적인 공간과 장애물의 경계를 그래픽으로 표현해 사용자가 부상당하지 않도록 하는 것도 중요하다.

임의 표면 디스플레이

지금까지 평면 또는 곡선 스크린을 사용하는 디스플레이를 간단히 살펴봤다. 또 다른 디스플레이 접근법은 임의의 모양이나 크기의 표면에 이미지를 직접 투사하는 것이다. 일상의 물체와 표면을 시각적으로 표현하는 것을 투사 매핑이나 공간 증강 현실(빔버와 래스커 2005)이라고 한다.

임의의 표면에 이미지를 투영하는 것은 상당히 도전적인 과제이며 난이도는 표면의 기하학적 복잡성, 색상, 질감 특성에 따라 달라진다. 다른 문제로는 3D 스테레오의 필요성과 그림자 처리 방법 및 표시 영역 제한 사항이 있다. 하드웨어 관점에서 해당 유형의 디스플레이를 만드는 일반적인 방법은 하나 이상의 투사기-카메라 쌍을 사용하는 것이다. 경우에 따라 이를 실시간으로 움직여 이미지를 표시하는 전동식 플랫폼에 배치해 디스플레이 표면의 크기를 증가시킨다(윌슨Wilson 등 2012). 2개 이상의 프로젝터를 사용하면 그림자 및 디스플레이 크기로 인한 문제들을 완화할 수 있다. 카메라는 디스플레이 표면의 기하학, 색상, 질감을 포함해 평가를 수행하는 데도 사용된다. 이미지가 제대로 나오려면 카메라와 투사기의 보정도 필요하다. 또 다른 접근법은 미러 빔 결합기나 투명한 표면 등 광학 오버레이를 사용하는 것이다. 이에 대한 자세한 내용은 빔버와 래스커(2005)의 연구에서 찾아볼 수 있다. 임의 표면 표시의 몇 가지 예가 그림 5.18과 5.19에 나와 있다.

그림 5.18 일룸 방(Illumroom)은 거실에 확장된 디스플레이를 만들기 위한 투사기 매핑의 한 예다. 프로젝터-카메라 쌍이 실내의 다양한 표면에 적절히 투사된다(이미지 출처: 마이크로소프트).

그림 5.19 가상 쇼케이스는 물리적인 3D 인공물에 가상 정보를 투영해 물리적인 물체와 가상 콘텐츠의 완벽한 통합을 제공하는 보강된 표면 디스플레이다(이미지 출처: 올리버 빔버(Oliver Bimber)).

3D 스테레오의 경우 임의의 표면 디스플레이의 이점 중 하나는 이미지가 3D 표면에 직접 배치되기 때문에 3D 객체에 투영하면 적절한 심도를 지원한다는 것이다. 하지만 이미지를 디스플레이 표면의 앞이나 뒤에 표시해야 하는 경우 보기에 의존하는 입체 투사기가 필요하다(래스커 등 1998). 디스플레이 구성에 따라 머리 추적 뷰어를 여러 개 지원할 수도 있다. 예를 들어 가상 쇼케이스(빔버 등 2001) 버전은 4개의 거울을 사용하기 때문에 각 사용자가 각자의 시각으로 볼 수 있다. 이런 디스플레이를 사용하면 3D 공간 상호작용이 수동 보기로 제한되는 경우가 많지만 그만큼 다양한 선택 및 조작 기술을 지원한다. 서라운드 스크린 디스플레이와 마찬가지로 앞쪽의 투사기를 사용하는 경우 직접 조작으로 그림자가 발생해 디스플레이의 환상을 깨뜨릴 수 있기 때문에 간접적인 상호작용 방법이 필요하다(7장 '선택 및 조작' 참고).

자동 입체 디스플레이

이번 마지막 시각 디스플레이 절에서는 특수 셔터나 편광 안경을 사용하지 않고 3D 이미지를 생성하는 **자동 입체**autostereoscopic 표시 장치를 설명한다. 이러한 디스플레이는 주로 렌티큘러lenticular, 부피 측정 또는 홀로그래픽 기술을 사용한다. 그러나 압축 광 필드, 회절 광학 요소, 통합 이미지, 시차 조명, 장벽 격자무늬를 포함해 자동 입체 표시 장치를 만드는 다른 기술도 있다. 이 기술에 대한 논의는 책의 범위를 벗어나지만 홀리만Holliman 등(2011)과 웨츠스타인Wetzstein 등(2012)은 이런 자동 입체 디스플레이 기술에 대한 유용한 설문조사를 제공한다.

시차 장벽 디스플레이는 한 눈이 격자를 통해 홀수 픽셀을 보는 수직 격자를 사용하는 반면 다른 눈은 입체를 지원하는 픽셀을 보게 만든다. 렌티큘러 디스플레이(그림 5.20 참고)는 일반적으로 화면 앞에 원통형 렌즈 배열을 한다. 원통형 렌즈 배열 접근법은 다른 2D 이미지를 다른 부분으로 유도하며 이 영역은 다른 각도로 투영된다. 시청자의 머리가 디스플레이 앞에 정확하게 위치할 때 각 안구는 양안 불일치를 허용하면서 다른 이미지를 보게 된다. 이 렌즈는 시차 장벽 접근법에서 수직 격자를 효과적으로 대체한다. 이런 기술은 사용자가 고정된 위치에 있어야 한다는 단점이 있다. 기본 접근법을 확장하면 사용자의 움직임과 동작 시차를 유지하는 것이 가능해진다(도그슨Dodgson 2005, 펄린Perlin 등 2000, 쉬베르트너Schwerdtner와 하이드리히Heidrich 1998 참고).

그림 5.20 렌티큘러 디스플레이(이미지 출처: 조셉 라비올라 주니어)

블룬델Blundell과 쉬바르츠Schwarz(2000)에 따르면 용적 디스플레이 장치는 물리적 볼륨 내에서 국부화되며 특정 영역의 집합으로부터 가시 광선을 생성, 흡수 또는 산란시키는 것을 허용한다(홀로그램 디스플레이는 이 정의에 적합할 수도 있다). 즉 용적 디스플레이는 실제로 3D 공간에서 점을 조명해 '실제' 3D 이미지를 만든다. 이는 3D 이미지의 환상을 제공하지만 실제로 2D 표면에 투영되는 다른 입체 디스플레이와는 대조적이다.

용적 디스플레이는 여러 방법을 사용해 3D 이미지를 생성한다. 일반적으로 사용되는 방법은 스윕 볼륨swept-volume 기법 또는 정적인 기법(블룬델 2012)이다. 스윕 볼륨 기법은 고주파수에서 3D 공간 볼륨을 통해 주기적으로 시간에 따라 변하는 2D 이미지를 연속적으로 변화시켜 준다. 스윕 볼륨 기법(그림 5.21 참고)을 사용하는 디스플레이는 3D 이미지를 만들고자 시점 볼륨 내에서 2D 화면을 회전시키기 때문에 기계적 구성 요소가 있다. 정적 볼륨 기술은 보기 볼륨 내에서 기계적 동작 없이 3D 이미지를 만든다. 하나의 정적 볼륨 접근법은 2개의 교차하는, 보이지 않는 레이저 광선을 사용해 가시 광선의 단일 지점을 만든다. 이를 통해 레이저가 언제 어디서 교차하는지 제어함으로써 볼륨 내부의 기계적 동작 없이 3D 픽셀을 그릴 수 있다(다우닝Downing 등 1996). 미리 정의된 방식으로 이런 교차점을 신속하게 스캔하면 진정한 3D 이미지를 그릴 수 있다(에버

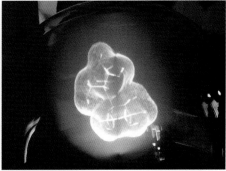

그림 5.21 스윕 볼륨 기법을 사용하는 용적 디스플레이 시스템. 왼쪽에는 디스플레이 장치가, 오른쪽에는 용적 이미지가 있다(이미지 출처: 액추얼리티 시스템스).

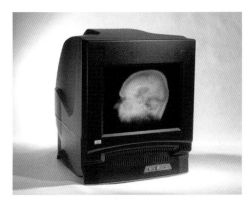

그림 5.22 다중 평면, 정적 볼륨 접근법을 사용해 3D 이미지를 생성하는 용적 디스플레이(이미지 출처: 라이트스페이스 테크놀로지)

트Ebert 등 1999). 다른 정적 볼륨 접근법은 전자 가변 투영 볼륨 역할을 하는 공적 액정 산란 셔터(다중 평면 광학 요소)와 함께 고속 투사기를 사용한다. 고속 투사기는 3D 이미지 조각을 일련의 산란 셔터에 투영하고 각 슬라이스는 적절한 깊이에서 정지한다(설리반 2003). 그림 5.22는 이 정적 볼륨 방식을 사용하는 디스플레이를 보여 준다.

용적 디스플레이의 모습을 대략 보여 주는 디스플레이 시스템을 pCubee라고 한다(그림 5.23 참고). '진정한 3D'를 만들지는 못하지만 머리 추적 원근감 렌더링 및 물리적인 시뮬레이션으로 상자 구성에 배치된 LCD 패널 사용은 사용자에게 입방체 볼륨을 조사하고 있다는 인상을 준다(스테이브니스Stavness 등 2010). 이 방법은 실제 용적 디스플레이에 비해 저렴한 대안이다. 브라운Brown 등(2003)은 머리 장착 투사기 디스플레이와 역반사 큐브를 사용해 pCubee와 비슷한 작업을 수행했다.

그림 5.23 5개의 LCD 패널을 상자 구성으로 모의 체적 디스플레이, pCubee(이미지 출처 이안 스테이브니스 박사)

홀로그래픽 디스플레이는 실제 3D 이미지를 생성한다는 점에서 용적 측정 디스플레이와 유사하지만 두 카테고리는 이미지 생성에서 서로 다른 기술이 적용된다. 홀로그램 디스플레이는 3D 장면에서 광파(진폭, 파장, 위상 차이)의 속성을 기록, 재생해 이미지를 생성한다. 이 과정은 장면의 3D 설명을 홀로그래픽 프린지holographic fringe 패턴(서로 다른 방향에서 빛을 포착하는 회절 패턴으로 변환하는 프린팅 단계와, 프린지 패턴을 변조해 3D 이미지로 변환하는 광학 단계를 포함한다. 루센트Lucente(1997)는 홀로그램 디스플레이를 사용해 3D 이미지를 생성하는 단계를 자세히 소개했고, 해당 내용을 더 자세히 보려면 야라스Yaras 등(2010)의 연구를 참고하자.

용적 및 홀로그래픽 디스플레이에 대해 이해하는 중요한 개념은 실제 3D 이미지를 생성하기 때문에 투사기 기반 디스플레이 및 모니터에 해가 되는 활성 관점 문제가 발생하지 않는다는 것이다. 따라서 정확한 시각을 가진 시청자의 수는 기본적으로 무제한이다. 또한 이 장치를 사용하면 시청자의 동적 시차를 유지하기 위한 추적 장치가 따로 필요하지 않다. 또한 전통적인 입체 디스플레이를 수반하는 수용-수렴 단서 충돌을 겪지 않을 수 있다. 하지만 현재의 용적 측정 디스플레이는 머리 추적과 결합되지 않는 한, 단색 심도 교합(폐색 및 음영)을 다양하게 제공하지 못한다는 문제가 있다. 또한 용적 및 홀로그램 디스플레이는 일반적으로 작은 작업 볼륨 내에서만 이미지를 표시할 수 있으므로 몰입형 VR이나 AR에 적합하지 않다.

렌티큘러 및 홀로그램 디스플레이를 사용한 3D UI 연구는 거의 없었다(범버 2006). 그러나 후면 투영 디스플레이에서 작동하는 동일한 인터페이스는 렌티큘러 디스플레이에서도 작동해야 한다. 용적 디스플레이는 실제 3D 이미지 주위에 격리물들이 있어서 사용자가 육안으로 디스플레이 공간에 닿을 수 없다는 흥미로운 특징을 지닌다. 발라크리쉬난 등(2001)은 이러한 문제를 탐구하기 위한 용적 디스플레이 프로토타입을 만들었다. 그들은 객체 선택, 조작, 탐색(발라크리쉬난 외 2001)과 같은 작업을 수행하기 위한 디스플레이에 고유한 UI 디자인 선택지 세트를 개발했다. 그로스만과 발라크리쉬난은 용적 디스플레이와 상호작용하고자 다중 손가락 제스처(그로스만 등 2004)를 사용해 해당 작업을 확장했다. 그들은 또한 선택(그로스만과 발라크리쉬난 2006)과 협업 기술(그로스만과 발라크리쉬난 2008)을 설계했다.

5.3 청각 디스플레이

청각 디스플레이는 사용자에게 감각 정보를 제공하는 또 하나의 중요한 측면이지만 3D UI에서 간과되고 있다(코헨과 웬젤 1995). 3D UI를 위한 청각 디스플레이의 주요 목표 중 하나는 공간감을 담아내는 3D 음향을 생성하고 표시해 참가자가 자신의 청각 위치를 파악할 수 있게 만드는 것이다. 지역화localization는 참가자가 소리가 나는 위치와 방향을 결정하는 심리적인 음향 프로세스다(셔먼과 크레이그 2003). 3D 애플리케이션에서 이 기능을 사용하면 3D UI 디자이너에게 다양한 이점을 풍부하게 제공할 수 있다.

청각 디스플레이 및 3D 음향 생성에 대한 주제는 매우 광대하고 활발한 분야이지만 이에 대해 자세히 설명하는 것은 책의 범위를 벗어난다. 블라우어트[Blauert](1997), 비고트(1994), 볼랜더와 신-커닝햄(2015), 시에[Xie](2013) 등이 3D 음향 및 청각 디스플레이에 대한 자세한 내용을 설명한다. 3장 '인간 요소와 기본 요소들'에서는 3.3.2절의 청각 시스템과 공간 음향 인식과 관련된 내용을 담고 있다.

5.3.1 3D 음향 생성

3D 음향을 3D UI에서 사용하려면 어쨌든 먼저 음향이 생성돼야 한다. 음향 생성 프로세스는 인터페이스의 품질과 사용자의 애플리케이션 경험 전반에 영향을 줄 수 있기 때문에 매우 중요하다. 3D 음향을 생성하는 데는 여러 기술이 필요하며 가장 일반적인 두 가지 기술을 간략하게 설명하겠다. 첫 번째는 3D 음향 샘플링과 합성, 두 번째는 가청화 작업[auralization]이다.

3D 음향 샘플링과 합성

3D 음향 샘플링 및 합성의 기본 개념은 실제 환경에서 샘플을 추출해 3D 애플리케이션에서 청취자가 들을 소리를 녹음하는 것이다. 예를 들어 양이[binaural] 음향 녹음을 할 때는 2개의 소형 이어폰이 사람의 귀 내부에(또는 의인화된 인형 머리의 귀) 배치돼 자연 환경에서 왼쪽 귀와 오른쪽 귀로 들려오는 소리를 개별적으로 녹음한다. 3.3.2절에서 논의된 3D 음향 단서에서 현실적인 결과를 내려면 이러한 녹음 작업이 필요하다. 하지만 이런 유형의 음향 생성에서 발생하는 문제점은 만들어진 환경 설정에서만 녹음할 수 있다는 점이다. 따라서 음원의 위치가 바뀌거나 새로운 물체가 환경에 들어오거나 사용자가 크게 움직이면 그에 맞는 새로운 음원이 필요하다. 이런 변화는 대부분의 3D 애플리케이션에서 발생하기 때문에 기본 기술이 대다수의 상황에서 실용적이지 않다.

오늘날 3D 애플리케이션에서 사용되는 또 하나의 보편적인 3D 음향 생성 기술 중 하나는 3D 환경 내 원하는 위치에 맞도록 왼쪽 귀와 오른쪽 귀의 머리 관련 전송 함수(3.3.2절에 언급한 HRTF)를 사용해 단이[monaural] 음원을 처리해 양이 음향 녹음 과정을 시뮬레이션하는 것이다(카프라로스 등 2013). 경험적으로 정의된 HRTF를 사용하면 특정 음원을 환경 어느 곳에나 배치할 수 있으므로 실시간 상호작용을 쉽게 실현할 수 있으며 HRTF는 그에 따라 필터를 적용해 청취자에게 3D 공간감을 주는 음향을 생성할 수 있다.

양이 녹음과 마찬가지로 HRTF 접근법에서 고려해야 할 중요한 쟁점이 몇 가지 있다. 일반적으로 HRTF 측정은 메아리가 없는 환경에서 이뤄지므로 잔향 신호를 생성하지 않는다. 또 양이 녹음과 마찬가지로 한 쌍의 HRTF가 환경 안에서 지정된 한 위치에만 적용되므로 전체 공간에서 공간감 있는 음향을 구현하려면 여러 개의 HRTF 쌍이 필요하다. 이상적으로는 HRTF 측정이 공간 전체에서 모든 가능한 지점에서 수행돼야 하지만 시간과 자원의 제약 때문에 실용적이지 않다. 해당 문제를 다루는 한 가지 접근법은 보간법을 통해 HRTF 측정의 빈 부분을 채우는 것이다(쿨카니Kulkarni와 콜번Colburn 1993). 공간감 있는 음향을 생성하고자 HRTF 측정을 이용하는 또 다른 주요 쟁점은 다른 피사체의 HRTF 사이에 큰 차이가 있다는 것이다. 해당 차이는 각 청취자 외의 변이, 측정 절차의 차이 및 섭동이 측정 도구(칼리 1996) 때문에 생긴다. 해당 HRTF는 의인화된 인형 머리를 사용하거나 여러 청취자의 반응의 평균값을 내는 것을 포함해 여러 방법으로 만들어 낼 수 있다(시에 2013). 또 다른 방법은 사용자의 머리와 귀의 3D 모델을 포착해 숫자로 표현되는 음향의 전파 해석기의 자원으로 만들어서 개인화한 맞춤형 HRTF를 만드는 것이다(메쉬람Meshram 등 2014).

가청화 작업

가청화 작업은 물리, 수학적 모델(클라이너Kleiner 외 1993)을 사용해 양이 청취 경험을 시뮬레이션하는 방식으로 공간에서 음원의 음장sound field을 렌더링하는 프로세스다. 음원이 환경을 통과하면서 나오는 음파의 반사 패턴을 결정해 청취 환경을 재창조하는 것이 이 작업의 목표다. 따라서 해당 프로세스는 잔향 효과를 만드는 데 유용하다.

음파 기반 모델링, 광선 기반 모델링, 360도 서라운드 입체 음향(앰비소닉스ambisonics), 파장 합성wave-field synthesis을 포함해 이런 음장을 생성하기 위한 컴퓨터 기반 접근법이 몇 가지 있다. 파장 기반 모델링 기술의 목표는 방정식을 풀어 특정 음장을 완전히 다시 만드는 것이다. 해당 방정식에 대한 풀이가 없기 때문에 수치 해석이 필요하다. 광선 기반 접근법은 음원에서 청취자로 진행하는 음파의 경로가 음원에서 방출된 광선에 따라 발견되는 모델링이다. 해당 접근법의 문제점은 광선이 음파의 파장과 회절 등 모든 현상을 무시한다는 것이다. 이는 음파의 파장은 환경 내 물체보다 작지만, 조도는 큰 상황에서만 적절하게 적용된다는 것을 의미한다(후오파니에미Huopaniemi 1999).

앰비소닉스는 직접 녹음 접근법으로, 무지향성 구성 요소가 음향 시스템으로 측정될 수 있다는 생각을 바탕으로 최소 4개의 소형 구형의 음장을 포착할 수 있는 방향 기록 법이다. 고차원 앰비소닉스는 더 많은 마이크를 구성에 추가해 현지화의 정확도를 높인다. 해당 접근 방식의 장점 중 하나는 유연하게 출력할 수 있고 다양한 외부 스피커 구성에서 작동한다는 것이다. 하지만 4채널 앰비소닉스는 단일 중앙 청취자에 대해서만 정확하게 현지화할 수 있다.

마지막으로 파장 합성은 이론적으로 음향 환경을 가장 완벽하게 포착할 수 있는 기술로, 청취 영역 내부 또는 외부에서 발생하는 것처럼 음향을 생성할 수 있다. 해당 접근법은 다른 위치에서 가상 음원과 실제 출처에서 발생하는 음원을 겹쳐서 근사치에 접근할 수 있다는 개념에 기반한다. 이 접근법의 가장 큰 단점은 음장을 적절히 표시하고자 라우드 스피커를 가까이에 많이 배치해야 한다는 것이다. 가청화 작업에 대한 다른 자료 및 3D 애플리케이션에서의 사용은 볼랜더(2007), 도바쉬Dobashi 등(2003), 네어Naer 등(2002), 마노차Manocha 등(2009), 펑크하우저Funkhouser 등(2004)의 연구에서 찾아볼 수 있다.

5.3.2 음향 시스템 구성

가능한 많은 기술 중 하나를 통해 생성된 3D 음향을 제공할 수 있다. 이런 신호를 표시하는 두 가지 기본적인 접근법은 헤드폰 또는 외부 스피커를 사용하는 것이고, 각각의 장단점이 있다.

헤드폰

3D 음향을 표시하는 일반적인 방법은 각 귀에 다른 정보를 제공하는 스테레오 헤드폰을 사용하는 것이다. 3D UI에서 3D 사운드가 필요하지 않은 경우 (동일한 정보를 각 귀에 제공하는) 모노포닉monophonic 헤드폰을 사용할 수 있지만 논의의 목적에 따라 스테레오포닉stereophonic 다양성을 적용한 헤드폰을 이야기하겠다. HRTF와 결합된 헤드폰은 3D UI에서 뚜렷한 장점을 보인다. 그들은 높은 수준의 채널 분리 기능을 제공해 말 소리가 겹치는 현상, 즉 오른쪽 귀에 들려야 할 소리가 왼쪽에 들리거나 그 반대의 경우가 생기는 것을 방지한다. 또한 사용자를 물리적 환경에서 외부 소리와 분리해(즉 소음 제거 헤드폰) 소리가 청취자의 다른 지각에 영향을 미치지 않도록 하나. 종종 HWD와 같이 실제 세계를 차단하는 시각 디스플레이와 결합해 완전히 몰입할 수 있는 경험을

만들어 내기도 한다. 그리고 헤드폰을 사용하면 여러 명의 사용자가 3D 음향을 동시에 수신할 수 있으며(모두가 머리 추적 장치를 보유했다고 가정) 동시에 처리할 수 있는 음향 채널이 2개뿐이므로 다루기도 쉽다.

헤드폰의 주요 단점은 '음성 내재화IHL, Inside-the-Head Localization' 현상이 발생한다는 것이다. IHL은 음원의 외부화가 부족해 사용자의 머릿속에서 소리가 나고 있다는 잘못된 인상을 준다(켄달 1995). IHL은 주로 정확한 환경 정보의 부족, 즉 잔향과 HRTF 정보의 부족 때문에 발생한다(카프라로스 등 2003). 이 현상을 최소화할 수 있는 가장 좋은 방법은 청취자에게 전달되는 소리가 최대한 자연스러운지 확인하는 것이다. 물론 이전의 논의에서 볼 수 있듯이 3D 음향 생성은 복잡성 때문에 자연스러워지기가 힘들다. 이를 달성하고자 최소한 정확한 HRTF 정보를 얻는 것이 중요하다. 잔향을 포함하면 기본적으로 IHL을 제거할 수 있지만 사용자 위치 정확도는 떨어진다(비고트 1992). 헤드폰의 또 다른 단점 두 가지는 장기간 착용하기 번거롭고 불편할 수 있으며 협업자와 소통하기 어려울 수 있다는 것이다. 이런 문제점들에도 불구하고 비고트(1994)에 따르면 헤드폰 디스플레이는 3D 공간감을 담은 음향을 우수하게 전달한다.

외부 스피커

3D 음향을 표시하는 두 번째 방법은 전략적인 위치에 배치된 외부 스피커를 사용하는 것이다. 이 방법은 머리 착용이 아닌 시각 디스플레이에 종종 사용된다. 파장 영역 합성을 사용하는 외부 스피커를 제외하고, 해당 접근법의 주요 한계는 1명 이상의 머리 추적 장치 사용자에게 3D 음향을 제공하기 어렵다는 것이다(외부 스피커는 여러 사용자에게 비공간적 음향을 잘 전달할 수 있다). 한편 외부 스피커를 사용하면 추가 장치는 필요 없다.

3D 음향을 표시하고자 외부 스피커를 사용하는 경우 주요 과제는 소리가 새나가는 것을 방지하고 청취자의 왼쪽 및 오른쪽 귀가 적절한 신호를 수신하는 것이다. 외부 스피커를 통해 3D 음향을 표시하는 두 가지 주요 접근법은 **트랜스오럴 오디오**transaural audio와 진폭 패닝amplitude panning이다. 트랜스오럴 오디오는 외부 스피커를 사용해 왼쪽과 오른쪽, 양쪽 오디오 신호를 각 위치의 귀에 보내는 것이다(카프라로스 등 2003). 트랜스오럴 오디오는 IHL을 극복할 수 있지만, 귀가 원치 않는 신호를 수신하지 못하도록 비싼 컴퓨터로 작동하는 몇 가지 유형의 누화 제거crosstalk cancellation 기술이 필요하다. 가드너

Gardner(1998)와 모치타리스^{Mouchtaris} 등(2000), 가라스^{Garas} (2000), 리^{Li}와 동료들(2012)
의 연구에서 서로 다른 누화 제거 알고리듬을 확인할 수 있다. 진폭 패닝은 양측 시간
차 및 강도 차이(4.3.2절 참고)를 시뮬레이션하고자 음향의 강도를 특정 방식으로 조정
한다. 즉 각 외부 스피커의 강도를 체계적으로 변화시켜 팬텀 음원이 주어진 장소에서
만들어진다는 것이다. 진폭 패닝은 다른 위치에서 음원을 강력하게 인식할 수 있지만
팬텀 소스의 정확한 위치를 제어하기는 어렵다(볼랜더와 신-커닝 2015). 진폭 패닝 기술
에 대한 자세한 내용은 풀키^{Pulkki}(2001), 풀키와 카얄라이넨^{Karjalainen}(2014)의 연구를 참
고하자.

마지막으로 외부 스피커를 사용할 때 문제는 배치다. 외부 스피커에서 발생하는 소리
가 실제 물체를 통할 때 튀거나 필터링돼서 음질을 저해할 수 있기 때문이다. 예를 들
어 서라운드 스크린 시스템에서 스피커를 시각 디스플레이 앞에 배치하면 그래픽이
방해받을 수 있고, 뒤에 배치하면 소리가 나지 않을 수 있다. 관련해서 일부 서라운드
스크린 디스플레이는 화면에 구멍을 뚫어 오디오 품질을 크게 떨어뜨리지 않으면서
스크린 뒤에 스피커를 배치할 수 있다.

5.3.3 3D 인터페이스에서의 음향

3D UI가 청각 디스플레이를 사용할 수 있는 다양한 사례는 다음과 같다.

- 현지화
- 초음파 파쇄
- 잔향 효과
- 주변 효과(앰비언트^{ambient} 효과)
- 감각 대체 및 피드백
- 주석 및 도움말

현지화

5.3절 시작 부분에서 언급했듯이 3D 공간 음향을 생성하는 것은 중요한 오디오 심도
단서를 생성해 사용자가 자신의 현지화 기술을 사용할 수 있게 하고 3D 환경에 대한
청각적인 느낌을 주게 된다. 3D 음향은 오디오 길찾기 보조 장치(8장 참고)라든지 스

크린에 나타나지 않는 물체(예를 들어 게임 및 훈련 애플리케이션에서의 맞수) 위치 확인을 위한 음향 신호 및 가상 세계를 움직일 때 더 풍부한 감각을 전달하는 것 등을 포함한 3D 인터페이스에서의 다양한 방법으로 사용할 수 있다.

초음파 파쇄

초음파 파쇄는 정보를 소리(시각화의 음성화)로 바꾸는 과정이다(허만Hermann 등 2011). 다른 유형의 데이터를 더 잘 이해하려고 할 때 유용할 수 있다. 예를 들어 유체의 흐름을 검사하기 위한 3D 과학적 시각화 애플리케이션에서 사용자는 데이터셋의 일부를 이용해 손을 움직일 수 있으며 다양한 유속에 따라 발생되는 다양한 주파수의 소리를 확인할 수 있다.

주변 효과(앰비언트 효과)

앰비언트 음향 효과는 3D 애플리케이션에서 사실감을 제공한다. 예를 들어 야생을 표현한 증강 환경에서 새 소리를 듣고 나무에 스치는 바람소리를 듣고, 자동차 소리를 들을 때 도시 환경이 더 매력적으로 다가올 수 있다. 앰비언트 효과는 실제 피드백을 모방하는 데 쓸 수도 있다. 예를 들어 가상 문을 열고 닫을 때 현실 세계에서 문을 열고 닫을 때의 소리를 뚜렷하게 들리게 만들면 사실감이 향상되고, 사용자가 목격하지 않아도 문이 열렸다 닫혔다는 사실을 알 수 있다.

감각 대체

오디오 디스플레이의 경우 3.3.5절에서 언급된 '**감각 대체**sensory substitution'로 설명될 수 있다. 감각 대체는 촉각과 같은 다른 감각 양식을 소리로 대체하는 과정이다. 이러한 대체 과정은 촉각적인(햅틱) 피드백(5.4절 참고)이 없을 때 3D UI에서 강력한 도구가 될 수 있다. 예를 들어 소리는 버튼을 누를 때 손가락에 느껴지는 감각이나 가상 객체와의 물리적 상호작용을 대체할 수 있고, 작업이 완료됐음을 알릴 수도 있다.

주석 및 도움말

녹음된 또는 합성된 음성은 분산 모델 뷰어와 같은 공동 작업 애플리케이션에서 주석 도구로서의 역할을 할 수 있으며 3D 환경에서 상호작용이 불분명할 때 사용자에게 도움을 제공할 수 있다. 예를 들어 3D 환경은 사용자에게 잘못된 방향으로 가고 있다는 것을 알려 주거나 다른 사용자로부터 새로운 엔진 설계 정보를 제공받을 수도 있다.

5.4 햅틱 디스플레이

5장에서 살펴볼 마지막 유형은 햅틱(촉각) 디스플레이다. 햅틱 디스플레이는 가상 객체와 사용자 사이의 물리적인 상호작용을 시뮬레이션해 무언가를 터치하는 감각과 고유한 감각을 사용자에게 제공할 수 있다. 햅틱이라는 단어는 그리스어 햅타인haptein에서 유래한 것으로 '만질' 것을 의미하지만 관절과 근육의 신경 끝단이 자극될 때 촉각 피드백을 나타내는 단어로 사용된다(버디아 1996). 따라서 햅틱 디스플레이의 디자인에 따라 이들 장치는 사용자에게 힘, 촉감, 진동, 온도 또는 임의의 조합의 느낌을 제공할 수 있다. 햅틱 디스플레이는 종종 입력 장치와 결합해서 사용자의 움직임을 측정하거나 피드백을 사용자에게 빠르게 반복적으로 전달하는 데 사용된다. 사람의 동작과 햅틱 피드백 사이의 지연 시간을 줄이는 것이 효과적인 햅틱 디스플레이를 만들 때 필요한 조건이다. 3장 '인간 요소와 기본 요소들'의 3.3.3절에서 햅틱 시스템에 대한 개요를 설명했다.

햅틱 디스플레이 시스템의 중요 구성 요소(실제 물리적 장치 제외)는 힘과 촉감을 합성해서 사용자에게 디스플레이로 나타낼 수 있게 만드는 소프트웨어이며 이를 햅틱 렌더링haptic rendering이라고 부른다. 햅틱 렌더링은 물리학 기반 모델링 및 시뮬레이션과 같은 범용 알고리듬 기법을 기반으로 하지만 널리 사용되는 햅틱 인식의 심리적인 물리 모델링을 기반으로 할 수도 있다(이스라Israr와 푸피레프Poupyrev 2011). 이는 연구가 활발하게 되고 있는 분야다. 하지만 5장에서는 햅틱 디스플레이 시스템 전체가 아닌 실제 출력 장치에 중점을 둔다. 알고리듬과 장치 및 사람의 햅틱 시스템에 대한 자세한 내용은 버디아(1996), 바스도간Basdogan과 스리니바산Srinivasan(2002), 린Lin과 오투데이Otuday(2008)의 연구를 참고하자.

5.4.1 햅틱 디스플레이의 특성

햅틱 디스플레이는 3D UI 측면에서 햅틱 장치를 사용할 때 영향을 미치는 다양한 특성을 지닌다. 5.4.1절에서는 세 가지 일반적인 특성을 다룰 것이다.

- 인식 관점
- 해상도
- 인체 공학

햅틱 디스플레이의 특성에 대해서 좀 더 자세한 정보는 셔먼과 크레이그(2003)의 연구를 참고하자.

인식 관점

햅틱 디스플레이의 가장 중요한 특징은 사용자에게 정보를 제공할 수 있다는 것이다. 햅틱 디스플레이의 대다수는 장치와 인체 사이에 물리적 접촉이 필요하다. 사용자가 장치를 '느껴야'한다는 것이다. 다만 특수 목적의 열기 또는 바람 디스플레이 또는 이보다 범용적인 초음파 시스템(사용자가 느낄 수 있는 강력하고 방향성이 있는 음파)을 포함해 몇 가지 예외가 있다.

시각 또는 청각 디스플레이와 달리 햅틱은 인간의 촉각을 불러일으키는 여러 가지 생리적, 지각적 메커니즘이 병행돼야 한다. 따라서 수많은 기술이 햅틱감을 창출하는 데 사용되며 단일한 '최상의' 햅틱 디스플레이는 없다고 봐야 한다. 햅틱 디스플레이의 특정 애플리케이션 디자인은 우리가 느끼기를 원하는 지각적인 차원에 좌우된다. 기본적으로 디스플레이는 촉각, 운동 감각적 신호 또는 둘 모두를 제공할 수 있다. 장치가 촉각 신호를 제공하면 작동 메커니즘은 상이한 주파수 및 진폭의 진동, 정적인 안심 상태 또는 직접적인 전기 자극을 사용해 상이한 피부 수용체를 표적으로 만들 수 있다. 장치가 운동 감각 신호를 출력하도록 설계됐으면 작동 메커니즘은 사지의 여러 그룹을 대상으로 할 수 있으며(고전적인 힘 피드백 디스플레이처럼) 인체에 적용되는 힘을 적극적으로 바꾸거나, 장치에 대한 사람의 인지된 저항을 조정할 수 있다. 햅틱 제동 디스플레이를 사용해 이를 적극적으로 수행하거나 간단한 소품을 이용해 수동적으로 수행할 수 있다.

햅틱을 작동하는 데 사용하는 신체 부위는 또 다른, 중요한 지각 차원이다. 피부, 근육, 힘줄의 신경 끝단의 밀도와 분포가 신체 위치에 따라 다르기 때문이다. 예를 들어 손가락 끝의 촉각 공간 해상도는 2점 임계값 테스트로 ~1밀리미터로 측정됐지만 등의 해상도는 20밀리미터 이상으로 증가했다(클로에위아크Cholewiak와 콜린스Collins(1991)). 또한 디스플레이가 지원할 수 있는 활성화 영역의 크기는 인식 및 디스플레이 디자인 모두에 영향을 미친다. 전신 햅틱 디스플레이는 단일 진동 모터와 다르게 인식된다. 이렇게 햅틱 디스플레이 및 애플리케이션과의 호환성을 설계하는 데 모든 지각 차원을 고려해 설계해야 한다.

해상도

햅틱 디스플레이의 **공간 해상도**spatial resolution는 장치가 사용자에게 가하는 자극이 최소한 얼마만큼의 공간에 접근할 수 있는지를 나타낸다. 햅틱 디스플레이가 적용되는 신체 위치에서 지각 공간 해상도와 일치해야 한다. 예를 들어 팔뚝은 손가락 끝보다 자극에 덜 민감하다(서먼과 크레이그 2003). 따라서 손가락에 맞게 설계된 촉각 장치는 팔뚝용으로 설계된 장치보다 공간 해상도가 훨씬 높아야 한다.

햅틱 디스플레이의 **시간 해상도**temporal resolution는 촉각 자극이 최소한 얼마나 오래 접촉하는지 나타낸다. 이는 햅틱 디스플레이의 새로 고침 빈도라고도 불린다. 디스플레이의 시간 해상도는 고품질의 햅틱감을 전달하는 데 매우 중요하다. 예를 들어 디스플레이에서 시간 해상도가 낮으면 의도하지 않은 진동이 발생해 사용자는 가상 물체가 생각보다 부드럽다고 느끼게 될 수도 있다. 따라서 힘 디스플레이는 일반적으로 새로 고침 빈도가 1,000헤르츠 정도여야 고품질의 햅틱 출력을 제공할 수 있다(매시Massie 1993).

인체 공학

촉감을 생성하고 촉각과 힘을 통해 정보를 전달하고자 햅틱 디스플레이는 사용자와 물리적으로 밀접하게 결합해야 한다. 따라서 인체 공학 및 안전은 이러한 디스플레이를 설계하고 특징짓는 데 중요한 역할을 한다. 예를 들어 일부 촉각 디스플레이는 수용체를 자극하고자 직접적으로 전기 자극을 사용한다. 그러므로 불편한 감각이나 부상을 유발할 수 있는 전류량을 초과하지 않도록 주의해야 한다. 마찬가지로 충실도가 높은 힘 디스플레이는 참가자에게 위험한 힘을 행사할 수 있다. 햅틱 디스플레이를 잘못 설계하면 불편함이나 상해를 유발할 수 있다.

햅틱 디스플레이를 설계할 때 안전성뿐만 아니라 사용자의 편의성도 중요한 관심사다.

예를 들어 사용자가 다수의 햅틱 장치를 부착하는 데는 시간과 노력이 필요하며 특히 다수 힘의 접촉이 필요하다. 이 프로세스를 쉽고 편리하게 만드는 부착 메커니즘을 설계하는 것은 최종 사용자가 햅틱 장치를 채택하는 데 중요한 요소다. 또한 일단 장치가 사용자에게 부착되면 무게가 부담이 될 수 있으며 장치는 사용자가 다른 곳으로 이동하거나 햅틱 외의 작업을 수행하는 능력을 제한할 수 있다. 사용된 디스플레이에 관계없이 사용자의 안전은 주요 관심사여야만 한다.

5.4.2 햅틱 디스플레이의 유형

수년 동안 학계 및 업계에서 다양한 햅틱 디스플레이가 개발됐다. 이 중 다수는 원격 로봇과 원격 수술에서 수행된 작업에서 진화했다(빅스와 스리니바산 2002). 햅틱 디스플레이를 분류하고자 다양한 시도가 수행됐다. 예를 들어 작동기의 유형, 즉 힘 또는 촉각을 생성하는 햅틱 디스플레이의 활성 구성 요소(작동기 기술에 대한 포괄적인 소개는 하츠펠드Hatzfeld와 케른Kern 2014 참고) 유형에 따라 범주화된다.

이번 논의에서는 햅틱 디스플레이를 사용자 중심의 관점에서 그룹화해 여섯 가지 범주 중 하나로 분류해 본다.

- 접지 레퍼런스 햅틱 장치
- 신체 레퍼런스 햅틱 장치
- 촉감 햅틱 장치
- 공중 햅틱 장치
- 조합 햅틱 장치
- 수동 햅틱 장치

5.4.2절에서는 이 범주의 예시들을 제공하는 장치를 간단히 설명할 것이다.

접지 레퍼런스 햅틱 장치

접지 레퍼런스의 피드백 장치(이른바 세계 기반)는 사용자와 데스크톱, 벽, 천장 또는 바닥과 같은 환경의 접지 지점 사이의 물리적인 연결을 만든다. 이런 장치는 물리적 환경이 고정돼 있기 때문에 범위가 제한된다. 지상을 기준으로 한 디스플레이 유형에는 힘을 반영하는 조이스틱, 펜 기반의 힘 피드백 장치, 선 모양 장치, 움직임 플랫폼, 대형 굴절식 로봇 팔이 포함된다. 접지 레퍼런스 디스플레이는 일반적으로 전기식, 공압식, 유압식 전동기 기술을 사용한다.

힘-피드백 조이스틱과 힘-피드백 조향 휠은 쉽게 사용할 수 있고 저렴하며 운전, 비행 시뮬레이터와 같은 컴퓨터 게임에서 자주 사용된다. 펜 기반 햅틱 디스플레이는 햅틱 피드백을 익숙한 포인팅 장치(예를 들어 스타일러스stylus)에 추가한다. 그러한 디스플레이의 예가 그림 5.24에 나와 있다. 선 기반 피드백 장치는 얇은 강철 케이블을 통해 사용자의 손에 힘을 가한다. 이 장치는 가볍고, 또한 넓은 작업 공간에서 사용될 수도 있다(이시이와 사토Sato 1994). 더 큰 규모에서는 바닥이나 천장에 접지된 대형 접이식 팔을 사용할 수 있다. 대형 접이식 팔은 훨씬 높은 수준의 힘을 생성할 수 있는데, 안전이 중요한 문제로 고려된다는 것을 의미한다. 해당 장치의 장점은 사용자에게 넓은 규모의 움직임을 허용한다는 것이다. 이런 유형의 장치의 예로는 아르곤 원격 조정기(브룩스Brooks 등 1990)와 사르코스 덱스터러스 로봇 팔SARCOS Dextrous Arm Master(버디아 1996)이 있다. 손, 팔꿈치, 어깨에 힘을 가할 수 있는 팔 외골격 힘 디스플레이다.

그림 5.24 접지식 힘-피드백 장치(이미지 출처: 센스에이블 테크놀로지(SensAble Technolo-gies))

접지식 햅틱 디스플레이에는 수동 제어 및 조작을 향상시키고자 설계된 햅틱 장치 외에도 트레드밀, 동작 플랫폼, 3D 환경을 통한 기타 이동 장치 등이 포함된다(자세한 내용은 8장 참고).

신체 레퍼런스 햅틱 장치

접지 레퍼런스 햅틱 디스플레이와 달리 신체 레퍼런스 피드백은 장치를 사용자 몸 일부에 위치시킨다. 햅틱 디스플레이는 사용자에게 '접지'된다. 신체 레퍼런스 디스플레이의 주요 이점은 접지 레퍼런스 디스플레이와 비교해서 사용자에게 더 큰 자유도를 제공한다는 것이다(즉 사용자가 걸어다닐 수 있고 햅틱 디스플레이로 계측된 작업 공간에 구속되지 않는다). 단점은 사용자가 장치의 전체 무게를 견뎌야 한다는 것이다. 따라서 중량과 크기와 같은 인체 공학적 요인은 사용하기 쉬운, 효과적인 장치를 설계할 때 중요하며 이는 중요한 엔지니어링 과제다. 이러한 유형의 디스플레이는 일반적으로 전기식 또는 공압식 전동기 기술을 사용한다.

신체 레퍼런스 장치의 무게를 줄여 인체 공학적으로 만드는 접근법 중 쓸 만한 것은 전기 신호를 다른 근육 그룹으로 보내 비자발적 근육 운동으로 햅틱을 발생시키는 것이다(크루이프Kruijff 등 2006). 이 접근법은 전형적으로 경피적 전기 신경 자극TENS, Transcutaneous Electrical Nerve Stimulation 장치에 연결된 전극을 사용해 다른 근육에 전략적으로 배치해 움직임을 유발한다. 예를 들어 팔뚝 근육에 전극을 둬 사용자의 손이 적절한 양의 자극을 받으면 위아래로 움직일 수 있게 만드는 것이다. 이런 유형의 햅틱 시스템은 가상 현실 권투 게임에 사용됐다(로프스Lopes 등 2015).

신체 레퍼런스 디스플레이는 장치에 의해 작동되는 신체 위치에 따라 더 분류될 수 있다. 한 가지 일반적인 유형은 접지 레퍼런스 디스플레이 기반의 외골격이며 접지 레퍼런스된 팔 외골격 힘 디스플레이와 비슷하지만 바닥, 천장 또는 벽이 아닌 사용자의 등에 접지돼 있다는 점이 다르다. 신체 레퍼런스 디스플레이의 두 번째 유형은 손-힘-피드백 장치다. 이런 장치는 디자인에 따라 사용자의 팔뚝, 손바닥, 손 등에 접지된다. 일반적으로 전동기가 멀리 배치된 상태에서 손과 손가락에 힘을 전하고자 케이블, 힘줄, 도르래를 이용하기도 한다. 이런 장치의 예시가 그림 5.25에 나와 있다. 이 장치는 사용자가 손가락을 구부리지 못하게 하는 힘을 만들 수도 있다(예를 들어 사용자가 가상 공을 잡는 경우). 손-힘-피드백 장치를 설계하는 또 다른 방법은 사용자의 손바닥에 전동기를 설치하는 것으로 장치의 복잡성을 줄이는 것이다(버디아 등 1992). 전신 이동식 외골격은 최근에 시연됐지만 일반적으로 햅틱 피드백 그 자체를 제공하기보다 사용자의 이동성과 강도를 증폭시키는 것이 목적이다. 신체 레퍼런스 햅틱 디스플레이의 유형과 관계 없이 착용하기 때문에 사용자에게 설치 시간을 요구하고 또 특정 신체 크기에 맞게 보정해야 한다.

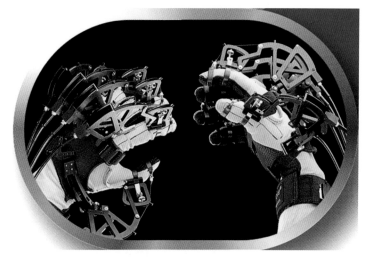

그림 5.25 신체 레퍼런스의 힘-피드백 장치(이미지 판권은 © 2004 이머션 코퍼레이션 소유, 허가받고 게재)

촉감 디스플레이

촉감 디스플레이는 사용자의 촉감을 자극해 정보를 나타내는 것이 목표다. 인간의 피부는 매우 민감하기 때문에 강력하게 인식할 수 있는 촉감을 만들려면 훨씬 적은 에너지가 필요하다. 따라서 이런 디스플레이는 일반적으로 위에 언급한 힘-디스플레이보다 훨씬 작고 가볍다. 모든 촉감 디스플레이는 인간의 피부에 물리적으로 자극을 가함으로써 촉감을 만들어 낸다. 따라서 촉감 디스플레이는 자극의 물리적 원리에 따라 분류될 수 있다. 여기에는 기계식 변위 기반 디스플레이, 진동 촉진 디스플레이, 전기 피복 디스플레이, 전기 진동 디스플레이, 표면 마찰 디스플레이, 열전기 디스플레이가 포함된다.

기계식 변위 기반 디스플레이의 예시는 팽창식 블래더 및 릴리프 스타일 디스플레이가 있으며 핀의 배열은 사용자가 볼 수 있고 손으로 느낄 수 있는 물리적 모양의 디스플레이 또는 '촉감 그림'을 만든다(그림 5.26 참고, 폴마Follmer 등 2013). 진동 촉감 디스플레이(그림 5.27 참고)는 손가락과 손에 진동기를 배치해 촉감을 전달한다. 일반적인 전동기는 모터다. 진동 촉감 디스플레이는 일반적으로 게임 컨트롤러 및 휴대전화에서 사용된다. 전기 피복 디스플레이는 피부를 통과하는 전기적 전하를 지닌 인간 피부의 수용체를 직접 자극한다(칵츠마렉Kaczmarek 등 1991). 사용자는 따끔따끔하게 느낄 것이다. 또 다른 유형의 전기 촉각 자극에서 전류는 착용자의 귀 뒤에 위치한 여덟 번째 뇌 신경을 자극한다. 이런 전기 신호는 사용자에게 촉감이 아니라 전정 자극을 제공해 운동 감각을 만들어 낸다.

그림 5.26 InForm은 촉각 햅틱 모양을 생성할 수 있는 기계적 변위 디스플레이다(폴머 등 2013)(MIT 미디어랩).

그림 5.27 진동기를 손가락 끝과 손바닥에 얹는 촉각 장치(이미지 판권은 © 2004 이머션 코퍼레이션 소유, 허가받고 게재)

전기 진동 디스플레이는 계장된 표면과 손가락을 밀어내는 행위 사이의 정전기 마찰을 제어해 촉감을 만든다(바우Bau 외 2010). 전도성 표면에 인가된 교류 전압은 손가락과 전도성 표면 사이에 인력을 생성한다. 이 힘은 움직이는 손의 표면과 피부 사이의 마찰을 조절해 손가락이 표면에서 미끄러지는 것과 같은 마찰 감각을 만들어 낸다. 이 마찰은 그림 5.28(킴Kim 등 2013)에서 보여지듯이 시각적 표현과 결합해 사용자가 가상 3D 이미지의 표면을 느낄 수 있게 만든다. 모든 표면은 일상적인 물체의 표면, 입력 장치, 물리적 소품(바우 등 2012)을 비롯한 촉각 감각으로 보강될 수 있다.

표면 마찰 촉감 디스플레이는 사람의 손과 표면 사이의 마찰을 제어한다는 점에서 전기 진동 디스플레이와 유사하지만 촉감 효과 측면에서 초음파 주파수에서 표면을 진동시키고, 인간의 손과 터치한 표면 사이에 공기의 압착 필름을 만드는 것에 기반한다. 얇은 공기층은 손과 디스플레이 사이의 마찰을 줄여, 보다 '미끄러운' 느낌을 준다(윈필드Winfield 등 2007). 마찰은 초음파 진동의 진폭을 변조해서 더 조작할 수 있다. 마지막으로 열전기 디스플레이는 열 감각을 만들어 내고 일반적으로 펠티어 모듈과 같은 다양한 열전 소자를 사용해 개발된다(존스Jones 2008).

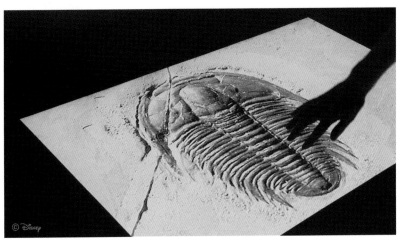

그림 5.28 전기 진동 디스플레이는 사용자가 디스플레이의 표면에 투사된 3D 렌더링의 충돌 또는 솟아오름을 느낄 수 있게 한다(킴 등 2013)(이미지 출처: 이반 푸피레프, 디즈니 저작권 허가받고 게재).

위에서 언급한 모든 기술은 촉감을 생성하는 데 필요한 작동 기술 및 제어 기술을 설계할 수 있다. 촉감 디스플레이를 디자인하는 더 높은 수준의 목표는 복잡한 의미, 표현 및 경험을 사용자에게 전달할 수 있는 고차원의 촉각 지각을 구성하는 것이다. 이 두 번째 범주에는 상징적인 정보 전달, 이미지 및 소리 표현, 경고 및 메시지 전달, 방향 및 모양과 같은 공간 정보 표현을 하기 위한 촉각 언어가 포함된다(이스라와 푸피레프 2011).

공중 햅틱 장치

지금까지 논의된 햅틱 및 촉감 피드백 기술을 사용해 가상 객체를 느끼려면 햅틱 장치가 장착된 실제 물체를 만지거나 촉감 피드백 장치를 사용해 햅틱 장갑, 벨트, 조끼 등 햅틱 장치와 물리적 접촉을 해야 한다. 하지만 장치를 착용했을 때 자연스러운 사용자 인터랙션이 이뤄지지 못하며 촉감 피드백을 사용하는 애플리케이션 전체 범위가 제한될 수 있다. 결과적으로 최근에 많이 취하는 햅틱 디스플레이 접근법은 장치와의 물리적인 접촉 없이 '공중에서' 촉감을 생성하는 것이다. 관련된 장치는 대부분 공기를 이용해 인간의 피부를 자극한다.

공중 촉감을 만드는 초기 접근법은 1960년대 촬영 감독인 모튼 하일리그Morton Heilig가 고안한 센서라마Sensorama다. 이는 입체감 있는 그래픽을 냄새, 스테레오 음향, 진동 시트, 사용자의 얼굴에 바람을 불어넣는 등의 방법으로 몰입도를 높였다. 비슷한 공기 취입식 기술은 수십년 간 위치 기반 엔터테인먼트(예를 들어 글라이더로 비행을 시뮬레이션하는 월트디즈니의 '소어린')에 사용돼 왔다. 또 결이 거친 열 감각은 램프를 디스플레이로 사용해 만들어 낼 수 있다(딘Dinh 등 1999).

초음파 기반의 공중 햅틱 디스플레이(이와모토Iwamoto 등 2008)에서 수백 개의 소형 초음파 변환기의 2차원 배열은 위상배열초점 접근법을 사용해 초음파 방사 압력 빔을 만든다(윌슨Wilson 등 2014). 초음파 주파수가 낮기 때문에 인체 음향 에너지의 99.9퍼센트가 사람의 피부에서 반사돼, 지각 가능한 촉감을 제공하는 압력 장을 만든다. 약 200헤르츠에서 피부는 진동 자극을 높게 감지해 초음파 빔을 변조하며, 이에 따라 이를 인지하는 촉감의 강도는 증가한다. 하지만 디스플레이의 유효거리가 짧다는 단점이 있다.

집중 공기 압력 필드를 사용해 공기 촉감을 만드는 또 다른 방법은 공기 와류를 사용하는 것이다(크루이프와 팬더Pander 2005). 여기서 촉감은 공기 와류(소디Sodhi 외 2013) 내부의 압력차에 의해 생성돼 상대적으로 큰 거리(길이 1미터 이상)에서도 촉감을 효과적으로 제공한다. 또한 해당 접근법은 비교적 저렴하고 효율적이며 확장할 수 있는 방식으로 공중 햅틱 디바이스를 설계할 수 있게 만든다. 구현 예시를 보면 동기적으로 구현되는 표준 소형 스피커는 노즐을 유연하게 사용해 와류를 지속적으로 생성할 수 있다 (그림 5.29 참고).

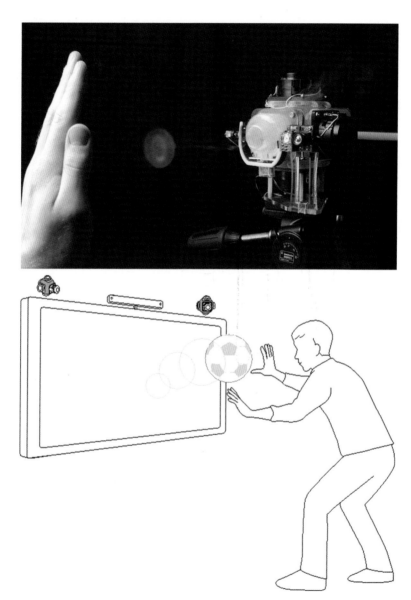

그림 5.29 와류 기반의 공중 촉각 디스플레이(소디 등 2013)(이미지 출처: 이반 푸피레프, 디즈니 저작권 허가받고 게재)

공중 촉각 감각은 사실 지금의 전기 기계 장치로는 매우 세밀하고 감각적인 촉감을 제공할 수 없다. 하지만 데스크톱 및 실제 크기 설정 모두에서 3D UI를 디자인할 때 새로운 방식의 인터랙션 양식을 제시할 수는 있다.

조합 햅틱 장치

힘과 무언가를 만지는 감각을 시뮬레이팅할 때의 복잡성 때문에 대부분의 촉각 및 촉감 장치는 위 네 가지 햅틱 디스플레이 범주 중 하나의 피드백을 생성하는 데 중점을 둔다. 하지만 서로 다른 유형의 피드백을 결합하면 더 믿을 만하고 인식하기 쉬운 촉감을 만들 수 있다. 그림 5.30은 접지 레퍼런스 피드백과 신체 레퍼런스 피드백을 결합한 장치의 예다. 조합 햅틱 장치의 또 다른 예는 사용자의 손끝의 감각을 촉감 피드백과 결합시키는 신체 레퍼런스 손-힘 장치다(크레이머 1993).

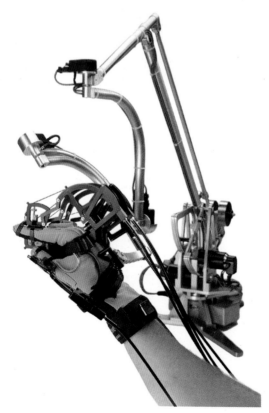

그림 5.30 접지 레퍼런스 및 신체 레퍼런스 힘 피드백을 결합한 촉각 장치(이미지 판권은 © 2004 이머션 코퍼레이션 소유, 허가받고 게재)

수동 햅틱 장치

지금까지 본 햅틱 장치는 렌더링 기술로 제어되는 일부 전동기 기술을 이용해 힘 또는 촉감을 생성하는 능동적인 장치였다. 햅틱 인터페이스의 또 다른 부류로 가상 물체의 수동적, 물리적 표현을 사용해 해당 특성을 전달하는 것을 기반으로 하는 인터페이스다. 독특한 것은 특정 물체의 기하학 및 질감을 기반으로 일정한 힘 또는 촉감을 전달한다는 것이다. 예를 들어 실제 컵이나 망치는 가상 세계에서 가상으로도 존재할 때 완전히 현실감 있는 햅틱 감각을 제공하는 데 사용될 수 있다. 수동 햅틱 장치는 손으로 들어야만 하는 객체에만 제한되는 것은 아니며 만지는 종류의 입력 및 위치 추적과 같은 기본 입력 기능을 제공할 뿐만 아니라 탁상, 벽, 바닥을 포함할 수 있다(푸피레프, 도모카즈Tomokazu 등 1998).

수동 햅틱 장치(또는 '소품')는 가상 객체를 직접 모방하는 견고한 물리적 객체라는 점에서 구체적으로 나타난다. 실제로 가상 환경을 사실적으로 지각하도록 만드는 데 효과적인 것으로 나타났다(인스코Insko 2001). 물론 근원적인 한계는 장치의 특수성, 수동적인 표현과 가상의 대상 사이의 정확한 합치가 필요하다. 3D UI에 사용되는 수동 햅틱 장치에 대한 자세한 내용은 9장 '시스템 제어'의 9.4절과 10장 '3D 사용자 인터페이스 디자인과 개발 전략' 10.2.1절을 참고하자.

5.4.3 3D 인터페이스의 햅틱 디스플레이

3D UI에서 햅틱 피드백을 사용자에게 제공하는 기능은 보다 효과적이고 효율적이며 몰입 경험을 개발하는 강력한 도구다. 특히 햅틱 디스플레이는 몰입 관점에서 엔터테인먼트 및 게임 등 애플리케이션에서 중요하게 여겨지는 3D UI의 사실성(빅스와 스리니바산 2002)을 향상시키는 데 도움이 된다. 물론 실제 물체의 햅틱 단서를 현실적으로 시뮬레이션하는 것은 어려운 일이다. '올바르게 해내는 것'은 매우 어려운 일이며 제대로 디자인되지 않은 햅틱 디스플레이는 잠깐의 몰입 경험을 방해할 수 있다. 나아가 햅틱 디스플레이의 강력한 힘 자체가 위험해서 사용자에게 해를 끼칠 수 있다.

3D UI 관점에서는 직접 가상 객체를 잡고 조작할 때 얻는 피드백이 가장 자연스러운 햅틱 피드백이다. 그림 5.24에 나온 접지 레퍼런스 장치는 수술 훈련(쾨르너Körner와 매너Männer 2003), 분자 도킹(브룩스 등 1990) 및 3D 모델링 및 페인팅 애플리케이션(포스키

Foskey 등 2002)에 사용됐다. 촉각 피드백은 그림 5.28과 같이 실제 표면의 질감을 시뮬레이션하는 데 사용할 수 있다(예를 들어 디자이너가 산업 디자인 애플리케이션에서 다양한 객체의 표면 질감을 탐구하고자 할 수 있다). 또 다른 예로 촉각 디스플레이는 소방관이 훈련 시뮬레이션의 문맥에서 문 손잡이의 온도를 결정하는 데 도움이 될 수 있다. 햅틱 피드백은 또한 사용자에게 상호작용이 성공적으로 수행됐거나 완료됐음을 알리는 데에도 사용될 수 있다. 마지막으로 수동 햅틱 장치는 무게와 질감을 제공하고, 저렴한 방법으로 햅틱 신호를 사용자에게 표시하는 소품으로써 3D 인터페이스에 사용될 수도 있다.

5.5 충실도에 따른 디스플레이의 특성

3D UI에서 특정 디스플레이를 선택하는 것은 다양한 디스플레이와 그 구성의 개수를 고려할 때 굉장히 어려운 일일 수 있다. 앞선 절에서 시각, 청각, 촉각 디스플레이의 다양한 특성을 추상적이지만 체계적으로 설명했다. FOV, 입체검사, 해상도, 전반적인 품질과 같은 특성을 고려하면 이런 모든 특성이 사실감 또는 충실도와 관련돼 있음을 알 수 있다.

좀 더 구체적으로 말하면 디스플레이의 충실도는 그에 의해 생성된 감각 자극이 현실 세계에 존재하는 자극과 일치하는 정도를 말한다(바우만과 맥마한 2007, 맥마한 등 2012). 예를 들어 실제 환경에서 인간은 일반적으로 주위 세계(360도 FOR)를 볼 수 있고 180도 이상의 수평 FOV를 가지며 망막에 수용체가 있으며 누화도 없고 완전한 수용-일치 입체시를 누린다. 청각 및 촉각 자극도 이와 비슷하게 완벽하다. 하지만 일반적으로 HWD에서는 360도 FOR는 존재하지만 FOV는 훨씬 낮아서(100도 정도) 공간 해상도가 현저히 떨어지고 수용-수렴 불일치 때문에 입체시가 손실되는 경우가 많을 것이다.

그렇다면 디스플레이의 충실도에 신경쓰는 이유가 무엇일까? 첫째, 디스플레이에 대한 연구는 대부분 사실주의를 계속 증진시키려는 목표를 지닌다. 디스플레이 제조업체와 고객은 더 넓고 큰 FOV, 더 나은 스테레오 및 기타 깊이 큐, 더욱 생생한 컬러 재생산 등을 통해 더 높은 해상도를 달성하길 원한다(가시 거리에서는 일반적으로 식별할 수 없는 개별 픽셀을 탑재한 레티나retina 디스플레이의 현재 트렌드를 보자). 디스플레이의 충실도에 대해 말하면 실제 세계를 기준으로 벤치마킹하고 다른 디스플레이와 표준 방식으로 비교할 수도 있다.

둘째, 디스플레이의 충실도는 사용자의 디스플레이 경험에 상당한 영향을 줄 수 있다. 예를 들어 넓은 FOV는 시각 검색 작업(아서Arthur 2000)의 성능을 개선할 수 있으며 전반적인 충실도를 높이면 참여도가 높아질 수 있다(맥마한 등 2012). 다시 말하면 충실도 측면에서 이런 결과를 생각하는 것이 특정 디스플레이를 비교하는 것보다 더 일반적이며 유용하다.

디스플레이의 충실도는 감각적 사실주의에 관한 모든 것을 담는 하나의 사실이나 숫자가 아니라는 점은 확실하다. 오히려 여러 구성 요소로 이뤄져 있으며 그마다 달성해야 할 고유한 수준이 있다. 시각적 디스플레이 충실도 구성 요소의 목록에는 다음 사항이 포함된다.

- 탐지 범위FOR
- 관측 시야FOV
- 스테레오스코피stereoscopy 품질
- 새로 고침 빈도
- 공간 해상도
- 색 재현성
- 디스플레이 지연 시간

청각 및 햅틱 디스플레이도 비슷한 목록이 있지만 모든 요소를 정리하기는 더 어렵다. 청각 디스플레이 충실도는 품질, 공간성, 지연 시간과 관련된 구성 요소를 포함하고 햅틱 디스플레이 충실도 구성 요소는 지연 시간, 해상도, 기타 햅틱 품질을 포함한다.

어떤 경우, 디스플레이 A가 다른 디스플레이 B보다 충실도가 높다고 말할 수 있다. 그러려면 A의 모든 디스플레이 충실도 구성 요소가 B의 각 구성 요소보다 크거나 같아야 한다. 이것은 디스플레이 A를 사용해 B를 완벽하게 시뮬레이션할 수 있다는 것을 의미한다(슬레이터 등 2010). 예를 들어 4개의 화면이 갖춰진 서라운드 스크린 디스플레이는 서라운드 스크린 디스플레이의 화면/투사기 중 하나를 사용하는 단일 스크린 디스플레이보다는 충실도가 높다.

하지만 두 디스플레이 사이의 충실도 수준을 비교하는 것은 복잡한 일이며, 하나의 디스플레이의 충실도가 특정 구성 요소에서 수준이 높을 수 있지만 다른 디스플레이는 또 다른 구성 요소에 대해서 더 수준이 더 높을 수 있다. 예를 들어 HWD는 360도 FOR을 제공할 수 있지만 3 스크린 서라운드 스크린 디스플레이는 단 270도의 FOR을 제공할 수 있다. 하지만 서라운드 스크린 디스플레이는 120도 FOV(스테레오 안경 켜짐)를 제공할 수 있는 반면 HWD는 90도가 한계다. 이와 같은 경우 특정 사용 작업에 적합한 디스플레이를 결정하려면 그 작업에서 FOR 및 FOV의 효과에 대한 경험적인 결과를 보고 어느 것이 가장 최적화돼야 하는지 결정하는 것이 중요하다.

디스플레이 충실도와 3D UI 사용자 경험에 미치는 영향에 대한 자세한 내용은 바우만과 맥마한(2007), 맥마한 외 (2012), 레이건[Ragan] 외 (2013, 2015)의 결과를 참고하자.

5.6 디자인 지침: 3D 사용자 인터페이스를 위한 출력 장치 선택

3D 애플리케이션에 적합한 출력 장치를 선택하는 것 역시 어려운 작업이며 불행히도 개발자가 사용하는 출력 장치를 알려 주는 경험적인 법칙은 전혀 없다.

표 5.1~5.3에 5장에서 논의한 출력 장치의 장단점을 요약했다. 이를 3D UI에 적합한 출력 장치를 선택하는 데 빠르고 일반적인 지침으로 사용할 수 있을 것이다. 지금도 새롭고 강력한 디스플레이 장치가 나오고 있으므로 늘 예외가 있을 수 있고 따라서 일반적인 지침으로 고려해야 한다.

표 5.1 시각 디스플레이 장치: 장단점, 시각 심도 단서 제공

시각 디스플레이 유형	장점과 단점 (장점은 +, 단점은 −로 표시)	제공되는 시각 심도 단서
단일 화면 디스플레이 (예: 모니터, wTV, 프로젝션 스크린, 태블릿)	+ 상대적으로 저렴 + 높은 공간 해상도 + 거의 모든 입력 장치 사용 가능 − 소형 FOR/FOV − 전무한 주변 시야 − 매우 낮은 몰입도 − 물리적/가상 객체 교합 문제	• 단안 • 스테레오를 지원하는 디스플레이의 경우 입체시 감각 가능 • 제한된 이동성으로 인해, 트래킹할 때 모션 시차 발생 • 스테레오 사용 시 수렴 • 디스플레이의 평면에서만 조절 가능

시각 디스플레이 유형	장점과 단점 (장점은 +, 단점은 −로 표시)	제공되는 시각 심도 단서
서라운드 스크린 디스플레이, 평면(예: CAVE와 같은 디스플레이들)	+ 디스플레이가 클 때 대형 FOV/FOR + 주변 시력을 사용 가능 + 3D 애플리케이션에 쉽게 혼합되는 실제 및 가상 객체 − 거대한 물리 공간 필요 − 고가의 비용 − 보통 1개의 활성 트래킹 뷰어로 제한: 특수 장치와 스테레오를 함께 사용시 6개의 활성 트래킹 뷰어 사용 가능 − 물리/가상 객체 교합 문제	• 단안 • 입체시 • 대형 디스플레이로 추적 시 풀 모션 시차 발생하지만 소형 디스플레이의 경우 제한됨 • 스테레오를 사용하는 경우 수렴 • 디스플레이의 평면에서만 조절 가능
서라운드 스크린 디스플레이, 비평면(예: 반구형, 원통형 디스플레이)	+ 이미지 밝기를 높이고자 보통 전면 프로젝션 사용 + 디스플레이가 클 때 대형 FOR/FOV 사용 − 공간 해상도가 디스플레이 표면에 따라 불균일 − 전면 프로젝션은 직접 조작 까다로움 − 보통 1개의 활성 트래킹 뷰어로 제한: 특수 장치와 스테레오를 함께 사용시 6개의 활성 트래킹 뷰어 사용 가능 − 물리/가상 객체 교합 문제	• 단안 • 입체시 • 대형 디스플레이로 추적 시 풀 모션 시차 발생하지만 소형 디스플레이의 경우 제한됨 • 스테레오를 사용하는 경우 수렴 • 디스플레이의 평면에서만 조절 가능
작업대 및 탁상용 디스플레이	+ 양호한 공간 해상도 + 디스플레이를 둔 책상과 이젤에 따라 장치 기울기 조절 가능 + 일부 기기는 디스플레이 표면에 스타일러스 및 멀티터치와 같은 2D 입력 허용 − 전무한 주변 시야 − 보통 1개의 활성 트래킹 뷰어로 제한: 특수 장치와 스테레오를 함께 사용시 6개의 활성 트래킹 뷰어 사용 가능 − 물리/가상 객체 교합 문제	• 단안 • 입체시 • 이동성이 제한돼 추적 시 모션 시차가 제한됨 • 스테레오를 사용하는 경우 수렴 • 디스플레이의 평면에서만 조절 가능

시각 디스플레이 유형	장점과 단점 (장점은 +, 단점은 -로 표시)	제공되는 시각 심도 단서

머리 착용 디스플레이
(HWD), 기존 VR(투시가
불가한 기기)
	+ 360도 FOR
	+ 휴대 가능
	+ 물리적/가상 객체 교합 문제 없음
	+ 저렴
	+ 양호한 공간 해상도
	+ 스테레오에서 트래킹되는 사용자
	  수 무제한(사용자당 하나의 디스
	  플레이)
	- 서라운드 스크린 디스플레이에 비
	  해 중간 정도의 FOV
	- 장치 착용 필수
	- 제한되는 주변 시야
	- 기기의 무게와 케이블이 인체공학
	  적인 문제 발생 유발
	- 다른 사용자 및 실제 세계를 직접
	  볼 수 없음
		• 단안
		• 스테레오 지원 HWD 사용하
		  는 경우 입체시
		• 추적 시, 풀 모션 시차 발생
		• 스테레오를 사용하는 경우
		  수렴
		• 연구 프로토타입에서 조절
		  가능

머리 착용 디스플레이,
기존의 AR(광학 비디오
투시)
	+ 360도 FOR
	+ 휴대 가능
	+ 저렴
	+ 양호한 공간 해상도
	+ 스테레오에서 트래킹되는 사용자
	  수 무제한(사용자당 하나의 디스
	  플레이)
	- 매핑과 결합하지 않는 한 물리적/
	  가상 객체 교합 문제 발생
	- 기존 VR HWD보다 작은 FOV
	- 장치 착용 필수
	- 제한되는 주변 시야
	- 기기의 무게와 케이블이 인체공학
	  적인 문제 발생 유발
		• 단안
		• 스테레오 지원 HWD 사용하
		  는 경우 입체시
		• 추적 시, 풀 모션 시차 발생
		• 스테레오를 사용하는 경우
		  수렴
		• 광학 비디오 투시 HWD로 보
		  는 실제 세계에서만 조절 가능

머리 착용 디스플레이,
가상 망막 디스플레이
	+ 밝은 고해상도 이미지
	+ FOV가 사람의 시각 체계와 대체
	  로 일치
	+ 360도 FOR
	- 시선 추적 필요
	- 3D UI로 수행된 작업이 거의 없음
		• 단안
		• 스테레오 지원 VRD 사용하
		  는 경우 입체시
		• 추적 시, 풀 모션 시차 발생
		• 스테레오를 사용하는 경우
		  수렴
		• 연구 프로토타입에서 조절
		  가능

시각 디스플레이 유형	장점과 단점 (장점은 +, 단점은 −로 표시)	제공되는 시각 심도 단서
임의 표면 디스플레이	+ 시각 정보 나타내기 위한 모든 객체 및 표면 사용 + 양호한 공간 해상도 + 실제 3D 이미지 시뮬레이션 생성 가능 + 프로젝션 영역에 따라 FOV와 FOR이 충분히 클 수 있음 − 이미지 수정을 위한 색상 보정 필요 − 물리적/가상 객체 교합 문제 − 전면 투영으로 인해 3D UI가 제한될 수 있음	• 단안 • 입체시 • 추적 시, 풀 모션 시차 발생 • 스테레오를 사용하는 경우 수렴 • 조절 가능
자동 입체 디스플레이 (렌티큘러 및 시차 장벽)	+ 스테레오를 보기 위한 안경 불필요 + 양호한 공간 해상도 − 가장 좋은 소리를 들을 수 있는 위치인 '스위트 스팟(Sweet spot)' 제한 − 제한된 FOV 및 FOR − 물리적/가상 객체 교합 문제 발생	• 단안 • 입체시 • 추적 시, 풀 모션 시차 발생 • 수렴 • 조절 불가
자동 입체 디스플레이 (볼류메트릭(Volumetric) 및 홀로그램)	+ 실제 3D 이미지 생성 + 무제한 활성 시청자(모두 각자에게 맞는 시점에서 볼 수 있음) + 조절 불필요 − 수렴 단서 충돌 − 추적기 불필요 − FOV, FOR 및 디스플레이 영역 제한 − 홀로그램 디스플레이와의 교합 어려움 − 3D UI로 수행된 작업이 거의 없음	• 단안(일부 기기만 해당) • 입체시 • 모션 시차 • 수렴 • 조절

표 5.2 3D 음향 디스플레이에서 헤드폰 또는 외부 스피커를 사용하는 것에 대한 장단점

음향 디스플레이 유형	장점과 단점 (장점은 +, 단점은 −로 표시)
헤드폰	+ 높은 수준의 채널 분리 + 사용자를 외부 소리로부터 격리 + 다수 사용자 3D 사운드 청취 가능 (추적 가능한 경우) − 음상 내재화 현상 발생 − 장시간 착용 시 불편감

음향 디스플레이 유형	장점과 단점 (장점은 +, 단점은 −로 표시)
외부 스피커	+ 추가 장치 착용 불필요 − 3D 사운드 생성 어려움 − 다른 소리와의 혼선 우려

표 5.3 햅틱 디스플레이 장치 유형들 사이의 장단점

햅틱 디스플레이 유형	장점과 단점(장점은 +, 단점은 −로 표시)
접지 레퍼런스	+ 필요한 경우 높은 수준의 힘 생성 가능 + 착용 불필요 + 추적기 정확도 높음 − 사용 시 움직임에 제한 − 안전 문제
신체 레퍼런스	+ 접지 레퍼런스보다 높은 모션 자유도 + 가상 객체 직접 조작으로 높은 제어도 제공 − 사용자가 장치의 무게를 견뎌야 함 − 입기 부담스러울 수 있음
촉감 햅틱 장치	+ 다른 디스플레이 유형보다 더 작고 가벼움 + 터치 시뮬레이션에 유용 + 전정 감각 유도 가능 − 감각 수정 어려움 − 보통 피부 중 작은 부분만 자극 가능
공중 햅틱 장치	+ 장치 착용 불필요 + 어디서나 감각 가능 − 정확한 힘이나 촉각 정보 제공 불가능 − 제한된 범위
조합 햅틱 장치	+ 촉각 및 피드백 결합에 유용 − 높은 복잡도 − 입기 부담스러울 수 있음
수동 햅틱 장치	+ 특정 객체 또는 물리적 프록시에 햅틱이 필요할 때 유용 + 간편한 설계 및 사용 + 현실감 증가 − 지속적인 힘과 촉각 − 특수성에 의한 제한

재무적인 부분이나 사용 가능한 입력 장치의 제한 사항 및 인간 공학 등 출력 장치를 선택할 때 고려해야 할 요소가 많지만 가장 중요한 것은 애플리케이션 자체다.

예를 들어 의사가 의대생에게 다양한 외과 수술 절차를 가르치는 의료 시각화 도구로 고려해 보자. 이 애플리케이션에는 공동 작업을 해야 한다는 특성이 있어서 단일 HWD 또는 간단한 모니터가 적합하지 않다. 여러 사람이 동시에 디스플레이를 봐야 하기 때문이다. 이런 경우 대형 화면 디스플레이를 사용하거나 각자 HWD를 착용하는 것이 좋다. 반대로 공포증 치료(호지스 등 1999)나 통증 경감(호프만 등 2008)에 사용되는 애플리케이션의 경우 개별 사용자가 실제 환경과 완전히 격리돼야만 한다. 이런 경우 분명 HWD 또는 6면의 서라운드 스크린 디스플레이가 최상의 선택일 것이다. 3D 스테레오 효과를 위해 특별한 안경을 쓸 필요가 없으며 무한대의 시청자가 동시에 정확한 시청 경험을 할 수 있기 때문에 홀로그램이나 용적 디스플레이가 박물관 전시에 대한 최상의 선택일 수 있다.

청각 디스플레이를 선택하는 것은 애플리케이션의 효율성을 향상시키는 작업이기 때문에 다소 쉽다. 물론 헤드폰 기반이든 다중 스피커 시스템이든 적절한 음향 구성을 선택하는 것은 애플리케이션 유형 및 다른 장치 사용 상황에 따라 다르다.

햅틱을 사용하려면 디스플레이는 필요한 피드백 유형과 정확도에 따라 다르게 선택해야 한다. 일부 애플리케이션에서 촉각 감각은 사용자가 상호작용하는 대상에 대해 유형이 있다는 인식을 제공하기에 충분하다. 하지만 사용자가 서로 다른 분자를 맞추려고 하는 분자 도킹 애플리케이션(브룩스 등 1990)과 같이 실제 애플리케이션이 필요한 경우 접지 레퍼런스 힘-피드백 장치가 더 적합하다.

지금까지 제시된 사례는 과학적 발견이라기보다 상식에 가깝다. 하지만 경험적 연구는 주어진 애플리케이션에 적합한 디스플레이 장치를 결정하는 또 다른 접근법이다. 바우만 등(2002)은 서로 다른 디스플레이 플랫폼에서 상호작용 기술을 검토함으로써 적절한 디스플레이 장치를 선택하기 위한 지침을 개발했다. 예를 들어 HWD 및 4면 서라운드 스크린 디스플레이에서 탐색을 한다고 할 때 실제 회전 및 가상 회전에 대한 사용자의 기본 설정을 비교했다. 그 결과 사용자가 제한된 FOR 때문에 실제 회전과 서라운드 스크린 디스플레이에서의 가상 회전을 선호하는 모습을 보였다.

또 다른 경험적 연구에서 스완과 동료들은 모니터, 서라운드 스크린 디스플레이, 작업대, 대형 벽걸이 디스플레이를 전쟁 시각화 애플리케이션에서 탐색하는 작업을 하면서 서로 비교했다. 이 경우 일반 모니터에서 달성할 수 있는 공간 해상도와 밝기가 높아서 사용자가 다른 디스플레이 장치보다 데스크톱에서 탐색 작업을 더 빨리 수행한다는 결과가 나왔다. 더 자세한 내용은 스완Swan 등(2003)의 연구를 참고하자.

카식Kasik 등(2002)은 역시 다른 시각 디스플레이 장치에 대한 경험적인 평가를 수행했다. 그들은 고화질 20인치 모니터, 반구형 디스플레이 및 대형 50인치 평면 패널을 비교해 사용자가 세련된 3D 모델에 관심 있는 대상을 얼마나 신속하고 정확하게 찾아내는지 테스트했다. 사용자는 평면 패널이나 반구형 디스플레이보다 모니터를 사용했을 때 더 나은 성능을 보였으므로 이 경우 더 높은 공간 해상도가 검색 작업에서 중요한 요소였음을 보여 준다. 주관적인 연구(데미랄프Demiralp 등 2006)의 또 다른 결과는 과학적 시각화에서 사용자가 공간 해상도와 선명도를 높이는 것을 중시한다는 것을 보여 준다. 다른 디스플레이 장치를 경험적으로 비교한 다른 연구로는 존슨과 록Lok (2008), 치Qi 등(2006), 슐츠Schulze 등(2005), 소사 산토스Sousa Santos 등(2009)이 있다.

경험적 연구는 매우 강력하지만, 그 결과는 특정 작업 및 애플리케이션에 맞게 설계돼 일반화하기가 어렵기 때문에 결과를 신중하게 사용해야 한다. 또한 기술이 지속적으로 향상되므로 오래된 연구 결과는 재평가해야 한다. 그럼에도 경험적 결과에 기반한 지침은 3D UI 연구에서 지속적으로 중요한 영역이 돼야 하며 주어진 애플리케이션에 가장 적합한 디스플레이 장치를 쉽게 결정할 수 있게 만들 것이다.

5.7 사례 연구

5.7절에서는 두 가지 사례 연구에 대한 출력 장치 고려 사항을 설명한다. 책을 차례대로 읽지 않을 것이라면 2장의 2.4절의 두 사례 연구 소개를 읽어 보자.

5.7.1 3D VR 게이밍 사례

VR의 1인칭 액션 어드벤처 게임에서 고려해야 할 두 가지 시각 디스플레이 유형, HWD, 서라운드 스크린 디스플레이가 있다. 이 예시에서 사용자는 주위의 다른 부분을 보고자 육체적으로 돌아볼 수 있기를 원한다. 이는 존재 감각을 높이고 환경을 실제 장소처럼 보이게 해야 하는 이유다. 따라서 단일 화면은 선택지에 들 수 없다.

HWD는 상대적으로 저렴하고 설치 및 설정이 쉬우며 모든 종류의 물리적 공간에서 사용 가능하고 인근 물체를 확인하고 상호작용할 수 있다는 장점이 있다. 서라운드 스크린 디스플레이의 장점은 더 가벼운 헤드기어(간단한 스테레오 안경)와, 게임 사용자가 공간에서 자신의 몸을 볼 수 있는 가능성이다. 가정용 VR 게임이라면 HWD가 비용과 편의 측면에서 우수하므로 확실히 낫다. 하지만 VR 아케이드 등 전용 공간용이라면 서라운드 스크린 디스플레이를 고려해 볼 수 있다. 사례 연구의 나머지 부분은 일반 소비자용 HWD를 사용할 것으로 가정한다.

HWD를 선택할 때 처리해야 할 몇 가지 문제가 발생한다. 먼저 인체 공학이 관심사가 된다. HWD는 여전히 부피가 크고 무겁고 불편할 수 있다. 이런 상황에서도 가능한 한 가볍고 편안한 디스플레이를 선택하고 싶은 마음은 당연할 것이다. 그랬을 때 HWD는 착용했을 때 주변 거리가 확보돼야 하고, 썼을 때 눈이 피로하지 않으면서도 정확한 스테레오 시청 기능을 구현하고자 눈과 디스플레이 사이의 거리(안구 거리)를 조정할 수 있어야 한다.

플레이어는 실제 세계를 볼 수 없으므로 안전 문제도 해결돼야 한다. HWD는 무선으로 또는 올인원 배낭 시스템과 함께 사용할 수 있기 때문에 플레이어가 케이블에 엉키거나 넘어질 염려가 없다. 또 사용자가 실제 물체 때문에 위험해질 때 현실 세계가 가상으로 흘러들기를 원한다. HTC 바이브의 샤프론 기능 등 시스템은 사용자가 물체에 접근하거나 가까이 다가갈 때 실제 공간(벽)의 경계를 표시한다. 또 깊이 카메라를 사용해 놀이공간에서 가구나 사람/애완동물이 방을 걷는 등의 장애물을 감지할 수 있다(나혼Nahon 등 2015).

디스플레이의 충실도는 이런 유형의 게임에서 중요하다. 가상 세계는 실제 환경과 똑같이 보이지 않으므로 최고 수준의 충실도를 확보하지 않아도 게임이 효과적으로 실행될 수 있다. 동시에 플레이어가 게임 세계에서 현실감을 느껴야하므로 합리적인 FOV(현재 소비자 HWD의 표준인 수평 100도)로 높은 품질의 공간 해상도를 제공하는 것이 중요하다.

지금까지 HWD에 이상적인 단일 플레이어에 대해서만 논했다. 굳이 플레이어가 많지 않더라도 대부분 다른 사람도 게임을 볼 수 있어야 한다. HWD가 여러 대 있으면 사용하면 되겠지만 게임하지 않는 사람이 HWD를 사용하면 방해가 될 수 있으며 대규모의 잠재 고객을 유치할 수 없다(10대의 HWD를 들이지는 않는다). 이보다는 녹색 화면 합성 해결책이 나올 것이다. 영상 카메라로 녹색 화면 앞에서 플레이어를 캡처한 뒤 가상 세계로 합성해, 시청자가 게임 세계에 몰입한 플레이어를 제3자의 관점에서 볼 수 있게 만드는 방법이다. 이 접근법은 게임 판타스틱 콘트랩션Fantastic Contraption(그림 5.31)으로 대중화됐고, 게임 플레이 영상을 온라인에 올리거나 스트리밍하는 데에도 효과적으로 사용될 수 있다.

그림 5.31 판타스틱 콘트랩션의 복합 현실 합성으로 시청자가 자신이 움직이는 플레이어와 가상 세계를 모두 볼 수 있다(이미지 출처: 노스웨이 게임즈(Northway Games)).

마지막으로 비시각 디스플레이를 고려해야 한다. 이 게임의 경우 공간 음향이 사실주의와 경험에 긍정적인 영향을 미칠 것이다(예를 들어 괴물이 뒤로 숨어들어 오는 소리를 듣는 것). 따라서 플레이어가 양질의 헤드폰을 갖고 있으면 좋다. 하지만 물리적인 소품을 사용해 햅틱 피드백을 제공하는 것은 실제 공간이 다양한 가상 공간에 사용될 것이기 때문에 유용한 선택지가 아니다. 대신 손으로 조종장치를 들고 어느 정도의 햅틱 피드백을 받을 수는 있다. 조종장치를 잡으면 수동 피드백 또는 덜거덕거리거나 진동을 느끼는 피드백을 얻을 수 있다.

주요 개념

- 최종 사용자에게 효과적이고 실용적인 시각 디스플레이를 선택하자.
- VR 디스플레이와 관련된 인적 요소 문제를 신중하게 고려하자.
- VR 경험을 하지 않더라도 시청해야만 하는 사용자 등 사회적 측면을 고려하자.

5.7.2 모바일 AR 사례

하이드로시스 실외 AR 애플리케이션을 만드는 동안 다양한 물리적, 기술적 요구 사항을 충족시킬 수 있는 적합한 플랫폼을 설계해야 했다. 환경 프로세스를 분석하는 데 사용되는 장치는 야외의 환경을 견뎌야 할 뿐만 아니라 내용도 명확하게 파악할 수 있어야 한다. 또 장치 설정은 정확한 추적과 AR 콘텐츠의 실시간 렌더링을 가능케 해야 한다. 적절한 플랫폼을 제공하는 것이 진정한 도전 과제였다. 5.7.2절에서는 관련해서 다양한 이슈를 풀어내고 유용한 권장 사항을 도출해 보겠다.

시각 디스플레이 유형과 사양이 이 애플리케이션의 주요 관심사는 아니었다. 열악한 환경에서 여러 사용자가 실외에서 추적하고 사용할 수 있는 저렴한 AR 디스플레이가 필요했다. 핸드헬드, 영상 투시 AR 디스플레이가 실질적으로는 유일한 선택이었다. 하지만 폼 팩터, 센서 통합, 견고성 문제를 포함해 전체 플랫폼의 물리적 요구 사항은 더 어려운 문제였다.

먼저 플랫폼의 물리적 요구 사항을 살펴보겠다. 낮은 온도와 눈, 비가 오는 환경에서 사용되기 때문에 가혹한 외부 조건을 견디려면 견고해야 했다. 대부분의 전자 장치가 이를 견딜 수 있는 것은 아니다. 상호작용하는 동안 장치는 잠재적으로 장시간 시스템을 **인체 공학적**으로 사용할 수 있도록 유지돼야 했고 사용자는 종종 30분 이상 분석을 수행해도 팔 근육이 아프지 않아야 했다. 더군다나 셋업은 작은 백팩에 넣어 운반할 수 있도록 **소형**이어야 했다. 마지막으로 사용자가 조건에 따라 설정을 조정할 수 있도록 **모듈식**으로 만들어야 했다.

이제 방수 스마트폰을 사용할 수 없었던 이유를 스스로에게 물어야 했는데 이것이 가능했다면 많은 요구 사항을 충족할 수 있었을 것이다. 하지만 당시 스마트폰 내장 센서의 품질은 적절한 추적 기능을 제공하기 충분하지 않아서 고품질 GPS 센서, 우수한 카메라 및 회전 측정을 위한 정밀 관성 센서와 같은 외부 센서를 사용해야 했다. 그때와 상황은 달라졌지만 개발자가 고품질 센서를 선호하는 것은 여전하다.

지난 경험을 바탕으로 핸드헬드 AR 플랫폼을 적절한 플랫폼으로 설계하고 지하 인프라를 시각화하는 데 사용했다(샬Schall 등 2009). 사용 환경은 하이드로시스보다 덜 거슬렸지만 동일한 요구 사항은 많이 적용됐다. 베스페르(Vesp'r, 그림 5.32)라고 불린 이전 플랫폼은 소니 UMPC 모바일 컴퓨터, 센서, 필요한 모든 케이블을 갖춘 중앙 장치로 구성됐다. 센서에는 고품질 카메라, 고정밀 GPS, 관성 측정 장치가 포함됐다. 이 장치는 설정 측면에 하나의 그립 또는 2개의 그립을 장착해 한 손 및 양손 사용을 가능하게 만들었다. 또 덕분에 파워 그립도 가능해졌는데(3.5.1절 참고) 약간 무거운 상태로 설정된 것을 들 수 있게 만드는 것이 중요했다(잘못된 그립은 인체 공학적인 사용을 제한한다). 이는 장치가 눈 높이까지 들렸을 때 즉 증강된 콘텐츠와 실제 세계를 일치시키지만 몸은 피곤한 상태에서 특히 중요한 사실이었다. 한 손으로 설정하는 것이 편안하지는 않지만 화면과 직접 상호작용할 수 있는 방법이었다. 손잡이가 양쪽에 장착된 상태에서 손잡이에 내장된 조작기기로 상호작용을 수행할 수 있었다. 6장에서 입력 구조에 대해 자세히 설명하겠다.

설치 프로그램의 모양과 균형, 조작 기기의 위치가 인체 공학적 사용을 유도하는 데 크게 도움이 된다는 것이 연구를 통해 밝혀졌다. 또 무거운 장치가 더 나쁜 장치인 것은 아니라는 흥미로운 사실도 드러났다. 무겁지만 균형이 잘 잡혀 있고 인체 공학적으로 만들어진 장치는 제대로 설계되지 않은 가벼운 플랫폼보다 뛰어난 성능을 보유했을 수도 있다(베아스와 크루이프 2008). 특정 신체 자세는 인체 공학적인 사용 시간을 연장할 수도 있다. 두 손으로 장치를 사용할 때 사용자가 팔꿈치를 허리에 대고 있다는 사실을 알게 됐다. 손을 안정시키고 체중을 더 잘 분배하는 자세다. 이를 바탕으로 사용자가 여러 자세로 화면 내용을 관찰할 수 있도록 디스플레이가 지지 구조에 장착되는 각도를 선택했다. 실외 조명과 이로 인해 생기는 반사가 화면 내용을 볼 때 방해가 될 수 있기 때문에 화면 각도가 다를 경우 자세가 불편해질 수 있다.

그림 5.32 베스페르 핸드헬드 AR 장치 설정(이미지 출처: 에른스트 크루이프와 에두아르도 베아스)

하이드로시스에서는 더 거친 조건에서도 견딜 수 있는 강력한 조건을 목표로 잡기로 했다. 비바람에 견디는 태블릿과 MIL 표준 파나소닉 UMPC를 사용했는데 이는 베스페르에서 사용된 소니 UMPC보다 무거웠지만 실외에서 볼 수 있는 화면과 오래가는 배터리를 탑재했다. 후자는 시간이 지날수록 추가적인 센서를 구동하고 추가 배터리 팩의 필요성을 줄여 줘서 더 유용했다. 베스페르와 마찬가지로 고정밀 GPS, 관성 센서, 고품질 카메라가 사용됐다.

그림 5.33은 세 번의 반복 작업 후 최종 설정을 보여 준다. 설정에는 3D로 인쇄된 플라스틱, 알루미늄으로 만든 UMPC 뒤에 X 마운트 같은 장치가 포함돼 있다. 마운트에 공간 케이블과 센서 제어 상자가 차지하는 공간을 제한하고자 압축될 수 있는 네오프렌neoprene(가볍지만 견고한 재료) 선체를 연결했다. 네오프렌 구조는 한 손으로 편하게 잡을 수 있었다. 플라스틱 프레임에는 3D 인쇄 장치를 다양하게 장착해 기본 센서를 고정

할 수 있었다. 이전 경우들에는 삼각대 마운트가 포함돼 있었지만 최종 프로토타입에는 설정에 연결된 카메라 벨트가 포함돼 있어서 사용자의 무게를 덜어 줬고 애플리케이션을 제어하면서 장치를 한 손으로 들 수 있다는 것이 중요해졌다. 자세한 내용은 베아스와 크루이프(2010)의 연구를 참고하자. 또한 11장 '3D 사용자 인터페이스 평가'에서 인체 공학적 고려 사항을 다시 한번 검토해 보기로 한다.

그림 5.33 하이드로시스 핸드헬드 AR 장치 설정(에른스트 크루이프와 에두아르도 베아스)

주요 개념

앞서 설명한 프로토타입의 개발에서 첫 번째 아쉬운 점은 설명한 도메인에 한정되는 것으로 보이지만 이를 통해 얻은 교훈을 대부분 실제로 광범위한 휴대용 AR 설정에 적용했다는 점이다.

- 사용자가 눈 높이로 장치를 잡아야 하는 경우에는 특히 시스템을 단단히 고정할 수 있는 편안한 전원 그립을 지원해야 한다.
- 사용자가 자세를 바꾸고 팔을 몸에 기댈 수 있게 만들어서 사용 시간을 연장할 수 있는 가능성을 살펴봐야 한다.
- 자세 각도를 변경해 내용을 명확하게 보고자 할 때 인체 공학적인 사용을 제한할 수 있기 때문에 각도와 자세 사이의 관계를 명확하게 분석해야 한다.

- 설정이 균형 잡혀 있는지 자세히 살펴보자. 장치가 잘못된 방향으로 기울면, 좋은 자세나 그립으로도 시스템을 오래 유지하지 못할 때가 있다. 균형은 전체 체중보다 더 중요할 수 있다.
- 추가 배터리의 필요성을 최대한 제한하고, 추가 케이블 역시 공간을 많이 차지하기 때문에 압축해야 한다.

5.8 결론

5장에서는 다양한 유형의 시각 디스플레이, 청각 디스플레이, 햅틱 및 촉각 피드백 장치, 출력 장치를 살펴봤다. 적절한 출력 장치를 선택하는 몇 가지 전략을 검토했고 디스플레이의 충실도가 어떤 영향을 미치는지도 논의했다. 그러나 출력 장치는 3D UI에서 주요 하드웨어 구성 요소는 아니다. 입력 장치 즉 애플리케이션 내에서 작업과, 작업을 수행하는 데 필요한 장치가 중요하다. 입력 장치의 선택은 출력 장치의 선택에 영향을 줄 수 있으며, 그 반대도 역시 가능하다. 6장에서는 다양한 입력 장치 종류와 이것이 3D UI 디자인에 미치는 영향을 설명하면서 3D UI에 사용되는 하드웨어를 계속해서 살펴보겠다.

추천 도서 및 논문

컴퓨터 그래픽 렌더링을 좀 더 자세히 알고 싶다면 다음 문서를 추천한다.

- Akenine-Möller, T., E. Haines, and N. Hoffman (2008). *Real-Time Rendering*, 3rd ed. Wellesley, MA: AK Peters.
- Angel, E. and D. Shreiner (2011). *Interactive Computer Graphics: A Top-Down Approach with Shader-Based OpenGL*, 6th ed. Boston: Addison-Wesley.
- Hughes, J., A. van Dam, M. McGuire, D. Sklar, J. Foley, S. Feiner, and K. Akeley (2013). *Computer Graphics: Principles and Practice*, 3rd ed., Upper Saddle River, NJ: Addison-Wesley Professional.

머리 착용 디스플레이 디자인을 좀 더 자세히 알고 싶다면 다음 문서를 추천한다.

- Melzer, J., and K. Moffitt (2011). *Head-Mounted Displays: Designing for the User*. Create Space Independent Publishing Platform. New York: McGraw-Hill.

자동 입체 촬영 기술 및 진정한 3D 디스플레이를 좀 더 자세히 알고 싶다면 다음 문서를 추천한다.

- Blundell, B. G. (2012). "Volumetric 3D Displays." In J. Chen, W. Cranton, and M. Fihn (eds.), *Handbook of Visual Display Technology*, 1917–1931. Berlin: Springer.

- Holliman, N., N. Dodgson, G. Favalora, and L. Pockett (2011). "Three-Dimensional Displays: A Review and Applications Analysis." *IEEE Transactions on Broadcasting* 57(2): 362–371.

- Wetzstein, G., D. Lanman, M. Hirsch, W. Heidrich, and R. Raskar (2012). "Compressive Light Field Displays." *IEEE Computer Graphics and Applications* 32(5): 6–11.

3D 공간 오디오 디스플레이에 대한 포괄적인 소개를 보려면 다음 문서를 추천한다.

- Begault, D. R. (1994). *3D Sound for Virtual Reality and Multimedia*. Boston: Academic Press.

- Blauert, J. (1997). *Spatial Hearing: The Psychoacoustics of Human Sound Localization*. Cambridge, MA: MIT Press.

- Kapralos, B., M. Jenkin, and E. Milios (2003). "Auditory Perception and Virtual Environments" Dept. of Computer Science, York University, CS-2003-07.

- Vorländer, M. and B. Shinn-Cunningham (2015). "Virtual Auditory Displays." In K. Hale and K. Stanney (eds.), *Handbook of Virtual Environments: Design, Implementation, and Applications*, 2nd ed., 87–114., Boca Raton, FL: CRC Press.

- Xie, B. (2013). *Head-Related Transfer Function and Virtual Auditory Display*. Plantation, FL: J. Ross Publishing.

3D 공간 음향 렌더링에 대해 좀 더 자세히 알고 싶다면 다음 읽을 거리를 추천한다.

- Manocha, D., P. Calamia, M. Lin, L. Savioja, and N. Tsingos (2009). "Interactive Sound Rendering." *ACM SIGGRAPH 2009 Courses* (SIGGRAPH '09). ACM,

New York, NY, USA, Article 15, 338 pages.

- Vorlander, M. (2007). *Auralization: Fundamentals of Acoustics, Modelling, Simulation, Algorithms and Acoustic Virtual Reality*. Berlin: Springer.

핵틱 디스플레이 장치 기술 및 핵틱 단서의 세부 사항에 대해서 좀 더 알고 싶다면 다음 읽을 거리를 추천한다.

- Biggs, S. J. and M. A. Srinivasan (2002). "Haptic Interfaces." In K. Stanney (ed.), *Handbook of Virtual Environments*, 93–115. Mahwah, NJ: Lawrence Erlbaum Associates.
- Burdea, G. (1994). *Force and Touch Feedback for Virtual Reality*. New York: Wiley Interscience.
- Hatzfeld, C. and T. A. Kern (2014). *Engineering Haptic Devices: A Beginner's Guide*, 2nd ed. Berlin: Springer-Verlag.

핵틱 및 촉각 렌더링 알고리듬에 대해 좀 더 알고 싶다면 다음 읽을 거리를 추천한다.

- Basdogan, C. and M. A. Srinivasan (2002). "Haptic Rendering in Virtual Environments." In K. Stanney (ed.), *Handbook of Virtual Environments: Design, Implementation, and Applications*, 117–134. Mahwah, NJ: Lawrence Erlbaum Associates.
- Lin, M. C. and M. Otaduy (2008). *Haptic Rendering: Foundations, Algorithms and Applications*. Wellesley, MA: AK Peters, Ltd.

마지막으로 디스플레이 장치 평가에 대한 경험적 연구의 뉘앙스를 보여 주는 두 가지 흥미로운 논문을 제시한다.

- Pausch, R., D. Proffitt, and G. Williams (1997). "Quantifying Immersion in Virtual Reality." *Proceedings of SIGGRAPH '97*, 13–18.
- Robertson, G., M. Czerwinski, and M. van Dantzich (1997). "Immersion in Desktop Virtual Reality." *Proceedings of the 1997 ACM Symposium on User Interface Software and Technology*(UIST '97), 11–19.

3D 사용자 인터페이스 입력 하드웨어

6장에서는 3D UI에 사용되는 하드웨어에 대한 논의를 계속할 것이다. 즉 몰입형, 모바일, 데스크톱 앱에 사용되는 입력 장치와 이것이 3D UI에 미치는 영향을 다루려고 한다. 또한 장치의 중요한 속성, 분류법, 경험적 연구의 증거를 살펴봄으로써 다양한 3D 애플리케이션에 대한 입력 장치를 선택하는 방법을 설명한다.

6.1 소개

5장 '3D 사용자 인터페이스 출력 하드웨어'에서 봤듯이 출력 장치를 선택하는 것은 3D 애플리케이션을 설계, 개발, 사용하는 중요한 요소인데, 그 이유는 사용자에게 정보를 표시하는 주요 수단이기 때문이다. 3D UI 디자인에서 그만큼 중요한 부분이 바로 사용자와 애플리케이션 사이의 소통을 유도하는 적절한 입력 장치 세트를 선택하는 것이다. 예를 들어 머리를 추적하거나 자신의 음성을 이용해 애플리케이션과 상호작용할 필요가 있을 수 있다. 3D UI에는 페인트 버킷을 사용해 3D 가상 페인트를 던지거나 손으로 메모를 기록하는 등 특정 요구 사항이 있다. 출력 장치와 마찬가지로 3D UI를 개발할 때 여러 유형의 입력 장치를 선택할 수 있으며 일부는 다른 장치보다 특정 작업에 더 적합할 것이다.

6장은 사용할 수 있는 입력 장치 유형 및 3D UI에서의 사용 방법을 안내한다. 5장과 마찬가지로 6장은 지금까지 개발된 모든 입력 장치 또는 그 설계의 기술적인 세부 사항을 완벽하게 논의하는 내용은 아니며, 오히려 3D 애플리케이션에서 흔히 볼 수 있는 대표적인 장치 예시를 제시한다. 3D 입력 하드웨어에 대한 또 다른 설명은 슈말스티그과 휠러러(2016), 셔먼과 크레이그(2003) , 버디아와 코이펫(2003)을 참고하자.

6장의 나머지 부분을 탐구하고 특히 상호작용 기술을 생각하면서 내용을 살펴보는 것이 좋을 것 같다 상호작용 기술과 입력 장치 사이의 연결은 두 기술 사이의 구별과 종속성 때문에 중요하다. 입력 장치는 다양한 상호작용 기술을 구현하는 데 쓰이는 물리 도구일 뿐이다(폴리Foley와 왈라스Wallace 1974). 일반적으로 상호작용 기법을 주어진 입력 장치에 매핑할 수 있다. 문제는 주어진 입력 장치와 기법 사이의 매핑이 얼마나 자연스럽고 효율적이며 적절한지의 여부다.

6.1.1 입력 장치의 특성

입력 장치는 다양한 특성으로 설명할 수 있다. 가장 중요한 요소 중 하나는 입력 장치가 제공하는 자유도DOF, Degrees Of Freedom다. 자유도는 몸이 공간에서 특정하게, 독립적으로 움직이는 방법이라고 보면 된다. 추적기 등 장치가 총 6개의 DOF를 3개의 위치값(x, y, z)과 3개의 방향값(요, 피치, 롤)을 포착한다. 대체로 DOF는 장치가 얼마나 복잡하고 다양한 상호작용 기술을 수용할 수 있는지를 나타내는 능력이다.

입력 장치의 또 다른 특성은 생성되는 데이터의 입력 유형과 빈도에 관한 것이다. 입력 장치 데이터 주파수는 이산, 연속 또는 이 둘의 조합일 수 있다. 이산 입력 장치는 전형적으로 사용자의 동작에 기초해 단일 데이터 값(예를 들어 불값Boolean value 또는 세트 요소)을 생성한다. 주로 데스크톱 3D 모델링 프로그램에서 드로잉 모드를 변경하는 것처럼 애플리케이션의 모드를 변경하거나, 사용자가 탐색 기법을 인스턴스화하는 등 작업을 수행하기 원한다는 것을 나타낸다. 연속 입력 장치는 많은 경우 사용자가 수행하는 작업과 관계 없이(추적 시스템과 감지 밴드 장갑은 예시다) 동작에 응답해 다수의 데이터 값(예를 들어 실수 값, 픽셀 좌표 등)을 생성한다. 많은 경우 입력 장치는 이산 및 연속 데이터 구성 요소(예를 들어 몇 개의 단추와 결합된 공간에서 추적되는 게임 동작 조작 기기)로 구성돼 보다 넓은 범위의 장치와 상호작용 기술을 매핑할 수 있다.

입력 장치는 데이터를 포착하는 데 사용하는 센서 유형에 따라 설명될 수도 있다. 예를 들어 **활성 센서**active sensor는 사용자가 유용한 데이터를 생성하고자 장치를 착용, 보관 또는 조작해야 한다. 즉 이런 입력 장치는 어떤 방식으로든 조작되지 않으면 컴퓨터에 유용한 정보를 제공하지 않는다. 스스로는 아무것도 할 수 없다는 것이다. 활성 센서를 갖춘 입력 장치는 이산(예를 들어 버튼) 및 연속 데이터(예를 들어 가속도나 속도) 모두를 생성할 수 있다. 예를 들어 트랙볼, 슬라이더, 다이얼의 경우 사용자가 주어진 범위에서 연속적인 데이터 시퀀스를 생성하려면 조작을 해야만 하기 때문에 활성 센서를 갖춘 입력 장치의 예라고 볼 수 있다. 또 다른 예시로는 능동 센서 기반 버튼과 가속도 센서를 갖춘 영상 게임 모션 조작기는 사용자 동작 추적을 위한 명령(사용자가 적절한 버튼을 눌렀을 때)과 연속 데이터를 생성하고자 개별 데이터를 생성할 수 있다(해당 데이터는 장치가 켜져 있을 때 자동으로 생성한다).

수동 센서passive sensor를 사용하는 입력 장치는 유용한 데이터를 생성하려고 할 때 사용자가 입력 하드웨어를 한 곳에 고정하거나 착용하지 않아도 된다. 이런 유형의 장치는 사용자로부터 분리돼 전략적인 위치에 위치하므로 사용자는 눈에 띄지 않게 3D 애플리케이션과 상호작용할 수 있다. 수동 센서를 사용하는 입력 장치의 고전적인 예는 비디오 카메라다. 입력 장치의 일부로, 사용자가 장치를 착용하거나 조작해야 하기 때문에 유효한 센서로 만들 수 있다. 활성 센서와 수동 센서의 주요 차이점은 유용한 데이터를 생성하는 데 필요한 조작 수준이다. 활성 센서의 경우 조작이 필요하다. 반면 수동 센서의 경우 그럴 필요가 없다.

3D 공간 입력 장치와 관련해 활성 및 수동 센서 기반 장치는 사용자의 움직임을 지속적으로 모니터링해야 한다(서면과 크레이그 2003). 예를 들어 추적기는 사용자의 자세, 위치, 방향, 동작 정보를 지속적으로 출력해서 3D 애플리케이션에 전달할 수 있는 장치다. 이런 장치는 어떤 공간에 무엇이 있는지 알고 싶을 때 유용하게 사용되며, 계속 필요하지는 않다. 이에 대한 완벽한 예시가 바로 3D 음향 디스플레이 및 시각 디스플레이에서의 활성 뷰어 동작 시차에 대한 요구 사항인 머리 추적이다. 이러한 모니터링 장치를 사용하면 종종 데이터를 서로 다른 순서로 세분화해야 한다. 해당 시퀀스는 일반적으로 3D 동작 인식에 사용된다(라비올라 2013). 활성 센서 기반 장치의 경우 데이터 분할은 수동적으로 수행된다. 예를 들어 사용자가 게임 동작 조작기의 버튼을 눌러 특정 세그먼트에 대한 데이터 모니터링을 시작 및 중지하도록 3D 애플리케이션에 지시하는 행위다. 그러나 수동 센서 기반 입력 장치의 경우 3D 애플리케이션 자체는 일반적으로 특정 데이터 세그먼트가 시작되고 끝나는 시점을 결정해야 하는데 이는 더 어려운 작업이 될 수 있다.

마지막으로 입력 장치를 용도에 따라 분류할 수 있다. 예를 들어 일부 장치는 위치 또는 방향 정보를 구체적으로 결정하도록 설계된 반면 어떤 장치는 실수값(값 지정자)을 생성하거나 세트의 특정 요소(선택 사항)를 나타내도록 설계됐다. 또 다른 입력 장치의 특성은 장치가 상대값(즉 현재 및 과거 측정 값 사이의 차이) 또는 절대값(일정한 기준점에 기초한 측정값)을 측정하는지 또는 위치나 속도 제어를 허용하는지 여부를 포함한다(제이콥Jacob 1996).

6.1.2 6장의 로드맵

6장의 전반부에는 3D UI에 사용하는 다양한 입력 장치와 이것이 상호작용 기술에 미치는 영향을 설명했다.

6.2절에서는 2D 상호작용과 관련해서 데스크톱에서 일반적으로 사용하는 전통적인 입력 장치를 논지하지만 경우에 따라 데스크톱 및 몰입 설정에서 3D 상호작용에도 적용할 수 있는 내용을 다뤘다.

6.3절에서는 3D 공간 입력 장치를 살펴본다. 먼저 사용자 또는 대상의 자세를 추적하는 능동 및 수동 감지 장치를 다룬다. 두 번째로 사용자 추적에 감지 기술을 사용하는

방법을 설명한다. 세 번째 감지 기술과, 여타 물리적 입력 구성 요소를 결합한 가장 일반적인 3D 입력 장치인 3D 마우스를 설명한다.

6.4절은 3D UI에서 3D 공간 입력 장치를 보완하는 비공간 입력 기술(음성 및 두뇌 입력)을 다룬다. 6.5절에서는 특정 작업을 위해서만 설계돼 다른 범주에는 잘 맞지 않는 특수 목적 입력 장치의 예시를 보여 준다.

마지막으로는 6.6절에서 사용자 정의 입력 장치를 만드는 전략에 대한 중요한 정보를 제공하지만 6.7절에서 특정 작업이나 애플리케이션에 쓸 수 있는 입력 장치를 선택하기 위한 아이디어와 지침을 제시한다. 6.8절에서는 실험 사례 연구에 사용한 입력 장치를 설명하겠다.

6.2 전통적인 입력 장치

데스크톱 3D UI에는 많은 입력 장치가 사용된다. 해당 장치 중 다수는 워드 프로세서, 스프레드 시트, 그림판 같은 기존 2D 데스크톱 애플리케이션용으로 설계했고 그렇게 사용됐다. 하지만 적절한 매핑을 통하면 해당 장치는 3D UI 및 모델링, 컴퓨터 게임과 같은 3D 애플리케이션에서도 잘 작동한다. 물론 대부분의 장치는 서라운드 스크린 디스플레이나 HWD를 사용하는, 몰입이 필요한 3D UI에서도 사용될 수 있지만 일부는 다른 것보다 더 적합할 수도 있다.

6.2절에서는 다음 내용을 다룬다.

- 키보드
- 2D 마우스와 트랙볼trackball
- 펜 및 터치 기반 태블릿
- 조이스틱
- 데스크톱 6-자유도 입력 장치

사용자가 3D 애플리케이션에 정보를 제공하려면 물리적으로 조작을 가해야 하기 때문에 위에 언급한 것들은 대부분 능동 감지 장치라고 볼 수 있다.

6.2.1 키보드

키보드는 일련의 개별 구성 요소(버튼)를 포함하는 전통적인 능동 감지 데스크톱 입력 장치의 전형적인 예다. 모델링부터 컴퓨터 게임까지 많은 데스크톱 3D 애플리케이션에서 일반적으로 사용된다. 예를 들어 1인칭 슈팅 게임에서 간단한 탐색 기술에 대한 입력으로 종종 화살표 키를 사용한다. 하지만 몰입형 VR이나 모바일 AR 등 3D 애플리케이션 영역에서는 전통적인 키보드의 크기와 표면을 지원해야 한다는 것 때문에 표준 키보드가 실용적이지 못하다. 완전 몰입형 3D 환경의 경우 사용자가 HWD를 착용할 때 사용자의 시야에서 현실 세계가 차단되기 때문에 전통적인 키보드로 조작하기가 어려워진다. 그러나 단일 스크린 디스플레이 또는 테이블과 같이 몰입이 덜한 디스플레이를 사용하는 경우 전통적인 키보드를 사용할 수 있다.

HWD 및 서라운드 스크린 디스플레이를 사용하는 많은 3D 애플리케이션에서도 문자와 숫자를 입력하는 것은 중요하기 때문에 해당 환경에서는 다소 관습적이지 않은 장치가 필요하다(9장, 9.2.2절 참고). 표준 키보드가 개발된 이래 전통적인 키보드를 사용하기 적절하지 않은 경우 문자와 숫자를 쉽게 입력할 수 있도록 다양한 키보드 레이아웃과 디자인이 개발돼 왔다. 맥켄지와 다나카^{Tanaka}-이시이(2007)의 연구에서 이렇게 다양한 키보드 디자인과 텍스트 입력 예시에 대한 설명을 더 자세히 볼 수 있다.

키보드를 3D UI로 사용하려면 사용자가 갖고 다니거나 착용할 수 있도록 소형화하는 방법이 가장 편할 것이다. 이 기술은 사용자에게 이미 친숙한 쿼티^{QWERTY} 레이아웃을 유지할 수 있어 자판의 위치를 재학습할 필요가 없다는 이점이 있다(그림 6.1 참고). 하지만 소형 키보드는 일반적으로 터치 타이핑(즉 열손가락 입력)을 쓰기에 너무 작아서 사용자가 한두 개의 손가락으로 타이핑해야 하며 따라서 수년 간의 키보드 사용으로 다져진 근육을 사용할 수 없다.

3D UI에서 소형 키보드를 한 손에 들고 다른 한 손으로는 자판을 칠 수 있고(팜톱 컴퓨터와 비슷하게), 또는 키보드를 착용하거나 몸에 부착할 수 있다. 여러 착용형 컴퓨터의 입력 장치를 비교한 실험 결과를 보면 사용하지 않는 손의 팔 앞쪽에 묶는 유형이 최상의 성능과 사용자 만족을 끌어냈다(토마스^{Thomas} 등 1998).

그림 6.1 소형 컴퓨터의 예시(이미지 출처: 마이크로소프트)

키보드를 한 손에 들 수 있을 정도로 작게 만드는 두 번째 방법은 키의 개수를 줄이는 것이다. 예를 들어 일부 휴대전화의 키패드는 엄지 손가락으로 12~15개의 키를 눌러 한 손으로 쉽게 사용할 수 있다. 오늘날 휴대전화는 텍스트 입력이 필요한 많은 기능을 포함하고 있기 때문에(예를 들어 연락처 목록에 이름을 입력하는 일) 여러 가지 기호 입력 메커니즘이 개발됐고 그중 일부는 3D UI에 적용될 수 있다. 휴대전화 기반 텍스트 입력 기술 중 하나는 문제의 표준 레이아웃을 사용하는 것이다(a, b, c는 숫자 2 자판, d, e, f 는 숫자 3 자판으로 변환하는 등). 사용자는 원하는 글자 키를 누르고 이를 여러 번 눌러서 명확하게 만든다. 손으로 들 수 있는 키보드의 또 다른 유형으로는 코드 키보드(엥글바 트Englebart와 잉글리시English(1968)의 연구에 처음 등장했다)가 있다. 한 손으로 장치를 잡고 문자와 숫자를 입력하는 데 여러 키의 조합을 단일한 코드로 누른다(그림 6.2 참고). 코드 키보드는 적은 수의 키를 사용하면서 전체 크기의 키보드 기능을 제공하는 것이 목표다. 키보다 많은 기호를 제공하려면 장치에서 사용자가 여러 개의 키를 동시에 누르면 된다. 함께 누를 수 있는 키의 조합을 코드라고 하며 이는 한 번에 여러 개의 키를 치는 것으로, 피아노의 음악 코드를 만드는 방법에서 따온 이름이다. 그림 6.2는 12개의 건반을 가진 상용 코드 키보드(트위들러2Twiddler2)다. 문자, 숫자 또는 표준 구두점 기호를 생성하려면 한 번에 2개의 키를 누르면 된다.

그림 6.2 12개 키를 가진 코드 키보드(이미지 출처: 더그 바우만(Doug Bowman))

화음 키보드는 다른 맥락, 특히 모바일 및 웨어러블 컴퓨팅에서 광범위하게 연구됐으며(노예스Noyes 1983), 다양한 레이아웃과 폼 팩터로 나왔다. 일반적으로 레이아웃이 표준 쿼티QWERTY 키보드를 따르지 않기 때문에 사용자가 코드 키보드에 익숙해지려면 교육을 받아야 하지만, 한 손으로 상징적인 입력을 해내야 하기 때문에 일부 상황에서 이 훈련이 도움이 될 수 있다.

앞 단락에서 설명한 소형 키보드는 예전만큼 인기 있지는 않다. 그 대신 소프트웨어로 완전히 구현된 가상 장치인 '소프트'와 제스처 키보다 두드러진다. 이 키보드를 사용하면 기호를 입력하는 데 실제 키보드 대신 가상 키를 누르거나 단어를 입력하는 데 제스처를 취하면 된다(자이 및 크리스텐슨Kristensson 2012). 대부분의 스마트폰과 태블릿에는 화면에 표시되는 소프트 키보드가 포함돼 있다. 사용자는 스타일러스나 손가락으로 가상 키를 누르면 된다. 소프트 키보드는 다양한 레이아웃이나 알파벳에 맞게, 쉽게 재구성할 수 있으며 특수한 입력 장치를 필요로하지 않는다는 이점을 지녔다. 그러나 소프트 키보드는 단일 포인트만 입력할 수 있고(한 손가락 또는 1회 한 번밖에 사용할 수 없는 펜), 능동 및 수동 햅틱 피드백을 받을 수 없다는 단점이 있다. 가상 키보드가 물리적인 표면에 놓여 있다고 해도 사용자는 키의 윤곽을 느낄 수 없기 때문에 보거나 듣지 않으면 상징적으로 자판을 눌렀는지 알 수 없다. 소프트 키보드로 빠르게 텍스트를 입력

하려면 단어 예측, 자동 완성, 수정 기능이 필요하다.

소프트 키보드의 다른 예로는 센스보드^{Senseboard}라는 가상 키보드 장치가 있다(그림 6.3 참고). 해당 개념은 완전한 쿼티 키보드가 거의 모든 표면에서 존재할 수 있으며 사용자는 10개 손가락을 모두 사용해 입력할 수 있다는 것이다. 이는 손가락 움직임을 결정하는 근육 센서를 사용하고, 모호한 상황에서 사용자가 쓸 것 같은 단어를 결정하는 패턴 인식으로 완전해진다.

그림 6.3 센스보드 가상 키보드 프로토타입(이미지 출처: 센스보드 테크놀로지스 AB(Senseboard Technologies AB))

가상 키보드를 표준 쿼티 레이아웃으로 제한할 필요는 없다. 펜, 한 손가락으로 소프트 키보드를 두드리는 경우 쿼티 레이아웃은 차선책이 될 수 있다(초보자의 경우 더 나은 수행 능력을 보일 수 있지만). 예를 들어 자이 등(2000)은 사용하는 문자 빈도, 키 사이의 거리 등을 정량적으로 분석해서 이를 기반으로 소프트 키보드용 레이아웃인 메트로폴리스 키보드를 개발했다.

6.2.2 2D 마우스와 트랙볼

2차원 마우스와 트랙볼은 창, 아이콘, 메뉴, 포인터^{WIMP, Windows, Icons, Menus, Pointers} 인터페이스 메타포(반 담 1997)에서 널리 사용되는 기존 능동 감지 입력 장치의 또 다른 전형적인 예다. 마우스는 전통적인 2D 입력에서 일반적으로 사용되는 장치 중 하나이며 종류도 다양하다. 트랙볼은 거꾸로 된 마우스라고 볼 수 있다. 사용자는 포인터를 움직이고자 전체 장치를 움직여야 하는 대신 장치에 내장된 회전 가능한 볼로 조작한다. 트랙볼의 장점 중 하나는 평면 2D 표면을 작동할 필요가 없다는 것이다. 즉 2D 표면을 사용자의 손에 쥐고 똑바로 작동시킬 수 있다는 의미다. 마우스 또는 트랙볼의 디자인과 관계 없이 장치에는 두 가지 필수 구성 요소가 있다. 첫 번째는 커서를 배치하고 2D 픽셀 좌표값을 생성하는 연속 2D 위치 지정 장치다. 두 번째는 개별 구성 요소 집합이다(보통 1~3개 버튼). 마우스와 트랙볼은 고정된 공간에 있는 것이 아니라 상대적인 이동 거리를 알려 주는 장치다. 키보드와 마찬가지로 여러 3D 애플리케이션에서 일반적으로 사용되며 상호작용 기술을 작업에 적용하는 데 다양한 선택지를 제공한다.

예를 들어 컴퓨터 게임에서 키보드와 결합돼 보다 복잡한 탐색 기술을 가능케 한다. 마우스 또는 트랙볼을 사용해 카메라를 회전시키는 동안 키보드를 사용해 사용자가 3D 환경을 볼 수 있게 만든다(예를 들어 찾아보기, 아래로 보기, 뒤집기). 마우스와 트랙볼(2D 위치 지정 장치)이 3D 상호작용 기술에 사용되는 방법에 대한 자세한 내용은 7장 '선택 및 조작', 8장 '탐색'을 참고하자.

그림 6.4 AR, 모바일, 몰입형 3D 환경에서 사용되는 핸드헬드 무선 트랙볼 장치의 예다.

마우스와 트랙볼은 3D, 모바일 또는 AR 환경에 몰입하도록 설계되지 않았으므로 키보드와 비슷한 문제점을 보인다. 마우스 위치 지정 장치가 제대로 기능하려면 지면에 마우스를 올려놓아야 하기 때문에 이런 디스플레이를 함께 사용하기 어렵다. 트랙볼은 한 손에 잡을 수 있으므로(그림 6.4 참고) 몰입형 3D, 모바일, AR 환경에서 사용할 수 있으며 작업대 디스플레이에는 3D 인터페이스로 성공적으로 통합된다(포스버그 등 1997). 하지만 대부분의 경우 3D 마우스는 추적되기 쉽고 추가적인 DOF를 제공하기 때문에 해당 유형의 3D 인터페이스에서 사용될 수 있다. 6.3.3절에서는 3D 마우스를 설명하겠다.

6.2.3 펜과 터치 기반 태블릿

펜과 터치 기반 태블릿(그림 6.5 참고), 핸드헬드 스마트폰은 마우스와 동일한 유형의 입력을 생성할 수 있지만 폼 팩터가 다르다. 이런 장치에서는 커서를 제어하고 2D 픽셀 좌표값을 생성하는 연속 구성 요소(2D 위치 지정 장치)가 있다. 해당 값은 여러 가지 방법으로 생성될 수 있다. 특정 하드웨어에 따라 스타일러스는 태블릿 표면에서 움직이거나 마우스를 가져가서 좌표값을 생성할 수 있다. 화면의 표면을 만지면 2D 좌표 정보를 제공할 수도 있다. 마우스와 달리 펜과 터치 기반 태블릿은 절대적인 장치이므로 태블릿 표면의 고정된 기준 프레임에 스타일러스 또는 터치되는 위치를 알릴 수 있다.

대형 펜 및 터치 기반 태블릿은 무게 때문에 대부분의 몰입형, 모바일, AR 시각 디스플레이에 적합하지 않다. 하지만 작은 태블릿과 스마트폰(과거의 PDA)은 몰입형 환경에서 3D UI로 성공적으로 통합됐다(포스버그 등 2006, 푸피레프, 도모카즈 등 1998, 왓센Watsen 등 1999). 모바일 및 AR 설정에서도 그렇다(리 등, 2009, 스티드Steed와 줄리어 2013). 데스크톱 3D 디스플레이, 일부 작업대 및 단일 벽 디스플레이, 작은 반구형 디스플레이와 같이 사용자가 있는 3D 애플리케이션에서 크기가 더 큰 펜 기반 태블릿을 사용할 수 있다. 이런 유형의 장치는 사용자가 '펜 및 종이' 형식의 인터페이스와 상호작용할 수 있는 기능을 제공하고, 사용자가 필기나 메뉴 기반의 기술을 포함한 2D 상호작용 기술을 사용할 수 있게 만들어 주기 때문에 데스크톱 3D 및 몰입형 VR 애플리케이션모두에서 널리 사용된다(차오 등 2006, 추아Chuah와 록 2012, 리 등 2009, 포스버그 등 1998, 푸피레프, 도모카즈 등 1998, 왓센 등 1999).

그림 6.5 사용자가 화면에 직접 그릴 수 있는, 대형 펜 및 터치 기반 LCD 태블릿(이미지 출처: 와콤 테크놀로지 (Wacom Technology))

6.2.4 조이스틱

조이스틱은 데스크톱 및 비디오 게임에서 전통적으로 사용됐고, 오랜 시간 컴퓨터 입력 주변 장치의 예시였다. 이 장치는 능동 감지 기능을 사용하고 연속 2D 위치 탐지 기기와 버튼, 기타 스위치와 같은 개별 구성 요소가 결합돼 마우스 및 펜 기반 태블릿과 유사하다. 하지만 마우스와 조이스틱 사이에는 중요한 차이가 있다. 마우스를 움직이지 않는 경우 즉시 커서가 멈춘다. 하지만 조이스틱을 움직이지 않을 때는 가리키는 방향으로 커서가 계속 이동한다. 커서를 멈추려면 핸들을 중립 위치로 놔야 한다. 이런 유형을 **등각 조이스틱**isotonic joystick이라고 부르며 해당 기술을 미분 제어 동작이라고 부른다(장치의 위치가 커서의 속도에 매핑돼서 위치를 조작하는 대로 움직인다). 콘솔 비디오 게임 시스템은 많은 경우 게임 조작 기기로 서로 다른 조이스틱 디자인(아날로그 및 디지털 모두)을 사용한다(그림 6.6 참고). 조이스틱은 또한 햅틱 작동기를 추가해서 사용하면 햅틱 디스플레이로 만들 수 있다(버디아 1996).

등각 조이스틱도 계속 디자인 돼 왔다. 등각 투영 장치의 용수철 상수는 크기 때문에 인식적으로 움직일 수 없다. 출력은 사용자가 장치에 가하는 힘에 따라 다르다. 회전 등

270

각 투영 장치가 비틀어지면서 변환 등각 투영 장치가 눌린다. 이런 장치의 문제점은 사용자가 압력을 가해야 하므로 쉽게 피로해질 수 있다는 것이다. 그림 6.7은 해당 장치의 예시다.

그림 6.6 간단한 조이스틱은 정교한 게임 컨트롤러로 진화했다(이미지 출처: 조셉 라비올라 주니어).

그림 6.7 등각 3D 입력 장치(이미지 출처: 브라운 대학교 그래픽 그룹의 앤드류 포스버그)

조이스틱은 수년 동안 컴퓨터 게임에서 입력 장치로 사용됐다. 이들은 운전 및 비행 시뮬레이션 게임에서 자주 사용되며 게임 조작기로 통합되면 콘솔 비디오 게임 시스템에서 가장 많이 쓰인다. 또한 CAD/CAM 애플리케이션에서 사용되기도 한다. 조이스틱 자체는 데스크톱 및 콘솔 비디오 게임 시스템용으로 설계됐다. 하지만 게임 조작기의 일부로 통합되면 3D UI에서 여러 유형의 3D 인터페이스를 지원할 수 있다. 예를 들어 그림 6.6의 두 가지 아날로그 조이스틱을 사용해 키보드와 마우스를 쓰는 것처럼 사용자의 시점을 변환하고 회전시킬 수 있다. 그러나 이런 전통적인 게임 조작기는 추적되지 않고(위치와 방향이) VR, AR, 모바일 환경에서 3D 공간 인터페이스를 유용하게 이용하기 어렵게 만든다. 게임 조작기를 추적하는 것의 자세한 내용은 6.3.3절을 참고하자.

6.2.5 데스크톱 6-자유도 입력 장치

조이스틱의 파생 기기로 등각 투영을 사용해 3D 위치 및 방향 데이터를 수집하는 6-자유도 입력 장치가 있다. 그림 6.8은 데스크톱에서 3D 상호작용을 위해 특별히 고안된 6-자유도 입력 장치의 예다. 장치의 윗부분에 손가락을 가볍게 밀고 당기는 압력을 가하면 x, y, z에 작은 굴절을 만들어 개체를 3개의 축으로 가볍게 움직일 수 있게 만든다. 윗부분이 약간 비틀어지고 기울어지면 세 축을 따라 회전 운동이 생긴다. 그림 6.9는 해당 장치가 3D 위치 및 방향 정보를 얻고자 어떻게 조작되는지 보여 준다.

그림 6.8 3D 위치 및 방향 데이터를 캡처하는 데스크톱 6-자유도 입력 장치(이미지 출처: 3D커넥션(3Dconnexion))

반응 제어를 위해 컨트롤러 캡을 밀고 당기고 비틀고 기울이기만 하면 된다.

| 오른쪽/왼쪽으로 움직이기 | 위/아래로 움직이기 | 기울이기 |

| 옆으로 돌리기 | 한 바퀴 굴리기 | 끌어당기기/밀기 |

그림 6.9 접지 레퍼런스 등각 6-자유도 장치와 상호작용하는 동작의 예시

6.2.5절의 다른 장치들은 2D 데스크톱 상호작용을 위해 설계된 한편 몰입형 3D UI에서 사용할 수 있었지만 해당 유형의 장치는 데스크톱 컴퓨팅 설정에서만 3D 상호작용을 목적으로 사용되도록 설계됐다. 데스크톱 6-자유도 입력 장치는 보통 가상 애플리케이션을 조작하고자 3D 애플리케이션에서 사용된다. 이 제품은 원래 원격 로봇 조작을 위해 개발됐으며 오늘날 CAD/CAM 및 애니메이션 애플리케이션을 사용하는 3D 디자이너와 아티스트에 의해 많이 사용된다. 그들은 마우스를 대체하지 않고 오히려 같이 사용된다. 한 손으로 동작 조작기를 통해 3D 공간에서 객체를 배치하고 동시에 다른 손으로는 마우스로 메뉴 항목을 선택해 객체를 편집할 수 있다. 사용자가 손으로 장치를 운반하지 않을 때, 즉 접지된 상태에서 가장 잘 작동하기 때문에 몰입형 환경에서는 거의 사용되지 않는다. 하지만 추가적인 추적 하드웨어와 결합될 때 사용자가 한 손 및 양손 통제를 하고자 휴대할 수 있다(사이먼과 둘리스^{Doulis} 2004). 또한 미세하게 조작해야 할 때 사용하기 어려울 수 있기 때문에 실력을 발휘하려면 실습이 필요하다.

6.3 3D 공간 입력 장치

많은 3D 애플리케이션에서 UI는 3D 공간의 사용자 또는 실제 객체의 위치, 방향, 동작 정보를 제공하는 것이 중요하다. 예를 들어 애플리케이션에서 전체 동작 시차 및 입체 심도 단서를 포함하도록 사용자의 머리 위치와 방향 정보가 필요할 수 있다. 또 다른 UI 예시로는 사용자의 손에 대응하는 가상 손을 렌더링하도록 손가락을 굽히는 데 적

용되는 정보가 필요한 경우도 있다. 대부분 사용자가 컴퓨터 시스템에 신호를 보내 따로 수집하지 않고도 자동으로 해당 정보를 애플리케이션에 전송한다. 이 정보는 적절한 시각으로 실시간 렌더링하거나 사용자의 손이나 신체 위치를 지속적으로 이해하는 등 기본적인 작업을 지원한다.

이런 장치는 능동(핸드헬드 또는 착용) 또는 수동(전혀 방해되지 않는) 감지 기술을 사용하는지의 여부, 신체 부분 중 어느 곳을 사용하는지의 여부에 따라 분류할 수 있다. 6.3절에서는 먼저 서로 다른 감지 기술을 살펴본 뒤 이 기술을 사용해 신체 여러 부분(예를 들어 몸통, 눈, 손가락)과 객체를 추적하는 방법을 알아본다. 3D UI와의 관계 역시 살펴보겠다.

6.3.1 3D 추적을 위한 감지 기술

3D 상호작용의 가장 중요한 측면은 실제와 가상 콘텐츠가 적절히 일치하도록 만들고자 사용자의 위치, 방향, 동작을 이해하는 것이다. 결과적으로 정확히 추적하고자 3D 애플리케이션 내에서 상호작용 기술을 사용할 수 있게 하는 중요한 요소다. 실제로 3D 공간에서 사용자의 위치를 추적하고 이해하는 기능은 이 책의 4부에 설명된 상호작용 기술의 기본이 된다. 추적 장치의 중요한 특성으로는 감지 기술, 범위, 지연 시간(동작이 발생하는 시간과 이것이 보고되는 시간의 차이), 지터^{jitter}(잡음 또는 불안정성), 정확도가 포함된다. 다음은 다양한 감지 기술이다.

- 자기 감지 기술
- 기계 감지 기술
- 음향 감지 기술
- 관성 감지 기술
- 시각 감지 기술
- 레이더 감지 기술
- 생체 전기 감지 기술
- 혼합 감지 기술

이런 감지 방법들은 사용자 및 객체의 위치와 방향을 찾는 추적 시스템에 주로 사용된다. 하지만 6.3.2절에서 설명하는 눈, 손가락 추적에는 다른 방법을 사용할 수 있다.

저우Zhou와 후오성Huosheng(2008), 폭스린(2002), 웰치와 폭스린(2002), 알렌Allen 등(2001)의 연구에서 동작 감지 및 추적 기술의 자세한 내용을 볼 수 있다.

자기 감지 기술

자기 센서는 저주파 자기장을 방출하는 전송 장치를 사용한다. 수신기인 작은 센서가 자기 원천의 상대적인 위치와 방향을 결정한다. 이 센서가 작동하는 범위는 일반적으로 반경 1.2~9.1미터 정도다. 그림 6.10은 자기 추적 시스템의 예다. 다양한 크기의 자기의 원천을 볼 수 있으며 각기 작동하는 범위가 다르다. 자기 원천 전송기가 작을수록 추적 시스템의 허용 범위가 작아진다. 예를 들어 그림 6.10에서 가장 작은 자기 원천 전송기는 최대 1.5미터의 범위에 영향을 미치지만 큰 전송기는 최대 4.5미터 정도다. 1.5미터 범위의 시스템은 사용자가 많은 공간을 필요로 하는 서라운드 스크린 시각 디스플레이나 HWD와 같은 대형 디스플레이 환경에는 적절하지 않을 것이다. 반면 이 범위에 큰 영향을 받지 않는 시스템은 기존의 모니터(피시 탱크 VR용)와 작업대 디스플레이에 주로 사용된다.

그림 6.10 자기 센서는 전자 장치, 자기장 발생기, 사용자 또는 물체를 추적하는 수신기로 구성된다. 사진에는 서로 다른 크기의 추적 범위를 지원하는 크기가 다른 3개의 자기장 생성기, 다양한 수의 수신기를 지원하는 2개의 다른 전자 장치 및 수신기 세트가 나와 있다. 위의 수신기는 큰 전자 장치가 스타일러스 형 장치에 내장됐다(이미지 출처: 폴레무스 사(Polhemus Inc.)).

자기 센서는 추적 범위에 한계가 있으므로 실외 및 모바일 AR 애플리케이션에는 적합하지 않다. 하지만 사용자가 머리와 손의 상대적 위치 정보를 얻고자 몸에 자기 추적

기기를 착용해서 모바일 3D 애플리케이션에 경량의 자기 추적 시스템을 사용하려는 시도는 있었다(바수Basu 외 2012).

자기 센서는 위치가 0.25밀리미터 이내, 방향이 0.01도 이내에서 정확해지며 수신기가 자기 출처에서 멀어질수록 그 정확도는 낮아진다. 이 센서의 주요 단점은 송신기가 위치한 실내에 존재하는 모든 강자성 또는 전도성 (금속) 물체가 자기장을 왜곡해 정확도를 떨어뜨린다는 것이다. 이러한 현상은 때때로 너무 심해서 상호작용 기술 특히 제스처 기반 기술을 사용하기 어렵게 만든다. 왜곡은 교정 루틴과 필터링 알고리듬(하게돈Hagedorn 등 2007, 킨드라텐코Kindratenko 2000)으로 처리할 수 있지만 이러면 시작 시간과 온라인 계산 사이의 과부하가 생길 수 있다. 필터링 및 왜곡 알고리듬을 자기 추적 시스템에 직접 내장하는 경우도 있다.

기계 감지 기술

기계식 센서는 전위 차계, 샤프트 인코더 등 전기 기계 변환기와 결합한 여러 개의 상호 연결된 기계적 연결 장치를 포함한 견고한 구조를 지녔다. 한쪽 끝은 고정돼 있으며 다른 쪽 끝은 추적 대상(일반적으로 사용자의 머리 또는 손)에 부착돼 있다. 추적된 물체가 움직이면 연결 장치도 움직이며 변환기에서 측정값을 가져와 위치 및 방향 정보를 얻는다. 팔 장착형 시각 디스플레이가 이런 유형의 감지 기술을 사용했다. 또한 많은 접지식 레퍼런스 힘-피드백 장치(5장의 5.4.2절 참고)는 기계적으로 기반을 두고 있어 추적 장치뿐만 아니라 힘 디스플레이가 되기도 한다. 기계식 센서는 매우 정확하며 짧은 지연 시간으로 정보를 전송한다. 하지만 이들은 종종 부피가 커져서 사용자의 이동성을 제한하고 모바일 3D 및 AR 애플리케이션에서 상호작용하기 어렵게 만든다.

음향 감지 기술

음향 센서(그림 6.11 참고)는 일반적으로 소스 구성 요소에서 방출돼 마이크에서 수신되는 고주파 음향을 사용한다. 출처는 추적된 객체에 있을 수 있으며 마이크는 환경에 배치되거나(외부 접근 방식) 출처가 환경에 존재할 수 있으며 추적된 객체에 마이크가 있다(내부 접근 방식). 음향 추적을 통해 위치 및 방향 정보를 결정하는 주된 접근법은 초음파 펄스의 ToFTime-of-Flight 시간을 사용하는 것이다. 즉 송신기와 수신기 사이의 거리는 초음파 펄스가 출발지에서 목적지까지 소리의 속도로 곱해지는 데 걸리는 시간에 의해 결정될 수 있다. 이 거리에서 위치를 추정할 수 있으며 수신기를 더 많이 사용하면 삼각형을 사용해 방향을 결정하는 데 세 점의 세트를 사용할 수 있다. 음향 감지 기술에 대한 보다 최근의 접근법으로는 대부분 필수 랩톱 및 장치에서 사용자 동작을 감지하는 표준 스피커와 마이크를 사용하는 것이 포함된다(굽타Gupta 등 2012). 들리지 않는 음조는 스피커를 통해 전송되고 사용자의 손과 같이 움직이는 물체에서 반사될 때 주파수는 이동한다. 이 주파수 편이는 추적된 물체에 위치할 필요가 없는 마이크에 의해 측정된다. 해당 접근법은 객체를 정확하게 추적할 수 없지만 간단한 제스처를 지원할 수 있을만큼 명확히 움직임을 감지할 수 있다.

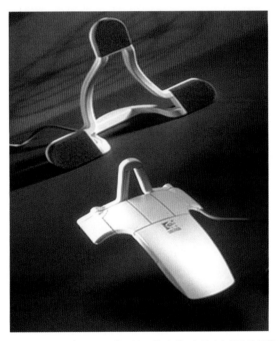

그림 6.11 음향 감지 장치(플라이 마우스(Fly Mouse)). 마우스형 장치는 수신기가 위치 및 방향 정보를 결정하는 음향 신호를 생성한다(이미지 출처: 로지텍 인터네셔널(Logitech Inter-national)).

음향 감지 시스템의 장점은 상대적으로 저렴하고 가볍다는 것이다. 하지만 단점은 짧은 범위 및 낮은 샘플링 속도(1킬로헤르츠를 초과하는 샘플링 속도의 기계 및 관성 센서와 비교했을 때)다. 또한 공간의 표면에 음향학적으로 반사되면 정확도가 떨어진다. 더불어 딸깍 소리가 나는 키나 울리는 전화 소리같이 외부 잡음이 신호에 간섭을 일으켜 초음파 센서가 신호를 잃거나 지터가 심하거나 또 추적 범위 내에서 왜곡이 생기면 상호작용 기술을 사용하기 어려워진다(일반적으로 왜곡은 사용자가 추적 범위 경계쪽으로 갈 때 심해진다).

관성 감지 기술

관성 센서(그림 6.12 참고)는 각속도 자이로스코프, 선형 가속도계, 자력계 같은 다양한 관성 측정 장치를 사용한다. 일반적으로 이런 센서는 관성 측정 장치[IMU, Inertial Measurement Unit]라는 단일 묶음으로 결합해서 위치 및 방향을 미분 측정한다(자이로스코프는 각속도를 측정하고 선형 가속도계는 선형 가속도를 측정해서 제공한다). 따라서 위치 및 방향 정보를 얻으려면 데이터를 통합해야 한다. 그 결과는 상대 측정이 된다(예를 들어 위치 변화를 얻으려면 각속도를 통합해야 한다). 한 가지 예외는 중력 방향이 곧 가속도이기 때문에 3개 축 선형 가속도계를 사용해 직접 그 방향(따라서 장치의 피치와 롤)을 결정할 수 있다는 것이다.

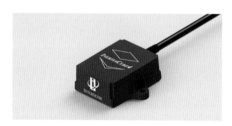

그림 6.12 관성 추적기. 관성 센서는 그림에 표시된 입방체 안에 있다(이미지 출처: 인터센스 사(InterSense, Inc.)).

추적 시스템이 센서 안에 있기 때문에 그 범위는 전자 장치에 센서를 부착하는 코드의 길이에 의해서만 제한된다. 무선 감지도 일반적이다. 사실 관성 감지 구성 요소는 스마트폰 및 태블릿과 같은 모바일 장치에서 흔히 발견된다. 전자 장치가 내장돼 있기 때문에 범위는 사실상 무제한이다. 또한 센서의 샘플링 속도가 높아서 측정을 잘 수행할 수 있다. 관성 센서는 원래 1950년대 선박, 잠수함, 비행기 등 대형 추적 시스템에 사용됐다(웰치와 폭스린 2002). 그러나 이들 장치의 무게가 소형 전자기계 시스템[MEMS, Microelectronic Mechanical Systems]에 적합할 정도로 작아진 후에야 3D UI 추적에 사용될 수 있었다.

관성 센서의 주된 한계는 센서 편향, 소음, 드리프트로 인해 오류 누적이 발생한다는 점이다(오류 누적에 대한 자세한 설명은 폭스린(2002)의 연구 참고). 오류는 선형 가속도계로 인해 심각한 수준으로 축적될 수 있다. 가장 기본적인 관성 추적 시스템이 대부분 방향만 추적하는 이유다. 위치와 방향을 추적할 수 있는 관성 항법 시스템이 있기는 하지만 1.6킬로미터 내의 추적 오류 정도는 허용할 수 있는 배와 잠수함에서 사용되는 한편, 3D UI에서는 센티미터 이하의 정확도가 필요하다. 자이로스코프 역시 오류가 누적되지만 심각한 문제를 일으키지는 않고, 방향 추정을 향상시키기 위한 칼만Kalman 필터링과 같은 센서 융합 기술을 사용해 문제를 보완할 수 있다(아주마와 비숍 1994, 윌리엄슨 Williamson 등 2010). 예를 들어 관성 센서는 자이로스코프 드리프트가 누적되는 것을 방지하고자 자력계 측정을 포함한 오류의 축적을 처리하곤 한다.

일반적인 3D 상호작용 기술은 위치 추적 없이 구현되기 어렵다. 하지만 방향 전용 추적 시스템은 기본적으로 사용자가 한 곳에 서서 주변을 둘러보는 머리 추적에 사용될 수 있다. 또 지연 시간이 낮아서 관성 방향 추적과 다른 형태의 위치 추적 기술이 결합되는 경우도 많다(아래 혼합 감지 기술 설명 참고). 이런 경우 가상 탐색 기술(8장 '탐색' 참고)을 사용해 환경적인 전환을 할 수 있다. 또 관성 센서에 의해 생성된 데이터는 휴리스틱(2010) 및 머신러닝machine learning 기반 인식 기술(호프만 등 2010)과 결합할 때 3D 제스처 인식에 이용된다. 이런 3D 제스처는 다양한 방법으로, 특히 시스템 제어(9장 '시스템 제어' 참고)에서 유용하다.

광학 감지 기술

사용자와 객체의 위치 및 방향을 추적하는 또 다른 접근법은 반사됐거나 방출된 빛을 측정하는 것이다. 해당 유형의 추적기는 컴퓨터 비전 기술과 카메라의 광학 센서를 사용한다. 간단한 데스크톱 웹캠부터 스테레오 및 심도 카메라, 높은 샘플링 속도와 픽셀 밀도를 지닌 정교한 고해상도 카메라까지 다양한 카메라가 사용될 수 있다.

심도 카메라는 사용자 또는 객체의 3D 표현을 추출하기 때문에 기존 단일 카메라보다 풍부한 정보를 제공한다. 일반적으로 ToF, 구조화된 조명, 스테레오 비전의 세 가지 기술이 사용된다(보우믹Bhowmik 2014). ToF 심도 카메라는 펄스된 빛의 광선으로 조명 삼고 이 빛이 정면에서 반사된 뒤 이미지화하는 장치에서 빛이 감지되는 데 걸리는 시간을 계산해 장면의 깊이 지도를 만든다. 구조화-빛-심도 카메라는 장면에 투영되는, 변형된 빛의 패턴을 포착할 수 있고, 마지막으로 투영된 광학 패턴이 왜곡되는 것을 사용해 3D로 기하학적 모양을 추출할 수 있다. 마지막으로 스테레오 기반 카메라는 측면에서 서로 변위된 2개의 보정된 이미지화 장치를 사용해 인간의 시각 시스템을 모방하려 한다. 이 2개의 카메라는 장면을 동기화해 만들어진 이미지를 포착하고 이미지 픽셀의 깊이는 양안 불일치에서 도출된다. 광 추적에 심도 카메라가 사용되는 방법에 대한 자세한 내용은 첸 등(2013)의 연구를 참고하자.

이 책의 초판이 나온 이래로 광학 센서와 추적 기술은 3D 상호작용에 더 강력하게 보편적으로 사용됐다. 광학 감지 시스템은 음향 센서처럼 외부, 내부로 분류할 수 있으며 마커marker가 있는 구성 또는 마커가 없는markerless 구성을 사용할 수 있다.

그림 6.13 마커 기반의 외부 광학 추적 시스템의 예다. 여러 카메라 센서가 환경에 전략적으로 배치되고 사용자는 신체와 얼굴을 추적하고자 여러 개의 역 반사 마커를 착용한다(이미지 출처: 비콘 모션 시스템즈 사(Vicon Motion Systems Ltd.)).

마커 기반의 외부 시스템의 경우 환경에서 센서를 고정된 위치에 장착하고 추적 대상에는 역 반사 마커(그림 6.13 참고) 또는 유색 장갑과 같은 능동적 또는 수동적 표시를 한다(왕과 포포빅Popovic 2009, 그림 6.14). 이런 표시의 수와 크기는 광학 추적 시스템의 유형과 필요한 자유도 개수에 따라 다르다.

그림 6.14 단일 카메라 센서를 사용하고, 독특한 패턴의 유색 장갑인 마커 기반의 외부 광학 손 추적 시스템의 예(이미지 출처: 로버트 왕(Robert Wang))

마커가 없는 외부 시스템은 광학 센서 또는 센서가 고정된 위치에 설치되지만 표시가 필요하지 않으므로 추적에 방해를 받지 않는다(스타너Starner 등 1998). 심도 카메라는 마커가 없는 외부 입력의 구성을 제공하는 경우가 많다(왕 등 2011).

마커 기반 내부 출력 시스템은 표시가 환경에 배치되는 동안 사용자 또는 추적된 객체에 광학 센서를 배치한다. 인식 가능한 패턴을 지닌 카드와 같은 능동형 LED 비콘 또는 수동 기준점과 같이 다양하게 사용할 수 있는 표시가 존재한다(폭스린과 나이마크Naimark 2003, 호구Hogue 등 2003). 이러한 수동형 기준점은 AR 투킷 추적 라이브러리로 진화한 AR 회의 시스템(가토Kato와 빌링허스트 1999)의 일부러 처음 개발됐다. 그림 6.15는 하이볼HiBall로 알려진 마커 기반 내부 출력 추적 시스템의 예시다. 이 시스템은 소형 고속 카메라 세트며 독립형 배치로 정렬돼 사용자의 머리에 부착될 수 있다(웰치 등 2001). 한 세트의 LED가 환경에 배치되고 위치를 측량한다. LED는 특정 순서로 고속으로 플래시가 터지며 카메라에 LED가 충분히 표시되면 추적기의 위치와 방향을 삼각 측량으로 계산할 수 있다. 그림 6.16은 패턴의 기점이 추적을 위한 표식으로 사용되는 표식 기반 내외부 시스템의 또 다른 예다. HTC 바이브 HWD와 함께 사용되는 등대 추적 시스템은 마커 기반의 내외부 추적의 또 다른 흥미로운 예시다. HWD의 시각 센서를 사용해 2개의 방사체에 의해 장면을 가로질러 수직으로 발사되는 레이저 광을 감지한다.

마커가 없는 내부 출력 시스템을 따르려면 광학 센서를 사용자 또는 추적된 객체에 배치하지만 실제 환경에 기준점 또는 비콘^{beacon}을 배치하기보다는 위치, 방향, 동작을 결정하는 데 물리적 환경 자체를 사용하는 기본 추적 알고리듬을 사용한다(예를 들어 일상적인 객체 및 구조). 마커가 없는 광학 추적에는 두 가지 접근법이 있다(빌링허스트 등 2015). 첫째, 특징 기반 접근법은 2D 사진 특징과 3D 세계 좌표 등가물 사이의 대응 관계를 찾는 것이다. 사용자의 위치와 방향은 특징의 3D 좌표를, 관측된 2D 이미지 좌표로 투영하고 최소화 작업을 수행해 찾을 수 있다. SIFT(로웨^{Lowe} 2004), SURF(베이^{Bay} 등 2008), FREAK(알라히^{Alahi} 등 2012)는 자연 특징 탐지 및 기술을 수행하는 알고리듬의 예시를 제안한다.

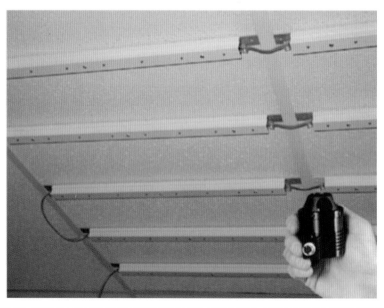

그림 6.15 HiBall 추적 시스템. LED 비콘은 천장에 장착돼 있고, 카메라 센서는 핸드헬드 장치에 설치돼 있다(이미지 출처: 3rd Tech, Inc.의 HiBall-3000 Tracker).

둘째, 모델 기반 접근법은 실제 객체에 알려진, 또는 습득된 모델을 추적해 자세 정보를 추출한다. 초기 접근법은 CAD 프로그램을 사용해 실제 3D 객체를 모델링하는 것이었으며 객체 구조는 선, 원, 구와 같은 단순한 기본 요소로 비슷하게 만들어졌다. 에지필터는 필터 데이터와 부정적분이 일치하는 것에 기반해 자세를 추출하는 데 사용됐다(웨스트Wuest 등 2005). 현실 세계를 미리 모델링하는 대신 물리적 환경 지도를 생성 및 업데이트하는 동시에 환경의 자세를 결정하는 것이다. 이 방법을 SLAMSimultaneous Localization and Mapping이라고 부른다. 원래 로봇(디사나야크Dissanayake 등 2001)에서 사용되던 광학 센서(푸엔테스-파체코Fuentes-Pacheco 등 2015)로 추적하고자 개발된 SLAM의 변형이었다. 표준 단일 카메라를 사용하는 예시 중 하나는 카메라 추적 및 지도 작성을 위한 별도의 구성 요소가 있는 SLAM을 분해하는 것이다(클라인Klein과 머레이Murray 2007, 2008).

그림 6.16 마커 기반 내부 추적 시스템의 대표적인 예시로서 방 벽과 천장에 이미 알고 있는 고유한 형태의 다양한 기준 마커를 설치했다(이미지 출처: 밸브).

이런 접근법을 평행 추적과 매핑PTAM, Parallel Tracking and Mapping(그림 6.17 참고)이라고 한다. SLAM은 RGB 센서를 포함하는 심도 카메라와 함께 사용할 수 있다(리버크네히트Lieberknecht 등 2011). ICPIterative Closest Point를 사용하는 방법은 심도 센서로 추적할 수 있는 3D 장면을 지도로 만드는 것이다(이자디Izadi 등 2011). 이런 센서를 사용하면 심도 정보를 추출해 매핑 프로세스의 일부로 사용할 수 있는 혼합물을 만들 수 있다(그림 6.18 참고). 카메라 센서가 환경에 따라 움직이며 특정 형태의 위치 재지정이 필요한 경우 추적을 못하게 될 수도 있다(글로커Glocker 등 2013).

그림 6.17 PTAM 알고리듬을 사용한 추적. 실제 기능점은 SLAM 개념과 함께 사용된다(이미지 출처: 조지 클라인과 데이비드 머레이, 옥스퍼드 대학교).

그림 6.18 심도 센서와 RGB 센서를 사용하는 실내 환경의 3D 모델. 이 모델은 SLAM 중에 또는 모델 작성 후에 사용자 추적을 하는 데 활용될 수 있다(이미지 출처: 라파엘 파비에르(Raphael Favier) 및 프란시스코 헤레디아(Francisco Heredia), VCA랩, 아인트호벤 공과 대학교(Eindhoven University of Technology)).

사용자 또는 물리적인 개체를 올바르게 추적하려면 매개 변수를 많이 설정해야 하기 때문에 시각 기반 추적 시스템을 설치하는 것이 까다로울 수 있다. 이런 매개 변수에는 카메라 대수, 카메라 배치, 배경에 어떤 시각 효과를 넣었는지 표시 디자인과 배치-환경에 포함돼 있는지 아니면 추적된 사용자에 붙어 있는지 붙어 있다면 신체 어떤 부분인지 그리고 얼마나 많은 사람들이 추적되는지 등이 포함된다.

시각 기반 센서 시스템은 사용자가 컴퓨터를 완전히 벗어날 수 없다는 이점을 지닌다. 하지만 표시가 없는 외부 추적 기능을 제외하고는 사용자는 표시나 광학 센서를 착용, 유지해야 한다. 시각 기반 추적기의 주요 단점은 교합이다. 예를 들어 손을 일정한 방향으로 향하게 만들면 모든 손가락에서 정보를 추출하기 힘들어진다. 더 많은 카메라와 표시를 추가하면 이 문제를 완화할 수 있지만 이러면 추적 알고리듬이 더 복잡해질 수 있다. 또한 광학 추적은 고정밀 기계 또는 전자기 추적 기반 접근 방식만큼 정확하지는 않다.

레이더 감지 기술

레이더 감지는 송신된 방사선을 산란시키는 정적, 동적 목표물로 보내지는 변조된 전자기파를 사용하는, 확고히 자리잡은 감지 기술이며, 수신 안테나로 가로채어진 레이더 방향으로 일부 에너지가 돌아가기도 한다. 시간 지연, 위상, 주파수 이동, 진폭 감쇠는 거리, 속도, 크기, 방향과 같은 대상의 속성에 대한 풍부한 정보를 포착한다. 하지만 전통적인 레이더 감지는 정확성이 중요하지 않은 선박 및 항공기와 같은 대형 물체를 포착하는 데 설계돼 사용자의 신체나 물체의 자세, 동작에 대한 정확한 지식이 필요한 3D UI 영역에서는 비실용적이다. 하지만 리엔Lien 등(2016)은 3D 손 제스처를 정확하게 탐지하는 데 레이더 감지 기능을 활용해 왔다.

리엔 등(2016)은 밀리미터파 레이더를 사용해 사용자의 손을 매우 높은 주파수(1~10킬로헤르츠)에서 반복되는 펄스로 150도 폭의 빔을 비춘다. 반사된 신호는 여러 개의 동적 산란 중심으로부터 중첩되는 반사 양상을 보여 준다(그림 6.19 참고) 이런 산란 중심 집합은 동적인 손의 특징을 보여 준다. 이 데이터는 움직이는 손과 그 부분의 순간 및 동적 특징을 모두 추출하는 데 사용되는 여러 추상 표현으로 처리된다. 이런 표현은 미묘한 손가락 및 손 동작 제스처를 분류하고자 머신러닝 알고리듬을 학습시킬 때 사용할 수 있다.

3D UI용 밀리미터 파 레이더의 가장 큰 장점은 손의 미묘한 움직임을 감지할 수 있기 때문에 3D 선택, 조작, 탐색, 제어 등 모든 면에서 다양한 인터페이스 제어가 가능하다는 것이다. 하지만 근본적인 한계는 이 접근법이 손의 골격 구조를 포착하지는 않는다는 것이다. 따라서 실제로는 공간에서 손 자체의 위치와 방향을 추적하지 않는다.

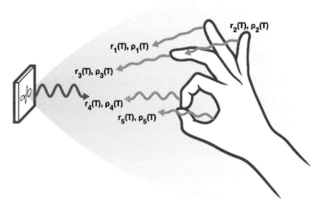

그림 6.19 밀리미터파 레이더는 3D 손 제스처 인식을 위해 사용될 수 있는 사용자 손의 동적 산란 중심을 모으고자 고주파로 넓은 레이더 빔을 전송한다(이미지 출처: 이반 푸피레프, 구글).

생체 전기 감지 기술

생물 전기 센서는 신체의 전기적인 활동을 측정하는 것이 목표다. 이런 능동 센서는 다양한 진단 절차를 거치고자 의료 분야에서 사용됐지만 3D 상호작용을 지원하고자 인체에 대한 정보를 수집하는 데도 사용할 수 있다. 3D 공간 입력에 사용되는 주요 생체전기 센서 기술은 근전도 검사[EMG, Electromyography]다. EMG는 전기적 또는 신경학적으로 활성화됐을 때 근육에 의해 생성된 전기 전위를 감지한다. 그림 6.20은 이러한 센서를 사용해 손가락 제스처를 탐지하는 예를 보여 준다(사포나스[Saponas]등 2008, 2010). EMG에 의해 생성된 데이터에는 잡음이 많아서 정밀한 3D 상호작용 기술에 사용하기 어렵다. 그래서 데이터를 처리하기 위한 정교한 신호 처리와 머신러닝 알고리듬이 필요하다. 따라서 생체 전기 센서는 종종 3D 제스처를 입력하는 데 더 유용하다(라비올라 2013).

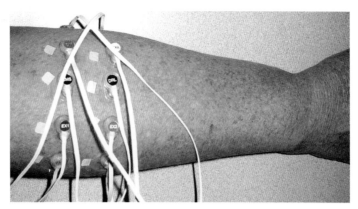

그림 6.20 사용자의 팔뚝에 적용된 EMG 센서의 예(이미지 출처: 데스니 탄(Desney Tan), 마이크로소프트 리서치)

혼합 감지 기술

혼합 감지 기술은 하나 이상의 감지 기술을 결합해 정확도를 높이고 지연 시간을 줄이며 전반적인 3D 상호작용 경험을 향상시키려고 한다. 일반적으로 각각의 감지 기술은 서로의 약점을 보완하는 데 사용된다. 이런 추적 시스템의 예시가 그림 6.21에 나와 있다. 해당 예제는 관성 및 초음파 감지 기술을 결합한 것이다. 관성 감지 기술은 방향을 측정하고 초음파 감지 기술은 위치를 측정해 장치가 6-자유도에 도달할 수 있게 한다. 또한 각 구성 요소의 정보는 다른 구성 요소의 정확성을 향상시킨다. 부가적으로 해당 추적 시스템은 사용자가 배터리로 구동되는 작은 전자 상자를 착용하고 무선으로 사용할 수 있다는 이점도 있다(위멜Wormell과 폭스린 2003).

일반적인 접근법으로는 시각과 관성 감지 기술을 결합해 사용자 추적을 보다 견고하게 하는 것이다(유You 외 1999, 윌리엄슨 등 2010). 관성 센서는 짧은 지연 시간으로도 위치를 추정할 수 있으며 더 느리지만 보다 정확한 광 센서를 사용해 절대 좌표를 제공하고 관성 센서에서 드리프트를 보정할 수 있다. 위성 위치 확인 시스템[GPS, Global Positioning System]는 대규모의 실외, 증강 현실 환경에서 추적하고자 가속도계 또는 자이로스코프와 함께 사용되며 해당 시스템의 경우 출처 또는 수신기를 환경에 고정할 수는 없다(혼카마Honkamaa 등 2007).

혼합 감지기의 주요 문제점은 하나 이상의 센서 기술을 결합할 때 복잡성이 높아진다는 것이다. 추적의 정확도가 향상되면 복잡도도 함께 높아지는 것이다. 센서 융합 알고리듬(예를 들어 칼만 필터)은 종종 서로 다른 센서를 원활하게 결합해 각 유형이 올바르게 사용되도록 만들어야 한다(유와 노이만Neumann 2001, 히He 등 2014).

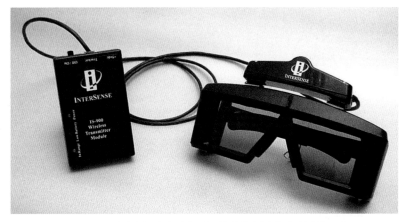

그림 6.21 무선 관성 / 초음파 하이브리드 추적기(이미지 출처: 인터센스 사)

6.3.2 3D 사용자 인터페이스를 위한 신체 추적

6.3절의 시작 부분에서 봤듯이 3D UI는 앞으로 설명하는 다양한 3D 공간 상호작용 기술을 지원하고자 3D 공간에서 사용자의 위치, 방향 또는 동작에 대한 정보를 요구한다. 다양한 3D UI를 지원하고자 신체의 여러 부분(머리, 손, 팔다리, 손가락, 눈 또는 몸 전체)를 추적해 데이터를 수집할 수 있다. 6.3.2절에서는 6.3.1절에서 설명한 센서 기술을 사용해 신체의 다른 부분을 추적하고 3D UI에 대한 의미를 논의하는 방법을 살펴본다.

머리, 손, 팔 추적

머리 및 손 추적은 3D 상호작용의 초석으로 간주될 수 있다. 머리 추적은 컴퓨터가 생성한 이미지가 VR 및 AR 애플리케이션에서 올바른 관점으로 표시되도록 만드는 데 중요한 역할을 한다. 머리 추적은 또한 동작 시차를 지원하는데, 이는 중요한 시차 신호다. 손 추적의 경우 다른 3D 상호작용 작업을 수행하는 기본 메커니즘이기 때문에 중요하다. 전신 상호작용이나 동작 캡처가 다른 3D 상호작용에서 많이 사용되기 때문에 팔과 다리 등 신체의 다른 부분(예를 들어 몸통이나 발)을 추적하는 것은 3D 상호작용 맥락에서 유용해졌다.

머리, 손, 팔 다리는 능동 센서와 수동 센서 모두로 추적할 수 있다. 자기 또는 혼합 초음파/관성 센서와 같은 능동 센서는 추적이 필요한 영역에 작은 장치의 형태로 배치된다. 예를 들어 머리 추적에서 추적기는 3D 스테레오 안경에 붙거나 HWD에 직접 내장된다. 센서는 손을 추적하고자 사용자의 손등에도 배치될 수 있기 때문에 사용자가 다른 손 기반 동작 및 기타 동작(예를 들어 주먹 쥐기)을 보다 쉽게 수행할 수 있다. 전신 추적과 같이 많은 수의 센서가 필요하면 그들을 모두 제대로 배치하도록 수트를 착용하는 경우가 많아서 그 자체를 대형 감지 장치로 만들기도 한다.

머리, 손, 신체 추적을 위해 마커 기반 외부 입력 광 센서를 사용하는 것 역시 이와 유사하다. 전신 추적의 경우 표식을 신체복에 배치한다는 점에서다(그림 6.13 참고). 해당 방법은 표제(그림 6.22 참고) 또는 표식을 특정 영역에 배치해 손 추적에 사용할 수도 있다.

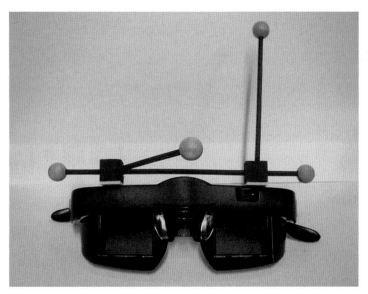

그림 6.22 머리 추적을 지원하고자 마커 기반 외부 감지 기능을 사용한다. 마커는 전략적으로 3D 스테레오 안경에 배치돼 머리의 좌표계를 얻는다(이미지 출처: 올리버 크레이로스(Oliver Kreylos)).

추적 접근법의 주요 한계는 사용자가 센서 또는 마커를 착용해야 하는 경우가 많다는 것이다. 심도 카메라와 같은 수동 센서는 머리, 손, 사지 추적을 할 때 많이 거슬리지 않는 접근법을 제공한다. 사용자가 수동 센서 앞에서 간단하게 상호작용만 하면 인식 소프트웨어와 결합된 장치로 3D 애플리케이션에서 사용할 수 있는 사용자의 머리, 손, 기타 관절의 골격 표현을 추출하면 된다(쇼튼Shotten 등 2011). 수동 센서는 유한한 범위 내에서도 특정 위치에 붙어야 하기 때문에 사용자의 이동성이 제한될 수 있으며 이 때문에 특히 모바일 AR에 이 접근법을 사용할 때 단점이 두드러진다.

손가락 추적

경우에 따라 손가락이 구부러진 모양 또는 손가락 2개의 접촉 등 손가락 추적 정보가 유용할 수 있다. 해당 정보 능동 및 수동 감지 장치를 사용해 수집할 수 있다. 데이터 장갑은 이 정보를 제공할 수 있는 능동 감지 접근법의 예시다. 수동 감지의 경우 일반적으로 시각 기반 접근 방식이 사용된다. 이 절에서는 두 가지 방법을 모두 검토하고 3D 사용자 인터페이스 디자인 측면에서 절충점을 논의해 본다.

능동 센서 기반 데이터 장갑은 일반적으로 손가락을 추적하고 손 자세(정적 구성) 및 특정 제스처(일련의 자세)를 감지하고자 밴드 감지 기술을 사용한다. 예를 들어 데이터 장갑은 주먹, 가리키는 자세, 손이 펴진 모양을 구별할 수 있다. 장갑의 원시 데이터는 일반적으로 관절 각도 측정의 형태로 제공되며 소프트웨어는 이를 기반으로 자세와 제스처를 감지한다.

다양한 종류의 데이터 장갑이 수년 동안 개발됐다. 가장 초기에 사용된 광 기반 센서는 한쪽 끝에 광원이 있고 다른 쪽 끝에 광전지가 있는 유연한 튜브를 사용하는 기초적인 시각 센서다(데판티Defanti와 샌딘Sandin 1977). 손가락이 구부러지면 광 전지에 닿는 빛의 양이 달라서 굴곡 정도를 측정하는 형태다. 또 다른 빛에 기반한 접근법은 반사 내벽, 한쪽 끝에 광원, 다른 쪽에는 직접 광선과 반사 광선을 감지하는 감광성 감지기(짐머만 등 1987)가 있는 유연한 튜브로 구성된 광학용 측각기 센서를 사용한 것이다. 관이 굽혀지는 정도에 따라 측각기는 광 세기의 함수로서 전기 저항을 변화시킨다. 이런 유형의 빛 기반 센서는 1세대 데이터 장갑에 사용됐다.

오늘날 광섬유 센서, 저항성 잉크 센서, 변형계 밴드 센서(크레이머 1991) 및 관성 측정 장치IMU와 같은 정교한 센서 기술이 사용된다. 그림 6.23은 가속도와 각 손가락의 회전 정보를 포착하는 장갑의 예다. 디피에트로Dipietro 등(2008)은 밴드형 감지 데이터 장갑의 서로 다른 유형을 개관했다.

데이터 장갑에는 일반적으로 5~22개의 센서가 있다. 예를 들어 5개 센서가 있는 장갑은 일반적으로 각 손가락에서 하나의 관절을 측정하지만 18개의 센서가 있는 장갑은 각 손가락에서 적어도 2개의 관절을 측정하고 손가락 사이의 외전外轉 또는 손목의 롤과 요yaw를 측정할 수 있다. 18개의 굽힘 센서를 사용하는 장갑의 예가 그림 6.24에 나와 있다.

3D UI 관점에서 데이터 장갑은 손 제스처와 자세 인식(라비올라 2013)에 일반적으로 사용되며 다양한 상호작용 기술에 적용할 수 있다. 예를 들어 손목을 쓸어 넘기면 사용자가 객체를 삭제하고자 한다는 것을 의미한다. 어딘가를 가리키는 자세는 조향과 같은 탐색 기술을 나타낼 수 있다(8장 참고). 흔히 손 자세와 제스처는 시스템 제어 기술의 맥락에서 명령으로 사용된다(9장 참고). 어떤 제스처를(예를 들어 손을 흔드는 행위) 인식하려면 동작 추적기를 데이터 장갑에 부착해야 한다.

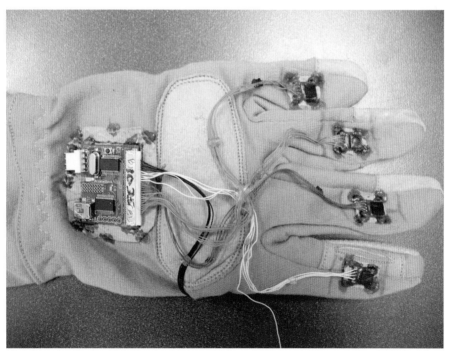

그림 6.23 가속도계, 자이로스코프, 자력계를 사용해 각 손가락에 대한 정보를 포착하는 데이터 장갑(이미지 출처: 안트로 트로닉스(AnthroTronix)의 누글러브(NuGlove))

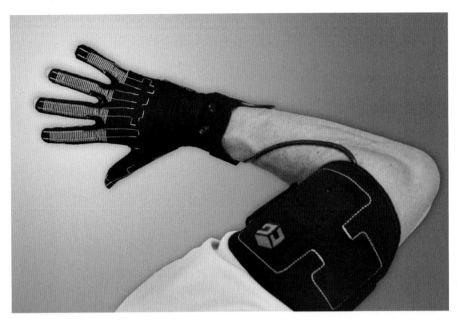

그림 6.24 손가락을 추적할 수 있는 밴드형 감지 데이터 장갑(이미지 출처: 사이버 글러브 시스템즈(CyberGlove Systems)의 사이버 글러브 모델 3(CyberGlove Model Ⅲ))

일부 3D UI에서는 사용자의 손 하나나 둘을 가상으로 표현해야 한다. 추적 시스템이 연결된 데이터 장갑은 그런 표현을 제공할 수 있다. 일반적으로 이런 유형의 표현은 실세계가 사용자의 시야에서 완전히 차단될 때(예를 들어 HWD를 사용할 때) 유용하며 사용자는 본인의 손을 다른 가상 객체로서 볼 수 있어야 한다. 예를 들어 사용자는 가상 자동차 내부의 다양한 다이얼과 컨트롤과 관련해 손이 어디 있는지를 이해해야 한다.

밴드형 감지 장갑의 주요 장점은 DOF가 많으며 다양한 손 제스처와 자세를 인식하고 3D 애플리케이션에서 사용자의 손을 표현할 수 있다는 것이다. 그러나 사용자가 장치를 착용해야 하며, 아마 장갑이 잘 맞지 않는 사람들이 대다수일 것이다. 또한 밴드형 감지 장갑은 때로 사용자별 보정이 필요하다.

밴드형 감지 장갑의 대안인 핀치 장갑(그림 6.25 참고)은 사용자가 2개 이상의 손가락 끝을 함께 만지는지 여부를 결정한다. 이 장갑은 손가락 끝에 각각 전도성 물질을 갖고 있어, 사용자가 손가락 2개를 함께 집어들 때 전기 접촉이 이뤄진다. 이런 장치는 개체 선택, 모드 전환, 기타 기술과 관련해 잡기 및 집기 동작을 수행하는 데 사용된다(바우만 등 2002 참고).

전도성 천은 손가락 끝 이외의 위치에 배치될 수 있다. 예를 들어 그림 6.25와 같이 그 천이 사용자의 손가락과 엄지 손가락을 따라 장갑 뒤쪽에 있고, 손가락이 추적되면 사용자는 이를 움직여 손쉽게 간단한 슬라이더로 해석할 수 있다. 헝겊에 닿은 손끝과 다른 장갑 뒷면에 있는 헝겊 조각 중 하나를 사용한다. 접촉되면 시스템은 사용자가 천 조각을 위아래로 움직일 때 추적된 손가락의 끝이 어디 있는지 결정할 수 있다. 추적 장치가 다른 장갑에 부착된 경우 제스처를 할 때 사용자의 손가락이 손목 쪽으로 움직이는지 아니면 그 반대로 움직이는지 결정하기 쉽다. 해당 기술은 객체 크기를 조정하거나 매개 변수 값의 높낮이를 조절하는 데 사용됐다(라비올라 2000b). 핀치 장갑은 1990년대 후반에서 2000년대 초반 많이 사용됐지만 최근엔 거의 사용되지 않는다. 그러나 여전히 3D UI 디자인 측면에서 장점을 보유했으며 제조사 및 DIY 기술로 처음부터 쉽게 구축할 수 있다.

그림 6.25 핀치 장갑은 손가락 끝에서 전도성 천을 쓰는 사용자 착용형 입력 장치다(조셉 라비올라 주니어).

그러나 핀치 장갑과 밴드 감지 장갑에는 한계가 있다. 밴드형 감지 장갑으로 손가락 접촉(예를 들어 검지에서 엄지 손가락으로)이 있는지 여부를 결정하는 것이 가능하지만 손동작 인식의 일부 형태가 필요하며 이는 핀치 장갑만큼 정확하지 않다(본질적으로 100퍼센트의 정확도로 장치가 제대로 작동한다고 할 때). 반대로 핀치 장갑을 사용할 때 손가락이 구부러지는 방법의 아이디어를 얻을 수는 있지만 추정치만 가능하다. 밴드형 감지 및 핀치 기반 입력으로서 플렉스와 핀치(라비올라 1999b)를 결합한 시스템은 확장성 있는 작업이나 객체 선택 작업의 시작 및 중지와 같은 특정 상호작용 기술을 쉽게 수행할 수 있도록 돕는다.

마지막으로 능동 센서를 사용하는 또 다른 예시는 EMG를 사용해 손가락을 추적하는 것이다. 나사 에임스 연구 센터^{NASA Ames Research Center}는 팔뚝에서 발생하는 근육 신경 신호를 읽는 생체 전기 입력 장치를 개발했다(그림 6.26 참고). 이 신경 신호는 팔에 있는 건조 전극 배열에 의해 포착된다. 신경 신호는 패턴 인식 소프트웨어를 사용해 분석한 뒤 컴퓨터를 통해 라우트^{rout}해 관련 인터페이스 명령을 실행한다. 그림 6.26은 가상 757 항공기를 제어하는 사용자의 모습이다(요르겐센^{Jorgensen} 등 2000). 해당 유형의 장치는 가상 환경 또는 모바일 설정에서 실제 키보드를 모방하는 데 사용할 수도 있다. 최근에 이 접근법은 EMG를 사용하는 제스처 감지 밴드로 다시 등장했다.

그림 6.26 EMG 센서를 사용해 팔뚝의 근육 활동을 감지하고 손가락 움직임과 제스처를 추적하는 장치의 예시(이미지 출처: 나사 에임스 연구 센터)

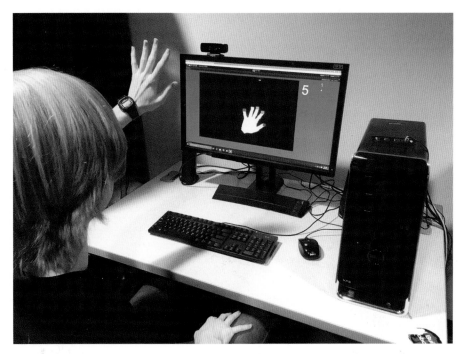

그림 6.27 수동 감지 기술을 사용해 심도 카메라를 사용해 손가락을 추적하는 예(이미지 출처: 아룬 쿨쉬레스(Arun Kulshreshth))

장갑과 같은 능동 센서를 사용하는 것이 손가락을 추적하는 유일한 방법은 아니다. 수동 감지 장치(예를 들어 그림 6.27의 예와 같은 심도 카메라)도 실행 가능한 대안이며 정확도와 속도 측면에서 믿을 만하다(치안Qian 등 2014, 스리드하Sridhar 등 2015). 직접 측정보다 컴퓨터 비전 알고리듬을 사용하면 손가락 추적이 전혀 방해받지 않을 수 있다. 하지만 시력 문제는 여전히 남아 있으며 수동 센서는 계측 장갑이 도달하는 범위를 제공하지 않는다. 심도 카메라 장치는 때로 데스크톱에서 사용되지만 HWD의 전면에 장착해 VR 및 AR 시스템에서 손과 손가락을 추적할 수 있다. 밀리미터파 레이더(그림 6.19 참고)는 손과 손가락의 미묘한 움직임을 추적하기 위한 수동 감지 장치로서 실행 가능한 대안이다.

안구 추적

안구 추적기는 사용자가 보고 있는 위치를 결정하는 데 사용되는 입력 장치다. 이 기술은 주로 광학 감지를 기반으로 한다. 해당 장치는 카메라로 감지된 각막 반사를 사용해 눈동자를 추적한다. 장치는 컴퓨터 화면에 장착(그림 6.28)되거나 부착(그림 6.29)될 수 있다. 따라서 안구 추적기는 주로 수동 감지 기능을 사용하지만 사용자와의 관계에 따라 능동 또는 수동 장치로 간주될 수 있는 장치의 예다. 다른 안구 추적 기술로는 안구 주위에 전극을 두어 피부의 전위차를 측정하고 직접 눈에 착용하는 렌즈에 기계적 또는 광학적 참고 물체를 삽입하는 전기 관절 촬영이 있다(두초브스키Duchowski 2009).

그림 6.28 시선을 결정하고자 동공 추적을 수행하는 사용자 착용식 안구 추적 장치의 예(이미지 출처: 센소모토릭 인스트루먼츠(SensoMotoric Instruments), GmbH(SMI), www.smivision.com)

그림 6.29 사용자가 아무것도 착용하지 않아도 되는 수동 시력 추적 장치의 예(이미지 출처: 조셉 라비올라 주니어)

일반적인 상호작용 관점에서 볼 때 안구 추적 시스템은 평가 도구 및 애플리케이션과 상호작용하는 데 사용된다. 예를 들어 이러한 장치는 정신 물리학 실험의 맥락에서 사용자의 눈 움직임에 대한 정보를 수집하고 인터페이스를 개선하는 데 도움이 되는 애플리케이션 사용 패턴을 얻거나 시각적 검사 작업을 훈련하는 데 사용된다(두초브스키 등 2001). 안구 추적 시스템은 입력 장치로도 사용된다. 예를 들어 메뉴 시스템은 시선을 메뉴 항목에 일정 시간 동안 체류시키면 선택하는 방식을 허용할 수 있다. 3D UI 디자인의 맥락에서 안구 추적 시스템은 많은 기존 3D 상호작용 기술을 향상시킬 수 있는 가능성이 있다. 시선 방향(예를 들어 시선 지시 조종, 시선 지시 조작)에 기초한 수많은 기술이 있는데 사용자가 보고 있는 곳의 근사로서 머리 추적 기기를 사용한다. 이 기술의 시선 벡터는 사용자가 똑바로 바라보는 경우에만 정확하기 때문에 머리를 고정시킨 상태에서 다른 방향을 보면 사용성에 문제가 생길 수 있다. 안구 추적 장치는 사용자의 실제 시선 방향 정보를 얻을 수 있기 때문에 해당 기술을 개선하는 데 도움이 될 수 있다. 안구 추적 시스템과 더 자세한 3D 애플리케이션 용례의 더 자세한 정보는 두초브스키(2009), 왕과 윈슬로우[Winslow](2015), 제이콥(1995), 스텔마흐[Stellmach]와 다흐셀트[Dachselt](2012), 시도라키스[Sidorakis] 등(2015), 선스테트[Sundstedt](2010)의 연구를 참고하자.

6.3.3 3D 마우스: 물리 장치 구성 요소와 공간 추적 결합

6.3.3절에서는 6.3.1절에 설명된 다양한 감지 기술을 기반으로 3D UI에 대한 본문을 추적하는 다양한 접근법을 설명했다. 대부분 이런 추적 시스템 특히 3D 위치, 방향, 동작 정보를 제공할 수 있는 추적기를 단추, 슬라이더, 노브, 다이얼, 조이스틱, 터치패드 등의 물리적 장치 구성 요소와 함께 사용해서 기능적으로 강력한 입력 장치를 만들 수 있다. 이러한 장치를 3D 마우스라고 부르며 위치, 방향, 동작 추적을 물리적 장치 구성 요소와 결합한 휴대용 또는 사용자 착용 입력 장치로 광범위하게 정의한다.

일반 2D 마우스와 달리 3D 마우스의 특징은 사용자가 2D 이동 데이터를 수집하는 평평한 표면을 따라 장치를 움직이지 않고 3D 공간에서 이동한다는 것이다. 따라서 사용자는 3D 마우스를 쓰거나 경우에 따라 착용하자. 또한 방향 정보가 있으면 장치가 가리키는 위치(장치의 방향 벡터), 기본 3D 상호작용 기술에 사용되는 기능(7장 및 8장 참고)을 결정하는 것이 쉽다. 일반적으로 다양한 상호작용 기술에 매핑될 수 있으며 다양한

형태의 VR, AR, 모바일 애플리케이션을 위해 3D UI에서 사용자 의도를 전달하는 주요
수단이 되기도 한다.

핸드헬드 3D 마우스

3D 마우스의 일반적인 설계 방법은 다양한 물리 인터페이스 위젯에 맞는 구조 안에서
동작 추적기를 배치하는 것이다. 사실 최초의 3D 마우스 중 하나는 하우징^{housing}을 사
용하지 않았다. '박쥐'(웨어와 제섬^{Jessome 1988})는 1980년대 후반 콜린 웨어^{Colin Ware}가
개발한 마우스다. 이는 3개 버튼이 부착된 6-자유도 추적 장치였다. 이런 장치는 몇 가
지 전기 구성 요소(추적 장치가 있는 경우)로 제작하기 쉽다. 박쥐의 정교하고 제대로된
버전이 그림 6.30에 나와 있다. 이 장치는 단순한 원격 제어처럼 보이는 구조로 행동
추적기를 포함한다. 3D 객체의 탐색 및 선택을 위해 서라운드 스크린 디스플레이와 함
께 사용한다.

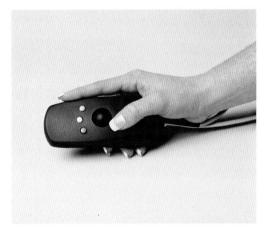

그림 6.30 완다(Wanda) 입력 장치(이미지 출처: 아센션 테크놀로지 코퍼레이션(Ascension Technology Corporation))

동작 추적기가 있는 물리적인 구조는 실세계에서 사용되는 입력 장치와 같은 모양
이다. 예를 들어 그림 6.31에 표시된 3D 마우스는 공군 조종사의 비행 조작 스틱을 모
델로 한 것이다. 일부 3D 마우스는 3D 대응물처럼 보이도록 개발됐다. 예를 들어 플라
이 마우스(그림 6.11)는 일반적인 2D 마우스와 유사하지만 음성 추적을 사용하고 2개
가 아닌 5개의 버튼이 있으며 음성 입력을 위한 마이크로 사용할 수도 있다.

그림 6.31 비행 조종간을 모델로 한 3D 조이스틱(통합 솔루션 VP가 대규모 시각화 장치로 구축)

그림 6.32 큐빅 마우스(이미지 출처: 페이크스페이스 시스템즈(Fakespace Systems))

프라운호퍼 IMK^{Fraunhofer IMK}에서 개발된 큐빅 마우스^{Cubic Mouse}(그림 6.32)는 원래 주로 3D 객체를 처리하기 위한 대화식 소품으로 설계된 3D 마우스다. 좌표에 직관적으로 매핑되고 이를 조작하기 위한 물리적인 프록시 역할을 수행하기 때문에 용적 측정 좌표를 측정하는 데 이상적이었다(프뢸리히와 플레이트^{Plate} 2000). 이 장치는 가운데를 통과하는 3개의 막대가 있는 상자, 삽입된 추적기, 추가 입력을 위한 버튼으로 구성된다. 큐빅 마우스는 사용자가 특정 구성에서 장치를 잡고 있을 때 3개의 직각 막대가 방해될 수 있다는 단점이 있다.

플라이 마우스(그림 6.11)를 제외하고 지금까지 제시한 3D 마우스는 모두 묶여 있다. 많은 3D 마우스는 무선이며 6-자유도 광학 감지 기술을 사용한다. 예를 들어 버그(스테파니Stefani와 라우쉔바흐Rauschenbach 2003)는 2개의 버튼과 슬라이더가 있는 비정상적으로 설계된 무선 장치다. 데스크톱 마우스와 유사하지만 장치에서 튀어나온 3개의 구형 마커(위치, 방향을 측정하고자 광학 추적 시스템에서 사용)가 있다. 다른 무선 3D 마우스는 광학 및 관성 센서(그림 6.33)와 버튼 및 아날로그 컨트롤러의 다양한 조합을 결합해 콘솔 게임 및 VR 시장에서 개발됐다. 해당 핸드헬드 3D 마우스의 구성과 관계 없이 의도된 목적이 3D 공간에서 손의 위치, 방향, 동작 데이터를 제공하고 시작 및 종료 기능을 제공한다는 점에서 박쥐로 거슬러 올라갈 수 있으며 버튼을 눌러 3D 상호작용을 완성한다.

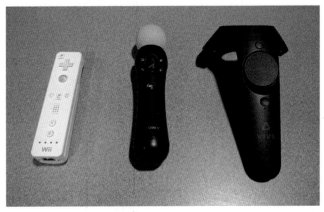

그림 6.33 광학 및 관성 감지를 사용해 3D 위치, 방향, 동작 데이터를 생성하는 최신 3D 마우스의 예시다. 사용자가 3D 마우스를 들고 있기 때문에 손을 효과적으로 3D 공간에서 추적하고 버튼, 아날로그 컨트롤러, 다이얼 등과 결합해 이러한 3D 마우스는 장치에서 3D 상호작용 기술에 이르기까지 매핑을 다양하게 제공한다(이미지 출처: 조셉 라비올라 주니어).

사용자 착용형 핸드헬드 3D 마우스

3D 마우스 디자인에 대한 또 다른 접근법은 사용자가 마우스를 착용하도록 하는 것이다. 예를 들어 장치가 가벼워서 손가락에 착용됐다고 가정하면 장치는 손의 연장선

이 된다. 그림 6.34는 그런 장치의 예시인 링 마우스다. 위치 정보만 생성하는 초음파 추적을 사용하며 2개의 작은 버튼으로 이뤄진 반지형 장치다. 이 장치의 문제점 중 하나는 소형 폼 팩터라서 버튼 수가 제한적이라는 점이다.

그림 6.35에 있는 핑거슬리브^{FingerSleeve}는 작고 가벼우며 링 마우스와 비슷하게 손가락으로 착용하는 3D 마우스지만, 팝-스루^{pop-through} 버튼 덕분에 동일한 실제 공간에 더 많은 버튼 기능을 추가한다(젤레즈닉 등 2002). 팝-스루 버튼은 빛과 손가락 압력에 상응하는, 확실하게 구별된 2개의 활성화 상태를 보인다.

그림 6.34 링 마우스 입력 장치는 음향 추적을 사용하며 사용자의 검지 손가락에 착용한다(이미지 출처: 조셉 라비올라 주니어).

그림 6.35 핑거슬리브의 다중 레벨 버튼 중 하나를 누르는 사용자(이미지 출처: 젤레즈닉 등 2002, © 2002 IEEE Press)

이 장치는 왼손 또는 오른손의 검지 손가락에 끼울 수 있으며 탄성 직물과 모든 예술품 및 공예품 매장에서 쉽게 찾을 수 있는 유연한 플라스틱 조각으로 만들어졌다. 직물은 대부분 사용자에게 꼭 맞는 다양한 직경의 슬리브에 짜여 있다. 플라스틱은 슬리브 전면에 짜여서 팝-스루 버튼을 든든하게 받쳐 주며 버튼은 플라스틱 위 몇 밀리미터 떨어진 곳에 접착된다. 벨크로를 사용해 6-자유도 추적기가 슬리브 후면에 고정된다 (젤레즈닉 등 2002 참고).

최근의 장치는 실제 반지와 유사해 보이며(그림 6.36) 터치 입력이 포함된 다른 상호작용 메타포 사이의 3D 제스처 상호작용을 지원하도록 설계됐다. 손가락으로 착용한 3D 마우스의 다른 예로는 아이링^{EyeRing}은 안 되지만 ($나나야카라$Nanayakkara 등 2013), 픽링^{PickRing}(울프와 일라레트Willaredt 2015), 유트랙^{uTrack}(첸 등 2013) 등이 있다.

그림 6.36 제스처 기반 상호작용을 지원하는 손가락으로 착용한 3D 마우스의 예(이미지 출처: 노드(Nod), 저작권 © 2016 Nod Inc www.nod.com)

6.4 3D 사용자 인터페이스용 보충 입력 장치

3D UI의 모든 입력이 3D 공간 입력 장치로 제공되는 것은 아니다. 일부 보완적인 입력 기술이 3D 상호작용에 사용된다. 이런 입력 기술은 단독으로도 사용되지만 3D 공간 입력에도 함께 사용된다. 6.4.3절에서는 두 가지 중요한 상호 보완적 입력 양식인 음성 및 두뇌 입력을 논의한다.

6.4.1 음성 입력

3D 애플리케이션과 상호작용하는 강력한 방법은 사람의 음성 신호를 추적, 인식하는 것이다. 이런 신호는 단일 마이크로폰 또는 마이크로폰 배열과 같은 음향 감지 장치로 포착된다. 음성 내용을 해석하고자 대화 인식기를 작동시켜야 한다.

음성 입력은 다른 입력 장치와도 잘 어울린다. 서로 다른 입력 모드(다중 모드 상호작용)를 결합해 응집력 있고 직관적인 인터페이스를 자연스럽게 형성하게 된다(루센트 등 1998). 이것이 제대로 작동하면 특히 사용자가 두 손을 다 쓸 수 없는 경우 음성 입력이 3D UI에서 유용한 도구가 될 수 있다. 훌륭한 음성 인식 엔진을 선택하는 것 외에도 3D 인터페이스에 음성을 사용할 때 고려해야 할 중요한 문제들이 있다(라비올라 1999a).

중요한 문제 하나는 마이크의 배치다. 이상적으로 사용자가 헤드셋을 착용할 필요가 없도록 광역 마이크를 사용한다. 하지만 실제 환경에 배치하면 실내의 다른 사람이나 기계의 소음이 들어갈 수 있다는 단점이 있다. 음성 입력을 사용하는 데 있어서 가장 큰 문제점은 컴퓨터가 사용자의 음성을 들을 때와 그렇지 않을 때를 인식하도록 만드는 것이다. 종종 사용자가 음성 명령을 내보내는 것이 아닌 공동 작업자와 대화를 하고 있을 때에도 애플리케이션은 명령을 내리고 있다고 '생각'한다. 번거로운 오역이 되는 것이다.

이 문제를 방지하는 좋은 방법은 암시적, 또는 보이지 않는 푸시투토크[PTT, Push-To-Talk] 방식을 사용하는 것이다. 전통적으로 푸시투토크는 사용자가 버튼을 눌러 애플리케이션에 말하는 구조다. 짚고 넘어가야 할 것은 음성 인터페이스가 보다 자연스러워지려면 사용자의 인지에 부하를 더하지 않아야 한다는 것이다. 암시적으로 푸시투토크의 목표는 기존 상호작용 기술에 푸시[push], 즉 누르는 행위를 포함시키는 것인데 사용자가 음성 명령이 내려지기 전에 애플리케이션에 어떤 신호를 보내야 한다는 것을 기억하지 않아도 되도록 만드는 것이다. 예를 들어 사용자가 각기 다른 가구를 방에 배치하려는 가구 레이아웃 애플리케이션을 쓴다고 생각해 보자. 부엌에 테이블을 놓고 싶어 한다. 이 작업을 수행하려면 사용자가 개체를 만든 뒤 다음 방에 배치해야 한다. 사용자는 레이저 포인터를 사용해 테이블을 배치하는 위치를 표시한 뒤 '나에게 테이블을 달라'고 말한다. 레이저 포인터를 잡는 동작은 사용자가 객체를 호출하려고 한다는 것을 신호로 보낸다. 이 작업은 배치 작업에 음성 명령을 수송 방식의 일종인 피기백 piggyback으로 전송해 푸시투토크를 기술 암시로 만들어 버린다.

최근 음성 인식은 음성 인식 비서의 이름을 부르고 명령을 내리면 될 정도로(예를 들어 '인식기, 테이블에 빨간색 큐브를 둬') 다른 접근법을 사용해도 될 만큼 성숙했다. 사용자가 이름을 부른 뒤 명령을 내려야만 시스템이 명령을 수행하는 단순한 방식이다. 이는 의 도하지 않은 명령을 내렸는데 반응하는 많은 문제를 완화하기 충분한 방식이다. 음성 입력의 자세한 내용은 라비올라 등(2014)의 연구와 9장을 참고하자.

6.4.2 두뇌 입력

3D UI의 맥락에서 두뇌-컴퓨터 인터페이스BCI, Brain-Computer Interface의 목표는 뇌의 신경 활동을 사용해 물리적 및 가상 세계에서 장치를 제어하고 명령을 내리는 것이다(밀란 Millán 2003). 또한 BCI 장치를 사용해 사용자의 인지 부하, 감정 상태, 주의 사항을 추적 해 필요한 경우 UI 및 경험을 조정할 수 있다.

두뇌 컴퓨터 입력 장치는 주로 뇌파 신호를 통해 활동을 모니터링한다. EEG는 두뇌의 뉴런 내에서 이온 전류로 발생된 전압 변동을 측정해 두피를 따라 두뇌의 전기적 활동 을 기록한다. 사용자는 전극이 내장된 비침습성 헤드밴드 또는 캡을 착용하기만 하면 된다.

기능적 자기 공명 영상fMRI, functional Magnetic Resonance Imaging, 양전자 방출 단층 촬영PET, Positron Emission Tomography, 기능적 근적외선 분광법fNIRS, functional Near-Infrared Spectroscopy과 같 은 다른 유형의 기술도 사용됐다. 보다 침습적인 방법은 운동 피질에 미세 전극을 외과 적으로 이식하는 것이다. 물론 이 방법은 일반적인 용도로는 실용적이지 않지만 다른 방식으로는 컴퓨터와 상호작용할 수 없는 심각한 장애가 있는 사람들에게 사용될 수 있다. 초기 연구는 운동 피질에 미세 전극을 이식한 원숭이가 마우스 커서를 원하는 표 적으로 이동시킬 수 있다는 것을 보여 줬고(세루야Serruya 등 2002) 많은 실험을 통해 이 연구가 인간에게도 확대됐다(돈헤지Dornhege 등 2007). BCI는 여전히 초기 단계에 있지만 3D UI뿐만 아니라 다른 모든 유형의 컴퓨터 상호작용에 대해서도 이런 인터페이스의 잠재력은 크다.

활성 EEG 센서를 사용하는 휴대용 BCI 장치의 예가 그림 6.37에 나와 있다. 이 장치는 감정 상태를 감지하는 신호 처리 소프트웨어와 머신러닝 알고리듬을 함께 사용할 수 있는 14개의 EEG 채널을 보유해 사용자가 뇌를 통해 가상 또는 실제 물체와 직접 상호작용할 수 있다. 3D UI 관점에서 그런 BCI 장치는 3D 물체를 해석, 회전시키거나 로봇 팔을 움직이는 데 사용될 수 있다. 이런 장치는 기초 단계에 있으며 사용하기 어려울 수 있지만 또한 잠재력을 보여 주기도 한다. 두뇌-컴퓨터 인터페이스에 관한 더 자세한 정보는 돈혜지 등(2007)의 연구 또는 울파우^{Wolpaw}(2012)의 연구를 살펴보자.

그림 6.37 두뇌의 전략적으로 배치된 지점에서 뇌파 정보를 읽는 머리 착용식 두뇌-컴퓨터 입력 장치의 예(이미지 출처: 이모티브(Emotiv))

6.5 특수 목적 입력 장치

3D UI에는 많은 유형의 장치가 사용된다. 이런 장치는 특정 애플리케이션용으로 설계되거나 특정 출력 장치와 함께 사용되거나 특정 사용자 모집단과 함께 사용된다. 6.5절에서는 이러한 특수 목적 장치의 몇 가지 예를 제시한다. 크루이프(2007)의 연구에서 관련 내용을 좀 더 자세히 알아볼 수 있다.

3D 모델링의 맥락에서 특수 목적 3D 입력 장치가 사용됐다. 예를 들어 셰이프테이프^{ShapeTape}(그림 6.38 참고)는 다양한 길이와 센서 간격으로 제공되는 유연한 리본 모양의 광섬유 굴곡 센서 테이프다. 센서는 테이프의 길이를 따라 굽힘 및 꼬임 관련 정보를 제공하기 때문에 쉽게 구부러지고 뒤틀릴 수 있어 3D 커브를 생성, 편집, 조작하는 데

이상적인 입력 장치가 된다(그로스만Grossman 등 2003). 또한 이 장치는 테이프가 만든 다른 제스처를 인식해 시스템 제어(9장 참고)에도 사용할 수 있다(예를 들어 테이프의 끝점을 신속하게 움직이거나 따로따로 이동). 어떤 경우에는 기능을 향상시키고자 다른 입력 장치(예를 들어 박쥐)를 테이프에 연결할 수 있다(발라크리슈난 등 1999).

캐릭터 애니메이션을 위해 특별히 고안된 3D 입력 장치의 또 다른 예가 그림 6.39에 나와 있다. 이 장치는 16개의 서로 다른 관절에 센서가 내장된 관절 인형으로 사용자는 소프트웨어에서 캐릭터를 움직이는 과정에서 인형을 다른 자세로 만들 수 있다. 액션 자세를 다양한 자세로 굽히는 것처럼 이 장치를 사용할 수 있는데 이 경우에만 자세 정보가 가상 3D 캐릭터를 구동하는 데 사용된다.

아이스피어iSphere(그림 6.40 참고)는 파라메트릭parametric 곡면의 3D 모델링용으로 설계된 3D 입력 장치다. 이 장치는 십자형면의 각 면에 대해 2개씩 24개의 자유도를 지녔으며, 용량 센서를 사용해 근접 감지를 할 수 있고 3D 표면에서 밀고 당기는 동작을 알아차리는 터치 감지 역시 가능하다(리 등 2005).

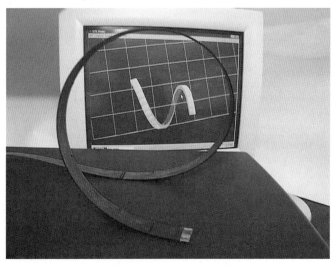

그림 6.38 셰이프테이프(ShapeTape)는 3D 커브를 조작하는 데 사용된다(이미지 출처: 메저랜드사(Measurand, Inc.), www.measurand.com)

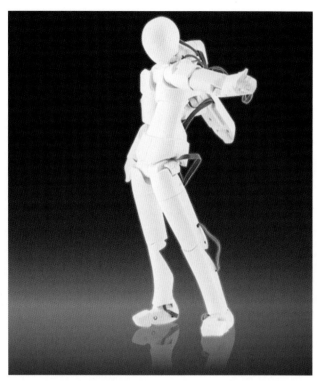

그림 6.39 3D 캐릭터 자세에 사용되는 3D 입력 장치. 이 장치는 16개의 몸 관절에서 32개의 센서를 사용하므로 사용자가 마네킹을 조작해 가상 캐릭터로 변환되는 특정 자세를 만들 수 있다(이미지 출처: 클립 스튜디오(Clip Studio)).

그림 6.40 파라메트릭 곡면의 3D 모델링을 위한 24-자유도 장치인 아이스피어. 이 12면 용량 3D 입력 장치는 MIT 미디어랩의 테드 셀커(Ted Selker) 콘텍스트 인식 컴퓨팅 그룹의 마야(Maya)로 설계 및 테스트됐다. 목표는 보다 직관적인 실제 3D 입력 및 조작 방식을 만들고 탐구하는 것이다(이미지 출처: 재키 리(Jackie Lee)와 테드 셀커).

대부분의 경우 특정 출력 장치가 특정 3D 입력 장치의 개발을 유도하거나 자극한다. 예를 들어 많은 서라운드 스크린 디스플레이 구성은 실제로 디스플레이 표면이 되는 바닥 부분을 사용하기 때문에 사용자는 흠집 자국이나 흙이 추적되지 않도록 장치를 넣을 때 신발을 벗거나 슬리퍼를 착용해야 한다. 상호작용 슬리퍼(그림 6.41)라는 입력 장치는 이런 환경에서 슬리퍼의 필요성을 강조한다.

그림 6.41 상호작용 슬리퍼를 착용한 사용자(이미지 출처: 라비올라 등 2001, © 2001 ACM Press)

상호작용 슬리퍼(라비올라 등 2001)는 무선 트랙볼 장치(로지텍 트랙맨Logitech Trackman)를 일반 가정용 슬리퍼 한 쌍에 내장한다. 슬리퍼는 무선 라디오 기술을 사용해 호스트 컴퓨터와 통신한다. 트랙맨은 오른쪽 슬리퍼의 수제 주머니에 삽입되고 전선을 갈게 된다. 트랙맨의 세 버튼 중 2개는 오른쪽 슬리퍼의 발등 부분에 있는 한 쌍의 전도성 천 패치에 연결된다. 왼쪽 슬리퍼의 갑판에는 전도성 천 패치 2개가 부착돼 있다(그림 6.41 참고). 왼쪽 슬리퍼의 헝겊 패치를 오른쪽 슬리퍼의 헝겊 패치에 대면 버튼을 누를 수 있는 회로가 완성된다. 이 디자인은 뒤꿈치와 발가락 각각의 접촉 부분에서 제스처를 가능케 한다. 이 슬리퍼는 WIM 항법 기술과 상호작용하도록 설계됐다. 이 기술은 사용자를 둘러싼 세계의 미니어처를 사용자 발 밑 땅바닥에 놓고 가상 환경 어느 곳으로나 신속하게 이동할 수 있게 만든다. 라비올라 등(2001)의 연구는 슬리퍼에 대해 보다 자세한 내용을 묘사했다.

특정 3D 애플리케이션용으로 개발된 입력 장치의 예로는 가상 환경에서 3D 장면을 그리기 위한 시스템인 케이브페인팅CavePainting(키프Keefe 등 2001)에서 사용되는 케이브

페인팅 테이블(그림 6.42 참고)이 있다. 이는 여러 컵의 페인트와 하나의 추적 페인트 브러시에 의존하는 소품 기반 디자인을 사용한다. 이 페인트 컵 받침대는 서라운드 스크린 장치에 밀어 넣는 실제 테이블에 고정돼 있으며 다양한 상호작용 작업에 사용되는 손잡이와 버튼을 갖추고 있다. 이 테이블과 함께 실제 테이블 브러시에는 '페인트'를 켜고 끄는 단일 버튼이 추가된다. 브러시의 솔은 전도성 천으로 덮여 있으며 스트로크 stroke를 변경하고자 (전도성 천으로 된) 페인트 컵에 브러시를 담글 수 있다. 추적된 버킷은 주변에 페인트를 던지는 데 사용된다.

그림 6.42 케이브페인팅 애플리케이션에 사용되는 테이블(이미지 출처: 키프 등 2001, © 2001 ACM)

경우에 따라 간단한 소품이나 기존 입력 장치에 간단하게 추가하면 3D 애플리케이션에서 상호작용할 수 있는 강력한 도구를 만들 수 있다. 예를 들어 작업대 스타일의 디스플레이를 사용하는 3D 애플리케이션과 상호작용할 때 플렉시글래스Plexiglas 조각에 동작 추적기를 부착하면 2D 및 3D에서 상호작용할 수 있는 유용한 도구를 만들 수 있다. 또 이런 장치는 터치 스크린으로 이뤄질 수도 있다(그림 6.43 참고). 사용자가 가상 세계를 통해 장치를 스위핑함으로써 용적 선택과 같은 3D 상호작용 기술뿐만 아니라 2D 팔레트로부터 명령을 선택하고 객체를 선택하는 등의 2D 상호작용을 수행하게 한다(슈말스티그 등 1999, 코킬라트Coquillart와 웨시Wesche 1999, 윌리엄스 등 1999). 휴대용 태블릿이나 스마트폰에서 기존 추적 시스템에 동작 추적기를 추가하거나 같이 사용하면 2D 및 3D 기술을 결합한 더 강력한 상호작용을 지원할 수 있다. 이 기술은 디스플레이에서 연산 능력과 출력을 제공하기 때문이다.

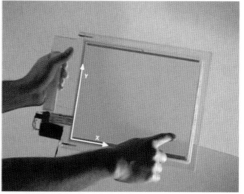

그림 6.43 2D 및 3D 상호작용에 사용되는 투명 팔레트(윌리엄스 외 1999, 이미지 출처: 페이크스페이스 랩스, 마운틴뷰, 캘리포니아)

제어 작업 테이블CAT, Control Action Table은 서라운드 스크린 디스플레이 환경에서 사용하고자 설계된 또 다른 장치다(하쳇Hachet 등 2003). 이 독립된 장치(그림 6.44 참고)는 원형 탁상형처럼 보인다. CAT는 각도 센서를 사용해 3개의 중첩된 방향 축을 사용해 방향 정보를 감지한다. 장치에는 등각 투영 구성 요소도 있다. 탁상에 모든 3D 방향의 힘을 감지하는 전위차계가 장착돼 있다. 따라서 사용자는 병진 이동을 위해 장치를 밀거나 당길 수 있다. 또한 CAT에는 탁상에 2차원 상호작용을 위한 태블릿이 있어 동일한 장치에서 6-자유도 및 2차원 입력을 지원하기 때문에 고유하다. CAT의 또 다른 장점으로는 각 자유도를 개별적으로 제어할 수 있는 기능과 위치 지속성 또는 '주차 가능성'(물리적 상태가 해제될 때 변경되지 않음)이 있다. 중첩된 축의 특성으로 인해 일부 방향을 지정하기 어렵고 특정 구성(예를 들어 테이블 탑이 수직인 경우) 병진 이동을 수행하기 어려울 수 있으므로 CAT에는 몇 가지 고유한 제한이 있다.

그림 6.44 CAT은 서라운드 스크린 디스플레이 환경을 위해 설계됐다. 6-자유도 입력과 2D 태블릿 상호작용을 결합한다(이미지 출처: 이파리아 팀(Iparla Team)[LaBRI-INRIA]).

3D UI용 특수 목적 입력 장치의 마지막 예시인 그림 6.45에 표시된 장치는 뇌성마비가 있는 어린이를 위해 설계된 것이다. 이는 제어 장치가 있는 스틱으로 LED 조명과 진동 피드백을 결합해 관성 추적 시스템과 조합해서 스틱의 균형을 결정한다. 스틱의 균형을 잡는 것은 뇌성마비 환자에게 매우 중요한 활동인데 왜냐하면 이는 운동 루틴의 일부이기 때문이다. 해당 장치는 일상적인 균형 연습을 수행할 때 사용자 경험을 전반적으로 향상시키고자 비디오 게임에 연결할 수 있다(다라Darrah 등 2003).

그림 6.45 뇌성마비가 있는 어린이를 위해 특별히 사용되는 3D 입력 장치. 다양한 운동을 할 때 아이들과 더 잘 어울리도록 게임과 연결될 수 있다(이미지 출처: 하리아가브 라마사미(Hariraghav Ramasamy)).

6.6 DIY 입력 장치

3D UI 연구자 및 관련 실무자는 상업적으로 이용할 수 있는 입력 장치만 연구하지 않는다. 대신 간단한 전자 부품, 센서, 가정용품을 사용해 3D UI를 위한 새롭고 유용한 장치를 개발할 수 있다. 이 책의 초판이 나온 뒤에도 입력 장치, 로봇, 기타 애플리케이션을 위한 DIY 프로젝트 수가 혁명적으로 증가하는 현상을 볼 수 있었다. 이 혁명은 '메이커 무브먼트Maker Movement'(하치Hatch 2013) 또는 새로운 산업혁명(앤더슨 2014)이라고도 불린다. DIY 입력 장치 디자인과 프로토타입이 만들어진 덕분에 오늘날 판매되는 여러 상용 입력 장치가 생길 수 있었다. 이미 박쥐, 큐빅 마우스, 핑거슬리브, CAT 등의 장치를 봤다. 이들은 대부분 소규모 학술 연구 실험실의 연구원이 설계 및 제작한 결과물이다. 6.6절에서는 먼저 물리적 장치 구축 관련 아이디어를 제시한 뒤 장치와 컴퓨터 사이의 인터페이스를 만드는 방법을 논의해 사용자가 지정 입력 장치를 만들기 위한 몇 가지 전략을 간략하게 설명한다.

6.6.1 입력 장치를 구성하는 전략

DIY 입력 장치를 구성하는 데에는 다양한 전략이 사용된다. 첫 번째 고려해야 할 사항은 의도된 기능인데 왜냐하면 필요한 유형의 물리적 장치 구성 요소를 결정하는 데 도움이 되기 때문이다. 예를 들어 장치가 힘, 3D 동작 또는 단순히 버튼을 누르는 것을 감지해야 할 수 있다. 그럴 때 장치 개발자는 의도한 장치 기능을 기반으로 디지털, 아날로그와 관계 없이 적절한 센서를 선택할 수 있다. 해당 센서는 전자 제품 매장이나 인터넷에서 쉽게 찾을 수 있는 종류다. 예를 들어 압력 센서, 밴드 센서, 전위차계, (온도감지용) 서미스터, (광 감지용) 광전지, 간단한 스위치 등 여러 가지가 있다(그림 6.46 참고). 이 센서는 다양한 스타일과 구성으로 제공되며 적절한 선택은 시행착오를 기반으로 한다. 이러한 접근법은 버튼과 스위치가 다양한 모양, 크기, 힘 임계값(사용자가 버튼이나 스위치를 활성화하는 데 필요한 힘의 양)을 결정하므로 중요하다.

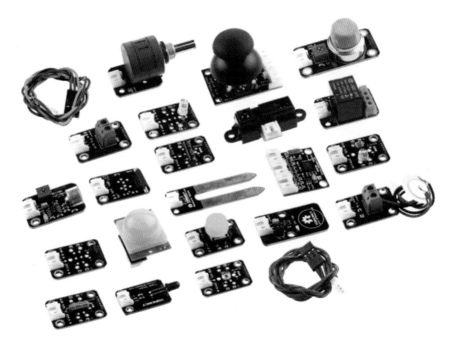

그림 6.46 DIY 입력 장치에 사용할 수있는 다양한 센서. 이미지는 빛, 소리, 거리, 자기, 가속도계, 진동, 터치, 가스 센서를 표시한다(이미지 출처: 로봇샵(RobotShop)).

대부분 센서를 직접 제작할 수 있다(특히 스위치 또는 버튼인 경우). 이를 위해 과거에 성공적으로 사용한 한 가지 방법은 전도성 천을 사용하는 것이다. 전도성 천은 물질이 봉합된 직물일 뿐이며 사용자 정의 입력 장치를 구축하는 데 많은 이점이 있다. 사실 그림 6.25, 6.41, 6.42에 포함된 입력 장치는 모두 전도성 천을 디자인의 일부로 사용한다. 전도성 천은 저렴하고 상당히 견고한 재료다. 천이라 유연하기 때문에 다양한 크기와 기하학적 구성으로 어디서나 사용할 수 있다. 또한 전도성 천은 다른 천에 쉽게 꿰맬 수 있기 때문에 의류에 장치를 붙이기 용이하다.

DIY 입력 장치를 만들 때 또 다른 중요한 고려 사항은 센서가 물리적 장치에 삽입되는 방법이다. 장치를 조작하고자 사용자가 편하게 상호작용할 수 있어야 하므로(예를 들어 그립과 같은 적절한 인체 공학 요소를 지원해야 하므로) 장치 하우징에 센서를 배치하는 것이 버튼, 다이얼, 슬라이더와 같은 활성 구성 요소인 경우 특히 중요하다. 예를 들어 수제 3D 마우스가 몇 개의 버튼으로 구성되는 경우 누를 때 부담이 크지 않게 버튼을 배치해야 한다. 수제 입력 장치 센서의 배치는 장치 자체의 기하학적 도형에도 영향을 받는다. 센서 하우징 및 인체 공학의 자세한 내용은 비아스와 크루이프(2008, 2010)의 연구를 참고하자.

초기에 많은 3D UI 디자이너가 수제 장치를 제작하지 않은 이유 중 하나는 센서를 배치한 물리적 주거 환경을 구성할 수 있는 능력이나 장비가 없었기 때문이다. 밀링 머신과 진공 성형 장치(플라스틱에 가열해서 몰드 위에 펴는 장치)는 흔하지 않으므로 누구나 3D 입력 장치에 대해 견고한 물리적 하우징을 하는 것이 어렵다. 하지만 3D 프린팅 기술이 보편화함에 따라 물리적 하우징의 구성은 더이상 DIY 입력 장치 설계에 장애가 되지 않는다. 3D 프린터를 사용하기 쉬워졌고, 또 마음 먹으면 잘 작동되는 데스크톱 컴퓨터 가격으로 한 대 살 수도 있다. 3D 프린터의 경우 장치 하우징을 구성하는 작업은 3D 모델링 소프트웨어로 개발된 모델을 기반으로 한다.

초보자는 3D 프린터를 사용하기 어려울 수 있다. 입력 장치의 물리적 하우징을 보다 쉽게 제작할 수 있는 방법 중 하나는 메이커스 마크Makers' Mark인데 이는 조각 재료와 주석 스티커가 있는 물리적 저작 조립을 기반으로 한 시스템이다. 장치 개발자는 개체의 모양을 물리적으로 조각하고 스티커를 부착해 기존 파트나 고급 기능을 배치한다. 그런 다음 공구는 설계 스캔에서 이런 주석의 3D 자세를 추출하고 클리어런스, 마운팅 구속 조건 라이브러리를 사용해 원하는 부품을 통합하는 데 필요한 형상을 합성한다(세비지Savage 등 2015).

3D 입력 장치의 물리적 하우징을 개발하는 또 다른 방법은 레고를 이용하는 것이다. 레고 인터페이스 툴킷은 물리적 상호작용 장치를 신속하게 만드는 데 사용되는 프로토타이핑 시스템이고(아이어스Ayers와 젤레즈닉Zeleznik 1996) 이러한 접근법을 사용한다. 다양한 물리적 구성을 지원하는 푸시 버튼, 회전 센서, 선형 센서와 함께 레고Lego brick를 사용한다. 이 컴포넌트 기반 접근 방식을 통해 입력 장치 개발자는 서로 다른 장치

구성 요소를 신속하게 결합할 수 있다. 디자이너는 반복된 디자인 작업에서 영구적인 물리적 하우징 솔루션으로 쉽게 옮길 수 있다.

또 다른 접근법은 모델링 점토를 사용해 입력 장치 하우징을 만드는 것이다. 모델링 점토를 사용하면 디자이너가 원하는 모양으로 성형할 수 있으며 다양한 형상을 시험하고자 신속하게 변경할 수 있는 장점이 있다. 이 두 가지 접근법은 반복적인 3D 입력 장치 디자인 및 개발을 지원하는 장치를 빠르게 프로토타이핑하는 데 유용하다.

6.6.2 DIY 입력 장치와 컴퓨터의 연결

DIY 입력 장치를 구성하는 또 다른 중요한 부분은 컴퓨터와의 연결 방법이다. 대부분 수제 입력 장치는 입력 장치가 생성하는 데이터를 컴퓨터가 이해할 수 있도록 사용자가 논리를 지정해야 한다. 한 가지 예외는 기존 장치를 분리해 센서를 서로 다른 물리 구성으로 사용하는 경우다. 해당 예시는 그림 6.41에 나와 있는 상호작용 슬리퍼다. 이 장치는 무선 마우스에서 재배선된 구성 요소를 사용하기 때문에 표준 USB 포트를 사용해 정보를 컴퓨터로 전송할 수 있으므로 추가 전자 장치 또는 장치 드라이버가 필요하지 않다.

DIY 입력 장치를 컴퓨터에 연결해 3D 인터페이스에서 사용할 수 있도록 하는 주요 방법은 소형 컨트롤러를 사용하는 것이다. 소형 컨트롤러 핀을 통해 다른 전자 부품과 인터페이스할 수 있는 소형 컴퓨터일 뿐이다. 가격, 전력, 프로그래밍의 용이성 등에 따라 선택할 수 있는 다양한 종류가 있다. 오늘날 가장 많이 사용되는 소형 컨트롤러는 아두이노와 라즈베리 파이다(그림 6.47 참고). 디자이너는 입력 장치를 회로 기판의 소형 컨트롤러에 연결할 수 있으며 직렬 또는 USB 포트를 통해 또는 블루투스, 와이파이, RF 또는 기타 기술을 통해 무선으로 컴퓨터와 통신할 수 있다.

디자이너는 일반적으로 프로토타이핑 보드(브레드 보드)에 전자 회로를 먼저 제작한다. 이 회로는 땜납할 필요 없이 쉽게 장치와 소형 컨트롤러 사이에 전기를 연결하도록 만들었다. 그래서 대부분 브레드 보드에서 개발된 회로를 디버깅하기 어렵고, 특히 초보자에게는 더 그렇다. 드류Drew 등(2016)은 브레드보드의 전반적인 상태를 즉각적으로 시각화할 수 있는 도구인 토스트 보드Toast board를 개발해 사용자가 측정하기 전에 단일 가설과 계획을 세우지 않고 데이터를 기반으로 문제를 진단할 수 있도록 만든다.

개발자는 소프트웨어 패키지(대부분 무료, 프로그래밍 언어로 베이직 또는 C를 사용)를 소형 컨트롤러 코드 장치에 사용해 개발자는 입력 장치를 제어하고 소형 컨트롤러에 내려받을 수 있다. 프로토타이핑 및 테스트 단계가 끝나면 소형 컨트롤러 및 관련 전자 회로를 적절한 회로 기판에 부착할 수 있다. 수제 입력 장치는 컴퓨터로 정보를 전송하고, 장치 드라이버와 같은 적절한 소프트웨어를 사용해 3D UI에 정보를 전송하는, 자체 전자 장치를 보유한다. 3D 애플리케이션(유니티 3D 및 언리얼 엔진)에 사용되는 많은 소프트웨어 패키지에는 DIY 입력 장치를 쉽게 통합할 수 있는 플러그인이 있다. 소형 컨트롤러를 사용하는 것은 약간의 노력과 학습 곡선이 필요하지만 이 접근법은 입력 장치 개발자에게 입력 장치/컴퓨터 인터페이스 작성법을 자유롭게 선택할 수 있게 해준다. 입력 장치를 만들고자 소형 컨트롤러를 사용하는 방법의 좀 더 자세한 내용은 포만Forman과 로슨Lawson(2003)의 연구에 나와 있다. 더 구체적으로는 먼저 휴즈(2016)의 연구에서 아두이노 사용법을 포괄적으로 볼 수 있고, 몽크Monk(2016)의 연구에서는 라즈베리 파이 사용법을 참고할 수 있다.

그림 6.47 DIY 3D 입력 장치용으로 가장 보편적인 2개의 소형 컨트롤러 보드의 예(이미지 출처: 조셉 라비올라 주니어)

소형 컨트롤러를 사용하는 또 하나의 방법은 피젯Phidget(그린버그Greenberg와 피젯Fitchett 2001)을 사용할 때 일어날 수 있는 많은 문제를 피하는 것이다. 피젯은 툴킷을 통해 결합할 수 있는 물리적인 입력 장치 위젯이다. 툴킷은 입력 장치를 컴퓨터에 연결하는 구성 세부 정보를 캡슐로 만든다. 사실상 소형 컨트롤러를 프로그래밍하고 회로 보드를 설계할 필요없이 직접 입력 장치를 만들 수 있다. 피젯 사용법의 자세한 내용은 그린버그와 보일Boyle(2002)의 연구에서 더 찾아볼 수 있다.

6.7 3D 사용자 인터페이스에 사용되는 입력 장치 선택

3D UI 디자이너는 가능한 입력 장치와 센서에 대한 폭넓은 지식을 갖고 특정 애플리케이션에 딱 맞는 입력 장치를 선택해야 한다. 디자이너는 3D UI가 지원해야 하는 다양한 업무를 조사하고 적절한 상호작용 기술을 찾고(또는 개발하고) 선택한 입력 장치가 이런 기술에 적절히 매핑되도록 해야 한다. 6.7절에서는 입력 장치를 선택할 때 먼저 고려해야 할 중요한 요소들을 검토한다. 그 뒤 디자이너가 3D 애플리케이션용 입력 장치를 선택할 때 도움이 되는 장치 분류법 및 경험적 평가를 설명한다.

6.7.1 중요 고려 사항

특정 3D UI 입력 장치를 선택할 때 고려해야 할 요소가 많다. 장치 인체 공학, 입력 모드의 수 및 유형, 사용 가능한 기법-장치 매핑 전략 및 사용자가 주행할 작업 유형이 모두 적합한 입력 장치를 선택하는 데 중요한 역할을 한다. 사용자가 주어진 3D 애플리케이션이 맥락에서 다양한 조작을 수행함에 따라 해당 문제는 커진다. 왜냐하면 특정 장치가 하나의 작업에는 완벽하게 들어맞지만 다른 작업에는 맞지 않을 수 있기 때문이다.

3D 애플리케이션용 입력 장치를 선택할 때 인체 공학은 중요한 고려 사항이다. 장치가 사용자의 신체에 과도한 부담을 줘서는 안 된다(3장 '인간 요소와 기본 요소들'의 3.5절 참고). 이러한 부담은 반복적으로 스트레스로 인한 부상을 일으킬 수 있으며 사용자가 일반적인 작업을 수행하기 어렵게 만든다. 장치는 가벼워야 하고 교육이 거의 필요하지 않으며 최소한의 노력으로 컴퓨터에 중요한 정보를 제공할 수 있어야 한다.

3D 애플리케이션에 사용하기 위한 입력 장치를 선택할 때 특정 장치의 입력 모드가 고려돼야 한다. 애플리케이션에 필요한 입력 유형은 장치의 선택지를 줄이는 데 도움이 된다. 예를 들어 결국 3D 모델링 시스템은 키보드, 마우스 또는 태블릿과 같은 2D 장치를 사용한다. 하지만 몰입감을 높여야 하는 3D 모델링 시스템의 장치는 서서 사용하기 어렵고 사용자의 머리와 손을 추적하는 데 필요한 자유도를 제공하지 않기 때문에 적절하지 않다. 반대로 데스크톱 3D 컴퓨터 게임은 복잡한 6-자유도 추적 장치가 반드시 필요하지는 않다. 대부분 키보드와 마우스 또는 게임 컨트롤러로 충분하기 때문이다. 또 다른 예를 들면 간단한 몰입형 아키텍처를 수행할 때 사용자의 머리를 추적

하는 한편 환경도 탐색할 수 있는 방법이 필요하다. 이때 굽힘 감지 장갑이 일부 제스처를 수집하고 탐색하는 데 사용될 수 있지만 장치의 복잡성을 감안할 때 적합하지 않을 수 있다. 그림 6.30에 나온 '완다Wanda'는 굽힘 감지 장갑이 사용자에게 부과하는 추가적인 자유도가 필요하지 않기 때문에 사용하기 훨씬 쉽다.

입력 장치는 기술과 장치의 논리적 매핑에 따라 다양한 상호작용 기술을 처리할 수 있다. 주요 쟁점은 해당 매핑으로 인해 장치와 후속 상호작용 기술을 사용할 수 있는지의 여부다. 따라서 3D 애플리케이션에서 입력 장치를 선택할 때 고려해야 할 사항은 장치가 애플리케이션 작업을 수행하는 데 필요한 상호작용 기술에 매핑되는 방식이다. 일종의 닭이냐 달걀이냐의 문제인데 상호작용 기술에 맞는 입력 장치를 선택해야 하지만, 선택한 입력 장치에 맞게 상호작용 기술을 설계할 필요도 있다. 실제로 장치와 기술을 선택하는 문제와 장치가 기술에 매핑되는 문제는 함께 고려돼야 한다.

일반적으로 장치는 애플리케이션의 상호작용 기술 중 하나 또는 2개에 자연스럽게 매핑되지만 다른 스레드와의 매핑은 상대적으로 빈약하기 때문에 일반적으로 절충점을 찾아야 한다. 예를 들어 몰입형과 과학적 시각화, 애플리케이션과 관련해 3D 추적기를 사용자의 손에 부착하고 데이터셋을 검사하기 위한 도구를 선택하고 조작하는 데 사용할 수 있다. 사용자는 데이터셋에서 도구를 탐색해 설정할 수 있으며 이는 장치에서 상호작용 기법으로 자연스럽게 매핑된다. 하지만 3D 추적기를 사용해 매개 변수 값을 입력해 렌더링 스타일을 변경하면 장치에서 상호작용 기술에 자연스럽게 입력되지 않는다. 과학적 시각화 애플리케이션이 데스크톱에 있으면 키보드는 렌더링 스타일을 훨씬 자연스럽게 변경하고 매핑할 수 있지만, 객체를 선택하고 조작하기가 어려워진다.

해당 예시는 3D 애플리케이션의 입력 장치를 선택할 때 종종 상반된 관계가 생길 수 있음을 보여 준다. 대부분 입력 장치는 일반적인 용도로 설계됐으므로 여러 가지 상호작용 기술에 사용될 수 있지만 최상의 매핑을 제공하지는 않을 수도 있다. 경우에 따라 여러 개의 특수 장치가 단일 범용 장치보다 사용성을 향상시킬 수 있다는 것이다.

> **Tip**
> 때로 3D 애플리케이션의 모든 기술에 대해 일반 입력 장치 1~2개가 아니라 특정 상호작용 기술 그룹에 대해 잘 작동하는 일련의 특수 장치를 사용하는 것이 좋다.

이러한 유형의 접근법의 예시로는 힌클리 등(1994), 포스버그 등(1998), 키프 등(2001)의 연구가 있다.

6.7.2 입력 장치 분류학

입력 장치 분류법은 어떤 입력 장치들이 서로 대체될 수 있는지 결정하는 데 유용한 도구가 되며 또한 특정 작업에 사용할 장치를 결정하는 데 도움을 줄 수 있다. 그리고 입력 장치 사이의 유사점과 차이점을 이해하고 논의하기 위한 메커니즘을 제공해서 3D UI 디자인에 중요하다. 6.7.2절에서는 해당 도구들의 진화를 보여 주고자 역사적인 관점에서 이런 입력 장치 분류학을 간략하게 보여 준다. 또한 3D UI에서 적절한 장치를 선택하는 데 도움이 되는 방법을 설명한다.

첫 번째 입력 장치 분류 중 하나는 폴리와 왈라스(1974)가 개발했다. 그들의 접근 방식은 입력 장치를 상호작용 기술과 분리하는 것이었다. 그들은 당시에는 대부분의 입력 장치를 포괄하는 4개의 가상 장치 세트를 만들었다. 그 4개는 선택 장치, 위치 지정 장치, 버튼, 값 지정 장치였다. **선택**pick 장치는 사용자 정의 개체를 지정하는 데 사용된다. **위치 지정**locator 장치는 위치 및 또는 방향을 결정하는 데 사용된다. **버튼**button은 시스템 정의된 객체를 지정하는 데 사용된다. 마지막으로 일련의 숫자 내에서 단일값을 입력하고자 **값 지정자**valuator가 사용된다. 앤덜 등(1984) 등이 2개의 추가 가상 장치인 획 및 문자열을 추가했다. **획**stroke은 일련의 점이고 **문자열**string은 일련의 문자다.

이러한 가상 장치 분류는 다양한 상황에서 유용하게 사용된다. 예를 들어 3D UI 개발자는 이 분류법을 사용해 애플리케이션에 가장 적합한 가상 장치를 검토하고 해당 범주에 맞는 장치를 선택함으로써 입력 장치 선택지 수를 가능한 한 줄이는 도구로 사용할 수 있다. 애플리케이션에 3D 위치 지정 장치가 필요한 경우 이 가상 장치에 매핑되지 않은 모든 물리적 장치를 자동으로 제거할 수 있다. 하지만 이 분류법에는 근본적인 결함이 있다. 동등한 것으로 보이는 장치가 물리적으로나 실질적으로는 크게 다를 수 있기 때문이다. 예를 들어 마우스와 스타일러스는 완전히 다른 장치이지만 이 분류법에 의하면 2D 위치 지정 장치와 스트로크 장치로 똑같이 간주된다.

또 다른 분류법은 다양한 입력 장치의 특성을 고려해 개발됐다. 예를 들어 폴리 등(1984)은 기본적인 상호작용 작업(예를 들어 선택, 위치 선정, 방향 선정)을 그 작업을 수행하는 장치에 매핑해 가상 장치 분류법을 개선했다. 작업에서 요구하는 사항들에 기반해 제한된 장치 집합만 특정 작업에 사용할 수 있다. 하지만 분류 자체는 작업 기반이기 때문에 입력 장치가 2개 이상의 작업에 사용될 수 있다. 해당 분류법은 가상 장치 분류법보다 선택 가능한 입력 장치 세트를 줄이는 데 도움이 될 수 있지만 장치 공간의 구조와 입력 장치를 구분하지는 못한다는 실용적인 문제가 있다.

과거 분류법에서 다소 부족했던 실용적인 면을 보완하고자 벅스턴Buxton(1983)은 연속 입력 장치를 자유도 및 속성 감지 차원(동작, 위치, 압력)인 2D 공간으로 구성하는 분류법을 개발했다. 또한 하위 분류는 사용자의 손과 감지 메커니즘 사이에 기계적인 중개자가 있는 장치와 터치 감지식 장치를 구분하는 데 사용된다. 이 분류법에서 입력 장치를 분류하는 방법의 예가 그림 6.48에 묘사돼 있다. 하지만 여기도 두 가지 문제점이 존재한다. 첫째, 개별 입력 장치를 처리하는 데는 유용하지 않다. 둘째, 입력 장치를 다른 입력 장치로 대체하는 것이 부적절하다고 판단할 수 있지만 그 이유를 추출하지 못한다.

맥킨레이Mackinlay 등(1990b)은 두 가지 방식으로 벅스턴 분류법을 확장했다. 첫째, 절대량과 상대량을 구별했다. 둘째, 병진 및 회전 운동을 분리했다. 또한 자유도를 사용하는 대신 다른 병진 및 회전축의 차이를 구분했다. 예를 들어 6-자유도 위치 추적 장치는 위치를 감지하는 카테시안 좌표 x, y, z으로 그리고 방향은 rX, rY, rZ 회전 좌표로 이름 붙여지고, 각 축에 대해 감지된 가능한 값의 무한 수를 갖는다(그림 6.49). 이러한 분류법은 분리된 장치와 연속 장치 사이의 관계뿐만 아니라 간단한 장치가 복잡한 제어와 결합되는 양상을 설명할 수 있다. 또한 장치가 주어진 작업을 해내는 데 사람의 수행력이 중요한 영향을 미친다는 것을 포착한 최초의 분류법 중 하나였다. 이는 상호작용 작업에 매핑할 수 있는, 또 장치의 실용성을 검토할 수 있는 장치의 선택 범위를 좁히는 데 유용한 도구라는 점에서 과거 분류 체계와 비슷한 방식으로 입력 장치를 선택할 때 사용될 수 있다.

카드Card 등(1991)은 장치를 형태학적으로 분석하고자 분류법을 더 정제했다. 파라메트릭parametric 디자인된 공간에서 장치를 어떤 지점으로 검사하는 방법을 탐색하는 방식이다. 그들은 디자인 공간의 서로 다른 부분이 추가 프로토타이핑 및 엔지니어링 작업에서 흥미롭게 탐색될 수 있도록 두 가지 측정 기준인 입력 프린트와 대역폭을 사용했다.

감지된 속성		감지 차원의 수					
		1		2		6	
위치		휘어짐 센서	선형 슬라이더	태블릿과 스타일러스	등장성 조이스틱	추적기 (위치와 방향)	M
				터치 태블릿			T
움직임			보행 분석계	마우스	트랙볼		M
력		토크 센서			등척성 조이스틱	스페이스볼 또는 스페이스 마우스	T

그림 6.48 벅스턴의 입력 장치 분류법은 장치의 실용적인 속성을 기반으로 자유도, 속성, 장치가 사용자와 감지 메커니즘(M) 또는 터치 감지(T) 사이의 매개체를 사용하는지 여부에 따라 장치를 범주화한다(벅스턴 1983)).

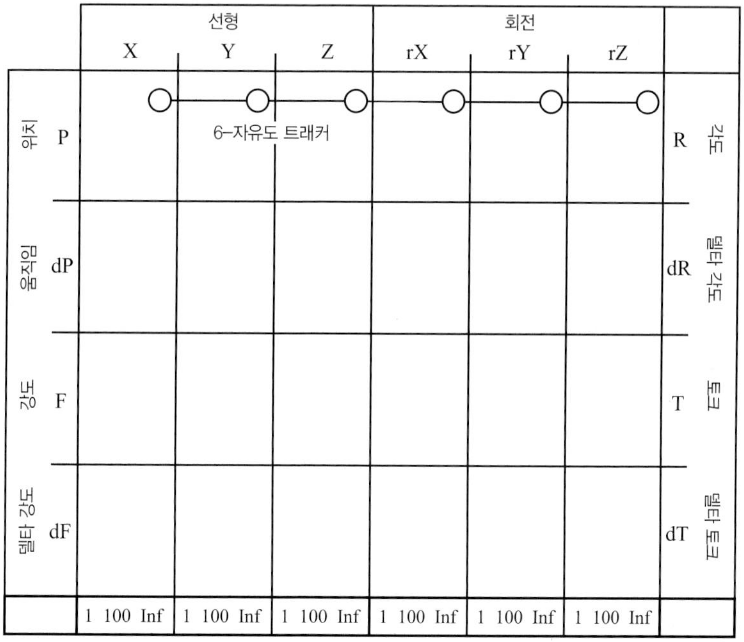

		선형			회전			
		X	Y	Z	rX	rY	rZ	
위치	P	○	○	○	○	○	○	R	각도
움직임	dP							dR	각속도
힘	F							T	토크
변화량	dF							dT	토크 변화량
		1 100 Inf	1 100 Inf	1 100 Inf	1 100 Inf	1 100 Inf	1 100 Inf	

(6-자유도 트래커)

그림 6.49 맥킨레이 등(1990b)의 입력 장치 분류법은 6-자유도 추적 장치를 분류한다. 원은 장치가 수직 축을 따라 표시된 특성 중 하나를 감지할 수 있다는 것을 나타낸다. 원이 열에 배치되는 양상을 보고 감지된 값의 개수를 알 수 있다.

지금까지 논의한 분류 체계는 다양한 입력 장치를 특성화하고 이해하기 위한 프레임 워크를 제공하지만 선택의 가능성을 줄이고, 선호하는 특정 장치를 결정할 수 없다는 점에서 제한적이다. 제이콥과 시버트Sibert(1992)는 이렇게 지각과 인지 문제가 담기지 않는다는 사실을 깨닫고 이를 고려하기 시작했다. 그들은 따라서 이론적인 모델을 개발했다. 그들의 접근법은 관측자가 지각 구조에 따라 다차원 공간을 인식한다는 아이디어에 기반한다(가너Garner 1974). 이론은 이런 구조를 2개의 구성 요소로 나눈다. 단일 혼합인식은 통합적으로 관련돼 있고 뚜렷하게 차이가 있는 인식은 분리해서 관련돼 있다. 다차원 입력 장치는 자유도를 함께 고려하는(단일 혼합) 또는 개별적으로 처리하는 장치(차이가 있는 혼합)인지의 여부에 따라 통합적으로 또는 분리해서 고려할 수있다. 이 접근법에 대해 생길 수 있는 논란은 2개의 3D 작업이 동일하게 보일 수 있지만 지각 공간이 달라서 다른 입력 장치를 사용해야 하는 상황이다.

예를 들어 사용자는 물체의 위치와 방향을 지정하는 작업(물체의 상태를 설정하고자 6개의 자유도를 한 번에 제어한다)을 감지할 수 있으므로 추적기와 같은 6-자유도 통합 장치가 적합하다. 반면 색상을 분리할 수 있는(색조, 채도, 값이라는 3개의 매개 변수가 독립적으로 제어됨) 작업을 감지할 수 있으므로 한 번에 하나의 자유도를 제어할 수 있는 장치가 최선의 선택지다. 이 모델은 장치를 특성화하기 위한 것이 아니라 주어진 작업에 2D 장치 대신 3D 입력 장치를 사용해야 하는 시점을 표시하고자 만들어졌다. 이는 힌클리 등(1997), 발라크리슈난 등(1997)의 연구에서 다른 입력 장치를 평가하는 데에도 사용됐다.

6.7.3 경험적인 평가

지난 절에서 논의한 방법론은 일반적으로 특정 작업이나 3D UI 입력 장치의 선택지를 줄이는 데 유용하다. 하지만 주어진 작업에 어떤 장치가 적합한지에 대한 구체적인 정보를 얻으려면 경험적인 연구가 필요하다. 3D 애플리케이션(5장 참고)에 적합한 출력 장치를 선택하는 데는 경험적인 연구가 부족하지만 입력 장치에 대해서는 경험적인 연구가 다수 있다. 장치 성능의 정량적 측정값을 얻는 것이 더 쉽기 때문이다. 속도, 정확성, 학습 용이성과 같은 특성은 장치가 특정 작업에서 어떻게 수행될지를 측정하는 데 사용된다. 또한 피츠의 법칙과 조종법과 같은 도구(3장 '인간 요소와 기본 요소들'의 3.2.4절 참고)는 정량 분석의 기초를 제공한다.

그동안 마우스와 같은 전통적인 데스크톱 장치와 비교해서 3D 입력 장치의 효율성 측정 관련 연구를 수행했다. 힌클리 등(1997)은 3D 객체 회전 작업을 수행하는 데 마우스와 6-자유도 추적 장치를 비교 연구했다. 그 결과 추적 장치가 2D 마우스보다 정확도 관련 손실 없이 36퍼센트 빠른 성능을 보였다. 또 다른 실험 결과인 웨어와 제섬(1988)의 연구에서도 3D 객체를 수동 조작하는 마우스와 방망이(6.3.3절 참고)를 비교했다. 결과적으로 3D 객체를 조작할 때 마우스보다 방망이를 사용하는 것이 더 쉬웠다. 단 두 가지 실험 결과임에도 불구하고 그들은 자유로운 형태의 3D 객체를 조작할 때 3개 이상의 통합 자유도를 갖춘 입력 장치가 마우스보다 고성능이라고 주장한다.

자이는 3D 입력 장치에 특정해서 흥미로운 연구들을 수행했고, 적절한 3D 입력 장치를 선택하는 지침을 개발했다. 예를 들어 자이와 밀그램(1998)은 6-자유도의 공중 조작 마우스에 대해서는 학습하기 쉽고, 속도 측면에서 다른 3D 입력 장치보다 성능이 좋다고 말한다. 하지만 6.3.3절에서 이야기한 것과 같이 공중 조작 마우스는 사용자를 쉽게 피로하게 만들고 단일한 상태를 유지하기 어렵다는 단점들이 있다. 반대로 데스크톱 6-자유도 장치(그림 6.8)는 사용자의 피로도를 낮추고 장치의 내구성을 높이며 더 부드럽게 포인트를 이동시킬 수 있지만 성능이 비교적 낮다. 속도와 정확도 사이의 트레이드 오프를 보여 주는 구체적이고 전형적인 예시라고 볼 수 있다.

> **Tip**
> 속도와 짧은 학습 곡선이 중요한 경우(예를 들어 비디오 게임이나 위치 기반 엔터테인먼트) 자유롭게 움직일 수 있는 6-자유도 장치가 가장 적합하다. 반면 편하고 정확한 위치 조정이 필요하며 좌표가 중요한 경우(예를 들어 3D 모델링이나 원격 조정)에는 데스크톱 기반의 6-자유도 입력 장치가 사용돼야 한다.

3D 입력 장치에 대한 다른 흥미로운 초기 경험적 연구는 자이와 볼티에르[Woltjer](2003), 발라크리슈난 등(1997), 케슬러[Kessler] 등(1995), 자이 등(1995)이 수행했다. 이 책의 초판이 나온 이래로 3D 입력 장치에 대한 다양한 경험적 연구가 수행됐고, 이를 모두 논의하는 것은 책의 범주를 벗어난다. 그러나 당[Dang] 등(2009), 티더[Teather]와 스튀어즐링거[Stuerzlinger](2008), 슐테이스[Schultheis] 등(2012), 시글[Siegl] 등(2014)의 연구들은 언급할 만하겠다.

3D UI에서 특정 작업에 사용되는 적절한 입력 장치를 결정하는 데 필요한 실증적인 작업에는 많은 변수가 작용하기 때문에 어려울 수 있지만, 3D UI가 발전함에 따라 중요한 연구 영역이 되고 있다. 새로운 장치가 개발되면 해당 장치를 가장 효과적으로 사용할 수 있는 방법을 결정하고자 과학적인 연구를 수행해야 한다.

6.8 사례 연구

6.8절에서는 두 가지 사례 연구의 디자인 측면과 입력 요구 사항을 논의한다. 이 책을 순차적으로 읽지 않았다면 2장의 2.4절을 읽어 보고 해당 사례 연구의 배경을 이해해야 한다.

6.8.1 VR 게임 사례 연구

VR 액션 어드벤처 게임은 플레이어의 머리 부분을 6-자유도로 추적할 수 있다. 플레이어는 머리와 몸의 움직임만으로 모든 방향을 보고, 기대고, 몸을 구부리고, 걸을 수 있어야 한다. 선택 및 조작 기술(7장 '선택 및 조작' 7.12.1절 참고)이 주어지면 플레이어의 손을 모두 6-자유도로 추적해야 한다. 이때 가장 중요한 추적 요구 사항은 지연 시간이 짧아야 한다는 것이다. 머리 움직임을 보는 시각적인 반응은 (게임 속에서) 괴물의 존재에 반응하는 속도와 비슷한, 빠른 움직임이 필요한 상황에서 양질의 사용자 경험을 제공하고자 즉각적으로 이뤄져야 한다. 2차 고려 사항은 지터다. 트래킹에서 생기는 노이즈 때문에 장면이나 가상 손이 진동하는 것처럼 보이면 산만해지고 현존감이 줄어든다. 다행히 고품질의 HWD로 패키징된, 소비자 수준의 추적 시스템이 이런 요구 사항을 모두 충족한다.

추적 외에도 사용자가 게임을 하고자 VR 시스템과 상호작용하는 데 다른 입력 장치를 고려할 수 있어야 한다. 손 기반 입력 장치에는 세 가지 기본 범주가 있는데 3D 마우스, 장갑, 맨손이다. 물론 입력 장치를 선택하는 것과 상호작용 기술을 디자인하는 것을 분리해서 생각해서는 안 된다.

비전 기반의 손 및 손가락 추적 시스템을 통한 맨손 상호작용이 실제와 가장 비슷하고 복잡하지 않기 때문에 바람직하다. 하지만 이러한 '자연스러움'이 항상 VR을 위한 최선의 디자인 선택지가 되지는 않는다(바우만 외 2012). 상당한 한계를 발견할 수 있기 때문이다. 가상 객체를 집어드는 데 맨손 추적 시스템을 사용했다고 가정하자. 사용자는 그 지점으로 손을 움직여 손가락을 사용해서 움켜쥐는 행동을 할 수 있지만 햅틱 피드백이 없기 때문에 정확히 이 물건을 잡았다는 것을 알 수 없다. '자연스러운' 손이 가상 객체를 통과한다고 하면 덜 '자연스러운' 기술보다 더 이상하게 느껴질 수 있다. 개체를 떨어뜨리는 것 역시 문제다. 객체가 손에서 빠져나오기 전에 사용자가 손가락을 얼마나 크게 펼쳤는지 어떻게 알 수 있겠는가?

이런 모호함과 장치를 통해 상호작용하는 데 익숙한 게임 플레이어 때문에 VR 게임에서 맨손 입력 장치를 선택하지 않을 수 있다. 하지만 장갑은 어떨까? 장갑은 맨손과 거의 비슷하게 손, 손가락을 움직일 수 있고 사용자가 보지 않아도 추적될 수 있으며 진동 촉각 햅틱 피드백을 얻을 수 있다. 하지만 단점은 있다. 장갑을 끼고 벗는 것이 귀찮을 수 있고 만약 잡아당기면 붙어 있는 센서가 손상될 수 있다. 또한 여러 사용자가 장갑을 같이 쓸 때 위생적이지 않다.

전반적으로 3D 마우스는 여러 장치 중에서 제일 튼튼하고 청결하며 명확하고 즉각적인 반응을 가장 잘 이끌어 낼 수 있다. 우리 게임에 대해서는 사용자가 손으로 들고 6-자유도로 추적할 수 있는, 그리고 인체 공학적으로 설계된 컨트롤러 2대를 사용하고, 입력을 위해 버튼과 터치패드를 쓸 수 있다. 그림 6.33의 오른쪽에 있는 장치가 그 예시다.

하지만 핸드헬드 3D 마우스는 '포인트-앤드-클릭' 상호작용 방식으로 3D 버전을 제한하지 않을까? 반드시 그런 것은 아니다. 추적된 컨트롤러는 3D 자세(예를 들어 컨트롤러를 기울여 속도를 지정하는 방식), 컨트롤러 동작(예를 들어 주문을 걸고자 공중에서 원을 그리는 방식)처럼 제스처로 입력하는 형태나 심지어 사용자가 장치를 잡는 방식(예를 들어 사용자가 버튼을 만졌을 때 오큘러스 터치Oculus Touch가 이를 감지해 간단한 파악/해제 제스처를 허용한다)에도 사용할 수 있다.

컨트롤러 자체도 가상 도구를 조작하는 핸들로 사용해 우리 게임에 직접적으로 통합할 수도 있다. 이는 플레이어가 게임 세계에서 게임을 진행할 때 다양한 가상 도구를 사용해야만 하는 퍼즐 게임에서 흥미롭게 사용될 수 있다. 휴대용 3D 마우스를 통합해 게임과 그 상호작용을 디자인할 수 있다. 물론 판타지 게임 세계가 아닌 실제 세계의 시뮬레이션을 디자인하려고 한다면 다른 선택지를 고를 것이다.

핵심 개념

- 완전히 자연스러운 상호작용은 항상 가능하지도 않고 늘 바람직하지도 않기 때문에 입력 장치를 선택할 때 이를 고려해야 한다.
- 핸드헬드 3D 마우스는 전통적인 데스크톱 / 콘솔 상호작용과 VR 사이를 연결하는 다리 역할을 한다.
- 버튼은 시각 기반 제스처 추적보다 안정적인데 왜냐하면 제스처 인식이 매번 잘 되지는 않기 때문이다.
- 제스처 기반 상호작용은 맨손으로 추적하는 것뿐만 아니라 다양한 유형의 입력을 사용하는 시스템에 통합될 수 있다.

6.8.2 모바일 AR 사례 연구

하이드로시스는 야외 설정에서 핸드헬드 장치를 정확하게 측정해야 잘 이뤄질 수 있다. 우리는 현장으로 가져갈 수 있는 4×4 차량에 장착된 특수 추적 설치(초광대역 추적 시스템인 유비센스Ubisense)를 배치하기로 결정했다. 이를 통해 가까운 거리에서 정확하게 핸드헬드 장치를 추적해서 세부적인 환경 분석을 해낼 수 있었다. 보다 일반적인 분석을 수행하고자 차량에서 멀어지면 내장형 GPS 및 관성 센서를 사용했다.

사용자 입력을 직접적으로 하고자 대다수의 휴대용 AR 애플리케이션은 태블릿 또는 전화를 사용해 데이터를 시각적으로 탐색한다. 이를 통해 사용자는 이론적으로 사용할 수 있는 터치 스크린으로 작업할 수 있다. 실제로 이는 소리만큼 간단하지는 않다. 특히 하이드로시그에서 사용된 설정과 같이 추가 센서 및 컨트롤러로 확장된 설정을 사용하면 화면을 쉽게 사용하기가 어렵다. 사용자는 두 손으로 장치를 잡아야 될 수도 있고, 이 때문에 엄지손가락으로 터치 스크린의 일부만 제한적으로 사용하게 될 수도 있다.

다행히 우리는 한 손으로도 사용할 수 있도록 하이드로시스 핸드헬드 장치를 설계하기는 했지만 터치 기반의 제어는 여전히 하기가 어려웠다. 운영 환경이 춥기 때문에 대부분 사용자는 장갑을 낀다. 그런데 손가락으로 터치 스크린을 누를 때 장갑이 닿는 부분이 커지면서 '뚱뚱한 손가락' 문제가 발생하고, 특정 기능을 시스템 제어 디자인의 절충안으로 적절하게 선택할 수 없게 되기 때문에 주의를 기울였다(자세한 내용은 9장 참고). 따라서 선택지를 늘리고자 시스템 제어 인터페이스를 적용하거나 다른 가능성을 검토할 수밖에 없었다.

하이드로시스를 설계하는 동안 '베스페르(Vesp'r, 5.7.2절 참고)'라 불리는 두 손으로 사용하는 초기 프로토타입을 고려했고, 즉 한손으로 사용하는 것은 고려 사항이 아니었다(베아스와 크루이프 2008). 따라서 베스퍼에서는 컨트롤을 파워 그립 핸들에 통합했고 이를 통해 설정을 유지하면서 앱을 제어할 수 있었다. 또한 익숙한 컨트롤러를 기반으로 하면서 색인 또는 손가락으로 접근할 수 있는 여러 버튼 옆에 검지와 엄지 손가락으로 2D 상호작용에 사용할 수 있는 소형 조이스틱을 내장했다. 이와는 또 좀 다른 컨트롤 매핑을 사용하는 옵션은 중간, 왼쪽, 오른쪽 클릭이 있는 스크롤 휠을 포함한 추가 핸들이다(자세한 내용은 베아스와 크루이프(2008) 참고).

초기 하이드로시스 디자인은 반복적으로 비슷한 제어 체계를 따랐다. 이론적으로는 적용된 UMPC에 버튼과 양손으로 장치를 잡고 쓸 수 있는 소형 조이스틱이 포함돼 있지만 조작하기 너무 작다. 따라서 사용하기가 어려워서 아예 사용하지 않았다.

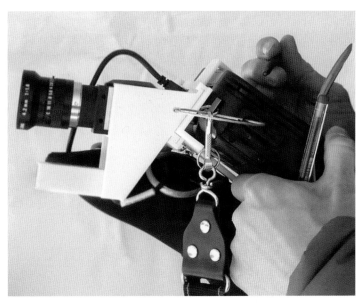

그림 6.50 핸드헬드 설정을 사용하면서 펜으로 입력하는 모습(에른스트 크루이프)

결론적으로 그냥 장갑과 함께 잘 쓸 수 있고 정확도가 높으며 성능을 내는 속도가 빠른, 펜을 써서 스크린을 사용하기로 결정했다(그림 6.50 참고). 장갑을 낀 채로 펜을 쓸 수도 있고 성능도 뛰어나다!

하이드로시스에서 사용되는 특정 플랫폼은 간헐적으로 사용 시간이 짧아지는 휴대용 AR 애플리케이션과 상당히 다르다. 해당 애플리케이션의 경우 인체 공학에 대해 큰 우려를 하기보다 시스템에 가장 직접적으로 입력하는 방법을 고려해야 한다.

핵심 개념

- 모바일 AR의 경우 터치 스크린을 통한 직접 제어가 불가능한 경우 잘 작동하는 컨트롤러를 제공하자.
- 인체 공학적인 측면까지 고려해서 모든 장치를 통합하자. 특히 장치를 손에 쥐고 컨트롤러를 작동하는 방법도 고려해야 한다.

6.9 결론

6장에서는 3D UI에서 이미 사용했고 앞으로 사용할 수 있는 여러 유형의 입력 및 장치를 설명했다. 구체적으로 입력 장치의 특성과, 이 특성을 사용해 서로 다른 입력 장치를 분류하는 법, 기본적으로 장치로 데이터를 수집하는 방법, 손으로 들고 있어야 하는지 몸에 착용해야 하는지 등을 알아봤다. 키보드, 마우스 등 전통적인 입력 장치를 간략하게 살펴봤지만 공간에서 사용자 또는 대상의 위치, 방향 또는 동작을 포착하는 3D 공간 입력 장치를 주로 논의했다. 5장의 내용과 6장을 염두에 두고 7장으로 넘어가서 선택, 조작, 탐색, 시스템 제어 등 일반적인 3D UI 작업에 대한 다양한 3D 상호작용 기술을 자세히 설명한다.

추천 도서 및 논문

센서 융합을 포함한 동작 추적 기술을 더 자세히 알고 싶다면 다음의 읽을 거리들을 추천한다.

- Schmalstieg, D., and T. Höllerer (2016). *Augmented Reality: Principles and Practice*. Addison-Wesley Professional.

- Zarchan, P., and H. Musoff (2015). *Fundamentals of Kalman Filtering: A Practical Approach*, Fourth Edition. Reston, VA: American Institute of Aeronautics and Astronautics.

- Foxlin, E. (2002). "Motion Tracking Requirements and Technologies." In K. Stanney (ed.), *Handbook of Virtual Environments: Design, Implementation, and Applications*, 163-210. Mahwah, NJ: Lawrence Erlbaum Associates.

- Welch, G., and E. Foxlin (2002). "Motion Tracking: No Silver Bullet, but a Respectable Arsenal." *IEEE Computer Graphics and Applications, Special Issue on "Tracking"* 22(6): 24-38.

- Allen, D., G. Bishop, and G. Welch (2001). "Tracking: Beyond 15 Minutes of Thought." *SIGGRAPH Course #11*.

광학 추적에 사용되는 컴퓨터 비전 기술의 포괄적인 토론은 다음 읽을 거리에서 찾아볼 수 있다.

- Forsyth, D., and J. Ponce (2011). *Computer Vision: A Modern Approach*, Second Edition. Pearson.

- Szeliski, R. (2011). *Computer Vision: Algorithms and Applications*. Springer.

안구 추적의 논의를 더 알아보고 싶다면 다음 문서를 참고하면 된다.

- Duchowski, A. T. (2009). *Eye Tracking Methodology: Theory and Practice*, Second Edition. London: Springer.

- Wang, X., and B. Winslow (2014). "Eye Tracking in Virtual Environments." In K. Hale and K. Stanney (eds.), *Handbook of Virtual Environments: Design, Implementation, and Applications*, Second Edition, 197-210. Boca Raton, FL: CRC Press.

데이터 장갑 및 장갑 기반 입력의 포괄적인 조사 내용은 다음 읽을 거리를 참고하자.

- Dipietro, L., Sabatini A., and P. Dario (2008). "A Survey of Glove-Based Systems and Their Applications." *IEEE Transactions on Systems, Man, and Cybernetics, Part C (Applications and Reviews)* 38(4): 461-482.

- LaViola, J. (1999). "Whole-Hand and Speech Input in Virtual Environments." Master's Thesis, Department of Computer Science, Brown University.

현대 소형 컨트롤러 사용의 자세한 내용은 다음을 참고하자.

- Hughes, J. M. (2016). *Arduino: A Technical Reference: A Handbook for Technicians, Engineers, and Makers*. O'Reilly Media.

- Monk, S. (2016). *Raspberry Pi Cookbook: Software and Hardware Problems and Solutions*, 2nd Edition. O'Reilly Media.

마지막으로, 6-자유도 장치 평가에 관심 있는 초보자들을 위한 읽을 거리는 다음과 같다.

- Zhai, S. (1995). "Human Performance in Six Degree of Freedom Input Control." PhD Dissertation, Department of Computer Science, University of Toronto.

4부

3D 상호작용 기술

3부에서 3D 상호작용을 가능하게 하는 입력 및 출력 장치 기술 관련 정보를 설명했다. 그러나 양질의 상호작용 장치를 선택, 설계하는 것만으로는 사용자 경험을 개선하는 3D UI를 만들어 내기에 충분하지 않다. 4부에서는 가장 일반적인 3D 상호작용 작업을 위한 기법을 설명한다. 상호작용 기술은 인터페이스를 통해 주어진 작업을 수행하는 데 사용하는 방법이며 하드웨어와 소프트웨어 구성 요소를 모두 포함한다. 상호작용 기술의 소프트웨어 구성 요소는 컨트롤 디스플레이 매핑 또는 전송 기능이라고 하며 입력 장치 정보를 관련 시스템 작업으로 변환해 사용자에게 표시해 준다(3부 소개 참고).

여기서 제시하는 많은 기술은 다양한 장치를 사용해 구현할 수 있지만, 상호작용 개념과 수행 과정에서의 세부 사항이 그들을 고유하게 만들어 준다. 4부는 사용자 상호작용 작업으로 구성된다. 각 장에서는 작업과 해당 작업의 변형을 설명한다. 해당 기술을 선택하는 지침과 함께 그 작업을 완료하는 데 사용하는 기술도 설명한다. 또 중요한 기술을 구현하는 데 필요한 세부 사항을 제공한다.

이 책에서 시행 시의 세부 사항은 영어로 설명한다. 수학 방정식, 코드 또는 의사 코드를 제공하지 않기로 했다. 대부분의 기계류는 최신 게임 엔진 및 개발 키트의 기능으로 직접 지원되기 때문이다. 일반적으로 필요한 방정식은 이 책에서 다루는 내용 중 언급된 논문에서 찾을 수 있다. 또한 다양한 이유로 코드나 의사 코드를 제공하지 않기로 했다. 코드는 매우 구체적이고 정확할 수 있지만 여기서는 언어와 툴킷 또는 코드를 기반으로 하는 게임 엔진을 선택해야 했을 수도 있다. 의사 코드의 경우 좀 더 일반적이지만 개발 환경이 특정 기능 모음을 제공하고 특정 프로그래밍 스타일을 사용해야만 하도록 강요할 수 있기 때문이다. 따라서 상호작용 기술을 일상에서 사용하는 자연어로 설명하기로 결정했다. 이를 통해 더 쉽게 설명할 수 있고 독자들도 구현 개념을 본인의 개발 환경에 맞춰서 번역할 수 있게 될 것이라고 생각한다.

7장 '선택 및 조작'에서는 관련 작업을 다룬다. 해당 작업은 널리 연구되고 있으며 3D 상호작용의 근본적인 측면이며 해당 작업을 위한 기술이 다른 많은 3D 상호작용 기술의 기반을 형성한다.

8장 '탐색'은 인간의 기본적인 작업인 환경 안팎에서의 움직임, 즉 탐색 작업과 관련이 있다. 탐색에는 여행과 길찾기가 모두 포함된다. 탐색은 사용자가 본인 시점에서의 위치와 방향을 제어하는 데 필요한 낮은 수준의 동작이며 탐색의 동인이 되는 구성 요소다. 실제 세계에서 여행은 발을 움직이거나 운전대를 돌리거나 조절판을 조작하는 육체적인 탐색이다. 반면 가상 세계에서는 탐색 기술을 사용하면 사용자가 그 시점을 회전시키거나 해석할 수 있게 만들고, 속도와 같은 운동의 조건을 수정할 수 있게 만든다. 길찾기는 탐색의 인식적인 구성 요소이며 사용자의 움직임에 대해 고차원의 사고력, 계획을 짜는 능력, 의사 결정을 내릴 수 있는 능력을 요구한다. 이는 현재 환경에서 본인의 위치를 파악하고 지금 위치에서 목표 위치로 나아가는 경로를 결정하며 가상 환경에서 정신적인 지도를 그리는 것 등 공간을 이해하고 계획을 세우는 작업이다.

가상 세계에서, 즉 이렇게 크고 복잡한 환경에서 길찾기는 매우 중요한데, 왜냐하면 탐색자가 어디로 가는지 모를 경우 기술이 아무리 효율적이라도 쓸모 없어지기 때문이다. 길찾기 기술에 대해 말할 때 인터페이스의 일부 또는 환경에 포함된 보조물 정도로 말한다. 컴퓨터가 스스로 작동해서 구현되는 탐색 기술이나 수동 조작 기술과는 달리 길찾기 기술은 사용자의 생각으로만 지원되는 활동이다.

시스템 제어와 기호 입력은 9장 '시스템 제어'의 주제다. 시스템 제어는 명령이나 메뉴를 통해 모드를 바꾼다. 텍스트, 숫자, 기타 기호를 입력, 편집하는 작업인 기호 입력이 시스템 제어 작업과 연결되기도 한다. 이 두 가지 작업은 조작, 이동, 길찾기와 비슷하게 중요한 연구 주제는 아니었지만 그럼에도 많은 3D UI를 구현할 때 중요하다.

7장

선택 및 조작

3D 가상 객체를 조작할 수 있는 상호작용 기술의 품질은 전체 3D UI 품질에 큰 영향을 미친다. 실제로 조작은 물리적 환경과 가상 환경 모두에서 기본이 되는 작업이다. 사용자가 가상 객체를 효과적으로 조작할 수 없다면 애플리케이션 관련 작업을 수행할 수 없는 경우가 많다. 따라서 3D 객체를 선택하고 조작하는 기술부터 3D 상호작용 관련 논의를 시작하겠다.

7.1 소개

인간의 손은 좋은 도구다. 인간은 의식이 거의 없는 상태에서도 빠르고 정확하게 물리적인 물체를 조작할 수 있다. 따라서 조작 인터페이스의 설계 및 조사는 3D UI에서 중요한 지침이 될 수밖에 없다. 조작 인터페이스를 설계하는 목적은 사람의 원래 능력과 하드웨어의 한계가 미치는 영향을 줄이면서 높은 수준의 사용자 조작 성능 및 편의성을 제공하는 새로운 상호작용 기술 또는 기존 기술을 다시 사용하는 방법을 개발하는 것이다(나이트Knight 1987).

7.1.1 3D 조작

7장에서는 3D 조작을 위한 상호작용 기술을 다루며 입력 장치로 포착한 사용자 입력을 매핑하는 소프트웨어 구성 요소(6장 '3D 사용자 인터페이스 입력 하드웨어'), 즉 사용자 손이 움직이는 경로나 단추를 누르는 등의 행위가 가상 세계에서 기대했던 행동(가상 객체 선택이나 회전 등)으로 연결되는 양상을 보여 준다. 많은 연구자와 디자이너가 독창성과 통찰력을 발휘한 결과, 조작을 위한 3D 상호작용 기술은 매우 다양하다. 개발자는 조작 인터페이스의 고유한 변형을 구현할 수 있는 즉시 사용할 수 있는 다양한 인터페이스 구성 요소 또는 디자인 아이디어를 제공할 수 있다.

7.1.2 7장의 로드맵

먼저 '3D 조작이란 무엇인가?'라는 질문에 대답하는 것으로 시작해 보자(7.2절). 일반적으로 조작 작업에 대한 상호작용 기술을 설계하고 평가하는 것은 의미가 없기 때문에 세부 사항을 이해하는 것이 중요하다. 상호작용 기술의 설계, 분석, 전개는 기술이 개발된 특정 작업의 세부 사항에 크게 의존한다. 입력 장치는 6장에서 설명했지만 7장에서는 조작 기술을 설계하는 데 직접적으로 영향을 주는 특성을 다룬다.

7.3절에서 조작 기법의 다양한 분류를 논의하고 그 기법에 대한 일반적인 개요를 소개한다. 또한 선택과 조작에 사용되는 많은 기술을 메타포로 분류하고자 한다.

- 그러쥐기(7.4절)
- 포인팅(7.5절)

- 표면(7.6절)
- 간접(7.7절)
- 양손 사용(7.8절)
- 혼합(7.9절)

7.10절에서는 상호작용 설계의 또 다른 측면을 살펴보면서 선택과 조작 관련 논의를 마친다. 마지막으로 7.11절에서 선택 및 조작의 설계 지침을 몇 가지 제시하고 7.12절에서 사례 연구를 제시하면서 결론을 맺는다.

7.2 3D 조작 작업

3D 조작 기술은 적용되는 작업에 따라 효과가 크게 달라진다. 동일한 기술이라도 어떤 작업 조건에서는 직관적이고 쉬울 수 있지만 다른 조건에서는 적합하지 않을 수 있다. 예를 들어 몰입형 모델링 애플리케이션에서 가상 객체를 신속하게 배치하는 데 필요한 기술은 의료 시뮬레이터에서 수술 도구를 처리하는 데 사용하는 조작 기술과 매우 다를 수 있다. 따라서 상호작용 기술을 논의하기 전에 실제로 '조작'하는 것이 무엇인지를 정의하는 것이 중요하다.

일상에서 사용하는 언어로 보자면 조작은 1~2개의 손으로 물리적인 물체를 다루는 행위를 뜻한다. 3D 조작 기법을 설계하고 평가하는 실질적인 목표를 달성하고자 공간 작업을 엄격한 객체 조작(객체의 모양을 보존하는 조작)으로 한정한다. 이 정의는 과거 인간 및 동작 분석 문헌(맥코믹McCormick 1970, 먼델Mundel 1978)뿐만 아니라 2D UI(폴리 등 1984)의 조작 과제에 대한 초기 정의와 일치한다.

하지만 이 좁은 정의에서도 애플리케이션 목표, 객체 크기, 모양, 객체에서 사용자와의 거리, 물리적 환경의 특성 및 물리적 특성, 사용자의 심리적 상태 등과 같은 다양한 변수로 나타나는 다수 조작 작업이 있다. 가능한 모든 변수의 조합에 대한 상호작용 기술을 설계, 평가하는 것은 현실적으로 불가능하다. 그 대신 일반적으로 이런 상호작용 기술은 조작 작업의 대표적인 하위 집합에서 사용하도록 개발된다. 하위 집합 선택에는 두 가지 접근법이 있다. 하나는 조작 작업 집합을 사용하는 것, 다른 하나는 애플리케이션별 조작 작업을 사용하는 것이다.

7.2.1 표준 조작 작업

모든 과제 분석의 기본 가정은 특정 유형의 모든 인간 상호작용이 보다 복잡한 상호작용 시나리오를 위한 기본 요소라는 동일한 기본 작업으로 구성되는 것이다(먼델 1978). 결과적으로 3D 조작을 여러 기본 작업으로 추출해 낼 수 있다면 3D 조작의 전체 작업 공간을 조사하는 대신 이 작은 하위 집합에 대해서만 상호작용 기술을 설계, 평가할 수 있다. 그 결과는 3D 조작 활동의 전체 공간에 들어갈 수 있다. 7.2.1절에서는 표준 조작 작업의 가능한 세트 중 하나를 개발해 본다.

작업

가상 3D 조작은 실제 세계에서 수행하는 일반적인 목표를 수집하고 위치 이동을 모방하게 만든다. 즉 객체에 닿기, 객체를 잡고 이동시키며 객체의 방향을 지정하는 조합이라고 볼 수 있다. 사용자는 가상 3D 조작으로 객체를 더 크게 또는 작게 만드는 것과 같이 현실 세계에서는 불가능한 작업을 수행할 수 있다. 따라서 다음 작업을 기본 조작 작업으로 지정한다.

- **선택**selection은 사용할 수 있는 전체 객체 집합에서 특정 객체 또는 하위 집합을 얻거나 식별하는 작업이다. 때로는 목표 획득 과제(자이 등 1994)라고도 한다. 실제 작업에서 선택은 손으로 하나 이상의 객체를 선택하거나 하나 이상의 객체를 가리키거나 음성으로 하나 이상의 객체를 지시한다. 대상의 수에 따라 단일 개체 선택과 다중 개체 선택을 구별할 수 있다.
- **위치 지정**positioning은 객체의 3D 위치를 변경하는 작업이다. 실제 세계에서 위치 지정의 대응 관계가 되는 것은 시작 위치에서 목표 위치로 물체를 이동시키는 것이다.
- **회전**rotation은 객체의 방향을 변경하는 작업이다. 현실 세계에서 회전은 대상을 시작 방향에서 목표 방향으로 회전시키는 것이다.
- **스케일링**scaling은 객체의 크기를 변경하는 작업이다. 이 작업에는 실제 세계에서의 직접적인 기능은 없지만 2D 및 3D UI에서 일반적으로 사용하는 가상 조작이다. 따라서 이를 기본 조작 작업으로 포함한다.

이런 작업의 분해는 2D GUI(폴리 등 1984)와 관련해 잘 알려진 작업 분석 및 가상 환경 작업 분석(마인 1995a, 바우만과 호지스 1997, 푸피레프 등 1997)과 호환된다. 일부는 객체 변형(모양 변경)을 포함하지만, 3D 객체 변형은 위의 표준을 사용하고 3D 위젯을 조작해 수행하기 때문에 객체 변형을 포함하지만 여기에는 포함되지 않는다. 또한 선택 프로세스 이전에 탐색 작업이 있을 수 있다. 3.5절에서 설명했듯이 사용자는 객체를 선택하기 전에 물리적인 특성(예를 들어 텍스처나 모양)을 탐색해 보는 경우가 있다. 이는 예를 들어 물체가 가려지거나 시선을 멀리하고 인터페이스를 사용할 때 발생하며 물체의 실제 특성은 선택 전에는 알 수 없다.

표준 작업의 매개 변수

표준 작업마다 사용자 성과와 유용성에 중대한 영향을 미치는 변수가 많다(폴리 등 1984). 예를 들어 선택 작업의 경우 사용자 조작 전략은 대상 객체와의 거리, 대상의 크기, 대상 주변의 객체 밀도 및 여러 요소에 따라 크게 다르다. 작업 편차 중 일부는 다른 요소보다 두드러지는데, 어떤 것들은 특정 상호작용 기술이 필요한 독립 실행형 작업이다. 예를 들어 손이 닿는 범위에 있는 물체를 선택하는 것은 두 가지 별개 작업으로 간주한다(마인 1995a).

따라서 표준 작업은 **매개 변수**(해당 작업을 수행하는 동안 사용자 성과에 영향을 주는 변수)에 의해 정의된 동일한 작업을 여러 가지로 변형할 수 있는 **작업 공간**task space을 정의한다 (푸피레프 등 1997). 이 매개 변수 각각은 상호작용 기술이 지원하지 않거나 못하는 디자인 차원을 정의한다. 표 7.1에서는 3D UI 문헌에서 자주 언급되는 표준 작업에 대한 몇 가지 작업 매개 변수를 간략하게 설명한다.

표 7.1 작업과 매개 변수

작업	매개 변수
선택	목표와의 거리와 방향, 목표물 크기, 목표물 주변 객체의 밀도, 선택 대상 수, 목표물 교차
위치	초기 위치까지 거리 및 방향, 목표물 위치와의 거리 및 방향, 이동 거리, 필요한 위치를 결정할 때 필요한 정밀도
회전	목표물과의 거리, 초기 방향, 최종 방향, 회전 양, 필요한 회전 정밀도
스케일링	목표물과의 거리, 최초 크기, 최종 크기, 필요한 크기의 정밀도

7.2.2 특정 애플리케이션을 위한 조작 작업

표준 작업 접근법은 가장 중요한 속성에 대한 조작 작업을 단순하게 만든다. 이로 인해 애플리케이션과 관련된 일부 조작 작업의 어떤 측면을 포착하지 못할 수도 있다. 해당 특정 애플리케이션 조작 활동의 예로는 VR 의료 교육 애플리케이션에서 내부 장기의 가상 3D 모델과 관련된 의학적 조사의 위치 확인, 가상 비행 시뮬레이터의 제어 장치 조정, 산지 지형 객체의 표면 복잡도 탐색 등이다. 이런 예시들의 경우 조작 작업이 적용되지 않는 한편, 캡처하고 복제하는 데 중요한, 세밀한 작업이다. 7장에서는 이런 애플리케이션 작업을 간략하게 다룬다. 그 대신 일반적인 조작 작업을 수행하기 위한 상호작용 기술에 집중한다. 애플리케이션별 기술 설계는 관련 특수 문헌에서 다뤘다. 첸과 바우만(2009)은 애플리케이션 및 도메인별 3D 상호작용 기술 설계 접근법을 설명한다.

7.2.3 조작 기술과 입력 장치

사용자 입력을 캡처하는 입력 장치 요소와 조작 작업을 위한 상호작용 기술 설계 사이에는 밀접한 관계가 있는데, 장치 선택에 따라 때로 조작 기술이 제한받을 수 있기 때문이다. 6장에서 입력 장치를 설명했고 여기서는 조작 기법과 관련된 중요한 장치 속성 중 일부를 간단히 살펴본다.

입력 장치와 마찬가지로 시각 디스플레이 장치 및 특성(지원되는 심도 단서, 재생 빈도, 해상도 등)은 3D 조작 기술 설계에 큰 영향을 줄 수 있다. 햅틱 디스플레이는 또한 조작 작업의 사용자 성과에 큰 영향을 줄 수 있다. 하지만 상호작용 기술과 밀접하게 연결돼 있기 때문에 입력 장치에 대한 논의를 제외한다. 디스플레이 장치가 조작 작업에 미치는 영향에 대한 설명은 10장 '3D 사용자 인터페이스 디자인과 개발 전략'에서 확인할 수 있다.

3D 조작 작업에서의 제어 차원 수와 통합된 제어

조작 과제의 핵심인 입력 장치의 두 가지 특성은 첫째, 제어 차원 수(장치가 몇 개의 자유도를 제어할 수 있는지), 둘째, 제어 차원의 통합(얼마나 많은 자유도가 단일 장치로 동시에 제어될 수 있는지)이다. 예를 들어 마우스는 2-자유도 통합 제어를 허용하고 자기 추적기는 3D 위치 및 방향(6-자유도 통합 제어)을 동시에 제어할 수 있다. 반면 일반적인 게임 컨트롤러는 적어도 4-자유도를 제공하지만 컨트롤은 2개의 조이스틱 각각에 별도로 할당된 2-자유도로 분리돼 있다. 2개의 조이스틱은 별도로 제어한다(그림 6.6 참고).

일반적으로 3D 조작에 가장 적합한 장치는 모든 입력 차원을 통합하는 다중 자유도 장치다(자이 등 1997). 통합 제어를 통해 사용자는 자연스럽고 조화로운 동작을 통해 3D 인터페이스를 제어할 수 있으며 실제 조작과 유사하거나 더 나은 성능을 제공한다(크로포드Crawford 1964, 힌클리, 툴리오 등 1997, 자이와 센더스 1997a, 1997b). 초기 연구(엘슨 Ellson 1947, 센더스 등 힌클리, 툴리오 등 1955)에서 인간이 다차원 제어를 할 때 수행 능력이 떨어진다는 것을 발견했지만 최근 연구에 따르면 주로 다차원 입력이 제한된 입력 장치 기술 때문에 해당 결론이 도출됐다. 사실 사용된 입력 장치로는 사용자가 모든 자유도를 한꺼번에 제어할 수 없었다(자이와 센더스 1997a, 1997b). 예를 들어 한 실험에서 피험자는 포인터의 2D 위치를 제어하고자 2개의 별도 손잡이를 조작해야 했다(센더스 등 1955).

일부 3D 조작 기술은 다중 통합 자유도가 있는 둘 이상의 장치에 달렸다. 해당 기술은 일반적으로 2개의 핸드헬드 장치를 사용해 사용자가 손을 대칭 또는 비대칭 방식으로 조정해 작업을 완료할 수 있게 만든다. 이런 유형의 기술을 양측 상호작용이라 부른다. 7.8절에서는 양손 메타포를 적용한 몇 가지 기술을 다룬다.

7장에서 설명하는 대부분의 기술은 고급 입력 장치(예를 들어 6-자유도 추적기)를 사용할 수 있다고 가정한다. 하지만 실제 3D UI 개발할 때에는 비용, 장치 가용성, 유지 관리 용이성, 대상 사용자 수와 같은 사용자 성과 이외의 요인에 따라 장치를 선택하는 경우가 많다. 따라서 6-자유도 장치의 가격이 저렴해지고 접근하기 쉬워져도 대다수의 3D UI는 마우스처럼 2-자유도만 있는 입력 장치 또는 게임 컨트롤러와 같이 자유도가 분리돼 있는 입력 장치에 적합하게 설계됐다. 따라서 7장의 뒷부분에는 데스크톱 장치에 대한 3D 상호작용 기술을 설명한다.

힘 vs. 위치 제어

상호작용 기술 설계에 중요한 영향을 미치는 입력 장치의 주요 특성 중 하나는 장치가 사용자의 손의 위치 또는 동작을 측정하는지, 동작 추적기와 마우스가 하는 것처럼(동형제어) 하는지, 또는 사용자가 조이스틱 메커니즘처럼(탄성elastic 또는 동형 제어isomorphic control, 자세한 내용은 3장 3.5.1 및 그림 3.12 참고) 가한 힘을 측정하는지 여부다. 자이(자이와 밀그램 1993)는 6-자유도 조작 작업에서 위치 제어는 일반적으로 힘 제어보다 우수한 성능을 제공한다는 연구를 주도했다. 일반적으로 항법 속도와 같은 빠른 속도를 제어하려면 힘 제어가 바람직하다. 7장에서 논의되는 대부분의 3D 조작 기술은 장치에서 위치 제어를 제공한다고 가정한다.

3D 조작 작업에서 장치 배치와 폼 팩터

수동 제어 작업을 할 때 장치의 모양이 중요하다는 것은 익히 알려졌다. 예를 들어 손을 쓰지 않는 도구는 수천 년 동안 의도된 기능을 효율적으로 발휘할 수 있으면서도 사용자에게 부담이 가지 않는 선에서 효과적으로 동작하도록 발전해 왔다(맥코믹 1970).

3D UI에도 물론 적용되고, 더불어 입력 장치의 모양은 3D 조작 상호작용 기술을 선택하는 데 큰 영향을 미친다. 2개의 대표적인 장치 구성을 그림 7.1에 나타냈는데 오른쪽 그림이 손에 부착하는 '파워그립power grip'이며 왼쪽 그림이 손가락으로 드는 장치 '프리시전 그립precision grip'이다. 접근법을 선택하는 것은 상호작용 기술 결정에 영향을 미치는데 이는 조작할 때 서로 다른 근육들을 사용하도록 발전해 왔기 때문이다(자이 등 1996). 장치가 손에 직접 부착돼 있을 때 변환과 회전 작업은 사용자의 어깨, 팔, 손목에 있는 더 큰 근육 모음이 수행한다. 반면 프리시전 그립의 경우 사용자는 손가락에 붙어 있는 더 작고 빠른 근육 모음을 사용한다. 실험 결과 프리시전 그립의 사용성이 더 나은 것으로 나타났고, 특히 3D 회전 작업에서 두드러졌다. 3장의 3.5.1절과 그림 3.15를 보면 파워 그립과 프리시전 그립의 더 자세한 정보를 얻을 수 있다.

프리시전 그립 장치는 사용자의 조작 과정에서 '꽉 움켜잡'을 때 생기는 불편함을 줄인다(자이 등 1996). '움켜쥠' 현상은 조작이 하나의 동작으로만 이뤄지지 않을 때 나타나는데 이때 작업을 제대로 수행하려면 개체를 놓았다가 다시 그러쥐어야 한다. 실제 세계에서 '움켜쥠' 현상의 대표적인 예시는 작은 공간에서 볼트를 조일 때다. 이 작업을 수행하는 이는 지속적으로 스패너를 볼트에서 뺐다가 꽂아서 돌려야만 하는데 매우 불편하고 거슬린다. 프리시전 그립 장치는 손가락으로만 조절할 수 있기 때문에 공간 크기에 따른 '움켜쥠' 현상을 겪지 않고 무한하게 회전시킬 수 있다. 반면 손에 붙은 장치는 회전을 조금시킨 뒤 움켜쥐어야 한다.

그림 7.1 입력 장치를 다룰 때 손에 부착하거나(파워 그립) 손가락으로 굴리는(프리시전 그립) 2개의 전략을 고려할 수 있다(이미지 출처: 이반 푸피레프).

따라서 장치의 디자인은 3D 조작 시 손가락 사용을 장려해야 하며 사용성 측면에서 이득을 볼 수 있도록 해야 한다. 그럴 때 구형이 사용자의 손으로 회전시키기 더 쉽기 때문에 세밀하고 효율적인 조작을 하려 할 때 공 모양의 장치(그림 7.1)를 선호한다. 또 한편으로 장치의 모양을 만들 때 가상 객체의 모양을 복제해야 사용성을 향상시킬 수 있다는 생각이 합리적일 수 있다(이른바 '물리적 성질' 기술이라 부른다). 하지만 이는 틀린 이야기다. 가상 객체의 모양을 본따 실제 장치를 만드는 것은 조작 성능을 향상시키는 데 이득을 주지 않고, 오히려 일반적인 모양을 갖춘 장치의 성능이 더 좋은 것으로 판명됐다(힌클리 등 1997, 웨어Ware와 로즈Rose 1999). 하지만 학습 속도, 현실감과 생동감, 사용자의 쾌감 등 물리적인 성질 기술을 애플리케이션에 적용해 얻을 수 있는 이익이 성능보다 더 중요할 수 있다. 이는 10장에서 더 자세히 다루겠다.

7.3 3D 조작 작업 분류

3D 조작 기술을 효과적으로 디자인하는 것은 연구 조사 측면에서 중요한 문제다. 셰리던(자이 인용 1995)은 관련 도전 과제를 자세하게 정의했다.

가상 환경에 속하면서도 실재하고 서로 연관돼 있으며 현존감에 기여하고 훈련과 성능에 영향을 주는 몸과 환경적인 개체를 지역적으로 어떻게 매핑할 수 있을까? 하드웨어 측면에서의 제한이나 인체의 한계가 있는 경우 엄격한 지역적 동형 사상isomorphism을 한참 벗어나게 될 수도 있다. 지금으로서는 어떤 매핑이 허용되고 성능을 저하시키는지 알 수 있는 디자인이나 운영 원칙을 세우지 못했다.

7.3.1절에서 이러한 도전을 해결할 수 있는 다양한 3D 조작 기술이 어떻게 개발됐는지 설명한다. 사실 이는 너무 다양해서 상호작용 기술의 기본 분류부터 시작하는 편이 좋겠다.

7.3.1 조작 기술의 분류

3D 조작 기술은 서로 관련된 경우가 많으며 공통 요소를 공유한다. 공통 요소에 따라 이를 분류하는 것은 서로 다른 기술 모음 사이의 관계를 이해하는 데 유용하며 기술 디자인 영역에서 더 큰 그림을 이해하는 데 도움을 준다. 물론 서로 다른 기술을 한데 묶는 방법은 여럿이지만 여기서는 몇 개만 언급하겠다.

조작 기술의 동형 이성

3D 조작 인터페이스 설계는 2개의 서로 다른 관점의 영향을 강하게 받았다. **동형 이성 관점**isomorphic view은 엄격하며 지형적이며, 물리와 가상 세계 사이의 손 동작 2개가 자연스럽게 일대일 대응한다는 측면에서 사용자에게 더 낫다. 사람 요소에 대한 초기 연구에 따르면 동형 이성은 더 자연스러운(나이트의 개요 1987) 한편 중요한 단점이 있다. 먼저 이러한 매핑들은 입력 장치의 한계 때문에 실용적이지 않다. 예를 들어 일반적으로 추적 범위가 제한적이다. 다음으로 동형 이성은 사람의 한계 때문에 효과적이지 않다. 예를 들어 팔 길이의 한계는 그대로 도달 거리의 한계가 된다. 마지막으로 실제 세계를 모방하는 것이 아닌 3D 환경에 꼭 맞춘 상호작용 기술을 매핑해서 '더 나은' 현실 감각을 제공할 수 있다면 3D UI가 더 효과적이고 직관적이고 풍부해질 것이라는 논의가 있다(스토클리Stoakley 등 1995).

그러므로 **동형 이성이 아닌**nonisomorphic 접근법은 엄격한 현실주의에서 벗어나서 사용자에게 레이저빔, 고무 팔, 저주인형(푸피레프 등 1996, 피어스Pierce 등 1999) 등 마법 같은 가상 도구를 제공하려고 한다. 이러한 동형 이성 등 매핑과 기술은 사용자가 개체를 물리 세계와는 다르게 조작할 수 있게 만들면서도 사용성과 성능을 놓치지 않도록 한다(바우만과 호지스 1997; 푸피레프, 웨그호스트 등 1998).

두 기술 접근법의 상대적인 이익은 적용 양상에 따라 좌우되는데 조작상의 엄격한 현실주의는 적용에서의 주요 요구 사항이 아닌 반면 동형 이성이 아닌 매핑은 효과적이고 사용자가 더 쉽게 다가갈 수 있는 기회를 제공할 수도 있다. 사실 오늘날 대부분의 직접 3D 조작 기술은 동형 이성이 아닌 기술이다.

작업 해체를 통한 분류

모든 조작 기술은 비슷한 목적을 달성하는 데 필요한 기초적인 구성 요소로 이뤄졌다고 볼 수도 있다(바우만 등 1999). 예를 들어 선택 작업의 경우 이를 진행하는 동안 상호작용 기술이 사용자에게 선택할 객체를 지정할 도구를 주고 선택을 확인하며 시각, 촉각 또는 청각 피드백을 줄 수 있어야 한다(그림 7.2). 조작과 회전 작업이 비슷한 방법으로 해체될 수 있다는 것이다.

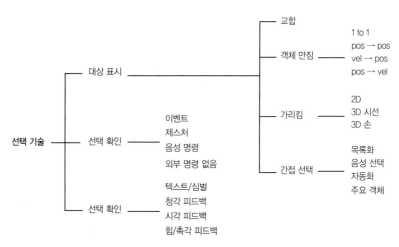

그림 7.2 작업 해체를 통한 선택 기술 분류

그러므로 각 블록에서 하나의 하위 작업이 일어나도록 만드는 몇몇 '블록 생성'(기술 요소)으로 이뤄진 3D 조작 기술을 고려할 수 있다. 이러한 접근법의 장점은 상호작용 기술 디자인 영역을 구성할 수 있어서 단순히 적절한 요소를 선택하고 그것들을 조합하는 작업을 통해 직접 구성할 수 있다는 것이다. 상호작용 기술 디자인과 평가를 위한 작업 해체 분류법의 더 많은 정보를 얻으려면 11장 '3D 사용자 인터페이스 평가'를 찾아보자.

메타포를 통한 분류

가장 최근의 3D UI 조작 기술은 상호작용과 관련된 기본적인 메타포나 메타포들의 조합에 기반한다. 각각의 메타포는 사용자가 기술을 사용해 할 수 있는 것(가용)과 할 수 없는 것(한계)에 대한 인식적인 징후로써 기술의 기본적인 정신 모델을 유형화한다. 이러한 기초 메타포를 실행하는 데 사용하고자 서로 다른 특정 기술들을 고려할 수 있다.

7장에서는 메타포를 기반으로 한 3D 조작 기술 분류 체계를 소개한다. 이 분류 체계는 3D 조작을 위해, 즉 그러쥐기, 가리키기, 표면과 상호작용하기, 간접적으로 개체 조작하기, 두 선으로 인터랙션하기, 기술을 혼합하기 위한 이 메타포들을 조합하기 등 6개의 기본 메타포를 기반으로 삼는다. 7.4~7.9절은 이 6개의 메타포를 다룬다. 3D 회전, 다수 개체 선택, 진보적인 개선 등 3D 조작과 관련된 내용은 7.10절에서 논하겠다.

7.4 그러쥐기 메타포

3D 세계에서 상호작용할 때 가장 자연스러운 기술은 손으로 객체를 잡고 조작하는 것이다. 3D UI를 처음 사용하는 사람들은 시스템이 해당 기능을 지원하는지 여부와 관계 없이 가상 객체에 손을 뻗어 이해해 보려고 한다. 이런 상호작용을 지원하는 시스템의 경우 두 가지 뚜렷한 접근법, 즉 손 기반과 손가락 기반 기술로 가상 객체를 잡을 수 있는 기능을 제공한다. **손 기반 그러쥐기**hand-based grasping 기술은 사용자의 가상 손을 단일 지점 반응기로 삼아(예를 들어 보통 사용자의 물리적인 손의 6-자유도 위치에 반응하는 하나의 변형에 기반해서 모든 인터랙션을 계산한다) 단순화된 접근법으로 그러쥐기 상호작용을 수행한다. 반면 **손가락 기반 그러쥐기**finger-based grasping 기술은 사용자의 가상 손가락의 위치에 의해 정상적으로 제어되는 손가락 부분을 계층화해서 이를 모델링하는, 좀 더 현실적이고 훨씬 복잡한 접근법을 취한다. 이렇게 두 가지 카테고리로 나누는 것 외에도

연구자는 그러쥐기 기술의 유용성을 향상시키는 방법을 논의한다.

7.4.1 손 기반 그러쥐기 기술

대부분의 3D UI 시스템이 사용자의 실제 손가락을 추적하는 기능은 지원하지 않기 때문에 일반적으로 메타포를 이해하고자 수동 기반 기술 방법을 사용한다. 그러나 많은 3D UI 시스템은 사용자가 자주 사용하는 손의 위치와 방향을 파악하고자 하나 이상의 추적기를 사용한다. 손 기반 그러쥐기 기법은 이 6-자유도 정보를 사용해 3D UI 내에서 사용자의 실제 손을 가상으로 표현한다. 또한 사용자는 손으로 가상 객체를 선택하고 직접 조작할 수 있다.

일반적으로 3D 커서는 사용자 입력의 현재 궤적을 시각화하는 데 사용된다. 예를 들어 커서는 인간의 손을 3D 모델 삼을 수 있다(그림 7.3). 반투명 체적 커서도 조사됐는데, 투명성 덕분에 3D 가상 객체의 선택을 도울 수 있는 추가적인 심도 단서를 추가할 수 있다는 이점이 있다(자이 등 1994). 입력 장치의 위치 및 방향은 가상 손의 위치 및 방향으로 매핑된다. 객체를 선택하고자 사용자는 3D 커서를 선택 대상과 교차시킨 다음 트리거 기술(예를 들어 버튼 누르기, 음성 명령 또는 손 제스처)을 사용해 선택한다. 객체는 가상 손에 부착되며 사용자가 다른 트리거를 사용하고자 손을 놓을 때까지 3D UI로 쉽게 변환되고 회전될 수 있다.

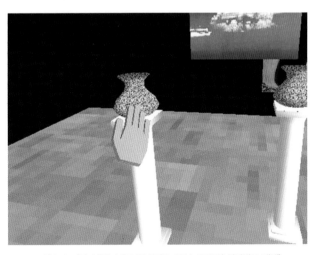

그림 7.3 가상 손(푸피레프 등 1996, ACM 1996의 허가받고 게재)

7.4.1절에서 논의할 손 기반 그러쥐기 기술은 다음과 같다.

- 간단한 가상 손
- 고-고[Go-Go]

간단한 가상 손

간단한 손 기법은 사용자의 손 동작을 가상 환경에서 가상 손의 움직임으로 직접 매핑하는 것으로, 일반적으로 장치와 가상 환경 좌표 시스템 사이의 직접적인 대응 관계를 설정하고자 일대일 매핑(항상 그렇지는 않다)하는 것을 이른다. 이와 같은 매핑을 전달 함수 또는 제어 디스플레이 획득 함수라고 한다. 이는 종종 측정된 사용자 입력에 적용된 통합 수에 따라 분류된다(나이트 1987, 자이 1995). 예를 들어 0차 매핑에서 입력 장치의 변위는 제어된 요소의 변위를 초래하고 1차 매핑에서는 속도의 변화를 초래한다. 대부분 입력 장치의 방향이 가상 손의 방향에 직접 매핑되지만 일부 크기를 조정하는 방법과 비슷하게 3D 장치 회전을 조정하는 것이 유용하다. 회전 크기 조정은 간단한 문제는 아니며 7.10.1절에서 해당 작업을 수행하는 방법을 설명하겠다.

간단한 가상 손 기술은 동형 상호작용 기술이다. 일상적인 대상과의 상호작용을 직접 시뮬레이션할 수 있기 때문에 직관적이다. 하지만 이러한 기법의 근본적인 문제는 사용자가 접근할 수 있는 범위 내의 객체만 선택, 조작할 수 있다는 것이다(매핑을 확장해도 사용자는 제한된 범위까지만 도달할 수 있다). 더 멀리 떨어져 있는 객체를 선택하려면 사용자는 이동하고자 탐색 기술(8장 '탐색')을 사용해야 하며 대부분 불편하고 3D UI의 복잡성이 증가한다. 사용자의 범위 밖에 있는 객체를 선택할 때 겪는 어려움은 3D UI의 주요 문제 중 하나이며(덜라흐와 메이버 1995), 이 문제를 극복하고자 여러 조작 기법을 개발했다.

고-고

'고-고' 기술(푸피레프 등 1996)은 사용자가 가상 팔의 길이를 인터랙티브하게 변경할 수 있는 비관여 측정법 기술을 제공해 단순한 가상 손을 개선하려고 노력한다. 사용자의 실제 손이 사용자와 가까울 때 고-고는 단순한 가상 손처럼 일대일 매핑을 사용하고, 가상 손의 움직임은 실제 손 움직임과 일치한다. 하지만 사용자가 미리 정의된 거리 임계값을 초과해 손을 확장하면 매핑은 비선형이 되고 가상 팔이 '길어지기' 때문에 사용자는 원격 객체에 접근해서 이를 조작할 수 있다.

따라서 고-고 기술은 가상 팔의 길이를 인터랙티브하게 제어할 수 있는 간단한 방법을 제공한다. 실제 손을 잡아당기거나 가까이 가져가면 된다. 작은 모델은 대개 실제 손 위치에 렌더링돼서 사용자의 손 위치에 대한 시각적인 참고를 제공한다. 디자이너가 특정 앱의 요구 사항에 따라 매핑을 조정할 수 있도록 다양한 기능(그림 7.4 및 7.5)을 사용해 실제 손과 가상 손 사이에서 다른 제어 디스플레이를 획득할 수 있다(바우만과 호지스 1997).

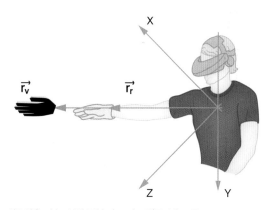

그림 7.4 고-고 상호작용 기술: 본인 중심 좌표 시스템(푸피레프 등 1996, 1996 ACM 허가받고 게재)

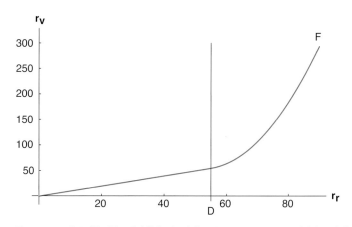

그림 7.5 고-고 상호작용 기술: 매핑 함수 F(푸피레프 등 1996, 1996 ACM; 허가받고 게재)

고-고 기술은 사용자와 가까운 거리에 있고 직접적이며 매끄럽게 6-자유도로 객체를 조작할 수 있게 한다. 사용자는 멀리 있는 물체를 가까이 가져오거나 멀리 있는 물체 가까이로 이동할 수 있다. 하지만 최대 도달 거리는 여전히 제한적이다. 또 거리가 증가하면 이 기술은 사용자 손의 작은 움직임을 가상 손으로는 큰 움직임으로 매핑하며 이러면 먼 거리에서 정확한 위치를 설정하기 복잡해진다. 많은 실험 연구(바우만과 호지스 1997, 푸피레프, 웨그호스트 등 1998)는 조작 과제의 하위 집합에서 고-고 기법을 평가했으며 모든 사람들이 이를 이해할 수 있다는 점을 발견했다. 하지만 선택 작업에서 고-고는 일반적으로 2-자유도가 아닌 3-자유도 제어가 필요하기 때문에 광선 투사법 (7.5 참고)보다 효과적이지 않다.

7.4.2 손가락 기반 그러쥐기 기술

과거에 손가락 기반의 그러쥐기 기술은 일반적이지 않았지만 최근 심도 기반의 광학 센서 및 물리 기반 컴퓨터 비전 기술(홍용Hongyong과 율링Youling 2012, 구나Guna 등 2014) 때문에 주목을 받고 있다. 이런 기술이나 전통적인 행동 포착 시스템(제이콥과 프뢸리히 2011)을 사용함으로써 손가락 기반 그러쥐기 기술은 사용자가 객체를 더 세밀하게 조작하고, 객체와 상호작용할 수 있다. 이는 가상 달걀을 옆에서 잡고 있거나 가상 손가락 사이에서 가상 연필을 돌리는 것과 같은 새로운 상호작용을 가능케 한다. 하지만 도전 과제는 햅틱 피드백 없이는 이 모든 기술에서 사용자가 원하는 조작을 수행하고자 손가락을 움직이는 방법을 결정하기 어려울 수 있다는 것이다. 또한 가상 손가락이 가상 물체를 관통하도록 허용되지 않으면 이들은 사용자의 실제 손가락과 다른 위치에 있을 수 있다.

다양한 손가락 기반 그러쥐기 기법들은 손가락과 상호작용을 물리적으로 상호작용하는 방법에 따라 차이를 보인다. 7.4.2절에서는 다음과 같은 손가락 기반 그러쥐기 기술을 설명한다.

- 강체 손가락
- 연체 손가락
- 신의 손가락

강체 손가락

보스트[Borst]와 인두굴라[Indugula](2005)는 굽힘을 감지하는 장갑을 사용해 사용자의 실제 손과 손가락을 추적하고 이런 위치를 강체로 표시된 사용자의 가상 손과 손가락에 매핑해 강체 손가락 기반 그러쥐기 기술을 개발했다. 현실적으로 물리 기반 상호작용을 만들고자 연구자들은 사용자의 실제 손과 가상 손 사이 매핑에 동적으로 영향을 주는 가상 비틀림 및 선형 완충 스프링 시스템을 채택했다(그림 7.6). 따라서 그들은 사용자의 실제 손을 추적 손, 가상 손을 스프링 손이라 일컬었다.

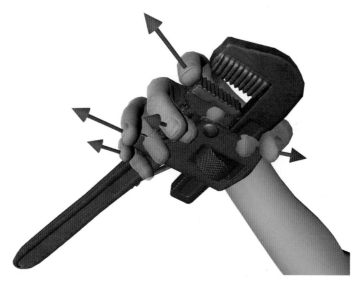

그림 7.6 강체 손가락은 완충 스프링을 사용해 사용자의 실제 손가락(녹색)을 가상 손가락에 매핑하고 각 강체(빨간색 화살표)에 적용되는 힘을 결정한다(보스트와 인두굴라 2005).

대부분 스프링 손의 자세는 추적된 손과 일치한다. 그러나 추적된 손이 가상 물체의 내부 공간과 충돌해 침투하게 될 때 스프링 손은 동적으로 시각적인 상호 침투를 방지하고 가상 물체와의 직접적인 상호작용을 가능케 하는 힘과 토크를 생성한다. 예를 들어 그 점을 중심으로 물체를 회전시킨다. 하지만 완충 계수와 마찰 매개 변수를 선택하는 것에 의해 강체의 손가락이 끈적거리기 쉬워서 물체를 정확하게 놓기가 어려웠다. 프라치아브루드[Prachyabrued]와 보스트(2012)는 나중에 이 '끈적끈적한 물체' 문제를 완화하고자 체험 기반 방출 기능을 사용하는 새로운 스프링 모델을 개발, 평가했다.

연체 손가락

제이콥과 프뢸리히(2011)는 손가락 기반 그러쥐기 기술의 유용성을 높이는 새로운 손 모델을 개발했다. 그 접근은 가상 손가락을 변형할 수 있고(유체) 파악된 가상 객체의 형상에 동적으로 적응하도록 가상 손가락의 패드를 변형시킨 격자-매칭 알고리듬을 사용하는 것이었다. 사용자의 실제 손가락이 처음에 가상 물체와 충돌할 때 가상 손가락 패드는 약간의 충돌 지점을 야기해 아주 조금 변형될 것이다. 실제 손가락이 가상 물체의 내부 공간을 관통할 때 가상 손가락 패드의 변형 및 격자 모양 매칭은 더 큰 충돌 지점을 생성하게 된다. 이는 본질적으로 순수한 강체 상호작용과는 달리 암묵적인 마찰 모델을 만들었는데 이는 객체 하나당 하나의 마찰값에 의존한다.

제이콥과 프뢸리히(2011)가 개발한 유체 손가락 기법의 핵심은 그들이 사용한 격자 모양 매칭 알고리듬이었다. FastLSM 알고리듬(리버스Rivers와 제임스James 2007)은 이전의 모양 일치 알고리듬보다 계산 비용이 적게 든다. 또 기존 강체 물리 엔진을 사용해 강성 모델과 연성 모델을 시뮬레이션할 수 있다. 즉 유사한 계산 비용으로 두 모델의 시뮬레이션을 제공할 수 있는 것이다.

신의 손가락

FastLSM과 같은 알고리듬이 연체 동역학 계산의 효율성을 향상시켰지만 이런 접근법은 여전히 비용이 크다(탈바스Talvas 등 2013). 결과적으로 연구자들은 신과 같은 객체 개념을 조사했다. 신god 객체는 강체 물리를 준수해 가상 객체를 관통하지 않는 가상 점을 나타낸다. 다만 점은 표면에만 남는다(질레스Zilles와 살리스버리Salisbury 1995). 신의 객체를 추적된 사용자 위치에 할당해서 물리적인 위치가 가상 객체의 내부 공간을 관통할 때 힘의 방향을 쉽게 계산할 수 있다.

탈바스 등(2013)은 사용자의 가상 손가락 패드와 가상 객체 사이의 접촉 영역을 시뮬레이션하는 신의 손가락 기술을 개발하고자 신 객체 개념을 사용했다. 그림 7.7에서 볼 수 있듯이 이 시뮬레이션의 첫 번째 단계는 접촉 표면이 평평한 것처럼 신-물체 접점에 대한 접촉 영역을 계산하는 것이다. 그럼 접촉 영역은 신-물체 힘 방향을 기준으로 대상의 기하학에 맞춰진다. 마지막으로 이상한 변형은 신 객체의 힘 방향과 관련된 면의 법선 사이의 각도 임계값을 사용해 방지한다. 탈바스 등(2013)은 신의 손가락 기술이 가상 객체보다 복잡하게 조작해야 한다는 점을 입증했다. 하지만 이 기술은 연체 동역학을 가상 실험하고 사용자의 가상 손가락을 시각적으로 변형하지 않는다는 점에 유의해야 한다.

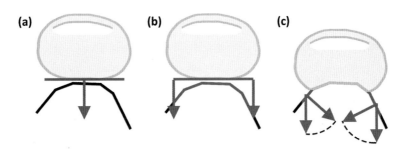

그림 7.7 신-손가락 기술은 사용자의 가상 손가락 패드와 가상 물체 간의 접촉을 시뮬레이션한다. (a) 접촉면은 마치 손가락의 표면이 평평한 것처럼 계산된다. (b) 접촉 영역은 신-물체의 힘 방향을 기반으로 한 대상의 기하학에 맞춰진다. (c) 신-물체의 힘 방향과 관련된 얼굴의 법선 사이의 각도 임계값은 이상한 변형을 걸러내는 데 사용된다(탈바스 등 2013).

7.4.3 그러쥐기 메타포의 발전

손 기반, 손가락 기반의 그러쥐기 메타포의 개선 사항이 다방면으로 조사됐다. 다음 모든 개선 사항은 보다 복잡한 전달 함수와 상호작용 논리를 사용했기 때문에 그러쥐기 기술의 효율성을 높여 준다. 일부 기술은 유용성을 향상시키고자 추가적인 시각 피드백을 사용한다. 다음과 같은 그러쥐기 메타포의 개선 사항을 논의한다.

- 3D 버블 커서
- 프리즘
- 후크
- 의도 기반 선택

3D 버블 커서

버블 커서bubble cursor는 반경을 동적으로 변경해 가장 가까운 대상을 터치하는 영역의 커서다. 그로스만과 발라크리쉬난(2005)은 성글거나 밀집된 환경을 위한 효과적인 선택 기술로서 2D 버전의 버블 커서를 최초로 개발했다. 바나켄Vanacken 등(2007)은 이 개념을 3D 가상 환경으로 확장해 3D 버블 커서를 만들었다.

손으로 그러쥐는 방법을 강화하는 3D 버블 커서는 반투명 구로서 동적으로 크기를 조정해 가장 가까운 가상 객체를 캡슐화한 뒤 강조 표시한다. 인접한 가상 물체를 교차하지 않고 3D 버블 커서를 더이상 확대할 수 없는 경우에 가장 가까운 물체는 두 번째 반투명 구체로 캡슐화돼 강조 표시된다(그림 7.8 참고). 바나켄 등(2007)은 단일 3D 포인트 커서로 구현한 단순 가상 손의 표준과 비교했을 때 버블 커서로 더 빠르게 선택할 수 있다고 봤다.

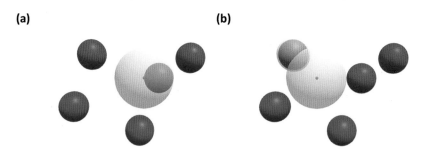

그림 7.8 3D 버블 커서는 가장 가까운 가상 물체를 효율적으로 선택할 수 있게 만든다.(a) 가장 가까운 가상 객체를 캡슐로 만들고자 커서의 반경이 자동으로 확대된다. (b) 반경을 확대할 때 근처에 있는 다른 물체와 겹치지 않고자 반투명 구 모양이 사용된다(바나켄 등 2007).

프리즘

프리스Frees와 케슬러(2005)는 손으로 그러쥐는 메타포(그림 7.9)를 일반적으로 강화하고자 프리즘PRISM, Precise and Rapid Interaction through Scaled Manipulation(확장된 조작을 통한 섬세하고 빠른 상호작용)을 개발했다. 프리즘의 기본 개념은 사용자의 실제 손이 지정된 속도 SC, Specified Speed 아래로 움직이는 경우 사용자의 가상 손에 축소된 동작을 적용하는 것이다. 이는 정밀도를 증가시키는 제어 디스플레이의 이점을 감소시키고, 실제 손과 가상 손의 불일치를 야기한다. 프리스와 케슬러(2005)는 이를 교정하고자 사용자의 실제 손이 지정된 최대 속도(max V)보다 빠르게 움직이는 경우 일반 대면 직접 매핑 외에 상쇄 복구를 구현했다. 마지막으로 프리스와 케슬러(2005)는 추적 오류 또는 우발적인 표류를 설명하고자 동작에 필요한 최소 속도(Min V)를 지정했다. 사용자의 실제 손의 속도가 이 최소 속도보다 느리면 가상 손은 그대로 유지된다.

윌키스Wilkes와 바우만(2008)은 프리즘의 향상을 호머 기법의 파악 기반 조작에 적용했다(7.9절 참고). 사용자가 객체를 선택하면 확장된 호머 기술은 사용자의 실제 손의 속도가 지정된 스케일링 상수 아래로 떨어졌을 때 가상 손과 객체의 동작을 줄인다. 연구팀은 스케일이 조정된 호머 기술을 사용해 이 속도를 저하시키지 않고 장거리 및 근거리 조작 작업에 대한 정밀도를 높일 수 있다는 것을 확인했다.

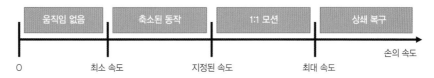

그림 7.9 프리즘은 메타포를 파악하는 상호작용을 정확히 구현하고자 네 가지 상호작용 모드를 제시했다(프리스와 케슬러 2005).

후크

표준 그러쥐기 기술은 움직이는 물체를 선택하기 어렵게 만든다. 후크[Hook] 강화는 타깃이 예상할 수 없게 움직이지만 비브라운[non-Brown] 동작을 보이는 경우 사용자가 타깃을 앞질러 가고자 타깃을 따라가야만 한다는 관찰에 기반한다(오르테가[Ortega] 2013). 움직이는 타깃과 커서(또는 손)의 관계를 시간 경과에 따라 관찰하고 이에 기반해 어떤 타깃이 추적되고 있는지를 경험적으로 추정할 수 있다. 사용자가 선택을 하면 의도하지 않은 선택을 피하고자 또는 모든 프레임마다 각 대상까지 커서에서 거리를 계산하고 거리가 증가함에 따라 대상을 정렬한다. 그런 뒤 각 대상의 점수는 정렬된 목록을 기준으로 증가 또는 감소된다. 제한된 수의 근접 타깃만 점수가 올라가고 다른 모든 목표는 점수가 줄어든다. 그러나 점수는 0 아래로 내려갈 수 없다. 마지막으로 선택을 하면 후크는 빠른 목표와 느린 목표를 달성하는 데 걸리는 시간을 단축하고 오류를 줄일 수 있다는 것을 입증했다.

휴리스틱하게, 즉 경험적으로 사용자가 추적하는 대상을 추정하고자 커서에서 목표까지의 거리를 모든 프레임에서 계산하고 거리가 증가함에 따라 타깃을 정렬한다. 그런 뒤 각 대상의 점수는 정렬된 목록을 기준으로 증가 또는 감소한다. 제한된 수의 근접 타깃만 점수가 올라간다. 다른 타깃은 모두 점수가 줄어든다. 하지만 점수는 0 이하로 내려갈 수 없다. 마지막으로 선택이 표시되면 후크는 가장 높은 점수의 타깃을 선택한다. 오르테가(2013)는 단순 가상 손 기법과 비교했을 때 후크가 빠른 목표와 느린 목표를 달성하는 시간을 단축하고 오류를 줄인다는 것을 입증했다.

의도 기반 선택

페리버조브Periverzov와 리스Ilies(2015)는 손가락 기반 그러쥐기 기술 향상을 위해 의도 기반 선택intent-driven selection 기법을 제시했다. 의도 기반 선택 개념은 가상 손가락의 자세를 객체 선택에 대한 사용자의 신뢰 수준을 나타내는 지표로 사용하는 것이다. 근접 구체는 가상 손가락이 표면에 닿는 방식으로 가상 손의 손아귀 안에 위치한다(그림 7.10). 이 근접 구체 내의 가상 객체는 사용자가 선택할 수 있는 대상 객체의 하위 집합을 나타낸다. 사용자가 선택하고 가상 손을 오므릴 때 자신감이 생긴다면 하나의 타깃만 선택될 때까지 잠재적인 타깃의 더 세밀한 부분 집합을 지정하고자 추가 근접 구체를 외부 영역에 배치한다. 페리버조브와 리스(2015)는 의도 기반 선택 기능을 향상해서 특히 선택 작업에 어려움이 있었던 기존의 손가락 기반 그러쥐기 기술보다 신속하고 효율적으로 개체를 선택할 수 있다는 것을 보여 줬다.

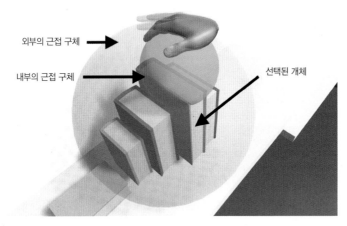

그림 7.10 의도 기반 선택은 근접 구체를 사용해 대상 선택을 점진적으로 구체화한다(페리버조브와 리스(2015)).

7.5 지정 메타포

7.5절에서는 3D 조작 기술의 기본 분류인 **포인팅** 기술을 설명한다. 해당 기술을 사용하는 이유는 사용자가 도달 범위 밖의 객체를 손쉽게 선택하고 조작할 수 있게 만들기 때문이다. 지정 방향에 의해 정의된 벡터가 가상 객체와 교차할 때 사용자는 트리거 이벤트를 발생시켜 객체를 선택할 수 있게 된다. 트리거의 예로는 단추 누르기 및 음성

으로 명령하기 등이 있다. 객체를 선택한 뒤 조작하려면 지정 벡터 끝에 붙이면 된다 (그림 7.11).

포인팅 기술은 상당히 강력하다. 여러 가지 실험적 평가 결과에 따르면 사용자가 이 기술을 사용할 때 손을 많이 움직이지 않아도 되기 때문이다(푸피레프, 웨그호스트 등 1998, 바우만, 존슨 등 1999). 하지만 포인팅 기술은 또한 불량한 위치 지정 방법이기도 하다. 특정 작업이 사용자와 객체 사이의 거리를 바꾸지 않아도 되는 경우 사용자 주위의 방사형 영역(지정 방향에 수직)에서만 객체 조작을 효율적으로 수행할 수 있다. 회전은 지정 벡터로 정의된 축에 대해서만 효과적으로 수행할 수 있다. 따라서 기본적인 포인팅 기술을 이용한 6-자유도 조작은 불가능하다. 이 문제를 해결하려면 향상된 포인팅 기술을 사용해야 한다.

포인팅 기술의 초기 인스턴스 중 하나는 1980년대 초 MIT의 볼트가 개발한 '풋댓데어put-that-there' 인터페이스다(볼트Bolt 1980). 이 시스템을 사용하면 음성 명령을 트리거로 사용해 객체를 선택하고 조작할 수 있다. 이후 여러 가지 포인팅 기술이 나왔다(자코비Jacoby 등 1994, 마인 1995a, 바우만과 호지스 1997). 이들의 차이점은 주로 두 가지 디자인 변수로 정의된다. 첫째, 포인팅 방향이 정의되는 방식(입력 장치 위치 및 방향이 광선 방향으로 매핑되는 방식), 둘째, 선택 계산 유형에 따라 제공되는 시각적 피드백과 사용자가 가리킬 때 선택되는 객체의 수를 정의하는 방식이다. 이 중 두 번째 변수를 기반으로 7.5절의 포인팅 기술을 벡터 기반 및 볼륨 기반의 두 가지 범주로 구성한다. 또 메타포를 가리키는 기능 향상을 설명한다.

7.5.1 벡터 기반 포인팅 기술

벡터 기반 포인팅 기술은 사용자가 선택하고 조작하려는 객체를 계산하는 데 벡터만 필요한 기술이다. 덕분에 구현하기가 쉽다. 따라서 이런 기술은 일반적으로 3D UI에서 지정하는 데 사용된다. 7.5.1절에서는 다음 벡터 기반 지정 기법을 논의한다.

- 광선 투사ray-casting
- 낚시 릴
- 이미지 플레인image-plane 지정

광선 투사

광선 투사의 경우 사용자는 지정 방향을 정의하는 가상 광선을 사용해 객체를 지정하고, 손에 붙어 있는 가상 선분은 지정 방향을 시각화한다(그림 7.11). 몰입형 환경에서 가상 광선은 6-자유도 센서로 제어되는 가상 손에 직접 부착할 수 있다. 단순 광선 투사 기술의 경우 지정 벡터는 사용자의 가상 손에 붙은 가상 광선의 방향 및 가상 손의 3D 위치를 통해 추정된다. 손의 위치와 방향을 추적할 수 없는 경우(또는 정확하게 추적할 수 없는 경우) 광선은 추적된 머리 위치에서 발사되고 머리가 가리키는 방향으로 확장될 수 있다. 이를 '응시 기반 광선 투사gaze-based ray-casting'라고 한다. 2개 이상의 객체가 광선과 교차할 수 있지만 사용자에게 가장 가까운 객체만 선택해야 한다. 따라서 상호작용 기술은 가능한 후보자를 모두 고려해야 한다.

간단한 광선 투사 기술의 경우 광선의 모양이 사용자의 손에 부착된 짧은 선분으로 표현될 수 있다(그림 7.11). 하지만 이는 광선이 실제로 가상 객체와 교차하는지 여부를 확실히 볼 수 있는 시각적인 피드백을 제공하지 않기 때문에 멀리 있는 작은 객체를 선택할 때 사용하기에는 부적절할 수 있다. 무한정 긴 가상 광선은 사용자가 광선을 만지기만 해도 객체를 선택할 수 있게 만들기 때문에 조금 더 나은 시각적 피드백을 제공한다고 볼 수 있다(바우만과 호지스 1997).

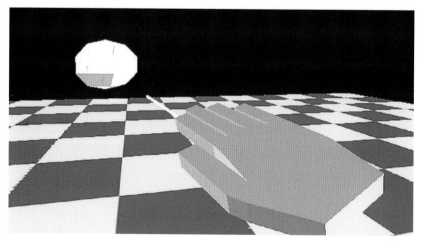

그림 7.11 광선 투사 기술(푸피레프, 웨그호스트 등 1998, 19098 블랙웰 퍼블리싱, 허가받고 게재)

가상 광선 투사는 작고 멀리 떨어진 물체를 선택하는 것만큼 높은 수준의 정확도를 요구할 때를 제외하고는 매우 쓸 만하고 강력한 선택 기법이다(푸피레프, 웨그호스트 등 1998, 바우만과 존슨 등 1999). 이러한 작업 시나리오의 경우 각도 정확도가 매우 높아야 하고 손이 확대되며 추적기의 불안정성이 증폭되기 때문에 광선 투사 선택 기술의 성능이 급격히 약화된다. 많은 연구자가 이를 관찰할 수 있었으며(리앙Liang과 그린 1994, 포스버그 등 1996) 몇몇 실험적 연구 결과 역시 이를 뒷받침한다(푸피레프와 웨그호스트 등 1998). 아마 적당한 크기 또는 큰 물체가 있는 중간 범위에서 광선 투사는 가장 간단하고 효율적인 선택 기법일 것이다.

낚시 릴

조작되는 가상 객체까지의 거리를 조정하는 것이 모든 포인팅 기술의 난제일 것이다. 여기 제시할 수 있는 해결책 중 하나는 사용자에게 가상 광선의 길이를 제어하는 추가 입력 메커니즘을 제공하는 것이다. 실제 낚시 릴fishing reel을 사용하는 것과 비슷하게 작동하는 이 기술은 간단한 광선 투사 기술로 물체를 선택한 뒤 기계 슬라이더, 조이스틱, 한 쌍의 단추(바우만과 호지스 1997)와 같은 전용 입력 장치를 사용해 앞뒤로 릴을 감을 수 있게 만든다. 낚시 릴은 사용자가 대상까지의 거리를 제어할 수 있게 만들어 주지만 조작의 자유도를 분리한다는 문제가 있다. 광선 방향은 사용자의 손의 공간적 움직임으로 제어하는 반면 거리는 다른 수단에 의해 제어된다.

이미지-플레인 지정

이미지-플레인image-plane 기술들(피어스 등 1997)은 사용자가 2-자유도로만 제어할 수 있도록 만들면서 객체 선택 작업을 단순화하려 한다. 이 기법을 사용하면 사용자는 앞에 위치한 가상 이미지-플레인에서 2D 투영체를 터치, 조작해 3D 객체를 선택하고 조작한다(그림 7.12).

이미지-플레인 상호작용 기술은 다양하게 변형될 수 있다. 그림 7.12는 이미지-플레인 기술의 변형 예시 중 하나인 '끈적끈적한 손가락'을 보여 준다. 사용자의 손가락(또는 핸드헬드 입력 장치) 아래 객체는 먼저 사용자의 시점에서 손가락으로 벡터를 투사한 다음 해당 벡터와 교차하는 객체를 찾아서 선택하게 된다. 그 뒤에 3D 객체를 조작할 수 있게 되며 그때 객체의 크기는 축소돼 사용자의 손에 쉽게 닿을 수 있게 된다.

이미지-플레인 기법은 직접 터치를 시뮬레이션하기 때문에 직관적이고 선택하기 쉽다. 이 기술을 사용하면 사용자가 3D 객체의 방향을 수정할 수 있지만 크기는 축소되기 때문에 사용자와의 거리를 직접 제어할 수 없다는 문제가 있다. 부두 인형 기술(7.7.2절 참고)과 확대된 세계 그러쥐기 기술(7.9장 참고)을 다룰 때 이 문제를 다루겠다.

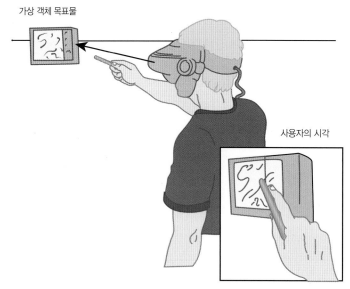

가상 객체 목표물

사용자의 시각

그림 7.12 '끈적끈적한 손가락' 이미지-플레인 포인팅 기술

7.5.2 볼륨 기반 포인팅 기술

볼륨 기반 포인팅 기술에서는 사용자가 선택 및 조작하는 것을 결정하고자 벡터 및 볼륨을 정의해야 한다. 일반적으로 볼륨은 원뿔 축을 정의하는 벡터를 사용하는 것과 같이 벡터와 어떤 관계로서 정의된다. 그러나 어떤 경우에는 벡터가 객체를 교차하는 데 사용되며 주어진 교차점에 따라 그 위치가 정의된다. 7.5.2절에서는 볼륨 기반 포인팅 기술 예제를 논의한다.

- 손전등
- 개구경aperture 선택
- 구형 주조sphere-casting

손전등

손전등 기술은 광선으로 가상 물체를 가리키는 정확성과 이를 요구하지 않는 '소프트' 선택 기법을 제공하고자 개발됐다(리앙과 그린 1994). 이 기술은 실제로 손전등으로 물건을 가리키는 행위를 모방하며, 따라서 객체를 정확하게 가리키지 않았어도 객체가 있는 것처럼 보이게 만들 수도 있다.

손전등 기술에서 지정 방향은 광선 투사 기법과 같은 방식으로 정의되지만 입력 장치에서 원뿔의 꼭대기와 함께 원추형 선택 볼륨으로 가상 광선을 대체한다. 이 선택 영역 내에 있는 객체를 선택할 수 있는 것이다. 따라서 이 기술을 사용하면 물체가 작아도, 사용자와 멀리 떨어져 있어도 쉽게 선택할 수 있다.

손전등 기술이 지닌 명확한 문제는 둘 이상의 객체가 스포트라이트를 받을 때 원하는 객체가 무엇인지 모호해지는 경우가 생긴다는 것이다. 이러한 모호성에 대처하고자 사용하는 두 가지 규칙이 있다(리앙과 그린 1994). 첫째, 두 객체가 선택 영역에 들어갔을 때 중심선과 더 가까운 객체를 선택한다. 둘째, 두 객체와 원뿔의 중심축이 이루는 2개의 각도가 서로 같다면 장치와 더 가까운 객체를 선택한다.

(손전등이 비추는) 선택 볼륨 측면에서 객체를 건드리기만 해도 선택 후보로 간주되지만 손전등 기술은 모든 객체가 스포트라이트 받도록 요구하지 않는다. 이렇게 하면 가상 객체를 선택하기는 쉬워지지만 작은 객체나 완전히 그룹화된 객체를 선택해야 할 때 선택하기가 불편해진다. 이런 상황(다른 상황들도)에서는 선택된 원뿔을 펼쳤을 때 각도를 직접 설정하는 것이 바람직하다.

개구경 선택

개구경 선택 기술은 이것을 가능하게 만든다. 개구경 기법(포스버그 등 1996)은 사용자가 선택 볼륨을 펼쳤을 때 대화식으로 제어할 수 있게 만드는 손전등 기술을 수정한 기술이다. 지정 방향은 가상 공간에서 사용자의 시점의 3D 위치로 정의되며 3D UI에서 구경 커서로 표시되는 추적된 헤드의 위치 및 센서의 위치로 추정된다(그림 7.13 및 7.14a). 사용자는 손 센서를 더 가깝게 또는 멀리 이동시킴으로써 선택 볼륨의 넓이를 대화식으로 제어할 수 있다. 따라서 개구경 선택 기법은 볼륨을 대화식으로 제어해 객체의 불균형의 효율적인 상호작용 메커니즘을 제공함으로써 스포트라이트 기술을 향상시킨다(그림 7.13).

개구경 기술은 중심축 주위의 포인터 방향을 사용함으로써 가상 객체 선택을 더 간단하게 만든다. 2개의 작은 가상 판이 포인터 끝에 병렬로 장착된다. 선택의 모호성의 경우 사용자는 포인터를 뒤틀어서 플레이트의 방향과 선택될 객체의 방향을 정렬시킨다. 이는 사용자가 집어들려는 3D 객체를 인터페이스에 알려 주는 역할을 한다. 예를 들어 그림 7.14b의 왼쪽에 있는 판의 방향은 객체의 방향과 일치하기 때문에 사용자가 전체 3D 객체를 집어들려고 한다는 것을 나타낸다. 그림 7.14b의 오른쪽에 있는 판의 방향은 사용자가 3D 객체의 가운데 있는 수평 디스크만 선택하려는 것을 나타낸다. 파악 방향에 기반한 선택 감도는 손으로 물건을 움켜잡는 실제 경험에서 파생된다. 쉽게 집어들 수 있도록 항상 손 방향과 대상 방향을 일치시킨다.

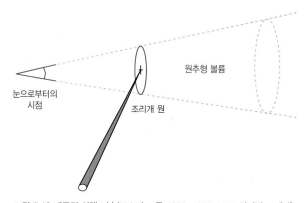

그림 7.13 개구경 선택 기술(포스버그 등 1996, 1996 ACM, 허가받고 게재)

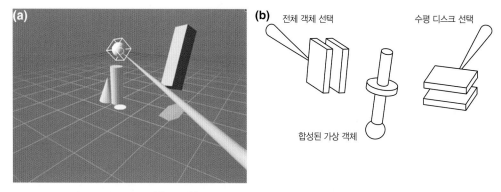

그림 7.14 개구경 기술: (a) 용례, (b) 움켜잡는 방향에 기반한 선택 감도(브라운 대학교 허가받고 게재)

개구경 및 손전등 기술의 기본 설계 아이디어는 데스크톱 및 몰입형 가상 환경 모두에서 다양한 3D UI 구성에 쉽게 적용될 수 있다. 물론 손전등과 개구경 기술은 본질적으로 객체를 조작할 때 사용하는 광선 투사 기술의 한계를 갖고 있다. 이는 이 기술들이 가상 객체를 조작할 때 6-자유도의 자유형을 사용하기 적합하지 않다는 것을 의미한다. 그럼에도 이는 효과적이고 유용한 기술이다. 적용 요구 사항에 따라 그들 사이의 선택이 이뤄진다. 일반적으로 물체가 단단히 묶이지 않았다면 손전등이 간단하고 효과적인 기술이다. 높은 수준의 제어가 필요할 때는 조리 기술이 효과적일 수 있다.

구형 주조

볼륨 기반 포인팅 기술에 대한 또 다른 접근법은 지정에 사용되는 벡터와 가상 환경의 교차 지점에서 미리 정의된 볼륨의 위치를 정의하는 것이다. 해당 예시는 구형 주조 기술이 있다. 이는 본질적으로 구형을 가장 가까운 교차 곡면으로 변환하는 광선 투사의 수정 버전이다. 구체 내에서 발견된 객체를 선택할 수 있게 만든다. 코퍼 등(2011)은 QUAD-메뉴에 따라 세련된 구형 주조 기술을 사용할 수 있었다(7.10.3절 참고).

7.5.3 지정 메타포의 발전

연구자들은 지정 메타포 기술의 유용성과 효율성을 향상시키는 방법들을 찾았다. 벤드캐스트bendcast와 같이 객체를 직접 가리킬 때 요구 사항을 단순화하는 개선 사항이 몇 가지 있다. 그러나 다수의 기능 향상은 지시 방향 내에서 여러 객체를 쉽게 구별하거나 사용자에게 더 높은 수준의 정밀도를 제공하는 데 초점을 뒀다. 7.5.3절에서는 지정 메타포의 향상된 기능을 논의한다.

- 벤드캐스트
- 심도 광선
- 절대 및 상대 매핑

벤드캐스트

벤드캐스트는 3D 버블 커서의 아날로그 버전이다(7.4.3절 참고). 이 향상된 기능은 벡터 경로에 가장 가까운 객체를 가리키는 데 사용되는 벡터를 구부린다. 벤드캐스트에 가장 가까운 객체를 결정하려면 선택할 수 있는 각 객체에서 지정 벡터까지의 점선 거리를 계산해야 한다. 가장 가까운 대상이 결정되면 원형 호를 사용해 벡터의 구부러짐에 대한 시각적인 피드백을 제공한다(리게Riege 등 2006). 캐션Cashion 등(2013)은 이 향상된 기능이 단순한 광선 투사보다 포괄적이라는 것을 인지했지만 지정 벡터 경로 근처에 몇 개의 객체만 있을 때 가장 잘 작동한다.

심도 광선

심도 광선은 지정 벡터가 여러 후보 타깃과 교차할 때 사용자가 어떤 객체를 선택하려고 하는지 명확히 하고자 고안된 간단한 기능이다. 심도 광선 강화는 광선의 길이를 따라 존재하는 깊이 표시로 지정 벡터를 보강하려 한다(그로스만과 빌라크리슈난 2006, 바나켄 등 2007). 따라서 심도 표시에 가깝고 지정 벡터가 교차되는 객체를 선택하게 된다(그림 7.15 참고). 어떤 물체가 표시에 가장 가까운지 변경하고자 사용자는 표시를 지정 벡터에 따라 동일한 방식으로 움직이도록 손을 앞뒤로 움직여 깊이 표시의 위치를 제어할 수 있다.

그림 7.15 깊이 광선 강화는 깊이 표시를 사용해 여러 객체가 포인팅 벡터와 교차할 때 선택할 객체를 결정한다. (a) 깊이 광선은 깊이 표시에 가장 가까운 교차 객체를 선택한다. (b) 손을 앞뒤로 움직여서 깊이 표시 위치를 재배치할 수 있다(이미지 출처: 라이언 맥마한).

절대 및 상대 매핑

밀도가 높은 환경에서는 위에서 설명한 향상된 기능으로는 충분하지 않을 수 있다. 제어를 세분화해서 실수로 잘못된 대상을 선택하는 것과 같은 오류를 방지할 수 있다. 코퍼 등(2011)이 제시한 절대 및 상대 매핑ARM, Absolute and Relative Mapping은 사용자가 필요에 따라 대상의 유효 각도 폭을 늘릴 수 있도록 포인터의 제어 디스플레이 게인 비율을 수동으로 제어할 수 있게 만들었다. 코퍼 등(2010)은 이런 향상된 성능이 선택 및 배치 작업의 용이성과 정확성을 명확하게 증가시킨다는 것을 발견했다.

기본적으로 ARM은 단순 광선 투사 기술을 사용해 대상을 지정하고 선택한다. 더 높은 정밀도를 필요로할 때 사용자가 10:1의 제어 디스플레이 비율로 상대 매핑을 실행하는 버튼을 누르면 지정 벡터 근처 타깃의 각도 폭을 10으로, 효과적으로 증가시킨다. 그 결과 실제 손목 회전은 지정 벡터가 각도의 물리적 변화의 10분의 1만 가상으로 회전하게 한다. 이는 '슬로 모션' 포인터의 느낌을 준다. 상대 매핑 버튼을 놓으면 지정 벡터가 절대 위치로 다시 이동한다.

7.6 표면 메타포

지난 10년 동안 스마트폰과 태블릿이 인기를 얻으면서 다중 터치 표면 기술이 확산됐다. 결과적으로 사용자는 터치 동작을 사용해 2D 맥락에서 가상 객체와 직접 상호작용할 수 있는 경험을 축적했다. 하지만 이 다중 터치 화면은 3D UI에서도 상호작용 용도로 사용될 수 있다(스타이니케 등 2009). 따라서 7.6절에서는 표면 기반 2D 상호작용 기법과 표면 기반 3D 상호작용 기법을 구별해 본다.

7.6.1 표면 기반 2D 상호작용 기술

다중 터치 디스플레이 및 표면에서 2D 맥락에서도 상호작용하고자 수많은 관련 기술이 연구 및 개발됐다(워브록Wobbrock 등 2009). 표면 2D 상호작용에 대한 심층적인 논의를 살펴보려면 위그도르와 윅슨(2011)의 'Brave NUI World'를 읽어 보자. 여기서는 다중 터치 표면에 사용되는 일반적인 2D 상호작용을 간단히 다루겠다. 다음과 같은 기술을 설명한다.

- 끌기dragging
- 회전시키기rotating

끌기

끌기는 하나 이상의 손가락으로 접촉한 뒤 표면 위로 밀어서 개체를 직접 선택하고 해석하는 작업을 포함한다. 이 상호작용을 수행하려면 일반적으로 하나의 손가락을 사용한다(힌릭스Hinrichs와 카펜데일Carpendale 2011). 끌기를 하면 표면과 일치된, 또는 평행한 2D 평면 내에서 가상 객체가 평행 이동한다. 이 거리와 방향은 사용자가 손가락을 표면에서 떼어내는 초기 접촉점 및 최종 접촉점에 의해 정의된 2D 벡터와 동일하다.

회전시키기

회전하는 가상 물체에 대한 표면 기반 2D 상호작용 기법을 연구했다. 가장 보편적으로 사용되는 방법은 물체에 중심을 두고 발생하는 독립적인 회전이다(핸콕Hancock 등 2006). 물체가 특정 영역, 일반적으로 모서리에 닿으면 손가락을 표면 위로 끌어 가상 객체에 중심을 두고 터치한 영역을 회전시킬 수 있다(그림 7.16 참고).

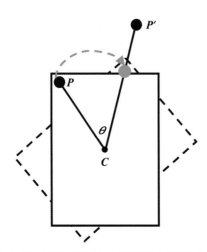

그림 7.16 독립 회전은 초기 접촉점(P), 대상의 중심 및 현재 접촉점(P')으로 정의되는 θ각도로, 가운데(C)를 중심으로 개체를 회전시키는 것이다(이미지 출처: 핸콕 등 2006).

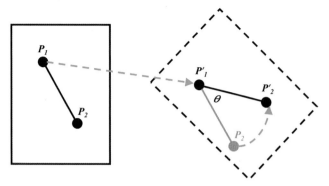

그림 7.17 두 점 회전은 첫 번째 접점의 초기 위치(P1)에서 최종 위치(P'1)로 객체를 이동시키고 두 번째 접점의 초기 위치(P2)에 의해 회전 각도(θ)를 정의하는 것. 첫 번째 접촉의 상대 위치 및 두 번째 접촉의 최종 위치(P'2)다(이미지 출처: 핸콕 등 2009).

또 다른 일반적인 방법이지만 조금 다른 접근법은 2개의 접촉점을 사용해 가상 객체를 동시에 변환하고 회전시키는 것이다(핸콕 등 2006). 첫 번째 접점은 객체의 이동(끌기와 같이)과 회전의 중심을 정의하는 역할을 한다. 회전량은 제1접촉점과 제2접촉점에 의해 형성된 초기 각도와, 손가락이 표면에서 떨어지기 전에 2개의 접촉점에 의해 형성된 최종 각도 사이에 의해 결정된다. 두 접점의 회전을 묘사한 이미지를 보려면 그림 7.17을 참고하자.

7.6.2 표면 기반 3D 상호작용 기술

2D 맥락에서 다중 터치 표면과 상호작용하고 3D 심도와 상호작용하는 직관적인 기술로 객체 끌기 및 회전시키기가 널리 채택됐지만 이 기술들이 직관적이지는 않았다. 사용자가 표면을 기준으로 가상 객체의 심도를 제어할 수 있는 많은 기술이 연구됐다. 7.6.2절에서는 3D 상호작용을 지원하는 해당 기술들에 대해 설명한다.

- 핀칭pinching
- 보이드 섀도void shadow
- 풍선 선택balloon selection
- 코르크나사 위젯corkscrew widget
- 삼각형 커서triangle cursor

핀칭

표면 기반 상호작용 기술 중 또 다른 일반적인 기술은 가상 객체를 시각적으로 축소(또는 확대)하고자 손가락으로 꼬집는 행동, 즉 핀칭pinching(또는 스플레잉splaying, 펴기)하는 것이다(워브록 등 2009). 이 기술은 2개의 접점 사이의 거리를 기반으로 가상 객체의 크기를 시각적으로 조정해 준다. 2개의 접촉점이 펼쳐지거나 서로 멀어질수록 대상의 시각적인 눈금이 커진다. 한 손으로 꼬집기 및 펴기를 수행하려면 두 손가락 또는 한 손당 하나의 손가락을 사용하면 된다(힌릭스와 카펜데일 2011).

2D 맥락에서 핀칭은 기본적으로 2개의 접점 사이의 거리 변화를 기반으로 가상 객체의 절대 크기를 수정한다. 그러나 3D 맥락에서는 이 기술을 사용해 표면과 관련된 객체의 깊이를 조작할 수도 있다(기슬러Giesler 등 2014). 따라서 3D 상호작용 기술로 분류해 논의를 진행하겠다.

핀칭은 보이는 객체와의 상호작용을 손쉽게 만들어 준다는 것을 알아두는 것이 중요하다. 가상 객체가 위로 겹쳐져서 쌓이면 제일 위에 있는 객체는 그 아래에 있는 객체를 가릴 수 있다. 핀칭 상호작용은 선택 깊이를 지정하는 메커니즘이 없기 때문에 벡터 기반 지정과 유사하게 기능하고, 따라서 맨 위의 객체만 조작할 수 있다. 그러므로 제일 위에 있는 객체 아래에 있는 객체를 조작하려면 먼저 맨 위의 객체를 이동해 아래에 있는 객체가 나타나도록 표시해야 한다. 7.6.2절의 나머지 3D 상호작용 기술은 맞물려서 가려지는 이 문제에 대응한다.

보이드 섀도

기슬러 등(2014)은 핀칭 기술 및 다른 표면 기반 상호작용의 맞물림 문제를 구체적으로 다루고자 보이드 섀도 개념을 개발했다. 이를 사용하면 표면 아래 모든 대화형 객체가 표면에 '그림자'를 투영한다. 이 그림자는 그림 7.18a에서 볼 수 있듯이 다중 터치 표면 위에 있는 보이지 않는 그림자 평면을 기반으로 계산된다. 결과적으로 그림 7.18b와 같이 크기가 같은 물체가 쌓여 있을 때 다양한 크기의 그림자를 중첩한다. 그림자 볼륨은 각 객체와 그 그림자 사이의 관계를 강조하는 방식으로 렌더링된다.

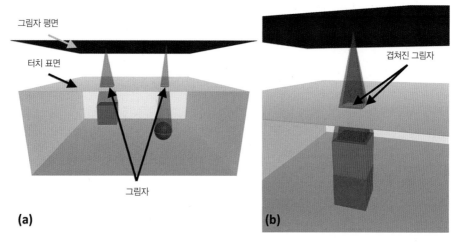

그림 7.18 보이드 섀도 개념은 다음과 같다. (a) 표면에 투영된 각 물체의 그림자는 터치 표면 위에 있는 보이지 않는 그림자 평면을 기반으로 계산된다. (b) 같은 크기의 겹쳐진 객체는 다양한 크기의 겹쳐진 그림자를 투영한다(이미지 출처: 기슬러 등 2014).

풍선 선택

벤코Benko와 파이너Feiner(2007)는 다양한 깊이 선택을 허용하고자 앵커anchor에서 끈을 당겨 고정된 풍선의 높이를 제어한다는 메타포를 본딴 풍선 선택 기법을 개발했다. 이 메타포는 3-자유도 위치 지정 작업을 2개 작업으로 분리한다. (1) 앵커 포인트에 의해 제어되는 2-자유도 수평 위치 지정 작업과 (2) 1-자유도 수직 위치 지정 작업은 앵커 포인트에서 당겨진 줄의 길이에 의해 조작된다.

2개의 분리 가능한 작업은 다중 터치 표면의 2개의 접촉점에 의해 동시에 정의, 제어될 수 있다. 사용자가 먼저 손가락으로 표면을 터치하면 두 번째 손가락을 놓아 문자열 잡기를 시뮬레이션하고, 두 번째 손가락을 앵커에서 끌어 가상 문자열을 가져와서 3D 풍선 커서를 효과적으로 내린다. 커서를 올리려면 두 번째 손가락을 앵커 쪽으로 다시 끌어와 문자열을 줄인다. 풍선 선택 기법의 묘사는 그림 7.19를 참고하자.

벤코와 파이너(2007)은 또한 사용자가 세 번째 접촉점을 사용해 선택 볼륨의 크기를 효과적으로 변경하고 풍선 선택 커서의 크기를 변경하도록 만들었다. 커서의 크기를 조정하려면 이 세 번째 접촉점과 앵커 사이의 거리를 변경해야 한다. 점 사이의 거리가 길어지면 풍선 커서가 커진다. 거리가 줄어들면 축소된다. 스트로토프Strothoff 등(2011)

은 7.6.1절에서 설명한 2점 회전 기법을 사용해 사용자가 선택한 객체의 요^{yaw}를 조작할 수 있게 수정하자고 제안하기도 했다.

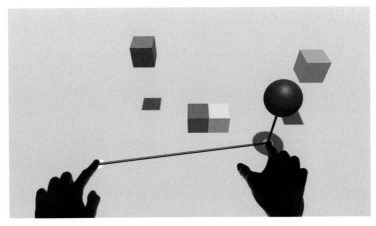

그림 7.19 풍선 선택 기법은 앵커 접점을 사용해 커서가 수평 위치를 정의하고 두 번째 접점은 가상 문자열이 있는 커서의 수직 위치를 결정하며 세 번째 접점은 커서의 크기를 변경한다(이미지 출처: 라이언 맥마한).

벤코와 파이너(2007)는 풍선 선택 기법을 3-자유도 단순 가상 손 기법과 키보드 기반 기법을 비교했다. 그들은 풍선 선택 기술이 3-자유도 위치 지정을 위해 키보드를 사용하는 것보다 훨씬 빠르다는 것을 발견했다. 또한 풍선 선택은 단순한 가상 손보다 오류율이 현저히 낮다는 것을 발견했다.

코르크나사 위젯

다양한 깊이에서 선택을 하는 또 다른 기법으로 다이버^{Daiber} 등(2012)이 표면에 뜨는 방식으로, 원형 선택 위젯인 코르크나사 위젯을 개발했다(그림 7.20 참고). 표면을 따라 이 위젯을 드래그하면 사용자가 선택점의 가로 위치를 변경할 수 있다. 하지만 사용자는 위젯의 바깥 부분에 회전 제스처를 수행해 선택점의 깊이를 변경할 수도 있다. 위젯을 시계 방향으로 회전시키면 선택점이 맞춰지고 반시계 방향으로 회전시키면 선택점이 올라간다. 다이버 등(2012)은 연구를 수행하면서 사용자가 풍선 선택 기법보다 코르크나사 위젯을 사용해 심도 기반 상호작용을 더 빨리 수행한다는 것을 발견했지만 한편으로는 오류를 더 많이 낸다는 사실도 알아냈다. 따라서 코르크나사 위젯은 부정확하지만 신속하게 이뤄져야 하는 깊이 기반 선택 및 조작에 가장 적합하다.

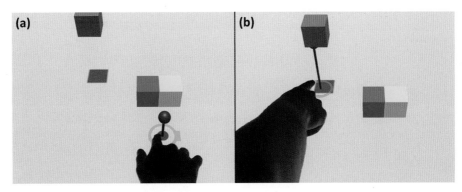

그림 7.20 코르크나사 위젯: (a) 위젯을 드래그하면 선택 점의 수평 위치가 변경된다. (b) 위젯을 회전시키면 선택점의 수직 위치가 변경된다(이미지 출처: 라이언 맥마한).

삼각형 커서

스트로토프 등(2011)은 풍선 선택 기술의 대안으로 삼각형 커서를 제시했다. 풍선 선택과 마찬가지로 삼각형 커서는 선택 커서의 위치를 지정하는 3-자유도 작업을 별개의 2개 작업으로 나눠 2-자유도의 수평 위치 구체화 작업을, 1-자유도의 수직 위치 조작 작업을 하게 만들었다. 2-자유도의 수평 위치는 일반적으로 삼각형 커서를 사용해 엄지와 검지 두 접촉점 사이의 중간점으로 계산된다. 한편 1-자유도 수직 위치는 두 접촉점 사이의 거리에 의해 결정된다. 거리가 0에 가까워지면 커서의 높이가 표면에 가까워지는 것이다. 거리가 사용자의 엄지손가락과 다른 손가락이 꼬집는 정도에 가까워지면 커서의 높이가 3D 가상 공간의 천장 부분에 가까워진다.

선택된 물체의 요^{yaw} 회전에 영향을 주고자 스트로토프 등(2011)은 7.6.1절에서 설명한 2점 회전 기법을 다시 사용했다. 하지만 두 접촉점을 사용하지 않고 엄지와 손가락 사이의 중간점을 회전의 중심으로 사용했다. 요를 포함한 삼각형 커서에 대한 시각 피드백은 축에 의해 분할된 이등변 삼각형의 형태로 제공된다(그림 7.21 참고).

스트로토프 등(2011)은 삼각형 커서를 풍선 선택 기법과 비교해 삼각형 커서가 완료 시간을 단축시키고 위치 오류와 회전 오류를 줄인다는 사실을 발견했다. 연구팀은 자이 등(1996)이 제시한 가설에 따라 풍선 선택 기술을 사용해 선택 커서를 위치시키려면 양손이 필요하지만 삼각형 커서는 한 손만 필요하므로 성능이 더 좋을 것이라고 가정했다. 이는 손가락과 같은 작은 근육 그룹이 손과 같은 큰 근육 그룹보다 세밀하게 제어할 수 있다는 것을 의미한다. 따라서 삼각형 커서는 표면 기반 3D 상호작용에 딱 적합하다.

그림 7.21 삼각형 커서는 2개의 접촉점 사이의 중간점을 사용해 커서의 수평 위치, 수직 위치를 결정하는 접촉점 사이의 거리 및 선택된 객체의 요를 변경하기 위한 중간점에 대한 점의 각도를 정의한다(이미지 출처: 라이언 맥마한).

7.7 간접 메타포

7.7절에서는 사용자가 가상 객체와 직접 상호작용하지 않고 조작할 수 있는 여러 기술을 설명한다. 이런 기법을 간접 상호작용이라고 한다.

간접 메타포를 사용하는 잠재적인 이유가 몇 가지 있다. 첫째, 간접 기술을 사용해 포인팅 기술을 사용할 수 있는 것과 비슷하게 원격지 객체와 상호작용할 수 있다. 둘째, 간접적인 상호작용은 '뚱뚱한 손가락' 문제(스트로토프 등 2011)와 같은 상호작용을 시각적으로 차단하는 등 사용자의 신체 때문에 나타나는 교합 문제를 피하는 데 도움이 된다. 셋째, 간접 상호작용 기법은 조작 작업의 자유도를 줄임으로써 의도적으로 조작을 제한할 수 있다. 이런 제약은 효율성과 정밀도를 향상시키는 것으로 나타났다(10장 참고).

간접 메타포를 제어 공간, 프록시, 위젯의 세 가지 접근 방식으로 분류했다. **제어 공간** control-space 기술은 사용자가 가상 환경에서의 명백한 위치와 다른 물리적인 공간에서 상호작용하고 환경과 상호작용하도록 허용해서 디스플레이와 제어를 분리하는 방식이다. **프록시**proxy 기술은 사용자가 프록시(가상 환경 내 객체의 대표 복사본)와 직접 상호 작용하게 만들고, 그 조작을 원래 객체 위에 매핑한다. **위젯**widget 기술은 사용자가 직접 조작할 수 있는 가상 환경 위젯 안에 배치된다. 이런 위젯은 맥락 또는 연관된 가상 객체에 영향을 준다.

7.7.1 간접 제어 공간 기술

다양한 종류의 간접 제어 공간 기술이 연구됐다. 이런 기술 중 다수는 디스플레이 공간 및 가상 환경과 물리적으로 분리된 제어 공간을 제공한다. 일부 기술은 원격 공간에서 상호작용하도록 만들고 맞물림을 피하고자 표시 공간과 함께 배치되지만 오프셋으로 배치된 제어 공간을 사용한다. 7.7.1절에서는 다음과 같은 제어 공간 기술을 구체적으로 논의한다.

- 간접 터치
- 가상 상호작용 표면
- 레벨 정밀도 커서
- 가상 패드

간접 터치

간접적인 상호작용에 대한 접근법은 디스플레이에 표시된 가상 객체를 조작하기 위한 제어 공간으로서 주요 디스플레이와 분리된 다중 터치 표면을 사용하는 것을 포함한다. 시메오네Simeone(2016)는 해당 접근 방식을 **간접 터치**indirect touch라는 이름으로 부른다. 간접 터치로 사용자는 처음에는 외부 다중 터치 표면을 터치해 기본 디스플레이의 커서를 제어한 뒤 두 번째 손가락으로 커서를 눌러 객체 아래에 있는 객체를 선택한다(크뇌델Knoedel과 하쳇 2011). 객체가 선택되면 기본의 표면 기반 상호작용 기술(7.6절 참고) 또는 인다이렉트6Indirect6(시메오네 2016)과 같은 간접 기술을 사용해 객체를 조작할 수 있다. 간접 터치를 사용해 상호작용하는 예시는 그림 7.22를 참고하자.

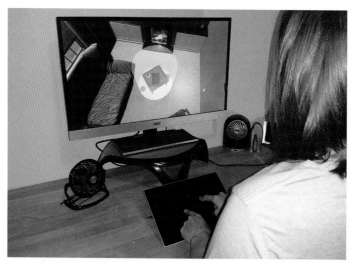

그림 7.22 간접 제어 공간 기술의 예시(이미지 출처: 라이언 맥마한)

간접 터치 상호작용을 디자인할 때 결정해야 할 중요한 사안은 절대 또는 상대 매핑 기술을 사용할지 여부다. 절대 매핑을 사용하면 다중 터치 표면의 영역이 기본 디스플레이 영역에 직접 매핑된다. 사용자가 표면의 가운데 부분을 터치하고 접촉시키는 손가락을 아래쪽 가장자리의 중간 부분으로 드래그하면 커서가 디스플레이 중앙에 나타나고 디스플레이의 아래쪽 가장자리 중앙으로 이동하는 식이다. 상대 매핑을 사용하면 커서가 원래 디스플레이의 상단 가장자리 가운데에 있었던 경우 동일한 터치 제스처를 취하면 커서가 디스플레이 가운데로 이동한다. 절대 매핑을 사용하면 선택할 때 초기 접촉을 사용할 수 있다. 하지만 시메오네(2016)은 사용자가 다중 터치 화면을 보고 공간을 화면의 공간에 정신적으로 매핑해야 한다고 말한다. 상대 매핑을 사용하는 경우, 선택하려면 두 번째 접촉을 해야만 한다.

성능 면에서 크뇌델과 하쳇(2011)은 간접 터치가 기존의 직접 터치 상호작용보다 객체를 조작하는 데 더 많은 시간이 필요하다는 것을 발견했다. 하지만 간접 터치 기술은 최적의 궤적을 따라 가상 물체를 이동시키는 효율성과 목표 위치에 물체를 배치하는 정확성을 향상시킨다는 것도 알게 됐다. 시메오네(2016)는 또한 간접 터치를 2개의 직접 터치 기술과 비교했을 때 간접 터치를 사용할 때 성능이 크게 저하되지는 않는다고 밝혔다. 그리고 간접 터치가 보다 편안한 시청 경험을 제공한다는 것도 발견했다.

가상 상호작용 표면

오니시Ohnishi 등(2012)은 가상 환경 내에 위치한 비평면 표면으로 간접 터치 개념을 확장해 가상 상호작용 표면이라 불렀다. 이전 간접 터치 기술은 외부 다중 터치 디스플레이의 2D 평면을 기본 디스플레이의 2D 뷰 평면에 매핑했지만 가상 상호작용 표면은 다중 터치 제스처를 가상 환경 내에 있는 3D 가상 표면에 매핑한다. 가상 상호작용 표면의 예시는 그림 7.23을 참고하자.

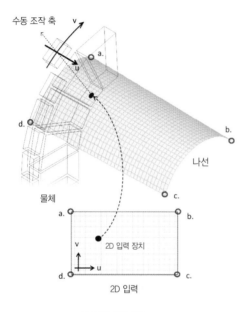

(a) 물체 배치 개념도

(b) 실제 물체 배치 작업

그림 7.23 가상 상호작용 표면은 원통 표면을 따라 상자를 평행 이동 또는 회전시키는 복잡한 3D 작업을 간단한 2D 동작으로 바꾼다(오니시 등 2012, © 2012 IEEE 허가받고 게재).

오니시 등(2012)은 가상 상호작용 표면을 사용할 경우 얻을 수 있는 이점을 확인했다. 첫째, 이런 표면은 사용자가 원하는 경로 또는 다른 객체와 관련된 객체를 조작할 수 있도록 만든다. 예를 들어 곡면을 따라 객체를 병진 및 회전시키는 것은 다른 3D 상호작용 기법에서는 일반적으로 매우 어렵지만 적절한 가상 상호작용 표면을 사용하면 그림 7.23과 같이 이 복잡한 작업이 간단한 드래그 작업(7.6.1절)이 된다. 둘째, 가상 상호작용 표면은 가상 환경 내에 있는 3D 객체의 표면과 일치하도록 정의될 수 있다. 이를 통해 사용자는 지정 또는 맞물림 문제를 걱정하지 않고 복잡한 3D 객체에 직접 그려 낼 수 있다. 또한 이는 언덕 위에 나무를 놓는 등 고르지 않은 지형에 물건을 놓는 작업을 할 때 맞물림을 제거할 수 있다. 가상 상호작용 표면은 또한 다중 터치 제스처에 의해 생성된 법선상에 투영된 교차점을 계산해 고유한 3D 볼륨을 정의하는 데 사용될 수 있다. 마지막으로 오니시 등(2012)은 또한 가상 상호작용 표면을 통해 사용자가 시점 위치 또는 방향을 변경할 필요 없이 복잡한 작업을 완료할 수 있는 방법도 설명했다.

레벨 정밀도 커서

데바르바Debarba 등(2012)이 개발한 레벨 정밀도LOP, Levels-Of-Precision 커서는 간접 터치의 개념을 채택해 물리적인 3D 상호작용으로 이를 향상시키는 기술이다. 앞서 설명한 간접 터치 및 가상 상호작용 표면 기술을 사용하면 외부 다중 터치 표면은 일반적으로 테이블 위에 고정된 위치에 배치된 더 큰 태블릿이라고 볼 수 있다. 다른 점은 LOP 커서 기술은 스마트폰을 사용해 한 손으로 잡고 있거나 동적으로 배치할 수 있기 때문에 간접 터치 제스처뿐만 아니라 3D 상호작용에도 사용될 수 있다.

3D 상호작용의 경우 데바르바 등(2012)은 외부 추적 시스템을 사용하지 않고 스마트폰의 관성 센서와 센서 융합 알고리듬(매드그윅Madgwick 등 2011)을 사용해 다중 터치 표면의 절대 방향을 결정했다. 그들은 이를 통해 스마트폰의 작은 영역을 디스플레이의 큰 표면에 매핑했다(그림 7.24 참고). 그런 뒤 스마트폰에서 간접적으로 선택한 항목이 이 영역에 매핑했다. 이러면 자유롭게 디스플레이를 지정하고 객체를 선택할 수 있게 된다.

정밀도를 더 추가하고자 데바르바 등(2012)은 두 가지 추가 상호작용 모드를 제공했다. 한 모드에서 사용자는 엄지 손가락으로 스마트폰을 쥐고 드래그해 디스플레이 커서를 작은 영사 영역 안에 놓을 수 있다. 이러한 홀드 모드에서 다중 터치 표면에서 엄지 손가락을 떼면 선택이 된다. 또한 사용자는 화면을 자유롭게 가리켜 투영 영역의 위치를 변경할 수 있다(그림 7.24 참고). 또 두 번째 모드에서 사용자는 더블 탭 제스처를 사용해 디스플레이에 영역을 고정시킬 수 있다. 영역을 고정하면 모든 터치 제스처는 그 영역에 직접 매핑된다.

그들의 연구에서 데바르바 등(2012)은 LOP 커서가 더 많은 상호작용 시간을 요구하지 않고 광선 투사법보다 훨씬 더 정확한 선택지를 제공한다는 것을 발견했다.

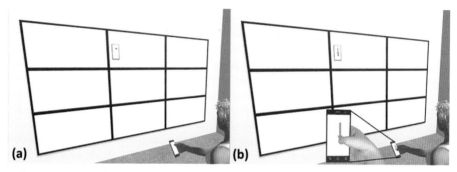

그림 7.24 LOP 커서는 (a) 사용자가 디스플레이에 스마트폰을 자유롭게 놓고 더 작은 간접 표면과 디스플레이 표면 간의 매핑을 변경할 수 있다. (b) 사용자는 스마트폰 화면에서 엄지 손가락을 드래그함으로써 커서 위치를 정확하게 변경할 수 있다(데바르바 등 2012).

가상 패드

가상 패드는 안두자Andujar와 알젤라켓Argelaguet(2007)이 개발한 간접 제어 공간 기술이다. 앞서 제시한 기술과 달리 이 기술은 외부 다중 터치 표면이 필요하지 않다. 그 대신 가상 표면은 간접 제어 공간으로서 가상 환경 내에서 제공된다. 이를 통해 이전 기술에서는 쉽게 적용할 수 없는 CAVE 및 HMD와 같은 몰입형 디스플레이에 이 기술을 이용할 수 있게 된다.

안두자와 알젤라켓(2007)은 2D에 적용된 메뉴(9장 참고)와 상호작용하기 위한 가상 패드 기술을 개발했지만 앞서 논의한 기술 중 가상 상호작용 표면에도 사용할 수 있다. 광선 투사나 다른 3D 상호작용 기술을 사용해 원격 그래픽 창에서 옵션을 직접 선택하는 대신 사용자는 가까운 가상 패드에서 동일한 기술을 사용해 그래픽 창에서 옵션을 간접적으로 선택할 수 있다(그림 7.25 참고). 이 접근법의 장점은 사용자가 가상 패드의 크기, 모양, 위치를 조작해 3D UI 애플리케이션과는 독립적으로 제어 공간을 사용자가 정의할 수 있다는 것이다. 안두자와 알젤라켓(2007)은 가상 패드 기술이 사용자의 편의를 더하면서도 동적으로 움직일 때도 속도와 정확도가 서로를 상쇄하지 않는다고 주장했다.

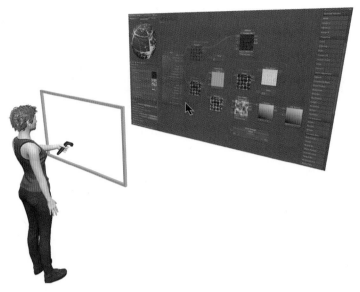

그림 7.25 광선 투사를 사용해 원격 객체와 직접 상호작용하는 대신 가상 패드 기술을 사용하면 로컬 제어 공간과 함께 가상 손 기술을 사용해 원격 선택을 제어할 수 있다(안두자와 알젤라켓 2007).

7.7.2 간접 프록시 기술

프록시 기술은 원격 객체 조작으로 다수의 문제를 해결하려는 상호작용 기술이다(맥마한 등 2014). 사용자에게 로컬 프록시 또는 원격 객체의 표상을 제공함으로써 프록시 기술을 통해 사용자가 보다 자연스럽게 파악하고 직접 조작을 수행할 수 있게 만든다. 로컬 프록시 조작은 해당 객체가 나타나는 원격 객체에 적용돼 거기 도달하고자 이동해야 하거나 차단된 객체를 선택할 수 없도록 하는 문제를 피할 수 있다. 7.7.2절에서는 두 가지 간접 프록시 기술을 설명한다.

- 축소 모형 세계WIM, World In Miniature
- 부두 인형Voodoo Dolls

축소 모형 세계

고-고 또는 간단한 광선 투사 기술을 사용해 조작하지 않고 원격 객체를 조작해 전체 세계를 축소해 사용자가 접근할 수 있도록 만드는 것이다. WIM 기술(스토클리 등 1995)은 가상 환경에 대한 소형 핸드헬드 모델을 제공하며, 이는 소규모의 가상 환경과 동일하다(그림 7.26). 사용자는 WIM의 표현과 상호작용하고 가상 객체를 간접적으로 조작할 수 있다.

WIM 기술을 구현할 때는 WIM 좌표계와 전체 규모의 가상 환경 좌표계 사이에서 적절히 변환하는 것이 중요하다. WIM에는 배면 컬링 기술을 신중하게 사용해야 한다는 요구 사항도 적용된다. 예를 들어 그림 7.26에 나온 방 모델 벽의 '안쪽'만 렌더링하면 사용자가 임의의 각도 또는 위치에서 WIM의 내부를 쉽게 볼 수 있다.

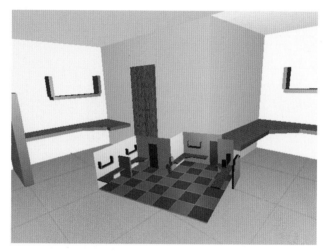

그림 7.26 WIM 기술(스토클리 등1995, © 1995 ACM, 허가받고 게재)

WIM은 사용자가 접근할 수 있는 영역 내외에서 손쉽게 객체를 조작할 수 있는 강력한 기술이다. 또한 사용자가 WIM에서 가상 표상을 이동시킬 수도 있기 때문에 탐색 및 조작을 결합할 수도 있다(8장 참고). 그러나 해당 기술에는 단점이 있는데 확장이 잘 되지 않는다는 점이다. 이 때문에 가상 건물이나 회의실 같은 중소 규모 환경에서는 WIM이 비교적 잘 작동하는 반면 대규모 환경에서는 극한 규모의 요소가 필요해서 WIM에서 아주 작은 객체 복사본만 만들 수 있게 된다. 그러면 정확한 선택과 조작을 하기 어려워진다. WIM을 확장하고 스크롤링함으로써 사용자가 표현할 환경의 일부를 선택할 수 있는 기술(윈그레이브Wingrave 등 2006)로 이 문제를 극복할 수도 있다. 이런 단점에도 불구하고 WIM은 다양한 UI 수준에서 효과적으로 사용될 수 있다. 데스크톱 3D UI에서도 사용할 수 있으며 사실 WIM은 3D 게임에서 자주 사용되는 전통적인 개괄 지도의 일반화로 생각할 수도 있다.

부두 인형

부두 인형(피어스 등 1999)은 7장의 앞부분에서 논의한 이미지 플레인 선택 및 WIM 기술을 결합하고 구축하는 양손 상호작용 기술이다. 부두 인형 기술을 활용하면 서로 다른 참고 프레임들을 한 쌍의 핀치 장갑으로 원활하게 전환할 수 있기 때문에 크기가 크고 거리가 서로 다른 객체들을 조작하기 쉬워진다.

부두 인형은 몇 가지 핵심 개념을 기반으로 한다. 첫째, 손으로 들 수 있는 임시 소형 복사본인 '인형'을 만들어서 가상 객체를 직접 조작하기를 제안한다(그림 7.27). 사용자가 가상 객체 대신 인형을 조작하기 때문에 모든 거리, 크기, 맞물림 상태에 놓일 수 있다.

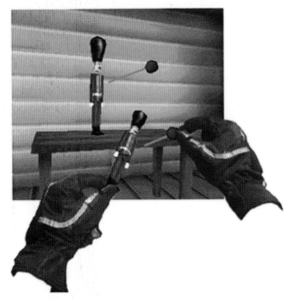

그림 7.27 부두 인형 상호작용 기술(피어스 등 1999, © 1999 ACM, 허가받고 게재)

그러나 WIM 기술과 달리 사용자는 부두 인형 기술을 통해 가상 환경에서 어떤 객체를 상호작용에 사용할지 결정할 수 있다. 사용자는 이미지 플레인 기술로 대상 객체(또는 객체 그룹)를 선택해 조작 순서를 시작한다. 이 기술은 그림 7.28과 같이 객체를 대표하는 인형을 만들어 사용자의 손에 쥐어 준다. 가상 객체의 하위 집합만 조작에 사용되기 때문에 부두 인형은 축소 모형 세계 확장을 설정하는 메커니즘이 없는 WIM 기법의 한계를 극복할 수 있다.

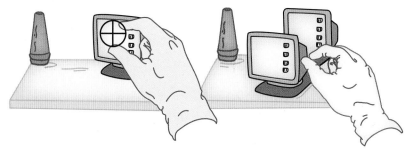

그림 7.28 부두 인형 기술에서 인형 생성하기

둘째, 이 기술을 사용하면 사용자가 조작을 위한 참고 프레임을 명시적으로 또는 상호 작용식으로 구체화할 수 있다. 사용자가 평소 잘 사용하지 않는 손으로 들고 있는 인형은 고정된 참고 프레임을 나타내며, 이를 움직이면 해당 가상 객체는 움직이지 않는다. 사용자가 주로 사용하는 손으로 들고 있는 인형은 고정된 참고 프레임에 대한 객체의 위치와 방향을 명시적으로 정의할 수 있기 때문에 더 쉽게 조작할 수 있다. 잘 사용하지 않는 손으로 인형을 들고 있는 동안 사용자는 멀리 있는 객체에 영향을 주지 않고 손을 더 편한 위치로 쉽게 움직일 수 있다. 조작하기 전 주로 사용하는 손으로 인형을 옮기면 된다.

부두 인형은 흥미롭고 강력한 상호작용 기술로, 이동하거나 움직이는 물체를 조작하는 등 다른 기술로는 구현하기 어려운 정교한 작업을 가능하게 한다. 하지만 이 기술은 2개의 6-자유도 장치를 사용해야 하기 때문에 애플리케이션의 하드웨어 요구 사항이 늘어날 수밖에 없다.

7.7.3 간접 위젯 기술

일반적인 간접 상호작용 메타포 중 또 다른 하나는 위젯을 사용하는 방법이다. 위젯은 사용자가 직접 조작해 다른 가상 객체 또는 맥락에 간접적으로 영향을 줄 수 있는 가상 환경 내 배치된 객체다. 9장에서 다양한 종류의 위젯을 이야기하겠지만 여기서는 간접적인 상호작용을 가능하게 하는 위젯을 설명해 보겠다.

- 3D 위젯
- 가상 구체
- 아크볼Arcball

3D 위젯

위젯은 특히 데스크톱 기반 3D UI(그림 7.29) 측면에서 3D 공간에서 객체를 조작하는 일반적인 기술이다. 하우드^{Houde}(1992)가 위젯을 사용해 데스크톱 3D UI 측면에서 객체를 회전, 배치하는 간단한 방법을 제공하는 사례 중 하나를 보고했고, 여기서 추가적으로 개발 및 확장(코너 등 1992)되기는 했지만 기술의 핵심 개념은 크게 변하지 않았다.

위젯과 손잡이를 사용하는 기본적인 접근법은 조작 중인 객체를 3D 장면에서 직접 제어하는 것이다. 객체를 선택하면 여러 개의 3D 그래픽 객체(위젯)가 표시되고, 이를 클릭하고 드래그할 수 있다(그림 7.29). 각 위젯은 조작 자유도에서 각각의 작은 세트에 대해서만 책임을 진다. 예를 들어 일부 위젯을 사용하면 수평 평면에서만 객체를 변환할 수 있고 또 다른 객체는 수직 방향으로 변환할 수 있으며 또 다른 객체의 경우 축을 중심으로 회전시킬 수 있다. 사용자가 위젯과 상호작용할 때 마우스는 위젯에 의해 '포착'되고 객체 전체 자유도의 하위 집합만 마우스의 영향을 받게 된다. 따라서 위젯은 시각적 조작의 제약 조건으로 작용한다.

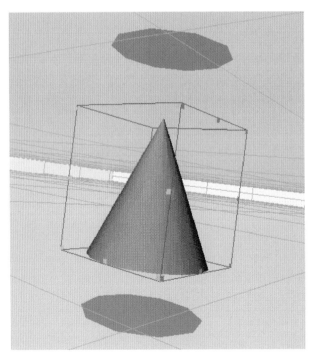

그림 7.29 객체 조작을 위한 3D 위젯

위젯의 가장 큰 장점은 서로 다른 조작 순서를 쉽고 원활하게 전환할 수 있다는 점이다. 사용자는 다른 위젯을 선택해 조작하기만 하면 된다. 위젯의 단점은 시각적으로 혼란스럽다는 점이다. 조작 제어를 더하면 3D 장면에서 그래픽 인터페이스 요소의 수가 증가한다. 또한 위젯을 지능적으로 배치하고 할 수 있는 것들을 조심스럽게 설계해서 각 기능이 마우스 입력 동작에 어떻게 반응하는지 알아서 기능을 자명하게 만들어야 한다.

3D 위젯은 데스크톱 및 몰입형 3D 환경 모두에서 가상 객체와 상호작용하는 표준 기술이 됐으며 많은 3D 컴퓨터 그래픽 툴킷 및 애플리케이션의 표준이 됐다. 3D 위젯의 자세한 내용은 9장을 참고하자.

가상 구체

많은 상호작용 기술이 3D 객체의 세 축 회전을 제어하고자 2-자유도 조작을 사용하는 통합된 방법을 제안했다. 그림 7.30, 롤링 볼Rolling Ball(한슨Hanson 1992) 및 가상 트랙볼(헐트퀴츠Hultquits 1990) 기법에 나타난 가상 구체(첸 등1988)와 같은 몇 가지 변형 기법이 보고됐다. 근본적인 접근법은 유사하며 모두를 가상 구체 기술이라 부른다.

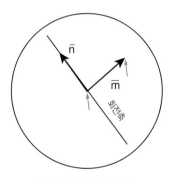

그림 7.30 가상 구체 기술

이 기술의 기본적인 개념은 간단하다. 회전시키려는 3D 객체가 가운데 점을 중심으로 자유롭게 회전할 수 있는 유리 볼 안에 있다고 가정한다. 그런 뒤 객체를 직접 회전시키는 대신 커서가 사용자의 손가락인 것처럼 생각하고 마우스 커서로 구체의 표면에 고정된 유리 구체를 회전시킨다. 구체는 커서 이동 방향에 수직인 축을 중심으로 사용자가 '밀어넣는' 방향으로 회전한다. 해당 가상 구체의 메타포를 시각화하고자 종종 가상 객체 주변에 원 또는 구가 표시된다. 이 기술은 화면 밖으로 향하는 축(심도 또는 z축)을 중심으로 객체를 회전시킬 수 없기 때문에 일반적으로 원의 가장자리를 따라 또는 마우스의 바깥 쪽을 따라 마우스를 움직이면 해당 축을 중심으로 회전한다.

아크볼

아크볼(슈마크Shoemake 1992)은 원래 마우스 기반 상호작용을 위해 설계된 '수학적으로 올바른' 3D 회전 기술이다. 3D 회전과 구형 기하학 사이에 밀접한 관련이 있다는 관찰에서 비롯됐다. 간단한 실제 예시를 사용해 이를 설명할 수 있다. 한쪽 끝에 고정된 연필을 회전시킨다고 상상해 보자. 분명히 다른 끝은 구체의 표면으로 움직일 것이고 연필의 각 방향은 이 구체의 한 **점**point으로 식별될 수 있다. 연필을 **회전**rotation시키면 구체에 **원호**arc가 그려진다. 연필에 단위 길이가 있는 경우 이 호의 길이는 회전 각도와 같다. 따라서 일반적으로 몸체의 방향은 단위 구상의 점으로 표현될 수 있지만 회전은 시작 및 마지막 몸체 방향을 연결하는 원호로 표현될 수 있다. 이 예제는 정확하지는 않지만 실증적이고, 연필을 비틀면 호를 그릴 수 없을 것이기 때문에 3D 구면의 각 점은 실제로 **회전의 계열**family of rotations을 지정한다. 따라서 3D 회전을 기하학적으로 올바로 표현하려면 4D 유닛의 사원수 구체를 사용해야 한다.

아크볼을 구현하는 것은 3D 회전의 구형 표현을 따른다. 가상 구체 기술과 마찬가지로 3D 객체는 반경 R의 가상 구체 안에 들어가 있다. 사용자는 화면 표면에서 구의 투영을 나타내는 원을 마우스로 클릭하고 드래그해서 객체를 회전시킨다(그림 7.31). 아크볼은 반경 R의 원을 사용해 사용자에게 시각적인 참고를 제공하며 정규화된 단위 구체를 사용해 모든 계산이 이뤄진다.

사용자가 마우스를 드래그하면 아크볼 기술은 사용자가 회전을 시작할 때 마우스 위치(m_{x0}, m_{y0})에 해당하는 시작점 p_0과 현재 마우스 위치(m_{x1}, m_{y1})에 해당하는 현재점 p_i(그림 7.31 참고)을 지나는 단위 구체상의 호를 계산한다. 구체에 그려진 호의 초기 및 최종점을 얻은 다음 이 호에 해당하는 회전을 계산할 수 있다. 이를 위해 슈마크(1992)의 사원수 표기법을 사용하는 등 여러 기법을 사용할 수 있다.

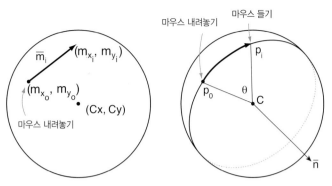

그림 7.31 아크볼 기술(슈마크 1992)

7.8 양손 사용 메타포

7장의 앞부분에서 설명한 기술은 대부분 3D UI로 상호작용할 때 한 손만 사용해야 한다. 종종 단일 6-자유도 제어에만 접근할 수 있게 되는 잠재적인 하드웨어상의 한계를 피하기 위해서다. 그러나 풍선 선택, WIM, 부두 인형 기술을 사용할 때 몇몇 기술을 쓰면 두 손으로 상호작용할 수 있다. 7.8절에서는 양손 사용 상호작용 메타포를 자세히 살펴보겠다.

율린스키^{Ulinski} 등(2009)은 대칭-동기, 대칭-비동기, 비대칭-동기, 비대칭-비동기의 서로 다른 네 가지 양손 사용 상호작용 기술을 정의했다. 대칭-동기 상호작용은 각 손이 동시에 동일한 동작을 수행하며 대칭-비동기 상호작용은 서로 다른 시간에 동일한 동작을 수행하는 것을 의미한다. 7.8절에서는 몇 가지 대칭적인 양손 상호작용 기술을 설명한다.

한편 비대칭 상호작용은 동시에 또는 다른 시간에 상호작용하고자 서로 다른 동작을 수행하는 상태다. 예를 들어 풍선 선택 기법은 한 손으로 앵커의 위치를 정의하고 다른 손으로 메타포 풍선 문자열의 길이를 동시에 제어하기 때문에 비대칭-동기 기술이다. 그러나 부두 인형 기술은 비대칭-비동기 기술이다. 잘 사용하지 않는 손은 인형을 들고, 자주 사용하는 손이 그것들을 조작하기 때문이다.

7.8절에서는 대칭 양손 메타포와 비대칭 양손 메타포를 논의한다(양손 상호작용을 더 자세히 알고 싶다면 3장 3.5.1절을 참고하자).

7.8.1 대칭 양손 기술

7장에서 논의되는 양손 상호작용 기술은 대부분 비대칭이다. 하지만 7.8.1절에서는 양손이 동일한 작업을 수행하는 대칭 기술을 설명한다. 특히 다음과 같은 기술을 이야기해 본다.

- 방추spindle
- iSith

방추

방추는 메이프스Mapes와 모쉘Moshell(1995)이 개발한 대칭-동기 양손 기술이다. 이 기술을 사용하면 2개의 6-자유도 핸드헬드 제어를 사용해 하나의 컨트롤러 위치에서 다른 위치로 확장되는 가상 방추를 정의할 수 있다. 이 방추의 중심은 객체를 선택하고 조작하는 데 사용할 수 있는 기본 상호작용 지점을 나타낸다. 가상 물체를 움직이려면 방추의 중심이 그 거리만큼 움직이도록 양손을 조화롭게 움직일 수 있어야 한다. 이를 위해 3-자유도 기법을 사용하면 된다.

방추 기술은 객체를 병합하는 것 외에도 가상 객체의 요와 롤을 회전시키는 데에도 사용할 수 있다. 서로의 손에 대응해서 회전시킴으로써 사용자는 방추의 방향을 변경할 수 있으며 이는 스핀들의 요 및 롤에 영향을 미친다. 마지막으로 사용자는 2개의 핸드헬드 컨트롤러 사이의 거리를 조정해 객체의 상대적인 크기를 조작할 수 있다.

슐테이스Schultheis 등(2012)은 방추 기술이 가상 손을 구현하고 가상 객체의 위치와 방향을 조작하는 데 사용되는 단순한 표준 마우스 인터페이스보다 월등히 뛰어나다고 밝혔다. 그러나 양측 상호작용 기술을 사용하려면 훈련을 받아야 하며 효율적으로 사용하려면 연습을 충분히 해야만 한다는 점을 인정했다.

iSith

또 다른 대칭-동기화 기법은 위스Wyss(2006)가 개발한 교차로 기반의 양손 간 공간 상호작용Spatial Interaction for Two Hands, 즉 줄여서 iSith다. iSith를 사용하면 2개의 6-자유도 핸드헬드 컨트롤러의 위치와 방향이 두 손으로 광선 투사와 유사한 2개의 별도 광선을 정의하는 데 사용된다. 두 광선 사이의 가장 짧은 선은 두 벡터를 교차해 수직인 벡터를 찾아서 계산할 수 있다. 위스 등(2006)은 이 수직 벡터의 중심을 투영된 교차점 PIP, Projected Intersection Point으로 언급하고 이를 방추의 중심점과 비슷하게 상호작용의 주요 지점으로 사용했다. 하지만 방추 기술이 손을 물리적으로 움직여야 하는 것과 달리 iSith는 핸드헬드 컨트롤러만 회전시켜서 해당 상호작용점을 쉽게 이동시킬 수 있다(그림 7.32 참고).

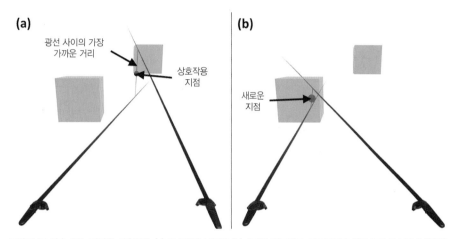

그림 7.32 양손 iSith 기법을 사용하면 (a) 상호작용 지점은 (b) 2개의 핸드헬드 컨트롤러를 회전시켜 신속하게 변환할 수 있다(위스 등 2006).

7.8.2 비대칭 양손 기술

앞서 풍선 선택, WIM, 부두 인형 등 여러 가지 비대칭 양손 기술을 설명했다. 7.8.2절에서는 2개의 서로 다른 비대칭 상호작용을 논의해 보겠다.

- 방추 + 휠
- 유연한 포인터

방추 + 휠

조Cho와 와텔Wartell(2015)은 선택된 가상 객체의 피치를 회전시키는 추가 기능을 더해 원래의 방추 기법을 확장했다. 이 기능은 자주 사용하는 손 커서와 함께 배치된 가상 휠이다(그림 7.33 참고). 사용자는 축을 중심으로 자주 사용하는 컨트롤러를 비틀어 해당 가상 휠을 회전시킬 수 있다. 회전의 변화는 선택된 가상 객체의 피치에 적용된다.

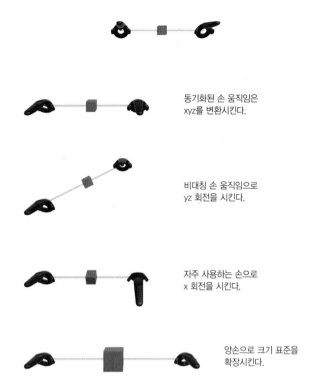

동기화된 손 움직임은
xyz를 변환시킨다.

비대칭 손 움직임으로
yz 회전을 시킨다.

자주 사용하는 손으로
x 회전을 시킨다.

양손으로 크기 표준을
확장시킨다.

그림 7.33 방추 + 휠 기술은 주로 사용하는 손으로 휠 기능을 사용해 피치 회전을 시키고 기존의 6-자유도 방추 기술을 보완해 7-자유도의 컨트롤(xyz 변환 + xyz 회전 + 표준 확장)을 제공한다(이미지 출처: 라이언 맥마한).

조와 와텔(2015)은 이 접근법을 방추 + 휠 기술이라고 부르는데 왜냐하면 단순히 원래의 방추 기술에 휠 기능을 더하는 것뿐이기 때문이다. 다만 자주 사용하는 손을 사용하는 기능이기 때문에 방추 + 휠 기술은 원래의 대칭 기술과는 달리 비대칭적인 양손 상호작용이다. 조와 와텔(2015)은 비대칭 휠을 추가하면 원래 방추 기술에 비해 사용자 성능이 크게 향상된다는 사실을 발견했다. 따라서 연구자는 비대칭 기능을 사용해 다른 대칭 상호작용을 향상시킬 수 있는 방법을 고려해야만 한다.

유연한 포인터

광선 투사는 가상 손의 위치와 가상 광선의 방향을 사용해 가리키는 방향을 정의한다. 사용자의 두 손을 모두 추적하면 양손 기법을 사용해 방향을 지정할 수 있다. 한 손(보통 사용자에게 가까운)은 가상 광선의 원점을 지정하며 다른 손은 광선의 위치를 지정한다(마인 등 1997). 양손 포인팅 기술을 사용하면 두 손이 모두 추적돼야 한다는 단점이 있지만 풍부하고 효과적으로 상호작용할 수 있다.

올왈Olwal과 파이너(2003)는 유연한 포인터 기술을 제공하고자 양손 포인팅 개념을 이용했다. 유연한 포인터는 부분적으로 가려진 개체를 가리키는 데 사용할 수 있는 곡선 광선이다(그림 7.34 참고). 포인터는 2차 베지어 스플라인Bézier spline으로 구현될 수 있다. 가장 가까운 손, 가장 먼 손, 제어 지점, 이렇게 3개의 지점이 베지어 스플라인의 위치, 길이, 곡률을 제어한다. 가장 가까운 손이 있는 지점과 가장 먼 지점은 2개의 6-자유도 핸드헬드 컨트롤러 위치에서 직접 결정된다. 그러나 제어점은 양손 축에서 가장 큰 편차로 손에 더 가깝다. 이어서 제어점은 유연한 포인터의 곡률에 영향을 미치기 때문에 사용자가 가려진 객체를 가리킬 수 있게 만들어 준다.

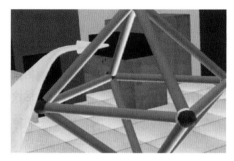 

그림 7.34 유연한 포인터를 사용해 부분적으로 가려진 개체를 가리킬 수 있다(Olwal and Feiner 2003, 작가의 허가받고 게재).

7.9 혼합 메타포

가능한 모든 상호작용 시나리오에 맞는 최상의 3D 조작 기법을 설계하기는 어렵고 심지어 불가능할 수 있다. 3D UI에서도 가능한 모든 작업을 수행할 수 있는 도구가 없는 현실 세계와 마찬가지로 모든 상호작용 기술이 모든 조작 상황에 적합할 수는 없다. 따라서 서로 다른 상호작용 기술 각각의 최상의 특성을 결합해 조작할 수 있는 기법을 개발하는 연구가 유행했다. 그 결과 기술 집합과 기술 통합이라는 두 가지 기본적인 접근 방식이 등장했다.

기술 집합은 몇 가지 기술을 결합하는 가장 간단한 방법이다. 사용자는 제한된 옵션 모음에서 원하는 조작 기법을 선택하기 위한 수동 또는 자동 메커니즘을 사용할 수 있다.

예를 들어 사용자가 조작 기법을 선택할 수 있는 가상 툴킷toolkit의 일종으로 명령에 표시할 수 있는 3D 메뉴 시스템일 수 있다(마인 등 1997). 이 목적을 위해 사용될 수 있는 다양한 시스템 제어 기술은 9장에서 논의된다.

기술 통합은 사용자가 현재 진행하는 작업의 맥락에 따라 상호작용 기술 사이의 인터페이스가 명확하게 전환되는 또 하나의 방식이다. 이 접근법은 모든 조작이 반복된 작업 시퀀스를 기반으로 한다는 관찰에서 비롯됐고, 따라서 객체는 조작되기 전에 선택돼야 한다. 즉 조작 시퀀스의 또 다른 단계는 서로 다른 기술을 사용함으로써 완성된다.

7.9.1 통합된 혼합 기술

가장 단순한 형태의 기술 통합의 경우 인터페이스는 사용자가 객체를 선택한 뒤에 선택 기술에서 조작 기법으로 간단히 전환할 수 있으며 사용자가 조작된 객체를 해제한 후 선택 모드로 다시 전환할 수 있다. 이론적으로 이런 기법은 각 모드에서 최상의 성능을 구현하는 데 최적화될 수 있다. 7.9.1절에서는 해당 아이디어가 구현된 다양한 기술 버전을 다룬다. 내용은 다음과 같다.

- 호머
- 확장된 세계 그러쥐기scaled-world grab

호머

호머(바우만과 호지스 1997)는 광선 투사를 확장하는 손 중심 객체 조작을 의미한다. 사용자는 광선 투사 기술을 사용해 물체를 선택하고 광선에 부착된 물체 대신 사용자의 가상 손을 물체로 직접 이동시켜 물체에 부착한다. 조작 모드로 전환하면 사용자가 가상 객체를 배치, 회전시킬 수 있다.

사용자가 큰 조작 범위 내에서 가상 객체를 배치할 수 있도록 하고자 이 기술은 사용자 중심 좌표계에서 도달 거리를 선형적으로 조작한다. 사용자와 실제 손 사이에서 추적된 거리는 상수를 사용해 선형적으로 스케일된 뒤에 실제 거리에 적용된다. 스케일링 상수 값은 선택하는 순간에 정의된다. 이는 사용자와 대상 사이의 거리와 선택 순간 실제 손 사이의 거리에 따라 달라진다. 고-고 기술과 마찬가지로 가상 손(객체)도 사용자의 몸과 실제 손으로 정의된 선을 따라 축소된 거리에 배치된다. 물체의 회전은 실제 물체에서 가상 물체로 동형 매핑을 사용해 독립적으로 제어된다.

호머를 사용하면 사용자가 선택 순간에 멀리 떨어져 있어도 가상 객체와 본인 사이의 영역 안에서 객체의 위치를 쉽게 변경할 수 있다. 하지만 변경할 수 있는 최대 거리는 제한적이고 이는 선택하는 순간 사용자와 실제 손 사이의 거리에 따라 달라진다. 예를 들어 사용자가 멀리 있는 가상 객체를 선택해 가까이 가져오고 선택 해제하면 해당 객체를 원래 위치로 되돌려 놓기 어려울 수도 있다. 실제로 이러한 경우 스케일링 계수는 객체가 사용자의 도달 범위 내에 위치하기 때문에 매우 작다. 따라서 사용자는 객체를 떠나 다른 상호작용 기법을 사용하거나 객체를 원래 위치로 여러 차례 이동시켜야 한다.

확장된 세계 그러쥐기

확장된 세계 그러쥐기 기법은 호머와 원칙적으로 유사하다. 사용자가 몇 가지 선택 기술을 사용해 객체를 선택함으로써 시작된다. 마인은 이미지-플레인 선택 기술을 사용해 구현했다(7.5.1절 참고). 성공적으로 선택하면 인터페이스가 조작 모드로 전환되고 사용자는 공간에서 가상 객체를 배치, 회전시킬 수 있다. 하지만 호머와 같이 사용자의 손의 움직임을 확장하는 대신 사용자의 가상 시점을 중심으로 전체 가상 환경을 줄이는 방식을 채택한다. 이때 조작된 물체가 사용자가 도달할 수 있는 범위 안으로 들어올 수 있도록 스케일링 계수가 계산된다. 흥미로운 점은 스케일링 연산의 중심이 사용자 눈 사이의 중간 지점인 경우 스케일링이 실제로 발생했는지 눈치채지 못하게 된다. 왜냐하면 둘러싼 세계가 시각적으로 변하지 않기 때문이다.

호머 기술과 마찬가지로 이 기술은 사용자와 객체의 거리가 먼 작업에 유용할 수 있지만 팔이 닿는 곳에 있는 물체를 들고 멀리 이동할 때에는 효과적이지 않을 수 있다.

7.10 기타 3D 조작 측면

7.9절에서는 3D UI에서 사용자에게 선택 및 조작 기능을 제공하는 다양한 방법을 다뤘다. 하지만 3D UI 디자이너가 고려해야 할 다른 측면이 있다. 여기에는 비등 체형 3D 회전 매핑, 다중 객체 선택, 선택 사항의 점진적 세분화가 포함된다.

7.10.1 비등 체형 3D 회전

이미 논의한 3D 상호작용 기법은 객체 선택과 변환만 다루며 회전은 입력 장치에서 가상 객체로 직접 매핑된다. 일부 애플리케이션에서는 장치 회전과 객체 **비동기 3D 회전 기술** 사이의 서로 다른 매핑을 디자인하고 구현하는 것도 유용할 수 있다.

예를 들어 6-자유도 장치의 회전을 증폭시켜 3D 장치의 작은 회전만으로 넓은 범위를 제어할 수 있다. 이를 통해 카메라 추적 장치(푸피레프 등 1999)와 같이 회전 범위가 본질적으로 제한된 3D 입력 장치를 보다 효과적으로 사용할 수 있으며 장애가 있는 사용자를 위한 인터페이스를 개발할 때도 쓸 수 있다. 가상 회전을 증폭하면 클러칭(움켜쥐기)을 덜 필요로 하게 된다는 장점도 있다(7.2.3절 참고). 회전 작업에서 클러칭이 사용자 성능을 크게 방해한다는 것이 입증됐다(자이 등 1996).

한편으로 회전 기술은 장치의 회전을 감속하는 데 사용될 수 있다. 이 기술은 큰 장치의 회전을 조작된 객체의 작은 회전에 매핑한다. 이를 통해 고도로 정확한 3D 회전 제어를 할 수 있게 된다. 예를 들어 로봇 수술과 같은 원격 조작 애플리케이션에 유용하게 사용된다.

비등 체형 3D 회전 기법을 디자인할 때 어려운 점은 3D 회전을 시킬 때 필요한 비직관적인 수학 때문인데 이들은 유클리드 기하학의 법칙을 따르지 않고 종종 3D 회전을 표현할 때 행렬 대신 쿼터니언quaternion을 사용한다(슈마크 1985). 7.10.1절에서는 3D 회전 기술을 디자인하고 구현하는 방법을 설명한다. 쿼터니언의 기본 속성과 3D 회전과의 관계에 대해서는 7장의 마지막에 나와 있는 추천 읽을거리 목록을 참고하자.

절대적이고 상대적인 3D 회전 매핑

3D 회전 기법을 디자인할 때 재미있지만 핵심적이지 않은 3D 회전 매핑의 속성을 고려해야 한다. 이는 3D 장치 회전의 절대 및 상대적인 증폭 사이의 근본적인 차이 때문에 발생한다.

절대적인 증폭은 단순히 시뮬레이션 루프의 각 사이클에서 3D 장치의 절대적인 방향(초기 0 방향에 대한 회전)을 확장한다는 것을 의미한다. 한편으로는 장치 방향의 **상대적인** 변화만 증폭시킬 수 있다. 즉 시뮬레이션 루프 이전 사이클에서 측정한 방향에서 상대적으로 장치의 방향이 얼마나 바뀌었는지 계산할 수 있다는 것이다. 이렇게 과거와 현재 방향 사이의 차이점을 키우려 한다. 가상 객체는 현재 방향에서 이 차이점을 증폭시키는 만큼 회전한다.

3D 회전 매핑의 사용성 속성

변환과 달리 3D 회전의 상대 및 절대 매핑은 동일한 6-자유도 장치 회전에서 완전히 다른 회전 경로를 생성한다. 또 더 중요한 것은 3D 인터페이스에 전혀 다른 느낌을 준다는 것이다(푸피레프, 웨그호스트 등 2000). 먼저 절대적인 매핑이 항상 3D 회전의 방향을 유지하지는 않는다. 경우에 따라 장치와 가상 객체가 서로 다른 방향으로 회전해 **방향성 준수**directional compliance 원칙을 위반하게 된다(피드백 적합성의 자세한 내용은 10장 참고). 반면 상대적인 매핑은 장치와 가상 객체의 회전 사이의 방향을 늘 일치시킨다. 3D 회전에서 방향을 준수하는 것은 중요하기 때문이다. 사용자가 조작 순서를 예측, 계획해 가상 객체를 원하는 방향으로 가져올 수 있다. 따라서 절대적인 매핑은 3D 상호작용에서 쓸 수 있는 애플리케이션이 제한적이다.

절대적인 회전은 방향성을 제공하지 않지만 **무효화 대응**nulling correspondence을 할 수 있다. 즉 장치를 초기 0 방향으로 회전시키면 가상 객체가 그대로 초기 0 방향으로 이동한다. 하지만 상대적인 매핑은 무효화 대응을 지원하지 않는다. 장치를 0으로 설정하면 가상 객체는 예측할 수 없는 방향으로 이동한다.

무효화는 물리적인 공간과 가상 공간 모두에서 좌표 시스템의 방향을 일치시킨다. 그러나 유용성 차원에서 중요한 것은 입력 장치 모양과 이 장치가 제공하는 햅틱 신호다. 사용자가 장치의 방향을 느낄 수 있도록 강력한 운동 감각을 제공하는 장치의 경우 가상 객체의 방향 사이의 불일치가 쉽게 감지돼 문제를 일으킬 수 있다. 예를 들면 데이터 장갑과 같이 손에 추적기를 장착하는 장치와 쉽게 인식할 수 있는 모양을 가진 기타 장치가 있다. 장치가 사용자의 손가락 사이에서 자유롭게 회전할 수 있는 볼형 장치와 같이 강력한 운동 감각 단서를 제공하지 않으면 사용자는 제로 장치 방향을 느낄 수 없다. 즉 방향이 존재하지 않는다. 따라서 무효화 대응이 필수적인 것은 아니며 이때는 상대적인 3D 회전 기술을 사용하는 것이 효과적이고 유용할 것이다.

경험적 평가(푸피레프, 웨그호스트 등 2000)는 3D 방향 매칭 작업에서 6-자유도 장치 회전을 증폭하는 상대 회전 기법이 기존 일대일 매핑보다 13퍼센트 빠르다는 것을 보여 줬지만 정확도는 향상시키지 못했다는 사실을 발견했다. 이런 결과는 선형 상대 증폭이 3D 회전 인터페이스 설계에 효과적인 도구가 될 수 있음을 보여 준다.

비등 체형 회전은 객체 회전 등 3D 상호작용 설정에도 적용된다. 특히 머리 추적에 기초한 사용자 시점의 회전을 증폭시키는 데에도 사용될 수 있다. 8.8.1절에서 비등 체형 시점 회전을 더 설명하겠다.

7.10.2 다수 객체 선택

일부 3D UI 작업에서는 2개의 객체를 하나로 그룹화하는 등 여러 객체를 선택해야 한다. 다른 3D 상호작용 작업은 개별 객체에 대해 동일한 동작을 반복하는 것과 달리 여러 선택된 객체에 대해 하나의 동작을 실행해 완료하는 것이 빠르다. 예를 들어 개별 객체를 선택하고 삭제하지 않고 여러 객체를 선택하고 단일 삭제 명령을 호출해 가상 환경에서 여러 객체를 삭제하는 것이 더 빠르다.

이에 따라 연구자들은 3D UI에서 여러 객체를 선택할 때 사용할 만한 다양한 접근 방식을 연구했다. 7.10.2절에서는 해당 객체 선택 기술을 설명한다.

- 연속 선택 모드
- 볼륨 기반 선택 기술
- 선택 볼륨 정의
- 선택 볼륨 위젯

연속 선택 모드

7장의 앞부분에서 설명한 어떠한 단일 객체 선택 기법이라도 연속 선택 모드를 제공해 다중 객체 선택을 할 수 있도록 수정할 수 있다(루카스Lucas 2005). 연속 선택 모드를 활성화하면 새로 선택된 객체를 이전에 선택한 객체 목록에 추가할 수 있게 된다. 이는 데스크톱 컴퓨터에서 시프트shift 키를 누른 상태에서 여러 파일을 클릭해 선택하는 것과 유사한 작업이다.

연속 선택 모드는 여러 가지 방법으로 구현될 수 있다. 가장 쉬운 방법은 모드가 기본적으로 활성화돼 있다고 가정하는 것이다. 모든 유효한 객체 선택이 현재 선택된 객체 목록에 추가된다. 목록을 지우려면 사용자가 빈 공간을 선택하는 등 잘못된 선택을 할 수 있다. 또 다른 쉬운 방법으로는 단일 객체 선택과 연속 선택을 위해 하나의 장치 버튼을 이용하는 것이다. 음성 명령 또는 메뉴 옵션과 같은 거의 모든 시스템 제어 기술을 사용해 연속 선택 모드를 켜거나 끌 수 있다(시스템 제어 기술의 자세한 내용은 9장 참고).

볼륨 기반 선택 기술

7.5.2절에서 손전등, 조리개 선택, 구형 주조를 비롯한 다양한 볼륨 기반 포인팅 기술을 설명했다. 이런 기술은 볼륨으로 둘러싸인 모든 객체를 선택하거나 부분적으로 겹치는 객체를 선택해 한 번에 여러 객체를 선택하도록 수정하는 데 사용된다. 이 두 옵션 중 적절하게 선택하는 것은 3D UI 애플리케이션의 유형과, 사용된 볼륨 기반 선택 기술에 따라 다르다. 애플리케이션에서 한 번에 더 적은 수의 객체를 선택해야 하거나 가상 환경 내에서 여러 가지 다른 객체가 함께 배치되는 경우 상호작용 디자이너는 선택한 객체의 수를 줄이고 사용자가 완전히 둘러싸인 물체와 부분적으로 둘러싸인 물체를 구별해야 한다. 그러나 애플리케이션에서 다수의 객체를 한꺼번에 선택해야 하며 모든 객체가 비슷한 경우 오버랩 방식이 더 매력적일 수 있다.

선택 볼륨 정의

대중 객체 선택에 대한 또 다른 접근법은 선택 볼륨을 동적으로 정의하는 것이다. 볼륨이 미리 정의되거나 한 차원에서만 수정할 수 있는 볼륨 기반 포인팅 기술과 달리 이 방법을 사용하면 모든 다중 객체 선택 작업에 대해 새로운 선택 볼륨을 정의할 수 있다. 이 기술을 통해 선택 영역의 모양을 효과적으로 제어할 수도 있다.

율린스키 등(2007)은 체적 데이터 집합 내의 다중점을 선택하기 위한 3차 체적을 동적으로 정의하는 기법을 개발, 연구했다. 대칭 양방향 기법을 사용하면 사용자가 자주 사용하는 손의 위치가 상자의 뒤쪽 모서리 역할을 하고, 그렇지 않은 손의 위치가 하단 앞쪽 모서리를 정의하는 3D 선택 볼륨을 정의할 수 있다. 반대로 비대칭 양방향 기술은 입체 선택 볼륨의 중심을 자주 사용하지 않는 손에 위치시켰으며 사용자는 자주 사용하는 손을 그렇지 않은 손으로, 또는 그와는 멀리 떨어진 방향으로 이동함으로써 볼륨의 크기를 변경시킨다.

루카스(2005)는 사용자가 현재 가상 환경을 보는 시점을 기반으로 선택 볼륨을 정의하는 보다 복잡한 기술을 조사했다. 현재 보는 그림이 있는 가상 태블릿을 사용해 사용자는 선택하려는 환경 주위에 2D 올가미를 그릴 수 있다. 올가미 기술은 현재 카메라 위치에서 가상 환경으로의 2D 올가미의 투영을 기반으로 선택 볼륨을 정의한다.

선택 볼륨 위젯

또 다른 다중 객체 선택 방식은 선택 볼륨 위젯을 사용하는 것이다. 볼륨 기반 포인팅 기술처럼 선택 볼륨 위젯은 원격 조작 기술을 사용해 사용자와 멀리 떨어질 수 있다. 또한 볼륨 정의 기술과 마찬가지로 동적으로 크기를 조정하고 모양을 지정할 수 있다. 따라서 선택 볼륨 위젯은 이전의 두 가지 접근 방식 중 가장 뛰어난 기능을 제공할 수 있다.

루카스(2005)는 포트PORT라는 선택 볼륨 위젯 기술을 구현했다. 포트는 육면체 상자를 선택 수량 위젯으로 사용하고 이 위젯의 위치를 조작하고자 고-고 기술을 사용한다. 동적으로 위젯의 크기를 조정하고자 자주 사용하는 핸드헬드 제어로 조이스틱을 위로 움직여 얼굴을 돌출시키거나 무너뜨리는 방식을 채택했다. 이 방향 기반 접근 방식은 선택 볼륨 위젯이 전체 축을 기준으로 한 특정 방향으로 크기를 다시 조정하도록 허용했다. 이 기능은 공간에서 특정 볼륨을 얻고자 상자를 반복적으로 배치하고 크기를 조정할 필요가 없기 때문에 중요했다.

7.10.3 점진적인 세분화

지터 추적, 손 떨림, 목표물의 작은 크기, 거리가 너무 먼 목표물, 다른 물건과 맞물린 목표물, 목표물의 이동, 밀도가 지나치게 높은 가상 환경 등 객체 선택을 거의 불가능하게 만드는 요소들은 많다. 이런 문제를 해결하고자 코퍼 등(2011)은 선택 가능한 객체의 집합을 축소해 하나의 표적이 남을 때까지 나눠 가는 '점진적인 세분화progressive refinement'의 개념을 구상, 도입했다. 점진적이라는 측면은 초기에 더 많은 수의 객체 집합을 고려해 선택하기 때문에 대상 객체가 실수로 누락될 가능성을 줄인다. 세분화라는 측면은 더 넓은 제어 공간을 확보하는 방식으로 잘못된 객체가 선택될 가능성을 줄일 수 있다. 하나의 선택을 할 때 여러 단계로 사용되기 때문에 각 단계에서 정밀도를 크게 고려하지 않고 선택 기술을 빠르게 사용할 수 있다. 따라서 점진적인 세분화는 사용자가 정확히 상호작용하지 못하더라도 더 정확하게 대상을 선택하게 만든다.

코퍼 등(2011)은 점진적인 세분화 기법을 설계하기 위한 세 가지 차원 즉 진행 유형, 상세 검색 기준, 선택 가능한 객체의 표시를 식별해 냈다. 진행 유형의 경우 일련의 개별 단계를 통해 또는 프레임마다 선택할 수 있는 객체를 평가하는 연속 프로세스를 수행할 수 있다. 구체화의 기준은 가상 환경과 공간적으로 상호작용하거나 색상, 모양과 같이 원하는 객체 특성을 지정하거나 '맥락 외' 객체의 하위 집합과 상호작용하는지 여부와 상관없이 사용자가 선택할 수 있는 가상 환경의 객체 집합을 줄이는 방법을 결정한다. 마지막으로 선택할 수 있는 객체 세트를 표시하고자 점진적 세분화 기술은 객체를 원래의 가상 환경 맥락 내 또는 다른 가상 공간의 맥락 외부에 남겨 둘 수 있다.

3D UI에 대한 점진적인 세분화 기법의 몇 가지 예가 있지만 7.10.3절에서는 다음과 같은 접근 방식을 설명한다.

- 스쿼드SQUAD
- 확장
- 이중 버블

스쿼드

코퍼 등(2011)은 고밀도 가상 환경에서 객체를 선택하기 위한 점진적인 세분화 접근 방식으로 쿼드QUAD-메뉴(또는 스쿼드) 기술로 구체화된 구형 투사 기술을 개발했다. 이는 두 단계로 구성된다. 첫 번째 단계에서 사용자는 구형 투사(7.5.2절 참고)를 선택할 수 있도록 환경 객체의 초기 하위 집합을 지정한다. 이 초기 단계는 공간 세분화 기준으로 볼륨 기반 선택 기술을 사용하며 객체는 기존 맥락 안에서 표시된다.

구형 투사의 초기 단계가 끝나면 선택할 수 있는 객체 세트가 배포돼 사용자의 가상 환경 보기를 대체하는 쿼드-메뉴에 표시된다. 이 상황이 아닌 단계에서 사용자는 4개의 사분면 중 하나를 선택하고자 광선 투사 기술을 사용할 수 있다. 사분면이 선택되면 다른 사분면의 객체는 없어지고 나머지 선택할 수 있는 객체는 다시 배포돼 메뉴의 사분면 모두에 표시된다. 이 개별 진행은 하나의 객체만 있는 사분면이 선택될 때까지 계속된다.

코퍼 등(2011)은 스쿼드를 전통적인 광선 투사와 비교해 작은 물체를 선택하고 저밀도 환경에서 선택하는 것이 훨씬 빠르다는 사실을 발견했다. 이보다 더 중요한 사실은 스쿼드가 광선 투사보다 오류를 내지 않고 거의 완벽한 선택 정확도를 제공한다는 것이었다.

확장

스쿼드 기술의 주요 문제점 중 하나는 사용자가 추가 선택을 할 때 맥락을 잃는다는 것이다. 이 문제를 해결하고자 캐션 등(2012)은 확장을 위한 기술을 개발했으며 이 기술 또한 선택할 때 2개의 단계를 거친다. 첫 번째 단계에서 사용자는 스쿼드의 구형 주조 단계와 마찬가지로 큰 커서를 사용해 선택할 수 있는 객체 영역을 정의한다. 하지만 두 번째 단계에서 확장은 쿼드-메뉴로 사용자의 시점을 대체하는 스쿼드와 달리 가상 환경에 대한 사용자의 시점을 해당 영역으로 확대한다. 이와 함께 확장은 선택할 수 있는 객체의 복제본을 생성해 가상 그리드에 배포한다(그림 7.35 참고). 두 번째 단계까지 마치면 선택 영역을 완료하려면 원래 대상과 일치하는 그리드의 복제본을 지정하면 된다. 이 대상체는 확장된 시점으로 볼 수 있다.

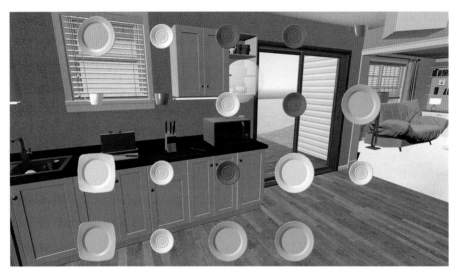

그림 7.35 확장 점진적 세분화 기술을 사용하면 선택할 수 있는 객체가 원래 맥락에서 유지되고 복제본이 최종 선택을 위해 가상 그리드에 표시된다(이미지 출처: 라이언 맥마한).

캐션 등(2012)은 스쿼드보다 광범위한 선택 시나리오를 비교해 봤다. 연구자들은 물체 밀도가 높을 때 확장 기술이 스쿼드보다 작업을 빠르게 수행한다는 사실을 발견했다. 또한 스쿼드가 역동적인 저밀도 물체를 선택할 때 정확하고 빠르다는 사실도 도출됐다.

이중 버블

스쿼드와 확장이 지닌 문제점은 밀도가 높은 환경에서 초기 볼륨 선택 단계를 거쳐야 하기 때문에 후보 객체가 두 번째 단계에 접어 들어서야 정제될 수 있다는 것이다. 스쿼드에서는 사용자가 많은 쿼드-메뉴 선택을 해야 하는 반면 확장에서는 선택 항목이 많이 생기므로 대상을 선택하기 어려울 수 있다.

이중 버블Double Bubble 기술(바킴Bacim 2015)은 이 문제를 제기했다. 초기 선택 항목의 수를 줄이려면 3D 버블 커서(7.4.3절 참고)를 사용해야 한다. 하지만 이 기술을 고밀도 환경에서 쓰려면 버블이 특정 크기보다 작아지면 안 된다. 사용자가 선택한 결과를 확인했을 때 하나의 객체에만 버블이 있어야 한다. 그렇지 않으면 버블의 객체가 확장 기법과 마찬가지로 평면 이미의 메뉴에 배치된다. 메뉴 선택할 때 어려움을 줄이고자 3D 버블 커서가 이 단계에서도 사용된다.

스쿼드와 마찬가지로 이중 버블의 선택 단계 2개는 굉장히 빠르게 진행할 수 있으며 사용자가 세심하지 않아도 된다. 펼치기와 마찬가지라 두 번의 클릭만으로 모든 선택을 할 수 있다. 점진적인 세분화 기술의 하이브리드 버전인 해당 기술은 광선 투사와 다른 실용적인 기술(바킴 2015)에 비해 월등히 빠르고 정확한 것으로 나타났다.

7.11 디자인 가이드라인

7장에서 설명한 상호작용 기술은 조작에 필요한 3D UI의 기반을 형성할 수 있다. 해당 기술 중 대부분은 탐색(8장) 및 시스템 제어(9장)와 같이 직접 조작과는 관련이 없는 다른 작업을 수행하기 위한 상호작용 기술과 결합할 수 있다.

7장의 앞부분에서 논의 된 몇 가지 중요한 사항을 고려해 일반적인 디자인 지침 세트를 제시하면서 7장을 마무리하겠다.

새로운 상호작용 기술을 설계하는 것이 중요할 수도 있지만 이미 있는 기술이 양호하다면 그대로 사용해도 좋다. 7장에서 설명한 상호작용 기술을 적용하고 창의적으로 수정하면 많은 3D 애플리케이션의 요구 사항을 충족할 수 있다.

조작은 선호할 만한 사용자 활동이며 특정 조작 조건에서 일부 상호작용 기술이 다른 기술보다 나을 수 있다. 조작 기법을 선택하고 디자인하는 것은 애플리케이션에서 가장 일반적인 조작 작업에 대해 높은 수준의 가용성과 성능을 제공해야 한다. 스스로에게 물어 보자. 조작이 얼마나 정확해야 할까? 포지셔닝이 필요한가? 선택이 만족스러운가? 사용자가 가상 객체를 얼마나 멀리 조작해야 할까? 얼마나 많은 수의 객체를 조작할 수 있는가?

조작 기술을 선택할 때 장치 속성을 고려하는 것이 중요하다. 6-자유도 장치가 사용되는 경우 통합 조작 제어를 허용하는 상호작용 기술은 제어 차원을 분리하는 것보다 더 직관적이고 효과적일 수 있다. 장치의 모양에 대해서도 신중히 고려하자. 높은 수준의 조작 정밀도가 요구되는 경우 세밀한 그러쥐기 기술을 쓸 수 있어야 하고 손가락으로도 조작 가능한 장치를 사용하는 것이 좋다.

클러치는 낭비다. 회전 및 위치 지정 작업에서 사용자의 손 움직임을 증폭시키는 기술을 사용해 클러치의 필요성을 줄이고 편리성과 사용자에게 필요한 성능을 향상시킬 수 있다.

> **Tip**
> 비등 체형('마법') 기술은 유용하고 직관적이다.

가상 환경에서의 상호작용이 실제 세계에서의 상호작용을 정확히 똑같이 모방해야 한다는 초기 개념은 더이상 유효하지 않고, 대신 비등 체형 기법은 유용하고 직관적이다. 실제로 대부분의 조작 기법은 가상 객체의 '마법' 상호작용을 허용함으로써 실제 작용과 다르거나 그 효과가 더 작다.

> **Tip**
> 조작을 위한 선택 및 파악 기술에 포인팅 기술을 사용한다.

광선 투사 및 기타 포인팅 기술은 선택 작업에서 성능이 현저히 향상됐지만 조작 시 유용하지는 않다. 가상 작업 기반 기술을 사용해 조작 작업을 수행하자.

> **Tip**
> 그러쥐기 기술에 민감한 객체 선택 기술 활용을 고려해 본다.

그러쥐기에 민감한 객체 선택 기술은 사용자가 장치의 방향과 원하는 객체의 방향과 일치시키는 것은 사용자의 선택을 단순화하고 개선시키는 강력한 기술이다.

> **Tip**
> 가능하면 자유도를 줄인다.

조작 기법의 경우 반드시 6-자유도일 필요는 없다. 실제로 이미지-플레인 기술과 같은 효과적인 선택 기술은 자유도를 제한함으로써 더 효과적인 상호작용을 유도할 수 있으며 3D 선택을 2D 작업으로 단순화할 수 있다. 게다가 대부분의 적용 사례에서 6-자유도 조작이 꼭 필요하지는 않다. 일반 3D 조작 기법에 제약 조건(10장 참고)을 더하면 사용자가 보다 효율적이고 정확하게 작업할 수 있다.

> **Tip**
> 기술 디자인과 환경 디자인 사이에 트레이드오프가 있다는 것을 염두에 둔다.

조작 인터페이스 설계 시 두 가지 전략을 사용할 수 있다. 첫째, 상호작용 기술을 조정해 작업 조건상에서 사용자 성능을 극대화할 수 있다. 둘째, 기존 기술을 효과적으로 사용할 수 있는 방향으로 환경을 설계할 수 있다. 애플리케이션에서 유연한 환경 디자인을 허용하는 경우 두 번째 방법이 매우 유용하다.

> **Tip**
> 세상에 유일무이한 최고의 조작 기술이란 없다.

이상적인 3D 조작 기술은 아직 설계되지 않았다. 각 기술에는 장점과 약점이 있다. 하나의 애플리케이션에서 사용될 만한 최고의 기술이 다른 애플리케이션에서는 그렇지 않을 수도 있다. 기술을 선택했을 때 절충안이 있다는 것을 명심하자. 이런 절충 사항을 관리하는 것이 좋은 3D UI 디자인을 설계하는 열쇠다.

7.12 사례 연구

7.12절에서는 필자의 연구에 사용한 3D 조작 기법 디자인을 논의한다. 아직 수행하지 못한 독자는 2장의 2.4절 사례 연구 소개를 읽어 보자.

7.12.1 VR 게임 사례 연구

VR 게임은 사용자가 그 세계의 다양한 물건과 도구를 집어 들었다가, 놨다가, 조작했다가, 괴물과 싸우면서 다양한 선택 및 조작 작업을 수행한다. 주요 선택 작업은 수집할 아이템을 집어들고 인벤토리에서 항목을 선택한 뒤 괴물을 대상 삼아 공격한다.

조작 작업에는 항목을 인벤토리에 배치하고, 항목의 위치와 방향을 지정하며 배치, 손잡이, 버튼 등 조작 장치가 있다.

이러한 선택 및 조작 작업은 플레이어의 참여를 유도하고자 재미있는 기법을 사용해야 한다. 사용자가 지루해 하거나 좌절하지 않고, 또 피로감을 느끼지 않고 도전할 수 있도록 만들어야 한다(예를 들어 공을 굴려 바닥에 있는 스위치를 누르면 문이 열리게 만들 수 있는가). 특히 게임을 하는 데 필요한 선택 및 조작 상호작용의 경우 성능(속도 및 정확성)이 가장 중요한 문제가 아니다. 여기서 기술은 대신 게임이라는 환상의 세계를 굴러가게 만드는 믿을 만한 이야기의 일부로 작동해야 한다. 즉 효용성을 지니도록 설계해야 하지만 그것만큼이나 게임에 통합돼야 하고 멋지게 구현돼야 하는 것이다.

입력 장치 관련 절(6.7.1절)에서 선택한 핸드헬드 컨트롤러를 기반으로 선택에서는 양손 상호작용 개념을 적용했다. 잘 사용하지 않는 손으로 쓰는 컨트롤러는 플레이어가 주변의 넓은 지역을 비추는 데 사용할 수 있는 손전등 역할을 했고, 잘 사용하는 손으로는 특정 대상을 선택하는 데 쓰는 도구를 배치했다. 여기서 손전등은 두 가지 목적으로 사용됐는데 하나는 희미하게 빛나는 호텔 조명 아래서 희뿌옇게 보이는 물건을 조명하는 데 사용됐으며(이야기에 자연스럽게 맞춰가는 것이다), 다른 하나는 세계의 일부로서 플레이어가 현재 어떤 물건에 관심을 두는지 가리켜서 다른 손으로 선택할 수 있게끔 만들어 줬다.

이렇게 진행될 때 자주 사용하는 손이 정밀하게 움직일 필요는 없다. 손전등 광선에 의해 조명된 객체만 선택 가능하기 때문에 그중 하나를 항상 강조 표시할 수 있으며 플레이어는 다른 손잡이 중 하나를 강조 표시하고자 잘 사용하는 손을 둔탁하게 움직여야만 한다. 사용되는 툴은 어느 경우든 손전등 광선을 가리킬 수 있으며 그 움직임은 광선이 조명하는 특정 객체를 선택하고자 지시하는 방향 중 선택 사항에 매핑된다. 이 점진적인 세분화 접근법(다소 거칠게 선택한 뒤 그 뒤를 이어 하나의 대상으로 선택을 조정하는 간단한 동작)의 성능은 좋았으며(코퍼 등 2011), 이 경우 플레이어가 겪을 수 있는 좌절 상황을 피할 수 있어야 한다. 혼란스러운 환경에서 광선 투사로 작은 물체를 정확히 가리키는 것은 매우 어려운 일이다.

손전등과 툴이 목표로 삼은 객체를 실제로 수집하려면 그 세계 속에 있는 인벤토리에 있든 상관 없이 사용자가 주로 사용하는 손으로 갖고 있는 컨트롤러의 버튼을 누르기만 하면 된다. 도구 디자인을 재미있게 개발할 수 있는 기회가 되기도 한다. 예를 들어 개구리가 대상 객체까지 끈적끈적한 혀를 뻗어서 접착한 뒤 도구로 가져오는 디자인을 할 수도 있다. 게임의 주제와 이야기에 따라 동일한 기본 상호작용을 바탕으로 다양한 개념을 적용할 수 있겠다.

대상 괴물도 비슷한 방식으로 작동할 수 있다. 플레이어가 먼저 손전등으로 괴물을 비춘 뒤 도구 버튼을 누른다. 무서운 괴물에게는 개구리의 혀가 그다지 효과적이지 않을 것이므로 플레이어는 다트 건이나 붕괴 광선과 같은 도구를 선택할 수 있어야 한다(9장, '시스템 제어' 9.7절의 도구 선택 항목 참고).

아이템이 세계 또는 인벤토리 목록에서 선택되면 다른 위치에 놓이거나 재고 목록에 배치될 것이다. 같은 버튼을 사용해 개구리의 혀를 환경으로 끌어내서 물건이 닿을 때까지 객체가 밖으로 날아가고 두 번째 버튼을 사용해 물방울을 떨어뜨릴 수 있다. 사용자가 물체를 가까이 두려는 경우 도구로 물체를 조작하고 두 번째 버튼을 눌러 해당 위치에 물체를 놓을 수도 있다. 따라서 로컬 및 원격 조작을 모두 사용할 수 있게 된다.

문고리, 레버와 같은 조작 가젯의 경우도 비슷하다. 플레이어는 손전등으로 대상을 지정한 뒤 도구를 사용해 가젯을 조작한다. 다시 말하면 다양한 도구가 필요할 수 있다(파지기, 칼, 스피너 등). 각 도구에는 약간 다른 메커니즘이 적용될 수 있다. 이를 통해 플레이어는 호텔의 객실을 돌아다니며 새로운 도전 과제를 받을 수 있기 때문에 다양한 도구를 갖고 있어야 한다. 어려운 도전 과제의 경우 창의력을 발휘해 여러 도구를 사용하기도 한다. 구체적인 디자인은 당신의 상상력에 맡겨 보겠다.

핵심 개념

VR 게임 사례 연구에서 3D 조작과 관련한 핵심 개념은 다음과 같다.

- 점진적 세분화 선택 기술은 사용자에게 정밀한 상호작용을 요구하지 않으므로 피로감을 주지 않는다는 장점을 지녔다.
- 기본 3D 선택 및 조작 기술은 특정 애플리케이션의 테마 또는 스토리에 맞게 사용자 정의할 수 있다.

7.12.2 모바일 AR 사례 연구

대부분의 VR 시스템에서 선택 및 조작은 중요한 작업이다. 하지만 AR 앱의 경우 해당 작업은 자주 수행되지 않는다. 주요 용례로는 정보 탐구 또는 물리적인 탐색을 통해 안내를 얻는 작업이 있다. 하지만 더 복잡한 애플리케이션이 나타나기 시작하면 상황은 가변적이고, 사용자 환경의 객체와 직접적으로 상호작용하는 방법이 더 일반적으로 사용한다.

하이드로시스에서는 정보 공간에 다수의 레이블이 포함돼 있기 때문에 언뜻 보기에는 레이블당 정보의 양이 제한적이었다. 레이블에 너무 많은 정보를 포장하면 레이블이 겹쳐져서 정보 공간이 복잡해지고, 그러면 실제 환경을 거의 볼 수 없는 지경에 이를 수 있다. 자세한 정보에 접근하려면 사용자는 데이터를 필터링하고 레이블을 선택해 사용 가능한 센서 데이터를 통해 다른 시각을 얻어야 했다 또 멀티 뷰 항해 시스템 및 협업 구성 요소에는 선택 작업이 포함됐다. 이는 8장에서 더 자세히 설명하겠다.

하이드로시스의 시스템 제어 항목, 레이블, 카메라 시점 선택은 입출력 장치의 한계와 밀접하게 관련됐다. 특히 화면 크기와 해상도에 따라 달라지는데 이는 인터페이스 요소의 크기와 선택 영역에 영향을 주기 때문이다. AR에서는 메뉴 항목을 작게 유지해 실제 콘텐츠를 지각할 때 중복됐다고 느끼지 않도록 만들고자 한다. 그러나 작은 항목은 선택하기 어렵기 때문에 더 확실한 절충안을 찾아야 했다. 하이드로시스에서는 바깥 온도와 행동 빈도에 따라 손가락이나 펜을 사용한 선택 기술을 사용할 수 있다.

사용자가 1인칭 관점에서 단일 데이터 세트를 탐색하는 경우 선택 빈도가 낮다. 사용자는 기본적으로 주변을 돌아다니면서 데이터를 탐색한다. 이 경우 선택 작업은 가끔씩만 발생하기 때문에 손가락 기반 선택이 허용 가능했다. 그러나 풍부한 센서 데이터 세트가 잠재적으로 여러 사용자가 있는 더 큰 사이트에서 탐색되는 경우 선택 요구 사항이 달라진다. 사용자는 종종 데이터 시각화(시스템 제어)를 변경해야 하고 서로 다른 시점들을 탐색해야 한다(항해). 여기서 더 정밀한 펜은 바람직한 입력 방식 중 하나다. 그러나 펜을 사용하면 사용자가 선택을 수행하는 동안 한 손으로 장치를 잡아야 할 수도 있다. 이것은 성능과 사용자 편의성이 서로 영향을 미치는 방식을 보여 주며 3D UI 디자인에서의 흥미로운 상반 관계를 보여 준다.

핵심 개념

모바일 AR 사례 연구에서 3D 조작과 관련한 핵심 개념은 다음과 같다.

- **선택할 수 있는 항목의 크기**: 입력 방법의 한계와 항목의 가시성(가독성)을 반영하면
  서 선택할 수 있는 객체 또는 메뉴 항목의 크기를 가능한 한 작게 유지해야 한다.
- **선택 방법**: 선택 작업의 빈도에 따라 입력 방법을 달리하는 것이 바람직하다. 입력
  방법, 선택 성능, 빈도 및 사용자 편의 간에 직접적인 관계가 있기 때문이다.

7.13 결론

7장에서는 3D 선택 및 조작 기술이 사용자가 3D UI와 상호작용하는 방식에 미치는
영향을 설명했다. 그러쥐기, 가리키기, 표면, 간접, 양측, 혼합 기술을 포함한 여섯 가
지 조작 메타포 카테고리를 제시했다. 이 범주에서 광범위한 3D 조작 기술을 다뤘다.
몰입형 3D UI에는 대부분 적용할 수 있지만 일부는 데스크톱 또는 표면 기반의 상호
작용에 대해서는 특별히 따로 설계하기도 했다. 또한 비등 3D 회전, 한꺼번에 여러 객
체를 선택하는 기술, 점진적 세분화 등 3D 조작 기술의 여러 디자인 측면도 논의했다.
3D 조작 기법을 선택하고 설계하기 위한 디자인 지침들을 제시하기도 했다. 이제 8장
기본 3D 상호작용 작업을 살펴보겠다.

추천 도서 및 논문

인간의 그러쥐기와 조작에 대한 생리와 심리를 가장 포괄적으로 보여 주는 리뷰는 다
음 문서에서 찾아볼 수 있다.

- MacKenzie, C. and T. Iberall (1994). *The Grasping Hand*. Amsterdam: North-
  Holland.

근육 그룹과 장치 모양 사이의 영향을 논의하는 흥미로운 조작 성능 연구들은 다음 문
서에서 찾을 수 있다.

- Zhai, S. and P. Milgram (1993). "Human Performance Evaluation of Manipulation
  Schemes in Virtual Environments." *Proceedings of the 1993 IEEE Virtual
  Reality Annual International Symposium (VRAIS '93)*, IEEE Press, 155–161.

3D 객체 선택 기술의 훌륭한 설문 조사가 다음과 같이 나와 있다.

- Argelaguet, F. and C. Andujar (2013). "A Survey of 3D Object Selection Techniques for Virtual Environments." *Computers & Graphics* 37: 121 – 136.

회전 매핑의 유용성을 자세히 알고 싶은 독자는 다음 텍스트를 살펴볼 수 있다.

- Poupyrev, I., S. Weghorst, and S. Fels (2000). "Non-Isomorphic 3D Rotational Interaction Techniques." *Proceedings of the 2000 ACM Conference on Human Factors in Computing Systems (CHI 2000)*, 540 – 547.

마지막으로 3D 조작을 위한 상호작용 기술의 분류, 개요, 경험적 평가는 다음 두 논문에서 찾을 수 있다.

- Poupyrev, I. and T. Ichikawa (1999). "Manipulating Objects in Virtual Worlds: Categorization and Empirical Evaluation of Interaction Techniques." *Journal of Visual Languages and Computing* 10(1): 19 – 35.

- Bowman, D., and L. Hodges (1999). "Formalizing the Design, Evaluation, and Application of Interaction Techniques for Immersive Virtual Environments." *The Journal of Visual Languages and Computing* 10(1): 37 – 53.

탐색

4부 소개에서 설명한 것처럼 탐색은 물리적인 환경에서 어떻게 보면 기본적인 인간의 작업이다. 또 인공적인 환경에서는 브라우저를 통한 웹 탐색, 워드프로세서의 복잡한 문서 탐색, 스프레드시트에서 복잡한 레이어 탐색 등 그 사용처가 늘어나고 있다. 8장에서는 3D UI에서의 탐색 작업을 알아보겠다.

8.1 소개

8장에서는 탐색과 길찾기 두 가지 측면을 설명하겠다. 책의 초판에서는 두 주제를 떨어진 두 장으로 구성했다. 하지만 이들은 서로 밀접하게 통합돼 있으므로 이번 판에서는 두 주제를 합쳤다. 핵심은 탐색을 위한 상호작용 기술이며, 길찾기 정보는 이를 지원해 주는 요소다.

8.1.1 탐색

탐색travel은 현재 위치에서 새로운 위치로 이동하거나 원하는 방향으로 움직이는 작업으로서 항해의 이동과 관련된 구성 요소다. 물리적인 환경에서 탐색은 종종 '생각할 필요 없이 이뤄지는 작업'이다. 방을 가로질러 문을 통과하겠다는 목표를 세우면 두뇌는 근육이 이를 달성하고자 적절한 움직임을 수행하도록 지시한다. 하지만 이렇게 간단한 신체의 움직임으로 달성할 수 없는 탐색 목표의 경우(장거리, 고속, 비행 등을 수행한다), 이동수단(자전거, 자동차, 비행기 등)을 이용한다. 모든 이동수단에는 다양한 종류의 물리적인 움직임(바퀴 굴리기, 페달 밟기, 스위치 작동시키기)을 매핑하는 인터페이스를 포함한다.

3D UI에서 사용되는 상황도 비슷한데 걷기와 같은 단순한 신체 동작이 탐색에 사용될 수 있는 인터페이스가 있기는 하지만(예를 들어 머리 또는 신체 추적기를 사용할 때) 이는 한정적인 범위 안에서만 효과적이다. 대부분의 3D UI에서의 탐색에서 우리 행동은 이동수단을 이용해 탐색을 해야 한다(차량 메타포 등). 하지만 3D UI에서 실제 탐색과 가상 탐색 사이의 주요 차이점은 일반적으로 청각적인 신호는 무시하고 시각적인 동작 단서만 제공한다는 점이다. 이러한 불일치는 사이버 멀미를 유발할 수 있다(3장 '인간 요소와 기본 요소들', 3.3.2절).

탐색 작업을 위한 상호작용 기술은 두 가지 이유 때문에 특히 중요하다. 첫째 탐색은 3D 인터페이스에서 가장 보편적인 상호작용 작업이다. 사용자의 시점이 늘 고정된 경우나 이동이 자동화된 일부 3D 애플리케이션이 있기는 하지만 이는 원칙이 아닌 예외 상황이다. 둘째 탐색(및 일반적인 항해)은 종종 그 자체로 끝이 아니라 다른 작업을 지원한다. 대부분의 3D 게임을 생각해 보면 탐색은 사용자가 보물을 들고 적수와 싸우거나 중요한 정보를 얻을 수 있는 위치에 도달하는 데 사용된다. 반대로 탐색 과제의 두 번째 특성은 해당 기술이 실제로 필요하도록 만든다. 즉 사용자가 좌회전 또는 전진하는 방법을 고려해야 하는 경우 그는 주 업무에 집중할 수 없게 된다. 따라서 탐색 기술은 직관적이어야 하며 사용자에게 '제2의 천성'이 될 만큼 자연스러워야 한다.

8.1.2 길찾기

길찾기 ^{Wayfinding}는 방향과 목적지 사이의 경로를 결정하고 따라가는 인지 과정이다(골리지 1999). 항해의 인지적인 요소는 높은 수준의 사고력, 계획, 의사 결정이라고 볼 수 있다. 여기에는 환경 내에서 나의 현재 위치 결정, 현재 위치에서 목표 위치까지 경로 결정, 환경에 대한 마인드맵 작성과 같은 공간 이해 및 계획 작업이 포함된다. 실제 세계에서 길찾기에서는 지도, 방향 표지판, 경계표 등 보조 도구 등 연구가 광범위하게 진행됐다(골리지 1999).

가상 세계에서도 길찾기는 매우 중요하다. 크고 복잡한 환경에서 효율적인 탐색 기술을 사용하더라도 어디로 가야 할지 모른다면 소용이 없기 때문이다. '길찾기 기술'이라고 할 때 흔히 인터페이스의 일부 또는 환경에 포함된 설계된 길찾기 보조를 참고하게 된다. 컴퓨터가 궁극적으로 행동을 수행하는 탐색 기술이나 조작 기술과는 달리 길찾기 기술은 사용자의 마음에 있는 업무 수행만을 지원한다(3장, 3.4.2절 인지 매핑과 서로 다른 공간 지식의 유형).

탐색 및 길찾기는 분명 모두 동일한 프로세스(항해)의 일부이며 동일한 목표를 달성하는 데 기여한다. 하지만 3D UI 디자인의 관점에서 그것들을 일반적으로 구별할 수 있다. 항해 기술을 수행하려면 탐색 기술이 필요하며, 작거나 단순한 환경에서는 필요한 모든 것이 탐색 기술이 될 수 있다. 보다 복잡한 환경에서는 길찾기 보조 장치가 필요할 수도 있다. 경우에 따라 디자이너는 탐색 및 길찾기 기술을 단일 통합 기술로 결합해 사용자의 인지 부하를 줄이고 기술을 사용할 때마다 사용자의 공간 지식을 강화할 수 있다. 소형 환경이나 지도를 사용하는 기술은 이 설명과 일치하지만(8.6.1절 참고) 이런 기술이 모든 탐색 작업에 적합하지는 않다.

8.1.3 8장의 로드맵

8장에서는 탐색 과제의 상호작용 기법과 그 보조로서의 길찾기 설계를 논의한다. 먼저 특정 유형의 탐색 과제(8.2절)와 기술의 분류(8.3절)를 다룬다. 그다음 메타포로 분류된

다양한 탐색 기술을 논의한다.

- 걷기(8.4절)
- 조향(8.5절)
- 선택 기반 탐색(8.6절)
- 조작 기반 탐색(8.7절)

8.8절에서 탐색 기술을 설계할 때 필요한 기타 다른 측면을 논의하면서 마무리를 한다. 길 안내 보조기구 설계는 8.9절에 제시됐다. 마지막으로 탐색 인터페이스(8.10절)에 대한 디자인 지침과 사례 연구(8.11절)를 제시한다.

8.2 3D 탐색 작업

사용자가 3D 탐색 작업을 수행해야 하는 데에는 여러 이유가 있다. 특정 기술을 사용할 가능성의 경우 해당 작업에 따라 달라지기 때문에 다양한 유형의 탐색 작업을 숙지하는 것이 중요하다. 8.2절에서 다양한 기술을 소개할 텐데 그때 특정 기술에 적합한 작업 유형이 무엇인지 가이드를 최대한 제공한다. 탐색 '테스트베드'(예, 바우만, 존슨 등 1999, 램튼 등 1994, 나비요니Nabiyouni와 바우만 2015)를 기반으로 한 실험은 작업 유형을 기술의 유용성과 경험적으로 연관시키려고 했다. 이를 **탐사, 검색, 기동**exploration, search, maneuvering으로 분류했다.

8.2.1 탐사

탐사에서 사용자는 움직이는 목표를 갖고 있지 않다. 오히려 환경을 둘러보고 그 세계 안에서 대상과 위치에 대한 정보를 얻고 공간과 관련된 지식을 구축한다. 예를 들어 건축 회사의 고객은 3D 환경에서 최신 건물 디자인을 탐사할 수 있다. 일반적으로 주변 환경과 상호작용하기 시작하는 시점에 탐사하게 되며 이를 통해 사용자를 세계와 기능으로 안내하는 역할을 하지만 이후의 단계에서도 중요할 수 있다. 사용자가 탐사를 하면서 뜻밖의 경로를 발견할 가능성이 있기 때문에(현재 경로를 벗어나는 원인이 될 수 있다) 시점의 이동을 지속적으로 직접 제어하거나 적어도 움직이기 시작할 때 개입할 수 있어야 한다. 하지만 끝까지 정해진 경로로 가라고 강요하면 사용자가 디스커버리 과정을 지나쳐 버릴 수 있다. 물론 어떤 애플리케이션에서는 짧은 시간 내에 사용자에게 즐거운 경험을 제공해야 할 경우 균형점을 찾아야 한다(포쉬 등 1996). 기술은 사용자가 공간과 관련된 지식을 습득하고 정보를 수집하며 기타 주요 작업에 인지 자원을 집중할 수 있도록 부하를 줄이는 역할을 해야 한다.

3D UI가 탐사 작업을 어느 정도까지 지원해야 할까? 답은 애플리케이션의 목표에 따라 다르다. 어떤 경우 탐사는 상호작용의 필수 요소다. 예를 들어 네트워크 트래픽 데이터의 3D 시각화에서 환경의 구조와 내용을 미리 알 수 없기 때문에 상세한 길찾기 보조 도구를 제공하기 어렵다. 시각화의 이점은 인터페이스가 데이터를 얼마나 잘 탐색하도록 지원하는지에 달려 있다. 또 3D 게임 환경에서 대부분 미지의 공간을 탐색하는 것은 게임의 엔터테인먼트 요소가 주는 가치에서 중요한 부분이다. 반면 잘 알려진 3D 환경에서 작업을 수행하는 데 주안점을 두는 3D 인터페이스에서 디자이너는 목표 지향적인 탐색 기술을 통해 검색 작업을 더 많이 지원해야 한다.

8.2.2 검색

검색 작업에는 환경 내의 특정 목표 또는 위치로 이동하는 행동이 포함된다. 즉 검색 작업의 사용자는 탐색하려는 목적지를 알고 있다. 하지만 사용자가 해당 위치가 어디에 있는지 또는 현재 위치에서 어떻게 갈지를 모른다. 예를 들어 게이머가 한 레벨에서 모든 보물을 모았다면 출구로 이동해야 하는데 출구는 아직 탐험하지 못한 환경의 일부에 있거나 사용자가 이전에 봤지만 모를 수도 있다. 이는 사용자가 대상의 위치 또는 경로를 알지 못하는 상황인 '**나이브 검색**naive search' 작업과 사용자가 이선에 대상을 방문했거나 대상과 관련된 다른 정보가 있는 상황인 '**준비된 검색**primed search' 작업을 구분한다(다큰Darken과 시버트 1996).

'나이브 검색'은 탐사와 유사하지만 실마리나 길찾기 보조의 경우 한정적으로 검색할 수 있도록 지시하는 것이 가능하다. '준비된 검색' 작업은 사용자가 목표물 또는 주변 환경에 대한 지식의 양에 따라 연속체에도 존재한다. 사용자는 과거 해당 위치에 방문했을 수도 있지만 목표를 향해 여행을 시작하는 방법을 이해하기 전에 주변 환경을 탐사해야 할 수도 있다. 한편 환경에 대한 사전 지식을 가진 사용자는 어느 위치에서나 시작할 수 있으며 곧바로 목표 위치까지 직접 탐사하면 된다. 어려울 수도 있지만 언급한 작업들을 구별하는 것이 유용하기는 하다.

3D UI는 탐색을 통한 검색을 포괄한다. 예를 들어 건축물을 통과하는 애플리케이션에서는 사용자가 가시선을 확인하고자 정문까지 탐색하기를 원하는 경우도 있다. 해당 작업은 탐사 기술보다 목표 지향적이다. 예를 들어 사용자가 더 움직이기보다 최종 목적지를 지도에 직접 표시할 수도 있다. 하지만 이런 기술이 모든 상황에 적용되지는 않는다. 바우만, 존슨, 호지스(1999)는 목표 위치가 명시적으로 지도상에 표시되지 않았을 때 탐색 기반의 검색 작업의 경우에도 지도를 기반으로 한 기법이 상당히 비효율적이라는 것을 발견했다. 언급한 작업을 연속적으로 수행하고자 일반적으로 목표 지향적인 기술을 적용하는 것이 더 유용할 수 있다.

8.2.3 기동

기동은 간과되기 쉬운 3D 탐색 범주다. 이 작업은 로컬 지역에서 이뤄지며 국지적이고 섬세한 이동을 의미한다. 기동은 일반적으로 특정 작업을 수행할 때 제한된 지역 내에서 보다 정확하게 시점을 배치하는 용도로 사용된다. 예를 들어 사용자는 3D 환경에서 정보를 읽어 내야 하지만 이를 위해서는 해당 정보 앞에 직접 있어야만 한다. 또 다른 상황에서는 사용자가 3D 모델링 시스템에서 조작하고 있는 객체의 위치를 확인하기를 원하고 여러 각도에서 볼 수 있기를 원할 때도 있다. 이 작업은 환경을 통한 대규모 이동보다 사소하게 보일 수 있지만 잘못하면 사용자의 소중한 시간을 소모시킬 수 있고 인터페이스로 지원하지 않으면 사용자를 좌절시킬 수 있다.

목적을 알 수 있기 때문에 디자이너는 기동 작업을 검색 작업으로 간주할 수 있으며, 탐사와 동일한 유형의 기동 기술을 사용하지만 이렇게 되면 작업의 고유한 요구 사항을 무시하게 될 수도 있다. 사실 일부 애플리케이션은 기동 작업만을 위한 특별한 탐색 기술이 필요할 수도 있다. 일반적으로 이는 매우 정밀한 동작을 가능하게 하면서도 속도는 빨라야 한다. 기동성 있는 작업을 위한 최상의 해결법은 효율적이고 정확하며 자연스러워야 하므로 사용자의 머리와 몸의 신체 움직임 그 자체일 수 있다. 따라서 모든 애플리케이션은 머리와 몸무게 추적을 포함하지 않으며 제한된 범위와 정밀함이 요구되는 애플리케이션도 포함된다. 따라서 정확하고 정밀한 작업이 중요하다면 8.7.2절의 객체 중심 탐색 기술처럼 기동을 위한 또 다른 기술을 고려해야 한다.

8.2.4 탐색 작업 시 기타 고려 사항

앞서 이야기한 작업 분류에서 탐색 작업은 사용자의 목표로 구별된다. 기술을 선택하거나 디자인할 때 작업의 다른 많은 특성을 고려해야 한다는 것을 기억하자.

- **이동 거리**: 머리 또는 몸 추적을 사용하는 3D UI에서 자연스러운 실제 동작만을 사용해 단거리 탐색 작업을 수행할 수 있다. 중거리의 경우 가상 탐색 기술이 필요하지만 속도를 제어하지 않아도 된다. 장거리 작업은 속도를 제어하는 기술이나 널리 퍼져 있는 위치 사이를 빠르게 이동할 수 있어야 한다.

- **경로의 곡률 또는 회전수**: 탐색 작업에 필요한 선회 거리를 고려해 기술을 사용해야 한다. 예를 들어 몸통의 방향을 기준으로 한 조향(8.5.1절 참고)의 경우 자주 선회해야 할 필요가 없지만 수동식 조향처럼 덜 격렬한 방법이 적당할 수 있으며(대부분의 사용자는 손을 떠받치기 위해 팔꿈치를 감싸면서 수동식 조향을 할 것이다) 이는 선회할 일이 많은 경로에서 더 편리하게 사용될 것이다.

- **시작하는 위치에서 대상의 가시성**: 목표 기반 기술(8.6절)의 경우 선택 대상의 가용성에 따라 달라질 수 있다. 시선 방향으로 조향(8.5.1절)하는 것은 표적을 볼 수 있을 때 잘 작동하지만 탐색 중에 표적을 시각적으로 탐색해야 하는 경우 잘 작동하지 않는다.

- **이동에 필요한 자유도 수**: 탐색 작업이 수평면에서만 이뤄져야 할 경우 사용자가 수직 이동을 제어하도록 강요해서는 안 된다. 일반적으로 지형을 추적하는 것은 많은 애플리케이션에서 쓸 만한 제약 조건이 된다.

- **이동할 때 요구되는 정확성의 정도**: 일부 탐색 업무는 경로를 준수하거나 목표 위치에 정확하게 도착하는 것이 매우 중요할 수 있다. 이 경우 방향, 속도, 목표 위치를 정밀하게 제어하고 조정할 수 있는 기법을 선택해야 한다. 예를 들어 지도 기반 목표 선택(8.6절)은 지도의 크기, 손 추적의 부정확성 또는 기타 요인 때문에 대개 정확하지 않다. 또한 탐색 기술을 사용하면 정확도가 중요한 경우 오류를 쉽게 복구할 수 있다(예를 들어 대상을 지나쳐 버리는 경우에는 백업을 한다).

- **여행 중 발생하는 다른 기초 작업**: 종종 다른 중요한 작업 중에 탐색이 보조 작업으로 작용할 수 있다. 예를 들어 사용자는 각 방의 창문 개수를 계산하고자 건물 모형을 탐색할 수 있다. 눈에 거슬리지 않고 직관적이며 쉽게 제어될 수 있는 상황에서 탐색 기술은 특히 중요하다.

8.3 3D 탐색 분류

다양한 유형의 탐색 작업을 염두에 두고 상호작용 기술을 고안하게 된다. 기술 자체를 논의하기 전에 탐색 기술을 분류하는 여러 방법을 설명하겠다.

8.3.1 기술 분류

3D 상호작용의 일반적인 연구 주제는 기술을 구조로 분류하려는 시도다. 이는 무의미한 학문적인 연구가 아니라 관련 작업 및 기법을 보다 완벽하게 이해하려는 것이다. 탐색 작업 영역에서도 연구를 통해 다양한 분류 체계가 나왔다. 이들 중 어떤 분류도 '정답'은 아니다. 각각 동일한 공간에 대한 서로 다른 시각을 제공할 뿐이다. 8.3.1절에서는 네 가지 분류 체계를 논의한다.

- 능동과 수동
- 물리와 가상
- 작업 분해 활용 양상
- 메타포 적용

능동과 수동 기술

탐색 기술을 분류하는 방법 중 하나는 사용자가 시점의 움직임을 직접 제어하는 '**능동적인**' 탐색 기법과 시스템이 관점의 움직임을 제어하는 '**수동적인**' 탐색 기법을 구별하는 것이다. 8장에서 제시하는 대부분의 기술은 능동적이지만 어떤 경우에는 시스템에 의해 자동화되거나 반자동화된 기술을 사용하는 것을 고려해 보는 것이 유용할 수도 있다(갈리안Galyean 1996, 맥킨레이 등 1990a). 이 문제는 8.8.4절에서 설명하겠다. 이는 여행 중 환경에 대한 정보를 수집하는 것과 같이 사용자가 기본적으로 해야 할 작업이 있는 경우 특히 유용하다. 바우만, 데이비스 등(1999)은 능동적이고 수동적인 기술을 연구했으며 여기에 경로 계획이라는 세 번째 범주를 포함시키기도 했다. 경로 계획은 능동적이면서도 수동적인데 사용자가 환경 속에서 경로를 적극적으로 계획하면 시스템이 이 경로를 실행하는 기술이다(8.6.2절).

물리와 가상 기술

물리 기술은 실제 탐색에서 사용되는 기술, 즉 시점을 변환하거나 회전시키고자 사용자의 신체를 물리적으로 변환, 회전시키는 반면 가상 기술은 가상 시점이 이동하더라도 사용자의 신체는 고정된 방법이다. 데스크톱 3D 시스템 및 게임 콘솔은 가상 변환과 회전 기능을 사용한다. 많은 VR 시스템은 물리적인 회전(머리 추적을 통한) 가상 변환의 조합을 사용하는 반면 다른 것들은 이동 장치 또는 실제 보행 기술을 통해 물리적 변환과 회전을 사용한다. 여기서는 8.4절에서 물리적 기술을 논의하고 8.5~8.8절에서는 주로 가상 기술을 설명하겠다. 능동/수동 및 물리/가상 분류는 직교성을 띠므로 2×2의 디자인 공간을 정의하고자 결합될 수 있다.

작업 분해 활용 양상에 따른 분류

바우만 등(1997)은 탐색을 방향, 표적 선택, 속도/가속 선택, 입력 조건(그림 8.1)의 세 가지 하부 작업으로 나눴다. 다양한 기술 구성 요소를 사용해 각 하위 작업을 수행할 수 있다.

- **방향** 또는 **표적**을 **선택**하는 작업은 사용자가 이동 방법이나 위치를 지정하는 기본 하위 작업이다.
- **속도/가속 선택**은 사용자가 속도를 제어하는 방법을 나타낸다.
- **입력 조건**은 여행이 시작되고 지속되며 종결되는 방법을 나타낸다.

이 분류 체계는 탐색 기술을 위한 디자인 공간의 상당한 부분을 차지하며(몇 가지 대표적인 기술 구성 요소만 그림에 표시돼 있다) 분리가 가능한 더 미세한 덩어리(하위 작업)에서 탐색 작업을 볼 수 있다. 세 가지 하위 작업에 대해 기술 구성 요소를 선택해 완벽한 탐색 기술을 정의할 수 있겠다. 예를 들어 포인팅 기술(8.5.1절 참고)을 가장 일반적으로 구현하려면 지정 조향, 일정한 속도/가속 및 연속 입력(버튼을 누른 상태)을 사용해야 한다.

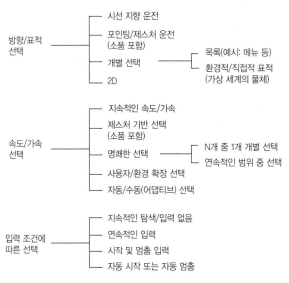

그림 8.1 탐색의 하위 작업에 초점을 맞춘 탐색 기술의 분류 체계(바우만 등 1997, © 1997 IEEE)

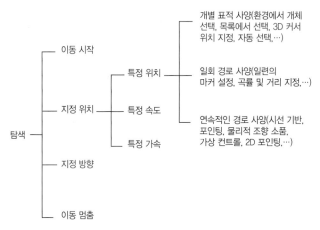

그림 8.2 사용자 제어 수준에 초점을 맞춘 여행 기술 분류 체계(바우만, 데이비스 등 Bowman, 1999; MIT Press and Presence: Teleoperators and Virtual Environments의 허락받고 게재)

두 번째 작업 분해(바우만, 데이비스 등 1999)는 탐색의 과업을 다른 시간순으로 세분화한다(그림 8.2). 이동 작업을 완료하고자 사용자는 이동하면서 위치와 방향을 표시하고 멈춘다. 물론 이 순서를 늘 고수하는 것은 아니다. 일부 대상 기반 기술에서는 사용자가 먼저 대상의 위치를 표시한 뒤 이동을 시작한다. 첫 번째 분류와 구별되는 이 분류 체계의 특징 중 하나는 머리글 추적(8.8.1절 참고)이 없는 3D UI에 대한 중요한 고려 사항인 관점의 방향 지정을 명시적으로 언급하는 것이다. 그림에서와 같이 분류 체계는 위치 지정 하위 작업을 위치(xyz 좌표), 속도 및 가속 하위 작업으로 더 나눈다. 마지막으로 위치 지정의 하위 작업에 대한 세 가지 메타포, 즉 개별 대상 지정, 일회성 경로 지정 및 위치의 연속 지정을 나열한다. 이러한 메타포는 사용자가 정확한 경로(능동/수동 구분)를 통해 제어할 수 있는 양이 다르다. 8.5절과 8.6절에서 해당 메타포를 논의해 본다.

메타포 적용에 따른 분류

마지막으로 탐색 기법을 전반적으로 상호작용 메타포로 분류할 수 있다. 이런 분류는 탐색의 하위 과업을 개별적으로 볼 수 없으므로 유용하지 않다. 하지만 메타포 적용에 의한 분류는 사용자 관점에서 이해하기 쉽다. 예를 들어 특정 탐색 기술이 '비행기' 메타포를 사용한다고 하면 3차원으로 모두 움직이고 손동작을 사용하도록 조종할 수 있다고 추론할 수 있다. 또한 새로운 메타포가 개발되면 비공식적인 분류에 쉽게 추가될 수 있다. 따라서 메타포에 의한 분류는 상호작용 기법을 위한 디자인 공간에 대해 생각해 볼 수 있는 유용한 방법이다.

8장에서는 메타포를 기반으로 한 분류법을 이야기해 보려 한다. 8.4~8.7절은 걷기, 조향, 표적/경로 선택, 탐색별 조작 네 가지의 일반적인 메타포로 탐색 기술을 체계화한다. 8.4~8.7절에서는 시점의 위치를 제어하는 작업만 고려하고, 시점 방향 지정, 이동 속도 제어 또는 세계의 확장 같은 문제를 고려하지 않는다. 8.8절에서 그 문제들을 다룰 것이다.

8.4 걷기 메타포

3D 세계에서 여행할 때 사용할 만한 가장 자연스러운 기술은 물리적으로 주변을 걸어다니는 것이다. 하지만 기술 및 공간의 제약 때문에 이러한 실제 보행이 늘 실용적이거나 실현 가능하지는 않다. 이를 극복하고자 많은 연구자가 걷기에 기반한 상호작용 메타포를 설계하고 개발했다. 이 책에서는 인간의 걸음걸이를 기반으로 이런 메타포를 세 가지 범주로 분류했다. 이는 전체 보행 주기의 모든 생체 역학을 포함하기 때문에 첫 번째 카테고리를 '완전 보행full gait' 기술이라고 부른다(그림8.5 참고). 반대로 걷는 메

타포의 두 번째 범주는 인간 보행의 생체 역학 측면 중 일부만을 모방한 것이다. 이러한 메타포를 '부분 보행partial gait'이라고 부른다. 마지막으로 '보행 부정gait negation' 기술은 미래의 이동을 무효화해서 사용자가 정의된 공간에서만 걷도록 설계됐다.

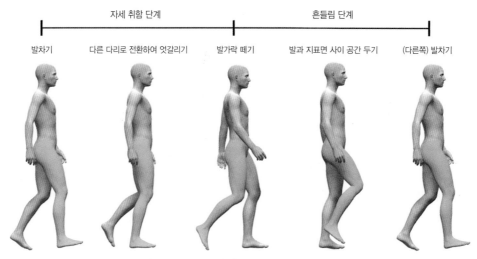

그림 8.3 인간의 보행 주기(이미지 출처: 라이언 맥마한)

8.4.1 완전 보행 기술

인간의 보행 주기는 각 다리마다 두 가지 주 위상, 즉 자세 위상과 포물선 위상을 포함한다(휘틀Whittle 1996). 자세 위상은 발 뒤꿈치로 시작해서 곧바로 바닥에 발이 평평하게 닿게 한다. 이 시점에서 해당 다리는 몸통의 무게를 지탱하는 한편 다른 다리는 포물선 위상에 있게 된다. 완전 보행 기술은 인간이 보행할 때 보이는 자세 위상, 포물선 위상과 관련된 모든 이벤트와 생체 역학을 포함하는 메타포를 일컫는다. 앞으로 논의할 주제는 다음과 같다.

- 실제 보행
- 방향 전환 보행
- 확장된 보행

실제 보행

실제 보행은 가장 직접적이고 확실한 완전 보행 기술이다. 자연스럽고 전정 신호(사용자가 환경을 이해하고 어지럽지 않도록 도와준다)를 제공하며 공간을 빠르게 이해할 수 있도록 돕는다. 하지만 실제 걸음걸이가 항상 실현 가능하거나 실용적이지는 않으며 다른 탐색 기술과 결합하지 않으면 환경의 크기가 추적 시스템의 범위보다 작아야 사용할 수 있다. 넓은 면적을 추적할 수 있는 시스템을 사용할 수 있다고 하더라도 실제 공간에 장애물이 없어야 한다.

실제 보행은 또한 연결선 문제를 야기하는데 추적 장치와 입력 장치 또는 디스플레이용 케이블은 사용자가 추적 지역에서 완전히 자유롭게 이동할 수 있을 만큼 길지 않고 다른 사람이 조심스럽게 다루거나 기계 시스템에 의해 관리되지 않는 한 연장되지 않을 수 있다. 사용자는 걷는 공간을 따라 움직일 때 그 선에 얽히기 쉽다. 무선 비디오 송신기와 수신기 같은 무선 장치는 이런 우려를 완화할 수 있다. 그 대신 이른바 백팩 시스템에서 사용자는 모든 장치가 연결된 휴대용 컴퓨터를 운반하기도 한다.

우소 등(1999)은 물리적인 보행 기술이 현존감에 미치는 영향을 보고자 면적 추적 시스템을 사용했다. 그들은 사용자가 서 있는 바닥보다 훨씬 아래에 있는 가상의 구덩이로서 작고 매력적인 환경을 만들었다. 그들은 물리적으로 걸어 다니는 사용자가 더 큰 현존감을 느꼈고(8.4.2절 참고) 걸어 다니거나 가상 탐색 기술을 활용하는 사용자가 가상의 구덩이에 대해 더 큰 두려움을 느낀다는 것을 발견했다. 다른 연구자들은 실제 보행이, 복잡한 환경에서 더 높은 차원의 공간 지식으로 연결된다는 사실을 발견했다(찬스Chance 등 1998).

실제 보행은 다른 유형의 3D 용례, 특히 모바일 증강 현실에서 중요해지고 있다(휠러러 등 1999, 너미넨 등 2011). 이 시스템에서 사용자는 매우 넓은 실내 공간 또는 실외 환경에서 자유롭게 걸어다니며 실제 세계에 대한 시각에 추가 그래픽 정보를 겹쳐서 표시할 수 있다(그림 8.4). 이런 애플리케이션에는 GPS 데이터를 사용하고 자체 탑재된 관성 추적기의 방향 정보를 사용할 수 있다. 대부분의 GPS 장치는 3D UI에 정확하지 않은 미터 눈금과 대략적인 위치 정보만을 제공한다. 최근 기술 개발 덕분에 GPS 장치의 정밀도가 센티미터까지 증가했지만 SLAM 또는 그 변형 중 하나를 사용해 내부 광학 추적기를 사용하는 것이다(6장 '3D 사용자 인터페이스 입력 하드웨어', 6.3.1절 참고).

그림 8.4 모바일 증강 현실: (a) 프로토타입 시스템(© 2002 컴퓨터 그래픽 및 사용자 인터페이스 랩, 컬럼비아 대학교), (b) 사용자 시점(© 1999 토비아스 휠러러(Tobias Höllerer), 스티브 파이너(Steve Feiner), 존 파블릭(John Pavlik), 컬럼비아 대학교 컴퓨터 그래픽 및 사용자 인터페이스 연구소)

실제 보행은 매력적인 탐색 기법이지만 효과는 추적 시스템과 영역에 따라 다르다. 대부분의 실용적인 3D UI에서 실제 보행은 작은 영역에서 사용될 수 있지만 환경의 또 다른 부분에 도달하려면 다른 기술이 필요하다. 하지만 경험상 사용자가 가상 탐색 기술을 사용할 수 있게 되면 적은 노력으로 가상 기술만 사용하는 법을 빠르게 배우게 된다.

방향 전환 도보

실제 보행은 큰 면적이 필요하다는 점을 극복하고자 연구자들은 사용자가 걷는 동안 추적 공간의 경계에서 방향을 전환하는 방법을 조사했다. 이것이 방향 전환 보행이다(라자크Razzaque 등 2002). 이 기법은 가상 세계에서 인식되는 경로와 다른, 현실 세계의 경로를 따라 사용자를 무의식적으로 안내하는 개념에 기반한다. 방향 전환 보행을 가능하게 하는 지각 현상은 시각적 자극이 고유의 감수성과 전정 자극을 지배하는 경우다. 예를 들어 사용자가 돌거나 걷는 동안 추적 영역의 중심을 향해 가상 장면 또는 의도된 가상 경로를 회전시킴으로써 눈치 채지 못하게 추적 경계에서 멀어지게 만들 수 있다.

방향 전환 보행에 대한 기본적인 접근법은 '멈췄다 가기'다(브루더Bruder 등 2015). 이로써 가상 세계는 사용자가 물리적으로 방향을 바꾸는 것보다 더 빠르거나 느리게 정지된 사용자의 주위를 회전하게 된다(즉 회전 이익을 적용한다). 이는 기술이 사용자의 앞쪽에서 추적 경계를 떨어뜨려 놓는다. '멈췄다 가기' 방법의 핵심은 사용자가 처음부터 물리적으로 돌아서도록 만드는 것이다. 연구자들은 이를 달성하고자 위치 기반 작업(콜리Kohli 등 2005), 시각 방해 자극(예를 들어 나비, 펙Peck 등 2009)와 구두 지시 사항(호그슨Hodgson 등 2014) 등 다양한 방법을 연구했다.

방향 전환 보행에 대한 보다 나아간 접근법은 가상 환경을 걷는 동안 사용자의 방향을 지속적으로 전환시켜 주는 것이다(브루더 등 2015). 예를 들어 사용자가 가상 세계에서 직진하면 장면에 작은 회전을 줘서 추적 영역 내의 원형 경로를 따라 사용자의 방향을 바꿀 수 있다(그림 8.5). 회전 폭이 작으면 사용자는 눈치 채지 못할 것이며 가상 세계에서 직진으로 걷고 있다고 느낄 것이다.

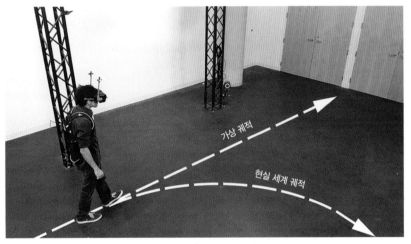

그림 8.5 지속적인 방향 전환 보행으로, 가상 장면에 미묘한 조작을 가해서 사용자를 추적 영역의 경계에서 눈에 띄지 않게 안내한다(브루더 등 2015).

방향 전환 보행 기술을 구현할 때 고유 수용체 감각 및 전정 신호와의 시각적 충돌을 피하는 것이 중요하다. 스타이니케 등(2010)은 이 갈등을 탐지하는 임계값을 추정하고자 연구를 수행했다. 그들은 사용자가 가상 화면에 표시되는 회전보다 약 49퍼센트 이상 또는 20퍼센트보다 이하로 실제 회전할 수 있다는 것을 발견했다. 또한 가상에서 나타나는 것보다 14퍼센트 더, 또는 26퍼센트보다 덜 실질적으로 전환될 수 있다. 연구원들은 사용자가 가상 환경에서 똑바로 걷는다고 인지하지만 실제로는 지름 22미터 이상의 원호 모양으로 방향을 바꾸며 걷는다는 것을 발견했다.

방향 전환 보행은 사용자가 걷는 동안 실제 추적 공간을 기준으로 가상 장면을 회전할 수 있다는 점에서 중요하다. 일반적으로 사용되는 두 가지 알고리듬은 조향-중심과 조종-궤도다(호그슨 등 2014). 조향-중심 알고리듬은 탐지 임계값을 준수하면서 사용자가 물리적으로 추적 영역의 중심 방향으로 움직이도록 계속 방향을 바꾸는 것이다. 반대로 조종-궤도 알고리듬은 사용자가 추적 공간의 중심을 기준으로 궤도를 도는 것처럼 물리적으로 원호를 그리며 움직이도록 이동 방향을 바꾸는 것이 목표다. 호그슨과 바흐만Bachmann은 상대적으로 개방된 가상 환경(호그슨과 바흐만 2013)에 대해 경계 추적을 피하는 데 조향-중심 알고리듬이 도움이 되는 한편 조종-궤도 알고리듬은 비교적 밀폐된 가상 환경에서 더 나은 성능을 발휘한다는 것을 연구를 통해 보여 줬다(호그슨 등 2014).

가상 장면을 회전하는 대신 차원 특성을 조작하는 대안도 있다. 수마Suma 등(2012)은 가상 환경이 '불가능한 공간'이라고 불리는 자체적으로 서로 중복되는 구조 레이아웃을 사용할 수 있다고 주장했다. 이 레이아웃은 구조적으로 겹치는 서로 다른 공간이 있어도 사용자에게 지금의 공간만 보여 줌으로써 큰 실내 환경을 작은 추적 공간으로 효과적으로 압축한다. 바실레브스카Vasylevska 등(2013)은 공간을 벗어날 때 추적 공간의 중심에서 사용자를 멀리 떨어뜨리도록 방 사이의 통로를 동적으로 생성하고 다음 공간으로 들어갈 때 중심으로 다시 돌아오는 유연한 공간을 만들고자 불가능한 공간이라는 개념을 확장했다.

방향이 바뀐 걸음은 실제 걸음의 추적을 제한하는 것 중 일부를 극복할 수 있지만 고유한 문제를 일으킨다. 첫째, 지속적으로 방향을 바꾸는 걸음은 큰 추적 공간이 필요하다. 작은 공간에서 사용하는 것은 그다지 효과적이지 않다. 둘째, 큰 추적 공간에서도 시각적인 단서, 작업 및 방해물을 무시하기로 결정한 경우 사용자는 공간 외부로 이동할 수 있다. 마지막으로 브루더 등(2015)은 큰 원호를 그리는 걸음보다 작은 원호를 그리는 방향 전환 보행이 인지 자원을 더 많이 필요로 한다는 것을 보여 준다. 방향이 전환된 보행에 대한 자세한 내용을 알고 있는 독자는 가상 환경에서 인간의 보행과 관련된 책을 읽기를 추천한다(스타이니케 등 2013).

확장된 보행

실제 보행에서 확장된 영역 요구 사항을 극복한 또 다른 완전 보행 기술은 확장 보행이다. 이 기술을 사용하면 사용자는 물리적 공간보다 큰 가상 환경에서 이동을 조정해 하나의 실제 단계가 여러 가상 단계와 동일하게 진행될 수 있다. 수평 보행에 대한 기본적인 접근법은 사용자의 머리 추적기 데이터의 수평 구성 요소에 균일한 이득을 적용하는 것이다. 인터란트Interrante 등(2007)은 이 접근법이 사이버 멀미를 유도하고 실제 걷기보다 자연스러우며 사용하기 쉽다는 것을 보여 줬다.

확장된 보행 접근법에 대한 더 나은 접근법은 세븐 리그 부츠Seven League Boots 기술(인터란트 등 2007)이다. 이 기술을 사용하면 사용자가 의도한 대로만 탐색 방향이 확장된다. 보행 중에 발생하는 사용자의 머리 진동 운동을 확장하는 것을 방지해서 사용자의 시점을 과도하게 흔들리게 한다. 세븐 리그 부츠는 실제 걷기 속도에 따라 배율을 역동적으로 변화시킨다. 사용자가 천천히 걷는 경우 크기는 조정되지 않지만 더 빠른 보행 속도에서는 탐색 속도가 더 빨라진다. 데스크톱 UI의 일반적인 마우스 가속화 기술과 유사하며 사용자가 일대일 보행으로 지역을 탐험하고, 원거리라도 목적지로 빠르게 도달할 수 있게 한다.

세븐 리그 부츠 기술을 구현하려면 사용자가 의도하는 이동 방향을 설정해야 한다. 인터란트 등(2007)은 이전 몇 초 동안 사용자의 시선과 수평 변위의 방향을 가중치로 조합해 이동 방향을 결정하는 것이 가장 좋은 방법이라고 말한다. 서 있을 때 변위가 최소일 때 시선 방향에 1의 가중치가 지정된다. 그러나 변위가 보행과 유사한 경우 사용자가 보행 중에 주위를 바라볼 수 있도록 시선 방향에 0의 가중치가 할당된다.

확장된 보행 기술은 전체 주기에서 생체 역학을 제공하고 실제 보행의 물리적인 한계를 극복하지만 사용하기에는 부자연스러울 수 있다. 스타이니케 등(2010)에 따르면 확장 보행 기술은 사용자의 신체적 동작의 1.35배보다 큰 경우 인식할 수 있다. 그리고 확장 보행은 사용자가 자연 보행으로 도달할 수 있는 범위를 넓힐 수는 있지만 어쨌든 영역은 유한하기 때문에 가상 환경의 다른 부분에 도달하려면 추가 탐색 기술이 필요하다.

8.4.2 부분 보행 기술

모든 보행 메타포가 자세 위상과 포물선 위상을 포함하는 것은 아니다. 일부 기술은 탐색할 때 반자연적인 상호작용을 제공하고자 보행 주기의 특정 측면을 다시 창조하는 것에 중점을 둔다. 이런 기술은 종종 보행 주기의 하위 집합만 표시해서 실제 보행을 사용하는 데 한계가 되는 공간 제한 등을 우회한다. 예를 들어 적절한 위치에서 걷는 것은 사용자를 제자리에 유지시키고자 자세 위상과 관련된 동작을 통합하지만 포물선 위상의 동작은 통합하지 않는다. 인간 조이스틱 메타포는 보행의 포물선 측면을 통합하지만 자세 측면을 통합하지 않는다. 다른 기술은 손가락 걷기 같은 해부학적 대체재를 사용해 보행 주기의 동작을 재창조하는 데 초점을 맞춘다(김 등 2008). 8.4.2절에서는 다음과 같은 내용을 다룬다.

- 제자리 걷기
- 인간 조이스틱

제자리 걷기

실제 걷기의 대안으로 제자리 걷기가 있는데 동일한 위치에 있으면서 걷는듯이 발을 계속 움직이면 걷는 동작이다. 이 기술은 사용자가 신체적으로 힘을 발휘해 존재감을 높이면서도 영역의 크기 제한을 없애기 때문에 타협점으로서 고려된다.

하지만 고려해야 할 주의 사항 몇 가지가 있다. 첫째, 실제 걷는 것처럼 보행 주기의 포물선 위상을 포함하지 않으므로 현존감이 감소된다. 둘째, 영역의 크기가 이론상으로는 무제한이지만 실제 걷는 것보다는 사용자가 더 큰 에너지를 써야 하기 때문에 실용적이지 않다는 한계가 있다(닐슨Nilsson 등 2013).

제자리 걷기 기술을 구현하는 데 몇 가지 접근법이 사용됐다. 초기에는 슬레이터 등 (1995)이 다른 유형의 동작과 걷는 것을 구별하고자 위치 추적기와 신경망을 사용해서 머리의 움직임을 분석했다. 사용자가 걷기 시작하면 시스템이 가상 세계에서 시선 방향으로 사용자를 이동시킨다. 템플만Templeman 등(1999)은 머리의 움직임 대신 가이터 Gaiter 시스템에서 다리 동작을 추적, 분석해 사용자가 언제 어디서 어떤 방향을 선택했는지 판단한다. 피셀Feasel 등(2008)은 가상 운동의 방향을 결정하는 데 흉부 추적기를 사용해서 몸의 방향을 판단했다. 그들은 또한 다른 수행 과정에서 볼 수 있는 반 박자 지연을 줄이기 위한 단계 대신 수직 뒤꿈치 동작을 분석했다.

최근 닐슨^{Nilsson} 등(2013)은 제자리 걷기에 사용될 수 있는 운동 기구를 연구했다(그림 8.6). 대부분의 수행 과정에서 사용자는 허벅지를 들어올려 각 발을 지면에서 떼 올리는 행진 제스처를 사용한다. 닐슨 등(2013)은 두 가지 와이핑^{wiping}과 태핑^{tapping}을 제스처로 추가하자고 제안했다. 와이핑은 문앞에 깔아 놓는 신발닦개에 발을 닦는 것과 비슷하게 비교적 안정된 상태에서 각 무릎을 구부리는 행위다. 태핑은 발가락을 지면에 붙인 상태에서 각 발뒤꿈치를 들어올리는 행위다. 인지된 자연스러움 연구에 따르면 세 가지 보행 동작 중 태핑이 제일 자연스럽고 힘들지 않은 기술로 밝혀졌다.

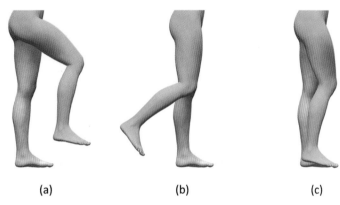

(a)   (b)   (c)

그림 8.6 제자리 걷기의 세 가지 유형: (a) 다리를 들어올리고자 허벅지를 들어서 행진하는 것 (b) 각 발을 뒤로 움직이고자 무릎을 구부려서 닦아 내는 것 (c) 발가락을 땅에 붙이고 발뒤꿈치를 들어올리는 것(닐슨(Nilsson) 등 2013)

연구에 따르면 제자리 걷기는 완벽한 가상 탐색에 비해 현존감이 높지만 실제 걷기만큼 효과적이지는 않다(우소 등 1999). 또한 인식 오류와 사용자 피로 문제를 발생시킨다. 따라서 이 접근법은 더 높은 수준의 자연주의를 필요로 하는 자연주의 시스템과 환경이 지나치게 크지 않아도 될 때 적용하게 된다. 그러나 효율성과 업무 수행 자체에 초점을 두는 애플리케이션에는 조종 기술(8.5절 참고)이 더 적합할 것이다.

인간 조이스틱

인간 조이스틱 메타포는 제자리 걷기와 달리 자세 위상 대신 포물선 위상을 통합한다. 이 메타포의 개념은 사용자의 몸이 조이스틱의 핸들처럼 작동해 다른 방향으로의 탐색을 시작한다는 것이다. 초기에 이 기술이 구현된 것은 가상 모션 컨트롤러^{VMC, Virtual}

Motion Controller였다(웰스Wells 등 1996). 이 범용 장치는 사용자가 실제 세계에서 행하는 보행 동작의 하위 집합을 수행할 수 있게 만들어 가상 동작을 할 수 있도록 만들어 주는 것이 목표다. VMC는 표면 밑 부분에 내장된 압력 센서가 있는 플랫폼으로 구성된다(그림 8.7). 센서는 플랫폼의 가장자리를 따라 배치돼 있기 때문에 중앙에 서 있는 사용자는 그 센서에 압력을 가하지 않게 되므로 중심에서 멀어질수록 감지된 압력이 커지게 된다. 다양한 위치에서 감지된 압력을 분석함으로써 장치는 사용자가 중심에서 자극한 곳으로 방향과 거리를 결정할 수 있게 된다.

그림 8.7 가상 모션 컨트롤러(이미지 출처: 워싱턴 대학의 HIT연구소)

인간 조이스틱 기술을 구현한 또 하나의 예시는 추적 공간의 중심에서 추적된 사용자 머리 위치까지 2D 수평 벡터를 계산한 뒤 이를 사용해 가상 탐색의 방향 및 속도를 정의하는 것이다. 맥마한 등(2012)은 CAVE와 유사한 시스템으로 이 기술을 구현했다. 그들은 사용자의 머리 위치와 추적 볼륨의 중심 사이 미세한 차이로 인해 지속적인 가상 운동을 피하고자 추적 볼륨의 중앙에 탐색 금지 영역을 만들었다. 탐색을 하려면 사용자는 중립 영역에서 빠져 나와 2D 탐색 벡터를 정의해야 한다. 초기 포물선 위상을 지나면 사용자는 같은 방향과 탐색 속도를 유지하고자 그 자리에 가만히 서 있으면 된다. 사용자는 이동 속도를 조정하고자 중앙에서 더 가깝게 또는 멀리 이동할 수 있다. 또한 사용자는 추적 센터와 관련한 탐색 방향을 재정의하고자 나중에 이동할 수도 있다.

앞서 제시한 두 가지 인간 조이스틱의 구현 예시 중 사용자의 시선은 발의 위치 또는 머리의 위치에 의해 정의되는 이동 방향에 대해서 독립적이다. 그러면 사용자는 뒤로 가기 탐색은 가능하지만 제자리 걷기는 할 수 없다. 인간 조이스틱은 완벽한 가상 탐색에서보다 높은 현존감을 느낄 수 있게 해준다(맥마한 등 2012). 하지만 맥마한은 인간 조이스틱 기술이 키보드나 마우스 탐색 기술보다 비효율적이라고 밝혔다. 인간 조이스틱 기술로 탐색을 끝내려면 사용자가 추적 볼륨으로 다시 들어가야 하기 때문이다. 이는 움직임을 멈추는 데 거의 노력하지 않아도 되는 실제 인간의 보행과 매우 다르다.

8.4.3 보행 부정 기술

현실주의를 필요로 하는 경우(예를 들어 훈련 애플리케이션에서) 부분 보행 기술은 실제 보행과 다른 움직임과 노력을 포착하기 때문에 만족스럽지 못하다. 하지만 실제 보행과 완전 보행 기술은 종종 공간과 기술적인 제약에 걸린다. 따라서 특별한 운동 장치를 사용해 현실적인 보행을 하고 있다는 느낌을 제공하고 실제로는 사용자의 몸을 전환하지 않는 세 번째 유형의 보행 메타포가 등장한다. 이를 보행 부정 기술이라 부른다. 보행하면 앞으로 나아간다는 운동 법칙을 무효화하기 때문이다. 8.4.3절에서는 다음 보행 부정 기술을 논의한다.

- 러닝머신
- 수동 무지향성 러닝머신
- 능동 무지향성 러닝머신
- 저마찰면
- 걸음걸이 기반 장치

러닝머신

일반적으로 가장 간단한 보행 부정 기술은 러닝머신이다. 기본적인 형태의 러닝머신은 사용자가 자연스럽게 회전할 수 없게 만들어졌기 때문에 조이스틱과 같은 간접 회전 메커니즘이 필요하다(브룩스 1986). 이를 구현하기는 쉽지만 높은 수준의 사실감을 요구하는 애플리케이션에는 적합하지 않다. 연구자들은 이 문제를 해결하고자 여러 가지 장치를 만들었다. 그중 하나는 일반적인 러닝머신에서 사용자의 머리와 발을 추적해서 사용자가 회전하려고 하는 순간을 추적하는 간단한 아이디어다. 발이 가리키는 방향을 분석하고 발의 움직임이 순방향을 벗어나는 것 등 다른 요인을 기반으로 감지하는 장치다. 시스템이 회전 운동을 감지하면 큰 운동 플랫폼에 장착된 러닝머신을 회전시키는 식이다(노마Noma와 미야사토Miyasato 1998). 동작 플랫폼은 또한 경사면을 시뮬레이션하고자 러닝머신을 기울이기도 한다. 이는 완만하고 매끄러운 경사면을 잘 표현하지만 급격한 경사면을 구현하려면 지연 시간이 길어진다. 또한 중간에 코스를 급변시킬 수 없다.

수동 무지향성 러닝머신

보행 부정에 대한 또 다른 접근법은 어떤 방향으로든 걸을 수 있게 제작된 러닝머신을 사용하는 것이다. 무지향성 러닝머신에는 두 가지 범주가 있다. 하나는 표면을 활성화하고자 사용자의 무게와 운동량에 의존하는 러닝머신이다. 이는 수동 무지향성 러닝머신으로 불리며 이 절에서 다룰 것이다. 두 번째는 사용자의 움직임을 감지하는 반응으로 러닝머신의 표면을 능동적으로 제어할 수 있으며 다음 절에서 논의한다.

설명한 바와 같이 수동 무지향성 러닝머신은 사용자의 무게와 운동량에 의존해 표면을 활성화한다. 표면을 움직임으로써 보행을 무효화하고 사용자가 계속 공간의 중심에 있을 수 있도록 만든다. 수동 무지향성 러닝머신의 예시로는 황Huang(2003)이 개발한 전방위 볼베어링 디스크 플랫폼OBDP, Omnidirectional Ball-Bearing Disc Platform이 있다. 사용자가 앞으로 나아가면 볼베어링의 곡률로 인해 장치의 중앙으로 구르게 되고 사용자의 발은 플랫폼 중앙으로 계속 되돌아가게 된다. 다만 오목한 표면에서는 부자연스럽게 걷게 되고 볼베어링이 갑자기 반응할 때가 있어서 OBDP에서는 사용자가 넘어질 경우에 대비해 안정적으로 허리에 프레임을 착용해야 한다.

수동 무지향성 러닝머신의 또 다른 예는 버추스피어Virtusphere다(그림 8.8, 메디나Medina 등 2008). 이 장치는 사용자가 장치 내부를 걷는 동안 제자리에서 굴러가는 '햄스터 공'과 같은 역할을 한다. OBDP처럼 사용자가 발을 굴러서 버추스피어의 표면을 움직이게 만든다. 하지만 버추스피어가 회전하기 시작하면 사용자는 넘어지지 않고자 구르는 방향의 반대로 움직여야 한다. 나비요니(2015)가 수행한 연구에 따르면 버추스피어는 사용자 경험 측면에서 조이스틱이나 실제 보행보다 좋지 않다.

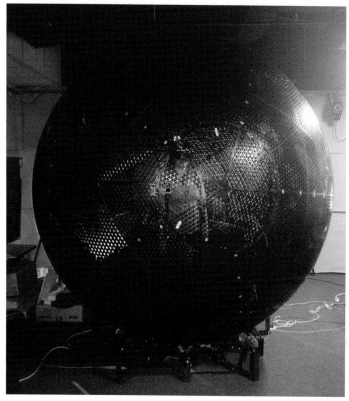

그림 8.8 사람 크기 '햄스터 공'이라 불리는 버추스피어는 수동 무지향성 러닝머신이다(이미지 출처: 나비요니).

능동 무지향성 러닝머신

수동 무지향성 러닝머신은 사용자의 체중과 행동에 반응하도록 만들어졌지만, 능동 무지향성 러닝머신은 사용자의 걸음을 감지해서 움직인다. 이를 구현하는 방법 중 하나는 왼쪽과 오른쪽으로 회전할 수 있는 더 큰 러닝머신을 만들고자 벨트 기반 러닝머신을 좌우로 여러 대 잇는 것이다. 각 장치는 전방 및 후방 동작을 지원하지만 전반적으로는 측면 이동을 지원한다. 따라서 러닝머신의 표면은 임의의 수평 방향으로 움직일 수 있도록 만들어졌다. 무지향성 러닝머신, ODT(다큰 등 1997), 토러스^{Torus} 러닝머신 (이와타^{Iwata} 1999), 사이버워크^{Cyberwalk}(쉬바이거^{Schwaiger} 등 2007)는 이런 유형의 능동 전방위 러닝머신의 예다. ODT는 주로 군용으로서 3D UI로 보병을 자연스럽게 훈련시키는 데 사용된다. 이 장치를 사용하면 어떤 방향으로든 걷거나 뛸 수 있지만 사용성과 안전성에 문제가 있어 효과성이 떨어진다.

중요한 것은 사용자가 러닝머신 위에서 걷고 있으면 기계는 사람을 중간에 위치시키도록 계속 되돌려 놓아야 하는데 이럴 때, 특히 회전할 때나 옆으로 걸을 때 사람이 균형을 잃기 쉽다는 것이다. ODT는 점진적으로 회전하면서 걸을 수 있도록 만들어 주기는 하지만 이는 군인들이 자주하는 동작은 아니다.

능동 무지향성 러닝머신을 만드는 또 다른 접근법은 벨트 대신 방사 형태(모든 롤러의 운동 방향이 장치의 중심을 향한 상태)의 컨베이어 롤러를 사용하는 것이다. 일부 상업용은 작고 안정된 플랫폼을 16개의 롤러가 둘러싼 형태로 구성됐다. 광학 추적 시스템을 통해 사용자가 소형 플랫폼의 외부를 걷고 있다는 것을 감지하면 연관된 롤러를 적극적으로 제어해 사용자를 중앙 플랫폼으로 재이동시킨다. 롤러의 속도는 사용자가 전진하는 순간과 일치하도록 제어된다. 그렇지 않으면 내부와 롤러 속도가 맞지 않아 사용자가 넘어질 수 있다.

저마찰면

보행 부정은 낮은 마찰 표면을 사용해 걷기 동력이나 힘을 무효화함으로써 구현될 수도 있다. 무지향성 러닝머신과 마찬가지로 저마찰면은 수평 방향에서의 가상 탐색을 지원할 수 있다. 이와타와 후지이^{Fujii}(1996)는 그런 장치의 초기 예시를 구현했다. 그들은 발에 저마찰 필름을 장착해 바닥 시트에서 앞뒤로 발을 움직일 수 있게 만들었다. 샌들 발가락 부분은 고무 바닥으로 만들어서 제동력을 실었다. 스왑^{Swapp} 등(2010)은 위즈디쉬^{Wizdish}라는 비슷한 장치를 구현했다. 두 장치의 주요 차이점은 위즈디쉬가 오목한 저마찰면을 사용해 앞으로 나아갈 힘을 무효화시켰을 뿐만 아니라 사용자의 발을 계속해서 중심으로 되돌려 놨다. 최근 몇 년 동안 소비자 시장을 겨냥하고자 다수의 저마찰 표면이 개발됐다(그림 8.9). 이런 장치들은 사용자의 균형과 안전을 보장하고자 허리 주위에 지지대를 두르도록 제작되기도 했다.

저마찰면에는 근본적인 문제가 몇 가지 있다. 첫째, 마찰의 정도는 표면과 신발 사이에서 적절히 균형을 이뤄야 한다. 마찰 정도가 너무 높으면 사용자는 실제 걷는 것보다 이동하는 데 훨씬 큰 에너지를 발휘해야 한다. 하지만 정도가 표면의 마찰 정도가 너무 낮으면 사용자가 넘어지거나 미끄러질 수 있다. 둘째, 이 장치는 실제 보행을 모사하도록 설계됐지만 걷기보다는 스케이트를 탈 때와 유사한 생체역학이 필요하다. 마지막으로 저자의 개인적인 경험에 따르면 저마찰면을 효과적으로 사용하려면 교육이 필요하다.

그림 8.9 HWD-기반 VR에서 가상 이동 저마찰면의 모습(이미지 출처: 버추익스(Virtuix))

걸음걸이 기반 장치

마지막으로 다룰 보행 부정 기술은 걸음걸이 기반 장치다. 사용자가 어떤 걸음걸이를 취할지 감지하고 계속 나아갈 수 있는 표면을 제공하고자 개발됐다. 사용자의 단계를 파악하면 이런 장치는 두 단계를 공간의 중심으로 이동시켜서 사용자를 다시 발견할 수 있다. 가이트마스터^{GaitMaster}(이와타 2001)는 해당 접근법을 취했다. 러닝머신이나 마찰 없는 표면을 사용하는 대신 2개의 작은 운동 기반 플랫폼 위에 발을 둔다(그림 8.10). 시스템은 플랫폼에 내장된 완력 센서를 이용해 사용자의 보행 동작을 감지하고 플랫폼을 적절하게 이동시켜 각 단계 후에 정확한 '접지' 표면이 올바른 위치에서 느껴지도록 만든다. 이 장치는 기술적으로 매우 복잡하고 강력한 유압 장치를 포함하고, 발 동작을 감지할 때 지연 시간이 길어 안전 및 유용성 문제가 발생할 수 있다.

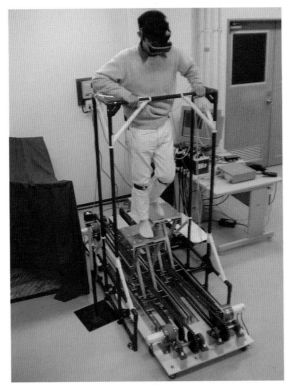

그림 8.10 가이트마스터 운동 장치(이와타 2001, 2003 IEEE; 허가받고 게재)

또 다른 걸음걸이 기반 장치 예시는 이와타 등에 의해 개발된 서큘라플로어^{CirculaFloor}다 (2005). 이 시스템은 사용자의 걸음걸이에 따라 다중 무지향성 로봇 이동수단이 배치되도록 프로그래밍된 이동식 타일을 사용한다. 각 타일은 걷기에 충분한 공간을 제공해서 특정 위치를 지정하지 않도록 만든다. 이 이동수단은 사용자가 지나치게 광범위하게 걷지 않도록 반대 방향으로 움직이기도 한다. 또 사용자가 타일을 떼어 내면 다음 단계를 따라잡고자 순환하도록 만들 수도 있다.

일반적으로 보행 부정 장치는 성공적이지 못했다. 여전히 지나치게 비싸고 기계적 결함에 취약하며 사용자의 움직임에 대한 반응이 느리기 때문이다. 무엇보다 장치가 실제 걷기와는 다른 생체 역학 및 힘이 필요하기 때문에 사용자가 자연스럽게 걷고 있다는 인식을 하기 어렵다는 것이다. 따라서 사용자는 자연스럽게 걷지 못하고 장치의 특성에 맞게 걸음걸이를 조정하는 방법을 배워야 한다. 그럼에도 이러한 장치는 걸어서 물리적인 이동을 해야 하는 특정 응용 분야에서 유용하게 사용된다. 운동 장치에 대한 자세한 개요는 홀러바흐Hollerbach(2002)와 스타이니케 등(2013)의 연구에서 찾아볼 수 있다.

8.5 조향 메타포

8.4절에서 볼 수 있었듯이 자연스러운 이동 기술에 대한 연구가 많이 이뤄졌지만 비디오 게임부터 몰입형 VR까지 대부분의 3D UI는 일종의 가상 여행 기술을 사용한다. 가상 기술 중 가장 보편적인 메타포는 조향인데, 이는 사용자가 움직이는 방향을 지속적으로 제어하는 것을 의미한다. 즉 사용자는 절대 좌표(세계에서 좌표 벡터(1,0,0)을 따라 이동) 또는 상대적인('내가 있는 방향의 왼쪽으로 이동') 이동 방향을 지정한다. 이는 대부분 공간 상호작용을 통해, 또는 실제 조향 장치를 이용해 이뤄진다. 조향 기술은 이 두 가지 범주로 나뉜다.

8.5.1 공간 조향 기술

공간 조향 기술은 사용자가 추적 장치의 방향을 조작함으로써 어디로 이동할지 안내하거나 제어할 수 있게 한다. 8.5.1절에서 설명할 공간 조향 기술은 다음과 같다.

- 시선 방향 조향 기술
- 수동 방향 조향 기술(가리키기)
- 몸통 방향 조향 기술
- 기울기 방향 조향 기술

시선 조향 기술

일반적인 조향 기술과 기본적인 3D 툴킷(케슬러^{Kessler} 등 2000)에 명시된 이동 기술은 시선 방향 조향 기술이다(마인 1995a). 추적 환경에서 시선 방향은 머리 추적 장치 방향과 비슷하다(하지만 실질적인 시선 방향 조종 장치는 눈 추적 장치를 사용한다). 데스크톱 환경에서 시선 방향은 가상 카메라 위치(사용자의 눈 위치 중 하나라고 가정했을 때)에서 보기 창의 중심을 통과하는 광선을 따라간다. 시선 방향 벡터가 도출되면 정규화하고 이어서 사용자는 이를 따라 세계 좌표로 변환된다. 벡터에서 다른 속도를 적용하고자 속도 요소를 곱할 수도 있다(속도 사양 기술은 8.8.2절 참고). 사용자의 움직임을 시작 또는 정지시키고자 (예를 들어 버튼을 누르거나 조이스틱을 움직이는 등의) 일부 이산 사건을 일으켜야 한다.

시선 방향 조향 기술의 기본 개념은 시선 벡터와 직각을 이루는 벡터를 따라 움직임을 허용함으로써 확장될 수 있다. 이를 통해 사용자는 선을 넘어 위로, 아래로, 왼쪽으로, 오른쪽으로 이동할 수 있다(치^{Chee}와 후이^{Hooi} 2002). 이 기능은 시선 방향 설정이 머리 추적 가상 환경보다 복잡한 데스크톱 시스템에서 중요하게 사용된다. 또는 기동에서도 사용될 수 있다(9.2.3절 참고).

사용자의 관점에서 시선 방향 조향 장치는 이해하고 제어하기 쉽다. 데스크톱 3D 환경에서는 화면으로 '이동'하는 것이 자연스럽다. 머리 추적이 포함된 몰입형 3D UI에서 이 기술은 직관적으로 사용되며 특히 움직임이 2D 수평면으로 제한되는 경우에는 더욱 그렇다. 또 하드웨어 요구 사항도 매우 적다. 몰입형 시스템에서도 머리 추적과 버튼 기능만 있으면 된다. 하지만 완전한 3D 동작(예를 들어 '비행')을 실행할 경우 시선 방향 조향은 두 가지 문제점을 지닌다. 첫째, 사용자가 수평면에서 탐색을 시도하면 머리가 지면과 정확히 수평을 이루는지 판단하기 어려워서 이동이 위아래로 움직일 수 있다. 둘째, 특히 HWD를 착용할 때 위아래를 똑바로 보면서 수직으로 탐색하면 움직임이 어색해진다.

하지만 시선 방향 조작을 할 때 가장 큰 걸림돌은 시선 방향과 탐색 방향이 같이 움직인다는 것인데 이는 사용자가 특정 방향으로 향할 때 다른 쪽을 볼 수 없다는 것을 의미한다. 사소하게 보일 수 있지만 실제 세계에서 걷거나 자전거를 타거나 운전하는 동안 다른 방향을 자주 보게 된다는 것을 고려하면 꽤 중요한 문제다. 연구 결과 수동 방향 조향 기술은(아래 참고) 해당 환경에서 물체와 관련된 동작이 필요한 작업을 할 때 시선 방향 조향 기술보다 더 나은 결과를 낸다(바우만 등 1997).

수동 방향 조향 기술(가리키기)

시선 방향과 탐색 방향이 결합되는 것을 피하고자 가리키기 기술(마인 1995a)은 사용자의 손(또는 추적되는 컨트롤러)이 가리키는 방향으로 탐색 방향을 지정한다. 이는 또한 수동 방향 조향이라고도 불린다. 손 추적기의 전방 벡터는 먼저 세계 좌표 벡터로 변환된다(이 전방 벡터는 특정 추적 시스템, 추적기를 손에 휴대하는 방법 및 3D UI 툴킷에 따라 다르다). 그런 뒤 벡터를 속도로 정규화하고 크기를 조정하고 사용자가 결과 벡터를 따라 이동하게 된다. 예를 들어 바탕화면에서 키보드를 사용해 탐색 방향을 설정하고 마우스를 사용해 시선 방향을 설정하는 개념을 구현할 수 있다. 그러나 이런 경우 탐색 방향을 보여 줄, 잘 설계된 피드백이 필요하다. 몰입형 3D UI의 경우 사용자의 고유한 감각(자신의 신체와 그 부분의 감각)을 통해 그가 가리키는 방향을 구별할 수 있다. 일단 탐색 벡터가 도출되면 시선 방향 조향 기술을 구현하는 것처럼 수동 방향 조향 기술을 구현하면 된다.

수동 방향 조향 기술 개념을 확장하면 두 손을 사용해 벡터를 지정할 수도 있다(마인 1997). 탐색하는 방향을 정의하고자 손의 방향 대신 두 손의 위치 사이의 벡터가 적용된다. 이 기법을 사용할 때 중요한 점은 어떤 손이 전방으로 향하는 손인지를 설정해야 한다는 것이다. 구현 예시의 일례로 핀치 글러브$^{Pinch Gloves}$(바우만, 윈그레이브 등 2001)를 착용한 손이 탐색 제스처를 시작하는 전방위 손으로 지정된다. 이 기술을 사용하면 3D 방향 벡터를 쉽게 지정할 수 있고 손 사이의 거리를 기반으로 한 속도 제어 메커니즘을 쉽게 추가할 수 있다.

해당 수동 방향 조향 기술은 사용자가 두 방향을 동시에 제어해야 하는 시선 방향 조향 기술보다 유연하지만 복잡하다. 따라서 인식의 과부하를 초래할 수 있으며 정보를 수집하는 등 인지적으로 복잡한 작업에서 성능을 저하시킬 수 있다(바우만, 콜러^{Koller} 등 1998). 수동 방향 조향 기술은 움직이는 동안 모든 방향을 볼 수 있게 만들기 때문에 사용자가 공간 지식을 습득하는 데 탁월한 성능을 지녔다(바우만과 데이비스 등 1999).

몸통 방향 조향 기술

이번에 소개할 간단한 조향 기술은 사용자의 몸통을 사용해 탐색 방향을 지정한다. 몸통 방향 조향 기술은 사람들이 자연스럽게 걷고 있는 동안 몸의 방향이 가는 쪽으로 얼굴을 돌린다는 사실에 기인한다. 추적 장치는 사용자의 허리 근처에 부착된다(예를 들어 사용자가 착용하는 벨트에 추적 장치를 달 수 있다). 추적기가 더 많이 부착되면 사용자가 탐색 방향을 바라봤을 때 회전이 매끄럽지 않을 수 있다. 이 추적기에서 이동 방향 벡터를 얻은 뒤에는 시선 방향 조향과 같은 방법으로 구현된다. 다만 몸통 방향 기법은 데스크톱 3D UI에 적용될 수 없다.

몸통 방향 조향 기술의 가장 큰 장점은 가리키기 기술처럼 사용자의 시선 방향과 탐색 방향을 분리한다는 것이다. 하지만 수동 방향 조향 기술과는 달리 이를 자연스럽게 수행할 수 있다. 실험적으로 확인되지는 않았지만 사용자의 인지 부하 역시 몸통 방향 기술로 줄일 수 있다. 또 사용자의 손이 자유롭기 때문에 다른 작업을 수행할 수 있게 만든다. 하지만 단점은 있다. 몸통을 위 또는 아래로 가리킬 수 없기 때문에 수평면 환경에서만 적용된다는 것이다. 또 사용자의 머리와 손에 부착하는 표준 추적기 외에 추가로 몸에 부착하는 추적기가 필요하다.

기울기 방향 조향 기술

조금 더 복잡한 조향 기술로, 사용자의 몸이 기우는 방향으로 탐색 방향을 정의하는 기술이 있다. 이 메타포는 무언가를 보고자 몸이 기울어지는 자연스러운 움직임을 주목하며 그 방향을 탐색 방향으로 해석한다. 8.4.2절에서 설명한 인간 조이스틱 기술과 비슷하지만 사용자가 조향을 할 필요가 없다는 점이 다르다.

예를 들어 폰 카프리^{von Kapri} 등(2011)이 개발한 펭구플라이^{PenguFly} 기법이 있다. 이를 사용하면 머리 외에 두 손을 모두 추적할 수 있다. 이동 방향은 손에서 머리까지 정의된 두 벡터를 추가해서 지정한다. 이동 속도는 기울기 방향 벡터 길이의 절반으로 정의된다(그림 8.11). 기울기 방향 조향 기술은 이동 속도를 세세히 제어하기 때문에 수동 방향 조향 기술보다 정확하게 탐색할 수 있게 만든다(폰 카프리 등 2011). 하지만 신체 동작이 커야 하기 때문에 사이버 멀미가 심해지기 쉽다.

베크하우스 등은 기울기 방향 조향 기술의 인터페이스 체어IO^{ChairIO}를 구현했다(2007).

이 인터페이스는 회전식 좌석이 있는 인체 공학적 의자와 사용자를 기울이거나 상하로 튀어오를 수 있게 만드는 스프링 기반 기둥으로 구현된다. 체어IO는 좌석과 기둥에 부착된 자기 추적 장치를 이용해 사용자가 몸을 기울여서 좌석에서 회전할 때 그 움직임을 추적할 수 있다. 해당 정보는 조향에 사용된다. 마샬 등(2011)은 이와 유사하게 트램펄린, 단단한 표면, 관성 센서, 낙하를 방지하기 위한 안전 레일로 구성된 조이만Joyman 인터페이스를 개발했다. 레일을 쥔 동안 사용자는 어느 방향으로든 심하게 기울어질 수 있기 때문에 강체 표면이 트램펄린trampoline 구조의 한 방향으로 기울어지게 된다. 관성 센서는 기울기의 방향을 감지한 뒤 조향 방향과 속도로 변환한다.

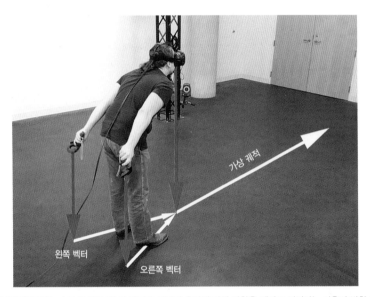

그림 8.11 펭구플라이는 손에서 생성 된 두 벡터를 머리에 추가해 탐색 방향을 벡터로 정의하는 기울기 방향 조향 기술이다. 벡터의 길이는 이동 속도도 정의한다(폰 카프리 등 2011).

기울기 방향 조향 기술은 모두 방향과 속도를 이해하기 쉬운 단일 동작으로 통합한다. 해당 기술을 통해 사용자는 고유의 감수성과 운동 감각에 의지해 환경 내에서 공간 방향과 움직임을 유지할 수 있다. 또 크루이프 등(2016)은 발소리, 머리 움직임, 카메라의 움직임, 발걸음을 기반으로 한 진동 촉각 피드백 등 보행과 관련된 감각 신호를 추가하는 것이 사용자의 현존감을 향상시킨다고 주장했다. 이런 기술의 최대 단점은 수직으로 이동하려면 다른 기술이나 기능을 추가해야 하고, 그렇지 않으면 2D 이동에 국한된다는 것이다.

8.5.2 물리적인 조향 소품

탐색을 하기 위한 조향 기술에는 물리적인 소품(조향 작업에 사용되도록 설계된 특수 장치)이 사용되기도 한다. 일반적으로 조향 소품은 특정 유형의 차량을 시뮬레이션할 때, 교육을 받지 않은 사람이 인터페이스를 사용할 수 있어야 하거나 조향이 전체 사용자 경험의 중요한 일부인 경우 유용하게 쓰인다. 자동차의 핸들은 운전하는 사람이면 누구나 이해할 수 있기 때문에 범용으로 사용될 수 있다. 소품은 사용자에게 적절한 비용과 피드백을 제안해, 수행할 수 있는 작업과 수행 방법을 제공한다. 잠재적으로 소품이 실제 이동수단에서 동일한 조향 인터페이스를 사용하는 데 익숙한 사용자에게 현실적으로 제어할 수 있게 해주고 한편으로는 비현실적으로 피드백 받을 수 있도록 기대하게 만든다는 것이다. 대부분의 물리적 조향 장치의 소품은 2D 수평이동에서만 작동한다.

8.5.2절에서는 다음과 같은 조향 소품 유형을 살펴본다.

- 조종석
- 사이클

조종석

가장 생각하기 쉬운 조향 장치는 자동차 운전대와 비슷한 장치인 조종석으로, 가상 주행을 하는 데 사용되는 일반적인 가속기 및 브레이크와 결합될 수 있다. 일반적으로 사용자가 앉아야 하지만 이동수단 메타포로 간단하게 구현될 수 있다. 몰입형, 데스크톱 가상 환경에서도 사용될 수 있으며 거의 모든 사용자가 쉽게 이해할 수 있다.

다른 특수 조향 장치를 사용해 특정 적용 분야의 실제 또는 가상 이동수단을 시뮬레이션할 수 있다. 예를 들어 가상 선박을 현실적으로 조종하려고 할 때 사용될 수 있으며 (브룩스 1999) 트랙터의 실제 조종실을 사용해 가상으로 제어할 수 있다(데이싱어Deisinger 등 2000). 물론 근접 햅틱 접근법(브룩스 1999)은 수년간 항공기 시뮬레이션에 사용됐다. 디즈니는 VR 기반 어트랙션 일부로 조향 소품을 사용했다(포쉬 등 1996, 쉘Schell과 쇼쳇Shochet 2001). 예를 들어 올랜도의 디즈니퀘스트에서 가상 정글 크루즈를 타고 가면 여러 명의 손님이 물리적 노를 사용해 가상 뗏목의 속도를 조종할 수 있으며 캐리비안의 해적 어트랙션에서는 가상 선박을 조향하는 운전대와 노를 쓸 수 있다. 또 아케이드 게임에서는 오토바이 핸들 바, 운전대, 스케이트 보드, 스키 등이 사용된다.

사이클

사이클은 신체적인 노력이 필요하기는 하지만 걷지 않아도 될 경우 자전거를 포함한 페달 구동 장치를 사용할 수 있다. 일반적으로 사이클 기구(브로건Brogan 등 1998)는 대개 페달링 속도가 이미 나오므로 구현하기 쉽다. 일부 핸들 바를 돌리거나 사용자가 몸을 기울여 자연스럽게 조향하는 정보도 자연스럽게 나온다.

유니포트Uniport는 HWD를 통해 보이는 가상 세계를 통과하는 외발 자전거다(그림 8.12). 이는 보병 훈련을 위해(다방향 러닝머신의 시초 중 하나) 설계됐다. 걷기 시뮬레이션으로 사용하기는 효과적이지 않고 장치를 조종하기 어려울 수 있다. 하지만 기계적으로 덜 복잡하고 사용자에게 큰 힘을 발휘하며 일부 애플리케이션에서 바람직하게 사용될 수 있다.

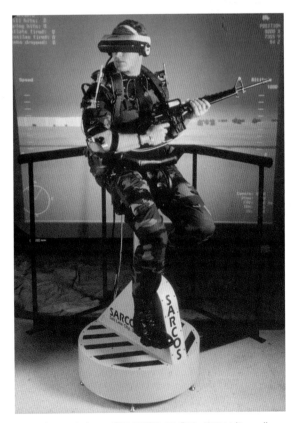

그림 8.12 유니 포트 운동 장치(이미지 출처: 사르코스(Sarcos))

8.6 선택 기반 탐색 메타포

탐색 메타포의 또 다른 주요 범주는 사용자가 대상과 경로를 선택하는 것에 따라 달라진다. 선택 기반 탐색 메타포는 사용자가 세부 사항에 대해 계속 염두에 두고 있어야 할 필요가 없기 때문에 탐색을 단순화할 수 있다. 대신 사용자는 원하는 매개 변수를 지정한 뒤 탐색 기법으로 실제 동작을 처리할 수 있다. 이런 기술은 자연스럽지는 않지만 이해하고 사용하기 쉽다.

8.6.1 대상 기반 탐색 기술

탐색 작업의 유일한 목표는 환경 안에서 사용자가 특정 위치로 시점을 이동하는 것이다. 예를 들어 사용자가 가상 미술 작품 옆으로 이동해서 이를 조사해 볼 수 있다. 시스템에 대한 실제 동작을 제어하지 않고 마지막 지점을 구체화할 수 있다. 목표 기반 여행 기술은 이런 요구 사항을 충족한다.

사용자가 대상에만 관심이 있더라도 시스템이 텔레포트teleportation를 통해 사용자를 대상으로 직접 이동시켜야 한다는 것을 의미하지는 않는다. 경험적 연구(바우만 등 1997) 결과를 보면 3D UI에서 한 위치에서 다른 위치로 순간 이동을 하면 사용자의 공간적 방향 감각을 상당히 떨어뜨리게 된다(대상 위치로 즉시 이동할 때 방향을 이해하는 것이 어려워진다). 따라서 공간적 방향 감각이 중요한 움직임의 경우 시작점에서 끝점으로 연속 이동하는 것이 좋다. 반면 사용자의 통제를 받지 않은 연속 이동은 사이버 멀미가 나게 만들 수 있다. 이 때문에 사용자가 순간 이동을 하지 않고 가상 공간을 통해 대상에게 빠르게 이동하는 절충안이 사용되곤 한다. 이 '깜박임' 모드로 이동하면 사용자가 이동한 방법을 이해하는 데 도움이 되는 시각적 정보를 충분히 얻을 수 있지만 너무 짧아서 사용자에게 멀미를 느끼게 할 수밖에 없다.

대상 기반 탐색 기술을 설명하는 데 다양한 방법이 있다. 8.6.1절에서는 그중 두 가지 기술을 소개한다.

- 대표 기반 대상 기술
- 이중 대상 기술

다른 수많은 대상 기반 탐색 기술은 다른 작업을 위해 설계된 상호작용 기술을 사용해 대상을 지정한다. 기술을 구현할 때 하나의 작업에서 다른 작업으로 넘어가기 때문에 이 유형의 기술을 **교차 작업**cross-task 기술이라고 부른다. 해당 기술에는 다음 내용이 포함된다.

- 선택 기술을 사용해 환경에 있는 객체를 대상으로 선택한다(7장 '조작').
- 조작 기술을 사용해 환경에서 대상이 되는 객체를 특정 장소에 위치시킨다(7장).
- 목록이나 메뉴에서 지정된 대상 위치를 선택한다(9장 '시스템 제어').
- 숫자 입력 기술을 사용하거나 문자 입력 기술로 위치의 이름을 사용해 2D나 3D 좌표에 들어간다(9장).

대표 기반 대상 기술

2D 지도 또는 3D 소형 세계 모형을 사용해 환경 내 대상의 위치 또는 대상을 지정할 수 있다(그림 8.13). 이 기술의 일반적인 지도 기반 구현(바우만, 와인만 등 1998)은 대상을 지정하고자 일종의 포인터(몰입형 3D UI 추적기, 마우스)를 사용해 간단히 선형 경로를 만든다. 현재 위치를 대상으로 지정한 다음 이 경로를 따라 사용자가 이동한다. 시점의 위치는 지면 위 고정된 높이로 정의된다.

그림 8.13 지도 기반 대상 구현의 사양. 지도 오른쪽 하단의 어두운 점은 사용자의 현재 위치를 나타내며 이 점을 지도 위의 다른 위치로 이동시켜서 전체 시야가 보이는 환경에서 탐색 대상을 지정할 수 있다(바우만(Bowman), 존슨(Johnson) 등. 1999, MIT Press and Presence: Teleoperators and Virtual Environments의 허가받고 게재).

이중 대상 기술

이중 대상 탐색 기술은 사용자가 2개의 목표 위치 사이를 쉽게 탐색할 수 있게 한다. 일반적으로 사용자는 선택 기술을 사용해 첫 번째 대상 위치를 지정하지만 두 번째 대상 위치는 선택적인 시스템에 의해서 임시적으로 정의된다. 예를 들어 줌백^{ZoomBack} 기술(젤레즈닉 등 2002)은 일반적인 광선 캐스팅 메타포(7장 참고)를 사용해 환경에서 객체를 선택한 뒤 사용자가 이 객체 바로 앞으로 이동한다. 광선 투사는 대상 기반 탐색을 위한 다른 3D 인터페이스에서도 사용됐다(바우만, 존슨 등 2001). 하지만 줌백 기술의 새로운 기능은 사용자의 전 위치에 대한 정보를 두고 사용자가 대상 객체를 확인한 뒤에 해당 위치로 돌아갈 수 있게 한다는 것이다.

젤레즈닉과 동료들은 이 기술을 가상 박물관의 맥락에서 사용했다. 이 기술을 통해 사용자는 벽에 있는 그림을 선택하고 그 그림을 가까이서 조사한 뒤 여러 그림을 볼 수 있는 원래 위치로 돌아갈 수 있었다. 이를 구현하고자 특수한 팝스루$^{pop\text{-}through}$ 버튼 장치를 사용했다(6장 '3D 사용자 인터페이스 입력 하드웨어' 참고). 사용자는 약한 힘으로 버튼을 눌러서 대상 객체로 이동하고, 버튼을 세게 누르고 놓아서 이전 위치로 돌아가게 만들 수 있다. 이 기술은 2개의 표준 버튼을 사용해 구현할 수도 있지만 팝스루 버튼은 확인 또는 취소할 수 있는 임시 작업을 지정하는 편리하고 직관적인 방법을 제공한다. 이 전략은 다른 경로 계획 및 목표 기반 기술에도 적용될 수 있다.

8.6.2 경로 계획 탐색 기술

선택 기반 탐색 기술의 두 번째 카테고리는 경로 계획이라고 불리는데 사용자가 환경을 통해 노선을 특정하거나 경로를 지정할 수 있게 한 뒤 해당 경로를 따라 사용자를 이동시킨다. 경로 계획 메타포의 필수 기능은 2단계 프로세스다. 사용자가 계획을 세우고 시스템이 이를 수행한다. 해당 유형의 기술은 연속 조향이나 대상 기반 여행보다 덜 일반적이지만 용도가 다양하다. 이 기술을 사용하면 사용자는 실행 전에 경로를 검토, 수정, 편집할 수 있다. 예를 들어 사용자가 애니메이션에서 따라야 할 카메라 경로를 정의하고자 할 수 있다. 그는 조향 기술로 이를 수행할 수 있지만 결과적으로는 더 불규칙하고 덜 정확한 경로일 가능성이 있다.

경로 계획 기술을 사용하면 사용자는 실제 여행 기간 동안 정보 수집 등 다른 작업에 집중할 수 있다. 사용자가 움직이기 시작할 때에만 어느 정도 제어할 수 있게 만들었다. 8.6.2절에서 다룰 경로 계획 기술 관련 내용은 다음과 같다.

- 경로 그리기
- 경로마다 지점 표시하기

경로 그리기

한 가지 방법은 원하는 경로를 그리는 방법이 있다. 연속 경로는 사용자 제어를 최고 수준으로 보장한다. 데스크톱 3D UI용으로 출시된 기술 중 하나를 사용하면 3D 기하학으로 2D 마우스 경로를 투영해 이를 사용해서 3D 환경에 직접 경로를 그릴 수 있다(그림 8.14, 이가라시Igarashi 등 1998). 이 기술은 카메라가 빈 공간을 통과하지 않고 표면 위의 지정된 높이로 이동해야 한다고 가정한다. 이 기술은 경로를 지능형으로 매핑하는 것을 포함한다. 특정 장면과 가까운 3D 표면에 단순히 2D 스트로크를 투영하는 것이 아니라 알고리듬이 경로의 연속성과 현재 지점까지 추적한 표면까지 고려한다. 따라서 터널 내 모든 지면이 사용자에게 보이지 않더라도 터널을 통과하는 경로를 그릴 수 있다.

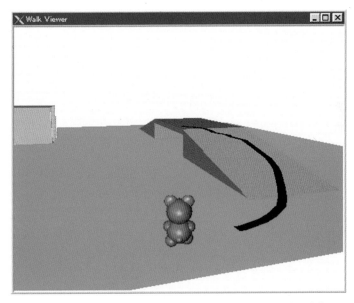

그림 8.14 경로 그리기 시스템(이가라시 등 1998, 1998 ACM; 허가받고 게재)

몰입형 3D UI에서는 사용자가 전체 환경에 직접 접근할 수 없기 때문에 환경의 2D 또는 3D 지도를 그리면 경로를 지정할 수 있다. 이를 위해서는 지도 좌표에서 세계 좌표로 전환하는 과정이 있어야 하고 2D 지도의 경우 높이를 추론해야 한다.

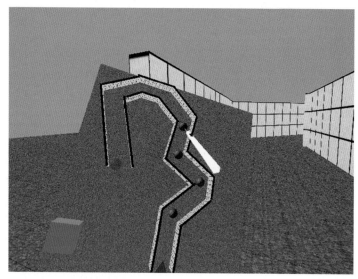

그림 8.15 3D지도에서 지점을 표시하는 경로 계획 기법(바우만, 데이비스 등 1999, MIT Press and Presence : Teleoperators and Virtual Environments 허가받고 게재)

경로마다 지점 표시하기

3D 환경에서 주요 위치에 지점을 표시하는 방법으로 경로를 지정할 수도 있고, 환경에 직접 표시할 수도 있다(데스크톱에서 마우스를 사용하거나 원거리 조작 기법을 사용한다. 7장 참고). 또는 환경의 2D 또는 3D 지도에서 사용하면 된다. 시스템은 표시된 위치에 도달하는 연속적인 경로를 생성한다. 간단히 구현된 모습(바우만, 데이비스 등 1999)을 보면 환경의 3D 지도를 사용하고 표시된 하나의 지점에서 다음 지점으로 직선 경로를 따라 사용자를 이동시켰다(그림 8.15). 경로는 더 복잡할 수도 있는데, 예를 들어 표시된 지점을 제어점으로 사용할 수 있다. 이런 유형의 기술의 장점은 사용자가 더 많은(사용자 제어 증가), 또는 더 적은(시스템 제어 증가) 표시를 배치해 제어 수준을 변경할 수 있다. 피드백은 표시를 배치하는 기술에서 주요한 이슈다. 사용자가 통과할 경로를 알 수 있는 방법은 무엇일까? 잘 설계된 기술은 사용자에게 환경 또는 지도상의 경로를 보여 주는 대화형 피드백을 포함해서 보여 줄 것이다.

8.7 수동 조작 기반 탐색 메타포

수동 조작 기반 탐색 기술은 일부 상황에서 효과적인 또 다른 유형의 교차 작업 기법이다. 이 기술은 호머, 고-고 등 수동으로 객체를 조작하는 메타포를 사용해(7장 참고) 시점과 전체 세계를 조작한다.

수동 조작 기반 탐색 기술은 탐색과 사물 조작 작업이 빈번하거나 여러 곳에 흩어져 있는 상황에서 사용해야 한다. 예를 들어 사용자의 목표가 가구, 카펫, 그림 등 기타 항목을 가상 공간에 배치하는 것이며 이것이 내부 레이아웃 애플리케이션으로 구현됐다고 생각해 보자. 이 작업에서는 가상 객체를 배치하거나 이동시키는 빈번한 객체 조작 작업과 빈번한 탐색 작업이 포함돼 있는 다양한 관점에서 공간을 볼 수 있다. 또한 디자이너는 현재 시점에서 제대로 보일 때까지 객체를 이동시킨 다음 그 배치 상태를 확인하고자 새로운 시점으로 이동한다. 동일한 메타포가 탐색과 객체 조작 모두에 사용될 수 있다면 해당 환경과의 상호작용은 사용자의 관점에서 매끄럽고 단순하게 이뤄질 것이다.

8.7.1 시점 조작 기술

탐색하고자 시점을 조작하는 여러 가지 방법이 있다. 시점 조작 기술의 예는 다음과 같다.

- 카메라 조작
- 아바타avatar 조작
- 고정된 객체 조작

카메라 조작

위치 추적기를 사용하는 데스크톱 가상 환경에서의 탐색을 위한 기술을 카메라 기술이라고 한다(웨어Ware와 오스본Osborne 1990). 손에 추적기를 들고, 한정된 작업 공간에서 해당 추적기의 절대 위치와 방향은 3D 장면이 그려지는 카메라의 위치와 방향을 지정한다. 즉 작업 영역에서 세계의 축소판을 상상해 볼 수 있다. 추적기는 세상을 바라보는 가상 카메라로 여겨진다(그림 8.16 참고). 가상 공간에서 손을 움직이면 탐색이 간단하게 가능해진다.

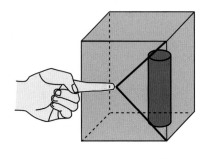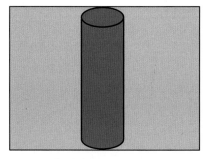

그림 8.16 카메라 조작 기술. 사용자의 손은 작업 공간 내의 특정 위치와 방향(왼쪽)에 있으며 환경의 특정 시점을 생성한다(오른쪽).

카메라 조작 기술은 상대적으로 구현되기 쉽다. 추적기 좌표계와 세계 좌표계 사이의 변환이 필요하며 가상 카메라 위치와 추적기 위치 사이 매핑을 정의하면 된다.

이 기술은 실제로 3D로 입력하기 때문에 데스크톱 3D UI(추적기를 사용할 수 있는 경우)에 효과적일 수 있으며 사용자는 고유 감각을 사용해 3D 세계에서 개체 간의 공간적인 관계에 대한 감을 얻을 수 있다. 그러나 사용자가 작업 영역의 외부(3인칭) 시점을 지니고 있기 때문에 혼란스러울 수도 있지만 3D 장면은 일반적으로 본인 중심(1인칭) 관점으로 구현한다.

아바타 조작

사용자는 경로를 계획할 때 카메라를 조작하는 대신 자신의 가상 아바타를 조작할 수 있다. 예를 들어 WIM 기술(7장 7.7.2절 참고)에서 작은 사람 모형은 소형 모형 세계에서 사용자의 위치와 방향을 나타낼 수 있다(그림 8.17). 사용자는 소형 모형 세계 환경에서 이 객체를 선택, 조작해 관측점이 대상의 위치를 따라 이동하는 경로를 정의하고 시스템은 이 동작을 전체 규모의 환경에서 이 동작을 실행한다. 포쉬 등(1995)은 사용자의 시점이 소형 모형 세계로 날아들어와서 전체 규모의 세계를 대체하고 새로운 소형 모형 세계를 만들어 낼 때 이 기술이 가장 합리적이라고 주장했다. 다른 경로 계획 기법과 비교했을 때 이 기술의 장점 중 하나는 사용자의 방향뿐만 아니라 위치도 나타내기 때문에 변환뿐만 아니라 시점 회전도 가능하다는 것이다.

마찬가지로 2D 지도 환경의 사용자 아이콘을 이동시켜서 경로를 정의할 수 있다. 데스크톱 및 몰입형 3D UI에 똑같이 적용되는 기술이다. 이 경로는 2D이기 때문에 시스템

규칙을 사용해 경로의 모든 지점에서 사용자의 높이를 결정해야 한다. 땅에서 높이를 고정한 관점을 유지하는 것이 일반적인 규칙이다.

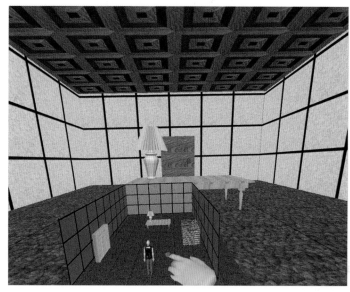

그림 8.17 해당 전면적 환경에서 개최되는 WIM(전경)이다. 사용자 아이콘은 이미지의 맨 아래에 있다(이미지 출처: 더그 바우만).

고정된 객체 조작

선택한 객체를 관측점 동작의 초점으로 사용할 수 있으므로 이동할 때 조작 기법을 사용할 수 있다. 즉 사용자는 환경에서 객체를 선택한 뒤 조작하는 것처럼 손을 움직인다. 하지만 객체는 고정된 상태로 유지되고 시점은 객체에 상대적으로 이동하게 된다. 이를 고정 객체 조작이라고 부른다. 시도해 보지 않으면 이해하기 어려운 개념이지만 현실 세계에서의 비유가 도움이 될 수 있다. 깃대를 잡는다고 상상해 보자. 막대기가 땅에 단단히 고정돼 있으므로 손을 몸쪽으로 움직이면 깃대는 움직이지 않는다. 오히려 사용자 본인이 그것에 더 가까이 다가가게 된다. 마찬가지로, 손을 돌려 깃대를 회전시키려 할 수도 있지만 그보다 효과적인 것은 몸을 반대 방향으로 회전시키는 것이다.

3D UI에서 고정 객체 조작의 구체적인 예를 살펴보겠다. 피어스 등(1997)은 이미지 평면 기법이라 불리는 일련의 조작 기법을 고안했다(7장, 7.5.1절 참고) 일반적으로 이미지

평면에서 객체가 선택되면 손으로 움직이고, 해당 객체라 환경 내에서 움직이게 된다. 예를 들어 손을 몸 뒤로 움직이면 선택한 객체가 사용자 쪽으로 이동하게 된다. 그러나 탐색 모드에서 사용하면 동일한 손동작으로 인해 선택한 객체로 시점이 이동하게 된다. 손으로 회전시켜 선택한 객체를 중심으로 시점을 이동시킬 수도 있다. 여기서 확장된 세계 그랩scaled world grab 기술(마인 등 1997)과 레이저그랩LaserGrab 기술(젤레즈닉 등 2002)은 비슷하게 동작한다.

고정 객체 조작 기술은 위에 설명된 것과 같은 결합된 여행/조작 작업 시나리오에서 원활한 상호작용 경험을 제공한다. 사용자는 어떤 상호작용 모드가 활성(탐색 또는 조작)인지 간단하게나마 알고 있어야 한다. 일반적으로 두 모드는 입력 장치의 다른 버튼에 할당된다. 2개의 모드는 동일하게 선택된 객체를 사용해 혼합할 수 있다. 사용자는 조작 모드에서 객체를 선택하고 해당 객체를 이동시킨다. 그다음 이동 모드 단추를 누른 상태에서 선택한 객체와 관련된 시점을 이동시킨 후 단추를 놓고 조작 모드로 돌아간다.

8.7.2 세계 조작 기술

탐색할 시점을 조작하는 대신 현재 시점을 기준으로 전체 세계를 조작하는 방법도 있다. 다양한 접근법이 있다. 여기서는 세계를 조작하는 데 사용된 시점의 수에 따라 분류해 보겠다.

- 단일 시점 세계 조작
- 이중 시점 세계 조작

단일 시점 세계 조작

탐색 업무에 조작 기술을 사용하는 한 가지 방법은 사용자가 세계를 단일 지점을 중심으로 조작할 수 있게 만드는 것이다. 예를 들면 '공기 움켜잡기' 또는 '조작할 수 있는 화면' 기술(메이프스와 모쉘 1995; 웨어와 오스본 1990)이다. 이 개념을 사용하면 전 세계가 조작의 대상이다. 사용자가 세계 안에 있는 특정 지점에서 움켜잡는 동작을 하고 손을 움직이면 전 세계가 움직이면서 시점이 고정된다. 물론 사용자에게 이는 시점이 이동하고 세계가 고정된 것처럼 정확하게 나타난다.

시스템은 이 탐색 기술을 객체 조작 기술과 통합하고자 움켜잡는 행위가 시작될 때 사용자가 움직일 수 있는 객체를 움켜잡으려는 것인지 아닌지 여부를 결정해야 한다. 객체가 잡히면 표준 객체 조작이 수행돼야 하는데, 그렇지 않으면 움켜쥐는 것이 탐색 상호작용을 시작하는 행위로 해석된다. 이 방법으로 동일한 기술을 2개 작업에 모두 사용할 수 있다.

해당 기법을 구현하는 것은 쉽지만 개발자는 세계에 있는 객체를 또 다른 가상 손에 붙이는 실수를 범하면 안 되는데, 그 이유는 세계가 가상 손의 회전과 변환을 따라가서 방향 감각을 상실할 가능성이 있기 때문이다. 오히려 움켜잡는 동작을 하는 동안(또는 버튼이 눌려진 상태에서) 시스템은 각 프레임에 존재하는 가상 손의 위치를 측정하고 그 벡터를 바탕으로 세계의 원점을 변환해야 한다.

가장 간단한 형식으로는 사용자가 가상 환경에서 긴 거리를 탐색해야 할 때 팔 움직임이 많아야 한다는 것이다. 기본 기술이 향상되면 그 움직임을 줄일 수 있다. 첫째, 가상 손은 고-고와 같은 기술을 사용해 더 먼 거리를 가게 만들 수 있다(푸피레프 등 1996). 둘째, 한 손이 아니라 두 손을 사용하는 방식으로 구현될 수 있는데 이는 다음에 이어서 설명하겠다.

이중 시점 세계 조작

1개가 아닌 2개의 조작 지점을 정의해서 세계를 조작하는 방식이 있다. 대학원 연구 프로젝트(메이프스와 모셸 1995)에서 발전돼 상용 제품으로도 나온 스마트신^{SmartScene}은 사용자가 줄을 잡아당기는 것과 비슷한 행동을 하면 이동할 수 있게 만든다. 사용자가 한 손을 뻗고 다른 손으로 세계를 움켜잡기 전에 뻗은 손을 본인에게 가까이 가져와서 세상을 끌어당기는 간단한 인터페이스로 구현된다. 이 접근법은 사용자가 팔 하나만 사용하지 않고 두 팔을 다 쓰도록 만들어서 세계를 조작하는 데 드는 노력을 분산시켰다.

이중 시점 조작은 이동 중에도 시점을 회전시킬 수 있다는 장점도 지녔다. 사용자가 두 손으로 세계를 움켜잡을 때 주로 사용하는 손이 벡터를 정의하는 반면 다른 손의 위치는 전환점으로 작용할 수 있다. 벡터의 회전 변화는 이중 지점 조작을 사용해 이동하는 것 외에도 시점 회전을 제공하고자 세계를 변형하는 데 적용될 수 있다. 또한 두 손 사

이의 거리는 8.8.5절에서 설명한 것처럼 세계를 더 크게 또는 작게 만드는 데 사용할
수 있다.

8.8 기타 탐색 기술

8.7절에서 다뤘던 기술 외에도 3D UI 디자이너가 고려해야 하는 탐색 기술의 측면은
다양하다. 관측 방향을 지정하는 법, 속도를 지정하는 법, 수직적인 탐색을 제공하는
법, 자동 또는 반자동 탐색을 사용할지 여부, 탐색 중 세계를 제어할지 여부, 여러 탐색
기술들을 전환해 가며 사용하는 법, 여러 대의 카메라 사용과 시각 및 뇌 신호와 같은
비 물리적 입력의 사용에 대한 고려 사항을 포함한다.

8.8.1 관점 방향

지금까지 거의 관점의 위치(xyz 좌표)를 변경하는 기술에만 독점적으로 중점을 뒀다.
그러나 탐색은 관점 방향(헤딩, 피치, 롤)을 설정하는 작업도 포함한다. 여기서는 관점의
방향을 지정할 때 사용하고자 특별히 고안된 기술을 설명한다.

- 머리 추적
- 궤도 관점
- 비동형 회전
- 가상 구형 기술

머리 추적

몰입형 VR과 AR의 경우 일반적으로 사용자의 머리 추적기에서 시점 방향을 사용하기
때문에 명시적인 시점 방향 지정 기법을 정의할 필요가 없다. 이는 시점 방향을 지정하
는 자연스럽고 직접적인 방법이며, 물리적인 선회는 가상의 선회보다 공간 방향의 정
도가 더 높아지는 것으로 나타났다(바커Bakker 등 1998, 찬스 등 1998).

궤도 관점

관점 방향을 위한 머리 추적 사용을 약간 비틀면 궤도 관점이 된다(콜러 등 1996). 이 기
술은 모든 측면에서 단일 가상 객체를 보려 할 때 사용된다. 객체의 바닥을 보려면 사

용자가 위를 쳐다보면 되고, 왼쪽 면을 보려면 오른쪽을 보면 되는 식이다. 하지만 최근 제이콥 등(2016)이 내놓은 연구에 따르면 사용자는 고정된 화면과 수평 궤도 관점에서 상호작용할 때 머리 요^{yaw} 대신 머리를 여러모로 회전시켜야 한다.

비동형 회전

다른 관점을 지향하는 기법이 필요한 경우 몰입형 VR의 특정 상황을 들 수 있다. 일반적으로 3면을 둘러싼 스크린 디스플레이와 같이 표면이 사용자를 완전히 둘러싸지 않는 영사된 디스플레이가 대표적인 예다. 이 상황에서 바로 뒤에 있는 것을 보려면 사용자가 시점을 돌릴 수 있어야 한다(서라운드 스크린 디스플레이에서는 대개 '지팡이' 입력 장치 조이스틱을 사용해 수행된다). 방향 전환된 보행 기술(라자크 등 2002)은 환경을 천천히 회전시켜 사용자가 자연스럽게 돌릴 수 있지만 누락된 뒷벽을 마주보지 않도록 해야 한다. 연구진은 그런 디스플레이 사용자가 확대된 머리 회전에 기초해 전체 주변 환경을 볼 수 있게 해주는 비돌연변이 회전 기법을 만들었다(비동형 매핑의 소개는 7장 7.3.1절 참고).

가상 시점 방향을 설정하는 데 여러 가지 다른 비동형 매핑을 사용할 수 있다. CAVE와 같은 디스플레이는 라비올라 등(2001)이 사용자의 허리 방향 벡터와 CAVE 내 위치에 따라 사용자가 특정 임계값 이상으로 회전한 뒤에만 움직이는 비선형 매핑 함수를 사용했다. 확장된 2D 가우스 함수는 잘 작동하는 것으로 나타났다. 라비올라 등(2001)은 비동형 시점 회전의 더 자세한 정보를 제공한다.

가상 구형 기술

데스크톱 3D UI의 경우 일반적으로 관측점 방향을 설정하는 것이 더 명확하다. 일반적으로 가상 구형(첸 등 1988)과 아크볼과 관련된 기술이다(슈마커 1992). 이 두 기법은 원래 가상 중심의 관점에서 개별 가상 객체를 회전시키는 데 사용하고자 고안됐으며 7장 '선택 및 조작'(7.7.3절)에 자세히 설명돼 있다. 자기 중심적 관점에 대해서는 동일한 개념을 안쪽부터 사용할 수 있다. 즉 시점은 가상 구의 중심으로 간주되며 마우스 클릭 및 드래그는 해당 구형 주위에서 구를 회전시키는 역할을 한다.

8.8.2 속도 사양

다음으로는 탐색 속도를 변화시키는 기술을 설명한다. 3D UI는 대부분 이런 탐색 기술을 충분히 고려하지 않고 합리적으로 일정한 속도를 유지하게 설정한다. 하지만 이 속도는 어떤 상황에서는 너무 느리고 또 다른 상황에서는 너무 빠를 수 있기 때문에 문제가 된다. 사용자가 다른 환경으로 탐색하려고 할 때 속도가 너무 느리면 쉽게 좌절할 수 있다. 반면 한쪽으로 살짝 움직이려면 그 속도가 너무 빨라서 정확도가 떨어진다. 따라서 사용자 또는 시스템이 속도를 제어할 수 있는 방법을 고려하는 것은 탐색 기술을 설계하는 데 중요하다.

사용자가 다양한 방법으로 속도를 제어할 수 있다. 속도를 정의하거나 조작하는 접근법들은 다음과 같다.

- 개별 변환
- 연속 제어
- 직접 입력
- 자동 속도 조절

개별 변환

사용자가 속도를 제어하는 방법 중 하나로 사전에 정의된 정도를 기준으로 개별적으로 변환하는 방식이 있다. 간단한 예시로는 2개의 버튼을 두고 하나는 속도를 높이고 다른 하나는 낮추는 데 사용하는 방법을 들 수 있다. 이 버튼은 입력 장치에 포함되거나 3D UI 메뉴에 표시될 수 있다. 속도를 개별적으로 바꾸는 것은 너무 느리거나 빠르게 탐색할 가능성을 낮추지만 한편으로는 개별적인 단계 사이에 원하는 속도값이 있을 때 정확히 원하는 속도로 설정할 수 없다. 상호작용 디자이너는 이런 단점을 완화하고자 더 작은 값을 사용하도록 만들 수는 있지만 사용자가 원하는 속도를 만들려면 결국 버튼을 불필요하게 많이 눌러야 한다. 따라서 상호작용 디자이너는 개별 변환에 대한 단계값을 신중하게 선택해야 한다.

연속 제어

속도를 개별적으로 변환할 때의 이슈를 고려해 보면 연속으로 제어하는 방법이 사용자에게 더 적합할 수도 있다. 연속 속도 제어 기술은 종종 사용되는 방향 제어 기술과 통합될 수 있다. 예를 들어 시선 방향을 조향할 때 머리의 방향을 사용해 이동 방향을 지정하기 때문에 몸과 밀접한 머리의 위치를 속도 지정에 사용하면 된다. 이를 린 기반 속도lean-based velocity(페어차일드Fairchild 등 1993, 라비올라 등 2001, 송Song과 노만 1993)라고 부른다. 라비올라는 실험에서 머리와 허리 사이의 절대적인 수평 거리를 측정했다. 이 거리가 임계값을 초과하면 사용자는 기울기 방향으로 이동하기 시작하고 속도는 기울기 각도의 몇 배가 된다. 비슷하게 몸을 기준으로 했을 때 손의 위치를 보고 속도를 설정하는 기술(마인 1995a)은 포인팅 기술과 통합될 수도 있다.

속도를 연속 제어하는 또 다른 방법은 물리적 장치를 사용하는 것이다. 가속 및 제동 페달을 포함하는 물리적인 장치를 사용해 차량의 속도를 제어하는 것과 유사하게 속도를 제어할 수 있다. 또 힘-피드백 조이스틱과 같은 물리적 힘 기반 장치를 사용해 속도를 제어할 수도 있다. 이 경우 속도는 적용되는 힘의 양에 따라 달라진다. 해당 기술의 자세한 내용은 맥켄지(1996)를 참고하자.

연속 제어 기술의 명백한 장점은 사용자가 원하는 이동 속도를 정할 수 있다는 것이다. 그러나 상대적인 위치를 바탕으로 한 기술을 이행해야 하는 상황에서는 특정 속도를 유지하기 어려울 수 있다.

직접 입력

속도를 지정하는 또 다른 방법으로는 직접 입력이 있다. 예를 들어 키보드를 사용해 숫자 값을 입력하거나 음성 명령을 통해 속도를 지정할 수 있다. 이 기술은 원하는 속도를 지정하고 유지할 수 있다는 장점을 지녔지만, 사용자가 다른 작업을 하는 도중에는 사용하기 불편하거나 사용자의 주의를 산만하게 만들 수 있다.

자동 속도 조절

사용자가 속도를 제어할 때의 주된 단점은 인터페이스가 복잡해진다는 것이다. 그럴 때에는 시스템으로 속도를 제어하는 기술이 적절하다. 예를 들어 낮은 속도로 짧지만 정밀하게 움직여야 하는 상황과 높은 속도로 큰 동작을 해야 하는 상황을 모두 만족시키려면 시스템이 사용자가 이동한 시간의 양에 따라 속도를 자동으로 변경할 수 있다.

이 기술을 사용할 때는 일단 천천히 탐색하기 시작하고, 최대치에 달할 때까지 속도가 점차 높아진다. 속도 곡선의 모양과 최대 속도는 주어진 환경의 크기, 이동할 때 필요한 정확성 등 기타 요인에 따라 달라질 수 있다. 이는 오래 이동해야 할 때 정확도를 줄일 수 있다. 잠재적으로 사용할 수 있는 또 다른 기술로는 '슬로우-인, 슬로우 아웃' 개념이다(맥킨레이 등 1990a). 탐색을 천천히 시작해서 빠르게 했다가 목적지가 가까워지면 느려지는 것을 의미한다. 사용자가 목적지를 알고 있기 때문에 목표 기반 탐색 기술(8.6.1절)로만 자동화될 수 있다.

8.8.3 수직 탐색

8장에서 제시되는 많은 기술은 수평면 안에서의 이동(예를 들어 걷는 메타포 및 물리적인 조향 장치)으로 제한된다. 일부 기술은 공간 조향 메타포처럼 수직 방향으로 이동할 수도 있지만 이는 종종 수직 이동이 아니라 3차원으로 탐색하는 능력 때문에 발생한다. 그래도 수직 탐색에 초점을 맞춘 몇 가지 기술이 있었다.

슬레이터, 우소, 스티드(1994)는 등반 행위를 통해 수직 탐색을 하도록 만들고자 걸어가기 기법과 가상 사다리와 계단과의 충돌 기법을 사용했다. 등반의 방향은 사다리의 아래 칸이나 계단을 오르내릴 때 사용자의 발이 충돌하는지 여부에 따라 등반 방향이 결정된다. 사다리 또는 계단에 있을 때 물리적으로 회전함으로써 등반 방향을 바꿀 수 있다.

최근 사다리를 등반하는 또 다른 기술이 등장했다. 타칼라^{Takala}와 맷바이넨^{Matveinen}(2014)은 가상 사다리의 가로대를 잡고 목표까지 도달하는 기술을 개발했다. 사용자는 가로대를 잡은 방향의 반대로, 위 또는 아래로 이동한다(예를 들어 가로대를 내리면 위로 올라가게 된다). 등반 사다리 기술을 조금 더 설명하면 라이^{Lai} 등(2015)이 개발한, 사다리의 높은 부분을 잡으면서 낮은 사다리 가로대에 올라서게 되는 '행진과 도달^{march-and-reach}' 기술을 볼 수 있다. 사용자는 이 기술을 현실감 있게 느낀 한편 걷거나 움켜잡는 타칼라 기술이나 걸어가기 기법보다 쓰기 어렵다고 받아들였다.

8.8.4 반자동 탐색

특정 애플리케이션, 특히 엔터테인먼트, 스토리텔링, 교육 분야에서 디자이너는 사용자에게 제어한다는 느낌을 주는 동시에 최종 목표로 사용자를 이동시키고 환경에서 주어진 주요 기능에 집중하도록 만들고자 한다. 예를 들어 디즈니의 알라딘 어트랙션(포쉬 등 1996)에서 사용자는 마치 마법 카펫을 제어한다는 느낌을 받지만 이 경험을 특정 시간으로 제한해야 하며 모든 사용자가 끝까지 가야 한다. 이런 종류의 애플리케이션에서는 반자동 탐색 기술이 필요하다.

반자동 탐색 기술의 기본 개념은 시스템이 사용자의 이동에 대해 일반적인 제약 조건과 규칙을 제공하고, 사용자가 조건 내에서 이동을 제어할 수 있다는 것이다. 이 아이디어는 몰입형 및 데스크톱 3D UI에 모두 적용할 수 있다. 갈리안의 강의 비유는 이 개념을 특수하게 구현한다(갈리안 1995). 그는 강을 따라 여행하는 배를 메타포로 사용했다. 사용자가 조향을 하든 하지 않든 배는 강을 따라 흘러가지만 사용자는 키를 잡아 배의 움직임에 영향을 미칠 수 있다. 그는 특히 환경(강)을 따라 디자이너가 경로를 결정하도록 만들었다. 사용자는 스프링을 사용해 경로를 따라 갈 수 있고, 벗어나려면 원하는 만큼 그 방향을 처다보면 된다(그림 8.18).

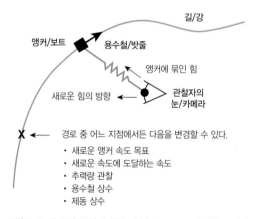

그림 8.18 갈리안(1995)의 항법 기술(1995 ACM, 허가받고 게재)

8.8.5 세계의 확장

8.4.1절에서 3D 가상 세계에서 실제 걷는 것이 가장 자연스럽고 직관적인 탐색 방법이지만 추적 범위나 실제 공간 때문에 제한적이라는 점을 지적했다. 이 문제를 완화하려면 세계의 규모를 변경해 1미터의 실제 거리가 가상 세계에서는 1나노미터나 1킬로미

터로 나타나게 만들면 된다. 그러면 사용할 수 있는 추적 범위와 실제 공간이 어떤 규모의 공간이든 표현할 수 있게 된다.

세계를 확장하고 탐색하는 기술을 설계할 때 몇 가지 도전 과제가 있다. 하나는 사용자가 세계의 규모를 미리 이해하고 이동 거리를 결정한 뒤 움직일 때 시각적 피드백을 받아서 이해할 수 있어야 한다는 것이다. 고정된 눈금으로 가상 몸체(손, 발, 다리 등)를 사용하는 것은 사용자가 환경의 상대적인 규모를 이해하는 데 도움을 준다. 또 다른 문제는 지속적인 규모 확장과 재조정이 사이버 멀미나 불편을 초래할 수 있다는 것이다 (바우만, 존슨 등 2001). 또 실제 공간에서의 움직임이 가상 공간에서 훨씬 큰 움직임으로 표현되도록 세계를 축소하면 사용자의 움직임은 훨씬 조악해진다.

확장과 탐색 기술을 설계할 때 흔히 사용하는 두 가지 접근법을 소개한다.

- 능동적인 확장
- 자동화된 확장

능동적인 확장

확장 및 이동에 대한 가장 일반적인 접근법은 사용자가 세계의 크기를 적극적으로 제어하도록 만드는 것이다. 여러 연구 프로젝트와 애플리케이션에서 이 개념을 적용했다. 초기에는 3DM 몰입형 모델(버터워스Butterworth 등 1992)로 사용자가 세계의 상대적인 규모를 변화시키고자 확대, 축소할 수 있게 했다. 스마트신SmartScene 애플리케이션 (메이프스와 모쉘 1995)을 사용해 다양한 크기의 객체를 빠르게 움직이고 조작하도록 환경의 규모를 제어할 수도 있었다. 환경의 규모를 변경하는 인터페이스는 사용자가 핀치 글러브(그림 6.23)를 착용하고 간단하게 꼬집는 동작을 취하거나 손을 가져와 움직여서 세상을 축소하거나 확장했다. 세계 규모 확장을 위한 움켜쥐기 기술(마인, 브룩스, 세퀸Sequin 1997)은 객체를 선택할 때 인식하지 못하는 방식으로 크기를 조정한다(그림 8.19). 사용자는 선택 전후의 화면(입체감을 고려하지 않음)을 동일하게 인식하지만 실제 세계의 크기는 조정된 상태다. 이 기술은 객체를 조작하기 위한 것이지만 확장에 사용하면 물리적인 움직임을 통해 더 멀리 이동할 수 있다.

그림 8.19 세계 규모 확장을 위한 움켜쥐기 기술(마인 등 1997 © 1997 ACM, 허가받고 게재)

자동화된 확장

사용자는 능동적인 확장으로 세계의 규모를 지정할 수 있지만 그러려면 추가 인터페이스나 컴포넌트 또는 상호작용이 필요하다. 반면 3D UI에서는 사용자의 현재 작업 또는 위치에 따라 시스템이 자동으로 세계의 규모를 변경하도록 설계할 수 있다. 이렇게 자동화된 접근 방식은 사용자가 규모를 지정하지 않아도 확장과 이동을 제공한다. 자동화된 확장의 예는 코퍼 등이 개발한 멀티스케일 가상 환경MSVE, Multiscale Virtual Environment 인터페이스다(2006). MSVE 각각은 더 큰 객체 안에 중첩된 작은 객체가 있는 계층 구조를 띤다. 사용자가 더 큰 객체에서 작은 객체로 이동하면 시스템은 사용자가 더 작은 객체 안에 있음을 감지하고 세계의 규모를 키운다. 예를 들어 인체 해부학을 배우는 의대생은 신체 외부에서 장기 기관으로 이동할 수 있다. 해당 탐색에서 시스템은 이동을 감지하고 장기의 크기를 실제와 같은 크기로 만들면서 세계를 확장한다. 학생이 장기에서 신체 외부로 이동할 때 시스템은 세계를 다시 축소한다.

MSVE는 사용자가 확장 대신 탐색에 집중하도록 만들면서 세계를 확장하고 축소하는 기술의 이점을 활용한다. 주의할 점은 객체와 규모의 계층 구조를 직관적이고 유용하게 만들어야 하는 만큼 가상 환경이 신중하게 설계해야 한다는 것이다.

8.8.6 탐색 모드

8장에서는 대부분의 탐색 기술을 여행을 위한 단일 모드로 설정한다. 하지만 일부 기술은 다른 탐색 방법 사이의 전환을 도모하고자 추가 모드를 필요로 한다. 예를 들어 3D 데스크톱 애플리케이션 대다수는 사용자가 표준 마우스와 키보드로 카메라의 6개 자유도 중 2~3개만을 제어할 수 있기 때문에 여러 가지 이동 모드가 필요하다. 이렇게 여러 가지 탐색 모드를 제공할 때 하나로 통합해서 한 곳에서 다른 곳으로 쉽게 전환할 수 있어야 한다. 동시에 사용자가 자유도를 의도치 않게 조정해서 카메라를 움직이지 않도록 탐색 모드를 명확하게 구분해야 한다.

탐색 모드 사이 전환에 대한 초기의 새로운 접근법은 원래 스케치 카메라 제어 메타포에서 파생된 2D 카메라 제어 메커니즘(그림 8.20)인 젤레즈닉과 포스버그(1999)의 유니캠UniCam이었다(젤레즈닉 등 1996). 유니캠에서 사용자는 2D 제스처 명령을 내려 3D 장면의 탐색을 제어하고 버튼이 있는 마우스나 스타일러스를 사용해 가상 카메라를 조작했다. 카메라의 이동이나 궤도 이동을 쉽게 만들고자 전망창은 직사각형 중심 영역과 경계 영역으로 나눴다. 사용자가 경계 영역을 클릭하면 가상 구형 회전 기법을 사용해 화면의 중심을 기준으로 관측자를 궤도에 두게 된다. 중앙 영역을 클릭하고 수평 궤도를 따라 포인터를 드래그하면 이미지를 평면으로 변환하도록 호출한다. 사용자가 수직 궤도를 따라 포인터를 드래그하면 카메라가 확대 또는 축소된다. 사용자는 점을 정의하고자 빠르게 클릭한 뒤 다른 곳을 다시 클릭해 초점을 맞춘 지점에 대한 궤도 보기 기능을 호출할 수도 있다.

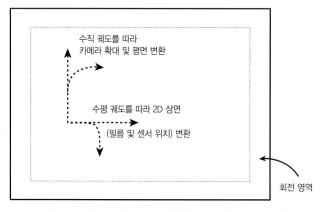

그림 8.20 카메라 변환 및 회전을 위한 제스처 기반 제어(젤레즈닉과 포스버그 1999; © 1999 ACM, 허가받고 게재)

네비젯Navidget 탐색 위젯(하쳇 등 2008)은 탐색 모드를 통합하는 것과 비슷한 최근의 접근 방식이다. 네비젯 기술을 사용하면 사용자는 포인터 또는 스타일러스를 사용해 카메라의 시야 내에 있는 영역을 둘러싸면 그 부분을 확대할 수 있다. 확대/축소 대신 원을 그린 뒤 입력 버튼을 누르면 궤도를 보고자 가상 구가 나타나는 것처럼 보인다. 입력 버튼을 놓으면 카메라가 최종 시청 위치로 움직인다. 4개의 추가 위젯이 가상 구체에 부착돼 크기를 조작할 수 있으며 이 영역은 카메라가 놓여 있는 곳의 가시 거리를 조절한다. 마지막으로 바깥 영역은 사용자가 영역으로 이동한 뒤 다시 구체로 되돌아와 가상 구의 전면과 후면 사이를 공전할 수 있게 한다.

8.8.7 다수의 카메라

8장에서 설명한 대부분의 기술은 단일(일반적으로 가상) 카메라에 의존하지만 일부는 여러 카메라의 시각을 통합하도록 설계됐다. 스토브와 슈말스티그(2002)의 '렌즈 통과 through-the-lens' 메타포다. 이는 가상 세계를 동시에 탐색하는 데 사용할 수 있는 서로 다른 관점 두 가지를 제공한다. 기본적으로 사용자를 둘러싼 세계에 대해 몰입도가 높은 표준 관점이다. 이차 시점은 주변 세계에서 보이는 마법의 렌즈(비어Bier 등 1993)이지만, 다른 차원에 배치되거나 다른 차원에서 동일한 세계를 보는 것처럼 다른 시각을 표시한다. 기요카와Kiyokawa와 다케무라Takemura(2005)는 터널 창문 기법을 사용해 임의의 수의 보기 창을 만드는 기능을 추가해 렌즈 통과 메타포를 확장했다.

다중 카메라 기술은 AR도 사용했다. 베이스와 그의 동료(2010)는 야외에서 여러 카메라의 비디오 피드를 관찰하는 기술을 연구했다. 그들은 동일한 장면을 시각적으로 볼 수 있는 원격 카메라 피드로 전환하는 세 가지 기술인 모자이크, 터널, 전환 기술을 개발했다. 모자이크 및 터널 기술은 원격 카메라로 자기 중심을 전환하는 반면 과도기 기술은 외중심 전환 기술을 제공한다. 베이스 등 (2012)은 원격 카메라, 다른 사용자의 장치에서 생성된 뷰, 2D 광센서 뷰, 무인 공중 차량의 카메라, 미리 정의된 가상 뷰 등 다양한 뷰를 결합해 멀티 뷰 AR 시스템을 개발했다. 모바일 AR 사례 연구를 참고하자 (8.11.2절).

다른 다중 카메라 접근 방식에서 수칸Sukan 등(2012)은 물리적으로 그들이 원래 있던 상대적인 위치로 돌아가지 않고도 스냅샷으로 저장돼서 증강현실에서 다시 그곳으로 갈 수 있는 방법을 발견했다. 연구자들은 현실 세계의 사진과 함께 카메라의 위치도 저장했다. 이를 통해 나중에 가상으로 스냅샷을 볼 때 가상 증강 및 객체를 동적으로 업데이트할 수 있다. 해당 접근 방식 덕분에 사용자는 지금 보고 있는 장면의 시점을 빠르게 전환할 수 있게 됐다.

8.8.8 비물리적 입력

8장에서 논의된 모든 기술은 특정 형식의 물리적인 입력이 필요하다. 예를 들어 추적되는 공간에서 물리적인 걸음, 궤도를 보기 위한 마우스 사용 등이 포함된다. 하지만 모든 탐색 기술에 물리적인 입력이 필요하진 않다. 연구자들은 최근 가상 현실 탐색을 위한 뇌-컴퓨터 인터페이스BCI를 연구하기 시작했다. 초기 연구에서 푸츠쉘러(Pfurtscheller, 2006) 등은 뇌전도EEG, Electroencephalogram 장치를 이용해 사용자가 앞으로 걸을 생각을 하고 있는 시점을 예상해서 사용자의 시야를 해당 가상 거리로 이동시켰다. 이렇게 BCI 기술을 사용해 물리적인 행동 없이 탐색이 가능해졌지만 이를 구현하려면 많은 시간이 필요하다. 일반적으로 신호 처리 알고리듬을 훈련하면 시간을 줄일 수 있지만 알고리듬이 응답하지 않을 수 있고, 기준변인상 실패인데 검사에서는 성공으로 나오는 '가긍정적 판단'이 생길 수 있다.

8.9 3D 환경에서 길찾기

탐색의 인지적 측면인 길찾기에 대해 알아본다. 일반적으로 길찾기의 효율성은 사용자에게 제공되는 단서 또는 보조 장치의 수 및 품질에 따라 달라진다. 8.9절에서는 사용자 중심 및 환경 중심 길찾기 단서를 설명하면서 다양한 길찾기의 보조 수단을 언급한다. 즉 언제, 어떻게 길찾기 단서를 포함시키는지, 가상 환경이 길찾기에 미치는 영향은 어떻게 설계할 것인지 등 실질적으로 도움이 되는 길찾기를 다룬다. 길찾기의 이론적 토대에 관한 논의는 골레지(Golledge, 1999)를 참고하자.

8.9.1 사용자 중심 길찾기 단서

사용자 중심 길찾기 단서는 인간 지각의 특성과 인간의 다양한 감각을 활용할 수 있다. 따라서 사용자 중심 길찾기는 대부분 디스플레이 활용을 지향한다. 출력 장치는 여전히 인간의 지각 시스템의 기능과 완전히 일치하는 정보를 전달할 수 없기 때문에(3장 '인간 요소와 기본 요소들' 참고) 길찾기에 부정적인 영향을 미칠 수 있다. 그러나 개발자에게는 부정적인 영향을 줄이고자 사용할 수 있는 특별한 전략이 있다. 8.9.1절에서는 다양한 사용자 중심 길찾기 단서를 다룬다.

- 관측 시야
- 모션 단서
- 다중 감각 출력
- 현존감
- 검색 전략

관측 시야

작은 규모의 관측 시야는 길찾기를 방해할 수 있다. 사용자가 주어진 시간에 가상환경의 더 작은 부분들을 볼 수 있는 가능성이 높아서 관측 시야에서 얻은 공간 정보를 더 잘 이해하고자 머리를 반복적으로 움직여야 하기 때문이다. 큰 규모의 관측 시야는 사용자가 머리를 덜 움직이게 만들고 공간 정보를 더 쉽게 이해하도록 만든다. 페루흐Peruch 등(1997)과 러들Ruddle 등(1998)의 연구는 작은 규모의 관측 시야(40, 60, 80도 또는 데스크톱 환경) 사용자들이 거의 비슷한 방향 감각을 보여 줬다고 주장한다. 하지만 환경이 더 세밀하고 복잡하면 큰 규모의 관측 시야가 확실히 유용하다고 설명한다. 게다가 그들의 연구는 인간 시각 시스템의 관측 시야에 더 가까운, (일부 서라운드 스크린 화면 등과 같은) 넓은 관측 시야를 고려하지 않았다.

작은 규모의 관측 시야의 또 다른 부작용은 사용자의 주변 시야에 광학 흐름optical-flow 영역이 없다는 점이다. 주변 시야는 사용자가 어디로 이동하는지, 얼마나 빠르게 이동하는지와 같은 강력한 동작 단서와 정보를 제공한다. 또한 작은 규모의 관측 시야는 사이버 멀미를 유발하기도 한다(스태니Stanney 등 1998).

모션 단서

사용자는 모션 단서를 통해 움직임의 깊이와 방향을 모두 판단할 수 있으며 추측 항법(사용자의 움직임을 역추적)에 필요한 정보를 알 수 있다. 모션 단서는 주변 시야로 습득 가능하지만 시각적인 것만은 아니다. 가능하면 사용자에게 추가적인 전정 단서(관성 및 균형)를 제공할 수 있어야 한다. 이는 대체로 사용자 스스로의 모션 단서 범주에 속한다(리케Riecke 등, 2012). 전정 단서가 부족하면 시각 정보와 물리적인 정보 사이의 충돌을 일으킨다. 이는 디지털 멀미로 이어지거나 자체 운동에 영향을 줄 가능성이 있다.

따라서 인지 지도를 형성하는 데 부정적인 영향을 줄 수 있다.

가상 환경에서 전정 단서가 사용자의 방향 감각에 미치는 영향은 다양한 연구의 주제였다. 우소혜[Usohe] 등(1999)은 8.4.1절에서 언급한 실제 걷기와 8.4.2절에서 설명한 제자리 걷기 그리고 8.5.1절의 손을 활용한 운전을 비교했다. 물리적인 움직임을 포함하는 2개의 '걷기' 메타포를 포함한 물리적인 움직임은 가상 모션만을 포함하는 조향 운전보다 더 나은 것으로 나타났다. 가상 및 물리적인 탐색에 대한 다른 연구에서는 실제 움직임이 공간 감각에 긍정적인 영향을 미치는 것으로 나타났다(클라츠키[Klatzky] 등 1998, 찬스[Chance] 등 1998). 시각적인 입력과 전정 입력 사이의 적절한 균형에 관한 사람들의 연구는 여전히 진행 중이다. 해리스[Harris] 등(1999)은 시각 및 전정 입력을 일치시키는 테스트도 수행했으며 개발자는 시각 동작의 최소 1/4에 해당하는 전정 입력을 지원해야 한다고 결론지었다. 한편 사용자의 몸을 기울이는 것은 경우에 따라 스스로의 모션 인식에 긍정적인 영향을 미치는 것으로 나타났다. 소규모의 연구에서 나카무라[Nakamura]와 시모조[Shimojo]는 사용자가 의자에서 뒤로 더 기울어지면 수직 형태로 움직이는 자체 모션이 증가한다는 것을 발견했다(1998). 이후 최근 연구에서는 크루이프[Kruijff] 등(2015)이 몸을 가만히 앞으로 기울이면 인지되는 이동 거리가 길어진다는 사실을 밝혔다. 이는 자체 모션의 인지된 속도가 증가하기 때문일 수 있다. 또한 크루이프 등(2016)은 몸을 동적으로 앞으로 기울이면 자체 운동 감각이 향상된다는 점도 발견했다.

다중 감각 출력

시각 및 전정 시스템 외에도 개발자는 길찾기 단서를 제공하고자 다중 감각 출력(예: 청각, 촉각 또는 기타 다중적인 자극 추가)을 실험하고자 한다. 특히 청각은 사용자에게 유용한 방향 및 거리 정보를 제공할 수 있다(데이비스 등 1999). 예를 들어 기차 소리를 듣는다는 사실 자체를 통해서는 역까지의 방향을 나타낼 수 있는 반면, 해당 소리의 크기 차이로는 역까지의 거리를 추정할 수 있다. 다만 청각 길찾기의 지원 여부는 여전히 탐구할 여지가 많은 문제다.

다중 감각 지원의 또 다른 형태로는 촉각 지도[tactile map]가 있다. 이 지도에는 등고선이 있어서 시각뿐만 아니라 촉각으로 감지할 수 있다. 초기 실험에서는 시각 장애인의 공간 지식 격차를 채우고자 촉각 지도를 사용했다(야콥슨Jacobson 1996) 그런데 탄Tan 등 (2002)이 촉각 단서가 공간 기억의 형성과 활용에도 도움이 된다는 사실을 밝힘으로써 촉각으로 길찾기를 할 수 있는 도구의 더 큰 잠재력을 확인했다.

현존감

현존감('거기 존재한다'는 느낌)은 이미 많이 연구됐지만 여전히 공간 지식에 영향을 미친다는 추정을 하는 것 외의 큰 진전을 보이지는 못한 개념이다. 간단히 설명하면 사용자가 가상 세계에서 현존감을 느낄 수 있다면 실제 길찾기 단서를 찾는 데에 더 효과적일 것이라는 논리다. 많은 요인이 현존감에 영향을 미친다. 예를 들어 감각 몰입, 자기 수용 감각proprioception, 사용자의 몰입하는 경향 등이 그러한 요인에 속한다. 우소Usoh 등(1999)의 실험을 보면 실제 걷는 것이 제자리에서 걷는 것보다 현존감을 크게 향상시켰다. 사용자가 가상 세계에서 자신을 표현하는 가상 신체를 포용하면 현존감을 높일 수 있고, 이는 공간 지식을 습득하고 활용하는 데 긍정적인 영향을 미칠 수 있다(드레이퍼Draper 1995, 우소 등 1999). 현존감에 관한 자세한 내용은 11장 '3D 사용자 인터페이스 평가'를 참고하자.

검색 전략

마지막으로 설명할 사용자 중심 길찾기 기술은 사용자에게 효과적인 검색 전략을 사용하도록 가르치는 것이다. 검색 전략은 사용자의 능력에 크게 의존한다. 숙련된 사용자는 다른 종류의 공간 관련 지식, 즉 그를 둘러싼 환경의 다른 단서들도 이용해서 검색할 뿐만 아니라 검색 패턴도 달리할 수 있다. 초보 사용자는 랜드마크를 활용하는 한편 숙련된 사용자는 경로의 특징(예: 해안선)과 같은 단서를 주목한다.

길을 찾는 데 특화한 전문가로부터 영감을 받아 검색 전략을 활용하면 효율성을 높일 수 있다. 예를 들어 사용자가 항공 수색 및 구조 임무에서 사용되는 검색 패턴을 숙지해 사용할 수 있다면 길찾기를 더 잘할 수 있다(와이즈먼Wiseman 1995). 기본 선line 검색은 주로 평행선 패턴을 따른다. 패턴 검색은 2차 또는 방사형 패턴을 사용하며 특정 중심점에서 시작해 더 멀리 이동한다. 등고선 검색은 강, 산의 등고선을 따라 설계됐다. 마지막으로 팬 검색fan search은 중심점에서 시작해 대상을 찾을 때까지 모든 방향으로 확장한다. 물론 환경에 따라 검색 전략의 활용이 달라질 수 있다. 예를 들어 탁 트인 야외 환경에서는 검색 전략의 효과를 보기 쉽지만 가상 건물에서는 사실상 의미가 없다.

또한 검색 전략의 경우 지상에서 모든 탐색을 수행하는 것보다 전체 환경을 한눈에 볼 수 있는 조감도를 확보하는 것이 중요하다. 사용자는 교육을 받으면 이 전략을 쉽게 구사할 수 있게 되고, 결과적으로 공간 방향화가 더 나아진다(바우만Bowman 등 1999).

조감도를 확보하는 작업은 팝업 기술을 통해 자동하기도 한다(다큰과 고어거Darken and Goerger 1999). 사용자가 버튼을 눌러 일시적으로 지면 위로 상당히 높이 올라갔다가 다시 버튼을 눌러서 지면의 원래 위치로 돌아가는 방법이다.

길을 찾는 데 특화한 전문가가 주로 앞서 언급한 패턴 검색 전략을 활용하지만 초보 사용자도 검색 기술 학습이 가능하다. 직사각형 또는 방사형 격자를 환경에 직접 배치하면 시각적인 경로를 볼 수 있기 때문에 사용자가 검색하기 용이해진다. 다만 이 격자가 방향 및 깊이 단서를 제공하기는 하나 사용자가 자동으로 좋은 검색 전략을 활용하게 만들지는 않는다.

8.9.2 환경 중심 길찾기 단서

환경 중심의 길찾기 단서는 길찾기를 지원하기 위한 의식적인 가상 세계 디자인을 뜻한다. 위에서 설명한 기술과 훈련 지원 외에 가상 세계에 대한 대부분의 길찾기 보조 기능은 현실에서의 보조 기능과 직접 관련될 수 있다. 이는 높은 산과 같은 자연 환경 단서부터 지도와 같은 인공 단서까지 다양하다. 8.9.2절에서는 환경 중심의 길찾기 단서 몇 가지를 설명한다.

- 주변 환경 판독 가능성
- 랜드마크
- 지도
- 나침반
- 표지판
- 산책로
- 참조 객체

주변 환경 판독 가능성

도시 계획자가 현실에서 도시를 탐색할 수 있도록 설계하는 것처럼 가상 세계도 마찬가지로 만들 수 있다. 린치Lynch(1960)는 그의 책에서 도시 디자인의 원칙 중 **판독 가능성 기술**legibility technique 몇 가지를 설명한다. 이 기술을 통해 사용자는 기본 구조 요소를 이해해 환경에 대해 빠르게 이해할 수 있다.

린치는 경로, 가장자리, 구역, 노드, 랜드마크와 같이 판독할 수 있는 환경을 디자인하는 데 적용할 수 있는 다섯 가지 기본 빌딩 블록을 정의했다. **경로**path는 거리나 철도처럼 직선 이동을 위한 요소 또는 채널이다. 사람들이 종종 도시를 바라보는 요소가 되기도 한다. **가장자리**edge는 경로와 관련이 있지만 이동보다 경계 영역에 초점을 둔다. 강과 같이 자연스러운 요소이거나 벽 구조물 같이 인공물일 수도 있다. **구역**district은 스타일 (예를 들어 건물 유형), 색상 또는 조명의 힘을 받아 고유하게 식별할 수 있는 영역을 뜻한다. **노드**node는 거리의 주요 교차점, 특정 영역 입구처럼 주요 지점이 모이는 곳이다. 마지막으로 **랜드마크**landmark는 노드 근처에 배치되며 쉽게 눈에 띄는 정적 객체다(다른과 시버트 1996). 랜드마크는 길찾기에 중요한 역할을 하는 것으로서 아래에서 더 자세히 설명하겠다.

랜드마크

랜드마크는 쉽게 구별할 수 있는 객체로 공간의 방향을 유지하고 랜드마크와 경로 정보를 개발하며 거리 및 방향 추정을 위한 기반으로 사용될 수 있다. 랜드마크가 판독 가능한 환경 디자인의 일부이기도 하지만 인공 랜드마크를 모든 환경에 추가해 길찾기를 지원할 수도 있다. 랜드마크를 배치할 때 도시 블록 내 배치하는 것과 달리 거리 모퉁이와 같이 쉽게 발견할 수도 있어야 한다. 또 랜드마크가 세계적인지 지역적인지 고려하는 것도 중요하다. 세계적인 랜드마크는 실질적으로 어느 위치에서나 볼 수 있기 때문에 방향 단서를 제공한다. 지역적인 랜드마크는 의사 결정 시점에 유용한 정보를 제공하는 방식으로 사용자를 지원한다(스텍Steck과 말로Mallot 2000). 마지막으로 사용자는 주변 환경 내의 다른 물체와 랜드마크를 구별할 수 있어야 한다. 이는 다른 색상, 질감, 빛 모양 또는 크기와 같은 시각적 특성을 변경해서 수행하면 된다.

지도

가장 일반적인 길찾기 보조물 중 하나는 **지도**map다. 단순한 개념이지만 3D UI에서 길찾기 지도 디자인은 매우 복잡하다. 먼저 디자이너는 가상 세계에서 지도가 동적일 수 있음을 고려해야 한다. 곧 '사용자의 현재 위치' 표시가 계속 표시될 수 있다는 것이다. 지도는 환경이 변하면 물론 업데이트될 수 있다. 다음 목적지로 향하는 경로도 지도(또는 세계 자체)에 얹을 수 있다. 지도는 사용자가 직면하거나 확대한 방향을 향하도록 회전해 로컬 영역만 보여 줄 수도 있다.

이렇게 유연성이 추가되면 생기는 혼란과 혼동을 피하고자 디자인을 선택하기 어려워진다. 일반적으로 현재 위치에 있는 표시를 사용하고 지도상 환경의 최신 버전을 보여준다. 하지만 사용자의 작업에 따라 혼란이 생길 수 있고 때에 따라 사용자가 익혀야 할 설문 지식 정보를 형성하는 데 방해가 될 수도 있으므로 디자이너는 지도를 자동으로 회전하거나 확대, 축소하는 데 주의해야 한다(다른과 채빅 1999).

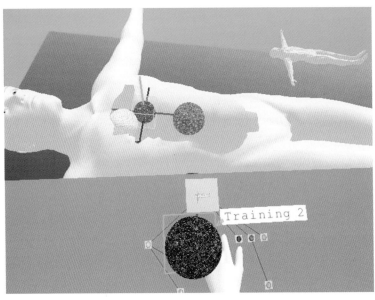

그림 8.21 다중 크기 3D 환경에서 길찾기 보조 도구로 활용된 계층 지도(이미지 출처: 펠리페 바킴(Felipe Bacim))

언제 어디에 지도를 표시할지 역시 또 다른 디자인 선택지다. 작은 AR 또는 VR 디스플레이에서 읽을 수 있는 판독 가능한 지도는 디스플레이 영역의 많은 부분을 차지할 수 있다. 최소한 지도를 표시하거나 숨기는 메커니즘을 제공해야 한다. 해당 작업을 할 때 효과적인 기술 중 하나는 가상 지도를 사용자의 손 또는 핸드헬드 장치에 연결해 자연스러운 손 동작으로 지도를 보거나 없애게 만드는 것이다. 그림 8.21은 사용자의 손에 지도를 부착한 장면을 묘사한다. 대부분의 지도와 달리 이 지도는 3D 환경의 공간을 표현하는 것이 아니라 오히려 서로 다른 수준의 객체를 보여 주는 계층적인 표현이다 (바킴 등 2009).

나침반

나침반compass은 주로 방향 신호를 제공한다. 숙련된 사용자의 경우 나침반을 지도와 결합해서 매우 가치 있는 길찾기 도구로 만들 수 있다. 하지만 대부분의 3D UI 사용자는 나침반 정보를 효과적으로 사용하지 못한다. 가상 환경에서 길찾기를 하는 데 나침반은 일반적으로 군대에서 사용하는 것과 같은 탐색 훈련 도구에 포함돼 있다.

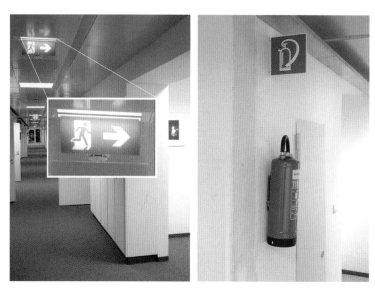

그림 8.22 로컬 랜드마크와 현실 랜드마크의 예시(에른스트 크루이프)

표지판

표지판sign은 실제 환경에서 공간 지식과 방향을 제공할 때 광범위하게 사용되지만(그림 8.22) 가상 환경에서 길찾기 단서로 표지판을 사용하는 것은 거의 연구된 바 없다. 표지판은 의미를 직접적으로 전달하기 때문에 매우 효과적이지만 복잡한 환경에서는 혼란스러울 수 있다(공항의 난해한 표지판들을 생각해 보자). 표지판은 쉽게 볼 수 있는 곳에 배치돼야 하고 보는 사람에게 명확하게 지시할 수 있어야 하며 다닥다닥 붙어 있어서 사용자를 혼란스럽게 하지 않아야 한다.

산책로

사용자가 환경에서 '자신의 발걸음을 돌려' 도움을 주거나 세계의 어떤 부분을 가봤는지 보여 주고자 인공 길찾기 보조 도구로 산책로를 포함할 수 있다. 산책로는 단순하게 선으로 구성되거나 실제 세계의 발자국처럼 방향 정보를 포함한 표시를 사용해 구성할 수 있다. 산책로는 환경에 직접 놓일 수도 있지만 지도에 얹을 수도 있다(다큰과 페터슨 2002, 그래메노스Grammenos 등 2002).

참조 객체

참조 객체reference object는 의자나 사람 그림과 같이 잘 알려진 크기의 객체이며 크기와 거리를 측정하는 보조 도구다. 사용자는 대개 빈 환경에서 거리를 재기 어려워하고 VR 시스템 역시 마찬가지다(레너 등 2013). 거리는 과대 또는 과소 평가되기 쉽다. 참조 객체가 그런 공간에 놓이면 크기와 거리를 추정하기 쉬워진다.

8.9.3 탐색 기술과 길찾기 기술의 결합

탐색과 길찾기는 밀접하게 연관돼 있기 때문에 가능하면 관련 기술을 통합해야 한다. 어떤 경우 하드웨어가 이를 직접적으로 제공할 수 있다. 예를 들어 러닝머신은 탐색 방법을 전정 피드백 구성 요소와 연결한다. 다른 기술들은 고유의 자기 수용 단서를 갖고 있다. 예를 들어 시선 방향을 조향하는 것은 머리 중심 단서로 방향 정보를 제공한다. 길찾기를 보조하는 것은 탐색 기술의 일부가 될 수 있다. 예를 들어 WIM 기술은 3D 지도와 경로 계획 탐색 메타포(8.7.1절)를 결합한다. 마지막으로 길찾기 보조 도구는 여행 중에 사용자의 주의를 집중하는 곳과 가까운 환경에 배치할 수 있다. 예를 들어 포인팅 기술(8.5.1절)이 사용될 때 스타일러스(실제 또는 가상) 끝에 작은 나침반을 부착할 수도 있다.

8.10 디자인 가이드라인

8장에서 다수의 3D 환경 내에서 탐색 기술을 제공했다. 이 분야와 다른 3D 상호작용 작업을 할 때 사용할 수 있는 기술의 수가 많은 이유는 하나의 응용 기술이 모든 애플리케이션과 상황에 최적으로 적용될 수 없기 때문이다. 따라서 3부의 다른 장처럼 디자이너가 주어진 애플리케이션에 적합한 탐색 기술을 선택할 수 있도록 돕고자 일반적인 지침 몇 가지를 제시했다.

> **Tip**
> 탐색 기술을 애플리케이션과 매치한다.

저자는 3D 상호작용 기술 세트가 모든 애플리케이션에 적합한 것은 아니라는 견해를 갖고 있다. 디자이너는 애플리케이션에서 수행할 탐색 작업(8.2절), 필요한 성능, 대상, 애플리케이션의 사용자가 누군지 신중하게 고민해 봐야 한다.

> **예**: 분자 구조를 시각화하는 것은 외심 시점을 사용하고 하나의 객체를 초점으로 둔다. 따라서 궤도 관찰 등 객체 검사 기술에 적합하다.

> **Tip**
> 자연스러우면서도 마법처럼 믿기 어려운 기술을 고려한다.

다수의 디자이너는 3D 인터페이스를 가능한 한 자연스러운 것으로 가정한다. 군대 훈련처럼 높은 수준의 현실성이 필요한 특정 애플리케이션에는 이 가정을 적용할 수 있지만 다른 애플리케이션에는 해당되지 않을 수 있다. 여기에는 이형 '마법' 탐색 기술이 훨씬 효율적이고 쓸 만할 수도 있다.

> **예**: 인테리어 디자인 애플리케이션을 위한 가구 레이아웃 작업에는 자연스러운 탐색보다 여러 시점을 적용하는 것이 더 중요하다. 확장된 세계 움켜쥐기(8.8.5절)와 같은 마법적인 기술은 더 효율적이고 객체 조작 작업에 더 잘 통합된다.

탐색 기술은 시스템에서 사용된 하드웨어와 분리해서 선택할 수 없다.

예: 개인화된 서라운드-스크린 디스플레이가 사용되면 탐색을 위한 차량 조향 메타포가 디스플레이의 물리적인 특성과 맞물린다. 포인팅 기술을 선택했다면 볼ball과 같은 대칭 장치보다는 명확한 모양 및 촉각 방향 단서가 있는 스타일러스 같은 입력 장치를 사용하는 것이 좋다.

마찬가지로 탐색 기술은 나머지 3D 인터페이스와 분리할 수 없다. 애플리케이션을 위한 탐색 기술을 선택, 조작, 시스템 제어 기술과 잘 통합해야 한다.

예: 2D 지도에서 사용자 표현을 조작하는 탐색 기법은 인터페이스에서 일관성을 제공하면서 가상 객체를 동일한 방식으로 조작할 수 있음을 보여 준다.

많은 애플리케이션에는 광범위한 탐색 작업이 포함된다. 이런 모든 작업에 대한 요구 사항을 충족시키는 하나의 복잡한 기술을 설계하고 싶다는 유혹을 느낄 수 있지만 여러 가지 간단한 여행 기술을 포함하면 사용자에게 혼란을 주지 않을 수 있다. 사용자가 물리적으로 좁은 지역에서 걸을 수 있지만 더 먼 거리를 이동하려면 가상의 탐색 기술을 사용해야 하므로 일부 VR 애플리케이션은 이미 이 작업을 암시적으로 수행한다. 어떤 경우 조향 및 조향 장치를 포함하는 것이 적절할 것이다. 동일한 애플리케이션에서는 타깃 기반 기술을 사용한다. 하지만 사용자는 주어진 상황에서 어떤 기법을 사용할지 알지 못하므로 사용자 교육이 필요할 수 있다.

예: 사용자가 대형 건물의 설계를 검증, 수정하는 몰입형 설계 애플리케이션은 대규모 검색과 소규모 조작이 모두 필요하다. 건물의 다른 층으로 사용자를 움직이는 목표 기반 기술과 기동을 위한 저속 조향 기술을 사용하는 것이 적절할 수 있다.

> **Tip**
> 탐사 및 검색을 위한 목표 중심의 탐색 및 조향 기술에 대한 목표 기반 기술을 사용해 간단한 탐색 작업을 쉽게 수행할 수 있다.

사용자가 탐색하는 목표가 복잡하지 않으면 그 목표에 대한 해결책을 제공하는 탐색 기술도 복잡하지 않아야 한다. 대부분 탐색이 한 물체 또는 잘 알려진 위치에서 다른 곳으로 이동하는 경우 대상 기반 탐색 기술이 가장 적합하다. 목표가 탐사 또는 검색인 경우 조정 기법이 적합하다.

예: 역사적인 환경을 가상으로 돌아보는 동안 주요 지역은 잘 알려져 있고 따라서 둘러볼 필요가 없기 때문에 메뉴에서 위치를 선택하는 것과 같은 대상 기반 기술이 적합하다. 날씨 유형을 시각화하는 분야에서는 흥미로운 시각이 알려져 있지 않았으므로 탐사는 포인팅과 같은 조향 기술의 지원을 받아야 한다.

> **Tip**
> 사용자 운동이나 자연주의가 필요할 때 물리적인 이동 기술을 사용한다.

일반적으로 걷거나 방향을 바꿔 걸으려면 추적 지역이 커야 하며 신체 운동 장치는 유용하지 않을 수 있다. 하지만 사용자의 신체 동작 및 운동이 작업의 필수적인 부분인 일부 애플리케이션, 특히 훈련 관련된 경우 이런 장치가 필요하다. 하지만 그 애플리케이션이 걷는 것처럼 간단한 작업을 수행할 수 있는지부터 고려하자.

예: 스포츠 훈련 애플리케이션은 사용자가 신체적으로 움직여야 하는 경우에만 효과적이기 때문에 운동 장치를 사용해야 한다.

애플리케이션, 환경, 사용자 목표에 따라 특정 유형의 탐색은 어떤 시스템에서 일반적일 수는 있지만 그 외에는 잘 사용하지 않는다. 기본 탐색 모드나 제어는 일반적인 작업에 맞춰야 한다.

예: 실내 환경의 데스크톱 3D 게임에서 탐색은 대부분 바닥과 평행을 이뤄서 사용자는 카메라를 작동시킬 필요가 거의 없다. 따라서 카메라 요^{yaw}에 대한 마우스의 좌우 움직임, 카메라 피치를 위한 위 아래의 움직임, 그리고 시점을 앞, 뒤, 왼쪽, 오른쪽으로 움직이고자 화살표 키를 사용하는 항법 기술이 이 애플리케이션에 적합하다.

한 위치에서 다른 위치로 경로를 원활하게 제공하면 사용자의 공간 지식이 향상되고 사용자를 환경에 맞게 유지할 수 있다(바우만 등 1997). 이렇게 움직이면 사이버 멀미를 하지 않을 수 있고 속도를 높일 수 있다. 이 접근법은 인적 자원 보조 장치를 보완한다. 순간 이동은 주변 환경에 대한 지식이 중요하지 않은 경우에만 사용해야 한다.

예: 미개발 지형 또는 정보 시각화와 같이 체계적이지 않은 환경은 혼동을 줄 수 있다. 짧은 고속 동작으로 대상 기반 탐색에 애니메이션을 적용해 사용자에게 공간 맥락을 제공하자.

공간 방향이 애플리케이션에서 특히 중요한 경우 사용자가 공간 지식을 얻을 때 도움이 될 만한 몇 가지 간단한 전략이 있다(바우만, 데이비스 등 1999). 환경의 조감도를 얻기 위한 비행, 구조화된 환경에서의 이동(8.9.1절 참고), 반대 방향에서의 관점으로 환경의 동일한 부분을 보는 경로로 되돌아가기, 둘러보기 중단 등이 포함된다. 익숙하지 않은 환경에서 이런 전략을 쉽게 수행하도록 사용자를 교육할 수 있다.

> **예:** 실제 전장의 가상 목업에 위치한 훈련병은 그곳의 공간 지식을 익혀야 한다. 병사들이 특정 공간 방향 전략을 사용하도록 훈련받았다면 실제 장소에서 공간 지식이 향상돼야 한다.

> **Tip**
> 지도를 사용해서 현재 위치 표시를 한다.

'당신이 있는 곳YAH, You-Are-Here' 지도는 일반 지도를 YAH-표시와 결합해서 만든다. 이러한 표시는 사용자가 지도에서 자신의 시점 위치 또는 방향을 동적으로 제공해 공간을 인식하도록 도와준다. 즉 표시를 계속 업데이트해야 사용자가 본인의 시점을 지도의 외중심점과 일치시킬 수 있다.

8.11 사례 연구

8.11절에서는 저자의 두 가지 사례 연구에 사용된 탐색 기술과 내비게이션 인터페이스 디자인을 다룬다. 사례 연구의 배경 지식을 얻으려면 2장 2.4절을 참고하자.

8.11.1 VR 게임 사례 연구

VR 게임에서의 내비게이션은 디자인하기 가장 쉬우면서도 가장 복잡한 상호작용이다. 사용자가 게임에서 현존감을 높이고자 실제 걷기 기본 탐색 기법을 사용하길 원한다. 물론 까다로운 부분은 가상 공간이 광활하다는 인상을 주는 것이다. 실제 게임 영역에서는 추적된 작은 영역에만 접근할 수 있다. 또한 공간의 물리적인 분계선을 피해야한다는 것을 계속 의식하지 않아도 되기를 원한다.

이 문제에 대한 일반적인 해결책은 충분하지 않다. 걷는 것은 일단 현실적이지 않거나 상상하는 게임을 제어할 만큼 충분하지 않을 수 있다. 거실 정도 크기의 추적 영역에서는 방향 전환이 불가능하다. 실제 공간이 가상 공간에 직접적으로 매핑되도록 보행에 축적 계수를 적용하면 가상 공간이 훨씬 커지고(층이 여러 개일 경우) 의미가 없으며 세분화된 조직에 적용하기 어렵다. 순간 이동은 VR 게임에서 자주 사용하지만 불쾌감을 줄 수 있다. 플레이어는 목적지에 도착하면 물리적인 경계(벽)에서 멀리 이동할 수 있도록 순간 이동할 곳을 미리 계획해야 하며 이는 실제 세계의 플레이어가 인지하고 있어야 하기 때문에 현존감을 약화할 수 있다. 따라서 순간 이동을 사용하는 동작은 일반적으로 공간의 중심에 있을 때나 아주 조금만 움직일 때 사용한다.

문제를 조금 더 설명해 보겠다. 먼저 가상 방 한 곳에서 돌아다닌다고 생각해 보자. 게임이 최소 2×2미터의 플레이 영역을 필요로 한다고 가정하지만 가상 공간은 그보다 클 수 있다. 플레이어가 가상 공간 전체를 물리적으로 둘러볼 수 있게 만들고자 8장에서 설명한 많은 탐색 기술을 사용할 수 있지만 각각 단점이 있다. 일반적으로 순수한 가상 기술을 사용하면 사용자는 가상 탐색에 의지하게 되므로 실제 도보를 거의 하지 않을 수 있다. 확장된 보행 기술은 하나의 방에서 작동할 수 있지만 사이버 멀미가 생기고 통제력이 떨어질 가능성이 있다.

결국 순간 이동을 하더라도 실제 걷기를 하도록 만드는(사실 꼭 필요한) 형태로 수정해야 했다. 가상 공간을 여러 개의 방으로 구성하고 각 방은 추적된 재생 영역의 크기가 되도록 설계한다. 바닥에 있는 장애물(틈, 부스러기 등)은 방의 경계를 벗어날 수 없음을 나타낸다. 다른 방을 사용하고자 사용자는 특수 객체를 바라보고 해당 방에 빠르게 이동하도록 만드는 트리거 동작(제스처나 버튼 누르기)을 취한다.

중요한 것은 지금 방에 있는 현재 위치에서 시작해서 대상 방의 목표 위치에서 끝나는 것이다. 이로써 물리적인 영역을 방의 경계에 정확하게 매핑할 수 있으며 사용자는 물리적으로 주변을 돌아다니면서 전체 방에 도달할 수 있다. 사용자는 움직임의 정확한 목표 위치를 선택하지 않기 때문에 가상 객체에 접근하려면 방에서 가야 한다.

이 기술이 게임에 어떻게 적용될 수 있을까? 다양한 내러티브를 떠올릴 수 있다. 예를 들어 새와 함께 있다고 할 때 손을 들어올리면 새가 날아서 원하는 방으로 안내할 수 있다. 이러면 경계를 넘을 수 있을 뿐만 아니라 마지막에 어디로 가게 될지 알 수 없는 이유를 설명할 수 있다.

방에서 다른 방으로 옮기는 것은 어떨까? 정의에 따라 문은 실제 공간의 경계에 있을 것이므로 가상 문을 통해 이동하면 플레이어는 벽에 부딪히지 않고서는 새로운 방으로 이동할 수 없는 위치에 있게 된다. 다시 말하자면 어떤 방의 중심에서 인접한 방의 중심으로 이동하는 데 순간 이동을 쓸 수 있지만 그보다 스토리를 잘 만들어 낼 수 있는 보다 창의적인 솔루션이 있다고 생각한다.

악당이 가짜 호텔에 있는 모든 문을 막았다고 상상해 보자. 하지만 호텔을 디자인한 사람들은 그런 시나리오를 짜면서 사용할 수 있는 비상 통로도 만들어 뒀다. 스파이 영화에서 자주 봤던 가짜 책꽂이가 그것이고, 숨겨진 레버를 당기면 책장이 돌아가 벽 너머의 방으로 갈 수 있다. 따라서 벽을 통과하려면 플레이어는 책꽂이 옆에 있는 반원형의 플랫폼에서 이를 어떻게든 활성화시켜야 한다. 그러면 책꽂이와 플랫폼이 돌아가고 다른 쪽의 방으로 갈 수 있게 만든다. 이를 통해 사용자와 방의 관계는 딱 들어맞고 사용자는 게임 영역(그림 8.23)으로 실제로 걸어 들어갈 수 있게 된다. 물론 재밌고 매력적이어야 한다. 음향 효과 역시 중요하다.

그림 8.23 파란색 박스로 표시된 책꽂이 메타포를 사용해 실제 추적 공간과 연관된 가상 게임 환경을 회전시킨다(이미지 출처: 라이언 맥마한).

회전식 책꽂이 기술을 사용할 때 시각적인 전정 불일치 때문에 사용자가 멀미를 느끼게 만들어서는 안 된다. 현재 방뿐만 아니라 책꽂이 뒤의 방도 명확하게 보여야 한다는 의미다. 예를 들어 서가를 통해 몇 개의 구멍을 내어 놓는 방식으로 사용자가 기술을 활성화하기 전에 다른 쪽 방을 볼 수 있게 만드는 것이다. 사용자가 어디로 가는지 미리 알고 회전시켜서 구멍으로 가도록 만들어서(책꽂이를 고정된 기준 프레임으로 사용) 메슥거리는 느낌을 줄여야 한다.

마지막으로 고려해야 할 부분은 한 층에서 다른 층으로 수직 항해하는 것이다. 편평한 층이 있는 공간에서는 가상 사다리를 오를 때 사용할 만한 흥미로운 기술이 몇 가지 있지만 쓸 만한 계단을 만들기는 어려울 것이다(라이Lai 등 2015; 8.8.3절 참고). 물론 호텔이라면 가상 엘리베이터를 선택하는 것이 확실하다.

사례 연구에서 제시한 디자인들과 마찬가지로 VR 게임에서 효과적으로 상호작용할 수 있는 방법 중 하나일 뿐이다. 하지만 물리적인 놀이 공간이 제한된다는 어려움에도 불구하고 자연스럽고 유동적인 방식으로 가상 호텔의 거대한 환경을 둘러볼 수 있는 독특한 방법을 제공한다.

핵심 개념

VR 게임 사례 연구에서 탐색에 사용한 핵심 개념은 다음과 같다.

- 내비게이션을 하고자 물리적인 움직임을 자연스럽게 만들면 현존감을 높일 수 있다.
- 추적 영역이 제한적이라도 물리적인 산책 메타포를 허용하고 권장하는 방법을 고려한다.
- 애플리케이션에서 허용하는 경우 이야기 요소를 사용해 탐색 기술을 이해하는 데 도움을 준다.

8.11.2 모바일 AR 사례 연구

환경 데이터의 현장 탐사는 사용자가 서로 다른 규모의 장소를 탐사할 수 있다는 것을 의미한다. 하이드로시스에서 수백 미터의 작은 장소부터 길이 수 킬로미터의 장소까지 규모가 다양하다. 그런 장소를 걸어다닐 수는 있지만 큰 장소에는 가능한 증강 데이터를 인식하고 이해하지 못하게 만드는 고유한 문제가 존재한다. 예를 들어 고도가 바뀌는 장소를 생각해 보자. 맞물림 때문에 하나의 시점에서 전체 환경을 볼 수 있는 가능성은 거의 없다. 게다가 핸드헬드 AR을 위한 카메라까지 들고 있으면 장소를 볼 수 있는 시야를 좁힐 수도 있다.

이러한 한계를 해결하고자 다초점 카메라 내비게이션을 개발했다. 즉 사용자가 시점을 실제 위치에 고정하는 것이 아니라 다른 시점을 취할 수 있는 다수의 카메라를 배치한 것이다. 이 시스템에도 핸드헬드 장치의 카메라가 포함돼 있지만 팬 틸트pan-tilt 장치와 큰 비행선 밑에 여러 카메라를 장착했다. 사용자가 인식을 더 잘할 수 있도록 다양한 관점에서 장소를 볼 수 있을 뿐만 아니라 다른 사용자와 관점을 공유해서 공동 작업을 할 수 있도록 만들었다.

다초점 내비게이션 나침반을 지원하는 적절한 기술을 구현할 때는 인지적(길찾기) 이 슈와 성능 이슈를 모두 포함한다. 공간 인식을 향상시키고자 올바른 공간 관계를 전달 하면서도 조감 가능성을 높이고 맞물림 이슈를 다루는 기술을 개발해야 했다(베아스 등 2012). 사용자는 증강 정보를 올바르게 해석할 수 있도록 장소의 공간적인 특징을 명 확하게 이해해야 했다. 이 때문에 다중 카메라 시점이 환경에 대해 보다 머릿속에 정확 하게 지도를 그려 줄 수 있으며 공간에 대해 더 나은 오버뷰overview를 보여 줄 것이라고 가정했다. 이 원칙은 감시 시스템 영역에서 잘 알려져 있지만 접근법은 달랐다. 감시 시스템에서 카메라는 대부분 정적이고 관찰자는 공간과 그 주변의 카메라 위치에 대 해서 잘 파악하고 있어야 한다. 반대로 하이드로시스에서의 설정은 카메라도, 관점도 움직일 수 있어서 사용자가 쉽게 파악하지 못하기 때문에 처리하기도 쉽지 않으며 카 메라 이미지에 표시되는 정보가 머릿속 지도와 다를 수 있다.

공간 정보를 머릿속 지도에 처리하는 것은 카메라 위치와 방향, 객체, 위치의 가시성을 포함해 카메라 시점과 사용자의 1인칭 시점 사이의 불일치(베아스 등 2010)에 영향을 받는다. 분명 사용자의 시점이 아니거나 전혀 다른 곳을 보고 있는 카메라는 파악하기 어려울 것이다. 효과적인 내비게이션 기술의 핵심은 지역적인 시점과 원격 시점 사이 의 순회에 사용되는 접근 방식이다. 이는 공간의 구성을 전달하는 지도 또는 3D 모델 과 같은 추가 데이터를 제공하지만 해당 정보를 늘 사용할 수 있는 것은 아니고 지도/ 모델 데이터를 미리보기와 일치시키기 어려울 수 있다.

초기 평가(베아스 등 2010)에서 사용자는 성능이 꽤 괜찮다면 작업량이 적은 기술을 선 호했다. 하지만 평가 결과에서 초기 기술을 개선할 수 있는 여지를 남겼다.

최종 시스템에서는 하이브리드 AR과 3D 모델 탐사 접근법을 사용했다(베아스 등 2012). 사용자는 선택한 카메라의 렌즈를 통해 보거나 3D 탐사 모드로 전환해서 다른 카메라 의 위치를 평가할 수 있었다. 후자에서 사용자는 3D 구글맵을 둘러보는 것과 비슷하게 손 안에 들어온 3D 모델을 자유롭게 탐사할 수 있다. 특히 사용자가 쓸 수 있는 카메라의 시점을 고정할 필요가 없기 때문에 맞물림을 보다 쉽게 해결하고, 오버뷰가 좋다는 이점이 있다. 그러나 3D 모델은 정적이며 특정 환경에서 오래된 모델이 될 수 있다는 단점이 있다.

인터페이스는 정기적으로 업데이트된 영상과 함께 카메라의 시점(그림 8.24)을 표시했고, 축소 지도를 표시할 수도 있었다. 사용자는 카메라를 직접 또는 메뉴에서 선택해 다른 카메라 시점으로 전환할 수 있었다.

변수 관점이라 불리는 방법 역시 실험했다. 이는 AR 시각화 기법(그림 8.25)으로, 단일 이미지에서 여러 관점의 시점을 결합하고자 개발됐다. 2개의 카메라, 즉 최초 사람의 시점과 먼 곳에서 시각적으로 '거꾸로' 회전할 수 있는 두 번째 카메라가 자연스럽게 조화를 이룬다. 이 효과는 영화 '인셉션Inception'에서 세계가 사용자를 향해 휘어지는 유명한 장면과 비슷하다. 환경은 1인칭 관점과 3인칭 관점 사이 전환점에서 단순히 '위로 굽어지'기 때문에 두 관점 사이를 점진적으로 전환하는 모습을 보여 준다. 조감도의 3인칭 시점은 1인칭 시점에서 맞물릴 수 있는 공간 영역을 사용자가 볼 수 있게 만든다.

핵심 개념

모바일 AR 사례 연구에서 알 수 있는 핵심 교훈은 다음과 같다.

- **상황 인식**: 환경을 관찰하고 정신 지도를 잘 작성하는 것은 내부에서 증강된 정보를 적절하게 사용할 때 중요하다. 큰 장소에서 공간 지식을 배우고 처리하는 것은 특히 사용자가 과거에 그 장소를 방문하지 않았을 때 문제가 될 수 있다. 3D UI는 소형 지도 및 다중 카메라 설정 등 기술을 사용해 사용자에게 개요를 제공해야 한다.

- **다중 시점**: 다중 카메라 시스템을 사용하면 맞물림을 해결하고 개요를 제공함으로써 도움을 줄 수 있다. 하지만 이러한 전환은 혼란을 야기할 수 있으므로 사용자가 시점을 전환하는 방법을 신중하게 고려해야 한다. AR과 3D 탐사 모드를 결합하면 카메라 사이의 공간 관계에 대한 상황별 정보를 제공하기 유용하다.

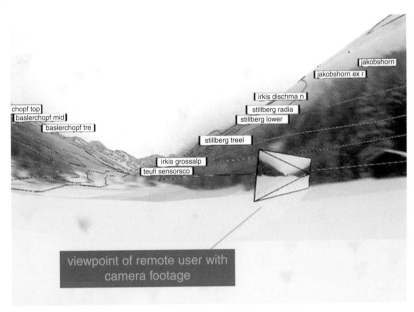

그림 8.24 3D 모델에는 원격 사용자의 시점과 영상이 표시된다. 사용자는 카메라를 클릭해 원격 관측점으로 이동할 수 있다(이미지 출처: 에두아르도 베아스와 에른스트 크루이프).

그림 8.25 다양한 시각화 시점. 1인칭 시점(다이어그램에서 mc로 표현된 부분)은 맨 아래 표시되고 원격 관측점(sc)는 맨 위에 표시된다. 원거리 시점은 이동하고 '거꾸로' 뒤집힐 수 있어서 그 장소의 먼 곳을 볼 수 있는(외중심) 각도를 알 수 있다(이미지 출처: 에두아르도 베아스 및 에른스트 크루이프).

8.12 결론

8장에서는 3D 탐색 기술과 길찾기가 3D UI 탐사에 어떤 영향을 미치는지 논의했다. 걷기, 조향, 선택 기반 탐색, 조작 기반 탐색 등 네 가지 범주의 여행 메타포를 제시했다. 또한 시점 방향, 속도 사양, 수직 이동, 반자동 탐색, 세계 확장, 탐색 모드, 다중 카메라 처리, 비물리적 입력과 같은 여행 기술의 디자인적인 측면도 논의했다. 이후 사용자 중심 및 환경 중심 길찾기 단서를 포함해 길찾기가 3D 환경에서 탐사에 미치는 영향을 설명했다. 마지막으로 3D UI용 탐사 인터페이스를 설계하기 위한 몇 가지 지침과 이것이 두 가지 사례 연구에 미치는 영향을 다뤘다. 9장에서는 3D UI에서 시스템 제어를 심층적으로 처리하는 방법을 다루며 4부를 마친다.

추천 도서 및 논문

이동 장치의 훌륭한 개요를 더 보고 싶다면 다음 문서를 추천한다.

- Hollerbach, J. (2002). "Locomotion Interfaces." In K. Stanney (ed.), Handbook of Virtual Environments: *Design, Implementation, and Applications*, 239 – 254. Mahwah, NJ: Lawrence Erlbaum Associates.

- Steinicke, F., Y. Visell, J. Campos, and A. Lécuyer (2013). *Human Walking in Virtual Environments: Perception, Technologies, and Applications*. New York: Springer.

데스크톱 3D 인터페이스의 탐색 기술 구현 정보가 담긴 장표가 담긴 자료다.

- Barrilleaux, J. (2000). *3D User Interfaces with Java 3D*. Greenwich, CT: Manning.

탐색 기술의 경험적인 성과의 일반을 자세히 알고 싶다면 다음 문서를 찾아볼 수 있다.

- Bowman, D., D. Johnson, and L. Hodges (2001). "Testbed Evaluation of VE Interaction Techniques." *Presence: Teleoperators and Virtual Environments* 10(1): 75 – 95.

길찾기에 대한 현존감의 감각 효과 소개를 보려면 다음 문서를 추천한다.

- Regenbrecht, H., T. Schubert, and F. Friedman (1998). "Measuring the Sense of Presence and Its Relations to Fear of Heights in Virtual Environments."

International Journal of Human-Computer Interaction 10(3): 233 – 250.

- Usoh, M., K. Arthur, M. Whitton, R. Bastos, A. Steed, M. Slater, and F. Brooks Jr. (1999). "Walking 〉 Walking-in-Place 〉 Flying in Virtual Environments." *Proceedings of SIGGRAPH '99,* 359 – 364.

훈련 전환에서 길찾기 효과의 연구를 더 알고 싶다면 다음 문서를 추천한다.

- Darken, R., and W. Banker (1998). "Navigating in Natural Environments: A Virtual Environment Training Transfer Study." *Proceedings of the 1998 IEEE Virtual Reality Annual International Symposium (VRAIS '98),* 12 – 19.

9장

시스템 제어

데스크톱 컴퓨터에서는 늘 내려보기 메뉴나 팝업 메뉴, 툴바 등 2D UI 요소를 활용해 문자와 명령어를 입력한다. 이 요소들은 애플리케이션으로 명령을 보내거나 모드를 바꾸거나 매개 변수를 수정할 수 있도록 만들어 주는 시스템 제어 기술의 예시들이다. 2D UI에서는 이를 종종 당연한 디자인으로 여길 수 있지만 3D 애플리케이션에서는 이러한 시스템 제어나 상징적인 입력 과정이 일반적이지 않다. 2D 데스크톱 기반 위젯을 그대로 적용하는 것은 좋은 해결책이 아니다. 9장에서는 3D UI 전용 다양한 시스템 제어와 상징적인 입력 솔루션을 살펴보려고 한다.

9.1 소개

명령을 내리는 것은 컴퓨터 시스템 기능에 접근하는 주요 방법이다. 예를 들어 전통적인 데스크톱 컴퓨터에서 문서를 저장하거나 그림판 애플리케이션의 브러시 도구에서 지우개로 바꾸려고 할 때가 있다. 이런 작업을 수행하려 할 때 키보드에서 메뉴나 기능 키와 같은 시스템 제어 기술을 사용한다. 데스크톱과 터치 기반 시스템 제어 인터페이스 디자이너는 WIMP(윈도우, 아이콘, 메뉴, 포인트와 클릭) 메타포(프리스Preece 등 2002)를 사용하는 등 널리 사용되며 잘 이해할 수 있는 GUI 기술을 개발했다. 많은 기술이 있지만 시스템 제어를 수행할 수 있는 3D UI를 디자인하기는 어려울 수 있다. 9장에서는 시스템 제어의 개요를 제공하고 그 장단점을 검토한다.

3D 애플리케이션의 실제 작업 대부분은 선택, 조작과 같은 상호작용 작업으로 구성되지만 시스템 제어는 사용자가 애플리케이션의 다른 주요 작업 사이의 상호작용 흐름을 제어할 수 있게 해주는 역할을 하기 때문에 중요하다. 대부분의 시스템 제어는 기호 입력, 문자 및 숫자 입력과 얽혀 있다. 예를 들어 사용자는 작업을 저장하거나 확장 명령에 대한 숫자 매개 변수를 지정하고자 파일 이름을 입력하는 경우가 있다. 9장에서는 이런 작업을 개별적으로 처리하지 않고 시스템 제어와 기호 입력을 동시에 수행하는 데 관련된 내용을 집중적으로 전달한다.

2D와 3D 애플리케이션은 상징적인 입력 체계의 관점에서 확실히 다르다. 예를 들어 이 책을 워드 프로세서로 작성하는 경우 핵심 활동이 기호 입력이고 키보드로 입력하면 된다. 이 작업에서는 문서를 저장하고자 버튼을 클릭하거나 메뉴에서 항목을 선택해 그림을 삽입하거나 키보드에서 바로가기 키를 사용해 밑줄을 긋는 등의 자잘한 시스템 제어 작업이 포함돼 있다. 하지만 대부분의 3D 애플리케이션에서는 정반대의 작업에 초점을 맞추는데, 사용자가 텍스트와 숫자만 입력하며 이는 짧은 문자열로 구성된다. 더 효과적인 기술로 미래의 변화를 이끌어 낼 수 있는 한편 지금 상태에서는 시스템 제어 작업을 지원하는 제한된 기호 입력에 집중한다.

명령을 내리는 사용자 작업으로서의 시스템 제어를 정의하면 다음과 같다.

1. 특정 기능을 수행하는 시스템 요청
2. 인터랙션 모드 변환
3. 시스템 상태 변환

이 정의에서 핵심 단어는 '**명령**command'이다. 선택, 조작, 탐색 작업에서 사용자는 일반적으로 수행해야 할 작업뿐만 아니라 수행, 직접 제어하는 방법을 지정한다. 시스템 제어 작업에서 사용자는 일반적으로 수행해야 할 작업만 지정하고 세부 사항을 결정하는 것은 시스템에 맡긴다.

9장에서는 암시적인 동작 대신에 명시적으로 시스템을 제어하는 방법을 고려한다. 다른 도메인의 인터페이스는 사용자의 동작을 관찰해 시스템 모드를 자동적으로 조정하는 방법을 사용했지만(예를 들어 셀레타노Celentano와 피타렐로Pittarello 2004, 리Li와 쑤Hsu 2004) 인터페이스의 유형에 초점을 두지는 않는다.

2D 인터페이스에서 시스템 제어는 풀다운 메뉴, 텍스트 기반 명령줄 또는 팔레트와 같은 특정 상호작용 스타일을 사용하는 방식으로 지원한다(프리스 등 2002). 이 중 많은 부분이 3D UI에 적용돼 데스크톱 기반 3D UI에 적합한 다양한 시스템 제어 요소(9.4절 참고)를 제공한다. 2D 기법은 핸드헬드 AR 애플리케이션에 적절하게 사용될 수 있으며 애플리케이션은 종종 스크린 기반(터치) 입력에도 의존한다. 하지만 특히 몰입형 애플리케이션의 경우 WIMP 스타일의 상호작용이 늘 효과적이지는 않다. 기본의 상호작용 스타일을 단순히 차용한다고 해서 사용성이 높아지리라고 가정하기 힘들다는 것이다.

몰입형 VR에서 사용자는 데스크톱에서 2-자유도가 아닌 6-자유도 입력을 처리해야 한다. 이런 차이점은 새로운 문제를 일으킬 수 있지만, 한편으로 시스템 제어 측면에서 새로운 가능성을 연다. 3D UI에서는 새로운 시스템 제어 기술을 사용하는 것이 더 적절할 수 있다(불링어 등 1997). 이러한 시스템 제어 방법은 과거 2D 방법과 결합해 하이브리드 상호작용 기술을 형성할 수 있다. 9장에서는 여러 단계에서 2D 및 3D 기술을 병합할 때의 잠재적인 의미를 설명한다.

9.1.1 9장의 로드맵

특정 기술을 설명하기 전 모든 기술의 효율성에 영향을 미치는 두 가지 범주의 요인, 즉 인간 요소와 시스템 요소를 고려할 것이다. 그 뒤 3D U(9.3절)에 대한 시스템 제어 기술 분류를 제시한다. 다음으로 이 분류에서 주요 범주를 각각 설명한다(9.4~9.8절). 각 절에서 대표 기술을 설명하고 관련 디자인과 구현 문제를 논의하며 특정 기호 입력 문제를 논의하고 기술을 실제로 적용할 때 쓸 수 있는 지침을 제공한다. 9.9절에서는 유용성과 성능을 향상시키고자 다중 입력 방법을 결합하는 다중 시스템 제어 기술을 다룬다. 또한 두 가지 사례 연구에서 일반적인 설계 지침과 시스템 제어 고려 사항을 살펴보고 9장을 마무리한다.

9.2 시스템 제어 이슈

9.2절에서는 시스템 제어 인터페이스 설계 및 사용자 경험에 영향을 미치는 인간과 시스템의 상위 수준 특성을 논의한다.

9.2.1 인간 요소

3D UI 디자이너는 시스템 제어 인터페이스상에서 사용자 경험을 제한할 수 있는 여러 가지 **인식**perception 문제를 처리해야 한다. 해당 이슈는 가시성, 초점 전환 및 피드백 양식 선택을 포함한다.

가시성은 3D 애플리케이션에서 가장 보편적인 문제다. VR 및 AR 모두에서 시스템 제어 요소(예를 들어 메뉴 또는 버튼)는 환경의 콘텐츠를 상쇄할 수 있다. 화면 해상도 지원을 받을 수 있다면 시스템 제어 요소를 축소하는 것도 선택지가 될 수 있지만 이 때문에 가독성이 더 저하될 수 있다. 또 다른 접근법으로는 반투명 시스템 제어 요소를 사용하는 것이다. 이러면 내용은 더 잘보이지만 시스템 제어 요소 가시성과 가독성이 저하될 수 있다. 가시성 문제는 특히 그래픽 위젯에 영향을 준다(9.5절 참고).

초점을 전환하는 것은 주요 상호작용이 수행되는 영역에서 시스템 제어 요소가 시각적으로 분리될 때 발생한다. 예를 들어 몰입형 환경에서 모델링을 할 때 태블릿을 사용해 메뉴를 표시하는 경우 태블릿 화면과 작업 중인 객체 사이의 초점을 전환할 수 있어야 한다. 시각 시스템은 문자 그대로 별도의 디스플레이를 사용할 때 초점(눈의 조절 작용)을 조정해야 할 수도 있다. 또한 시스템 제어 작업이 자주 발생하면 작업 흐름이 끊길 수 있다. 특히 다중 디스플레이를 사용하는 경우 작업의 동작 시퀀스가 성능에 영향을 줄 수 있다(크루이프 등 2003, 맥마한 2007). 함께 배치된 메뉴(9.5.1절 참고)는 이런 종류의 전환을 피할 수 있는 방법 중 하나다.

2D 데스크톱 GUI에서 햅틱, 청각, 시각 이벤트를 조합해서 모드 변경 피드백을 한다. 사용자는 마우스 또는 터치패드를 눌러서 햅틱을 느낄 수 있고 입력 장치 또는 운영 체제에서 생성된 클릭 소리를 들을 수도 있으며(청각) 버튼의 모양이 어떻게 바뀌는지 (시각적으로) 관찰할 수도 있다. 동일한 피드백을 3D 애플리케이션으로 이식하는 것이 간단해 보이지만 대개 그렇지 않다. 시각적으로 버튼을 누르는 피드백은 눈에 쉽게 띄지 않을 수 있고 청각 피드백은 주변 소음으로 인해 들리지 않을 수 있다. 다중 모달 피드백은 해당 문제를 다루는 좋은 선택지다. 9.9절에서 이 유형의 인터페이스를 자세히 살펴보겠다.

시스템 제어의 주요 **인지**cognitive 문제는 시스템의 기능적인 폭과 깊이다. 애플리케이션의 복잡도에 따라 다양한 선택지(기능)를 사용할 수 있다. 이는 다른 범주(범위)로 구성돼 있을 가능성이 크다. 각 카테고리에는 하위 카테고리(깊이)로 구성할 수 있는 몇 가지 선택지가 더 있을 수 있다. 복잡한 기능 구조로 인해 사용자는 어떤 선택지를 더 사용할 수 있는지, 이를 어디서 찾을 수 있는지를 인지적으로 파악해야 할 수도 있다. 디자이너는 주의를 기울여서 이해도에 영향을 주는 기능 분류를 작성하고, 거의 사용하지 않는 기능을 숨겨야 한다.

시스템 제어 인터페이스의 **인체 공학적**ergonomic 문제는 제어를 배치하고 특정 장치를 사용하는 자세, 그립, 동작 유형을 포함한다. 제어의 모양, 크기, 위치는 시스템 제어에 큰 영향을 줄 수 있다. 예를 들어 특정 손잡이로 장치를 잡은 상태에서 시스템 제어 동작을 트리거하는 버튼에 손을 뻗기 어려울 수 있으므로 버튼을 누르면 다른 작업에 적합하지 않은 그립으로 장치를 다시 배치해야 할 수도 있다. 예를 들어 엄지 손가락으로 시스템 제어를 할 수 있도록 장치를 들고 있으면 확대된 장면을 보는 데 사용되는 손잡이와 호환될 수 없다.

디자이너는 다양한 그립과 접근 가능한 버튼 사이의 관계를 연구해야 한다. 더 자세한 정보는 비스와 크루이프(2008, 2010)의 연구와 표준 산업 참고 안내서(쿠파로Cuffaro 2013)를 참고하자.

특정 시스템 제어 작업을 수행할 때 필요한 동작은 인체 공학적으로 다른 문제다. 예를 들어 1-자유도 메뉴(9.4.1절 참고)의 경우 사용자가 손목을 돌리는 방법과 편리하고 효율적인 선택을 유도하는 메뉴 항목의 배치, 크기를 고려해야 한다.

마지막으로 시스템 제어와 기타 작업에 여러 장치를 사용하는 경우 디자이너는 장치 간 전환, 장치 저장 위치(픽업과 배치) 및 작업이 특정 장치와 매치되는 방식을 고려해야 한다. 예를 들어 몰입형 환경에서 펜으로 태블릿을 사용하면 상세 메뉴를 더 잘 제어할 수 있지만 사용자가 태블릿과 다른 작업(예를 들어 3D 마우스) 사이를 자주 전환해야 하는 경우 작업의 흐름이 끊길 수 있다.

9.2.2 시스템 요소

앞서 언급했듯이 시스템 제어는 애플리케이션을 한데 묶는 접착제 역할을 한다. 시스템 제어 인터페이스를 설계할 때는 시스템의 고급 특성을 고려해야 한다. 이는 제어를 위한 특정 선택을 지시할 수 있다. 주요 쟁점은 시각 디스플레이 장치, 입력 장치, 주변 요소다.

시각적 디스플레이는 해상도, 크기, 휘도와 같은 특정 인지 경계를 부여해 어떤 방식으로 시스템 제어를 할 수 있는지 성능은 괜찮은지에 영향을 미친다. 예를 들어 시스템 제어는 주요 스크린을 혼란스럽게 만들거나 교차되게 만들 수도 있기 때문에 더 복잡한 애플리케이션으로 보조 스크린(예를 들어 태블릿) 사용을 강제할 수 있다.

입력 장치를 선택하는 것은 제어 매핑을 위한 가능성을 정의해 준다. 스타일러스나 조이스틱과 같은 범용 장치는 다양한 시스템 제어 기술로 작동할 수 있다. 다른 경우 시스템 제어 방법에 적합한 기능을 제공하고자 보조 입력 장치를 도입하거나 기본 입력 장치를 물리적으로 확장해야 할 수도 있다. 기존 장치를 확장하거나 완전히 새로운 장치를 디자인하기 쉽지 않지만 DIY 접근법의 광범위한 가용성 때문에 가능한 선택지다 (6장 '3D 사용자 인터페이스 입력 하드웨어', 6.6절 참고).

잡음, 장치 제한(예를 들어 연결된 장치가 없거나 추가 장치를 배치할 곳이 없는) 또는 사용자의 동작 범위 같은 주변 시스템 요인은 시스템 제어 기술 및 시스템 제어 작업 성능 설계에 영향을 줄 수 있다. 예를 들어 음성 인터페이스에서 주변 잡음은 인식 오류를 유발할 수 있으며 이 때문에 사용자 성능이 저하되고 유용성이 떨어질 수 있다.

9.3 분류

3D UI에 대한 시스템 제어 기술은 다양하지만 많은 사람이 소수의 기본 유형이나 그 조합을 사용한다. 그림 9.1은 주요 상호작용 형식을 중심으로 구성된 기법을 분류해 놓은 그림이다. 이 분류는 맥밀란 등의 새로운 제어 기술 설명에 의해 영향을 받았다(1997). 대부분의 스타일에는 장치 구동 논리가 있다. 종종 사용할 수 있는 장치가 특정 시스템 제어 기술을 선택한다. 여기서는 5개 분야에 걸쳐서 구조를 조직하는 분류를 사용했다.

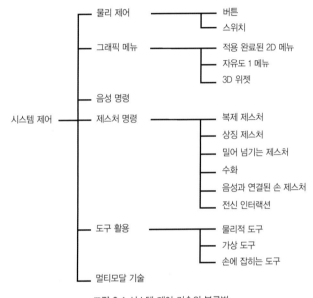

그림 9.1 시스템 제어 기술의 분류법

3D 상호작용 기술을 설명한 다른 장과 마찬가지로 이 분류법은 수많은 가능성 중 하나일 뿐이며 조금 다른 대안들 역시 나온 바 있다(린데만Lindeman 등 1999, 다흐셀트Dachselt 와 휩너Hübner 2007).

9.4 물리적인 제어 장치

버튼 및 스위치 같은 물리적인 제어 장치는 데스크톱 시스템의 기능 키와 유사하게 시스템 제어를 수행하고자 가벼운 솔루션을 제공한다.

9.4.1 기술

버튼과 스위치는 애플리케이션에서 모드를 직접 변경할 수 있는 방법이다. 예를 들어 포인팅 장치를 사용해 메뉴의 항목을 선택하는 것과 달리 물리적인 제어 장치는 사용자가 다른 상태에서 모드를 직접 전환할 수 있게 만든다. 해당 기술에서 잘 알려진 예시는 키보드의 기능 키 또는 기능을 할당할 수 있는 게임 장치의 버튼이다. 예를 들어 게이머는 특정 버튼을 눌러 1인칭 슈팅 게임의 무기를 빠르게 전환할 수 있다.

9.4.2 디자인과 실행 이슈

버튼과 스위치는 시스템을 유용하고 간단하게 제어하는 방법이다. 하지만 몇 가지 주목해야 할 문제점이 있다.

배치와 형태

내장된 제어 장치를 사용할 때 9.2.1절에서 설명한 대로 장치의 배치 상태와, 버튼을 누르고자 장치를 재배치해야 할 상황을 충분히 검증해야 한다. 일부 장치는 이런 관점에서 신중하게 디자인되지만(예를 들어 그림 9.2) 어떤 장치는 접근하기 어렵게 배치될

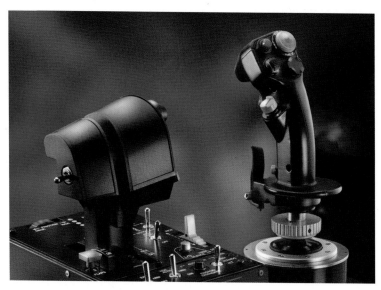

그림 9.2 수많은 스위치와 버튼이 배치된 스러스트마스터(Thrustmaster©) 비행 조이스틱(판권 소유는 © 기예르모 코퍼레이션 S.A.(Guillemot Corporation S.A.), 스러스트마스터는 기예르모 코퍼레이션 S.A.의 등록상표)

수 있다. 또 태블릿이나 휴대전화와 같은 장치에는 도달하기 어려울 수 있는 평면 버튼이 있어 핸드헬드 AR 애플리케이션의 시스템을 제어하기 까다로울 수 있다. 따라서 배치뿐만 아니라 버튼과 스위치의 물리적 형태와 품질(내구성)도 고려해야 한다.

사용자는 종종 제어 장치를 보지 않고 사용하는데, 따라서 올바른 제어 장치를 찾으려면 고유한 피드백을 얻는 것도 중요하지만 서로 다른 제어 장치가 가까이 있을 때 버튼을 누르는 감각 역시 염두에 둬야 한다. 새로운 장치를 설계하거나 기존 장치를 확장할 때 여러 변수를 신중하게 평가하는 것이 중요하다.

표현과 구성

버튼과 스위치는 메뉴 같은 구성에 연결돼 있지 않다. 오히려 버튼의 배치와 연관돼 있다. 많은 장치에서 버튼의 위치는 기능 구조보다 접근 가능성(인체 공학적인 배치)에 의해 정의되는 경우가 많다. 이는 모드 피드백의 변환이 여러 가지 감각 양식을 통해 사용자에게 명확하게 전달돼야 한다는 것을 의미한다. 또 버튼 자체에 작은 딱지나 그림을 붙여서 사용법을 나타내므로 사용자가 작동하기 전에 그 기능을 시각적으로 먼저 살펴볼 수 있다.

9.4.3 실용 애플리케이션

버튼과 스위치는 다양한 상황에서 사용자가 기능을 자주 전환하는 경우 유용하게 쓸 수 있다. 각 버튼과 스위치의 위치와 기능만 알면 가볍고 빠르고 간단하게 사용할 수 있기 때문이다. 하지만 모드 변경 방법을 명확하게 알지 못하거나 버튼의 위치가 잘못됐거나 기능 매핑을 모르는 경우 부담스러운 경우가 생긴다. 예를 들어 테마 파크의 공개 시스템의 경우 매우 제한된 수의 버튼을 시스템의 간단한 작업과 함께 쉽게 이해하고 맞출 수 있다. 그럴 때 사용자가 더 복잡한 기능 집합을 배우는 데 시간을 들이고 동기를 얻는다면 성능을 크게 향상시킬 가능성이 크다. 게임 인터페이스가 훌륭한 예시다. 특정 버튼 레이아웃에 대한 경험이 오래된 게이머는 시스템 제어 작업을 놀라운 속도로 수행할 수 있다. 마지막으로 물리적 제어 장치는 기호 입력에도 사용할 수 있다. 버튼을 특정 문자나 숫자에 할당하면 된다.

9.5 그래픽 메뉴

3D UI용 그래픽 메뉴는 데스크톱 UI에서 성공적인 시스템 제어 기술로 입증된 2D 메뉴와 동일하다. 사용자에게 친숙하게 느껴지도록 만들었기 때문에 개발자들은 그래픽 메뉴를 3D UI에도 적용하려고 여러 실험을 거쳤다. 하지만 3D UI용 그래픽 메뉴 디자인에는 몇 가지 독특한 문제가 있었다.

9.5.1 기술

3D UI에 사용된 그래픽 메뉴는 3개의 카테고리로 나뉜다.

- 적절한 2D 메뉴
- 1-자유도 메뉴
- 3D 위젯

적절한 2D 메뉴

2D에 가장 간단하게 적용될 수 있는 메뉴는 분명한 이유 때문에 인기 있는 3D 시스템 제어 기술이었다. 적절한 2D 메뉴는 기본적으로 데스크톱에서와 동일한 방식으로 작동한다. 몇 가지 예를 들면 풀다운 메뉴, 팝업 메뉴, 플로팅 메뉴, 툴바가 있다. 이 메뉴는 보다 복잡한 기능 집합에 대한 공통 선택 사항이다. 메뉴는 더 많은 수의 기능에 적절한 구조를 제공하는 데 적합하며 대부분의 사용자는 메뉴 제어의 기본 원리(상호작용 스타일)에 익숙하다. 반면 이런 메뉴는 환경과 맞물릴 수 있으며 3D 선택 기술을 사용해 메뉴를 찾거나 항목을 선택하기 어려울 수 있다.

그림 9.3은 서라운드 스크린 디스플레이의 가상 미술관 애플리케이션에 사용되는 적절한 2D 메뉴의 예시를 보여 준다. 사용자가 작품의 이미지를 찾고 선택함으로써 전시를 계획할 수 있게 만든다. 이 메뉴는 반투명하게 보여서 3D 환경의 맞물림을 완화한다. 그림 9.4는 가상 환경에서 파이 메뉴를 보여 주는 또 다른 예다. 파이 메뉴는 종종 마킹 메뉴 기술과 결합하기도 한다(9.7절 참고, 게브하르트 등 2010).

그림 9.3 가상 미술관 애플리케이션에서 사용된 플로팅 메뉴(이미지 출처: 게르하르트 에켈(Gerhard Eckel), 프라우호
퍼 IMK(Fraunhofer IMK))

그림 9.4 몰입형 환경에서의 파이메뉴(이미지 출처: 토스텐 쿨렌(Thorsten Kuhlen), 가상 현실&몰입형 시각화 그룹
(Virtual Reality & Immersive Visualization Group), RWTH 아헨(Aachen))

배치 또는 입력 기술 등의 측면을 조정해 2D 메뉴를 적용하는 수많은 방법이 있다. 예를 들어 3D UI에서 잘 적용됐다고 보는 2D 메뉴 중 하나는 메뉴를 사용자 머리에 부착하는 것이다. 그러면 사용자가 어디를 보고 있어도 메뉴에 접근할 수 있다. 하지만 머리에 연결된 메뉴는 환경 중 일부를 가리고 현존감을 감소시킬 수도 있다.

또 다른 방법은 3D UI에서 사용자의 손에 메뉴를 부착해 다른 손가락으로 항목 지정을 하는 것이다. 예를 들어 핀치 글러브(6장, 그림 6.25 참고)는 메뉴 선택할 때 사용하는 손의 손가락과 엄지로 꼬집는 것을 해석하도록 설계됐다. AR에서 손가락으로 사용하는 메뉴의 예시가 그림 9.5에 나와 있다(피카르스키Piekarski와 토마스Thomas 2003). 핀치 글러브를 사용하는 전형적인 접근법은 자주 사용하지 않는 손을 사용해 메뉴를 선택하고 많이 사용하는 손을 사용해 메뉴 내 항목을 선택하는 것이다. 하지만 여러 애플리케이션에서는 간단한 손가락 매핑이 처리할 수 있는 것 외에 더 많은 옵션이 있다. TULIP^Three-Up, Palm In Lab 기술(바우만과 윈그레이브 2001)은 한 번에 3개의 메뉴 항목에 접근하고 네 번째 손가락을 사용해 새로운 세 가지 항목으로 전환함으로써 문제를 해결하도록 만들었다.

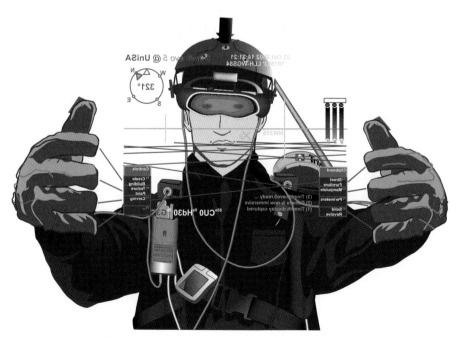

그림 9.5 핀치 글러브를 이용한 TINMITH 메뉴(피카르스키와 토마스 2003)

또 다른 강력한 기술로는 메뉴를 휴대전화나 태블릿뿐만 아니라 다른 종류의 표면에 부착하는 것이다. 그림 9.6은 그 예시다. 이 장치들은 종종 추적이 된다. 메뉴를 찾는 것은 실제 태블릿을 볼 때만큼 쉽다. 태블릿 표면은 사용자가 메뉴 항목을 고르고 쉽게 없앨 수 있도록 만들어 준다. 하지만 태블릿이 기본 작업에 사용되는 동안 다른 입력 장치가 메뉴에 이용되는 경우 구조 및 동작 흐름이 크게 변경될 수 있다는 점을 감안 해야 한다.

그림 9.6 UCSB 알로스피어(Allosphere)의 서라운드 뷰 이미지 위에 계층화된 대화형 시각화 태블릿 제어. 사진은 사용 자가 왼쪽 눈으로 보고 제어하는 스테레오 콘텐츠를 보여 준다(이미지 출처: 렌 동하오(Donghao Ren)와 토비아스 휠 러러).

1-자유도 메뉴

메뉴에서 항목을 선택하는 것은 본질적으로 1차원 작업이다. 이런 관찰 결과가 1-자 유도 메뉴 개발을 이끌었다. **1-자유도 메뉴**1-DOF menu는 주로 사용자의 손에 부착되며 메 뉴 항목은 그 주위에 원형으로 배열된다. 이 디자인은 '**반지 메뉴**ring menu'로 이어진다(리 앙과 그린 1994, 쇼Shaw와 그린 1994). 링 메뉴를 사용하면 원하는 항목이 '선택 바구니'에 들어갈 때까지 손을 회전시켜야 한다. 물론 손을 돌리고 이동시키는 행위를 선형 메뉴 에 매핑할 수도 있지만 원형 메뉴는 회전에 대한 정신적인 기대에 부합한다. 반지 메뉴의 성능은 손과 손목의 물리적인 움직임에 좌우되며 따라서 주 회전축을 신중하게 선택해야 한다.

손 회전만이 1-자유도 반지 메뉴에서 항목을 선택하는 유일한 방법은 아니다. 사용자는 입력 장치 버튼을 사용해 원하는 항목을 회전시킬 수 있고 조이스틱의 다이얼은 이를 달성시키는 예시 중 하나다. 또 다른 방법으로는 스킨 큐브(그림 9.7, 리Lee와 우Woo 2010)와 같은 유형의 타일을 사용하는 것이다. 1-자유도 메뉴는 손목의 회전 동작을 오디오 기반 메뉴에 연결해 눈길을 끄는 데 사용할 수도 있다. 웨어러블 기기에도 이런 종류의 기술을 사용해 왔다(카자스티야Kajastilla와 로키Lokki 2009, 브루스터Brewster 등 2003).

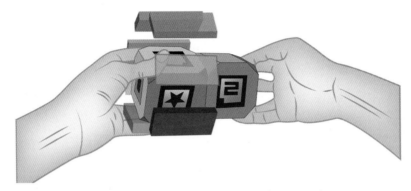

그림 9.7 유형의 스킨 큐브로 구현한 반지 메뉴(리와 우 2010)

핸드헬드 위젯은 회전을 사용하는 대신 상대적인 손의 위치를 사용하는 또 다른 유형의 1-자유도 메뉴다(마인 등 1997). 손을 더 가깝게 또는 멀리 움직이면 메뉴의 다른 항목을 선택할 수 있다.

일반적으로 1-자유도 메뉴는 사용하기가 쉽다. 메뉴 항목은 수가 상대적으로 적고 인체 공학적 제약 조건이 고려되는 한 신속하게 선택할 수 있기 때문이다. 배치 신호가 강력하기 때문에 1-자유도 메뉴를 사용하면 빠르게 접근, 사용할 수 있다. 사용자는 자신의 손에 부착된 메뉴를 찾을 필요가 없고, 자신이 행동을 취한 영역에서 벗어나고자 초점을 전환할 필요가 없다.

3D 위젯

시스템 제어를 하기 위한 가장 독특한 그래픽 메뉴 기술 세트는 3D 위젯이다. 3D 환경에서 사용할 수 있는 추가 자유도를 활용해 메뉴 항목에 대해 보다 복잡한 메뉴 구조를 만들 수 있게 해주거나 또는 더 나은 시각적인 활용도를 높이게 한다. 배치(맥락에 맞게) 위젯과 탈맥락 위젯의 두 가지 3D 위젯이 있는데 둘을 구분해 보겠다.

배열 위젯을 사용하면 메뉴의 기능이 3D 환경의 객체로 이동하고 지오메트리geometry 기능이 강력하게 결합된다. 코너와 동료들(1992)은 위젯을 '기하학과 행동의 결합'이라 부른다. 예를 들어 사용자가 상자 같은 간단한 기하학적 객체를 조작한다고 가정하자. 사용자가 메뉴에서 처음으로 조작 모드(예를 들어 전환, 크기 조정 또는 회전)를 선택한뒤 직접 상자를 조작하는 인터페이스를 설계할 수 있다. 하지만 함께 배치된 3D 위젯을 사용하면 메뉴 항목을 상자에 직접 배치할 수 있다. 메뉴 기능은 객체에 직접 연결된다(그림 9.8). 상자의 크기를 조절하고자 사용자는 단순히 크기 조정 위젯을 선택하고 이동시켜 모드를 선택하고, 선택과 조작을 하나의 단계로 합친다. 이러한 종류의 위젯은 맥락에 민감하기 때문에 객체를 작용할 때 그 객체가 선택되는 위젯만 나타난다. 이예제와 결합된 위젯은 일반적으로 기하학 매개 변수를 변경하는 데 사용되며 데스크톱 모델링 애플리케이션에서도 자주 볼 수 있다.

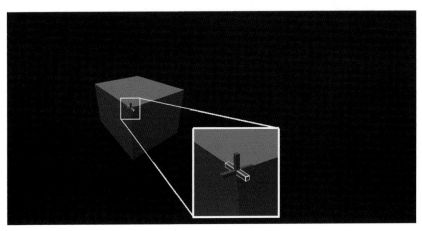

그림 9.8 객체 크기 조정을 위한 3D 위젯(이미지 출처: 앤드류 포스버그(Andrew Forsberg), 브라운 대학교 컴퓨터 그래픽 그룹)

명령 및 제어 큐브 또는 C3(그로스진Grosjean 등 2002)는 더 일반적인 목적의 3D 위젯 유형이다(탈맥락). C3(그림 9.9)는 3×3×3 입방 격자이며 26개의 격자 큐브가 각각 메뉴 항목이고 가운데 큐브가 시작 시점이다. 사용자는 버튼을 누르거나 핀치 글러브를 꼬

집어 메뉴를 불러온다. 이때 사용자의 손을 중심으로 메뉴가 나타난다. 그 뒤 사용자는 거기서 원하는 메뉴 항목 큐브의 방향으로 손을 움직이고 버튼 또는 핀치를 해제한다. 이는 오토데스크Autodesk의 마야Maya와 같은 소프트웨어에서 사용되는 마킹 메뉴Mkarking menu와 개념이 비슷하다(쿠텐바흐Kurtenbach와 벅스턴 1991).

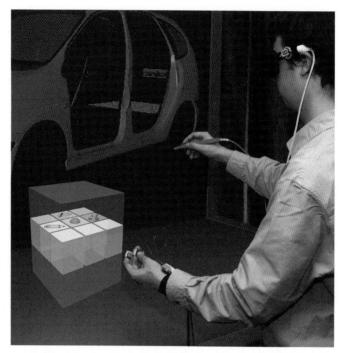

그림 9.9 명령 및 제어 큐브(i3D–INRIA Data © Renault. 제롬 그로스진(Jerome Grosjean))

9.5.2 디자인과 실행 이슈

3D UI에서 시스템 제어 기술로 그래픽 메뉴를 설계하거나 구현할 때 고려해야 할 사항들이 다수 있다. 9.5.2절에서는 배치, 선택, 표현, 구조와 관련된 주요 쟁점을 설명한다.

배치

배치는 사용자가 메뉴에 접근할 수 있는지 여부(배치가 좋으면 공간 참고를 제공할 수 있다) 및 환경의 맞물림에 영향을 준다. '세계 참조world-referenced', '객체 참조object-referenced', '머리

말 참조head-referenced', '신체 참조body-referenced' 또는 '장치 참조device-referenced' 등의 메뉴를 고려할 수 있다(파이너 등의 1993 분류 적용).

세계 참조 메뉴는 가상 세계에서 위치가 고정돼 있고 객체 참조 메뉴는 3D 장면의 객체에 연결된다. 대부분의 범용 메뉴에는 유용하지 않지만 배열된 3D 위젯으로는 유용할 수 있다. 머리말 참조 또는 본문 참조 메뉴는 강력한 공간 참조 프레임을 제공하므로 사용자가 쉽게 찾을 수 있다. 마인 등(1997)은 신체 참조 메뉴를 탐색해 사용자의 고유 감각(공간에서 신체 부분의 상대적인 위치 감각)이 메뉴 검색과 사용을 크게 향상시킬 수 있음을 발견했다. 신체 참조 메뉴는 심지어 눈을 사용할 필요 없이 만들어서 사용자가 메뉴를 보지 않고도 시스템을 제어할 수 있게 만든다(예를 들어 HWD의 설정). 마지막으로 참조 프레임은 장치 참조 메뉴 그룹이다. 예를 들어 작업대에서 디스플레이 메뉴는 장치의 경계에 배치할 수 있다. 디스플레이 화면은 공간 참조뿐만 아니라 메뉴를 선택하기 위한 물리적인 표면이기도 하다. 핸드헬드 AR 애플리케이션은 종종 장치 참조 디자인을 사용한다. 사용자가 '세계의 창'을 움직이는 동안 메뉴는 디스플레이 평면에 고정한다.

핸드헬드 AR 시스템은 2D 및 3D 상호작용 방법을 사용해 공간 콘텐츠와 상호작용하는 하이브리드 인터페이스를 사용하는 경우가 많다. 친숙함과 2D 기술(예를 들어 메뉴)이 작은 화면에 최적화된다는 사실 때문에 이러한 방법은 종종 흥미로운 옵션이 된다. 물론 애플리케이션에 3D 콘텐츠가 포함돼 있다고 해서 모든 UI 요소가 3D여야 하는 것은 아니다. 하지만 하이브리드 인터랙션은 맥락 전환과 같은 몇 가지 한계를 초래할 수 있다.

종종 메뉴가 사용자의 주된 작업과 다른 위치에 표시돼 잘 정렬되지 않을 때에도 초점이 전환되는 결과를 낳을 수 있다. 환경에서 맞물림 현상과 혼란을 피하고자 의도적으로 메뉴를 옆으로 옮길 때 악화될 수 있다. 맞물림과 혼란은 심각한 문제다. 메뉴가 활성화되면 상호작용 공간의 주요 부분에 있는 내용이 보이지 않게 될 수 있기 때문이다. 배치, 맞물림, 초점 전환 문제의 균형을 맞추기는 어렵다. 특정 시스템을 설계할 때 결정을 내리려면 평가가 필요하다.

AR 메뉴 사용은 HWD를 착용할 경우 더 어려울 수 있다. FOV가 좁아서 화면 공간을 제한하기 때문이다. 핸드헬드 AR이 표시될 때조차도 더 큰 문제는 맞물림이다. 하지만 넓은 FOV를 제공하면 메뉴 배치가 공간을 더 혼란스럽게 만들고 환경에 맞물릴 수 있다. 따라서 AR 시스템 제어는 시각적인 공간을 확보하고자 사용하고 나서 숨겨야 한다.

선택

일반적으로 데스크톱 메뉴는 2D 선택 방법(마우스 기반)을 사용한다. 3D UI에서 이러한 2D(또는 심지어 1D) 메뉴로 3D 선택 방법을 사용하면 문제가 생긴다. 시스템을 제어하기 어려워질 수도 있다. 이 문제를 해결하고자 시스템 제어 인터페이스의 자유도를 제한해 성능을 향상시키는 몇 가지 대안이 생겼다. 예를 들어 2D 메뉴가 표시될 때 메뉴 평면상 추적기의 2D 투영을 제외한 모든 추적 데이터를 폐기할 수 있다. 이미지 평면 선택과 같은 2-자유도 선택 기법 또한 이 문제를 해결한다(7장 '선택 및 조작' 참고). 그럼에도 본질적으로 2D 입력 방법만큼 선택하기 쉽지는 않다. 또 메뉴를 물리적 2D 표면에 배치해 선택 작업의 자유도를 줄이거나 전화 태블릿을 메뉴에 쓸 수도 있다.

표현과 구조

그래픽 메뉴를 개발할 때 고려해야 할 또 다른 중요한 문제는 표현이다. 항목이 시각적으로 어떻게 표시돼 있는가? 항목 수가 많을 때 어떻게 구성돼 있는가?

항목과 항목 사이의 크기와 공간은 매우 중요하다. 거리가 너무 멀면 사용자가 항목을 선택하는 데 문제가 생길 수 있다. 특히 추적 오류 때문에 선택이 더 어려워지기도 한다.

애플리케이션의 복잡성은 종종 기능의 수와 직접적으로 관련이 있다. 기능 그룹(비슷한 기능을 가진 항목이 클러스터로 만들어진다) 또는 순차적 그룹화(항목 구성을 위해 자연스러운 행렬 순서를 사용한다)를 사용해 인터페이스를 구성해야 한다. 또는 상황에 맞는 메뉴를 사용해 해당 기능만 표시할 수도 있다.

컨트롤 코딩은 서로 다른 항목 사이 관계에 대해 추가적인 단서를 제공할 수 있기 때문에 항목 구조와 계층 구조를 명확하게 만든다(불링어 등 1997). 색상, 모양, 표면, 질감, 치수, 위치, 문자, 기호를 변경해 항목을 구분한다.

마지막으로 옥외 환경에서 사용되는 AR 애플리케이션은 가시성 문제로 한계가 있다 (크루이프 등 2010). 밝기 조건과 한계는 둘 다 메뉴의 가시성과 가독성에 영향을 미친다. 따라서 색상과 크기를 신중하게 결정해야 한다. 채도가 높고 크기가 크면 가시성과 가독성을 높이는 데 도움이 된다(가바드Gabbard 등 2007, 그림 9.10 참고).

그림 9.10 증강 현실에서 서로 다른 배경을 지닌 가독성 예시. 이 모형 이미지는 자주 나타나는 문제 몇 가지를 보여 준다. 레이블 1(오른쪽)의 지시선은 표시동으로 인해 보기가 어렵다. 반면 레이블 2(왼쪽)는 그 뒤의 파란색 기호와 낮은 채도 대비로 인해 잘 보이지 않을 수 있다. 레이블 3의 경우 배경색이 없으므로 거의 보이지 않는다. 맞물림은 줄어들지만 배경의 콘트라스트와 패턴 간섭 때문에 가독성이 떨어진다(이미지 출처: 에른스트 크루이프).

9.5.3 실용 애플리케이션

그래픽 메뉴 기술은 한계점을 해결한다면 3D UI에서 매우 강력할 수 있다. 메뉴 항목을 쉽게 선택할 수 있어야 하며 메뉴는 사용자의 작업 영역과 심하게 겹치면 안 된다.

특히 기능이 많은 애플리케이션의 경우 메뉴가 3D UI의 시스템 제어 기술 중 가장 좋은 선택일 것이다. 대규모 기능 집합이 필요한 응용 분야의 좋은 예시는 엔지니어링이다(차오 등 2006, 뮬러Mueller 등 2003). 의료 애플리케이션은 큰 기능 세트가 있는 또 다른 도메인이다(보닉Bornik 등 2006). 두 가지 모두 하이브리드 방식의 이점을 누릴 수 있다. 태블릿 등의 기기에서 2D 메뉴를 사용한다. 하지만 원격 장치에 그래픽 메뉴를 배치하는 방법은 사용자가 실제 세계를 볼 수 있을 때만 효과적이다. 예를 들어 태블릿을 추적하고, 메뉴가 HWD에 복제되는 경우를 제외하고 몰입형 HWD 기반 시스템에서는 쓸모가 없다. 마지막으로 메뉴는 문자 및 숫자를 입력하고자, 예를 들어 태블릿 인터페이스와 결합된 가상 키보드를 보여 줌으로써 문자와 기호를 입력하는 데 메뉴를 사용한다.

9.6 음성 명령

음성 명령은 간단한 음성 인식 또는 음성 대화 기술로 수행할 수 있다. 음성 인식 기술은 일반적으로 시스템에 단일 명령을 내리는 데 사용되며 음성 대화 기술은 사용자와 시스템 사이의 담화를 촉진하는 데 중점을 둔다.

9.6.1 기술

음성 대화 시스템은 사용자와 컴퓨터 기반 애플리케이션 사이의 인터페이스를 제공해 비교적 자연스러운 방식으로 소통할 수 있게 만든다(맥티어McTear 2002, 유라프스키Jurafsky 와 마틴Martin 2008).

음성 대화 시스템(및 간단한 음성 인식 기술)의 가장 중요한 구성 요소는 **음성 인식 엔진** speech recognition engine이다. 음성 인식률에는 발화자와 배경 잡음 사이의 변동성 등 다양한 요소가 영향을 미칠 수 있다. 인식 엔진은 발화자에게 종속적일 수 있으므로 시스템의 초기 훈련이 필요하지만 대부분 일반적으로 발화자 독립적이다. 시스템은 그들의 단어 크기에 따라서도 다르다. 사용자에게 출력 형식으로 생성된 응답은 동작을 수행했고 제어 명령을 완료하고자 더 많이 입력해야 한다는 것을 사용자에게 알린다. 구어체 대화 시스템에서 응답은 담화(대화 제어 메커니즘)과 인공적인 연설 등과 같은 흐름에 맞게 조정돼야 한다.

오늘날 음성 인식 시스템은 널리 보급돼 있다. 특히 전화기는 음성 명령과 대화를 사용하게 돼 있다. 그러므로 전화기를 통해 몰입형 VR, 머리 착용형 기기 및 휴대용 AR 시스템에서 음성 제어를 할 수 있겠다.

음성 인식을 사용하는 많은 3D UI는 다른 보완적인 입력 방법도 포함한다(빌링허스트 1998). 이 기법은 **멀티모달**multimodal로 분류돼 있으며 자세한 내용은 9.8절을 참고하자.

9.6.2 디자인과 실행 이슈

음성 인식 또는 음성 대화 시스템을 사용하는 3D UI를 개발하는 작업은 여러 가지 요소를 포함한다. 먼저 음성을 통해 수행해야 하는 작업을 정의한다. 기능 수가 제한된 애플리케이션의 경우 정상적인 음성 인식 시스템이 효과적이다. 이 작업은 음성 엔진 어휘의 크기를 정의한다. 작업이 복잡하고 수행할 도메인이 많을수록 크기가 커진다. 매우 복잡한 애플리케이션은 음성 입력 전체 기능에 접근할 수 있도록 음성 대화 시스템을 통해 대화형 UI가 필요할 수 있다. 음성 대화 시스템의 경우 설계 프로세스는 시스템이 사용자의 의도를 결정하고자 사용자가 제공해야 하는 음성 정보를 고려해야 한다.

개발자는 음성 인터페이스가 사용자에게 보이지 않는다는 것을 알고 있어야 한다. 사용자는 일반적으로 음성 인터페이스를 통해 수행할 수 있는 기능에 대한 개요를 제시하지 않는다. 사용자의 실제 의도를 파악하기 위한 핵심 요소 중 하나는 검증이다. 시맨틱과 구문론적 필터링(문장의 의미 또는 구문을 사용해 가능한 해석을 제한하는 예측 방법)을 통한 오류 수정이나 공식적인 담론 모델(질의 응답 메커니즘)을 통해 시스템이 사용자가 원하는 것을 파악하는지 확인해야 한다.

다른 시스템 제어 기술과 달리 음성 기반 기술은 명령을 한 번에 초기화하고 선택하며 발행한다. 때때로 다른 입력 스트림(버튼 누름 등)이나 특정 음성 명령을 사용해 시스템을 초기화해야 한다. 이는 음성 입력의 시작을 모호하게 하며 푸시투토크 시스템이라 불린다(6장 '3D 사용자 인터페이스 입력 하드웨어', 6.4.1절 참고). 애플리케이션이 여러 참가자 사이의 직접 통신을 소화하려면 오류율이 높아진다. 예를 들어 동료에게 전하는 의견을 시스템에 대한 음성 명령으로 오해할 수 있다. 따라서 음성 인터페이스를 설계할 때 인간 사이의 의사소통과 인간-컴퓨터 상호작용을 분리해야 하는 경우도 생긴다. 음성 스트림을 구별하면서 개인 통신과 시스템 상호작용의 구문상 차이점을 적용하는 것이다(슈나이더만 2000).

9.6.3 실용 애플리케이션

음성 입력은 3D UI에서 핸즈프리와 자연스러움의 측면에서 매우 강력한 시스템 제어 기술이 될 수 있다. 사용자는 아마 보다 작은 기능 세트를 출시하기 전에 먼저 음성 명령을 배워야 할 것이다. 그러나 오늘날 대부분의 시스템은 학습하지 않고 완전한 문장을 이해할 수 있을 만큼 강력하다. 또 대부분의 전화기에는 이미 사용할 수 있는 강력한 음성 인식 시스템이 포함돼 있다. 따라서 하이브리드 인터페이스 또는 핸드헬드 AR의 경우 음성 인식이 좋은 선택지가 될 수 있다. 연설은 문자로 직접 번역될 수 있으므로 기호 입력에도 적합하다. 따라서 텍스트나 숫자를 지시하는 가벼운 방법이다. 또 9.9절에서 설명하겠지만 음성을 다른 시스템 제어 기술과 결합해 컴퓨터에서 멀티모달 입력 스트림을 형성할 수 있다.

사용자가 주요 상호작용 작업을 수행하고자 양손에 의존해야 하는 도메인(예를 들어 의료 수술실)에서는 음성이 유용한 시스템 제어 자산이 될 수 있다. 의사는 손을 계속 사용하면서 어떠한 다른 것도 건드릴 필요가 없고 멸균 환경을 유지할 수 있다. 그래도 지속적으로 음성 입력을 하면 사용자가 지치며 모든 환경에서 사용할 수 없다는 문제가 있다.

음성 인터페이스는 다양한 맥락에서 연구 대상이었다. 예를 들어 전화를 통해 시스템을 제어하고자 음성 명령을 사용하면 3D UI에서 음성 명령을 사용하는 것과 같은 문제들이 발생한다. 이런 커뮤니케이션 흐름과 관련된 문제에 대한 자세한 내용은 브루스터(1998)의 연구를 참고하자.

9.7 제스처 명령

제스처는 가상 환경 및 기타 3D 환경에 대한 최초의 시스템 제어 기술 중 하나였다. 크루거(Krueger 등 1985)의 비디오플레이스VideoPlace와 같은 초기의 프로젝트 이후로 개발자들은 입력 장치를 전혀 사용하지 않는 것처럼 손을 직접 입력으로 사용하는 데 매력을 느꼈다. 특히 영화 '마이너리티 리포트Minority Report'에서 제스처를 자연스럽게 사용하는 장면을 보여 준 뒤부터 많은 개발자가 해당 제스처를 연구했다. 제스처 인터페이스는 종종 지각적 사용자 인터페이스(터크Turk와 로버트슨Robertson 2000)의 필수적인 부분 또는 자연스러운 사용자 인터페이스(위그도르와 윅슨 2011)로 간주된다. 하지만 3D UI 디자인 작업에서 진정 성과가 좋고 배우기 좋은 시스템을 설계하는 것은 여전히 도전 과제다. 실제 작업을 복제하는 일련의 간단한 작업에도 우수한 제스처 기반 인터페이스가 존재하기는 하지만 위Wii 또는 엑스박스 키넥트XBox Kinect와 같은 게임 환경에서 시스템 제어를 위해 보다 복잡한 제스처 인터페이스를 디자인하기는 어렵다(라비올라LaViola 2013).

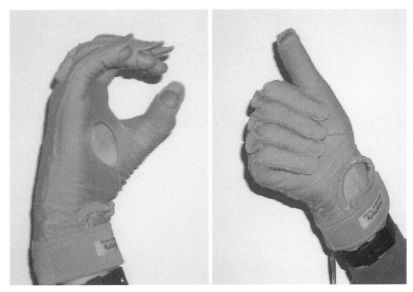

그림 9.11 데이터 글러브를 사용한 자세의 예시(이미지 출처: 조셉 라비올라 주니어)

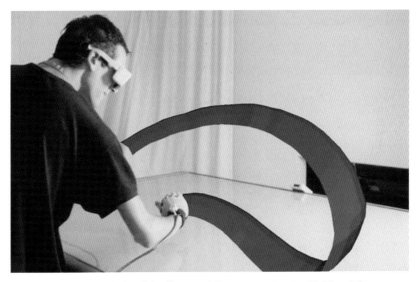

그림 9.12 모방 제스처(쉬콜네(Schkolne) 등 2001, © 2001 ACM, 허가받고 게재)

제스처 명령은 **자세**posture 또는 **제스처**gesture로 분류할 수 있다. 자세는 손의 정적인 설정이지만(그림 9.11) 제스처는 손의 움직임(그림 9.12)일 수도 있고, 특정 자세일 수도 있다. 자세의 예시는 손가락을 V 모양으로 구성('평화'를 상징하는 수신호)할 수도 있지만 흔들거나 그림은 제스처의 예시다. 시스템 제어를 위한 제스처 및 자세의 유용성은 명령의 수와 복잡성에 달려 있다. 제스처가 많을수록 사용자를 더 많이 학습하게 되는 것이다.

9.7.1 기술

제스처 명령의 다양성을 설명하는 가장 좋은 예시 중 하나는 폴리샵Polyshop이다(후기 멀티젠Miltigen의 스마트신SmartScene, 메이프스와 모쉘 1995). 이는 초기 가상 환경 애플리케이션인데 메뉴에서 그 사용에 이르기까지 모든 상호작용이 자세와 제스처로 지정됐다. 예를 들어 사용자는 상상 속 동아줄을 집어 들고 당기는 제스처를 취해서 본인을 앞으로 나아가게 만들 수 있다('공기 잡기' 기술 - 8장 '탐색' 8.7.2절 참고). 여기서 알 수 있듯이 사용자가 공기를 잡을 때 내비게이션 모드로 자동으로 바뀌므로 시스템 제어는 3D UI에서 조작 및 탐색과 겹치게 된다. 이는 능동적인 모드 변경이 수반되지 않으므로 가볍고 효과적이다.

일상에서 복합 제스처를 형성하고자, 결합될 수 있는 다른 많은 유형의 제스처를 사용한다. 멀더(Mulder, 1996)와 켄든(Kendon, 1988)의 범주화를 확장해 다음과 같은 제스처 범주를 식별한다.

- **모방 제스처**: 말과 연결돼 있지 않지만 개념을 설명하는 데 직접 사용되는 제스처다. 예를 들어 그림 9.12는 곡면을 정의하는 3D 공간에서의 제스처를 보여준다(쉬콜네 등 2001).
- **상징 제스처**: 모욕이나 칭찬(예를 들어 '추천')을 표현하고자 일상에서 사용되는 제스처다.
- **스위핑**: 마킹 메뉴 기술과 결합된 제스처다. 데스크톱 시스템용으로 개발됐고 모델링 애플리케이션에서 널리 사용되는 마킹 메뉴는 다양한 스위핑 모양의 궤적 동작을 사용해 탐구할 수 있는 파이 모양 메뉴 구조를 사용한다(렌Ren과 오닐O'Neill 20130).

- **수화**: 청각 장애인과 의사소통할 때 자세와 제스처를 사용하는 것(펠스Fels 1994) 또는 메뉴 항목을 선택하기 위해 손가락 셈법을 사용하는 것이다(쿨쉬레쉬스 Kulshreshth 등 2014).

- **음성 연결 손 제스처**: 말할 때나 음성 수행에 통합된 언어와 유사한 제스처를 취하는 도중에 무의식적으로 자발적인 몸짓을 수행할 때가 있다. 언어와 비슷한 제스처의 특정한 유형으로 '지시 제스처'가 있는데 이는 어떤 지시 대상(예를 들어 객체나 방향)을 가리킬 때 사용되는 제스처다. 지시 제스처는 HCI 분야에서 치열하게 연구됐으며 볼트의 풋댓데어put-that-there 시스템과 같은 멀티 모드 인터페이스에 적용됐다.

- **표면 기반 제스처**: 멀티터치 표면에서 만들어진 제스처다. 2D이지만 표면 기반 제스처(레키모토Rekimoto 2002)가 3D 시스템과 함께 하이브리드 인터페이스를 만드는 데 사용됐고 관련 예시는 그림 9.13에 나온 투처Toucheo 시스템에 전시됐다(하쳇 등 2011).

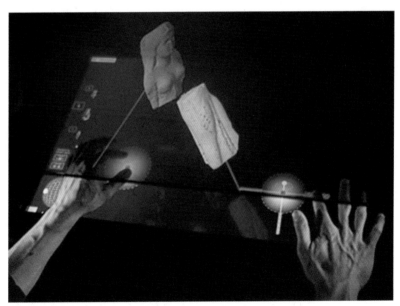

그림 9.13 투처(TOUCHEO)—2D와 3D 인터페이스의 결합(© 인리아(Inria) / H. 라게(H. Raguet))

- **전신 상호작용**: 전신 제스처는 모방 또는 상징적 제스처일 수 있지만, 구체적인 특성 때문에 여기에 따로 나열한다. 손과 팔 동작만 사용하는 대신(잉글랜드England

2011), 사용자는 발과 같은 신체 부위를 사용할 수도 있고 아니면 전신을 쓸 수도 있다(베크하우스와 크루이프, 2004).

9.7.2 디자인과 실행 이슈

제스처 상호작용을 구현하는 것은 사용되는 입력 장치에 크게 의존한다. 낮은 수준에서 시스템은 손, 손가락과 몸짓 등과 관련된 기타 신체 부위를 추적할 수 있어야 한다(6장 '3D 사용자 인터페이스 입력 하드웨어' 6.3.2절 참고). 더 높은 수준에서 자세, 몸짓, 동작은 제스처로 인식돼야 하며 제스처 인식은 일반적으로 머신러닝 또는 휴리스틱(체험)을 사용한다.

제스처 인식을 아직 믿을만하지는 않다. 보정이 필요할 수도 있지만 늘 가능하지도 않다. 제스처 인터페이스가 공공 설비에 사용되는 경우 그 단계는 교정 없이 견고해야 한다. 제스처 인터페이스를 통해 메뉴에 접근할 때 제스처의 정확도가 낮으면 더 큰 메뉴 항목이 필요할 수 있다. 또한 메뉴 항목의 레이아웃(가로, 세로 또는 원형)은 메뉴 기반 제스처 인터페이스 성능에 영향을 미칠 수 있다.

제스처 기반 시스템 제어는 앞에서 설명한 음성 입력의 특성을 많이 공유한다. 음성과 마찬가지로 제스처 명령은 초기화, 선택, 실행을 결합한다. 몸짓은 초기화 및 제스처 종료에 대해 명확한 구분 기호delimiter를 갖도록 설계돼야 한다. 그렇지 않으면 일반적인 동작이, 그런 의도가 아닌데도 제스처로 해석될 수 있기 때문이다(바우델Baudel과 부투인-라퐁Beaudouin-Lafon, 1993). 이를 제스처 세분화라 부른다. 음성 인터페이스의 푸시투토크와 마찬가지로 UI 디자이너는 사용자가 정말로 암시적 또는 명시적 메커니즘('푸시-제스처' 기술이라고도 한다)을 통해 제스처 명령을 내리려 하는지 확인해야 한다. 한 가지 선택지는 특정 영역에서 제스처를 비활성화하는 것이다(파이너와 베서스Beshers, 1990).

시스템에서 사용할 수 있는 제스처는 일반적으로 사용자가 볼 수 없으므로 실제 제스처와 자세 언어를 발견해야 할 수 있다(발견 가능성). 결과적으로 제스처의 수와 구성을 쉽게 익힐 수 있어야 한다. 사용자가 애플리케이션을 사용하는 빈도에 따라 제스처를 소수로 제한해야 할 수도 있지만 전문가로서 써야 한다면 제스처 집합을 좀 더 정교하게 만들 수 있다. 어쨌든 디자이너는 인지 부하가 합리적인지 확인해야 한다. 마지막으로 시스템은 제스처가 인식될 때 사용자에게 적절한 피드백을 제공해야 한다.

9.7.3 실용 애플리케이션

제스처 명령은 일상에서 중요한 역할을 하므로 3D UI에서 시스템을 제어할 때 주요 매력점이 될 수 있다. 애플리케이션 도메인이 이미 이미 잘 정의돼 있고 자연스러우며 이해하기 쉬운 제스처 세트로 구성돼 있다면 제스처 명령을 선택하면 된다. 게다가 제스처는 다른 유형의 입력(9.9절 참고)과 결합하면 더 유용해질 수 있다. 다만 제스처 인터랙션은 특히 노인에게는 피곤할 수 있음을 명심해야 한다(보베스Bobeth 등 2012). 그러므로 작업 기간에 따라 시스템 제어 방법을 선택할 필요도 있다.

엔터테인먼트 및 비디오 게임은 3D 제스처 인터페이스가 보편화되고 있는 애플리케이션 도메인의 예시 중 하나일 뿐이다. 이 추세는 모든 주요 비디오 게임 콘솔과 PC 지원 장치는 사용자로부터 3D 동작을 캡처한다. 또 다른 경우 비디오 게임은 3D 제스처 인식을 탐색하고 개선하기 위한 연구 플랫폼으로 사용되고 있다. 그림 9.14는 비디오 게임을 사용해 1인칭 내비게이션 게임에 적합한 3D 제스처 세트를 탐색하는 예를 보여 준다(노튼 등 2010). 3D 제스처 인식 연구의 상당 부분은 엔터테인먼트 및 비디오 게임 영역에 초점을 맞췄다(치마Cheema 등 2013, 보트Bott 등 강Kang 등 페인Payne 등 2006, 스타너Starner 등 2000).

그림 9.14 비디오 게임 애플리케이션에서 3D 등반 제스처를 취하는 사용자(이미지 출처: 조셉 라비올라 주니어)

수술실에서 사용할 의료용 애플리케이션은 3D 제스처 적용을 고려해 연구 중인 또 다른 영역이다. 수동 감지 기능을 사용하면 외과의사나 의사가 제스처를 사용해 컴퓨터에 표시된 환자 정보를 모으고 멸균 환경을 유지할 수 있다(빅델루Bigdelou 등 2012, 슈바르츠Schwarz 등 2011). 인간-로봇 상호작용 분야에서 로봇 애플리케이션 분야에서도 3D 제스처 인식 연구가 이뤄졌다. 예를 들어 파일(Pfeil, 2013) 등은 UAV(무인 항공기)를 제어하고자 3D 제스처를 사용했다(그림 9.15). 또 로봇을 원격 조작하기 위한 몇 가지 3D 제스처 메타포를 개발, 평가하기도 했다. 윌리엄슨Williamson 등(2013)은 격리된 병사를 훈련시키는 전신 제스처 인터페이스를 개발했으며 리너(Riener, 2012)는 자동차의 구성 요소를 제어하는 데 3D 제스처를 어떻게 활용했는지 연구했다. 마지막으로 소비자 전자 기기, 대형 스크린 스마트 TV(리 등 2013, 다카하시Takahashi 등 2013)를 제어하는 데 3D 제스처 인식을 활용하는 방법도 최근 활발했다.

그림 9.15 3D 제스처로 무인 공중 이동수단(UAV)을 제어하는 사용자(이미지 출처: 조셉 라비올라 주니어)

기호 입력에도 제스처 인터페이스를 사용한다. 그림 9.16은 펜 기반 입력이 사용되는 인터페이스의 예시를 보여 준다. 이런 기술은 문자, 단어 수준에서 모두 효과를 발휘할 수 있다. 예를 들어 치린Cirrin에서는 원의 중앙 영역부터 펜을 대기 시작해서 단어의 각 글자를 나타낸 원 주위의 영역을 따라 움직이면서 선을 그린다(그림 9.16).

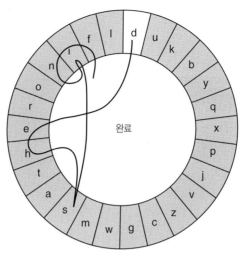

그림 9.16 펜 기반 입력을 위한 치린(Cirrin) 소프트 키보드의 레이아웃(만코프(Mankoff)와 어보드(Abowd) 1998, ©
1998 ACM, 허가받고 게재)

9.8 툴

다수 3D 애플리케이션에서 실제 장치를 이용해 3D 상호작용을 구현하는 것이 더 유
용할 수 있다. 이런 장치들, 또는 가상 표현들은 '**툴**tool'이며, 실제 세계에서 이 툴들의
응답 덕분에 상호작용을 직접 할 수 있게 된다. 선택, 조작, 이동 또는 다른 3D 상호작
용이 필요한 작업에 개별 툴을 사용하지만 단일 애플리케이션의 도구 모음을 시스템
제어 기술로 간주한다. 2D 드로잉 애플리케이션에서 사용하는 툴 팔레트처럼 3D UI
의 툴은 상호작용 모드를 변경하기 위한 간단하고 직관적인 기술을 제공하는데, 적절
한 도구를 선택하기만 하면 된다.

물리적인 툴, 형태가 있는 툴, 가상 툴 이렇게 세 가지로 툴을 구별한다. 물리적인 툴은
'소품'이라고 불리는 실제 물리적인 객체(해당 가상 표현 포함)의 모음이다. 주로 하나의
기능을 수행하는데 시간이 지날수록 여러 기능을 수행할 수도 있다. 사용자는 그저 물
리적인 툴을 집어들고 사용해서 실제 도구에 접근할 수 있다. 물리적인 툴은 실제 사
용자 인터페이스TUI, Tangible User Interface의 더 큰 범주의 하위 집합이다(울머Ullmer와 이시이
2011). 물리적인 툴은 실제 세계의 도구를 대표하는 유형이며 일반적으로 범용 객체는
기능이 연결된 추상 도형일 수 있다. 반대로 가상 툴에는 물리적인 실체가 없다. 따라

서 여기서 툴은 메타포이며 사용자가 툴 벨트에 있는 가상 벨트를 선택하는 등의 방식으로 도구를 디지털화한다(그림 9.17).

그림 9.17 툴 벨트 메뉴. 사용자의 시각에서 사진을 찍지 않았기 때문에 툴 벨트가 실제보다 커보인다(포스버그 등의 이미지 재인쇄[2000], © 2000 IEEE).

9.8.1 기술

가상의 툴 벨트가 그저 광범위하게 존재하지만 문헌에 거의 기록된 바가 거의 없다(피어스 등 1999). 따라서 9.8.1절에서는 실제 툴과 TUI로 3D UI에서 시스템을 제어하는 방법을 중점적으로 다룬다.

소품 아이디어를 토대로 전 범위를 아우르는 TUI가 등장했다. TUI의 경우 때로 가상 환경에서 행동을 수행하는 데 실제 툴을 사용한다(울머와 이시이 2001, 피츠마우리스 Fitzmaurice 등 1995). 애플리케이션과 상호작용하고자 특정 동작의 종류를 대표하는 실제 요소를 사용하는 것이다. 예를 들어 사용자는 실제 지우개를 사용해 가상 객체를 삭제하거나 실제 연필을 사용해 가상 공간에 그림을 그릴 수 있다. AR에서는 툴이 실제 모양이면서 가상 툴의 형식을 취하기도 한다. 일반적으로 가상 객체를 실제 객체 위에 렌더링하도록 물리적인 객체에 시각적인 표시물을 첨부하는 기술을 적용한다. 특정 장면에서 객체를 조작하고자 주걱을 사용하는 모습을 그림 9.18에서 확인할 수 있다(가와시마Kawashima 등 2000).

그림 9.18 AR 장면에서 객체를 조작하는 데 사용하는 툴(가토 등 2000, © 2000 IEEE)

그림 9.19 시각화 인공물 – 3D UI와 상호작용을 중재하는 물리적 도구(이미지 출처: 브리그 울머(Brygg Ullmer), 스테판 자코브(Stefan Zachow), 주세 인스티튜트 베를린(Zuse Institute Ber-lin))

그림 9.19는 3D 상호작용을 위한 TUI를 보여 준다. 여기서는 이더넷과 연결되며 서로 다른 작업을 나타내는 상호작용 패드, RFID 태그가 포함된 실제 카드, 블록, 바퀴와 함께 사용되는데 이는 네트워크 기반 데이터, 매개 변수, 도구, 사람 및 애플리케이션을 나타낸다. 몰입형 3D 환경 및 데스크톱에서 사용하도록 설계된 이 물리적 장치는 주요 정보와 작업에 접근을 용이하게 만든다. 몰입형 가상 환경과 함께 사용하면 한 손으로 추적 막대나 스타일러스를 계속 조작할 수 있으며 다른 손으로 데이터 불러오기와 저장, 매개 변수 조정, 원격 회의 링크 활성화, 기타 작업 수행 등을 한다.

TUI는 표현과 제어를 결합한다. 이는 물리적인 표현과 디지털 표현을 결합하거나 하나의 조정자에서 입력과 출력을 융합하는 것을 의미한다. TUI에는 다음과 같은 주요 특징이 있다(울머와 이시이 2001).

- 물리적 표현은 기본 디지털 정보와 계산상 결합된다.
- 물리적 표현은 대화형 제어를 위한 메커니즘을 구현한다.
- 물리적 표현은 적극적으로 중화한 디지털 표현과 인식적으로 결합한다.

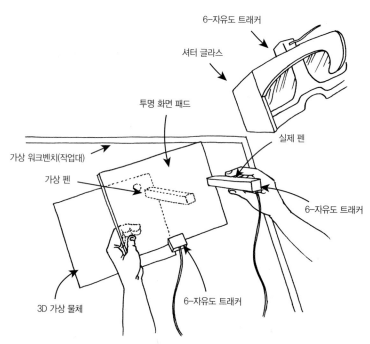

그림 9.20 개인 상호작용 패널 – 가상 현실과 증강 현실을 결합한다(슈말스티그 등 1999).

516

해당 아이디어는 소품 기반으로 물리적인 메뉴를 개발하는 데 적용할 수 있다. 예를 들어 HWD 기반 가상 환경의 경우 추적된 펜을 사용해 투명하게 만들어진 추적된 태블릿에 배치된 가상 메뉴를 선택할 수 있다(바우만과 윈그레이브 2001). 후자의 접근법으로는 VR과 AR의 원리를 결합해 메뉴를 표시하는 반투명 퍼스펙스^{Perspex} 플레이트를 결합한 개인 상호작용 패널 예시가 있다(슈말스티그 등 1999). 태블릿 컴퓨터에서도 사용 가능한데 정확도와 해상도가 높다는 장점을 지녔다. 태블릿에 메뉴를 표시할 때 주요 이점은 메뉴와 상호작용하는 사용자에게 직접적인 햅틱 피드백을 준다는 것이다. 따라서 가상 환경 공간에 뜨는 메뉴에 비해 선택지가 적다.

9.8.2 디자인과 실행 이슈

도구의 형식은 사용자가 수행할 수 있는 기능을 나타내므로 소품을 개발할 때 양식을 신중하게 고려해야 한다. 전통적인 제어 설계 방법으로 접근하는 것이 일반적이다(불링어 등 1997). 또 다른 접근법으로는 일상에서 사용하는 도구를 복제하는 것이다. 실제 애플리케이션이나 공간 애플리케이션의 객체를 조작하고자 툴과 유사한 객체를 사용한다.

중요한 문제는 실제 세계와 가상 세계 사이 **준수 사항**^{compliance}인데 이는 실제와 가상 위치, 모양, 동작, 원인과 결과 관계 사이의 대응을 말한다(힌클리 등 1994). 큐빅 마우스$^{Cubic\ Mouse}$와 같은 소품 기반 인터페이스의 경우 움켜잡는^{clutching} 메커니즘이 필요하다는 것을 보여 줬다. 조작 기법 준수 및 움켜잡기의 자세한 내용은 7장을 참고하자.

소품을 사용하면 눈을 떼고서도 자연스럽게 조작할 수 있다(사용자가 촉감으로만 장치를 조작할 수 있다). 이는 특히 사용자가 다른 작업에 집중해야 해서 시각적인 주의를 돌려야 할 때 장점으로 작용한다. 한편으로는 촉감을 상호작용할 수 있을 정도로 설계해야 한다는 것을 의미한다. 예를 들어 간단한 추적 태블릿은 햅틱 단서가 있는 메뉴 항목의 위치를 나타내지 않고, 메뉴의 일반적인 위치만 표시한다.

물리적인 메뉴에서 발생하는 특정 이슈는 메뉴를 사용하지 않을 때 숨길 수 있다는 것이다. 디자이너는 태블릿에 클립을 붙여서 사용자의 옷에 붙일 수 있게 한다거나, 그것만을 위한 디스플레이 환경을 만들고자 특별한 장소를 예약한다거나 태블릿에 손잡이를 달아 쉽게 들도록 만들 수 있다.

9.8.3 실용 애플리케이션

물리적 툴은 매우 특정한 장치다. 대부분 하나의 경우만 수행한다. 기능이 많은 애플리케이션에서도 툴을 유용하게 사용할 수 있지만 모든 작업에 적용하지는 못한다. 툴의 특수성(기능을 위한 좋은 행동 유도성)과 사용자가 해야 할 툴 전환의 총량 사이는 상충 관계다.

가상 환경(예를 들어 박물관 또는 테마 파크)의 공공 설치는 툴을 사용했을 때 이점이 크다. 공공 설치 사용자는 즉시 인터페이스를 사용할 수 있어야 한다. 툴은 이를 정확히 제공할 수 있다. 잘 설계된 도구는 명확한 행동 유도성 세트를 지니고 있고 사용자는 실제 장치와 유사하게 개인적인 경험을 활용할 수 있다. 테마 파크 설치의 경우 사용자가 곧바로 게임을 시작할 수 있도록 소품을 사용한다. 예를 들어 디즈니 퀘스트에 설치된 카리브 해역의 해적은 실제 핸들과 대포를 쓴다. 이 애플리케이션에는 음성 안내 기능을 포함해서 사용자가 학습해야 할 것이 없으므로 1분 안에 환경과 상호작용할 수 있다(마인 2003).

9.9 멀티모달 기술

다양한 종류의 시스템 제어 기법을 논의하며 일부 기술을 다른 기술과 결합할 수 있다고 언급한 바 있다. 9.9절에서는 다양한 입력 방식, 즉 **멀티모달**multimodal로 기술을 결합하는 기본 원리와 그 효과를 자세히 다룬다. 이런 기술은 여러 입력 흐름을 연결한다. 사용자는 시스템과 상호작용하면서 다른 기술로 전환한다(라비올라 등 2014). 어떤 상황에서는 멀티모달 시스템 제어 기술을 사용하면 제어 작업의 효율성을 크게 높일 수 있다. 하지만 기본 원칙을 고려하지 않는다면 부작용이 생기기 쉽다. 따라서 9.9절에서 개발자가 멀티모달 3D UI에 적합한 디자인을 선택할 때 도움을 줄 수 있을 만큼 다양한 측면을 다룬다.

9.9.1 잠재적인 이점

연구자는 3D UI에 적용할 수 있는 다중 모드 시스템 제어 기술(주로 2D GUI 영역)을 사용하면 발생하는 이점들을 확인했다.

- **분리**: 환경과 상호작용할 때 사용되는 주 입력 채널과 다른 입력 채널을 사용하면 사용자의 인지 부하가 감소할 수 있다. 사용자가 조작 및 시스템 제어 작업을 전환할 필요가 없다면 주 활동에 집중할 수 있다는 것이다.

- **오류 감소 및 수정**: 입력이 모호하거나 모호하거나 주위가 시끄러울 때 제스처나 음성과 같은 인식 기반 입력을 사용할 경우 다중 입력 채널을 사용하면 매우 효과적일 수 있다. 여러 채널의 입력을 결합하면 인식률이 크게 높아지고(오비아트 Oviatt 1999, 오비아트와 코헨 2000), 3D UI에서의 모호성을 제거할 수 있다(카이저 등 2003).

- **유연성 및 보완 동작**: 사용자가 여러 입력 채널을 사용해 동일한 작업을 수행하는 경우 보다 유연하게 제어할 수 있다. 또한 작업의 인식적인 구조에 기반해 보완적인 방식으로 다른 양식을 사용할 수 있다(그라소 Grasso 등 1998; 제이콥과 시버트 1992).

- **정신적 자원 제어**: 멀티모달 상호작용은 인지 부하를 줄인다(로젠펠드 Rosenfeld 등 2001). 한편으로는 여러 정신적 자원에 동시에 접근해야 하므로 상호작용이 덜 효과적일 수 있다. 예를 들어 슈나이더만(2000)이 관찰한 바와 같이 말하기와 듣기에 사용한 두뇌의 일부는 문제 해결에 쓰이는 부분이기도 하며 귀중한 인식 자원을 소비한다.

아마 가장 잘 알려진 멀티모달 기법은 '풋댓데어'일 것이다(볼트 1980). 이 기술을 사용해 포인팅과 음성을 결합해 조작 작업을 수행할 수 있다. 많은 사람은 음성을 사용해 명령을 내리고 제스처를 사용해 명령의 공간 매개 변수를 지정하는 등 제스처와 음성의 동일한 조합(예를 들어 그림 9.21)을 하나의 유체 동작으로 사용했다. 다만 경우에 따라 음성을 사용했기 때문에 제스처가 모호해질 수 있으며 반대의 경우도 마찬가지다.

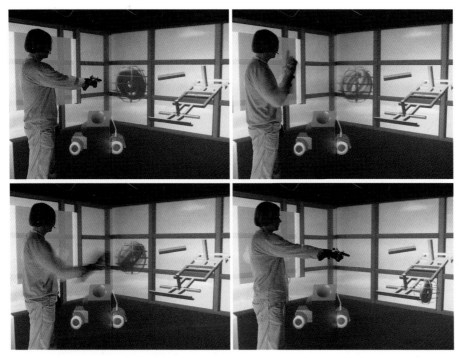

그림 9.21 자동차 바퀴를 선택하고 회전시키며 음성 및 제스처를 사용해 올바른 위치로 이동시킨다(이미지 출처: 마크 에릭 라토쉬크(Marc Eric Latoshik), AI&AR 연구소, 빌레펠드(Bielefend) 대학교, 라토쉬크 2001).

또 다른 기술은 '마킹 메뉴^{marking menu}' 기술과 같이 제스처 기반 기술을 전통적인 메뉴와 결합하는 것이다. 초보 사용자가 시각적 메뉴에서 명령을 선택할 수 있음을 의미하며 숙련된 사용자는 제스처 입력을 통해 명령에 직접 접근할 수 있다. 데스크톱 인터페이스에서 키보드 단축키를 사용하는 것과 비슷하다.

9.9.2 디자인 원리

복합 시스템 제어 기술 설계는 복잡한 작업이다. 단일 기술 수준에서 9.9.1절에서 설명한 기술의 다양한 설계 지침을 적용한다. 그러나 기술을 결합했으므로 새로운 이슈들이 생긴다.

첫째, 양식의 조합은 작업 구조에 따라 다르다. 특정 작업을 특정 양식과 어떻게 일치시킬 것이며 사용자가 양식들 사이를 어떻게 전환할 것인가? 전환은 애플리케이션의 동작 흐름에 영향을 미칠 수 있다. 흐름에 방해가 되면 성능이 떨어지고 사용자의 수용도가 낮아질 수 있다. 작업 흐름을 확인하는 좋은 방법은 반복되는 작업 과정의 특정 하위 항목에 소요되는 시간을 식별하고 이를 단일 기술(비멀티모달) 성능과 비교하는 상세한 로깅을 수행하는 것이다. 두 가지 기술을 결합할 때 작업을 여러 방식으로 매핑하는 것, 즉 사용자가 여러 방법을 사용해 특정 작업을 수행하도록 만드는 것이 좋다.

둘째, 멀티모달 기술은 인지 자원을 해방시킬 수 있지만 모든 구현 상황에서 그런 것은 아니다. 따라서 인지 부하는 사용자의 자기 평가(일반적인 지시만 제공) 또는 스트레스, 뇌 활동을 평가할 수 있는 생리학적인 측정과 추가 상관관계를 통해 측정해야 한다. 자세한 내용은 3장 '인간 요소와 기본 요소들'의 3.4.3절을 참고하자. 인지 부하에 직접적으로 관련되므로 사용자가 결합된 기술(수반되는 시각적 또는 비시각적 요소)을 사용하는 데 많은 주의를 기울여야 할까? 아니면 사용자가 주요 작업에 집중할 수 있을까? 등의 문제를 고려해야 한다.

9.9.3 실용 애플리케이션

멀티모달 기술은 많은 상황에서 유용하다. 복잡한 애플리케이션은 멀티모달 기술의 보완적인 특성을 사용해 보다 유연한 입력을 허용하고 잠재적인 오류를 줄일 수 있다. 오류 감소는 사용자 학습이 제한적이거나 없는 애플리케이션에서 꼭 필요하다. 예를 들어 공용 공간 설치를 생각했을 때 여러 입력 모드를 지원함으로써 기본적인 기능이 더 쉬워질 수 있었다.

또한 일부 사용자는 특정 유형의 양식을 더 쉽게 수행할 수 있는데, 예를 들어 노인은 세심하게 모터를 입력하기 어려울 수 있지만 음성으로 애플리케이션을 제어할 수 있다. 이는 멀티모달 기술의 일반적인 보완 동작이다. 하나의 입력 채널이 차단되면 외부 요인이나 사용자 기능을 사용해 다른 채널을 활용하면 된다. 예를 들어 밝은 날 AR 애플리케이션에서 문자 가독성 저하나 음성 인식을 제한할 수 있는 주위 환경의 소음이 있다. 다른 입력 채널을 사용해 작업을 수행할 수 있다면 성능이 크게 좋아진다.

마지막으로 멀티모달 기법은 자연스러운 행동을 모방한 시나리오에서도 적용할 수 있다. 마치 실제 같은 게임과 자연스러운 상호작용 접근법을 요구하는 애플리케이션에서 일반적으로 다른 사람과 상호작용하는 방식을 반영하는 입력 양식의 조합은 사용자의 경험을 향상시킬 수 있다.

9.10 디자인 가이드라인

9장에서는 특정 3D 시스템 제어 기술과 관련해 다양한 설계 지침을 제시했다. 이 중 몇 가지 일반적인 지침을 요약한다. 그러나 3D UI 관련 시스템 제어 기술의 경험적인 평가는 아직 많이 없었으므로 대부분의 지침을 경험적인 법칙 정도로 생각해야 한다.

> **Tip**
> 상호작용 작업 동작의 흐름을 방해하는 상황을 피한다.

시스템 제어는 종종 다른 3D 상호작용 작업과 통합된다. 그러한 작업 구조는 일련의 동작을 구성한다. 통합을 하기 때문에 시스템 제어 기술은 상호작용 작업의 동작 흐름을 방해하지 않도록 설계해야 한다. 경량 모드 전환, 물리적 도구, 멀티모달 기술은 모두 동작의 흐름을 유지하는 데 쓴다.

> **Tip**
> 필요 없는 초점 전환과 맥락 전환을 방지한다.

초점 변경은 행동의 흐름을 중단시키는 요소 중 하나다. 사용자가 실제 작업 영역과 시스템 제어 기술을 인지하거나 물리적으로 전환할 때 또는 장치를 전환하고자 다른 곳을 봐야 하는 경우에도 발생할 수 있다.

> **Tip**
> 발견 가능한 디자인을 한다.

음성 및 제스처 입력처럼 '보이지 않는' 시스템 제어 기술을 사용하면 사용자는 애플리케이션으로 무엇을 할 수 있는지 발견을 해야 한다. 이 과정을 지원하고자 애플리케이션에서 단서를 제공하거나 교육 단계를 마련해야 한다.

> **Tip**
> 모드 오류를 피한다.

사용자에게 언제나 명확한 피드백을 제공해서 현재 어떤 상호작용 모드가 구동 중인지 알려 줘야 한다.

> **Tip**
> 적절한 공간 참고 프레임을 사용한다.

적절한 위치에 시스템 제어 기술을 배치하면 유용성이 크게 향상될 수 있다. 사용자는 상호작용 모드를 변경하거나 명령을 내리려 할 때 그 방법을 찾지 못해 혼란스러워 하기도 한다. 제어할 길이 전혀 보이지 않거나 실제 작업 영역에서 멀리 떨어져 있거나 사용자가 있는 방향으로 배치돼 있지 않은 경우 시간을 낭비하게 된다. 반면 시스템 제어가 사용자의 손, 몸체 또는 장치에 부착돼 있다면 언제든 쉽게 사용할 수 있다.

> **Tip**
> 애플리케이션에서 기능을 구성하고 사용자에게 사용법을 알려 준다.

계층적 메뉴 구조 및 상황에 맞는 시스템 제어를 포함해 애플리케이션의 기능을 구조화하는 몇 가지 좋은 기술이 있다. 기능 수가 많아서 이런 기술이 효과적이지 않은 경우 해상도와 선택 정확도가 떨어지는 태블릿과 같은 다른 장치에 기능을 배치하는 것이 좋다.

> **Tip**
> 멀티모달 입력 사용을 고려한다.

멀티모달 입력은 더 유연하고 효율적인 시스템 제어를 제공할 수 있지만 단점도 있다.

> **Tip**
> 3D가 최상의 해결책은 아니기 때문에 하이브리드 인터페이스를 고려한다.

애플리케이션이 3D이기 때문에 3D 시스템 제어 기술을 사용하는 것이 최상의 해결책이 되는 것은 아니다. 2D 기술이 더 간단할 때도 있다. 특히 태블릿이나 휴대전화를 사용해 메뉴를 제어할 수 있는 경우는 더욱 그렇다. 하지만 양식 사이 전환을 자주 해야 하면 필요한 인터페이스를 설계할 때 주의해야 한다.

9.11 사례 연구

시스템 제어는 사례 연구에 매우 중요한 이슈였다. 아직 사례 연구 소개를 보지 못했다면 9.11절을 읽기 전에 2.4절을 보는 것이 좋다.

9.11.1 VR 게임 사례 연구

지금까지 VR 액션 어드벤처 게임을 설명했던 것을 감안할 때 이 게임은 전적으로 세계와 직접적으로 상호작용하는 것이기 때문에 고려해야 할 시스템 제어 작업이 없다고 생각할 수 있다. 하지만 대부분의 실제 애플리케이션처럼 플레이어가 제어해야 할 자잘한 명령과 설정들이 있다. 예를 들어 게임 저장, 저장된 게임 불러오기, 일시 중지, 사운드 효과 볼륨 선택 등은 사소하고 게임 세계 자체와 관련되지 않았기 때문에 9.5절에서 설명한 간단한 3D 그래픽으로 포인트-앤드-클릭 메뉴를 사용하는 것으로 충분하다. 가상의 레이저 포인터 역할을 하는 자주 사용하는 손으로 포인팅 행위를 제어한다.

하지만 두 가지 더 자주 발생하는 시스템 제어 작업이 있는데 게임 플레이의 중심적인 역할을 한다. 첫 번째는 인벤토리를 여는 작업이다. 수집된 항목을 배치하거나 선택하는 장소다. 인벤토리(플레이어가 사용할 수 있는 항목 세트)는 실제 세계에서 가방 또는 배낭의 간단한 메타포라고 보면 된다. 플레이어는 주인공이 이미 손전등이나 쇼핑 가방을 들고 있다고 생각하고 이 개념을 이야기에 맞출 수 있다. 쇼핑 가방은 자주 사용하지 않는 손(손전등을 든 것과 같은 손)에서 보인다.

가방(인벤토리)을 열고자 플레이어는 손잡이 근처에서 자주 사용하는 손을 움직인다(마치 가방의 한쪽을 다른 손으로 잡아당기는 것처럼). 플레이어가 이미 자주 사용하는 손에 물건을 들고 있다면 가방에 넣고 버튼을 눌러 자동으로 닫으면 된다. 본질적으로 시스템 제어에 대한 '가상 도구' 접근 방식이다(9.8절). 시스템 제어 인터페이스가 게임 세계에 직접 통합되기를 바라기 때문에 적절하다.

플레이어가 아이템을 인벤토리에서 꺼내고자 한다면 가방 안에 있는 모든 물품을 꺼내어 보는 것이 까다로울 수 있다(특히 이런 게임들에서 인벤토리는 마술처럼 많은 물건을 담을 수 있고, 일부는 가방 자체보다 크다). 이 문제를 해결하고자 플레이어가 헬멧을 움켜잡고 머리 위로 올리면 완전히 다른 세계에 있는 메뉴를 제공하는 '판타스틱 콘트랩션 Fantastic Contraption' 게임에서 영감을 얻었다. 플레이어가 가방 속으로 머리를 넣으면 가방 크기가 커지고, 안에 있는 모든 아이템이 주위에 배열돼 있는 것을 볼 수 있다(그래픽 메뉴의 한 형태). 7.12.1절에서 설명한 선택 기법을 사용해 객체를 선택하면 되고, 아이템을 선택하면 가방의 크기가 다시 축소되고 플레이어는 그 전처럼 가상의 공간에서 있는 모습이다.

두 번째 게임 내 시스템 제어 작업은 플레이어가 자주 사용하는 손에 있는 툴 손잡이로 툴을 선택하는 것이다. 선택 및 조작 장에서 설명했듯이 사용자는 원격 선택 도구('개구리 혀')로 시작하지만 게임을 통해 퍼즐을 풀면 괴물을 물리치는 다른 많은 도구를 얻게 된다. 그래서 적시에 적절한 툴 모드를 선택하는 것이 중요하다. 9.8절에서 설명한 가상 툴 벨트와 같은 물리적인 메타포를 사용할 수도 있는데 플레이어가 갖고 있던 툴을 다른 것으로 바꿀 때 이 벨트에 손을 뻗으면 된다. 하지만 게임에서 해당 작업은 자주 빠르게 수행돼야 한다(예를 들어 괴물이 접근하고 있어서 플레이어가 급히 파괴 광선을 꺼내야 하는 경우). 따라서 스위스 아미 나이프Swiss army knife 메타포를 사용했다. 모든 툴은 늘 핸들에 연결되지만 한 번에 하나씩만 활성화된다. 다음 도구로 전환하려면 플레이어가 빠르게 위아래로 쓸어 넘기면서 제어한다. 물론 이는 플레이어가 원하는 툴을 얻고자 여러 가지 툴 선택 사항을 전환해야 할 수 있다는 것을 의미하지만 너무 많지 않으면(최대 4~5개) 큰 문제가 돼서는 안 된다. 플레이어가 툴의 순서를 빠르게 기억할 것이며 사운드 효과를 통해 어떤 툴이 선택됐는지 표시할 수 있으므로 눈에 띄지 않게 전환하는 방법도 있다.

주요 개념

- 게임 플레이의 일부인 시스템 제어 디자인과 게임 플레이의 주변 장치인 시스템 제어를 다르게 생각한다.

- 선택할 수 있는 옵션이 거의 없으면 직접 선택이 아니라 토글 형태로 선택 항목을 회전시키는 방법이 좋다(더 빨라질 수도 있다).
- 시스템 제어가 지루하면 안 되겠지만, 너무 무겁지 않게 만든다.

9.11.2 모바일 AR 사례 연구

AR 애플리케이션은 기능적인 복잡성이 낮아지는 경향이 있지만 하이드로시스 애플리케이션의 경우 광범위한 기능 접근을 제공한다. 적절한 시스템 제어 방법을 설계하는 과정에서 AR 애플리케이션에서만 나타나는 문제가 있었지만 VR 시스템에서 나타나는 것과 유사한 문제도 드러났다.

모든 3D 시스템과 마찬가지로 시스템 제어는 디스플레이 유형 및 입력 방법에 의해 크게 의존한다. 저자의 경우 1024×600 해상도의 핸드헬드 장치에서 5.6" 화면을 사용했으며 사용자는 손가락 터치 또는 펜을 사용해 화면에 입력했다. 해당 인터페이스를 통해 데이터 검색, 일반 도구, 탐색, 공동 작업 도구, 이렇게 네 가지 작업 범주에 접근할 수 있었다. 각 카테고리에는 많은 기능이 포함돼 있어 한꺼번에 모든 것을 표시하는 것이 가능한 접근법은 아니었다. 따라서 환경과 맞물리지 않고 스크린 공간을 확보하는 효율적인 방법을 찾아야 했다.

여기서 네 가지 작업 그룹을 분리해 간단하면서도 적절한 솔루션을 만들었다. 각 작업 그룹의 모서리 중 하나에 접근 버튼을 놨다. 투명 버튼이 활성화되지 않았을 때 작업 그룹의 이름을 보여 준다. 증강된 콘텐츠가 맞물리는 것을 방지하고자 투명한 버튼을 선택한 것이다. 이 아이콘은 AR 인터페이스(크루이프 등 2010)의 전형적인 문제인 특정 배경(그림 9.22의 하단 참고)에서 가독성이 떨어지는 문제점을 안고 있었다. 하지만 사용자가 네 아이콘을 쉽게 암기할 수 있었기 때문에 큰 문제는 아니었다.

메뉴 버튼을 누르면 메뉴가 화면 중앙에서 4개의 경계 중 하나에 나타난다. 사용자는 이런 방식으로 확장된 콘텐츠를 확인하면서 메뉴를 열어 둘 수 있다. 또 야외 환경에서 발생할 수 있는 다양한 조명 조건에서도 콘텐츠를 쉽게 읽을 수 있도록 설계된 아이콘과 함께 간단한 2D 메뉴도 사용했다. 메뉴 아이콘은 시각적인 표현과 텍스트를 결합해서 만들었기 때문에 일부 기능을 쉽게 나타내지 못했다. 따라서 몇 개의 아이콘만 가로막대에 표시될 수 있었으니 경우에 따라 선택 항목을 팝업 목록으로 만들 수밖에 없었고 대부분의 메뉴는 공간에 최적화했다. 그래서 참고한 기술 중 하나는 메뉴 옵션 필터 링이었다. 데이터 검색 메뉴 막대(그림 9.22의 상단 참고)에서 탐색을 유도했다. 예를 들어 특정 유형의 시각화는 그 유형의 센서 데이터만 보여 줄 수 있었다. 사용자가 센서 데이터 유형을 선택했을 때 다음 단계에서 적절한 시각화 방법만 표시되므로 공간은 절약되고 성능은 향상된다.

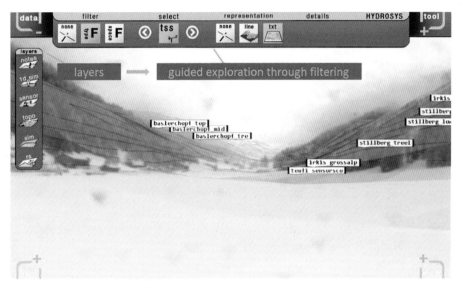

그림 9.22 유도된 탐색 접근법을 사용한 데이터 검색 메뉴를 나타낸 메뉴 바의 예시(이미지 출처: 에른스트 크루이프 및 에두아르도 베아스)

주요 개념

- **지각 문제**: 가시성과 판독성은 일반적인 2D 메뉴 디자인과 유사하게 AR 시스템 제어의 설계 방법에 영향을 미친다. 하지만 AR 인터페이스는 디스플레이의 품질과 야외 환경 조건의 영향이 크게 작용하기 때문에 영향을 끼치는 정도가 더 강하다.
- **화면 공간**: 화면의 공간이 제한된 경우가 많으므로 시스템 제어 방법의 레이아웃을 최적화해 증강 현실의 맞물림을 방지해야 한다.

9.12 결론

3D UI를 위한 시스템 제어 방법이 개발됐고 또 사용 중이지만 아직 연구할 분야가 많다. 넓은 범위의 기술을 논의했지만 이를 위한 설계 공간은 가상적으로 무한하다. 이 책에서 설명한 범주뿐만 아니라 발명되기를 기다리는 더 새롭고 흥미로운 3D 시스템 제어 기술이 많을 것이다. 지금은 다양한 시스템 제어 기술의 사용자 경험에 대한 양질의 실험적인 증거들이 부족하기 때문에 현재 설계 지침을 검증하고 새로운 지침을 개발하려면 UX 평가를 더 많이 해야 한다. 그럼에도 9장에서는 시스템 제어 인터페이스의 중요성과 복잡성을 다뤘고 기존의 3D UI를 위한 시스템 제어 기술을 제시했다. 이로써 보편적인 작업을 위한 3D 상호작용 기술 관련 내용을 마치겠다. 이제 5부로 넘어가 3D UI의 일반적인 디자인 및 평가를 다룬다.

추천 도서 및 논문

인간 요소의 자세한 내용을 보려면 다음 문서를 살펴보자.

- Salvendy, G. (ed.) (2012). *Handbook of Human Factors and Ergonomics*. Hoboken, NJ: John Wiley & Sons.

- Kruijff, E., Swan II, E., and Feiner, S. (2010). "Perceptual issues in Augmented Reality Revisited." *Proceedings of the IEEE and ACM International Symposium on Mixed and Augmented Reality*, 3 – 12.

비전통적인 제어 방법의 기원과 관련된 소개를 보려면 다음 문서를 참고하자.

- Bullinger, R, H., Kern, P., and M. Braun (1997). "Controls." In G. Salvendy (ed.), *Handbook of Human Factors and Ergonomics*, 697 – 728. New York: John Wiley & Sons.

그래픽 위젯의 자세한 내용을 보려면 다음 문서를 참고하자.

- Schmalstieg D., and Höllerer, T. (2016). *Augmented Reality: Principles and Practice*. Addison-Wesley.

음성을 이용한 인풋 모달리티의 자세한 내용을 보려면 다음 문서를 참고하자.

- Pieraccini, R. (2012). *The Voice in the Machine: Building Computers That Understand Speech*. Cambridge, MA: MIT Press.

- Jurafsky, D., and J. Martin (2008) *Speech and Language Processing: An Introduction to Natural Language Processing, Computational Linguistics, and Speech Recognition*. Prentice Hall.

제스처의 자세한 내용을 보려면 다음 문서를 참고하자.

- Wigdor, D., and Wixon, D. (2011). *Brave NUI World: Designing Natural User Interfaces for Touch and Gesture*. Burlington, MA: Morgan Kaufmann.

3D 인터페이스의 일부로 툴 사용에 대한 자세한 내용을 보려면 다음 문서를 참고하자.

- Ishii, H., and B. Ullmer (1997). Tangible Bits: Towards Seamless Interfaces between People, Bits, and Atoms. *Proceedings of the ACM Conference on Human Factors in Computing Systems*, ACM Press, 234 – 241.

- Hinckley, K., R. Pausch, J. Goble, and N. Kassell (1994). Passive Real-World Interfaces Props for Neurosurgical Visualization. *Proceedings of the 1994 ACM Conference on Human Factors in Computing Systems (CHI '94)*, ACM Press, 452 – 458.

5부

3D 사용자 인터페이스 설계 및 개발

지금까지는 3D UI 중 기본적인 구성 요소인 입력/출력 장치 및 상호작용 기술을 설명하는 데 중점을 뒀다. 즉 사용자의 애플리케이션마다 고도의 사용성을 발휘할 수 있는, 고유한 요구 사항에 맞는 장치와 기술을 선택하는 방법을 각 장에서 가이드라인으로 제시했다.

하지만 이 모든 구성 요소를 어떻게 결합할까? 완전한 3D UI가 있을까? 사용하기 쉽고 효율적이며 만족스러운 시스템이 존재할까? 5부는 이러한 질문에 답을 하는 데 초점을 둔다.

4장 '인간-컴퓨터 상호작용의 일반 원칙들'에서 논의한 바와 같이 3D UI를 만들 때 사용성 엔지니어링 원칙(가바드Gabbard 등, 1999)을 준수하면 좋다. 해당 프로세스는 요구 사항 수집에서 시작한다. 우선 사용자가 겪는 문제 및 수행해야 하는 작업, 사용자의 특성 등과 같은 기존 상황에 관한 분석이 필요하다. 다음으로 시스템 및 UI 디자인을 개발하되 하나 이상의 시스템 프로토타입을 빌드한다. 마지막으로 프로토타입들을 평가해 사용성 문제가 없는지 살피고 디자인의 품질을 평가한다. 종합적으로 봤을 때 사용성 엔지니어링은 '설계-프로토타입-평가'의 주기를 반복하는 프로세스다.

5부에서는 3D UI에 특화한 사용성 엔지니어링 프로세스를 부분적으로 다룬다(사용성 엔지니어링에 입문하고 싶다면 하트슨Hartson과 파일라Pyla(2012) 또는 로슨Rosson과 캐롤Carroll(2001)이 쓴 책을 추천한다). 10장 '3D 사용자 인터페이스 디자인과 개발 전략'에서는 디자인 단계를 설명한다. 3D UI에 효과적으로 적용되는 일반적인 디자인 접근법과 고유한 UX 전략이 여기에 포함된다. 해당 접근법과 전략은 3D UI 디자인의 기초가 될 수 있기 때문이다. 11장 '3D 사용자 인터페이스 평가'에서는 3D UI를 평가하는 방법, 3D UI 평가의 두드러진 특징, 사용자 경험의 품질을 가늠하는 다양한 접근법 등을 살펴본다.

3D UI 요구 사항을 분석하는 작업은 일반 요구 사항 분석 프로세스와 유사하므로 자세하게 다루지 않을 예정이다. 다만 관련 내용은 4장과 5장에서 찾아볼 수 있고 살벤디(Salvendy, 2012)의 서적에서 구체적으로 알아볼 수 있다. 또한 3D UI 프로토타이핑과 세부 구현도 논의하지 않는다. 하지만 6.6절에서 입력 장치 프로토타이핑을 설명하며 관련 주제 일부를 다룬 바 있다.

3D UI용 개발 도구는 지금 역동적으로 빠르게 발전하고 있다. 업계의 관심이 크게 늘었기 때문이다. 그래서 3D 애플리케이션에 적용할 만한 다수의 3D 모델링 도구, 프로그래밍 언어, 통합 개발 환경 및 도구, 키트, 라이브러리가 우후죽순 생겼다. 그러므로 이 책에서 제시하는 특정 개발 정보가 '오래된 정보'가 될 가능성이 크기 때문에 상위 수준의 논의인 3D UI 디자인에 집중하기로 했다.

3D 사용자 인터페이스 디자인과 개발 전략

10장에서는 3D UI 디자인의 일반적인 전략과 원칙을 알아본다. 10장에서 다룰 디자인 전략은 다양한 3D 작업과 애플리케이션에서 사용되는 수준 높은 내용이다. 이 전략 중 일부는 인간 생리와 심리의 기본 속성에 맞춘 디자인이다. 나머지는 일반적인 상식, 경험에 근거한 규칙, 문화적인 메타포를 기반으로 한다.

10.1 소개

1~9장에서는 HCI와 인간 요소에 대한 기본적인 지식과 많은 3D UI에서 일반적인 기초 구성 요소인 입력 장치, 출력, 조작, 이동 같은 기본 인터랙션 동작을 수행하는 인터랙션 기술에 초점을 맞췄다. 이런 기술은 다양한 3D 인터페이스를 디자인하는 데 필수지만, 단순히 이를 조합한다고 해서 직관적이고 사용하기 쉬운 훌륭한 사용자 경험의 인터페이스가 되지 않는다.

자세히 살펴보면 세부적인 내용에 문제가 있는 법이다. 즉 인터랙션 기술의 속성과 입출력 장치 사이의 조화, 선택한 매개 변수 같은 인터랙션 기술의 세부적인 구현 내용에 따라 3D UI의 효율성과 유용성이 결정된다.

크게 살펴보면 인간 생리와 심리, 일반적인 상식, 경험에 의한 규칙, 문화적 메타포 등에 의한 강점과 한계처럼, 인터랙션 동작의 요구 사항이 아닌 일반적인 원칙에 의해 좌우되는 높은 수준의 일반적인 디자인 전략이 많다. 예를 들어 양손을 사용하는 인터랙션 기술의 디자인 기본 원칙은 다른 모든 인터랙션 동작으로부터 독립적으로 개발된다. 더 정확히 말하면 실제 활동에서 자연스럽게 두 손을 사용하는 사람들을 관찰한 것이 동기가 돼 3D UI에서 두 손을 사용하는 것이 유용성이나 성능을 향상시킬 수 있었다. 마찬가지로 10.1절에서 다루는 대다수의 원칙은 다양한 범위의 인터랙션 동작에 적용하기에 충분할 만큼 일반적이다.

10장에서 다루는 전략과 원칙은 대략 두 그룹으로 나눌 수 있다. **사람을 위한 디자인**(즉 인터랙션 디자인 기술을 인간의 강점, 한계, 개인적인 차이에 맞추는 전략)과 **3D 사용자 인터페이스 개발**(즉 상식, 창의적인 3D UI 디자인의 탐구, 경험에 의한 규칙 등을 기반으로 하는 디자인 기술)다. 두 가지 방법이 서로 영향을 미칠 수 있다.

10.1.1 사람을 위한 디자인

일반적인 UI 서적(슈나이더만 1998)의 인터페이스 디자인 원칙 대부분을 3D UI 디자인에 적용할 수 있다. 인간 요소 연구(살벤디Salvendy 2012)라는 테두리에서 광범위하게 이런 원칙의 연구가 이뤄졌다. 단기 메모리 로드 감소, 인터페이스 구문 및 문법의 일관성, 피드백, 오류 방지, 미적 매력은 사람과 기계 사이의 다른 인터페이스와 마찬가지로 3D 인터랙션에서도 중요하다. 하지만 3차원으로 확장하면 사용자 편의를 위해 기존의 UI 서적에서 일반적으로 연구한 디자인과는 다른 디자인 전략이 필요한 새로운 도전이 된다. 이런 여러 문제를 3장 '인간 요소와 기본 요소들'에서 살펴봤다. 추가로 디자인에 어린이, 장애인, 초보자 등 서로 다른 사용자 그룹을 위한 다양한 전략을 적용할 수 있다.

10.1.2 새로운 3D 사용자 인터페이스 만들기

7~9장에서 훌륭하게 디자인된 많은 3D 인터랙션 기술을 소개했지만 현실적으로 이로써 가능한 모든 애플리케이션을 다룰 수는 없다. 그러므로 종종 새로운 사용자 경험을 위한 신규 3D 인터랙션 기술과 디자인을 만들어야 한다. 인간 요소에 기반하는 원칙은 3D UI를 어떻게 디자인해야 하는지에 대한 의미 있는 관점을 제공할 수 있지만 항상 규정돼 있는 것은 아니다(즉 즐겁고 새로운 인터랙션 기술을 만드는 방법을 디자이너에게 지시하지 않는다). 따라서 10장에서 인간 요소 연구에 의해 영감을 받는 공식적인 방법을 알아보겠지만 또한 비공식적인 방법, 새로운 3D UI를 만들 때 사용되곤 하는 경험에 의한 접근법도 살펴본다. 이들이 디자이너의 상상력을 촉발시키고 새롭고 주목하지 않을 수 없는 3D 인터랙션 경험을 만드는 시작점이 될 수 있다.

10.1.3 10장의 로드맵

10장에서는 먼저 3D UI 디자인을 피드백, 제약 사항, 양손 인터랙션, 사용자 그룹, 사용자 편의를 포함한 사람의 특징에 맞추는 전략과 원칙을 다룬다(10.2절). 10.3절에서는 실세계를 복제하거나 2D 인터랙션 기술을 조정하고 3D UI 디자인의 마법과 미적 특징을 사용하는 등의 방법으로 3D UI를 창조하는 전략에 초점을 맞춘다. 가이드라인이 되는 10.4절에서는 10장에서 다루는 중요한 개념과 3D 인터랙션 애플리케이션 디자인을 위한 실용적인 팁과 기술을 요약한다. 마지막으로 10.5절에서 진행 중인 사례를 계속 연구한다.

10.2 사람을 위한 디자인

모든 UI는 가장 기본적인 특징이 있는 인간 생리와 심리가 조화를 이뤄야 한다. 이런 인터페이스 디자인의 **인간 요소**^{human factor} 원칙은 책 전반에서 찾을 수 있고 3장에서 소개했다. 여기서는 3D UI 디자인에서 고려해야 할 몇 가지 핵심 원칙을 강조한다. 마지막으로 10.5절에서 실행 중인 사례를 계속 연구한다.

10.2.1 독특한 사용자 인터페이스

사람을 위한 디자인을 할 때 어렵거나 복잡한 사용 시나리오의 성능 저하를 피하고자 사용자 제약에 맞춰 인터페이스를 최적화하곤 한다. 이런 관점은 사용자가 다양한 소스의 정보를 인지하고 처리하며 애플리케이션을 제어하는 방법에 영향을 끼친다고 많은 애플리케이션에서 효과가 입증됐다. 디자이너는 항상 디자인과 평가의 여러 단계에서 인간 요소에 대한 분석을 해야 한다.

하지만 인간 요소 문제를 잠재적인 장애물로만 보는 것 또한 제약이 될 수 있다. 때로 새로운 인터랙션을 디자인하고자 연구원은 사람 신체의 제약보다 가능성을 살폈다. 이 디자인 방법은 종종 독특한 사용자 인터페이스로 이어졌다. 이 방법으로 개발된 많은 기술은 기존의 UI의 방향과 일치하지 않았지만 컴퓨터 입출력의 대안이 되는 방법을 제공했다.

흥미롭게도 이런 기술 중 상당수가 3D UI를 포함한 주요 인터페이스에 실제로 적용됐다. 두 예가 고급 음성 시스템과 진동 촉각 신호다. 이런 기술의 색다른 특징은 가상 세계와 소통하는 강력한 방법을 제공하기 때문에 게임 시스템에 먼저 적용되곤 한다 (베크하우스와 크루이프 2004, 크루이프 2007). 하지만 다른 종류의 시스템에서도 많이 발견할 수 있다. 예를 들어 더이상 음성이 인식되지 않는 핸드폰은 상상하기 어렵다.

디자인 접근법은 단순한 원칙을 기반으로 한다. 즉 인간의 감각과 제어 시스템의 가능성을 보고, 이를 새로운 기술 또는 새로운 종류의 기기와 맞추려고 노력한다. 완벽한 디자인, 평가 과정에 맞는 접근법을 더 자세히 알아보려면 크루이프(2013)를 참고하기 바란다.

10.2.2 3D 사용자 인터페이스 피드백

3D VR이나 AR 시스템, 또는 2D GUI나 스테레오 시스템의 단순한 손잡이 등 모든 인터페이스 디자인에서 효과적인 피드백이 중요하다. 피드백은 사용자의 이해를 돕고자 시스템의 상태, 동작의 결과, 작업의 진행 상황에 대한 정보를 나타낸다. 이 정보는 시

스템이나 환경, 또는 사용자의 신체에서 제공되기도 한다.

객체를 다루고 주변을 걷는 것과 같은 신체의 움직임을 스스로 제어하는 방법은 피드백 제어 메커니즘에 의해 조절된다는 것을 알고 있다(위너Wiener 1948). 사람-기계의 인터랙션에서 사용자는 외부 소스(즉 UI)에 의해 제공되거나 신체에서 스스로 생성(운동 감각의 피드백)되는 다양한 종류의 피드백을 통합해 그 움직임을 제어한다. 3D UI를 사용해 상호작용을 할 때 기기에서 손의 움직임 같은 사용자의 물리적 입력을 포착해 시각, 청각, 촉각 피드백으로 변환하고 출력 기기를 통해 사용자에게 전달한다. 또 사용자의 신체에 의해서도 피드백이 생성된다. 이는 운동 감각과 고유 감각의 피드백을 포함해 사용자가 팔과 다리, 몸의 위치와 움직임을 느낄 수 있게 한다(3.3.3절 참고).

그러므로 3D UI 디자이너는 충분한 수준의 피드백을 사용자에게 제공하고 서로 수준과 종류가 다른 피드백 사이에 준수(합의)해야 하는 인터랙션 시스템을 만드는 것을 목표로 한다.

여러 관점의 피드백

사용자가 느낄 수 있거나 인터페이스에서 제공할 수 있는 몇 가지 관점의 피드백이 있다. 감각 기반과 시스템 기반의 기본적인 두 유형을 생각해 본다.

감각 기반 피드백은 팔다리와 몸의 이동에 의한 반응으로 몸에서 생성되는 고유 감각과 운동 감각 피드백과 더불어 사람이 외부의 소스에서 얻는 시각, 청각, 촉각, 화학적(후각과 미각) 피드백을 포함한다. 3D UI 디자이너는 사용자에게 제공되는 외부 피드백을 직접 제어한다. 적당한 기기가 있다면 운동 감각과 고유 감각 신호에서 자체 생성한 피드백 외의 가장 감각적인 피드백을 제공하는 채널이 3D UI다. 촉각과 시각 피드백의 조합처럼 부응하는 피드백을 여러 감각 채널로 제공하면 3D UI의 사용자 성능 및 만족도가 향상된다. 예를 들어 결국은 몸이 기억하게 되도록 반복 동작을 수행하는 동안 고유 감각과 운동 감각 피드백으로 사용자에게 추가 신호를 제공할 수 있다(살벤디 2012). 후각 신호는 3D 애플리케이션에서의 경험에 대한 기억을 향상시킬 수 있다(하웰Howell 등 2015).

시스템 기반 피드백에서는 피드백을 3개의 범주로 나눌 수 있다. 반응적, 도구적, 운영적 피드백이다(스미스와 스미스 1987). **반응적 피드백**reactive feedback은 UI의 동작에서 초래되는 모든 자체 생성된 시각, 청각, 촉각, 운동 감각 정보를 포함한다. **도구적 피드백** instrumental feedback은 인터페이스 제어와 인간 사용자에 의해 수행되는 도구에 의해 생성된다. 펜으로 글을 쓸 때의 진동을 예로 들 수 있다. 마지막으로 **운영적 피드백**operational feedback은 사용자의 동작에 대한 결과로 사용자가 시스템으로부터 받는 피드백이다. 예를 들어 사용자가 3D 시각 객체를 6-자유도 기기로 처리할 때 사용자는 움직이는 기기의 팔(운동 감각 피드백의 형식으로)이라는 반응적 피드백을 얻고, 6-자유도 기기의 움직임과 모양의 느낌을 관찰해 도구적 피드백을 얻고, 시각 객체의 동작을 관찰해 운영적 피드백을 얻는다.

이런 분류에 있어서 범주의 경계가 애매하지만 여전히 사용자에게 피드백을 제공하기 위한 서로 다른 기술 분석과 특히 디자인 피드백의 주요 원칙, **준수 사항**compliance의 논의를 위해 중요하다.

3D UI의 피드백 준수 사항

인터랙션 시스템을 위한 효과적인 피드백 디자인의 핵심 원칙은 사용자에게 제공하는 다양한 관점의 피드백 간 준수 사항이다. 효과적인 인터랙션을 위해 3D UI는 사용자가 받는 여러 피드백 관점 사이의 시간적이고 공간적인 반응을 유지해야 한다. 감각 관점에서 예를 들어 시각 피드백이 사용자에 의해 생성된 운동 감각 및 고유 감각의 피드백과 충돌하면 사용자 성능이 급격히 저하된다(스미스와 스미스1987). 예를 들어 종종 가상 객체가 손의 이동과 반대 방향으로 이동하는 상황이 생기고, 이 조건을 **피드백 변위**feedback displacement라 한다.

3D UI는 다른 UI보다 사용자를 참여시키고 주의를 끌기 때문에 감각 차원의 준수 사항을 위반하면 단순히 성능 저하뿐 아니라 두통, 시력 저하, 현기증, 방향 감각 상실 심지어는 일부는 메스꺼움(사이버 멀미) 같은 더 극적인 영향을 받기도 한다. **사이버 멀미**의 가장 기본적인 설명은 신경 및 고유 감각 시스템 등의 다른 고유한 피드백 시스템과 시각적인 감각에 의한 피드백 간의 충돌이다(라비올라 2000a).

인간 요소와 3D UI 서적에서 다양한 종류의 준수 사항이 논의됐고, 이번 절에서 살펴본다.

공간 준수 사항

공간 피드백에서 지켜야 할 방향 준수 사항이 있고 이는 또한 자극 반응(S-R) 호환성이라 부르며(피츠와 존스 1953), 무효화 및 다른 준수 사항들이 있다. **방향 준수 사항**directional compliance은 가상 객체가 조작용 입력 기기가 움직이는 방향과 같은 방향으로 움직이는 것을 말한다. 예를 들어 사용자가 6-자유도 입력 기기를 사용해 가상 객체를 회전 시킬 때 기기와 가상 객체 모두 같은 방향으로 회전해야 한다. 즉 둘 다 같은 회전축을 중심으로 회전해야 한다(푸피레프 등 2000). 방향 준수성은 가상 객체의 움직임과 느끼거나 관찰할 수 있는 물리적인 입력 기기의 움직임을 유사하게 유지하는 것이다. 이는 사용자가 가상 객체의 입력에 의한 움직임을 예상할 수 있게 하고, 이로써 원하는 움직임의 궤도를 계획하고 실행할 수 있다. 사람이 적응할 수 있고 자극과 반응 사이의 차이를 보정할 수 있더라도 방향 피드백 준수 사항을 반드시 지키는 것이 중요하다(스미스와 코슬린 2013). 하지만 방향 피드백 준수 사항의 심각하게 위반할 경우 사용자 성능이 저하 및 방향 준수 사항 없이 탐색의 경우처럼 사이버 멀미를 초래할 수 있다(해리스 등 1999).

공간 준수 사항의 또 다른 종류로 **무효 준수 사항**nulling compliance이 있다. 무효 준수 사항은 사용자가 기기를 초기 위치 또는 방향으로 되돌릴 때 가상 객체 또한 해당되는 초기 위치 또는 방향으로 돌아가야 한다는 의미다. 무효 준수 사항의 중요성은 애플리케이션에 따라 다르다. 예를 들어 사용자의 몸에 부착된 기기라면 사용자가 근육 기억을 사용해 초기의 중립적인 위치를 기억할 수 있으므로 무효 준수 사항이 중요할 수 있다(벅스턴 1986).

시스템 레벨에서 도구 및 운영 피드백도 공간 준수 사항을 지키는 것이 좋다. 예를 들어 가상의 손은 사용자의 실제 손과 최대한 일직선인 것이 좋다.

시간 준수 사항과 시간 지연

시간 준수 사항을 지키지 않는 가장 일반적인 예가 지연이다. 사용자 입력과 이에 대한 반응으로 시스템에 의해서 생성되는 감각 피드백 사이의 시간 지연이다. 특히 가상 환경 초기에 지연에 대해서 많이 논의됐는데, 저속 컴퓨터와 컴퓨터 그래픽을 그리는 하드웨어 때문에 문제가 됐다. 많은 사용자 조사에서 다양한 측정 방법을 사용해 지연으로 인한 부정적인 영향에 대한 조사를 했다(엘리스 등 1999, 앨리슨 등 2001, 프리스톤Friston 등 2014). 센서 모니터의 관점에서 지연이 사용자의 성능에 영향을 미치는 이유는 내부 피드백(시각 피드백과 운동 감각 피드백 등)과 사용자로부터 받는 외부 감각 피드백 사이의 준수 사항을 지키지 않기 때문이다. 예를 들어 비행 시뮬레이터의 연구에 따르면 시각 제어는 50ms로 짧으면 사용자 성능에 영향을 미치지만, 지연 시간이 더 길어지면 불안한 진동을 느끼고 통제력을 잃을 수 있다(위켄스1986).

절대적인 지연뿐 아니라 가변성 또한 사용 성능에 영향을 줄 수 있다. 확실히 대부분의 복잡한 컴퓨터 그래픽 애플리케이션에서 지연 시간은 고정적이지 않다. 실험적인 연구에서 초당 20프레임fps, frames per second으로 업데이트 속도를 증가시켰을 때 최대 40퍼센트까지 변하는 지연 시간은 조작하는 사용자 성능에 중대한 영향을 끼치지 않았다. 17fps에서 사용자 성능에 눈에 띄는 영향이 있었고 10fps에서 문제가 발생했다(왓슨 등 1997).

컴퓨터 하드웨어와 소프트웨어의 빠른 발전으로 지연 문제는 점차 줄어들었다. 예를 들어 실험용 AR 시스템은 양단간 지연은 80마이크로초다(링컨 등 2016). 반면에 랜더링 성능이 향상되고 시각적 사실성과 복잡한 환경이 필요해지면서 여전히 지연에 대한 고려가 필요하다. 사용자가 지연이 있는 복잡한 작업을 하더라도 상대적으로 적은 지연 시간이 사용자 경험 전반에 영향을 줄 수 있다.

지연을 처리하는 가장 단순한 기술은 세련된 컬링 알고리듬을 사용하거나 또는 화면을 점진적으로 랜더링(인터랙션의 단순한 랜더링과 인터랙션을 방해하는 수준 높은 랜더링(에어리Airey 등 1990))해 환경의 복잡성을 줄이고 업데이트 비율을 증가시키는 것이다. 하지만 특히 사용자가 물리적인 객체를 통해 보는 AP 애플리케이션에서 컬링은 쉽지 않다. 방법에 대한 설명은 칼코펜Kalkofen 등 (2011)을 참고한다.

또 단순히 업데이트 속도를 높이는 것만으로 지연 시간을 없앨 수 있는 것은 아니다. 예를 들어 추적 장치에는 업데이트 속도와 상관없는 고유한 지연이 있다. 사용자 입력 문자열의 자동 완성 필터링(날짜 추적 등)을 살펴보고 지연을 줄이는 데 일부 성공했다(리앙 등 1991, 아주마와 비숍 1994). VR 시스템에서의 방법과 효과를 더 살펴보려면 알렌과 웰치(2005), 웰치 등(2007), 티더 등(2009)을 참고하기 바란다. AR 추적의 구체적인 문제를 살펴보고 싶다면 와그너 등(2010)이 좋다.

VR 시스템의 지연이 사용자 경험에 영향을 미치는 반면 AR 시스템에서는 더 문제가될 수 있다. 특히 지연으로 인한 실제 객체와 증강 객체 사이의 오프셋(오기)은 공간 정보의 처리를 어렵게 만든다. 그림 10.1에서 간단한 예를 볼 수 있다. 추적 문제의 증가로 인해 중첩 정보를 올바르게 등록할 수 없다.

그림 10.1 AR 애플리케이션 모형에서 (지각의 문제는 물론) 정확도와 지연으로 인한 잠재적인 해석 문제를 보여 준다. apartment 6이 정확히 어디일까? (이미지 출처: 에른스트 크루이프)

피드백 대안

3D UI를 디자인하고 개발할 때 때로는 가능한 모든 종류의 피드백을 허용하기 힘들다. 특히 촉각 피드백은 비싸고 운영하기 어려운 장비가 필요하다. 촉각 피드백이 없을 때 피드백 대안 원칙을 사용한다. 촉각 피드백 대신 청각 또는 시각 신호를 추가로 제공할 수 있다. 예를 들어 선택 작업에서 눈에 보이는 객체를 만지는 동작은 시각 하이라이트를 통해 나타낼 수 있다(객체 주변의 틀을 그려 주거나 색상을 변경. 그림 10.2). 이 기술로 사용자가 작업을 계속할 때 선택할 가능성이 있는 3D 객체를 보여 주는 고급 자동 완성 하이라이트(버터워스 등 1992)를 제공할 수 있다. 이는 3D 커서가 접근할 때 가장 가능

성이 높은 정점이 하이라이트가 되는 모델 편집 모드에서 특히 유용하다. 추가 내용은 3.3.5절에서 살펴본다.

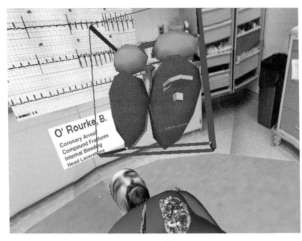

그림 10.2 피드백 대안. 사용자가 가상 객체를 만졌을 때 촉각 피드백을 대체하는 시각 신호(이미지 출처: 워싱턴 대학교의 HIT 연구소)

그림 10.3 학습 기반 내비게이션에서 걷는 소리와 발에 진동 느낌을 주는 플랫폼(이미지 출처: 에른스트 크루이프와 알렉산더 마르콰르트(Alexander Marquardt))

VR에는 대단히 효과적인 감각 피드백 대안 예제가 많다. 예를 들어 크루이프 등(2016)에서 전정과 촉각 피드백이 없을 때 걷는 소리를 내고 머리를 끄덕여 주며 사용자의 발에 진동 촉각 신호를 제공해(그림 10.3에서 보여 주는 설정을 사용해) 스스로 동작에 대한 인식을 향상시킬 수 있음을 발견했다.

수동 촉각 피드백

간단하게 촉각 피드백을 제공하는 또 다른 방법은 가상 객체의 형태와 모양을 물리적 객체의 형태와 모양과 일치시켜 사용자가 가상 객체를 보고 '느낄' 수 있게 한다. 이 방법을 **수동 촉각 피드백**passive haptic feedback 또는 **소품**prop이라고 한다.

수동 피드백은 도구적 피드백의 유형이다. 사용자에게 사용하는 가상 도구의 촉각을 제공한다. 이 방법이 일반적인 충격 피드백force-feedback 기기보다 유연성이 떨어지지만 실제 세계의 3D UI에서는 상당히 훌륭하다.

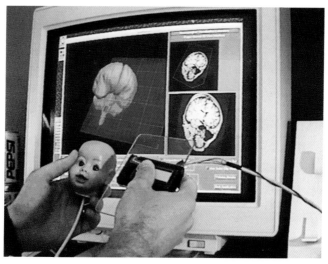

그림 10.4 사용자가 들고 있는 인형의 머리와 평면 도구에서 제공하는 수동 촉각 피드백을 사용하는 양손 인터페이스 (힌클리 등 1994, © 1994 IEEE)

3D UI에서 소품의 첫 용도는 3D 신경 데이터의 상호작용 시각화를 위한 양손 인터페이스였다(힌클리 등 1994). 6-자유도 매력적인 추적자를 인형의 머리에 내장했고(그림 10.4), 장난감 머리를 조작해 사용자는 쉽고 빠르게 입력 기기의 방향과 측정한 뇌 데

이터의 방향을 연결시킬 수 있었다. 이는 효과적이고 즐거운 인터랙션이 됐고 사용자의 관점에서 인터랙션은 아주 작은 '실제' 머리를 한 손에 드는 것과 비슷했다. 소품의 촉감 특성은 사용자가 기기를 보지 않고도 방향을 알 수 있게 하고 따라서 온전히 작업에 집중할 수 있게 한다. 이 인터페이스는 몰입되지 않더라도 몰입형 VR에서는 수동 소품이 더 효과적일 수 있다. 가상 객체와 같은 모양의 추적이 되는 물리 객체를 공간적으로 등록함으로써 디자이너는 사용자에게 저렴하지만 아주 현실적인 촉각 피드백을 제공할 수 있다. 호프만은 이 기술을 **촉각 확대**tactile augmentation라고 부른다(호프만 등 1998).

수동 물리 소품을 사용하는 것은 3D UI에서 아주 유용한 디자인 기술이다. 소품은 저렴한 물리적 그리고 촉각 피드백을 제공하고 인터랙션의 존재감과 편의성을 높여준다(호프만 등 1998). 사용 편의성뿐 아니라 3D UI를 익히기 쉽게 기기와 가상 객체 간의 공통 자각 프레임을 설정한다(힌클리 등 1994). 촉각 진동으로 디자이너는 가상 환경의 리얼리즘을 제어할 수 있고 공포증 치료 등과 같은 애플리케이션에서 유용할 수 있다(칼린Carlin 등 1997). 수동 촉각 도구는 재전송되는 보행 영상을 향상시키고자 사용하기도 하고(마쓰모토Matsumoto 등 2016), 단일 수동 촉각 도구는 광범위하게 확장된 햅틱 세상을 인식하기 위해 여러 번 재사용될 수 있다(아즈만디안Azmandian 등 2016).

수동 촉각 피드백을 사용할 때 일부 단점도 있다. 첫 번째는 확장성이다. 이동할 수 있는 여러 물리적인 소품을 사용하면 여러 추적자가 필요하고 이는 비용이 많이 들고 구현이 어려워진다. 두 번째로 소품을 사용할 때 사용자 성능의 양적인 향상을 보여 주는 실험적인 연구는 적었다(힌클리 등 1997, 웨어와 로즈 1999). 하지만 연구는 사용자가 물리 소품을 선호하는 것을 보여 줬다. 만질 수 있는 다양한 종류의 사용자 인터페이스의 출현에 따라 소품은 점차 밀려났다(이시이 2008).

10.2.3 제약 조건

일반적으로 3D UI에서 제약 조건은 화면의 3D 가상 객체 간 관계에 따라 제한적으로 허용된다. 하지만 제약 조건 이론은 더 일반적이고 제약 조건 명세서에 포함되는 객체의 종류에 대해 고려하지 않는다. 제약 조건은 일반적으로 만족시켜야 하는 변수 간의 관계에 따라 정의된다(메리엇Marriott과 스터키Stuckey 1998). 이런 관계의 예제로 라인은 수평을 유지해야 하고 스프레드시트 셀의 값은 항상 계산식을 통해 연관돼야 하며 닫힌 용량의 압력은 임계 수준 이하여야 한다. 제약 조건 이론의 목표는 특정 제약조건을 만족하는 변수 값을 찾아낼 수 있는 알고리듬을 개발하는 것이다.

상호작용을 하는 컴퓨터 그래픽에서 제약 조건은 사용자 인터랙션과 함께 사용되는 일종의 가상 화면의 **기하학적 일관성**geometrical coherence을 정의하는 관계로 정의할 수 있다. 상호작용을 하는 3D 컴퓨터 그래픽에서 제약 조건은 제약 조건 이론에서 개발된 이론과 알고리듬을 사용해 구현할 수 있지만, 사용자 인터랙션의 관점에서 세부적인 구현 방법보다 제약 조건을 적용하는 방법이 더 중요하다. 3D UI에서 제약 조건을 사용하는 주요한 이유는 정확성과 사용자 효율성을 향상시키면서 인터랙션을 상당히 단순화시키기 때문이다. 3D UI에서 몇 가지의 제약 조건을 사용할 수 있다.

물리적이고 현실적인 제약은 종종 사용되는 카테고리다. 이런 제약의 가장 좋은 예는 충돌 감지와 회피다. 충돌 감지가 활성화되면 사용자의 이동의 자유는 가상 객체의 테두리로 제한된다. 사용자의 가상 시야 또는 가상 손으로 이 테두리를 통과할 수 없다. 또 다른 일반적인 제약은 중력이다. 사용자가 객체를 놓으면 객체는 가상의 지면으로 떨어진다. 물리적 제약은 주의해 사용해야 한다. 훈련 또는 게임 같은 일부 애플리케이션에서 물리적 제약은 경험에 있어 대단히 중요한 부분이기 때문에 이를 만족시켜야 한다. 하지만 다른 애플리케이션에서 이런 제약을 적용하는 것은 인터랙션을 더 어렵고 혼란스럽게 만들 수 있다. 예를 들어 모델링 애플리케이션에서 사용자가 객체를 놓았을 때 이 객체가 '공기 중에 떠 있는' 것이 편리할 수 있다(스미스 1987). 사용자가 가상의 벽을 통과하지 못하게 하는 것도 피드백 일관성을 해칠 수 있다. 3D UI의 유연성으로 물리적 환경의 물리적 속성을 가상 세계에 구현할지 선택할 수 있고 그 선택은 애플리케이션의 요구 사항을 기반으로 해야 한다.

제약은 또한 DOF의 사용자 입력 횟수를 줄여 인터랙션을 단순하게 만들기 위해서도 사용한다. 예를 들어 가상의 객체를 가상 평면의 표면에서만 이동할 수 있도록 강제할 수 있고, 이로써 3-자유도 대신 2-자유도만을 제어해 위치를 쉽게 지정할 수 있다. 마우스를 사용하는 3D 모델의 효율적인 조작을 위해 데스크톱 3D UI에서도 조작에 제약을 둔다(비어 1990). 또 다른 예로 가상 화면의 지면이나 지형으로 탐색의 제약을 둘 수 있다. 이로써 사용자는 2D 입력 장치만을 사용해 시야를 효과적으로 조작할 수 있고(이가라시 등 1998), 3D 입력 장치를 사용하는 사용자는 공간적인 방향을 그대로 유지할 수 있다.

3D 모델링 애플리케이션으로 알려진 스냅 그리드, 가이딩 라인, 가이딩 서페이스와 같은 **동적 정렬 도구**dynamic alignment tool는 필요한 DOF를 줄이기 위한 복잡한 방법이다. 이 방법으로 간단히 공간의 격자 무늬로 또는 3D 서페이스처럼 복잡한 특정 가이딩 객체를 사용해 객체의 위치와 방향이 자동으로 정렬된다(비어 1986, 1990). 이런 제약을 사용하면 객체는 가이드를 통해 빠르게 정렬된다. 예로 여러 객체를 정렬하기 쉽게 같은 간격으로 공간에 배치되도록 객체를 둘 수 있고, 또는 사용자가 서페이스 근처로 가져오면 객체는 자동으로 회전해 가이딩 서페이스에 놓일 수 있다.

지능형 제약intelligent constraint은 객체의 **의미**semantics를 고려하고 중요한 관계를 강제하고자 인터랙션을 제한할 수 있다. 예를 들어 가상 램프는 테이블과 같은 수평의 서페이스에만 올려질 수 있는 반면 액자는 수직의 벽에만 걸 수 있다(부코프스키Bukowski와 세퀸 Séquin 1995).

모든 제약은 인터랙션을 통한 사용자의 제어를 제한하는 단점이 있고 이는 모든 애플리케이션에 적절한 것은 아니다. 그러므로 많은 애플리케이션에서 사용자가 쉽게 제약을 켜고 끌 수 있게 하는 것이 좋다. 하지만 사용자 요구 사항이 분명하고 인터랙션 흐름을 신중하게 디자인했을 때 제약은 3D UI의 아주 효과적인 디자인 도구가 될 수 있다.

10.2.4 양손 제어

양손을 모두 사용하는 3D 인터랙션을 사용해 사용자의 일상적인 조작 경험과 기술을 3D 컴퓨터가 생성한 환경과 인터랙션으로 옮길 수 있다. 게다가 양손 인터랙션은 실제 및 가상 인터랙션에서 특정 작업의 사용자 성능을 눈에 띄게 향상시킬 수 있다. 예를 들어 양손을 사용하는 글쓰기 작업은 한 손만 사용할 때의 성능보다 20퍼센트 효율적이었다(기아드 1987).

그러므로 양손을 사용하는 입력은 1980년대 초기부터 적극적으로 연구하는 UI 주제였다(벅스턴과 마이어스 1986). 양손 입력의 장점은 2D 인터페이스(비어 등 1993)와 3D

인터페이스(삭스Sachs 등 1991, 힌클리 등 1994, 메이프스와 모쉘 1995, 젤레즈닉 등 1997)를 포함해 다양한 작업과 애플리케이션에서 시현됐다. 10.2.4절에서 양손을 사용하는 3D UI를 디자인을 위한 중요한 규칙을 잠시 설명한다.

기아드의 양손 조작 프레임워크

양손 3D 인터랙션 연구 대부분의 기초가 된 이론적 토대는 기아드가 제안했고, 그는 사람의 우위적 손과 비우위적 손 사이의 작업 분배를 제어하는 근본적인 메커니즘을 연구했다(기아드 1987). 기아드의 프레임워크를 3.5.1에서 살펴본다.

다트를 던지는 것과 같이 본질적으로 한 손을 사용하는 작업을 관찰했다. 다른 작업들은 줄을 당기거나 들 때의 경우 **동시**에 두 손이 같은 동작을 하는 **양손 대칭**이었고, 소젖을 짜거나 키보드 타이핑을 할 때는 동시에 수행하지 않았다. 양손으로 동작하는 세 번째 종류의 **양손 비대칭** 작업으로(때로 협동하는 조작이라 부른다), 양손의 작업이 다르지만 같은 작업을 처리하고자 긴밀하게 움직인다(그림 10.5). 이런 양손 비대칭 작업의 익숙한 예가 글쓰기다. 비우위적 손은 우위적인 손이 편하고 효과적으로 글을 쓸 수 있도록 페이지의 방향을 제어한다.

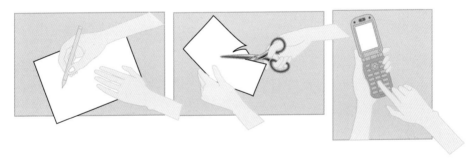

그림 10.5 양손 조작 중 비대칭 분리 작업의 예. 비우위적인 손은 선호하는 손의 동작을 위해 공간의 프레임워크를 정의(이미지 출처: 게이코 나카오(Keiko Nakao))

기아드는 비대칭 분업을 포함해 작업에서 손의 역할을 특징짓는 세 가지 규칙을 제안했다(기아드 1987).

- 비우위적인 손은 우위적인 손의 동작을 위해 대상의 공간적인 프레임을 동적으로 조절한다.

- 우위적인 손은 세부적이고 정확한 동작을 수행하고, 비우위적인 손은 부정확한 조작을 수행한다.
- 조작은 비우위적인 손에 의해 시작된다.

하지만 양손의 분리된 노동은 부드럽고 동적이며 복잡한 작업에서 빠르게 대칭과 비대칭 조작 모드로 전환된다.

기아드의 규칙은 양손 3D UI 연구와 디자인에 중요한 이론적 프레임워크를 제공한다. 이번 절의 나머지 부분에서는 이런 인터페이스의 예제를 살펴보고 이를 비대칭 및 대칭 분업으로 분리해 본다.

비대칭 양손 3D 인터랙션 기술

앞서 살펴본 신경 시각화를 위한 양손 3D 인터페이스는 기아드의 원칙을 기반으로 해 양손 인터랙션 기술을 개발하고자 초기에 시도된 기술이다. 힌클리의 인터페이스에서 비우위적인 손은 (인형의 머리 소도구를 사용해) 용량 신경학 데이터의 방향을 제어했고, 우위적인 손은 데이터를 '분할'하고 분석을 위해 분할된 내용을 화면에 보여 주고자 가상 평면을 제어했다(그림 10.4 참고). 비대칭 분업의 규칙에 따르면 비우위적인 손은 3D 가상 공간의 전체적인 위치와 방향을 제어하고 우위적인 손은 그 공간에서 섬세한 동작을 수행한다.

위에서 제시한 기본 방법은 많은 3D 인터랙션 시스템과 다양한 작업에서 연구됐다. 예를 들어 몰입형 작업대 표시를 위한 양손 인터페이스(커틀러Cutler 등 1997)는 6-자유도 입력 기기를 사용해 양손으로 객체를 조작하고 회전시키는 도구를 제공한다. 비우위적인 손은 가상 객체의 위치와 회전축의 방향을 제어하고, 우위적인 손은 회전축을 중심으로 회전을 제어한다. 젤레즈닉 등(1997)은 2개의 마이크를 입력 기기로 사용하는 비슷한 3D 위치와 회전 기술을 제안한다(그림 10.6). 사용자는 비우위적인 손으로 2D 평면에 위치를 잡고 수직으로 축을 만들고(그림 10.6의 왼쪽 커서), 우위적인 손으로 객체를 축 중심으로 회전시킬 수 있다(그림 10.6의 오른쪽 커서). 크기 변경과 확대도 비슷한 방법으로 구현된다.

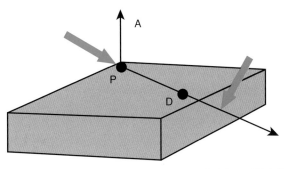

그림 10.6 양손을 사용해 3D 객체의 위치 지정과 회전. 객체는 평면에서만 움직이도록 제한된다(젤레즈닉 등 1997, © 1997 ACM, 허가받고 게재).

가상 메뉴(9.5절)는 종종 양손 조작으로 구현되는데 비우위적인 손으로 가상 메뉴를 열고 우위적인 손으로 메뉴의 아이템을 선택한다(메이프스와 모쉘 1995, 커틀러 등 1997). 가상 글쓰기 기술(푸피레프 등 1998)은 비우위적인 손이 태블릿 입력 장치를 잡고, 우위적인 손으로 글을 쓴다. 비슷한 양손 소도구 기반 인터페이스는 상당히 일반적이다(코킬라트와 웨시 1999, 슈말스티그 등 1999). 7장에서 다룬 부두 인형 인터랙션 기술, '선택 및 조작'은 객체 조작을 위해 비대칭 양손 제어를 사용하는 또 다른 예다(피어스 등 1999).

데스크톱 3D 시점 제어를 위해 구현된 약간 다른 양손 인터페이스도 있다(발라크리쉬난과 쿠텐바흐 1999). 비우위적인 손은 가상 시점의 3D 위치를 제어하고 우위적인 손은 선택, 결합, 3D 페인팅 등의 애플리케이션의 작업을 수행한다.

많은 사용자 연구에서 세심하게 디자인된 비대칭 양손 인터페이스가 성능에서 많은 이점이 있고 사용자도 선호하는 것을 볼 수 있다(힌클리, 포쉬 등 1997). 예로 발라크리쉬난과 쿠텐바흐(1999)의 연구에선 한 손을 사용해 선택 작업을 할 때보다 비우위적인 손으로 시점을 제어하고 우위적인 손으로 다른 작업을 할 때 사용자 성능이 20퍼센트 빨라지는 것을 발견했다. 율린스키 등(2007)에서는 비대칭 양손 선택 기술이 대칭 양손 기술보다 피로도가 낮고 정신적인 작업 부하도 낮았다.

대칭 양손 3D 인터랙션 기술

하지만 대칭 양손 조작은 제스처 기반의 인터페이스에서 많이 사용한다. 대칭 양손 조작으로 구현되는 일반적인 작업은 사용자가 객체의 두 부분을 선택하고 손을 따로 또는 동시에 움직여 객체의 크기를 조정할 수 있는 작업이 있다(젤레즈닉 등 1997). 작업대 표시에서 양손 회전 기술(커틀러 등 1997)은 사용자가 핸들 제스처를 사용해 가상 화면을 회전시킬 수 있다. 이 두 기술은 동기식 양손 인터랙션의 예다.

3D 환경에서 인터랙션을 위한 비동기식 대칭 양손 조작도 할 수 있다. 3D 이동을 위해 줄을 당기는 제스처를 구현한 폴리샵Polyshop 시스템을 예로 들 수 있다(8장 '탐색'의 8.7.2절 참고). 사용자기 양손으로 눈에 보이는 줄을 당겨 환경에서 스스로를 당긴다(메이프스와 모쉘 1995).

10.2.5 다양한 사용자 그룹을 위한 디자인

3D UI 디자인은 대상 사용자의 특성을 이해하고 이런 사용자 특성을 고려해 디자인을 하는 것이 중요하다.

나이

정보 표현 및 인터랙션 방법 모두 사용자의 나이를 고려해야 한다. 때로는 어른과 달리 어린이를 위한 다른 인터페이스 디자인이 필요하다. 육체적으로 작고 주의 집중 시간이 짧으며 인터랙션에 대해 형성된 지적 모델이 어른과 다르기 때문이다. 노인들은 더 큰 글씨체가 필요하거나 움직임이 느릴 수 있다. 노인 사용자를 위한 연구가 조금 수행됐지만 3D UI의 사용자 경험에 미치는 나이의 영향을 확인하고자 더 많은 연구가 필요하다(보베스 등 2012). 페르소나persona 같은 디자인 도구가 이 과정에 도움이 된다(우클Woeckl 등 2012).

3D UI에 대한 사전 경험

3D 입력과 출력 기기에 이미 능숙한 사용자를 대상으로 하면 더 복잡한 3D UI를 사용할 수 있다. 또한 관찰해 보면 콘솔 게임 또는 데스크톱 3D 게임을 사용한 경험이 3D UI 실행과 관련이 있다. 반면에 초보 사용자를 위한 3D UI는 단순하고 배우기 쉬워야 한다. 이에 대해 더 배워 보고 기술을 알아보려면 3.2.3절을 참고하자.

육체적 특징

사용자의 키와 같은 단순한 특징이 3D UI의 사용성에 영향을 미친다. 예를 들어 고-고 기술의 기본 구현(7장의 7.4.1절 참고)은 비선형 팔이 확장될 때 고정된 임계값이 있다. 그러므로 팔이 짧은 사용자는 다른 사용자만큼 환경에 닿지 못할 수 있다. 이 경우 팔 길이를 기반으로 임계값을 조정하는 것이 좋다.

사용자의 잘 쓰는 손(즉 우위적인 손)이 또 다른 예다. 일부 입력 기기는 오른손잡이만을 위해 디자인됐다. 비대칭 양손 인터페이스는 반드시 왼손잡이와 오른손잡이 사용자 모두를 위해 설정을 변경할 수 있어야 한다.

지각, 인지, 운동 능력

여러 사용자의 색상 인지 및 스테레오 비전 능력이 다를 수 있고, 이는 출력 장치를 선택할 때 영향을 끼치게 된다. 3D UI 디자인에 영향을 끼치는 인지 특성은 사용자의 공간적 능력(3D 공간에서 생각, 계획, 행동하기 위한 능력)이다. 사용자의 공간적 능력이 평균보다 낮다면 3D 탐색과 조정을 위한 인터페이스를 더 단순화해야 할 수 있다(예로 추가적인 제한을 둔다). 인지 또는 운동 장애가 있다면 단순화된 인터페이스와 특수 목적의 기기를 사용해야 할 수 있다.

10.3 새로운 3D 사용자 인터페이스 개발

10.3절에서는 새로운 3D UI와 인터랙션 기술을 만들어 내는 데 종종 사용되는 비공식적인 접근법을 살펴본다. 이 접근법은 현실(자연주의 또는 동형주의)의 엄격한 모방과 마술(비동형주의 또는 현실 세계에서는 찾을 수 없는 것) 사이의 어딘가에 놓여 있다. 여기서 제시하는 접근법은 디자이너와 개발자가 3D UI의 개발을 위한 올바른 질문을 할 수 있도록 도움을 주는 예다. 물론 뭔가 새로운 것을 만드는 과정을 형식화하거나 설명하기 어렵다. 아마도 3D UI를 디자인 하는 데 있어 가장 마술 같거나 예술적인 부분일 것이다.

10.3.1 현실 세계로부터 가져와 적용

가장 기본적으로 신뢰할 수 있는 접근법은 모의 실험을 시도하거나 물리적 세계에서 가져와 조정하는 것이다. 일부 경우에 목표는 가능한 한 현실 세계와 가깝게 모사하는 것이고, 다른 경우에는 실제 세계에서 선택된 요소만 가상 환경으로 가져와 3D 인터랙션의 필요에 따라 창의적으로 적용하는 것이다. 10.3.1절에서는 논문으로 보고된 기본적인 접근법과 기술을 살펴본다.

현실 시뮬레이션

비행 시뮬레이터, 의료 훈련, 공포증 치료, 일부 오락 애플리케이션, 탈 것과 같은 인간 조작 메커니즘의 인간 요소 평가와 같은 모든 시뮬레이션 애플리케이션의 핵심은 현실 시뮬레이션이다(로프틴Loftin과 케니Kenney 1995, 칼린 등 1997, 버디아 등 1998, 크루즈-네이라와 루츠Lutz 1999, 울리히Ullrich와 쿨렌Kuhlen 2012).

이 접근법을 사용할 때 사용자가 이미 일상의 경험을 통해 인터페이스를 사용하는 방법을 알고 있으므로 시스템을 사용하는 방법을 배우기 위한 시간의 최소화라는 장점이 있다. 게다가 디자이너의 직관과 상식 또는 애플리케이션의 아주 구체적인 기술적 디자인 요구 사항을 기반으로 인터페이스를 구현할 수 있다.

이런 애플리케이션에서는 고급 또는 특수 용도의 3D 인터랙션 기술이 필요 없을 수 있다. 이런 종류의 인터페이스에서 가상 공간을 사용하는 인터랙션은 짜증나고 어려울 수 있지만 실제 세계의 인터랙션도 실망스럽고 어렵다면 이것이 실제 특징이다.

하지만 디자이너는 시뮬레이션이 얼마나 현실적이어야 하는지에 대해 절충해야 한다. 현재 기술의 한계로 인해 만들 수 있는 시뮬레이션은 실생활의 경험과 큰 차이가 있거나 엄청나게 비쌀 수 있다(예로 전문 비행 시뮬레이터). 게다가 약간만 현실적인 인터랙션은 실제 세계를 전혀 참고하지 않는 인터랙션보다 더 나쁜 사용자 경험을 제공할 수 있다(나비요니와 바우만 2015). 따라서 개발자가 목표로 삼는 시뮬레이션의 현실감은 애플리케이션의 요구 사항과 기술력에 따라 다를 수 있다.

예를 들어 오락용 가상 환경에서 목표는 사용자에게 실제 세계에서는 경험할 수 없는 환경을 1인칭의 몰입형 경험으로 제공하는 것이다. 확실히 시각적 현실감은 애플리케이션의 반응성과 학습 용이성보다 덜 중요하고 따라서 사용자가 환경을 완전하게 경험할 수 있도록 인터랙션을 아주 단순한 비행 기술로 제한할 수 있다. 또 다른 예로 전립선 암을 진단할 때 의대생에게 만져서 확인하는 기술을 가르치기 위한 의료 훈련 시뮬레이터에서 현실적인 시각 시뮬레이션은 전혀 필요하지 않으므로 원시적인 3D 시각 모델만 있으면 된다. 하지만 인간 조직의 느낌을 배우는 것이 시스템의 주요 목적이기 때문에 현실적이고 정밀한 촉각 시뮬레이션이 핵심이다(버디아 등 1998). 반면에 거미 공포증의 치료를 위해 개발된 시스템에서는 가상 환경에서 관찰하는 가상 거미는 반응이 없는 단순한 거미 장난감을 사용한다(칼린 등 1997). 거미의 그래픽 표현과 결합된 이 촉각 피드백은 환자의 강한 반응을 촉발시키기에 충분할 만큼 현실적이었다.

이런 예들은 현실감의 중요성이 애플리케이션에 따라 다르다는 것을 보여 줬고 3D UI는 애플리케이션에서 필요한 정도의 현실감만 제공해야 한다. 현실감 또는 상세한 정도가 사용자 성능, 학습, 참여, 훈련 전이에 미치는 영향은 연구에서 아주 중요한 주제이지만 이 책에서는 다루지 않는다. 이 주제를 더 읽고 싶다면 루브케Luebke 등(2002), 맥마한 등(2012), 바우만 등(2012), 크루이프 등(2016)을 살펴보기 바란다.

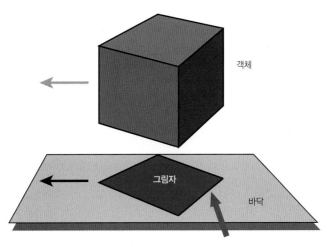

그림 10.7 제약이 있는 3D 조작에 그림자를 사용할 수 있다(헤른돈 등 1992, © 1992 ACM, 허가받고 게재).

실제 세계에서 가져와 조정

3D UI는 실제 세계를 모사하려 하는 대신 실제 세계의 인공물, 아이디어, 철학을 적용할 수 있다.

실세계 메타포real-world metaphor 즉 일상용 또는 특수 목적용 도구를 3D 인터랙션에 적용하는 것은 3D 위젯과 인터랙션 기술을 디자인하는 아주 효과적인 기술이다. 예를 들어 3D 내비게이션에서는 가상 자동차 메타포를 가장 자주 사용한다. 관점 또는 빛의 방향을 설정하고자 가상 손전등을 사용하고, 랜더링의 현실감을 주기 위해서뿐만 아니라 단순한 인터랙션 기술을 제공하고자 그림자를 사용한다. 사용자가 그림자를 끌어다 놓아서 3D 환경에서 객체를 조정할 수 있다(그림 10.7, 헤른돈 등 1992).

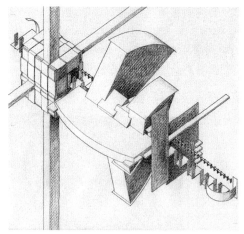 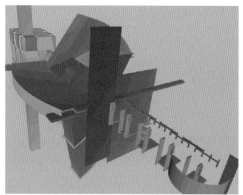

그림 10.8 건축물 스케치(왼쪽)을 가상 환경(오른쪽)으로 옮긴 가상 건축물 디자인(캠벨 1996, 허가받고 게재)

이 예에서 보듯이 메타포는 시작점일 뿐 아니라 이 메타포를 기반으로 하는 인터랙션 기술은 애플리케이션의 요구 사항과 사용 기술의 제약에 맞춰 조심스럽게 디자인돼야 한다. 개별 도구, 객체, 기능뿐 아니라 인간 활동의 전체 도메인이 3D UI 디자인의 영감을 주고 인도할 수 있다. 건축물과 영화는 영감의 중요 요소다. '마이너리티 리포트'나 '아이언맨Ironman'과 같은 영화나 윌리엄 깁슨의 책, 『뉴로맨서Neuromancer』 또는 닐 스티븐슨의 책, 『스노우 크래시Snow Crash』는 많은 예 중 일부다. 목표는 단순히 복제하는 것이 아니라 기본적인 원칙과 아이디어를 3D UI 디자인과 가상 공간에 창의적으로 적용하는 것이다. 예를 들어 게임은 변화와 기술의 법칙에 대한 이야기를 살펴보는 영화 문화로부터 많은 영향을 받는다. 또한 건축물과 가상 세계 모두 공간에서 모양과 형태를 정렬하고 구성하는 데 기반을 두고 있는 것으로 보인다(알렉산더 등 1977). 그러므로 건축물의 디자인 규칙을 3D UI 디자인으로 사용할 수 있다.

예로 캠벨Campbell(1996)은 기본적인 건축 원칙을 사용해 가상 환경을 디자인하려 했고(그림 10.8), 이를 통해 사용자가 실제 세계의 건축 공간과의 익숙함으로 인해 빠르게 3D 가상 세계를 이해하고 이동할 수 있다고 했다. 동시에 가상 환경 디자이너는 기존의 건축에서 맞닥뜨리게 되는 근본적인 물리적 제약에 제한되지 않고 3D 인터랙션 공간에서 창의적인 자유가 있다. 이 주제의 더 자세한 내용은 8장 '탐색'의 8.9.2절에서 다룬 환경 중심 길 찾기의 설명을 참고하기 바란다.

실제 세계의 요소를 3D UI 디자인에 적용하는 또 다른 일반적인 기술은 실제 생활에서 사용하는 자연스러운 신체 동작을 차용하는 것이다. 예를 들어 오즈모스Osmose 상호작용 가상 환경에서 사용자는 호흡 및 균형 제어를 통해 이동했고, 기술은 스쿠버 다이빙 기술의 부력 제어에서 영감을 받았다(데이비스와 해리슨Harrison 1996).

사용자는 숨을 들이쉬어 위로 떠오르고 숨을 내쉬어 내려갈 수 있고, 몸의 중심 균형을 바꿔 방향을 변경할 수 있다. 환경에서 날거나 운전하기보다는 떠 있는 것 같은 환상을 만들려는 의도였다. 더 최신 예로는 가상 벙어리 장갑 기술(아치벳Achibet 등 2014)은 사용자가 손에 쥐는 동작과 간단한 탄성 피드백 장치에서 제공하는 촉각 피드백을 이해하기 쉽도록 벙어리 장갑 메타포를 사용했다. 기기에서 하나의 DOF 피드백만 제공할 때 벙어리 장갑(오직 엄지와 다른 네 손가락 사이에만 쥘 수 있는)은 이 동작을 위한 완벽한 비유였다.

많은 실제 세계의 인공물과 개념이 3D UI 디자인에서 사용될 수 있고, 디자이너와 개발자의 창의성에 도움이 되는 무한한 아이디어를 제공한다. 사용자가 이미 실제 세계의 인공물에 친숙하기 때문에 이를 기반으로 하는 3D 인터랙션 기술의 목적과 방법을 이해하기 쉽다. 하지만 메타포는 완벽하지 않고 중요한 목표는 실제 세계의 인공물과 인터랙션을 창의적으로 적용하고 변경하는 것이다. 추상적인 작업에 대한 실제 세계에서 유추하고 메타포를 찾기도 어렵다. 이런 경우 상징적인 표현이 더 적절할 수 있다.

10.3.2 2D 사용자 인터페이스에서 가져와 적용

기존의 2D UI의 인터랙션 기술을 적용하는 것은 또 다른 일반적인 3D UI 디자인 기술이다. 2차원의 인터랙션 기술은 여러 매력적인 특징이 있다. 첫째, 2D UI와 인터랙션은 충분한 연구가 이뤄졌고 2D 인터페이스의 인터랙션 패러다임이 잘 만들어져 상대적으로 3D 인터페이스 디자이너가 적절한 인터랙션 기술을 찾기 쉽다. 둘째, 대부분의 3D UI 사용자는 이미 2D 인터랙션에 능숙하므로 학습을 최소화할 수 있다. 셋째, 2차원의 인터랙션은 3차원 인터랙션보다 확연히 쉽다. 사용자는 6-자유도가 아닌 2-자유도만 처리하면 된다. 결론적으로 2D 인터랙션으로 사용자는 선택이나 조작 같은 정확도가 높은 일부 작업을 수행할 수 있다. 마지막으로 일부 작업은 3차원으로 잘 변경되지 않는다. 예로 글쓰기나 스케치는 3D보다 2D에서 수행하기 쉽다. 이런 고려 사항으로 인해 연구원들은 2D와 3D 인터랙션 기술 모두의 이점을 활용할 수 있도록 3D UI를 디자인하려 하고, 매끄럽고 직관적인 방식으로 두 입력 스타일을 결합하려 한다.

리터럴(literal) 접근법: 3D 세계의 2D GUI 덧입히기

약간의 또는 수정 없이 2D UI 요소를 직접 3D 환경에 넣을 수 있다. 분명히 데스크톱 기반의 3D, 휴대용 또는 머리 장착용 AR 애플리케이션에서 창에 3D 장면이 그려지고, 기존의 2D GUI 요소(메뉴, 슬라이더 등)를 이 창의 3D 환경 밖에 붙이는 것은 일반적인 기술이다. 몰입형 VR 특히, 시스템 제어 작업과 고유한 2D 정보를 사용하는 인터랙션 작업에서 비슷한 접근법을 자주 사용한다(9장 '시스템 제어' 참고).

이 접근법의 단점은 GUI 인터랙션 요소를 3D 세계의 제일 위에 별도의 레이어가 들어가므로 인터랙션 모드를 추가해야 한다는 점이다. 서로 다른 모드로의 전환 기능이 필요하고, 사용자는 메뉴 모드로 그리고 3D UI 모드로 전환해야 한다(크루이프 등 2010, 2003). 이 접근법은 또한 다른 2D 작업에 적합하지 않다.

3D 환경 요소로 2D GUI 사용

2D GUI를 3D 환경에 놓는 다른 방법은 인터페이스를 3D 세계에 최우선 객체로 랜더링하는 것이다. 예를 들어 평면 위에 정렬된 3D 버튼과 메뉴 또는 다각형 위의 동적 2D 텍스처처럼 메뉴와 다른 인터페이스 요소를 VR 내의 평면 표면에 랜더링할 수 있다(앙구스Angus와 소위즈럴Sowizral 1996). 사용자는 데스크톱이나 태블릿에서 상호작용했던 것과 같은 방법으로 이 2D UI 요소를 사용해 상호작용을 할 수 있다. 즉 가상 손이나 광선 투사 인터랙션 기술을 사용해 2D 가상 표면의 이 요소들을 터치하거나 가리킬 수 있다(예, 마인 1995b). 9장 '시스템 제어'의 9.5절에서 3D 환경의 2D 메뉴 예제를 살펴보기 바란다.

이 접근법의 단점으로 햅틱 피드백이 없어서 2D 인터페이스를 사용하는 인터랙션이 어렵고 실망스러울 수 있다. 이 문제를 극복하고자 물리적인 소품(클립보드 같은)을 추적하고 2D 인터페이스로 등록해 클립보드 위에 표시할 수 있다. 물리적인 클립보드를 손에 쥐고 있는 사용자는 다른 손의 손가락이나 펜을 사용해 2D 인터페이스 요소를 터치하고 상호작용을 할 수 있고, 추적도 할 수 있다. 이 디자인 접근법은 펜과 태블릿 기술이라고도 부른다.

앙구스와 소위즈럴(1996)이 이 접근법을 사용해 첫 시스템을 구현했다. 이는 2D 계획, 도면, 그 외 정보를 포함하는 하이퍼링크 된 문서를 통해 몰입형 사용자(항공기의 가상 모델을 검사하는)에게 제공됐다(그림 10.9). 비슷한 기술이 코킬라트와 웨시(1999)의 반몰입형 작업대 환경에서 개발됐고, 일상적인 클립보드를 사용하는 대신 2D 데이터를 추적되는 투명한 플라스틱 패드를 사용해 공간적으로 등록했다. 패드를 들여다볼 때 사용자는 패드 위에 (투명한 소품 아래에) 2D 정보가 표시되는 것처럼 인지한다.

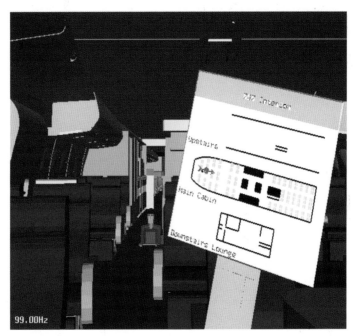

그림 10.9 인터랙션 2D 인터페이스를 3D 가상 환경에 삽입(앙구스와 소위즈럴 1996, © 1996 IEEE)

펜과 태블릿 기술은 수동식 소품 대신 접촉식 태블릿을 사용해 확장할 수 있다. 능동적인 소품으로 사용자는 단순히 2D 버튼을 누르는 것보다 훨씬 더 고급 인터랙션을 수행할 수 있다. 예를 들어 가상 노트패드를 사용하면 사용자가 가상 환경에 몰입하고 있는 동안 2D 정보를 볼 수 있을 뿐 아니라 2D 도면을 사용해 주석도 달 수 있다(푸피레프 등 1998). 또 다른 예제는 보닉 등(2006)이 개발한 하이브리드 시스템으로 (동기화된) 태블릿에서 또는 입체 음향 스크린의 3D 의료 콘텐츠에서 사용되는 특수 목적용 입력 기기를 사용한다. 이런 하이브리드 시스템은 2D 인터페이스의 정확성과 직관적인 3D UI를 제공해 2D와 3D 모두에 최선이다(그림 10.10 참고).

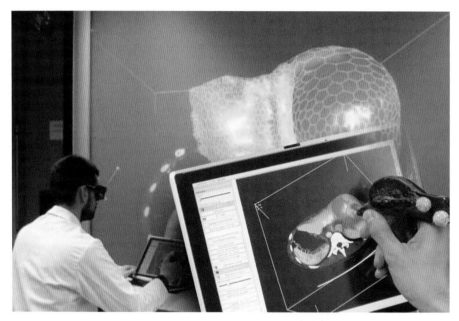

그림 10.10 라의 눈(The Eye of Ra) 하이브리드 인터페이스(이미지 출처: 에른스트 크루이프 이미지 허가)

아마도 펜과 태블릿 아이디어에 대해 이미 다른 작업에서 여러 번 본 적이 있을 것이다. 이는 3D UI를 디자인하는 데 있어 앞서 살펴본 전략의 상당수를 포함하는 꽤 일반적인 접근법이기 때문이다. 요약하면 펜과 태블릿은 다음을 이용한다.

- 양손의 비대칭 인터랙션
- 물리적인 소품(수동적인 햅틱 피드백)
- 입력 DOF를 줄이는 2D 인터랙션
- 입력을 돕기 위한 표면 제약
- 신체 참고 인터랙션

3D 객체를 사용하는 2D 인터랙션

3D 인터랙션이 어렵다는 것을 종종 언급했다. 2-자유도 조작보다 6-자유도 공동 제어는 훨씬 더 많은 노력이 필요하다. 3D 모델을 만들거나 가상 수술을 수행할 때와 같이 정밀한 인터랙션이 필요할 때 제어의 수를 줄이는 것이 특히 중요하다. 제약을 사용하는 것(10.2.2절)은 제어하는 DOF 수를 줄이고 인터랙션을 간소화시키는 기술이다. 이 기술의 특정 사례는 물리적 2D 작업대와 제스처 기반의 인터랙션을 사용하도록 입력을 제한할 때 성공적이었다.

예를 들어 슈말스티그 등(1999)는 워크벤치 작업대에 추적되는 투명한 수동 소품을 사용해 3D 인터랙션을 위한 효과적인 2D 제스처 인터페이스를 개발했다(9장의 그림 9.20 절 참고). 사용자는 투명한 소품(예로 단순하고 투명한 플렉시 유리)을 통해 3D 환경을 보고 소품 위의 2D 제스처를 그려 객체와 상호작용을 한다. 투명한 판은 사용자 입력에 대한 물리적인 제약이 있어 상대적으로 그리기 쉽다.

시스템은 사용자의 관점에서 펜과 투명한 패드로 광선을 보내 사용자가 상호작용 하는 객체를 확인한다. 예를 들어 슈말스티그 등(1999)은 소품 위에서 3D 객체 주변에 올가미를 그려 객체 집합을 선택하는 방법을 시연했다.

투명한 소품은 화면의 3D 객체를 사용해 상호작용하는 아주 일반적인 기술을 개발할 수 있게 한다. 게다가 펜 추적 기술을 제공하면 가상 표면 위에 놓을 객체의 위치를 제한할 때 사용자가 디스플레이 위에 직접 2D 제스처를 그릴 수 있다. 예를 들어 에르고데스크^{Ergodesk}에서 사용자는 2D와 상호작용을 하고자 직접 디스플레이에 그리고(그림 10.11) 3개의 버튼 스타일러스를 사용해 3D 모델을 스케치 한다(포스버그 등 1997). 시스템은 라인을 3D 모델링 명령 동작과 매개 변수로 해석하는 SKETCH 모델링 시스템(젤레즈닉 등 1996)을 기반으로 한다. 예로 큐브를 만들고자 사용자는 각각 주축이 되고 한 점에서 만나는 3개의 제스처 라인을 그려야 한다.

스케치 인터페이스는 배우기 간단하고 사용자가 2D의 물리적 표면에 스케치해 쉽게 3D 객체를 만들 수 있다. 이는 6-자유도 입력을 사용해 직업 3D 객체를 조작하거나 조각하는 것보다 훨씬 쉽다. 게다가 사용자는 다른 손을 사용해 3D 객체의 이동이나 조작 같은 기존의 3D 입력 작업을 수행할 수 있다.

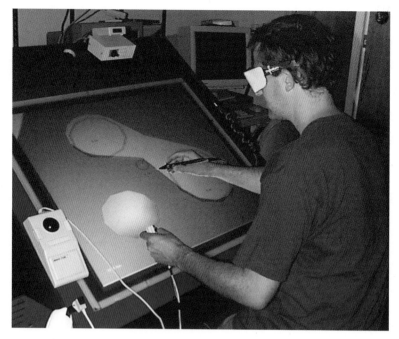

그림 10.11 3D 디스플레이 표면에 바로 객체를 그리는 에르고데스크(포스버그 등 1997, © 1997 IEEE)

10.3.3 마법과 미학

실제로 3D UI는 단지 실제 세계의 특징을 재현하거나 적용하는 것뿐 아니라 아주 멋진 인터랙션 기술을 활용해 '더 나은' 현실감을 만든다는 주장이 있다(스미스 1987, 스토클리 등 1995, 슈나이더만 2003). 아주 멋진 인터랙션 기술의 장점은 사용자가 실제 세계에 존재하는 많은 인간적인 제약, 즉 인지, 지각, 신체, 운동 기능의 한계를 극복할 수 있게 한다는 점이다. 이 접근법의 두 번째 이점은 UI의 향상된 기능을 사용해 기술적 한계를 보완하고 그 영향을 줄이는 것이다. 실제로 이 책의 4부 대부분의 인터랙션 기술이 마법같이 멋진 기술이다. 예를 들어 고-고(7장의 7.7.2절)와 비행 기술(8장의 8.5절)은 더 멀리 그리고 실제 세계에서는 갈 수 없는 길을 탐색할 수 있게 운동 기능을 향상시킨다. 축소 모형 세계(WIM, 7장의 7.7.2절)은 전체 3D 환경을 한 번에 볼 수 있게 해지각 기능을 확장시키고 많은 시스템 제어 기술은 가능한 선택 사항을 기억하도록 강요하지 않고 시각적으로 표현해 인지 기능을 향상시킨다.

새로운 기술 개발에 도움이 되는 마법 같은 접근법이 많다. 인간의 한계를 고려하고 이를 극복하기 위한 해결 방법을 찾는 것도 가능한 접근법이다. 하늘을 나는 카펫처럼 문화적 클리셰cliché와 메타포도 마법 같은 3D UI 디자인의 흥미로운 가능성으로 추천된다. 예를 들어 부두 인형 기술(7장의 7.7.2절)은 사용자가 표현할 수 있는 장난감, 미니어처를 통해 상호작용해 객체에 원격으로 영향을 미치는 메타포를 기반으로 한다. 어떤 메타포는 대중 문화에 뿌리를 두고 있기 때문에 사용자는 인터랙션 개념을 거의 바로 알 수 있다.

하지만 기술과 문화 메타포 사이의 관계는 어려움의 원인이 되기도 한다. 예를 들어 하늘을 나는 카펫 기술의 메타포를 이해하고자(가상 환경에서 아주 인기 있는 메타포다) 사용자는 마법 카펫이 무엇인지, 이 카펫이 무엇을 할 수 있는지를 알아야 한다. 일부 메타포는 세계적이라 하더라도 나머지는 잘 알려지지 않았을 수 있다. 예를 들어 가상 트라이코더tricorder 메타포(울로카Wloka와 그린필드Greenfield 1995)는 스타트렉 TV 시리즈의 가상 기기를 기반으로 하고 이 쇼가 인기 있었던 지역 외의 사용자에게는 잘 알려지지 않았다. 마법 같은 기술을 위한 효과적이고 흥미진진한 메타포를 찾는 것은 쉽지 않다. 하지만 적절한 메타포는 아주 효과적이고 재미있는 3D UI가 될 수 있다.

3D UI 디자인의 현실성과 마법에 대한 논의는 3D 환경의 **미학**aesthetics과 직접적으로 연관이 있다. 영화와 시뮬레이션 사업의 영향을 강하게 받았던 3D 인터랙션 컴퓨터 그래픽은 사진과 같은 랜더링으로 물리적인 현실을 재현하는 데 초점을 맞췄다. 이 접근법은 시뮬레이션이나 훈련 같은 특정 애플리케이션에서 중요하지만 다른 많은 3D 애플리케이션에서는 불필요하거나 효과적이지 않다. 실제로 현실감(특히 게임에서)이 이미 상당히 높은 수준이라고 하더라도 최신 컴퓨터 그래픽으로 재현한 현실은 실제 세계와 구분이 되지 않을 만큼 강력하지는 않다. 게다가 사람은 특히 사람에 대해서 가짜와 진짜를 구분하는 기술이 굉장하다. 컴퓨터 그래픽으로 그려진 얼굴은 종종 인위적이고 불편하게 보인다(언캐니 밸리 효과uncanny valley).

하지만 많은 애플리케이션에서 전부 포토리얼리즘이 필요한 것은 아니다. 개략적으로 인터랙션의 상태를 전달하기에는 만화 같은 랜더링이 효과적이고 주목받을 수 있고 또한 즐거울 수 있다. 어린이를 위한 3D 학습 환경이 이런 애플리케이션의 예다(존슨 등 1998).

논포토리얼리즘nonphotorealism(만화 같은) 랜더링은 중요하지 않은 시각적 특징을 생략하면서 강한 시각적 단서를 사용해 유사점을 제안할 수 있기 때문에 사람을 그릴 때 특히 효과적이다. 정치 만화에서 이 효과를 관찰할 수 있다. 그림을 극도로 일그러뜨리더라도 만화의 대상과 눈에 띄는 유사성이 있고 바로 알아챌 수 있다. 단순한 3D 모델은 결과적으로 랜더링 속도가 빠르기 때문에 가상 인물이나 다른 사용자의 아바타의 만화 같은 랜더링은 시스템의 관점에서도 효과적이다. 따라서 컴퓨터는 현실적인 움직임과 같은 인간 시뮬레이션의 다른 면에 전념할 수 있다. 이로써 디자이너는 온라인 3D 커뮤니티, 채팅 환경, 게임 등과 같은 애플리케이션의 인터페이스를 효과적이고 즐겁게 만들 수 있다. 가상 인간의 효율에 대한 연구에서 보면 다양한 현실 환경에서 논포토리얼리즘 가상 캐릭터를 수용할 수 있었고 효과적이었다(빅모어Bickmore 등 2009).

3D UI의 논포토리얼리즘 미학의 또 다른 장점은 기분이나 분위기를 3D 환경에서 만들 수 있고, 환경 특성을 명시적으로 보여 주기보다 간접적으로 제시할 수 있다. 예를 들어 건축적 모델의 거친 연필 스타일의 랜더링은 고객에게 그 프로젝트가 여전히 끝나지 않았다는 사실을 알릴 수 있다(클라인 등 2000). 기분과 분위기를 만들 수 있다는 점은 오락 애플리케이션뿐 아니라 미디어 아트 설치의 핵심이다. 3D UI 미학의 넓은 의미를 개척한 시스템 중 하나가 샤 데이비스Char Davies가 디자인한 가상 환경, 오즈모스Osmose였다(데이비스와 해리슨 1996). 오즈모스의 미적 특징은 추상적이지 않고 사진 같지도 않으며, 그 사이 어디쯤이라는 점이다. 여러 겹의 투명한 이미지와 파티클particle 애니메이션을 과도하게 사용해 구현한 오즈모스(그림 10.12)는 그 안에 있는 것 같은 강한 느낌을 만들어 사용자에게 가상 환경에 둘러싸인 듯한 인상을 줬다(즉 현실감).

3D UI 디자인의 미학적인 면은 재미있고 눈길을 끌며 몰입하고 사용하기 쉬운 인터페이스의 아주 중요한 부분이다. 컴퓨터 그래픽의 랜터링 능력이 좋아질수록 예술가와 디자이너가 사용할 수 있는 도구의 범위도 넓어지고 미래의 3D 인터랙션에서 미적 특징도 계속해서 더 중요해질 것이다.

그림 10.12 수직의 나무. 몰입형 가상 환경 오즈모스의 라이브 공연 중 머리에 쓰는 디스플레이로 캡처한 디지털 액자 (© 1995 샤 데이비스)

10.4 디자인 가이드라인

앞서 살펴본 3D UI의 디자인 접근법과 관계된 여러 일반적인 가이드라인 내용을 요약해 본다.

2D UI 디자인에서 이해하기 쉽고 직관적이며 잘 정리된 시스템을 디자인하는 것은 엄청난 노력이 필요하지만, (반복 스트레스 부상과 같은 문제로 이런 동작이 유명해졌음에도 불구하고) 디자이너는 사용자가 수행하는 동작을 거의 고려하지 않는다. 하지만 3D UI에서 사용자는 서서 또는 무겁고 부피가 큰 기기를 입거나 들고 전신을 움직이면서 상호작용을 한다. 따라서 3D UI는 사용자의 편안함과 안전 문제와 밀접하게 관련된다. 실제로 사용되는 3D UI 예제 등 일반 장비에서 실제로 강조되는 편안한 3D UI 디자인을

위한 실용적인 가이드라인을 제공한다.

(무선 기기가 더 일반화되고 있지만) HWD나 추적기, 다른 입출력 기기는 일반적으로 호스트 컴퓨터나 인터페이스 박스에 연결된다. 가상 환경 사용자들의 가장 일반적인 불만은 전선과 케이블이 시스템 사용에 방해가 된다는 점이다. 전선이 바닥 근처에 있으면 사용자는 넘어다니거나 사용자가 돌 때 다리에 감길 수 있다. 이런 상황은 짜증스럽고 사용자의 인터랙션을 방해할 수 있으며 현실감을 떨어뜨린다. 특히 공공 시스템에서는 케이블을 천장에 거는 등 이 문제를 최소화하고자 케이블을 관리할 방법을 찾아야 한다. 사용자가 물리적으로 자유롭게 이동할 수 있게 케이블의 길이도 신경 써야 한다.

천장에 전선을 거는 것은 사용자가 착용하는 장비의 무게를 줄일 수 있다. 특히 몰입형 VR 시스템에서 무게는 중요한 문제다. 일부 3D 입력과 디스플레이 기기는 무겁기 때문이다. 일부 HWD에서는 무게가 특히 문제가 된다. 사용 시간이 짧더라도 사용자가 피로하게 된다. 이동식 AR 시스템에서 사용자는 컴퓨터와 전원을 갖고 있어야 하므로 전체 무게가 더 중요하다. 사용자가 견뎌야 할 전체 무게를 줄이기 위한 모든 노력이 필요하고 편안한 자세를 지원하는 것도 상당히 도움이 된다(비아와 크루이프, 2010).

HWD 기반의 VR 시스템을 사용할 때 사용자는 물리적 세상을 볼 수 없고 따라서 벽이나 의자, 테이블, 또는 다른 객체에 부딪히기 쉽다. 서라운드 스크린 시스템에서는 화면에 가상 세계를 보여 줄 때 스크린이 사라지는 것 같아서 사용자가 스크린으로 걸어가 부딪힐 수 있다. 이런 문제를 해결하는 가장 일반적인 접근법이 사용자 주위에 사용자가 잡을 수 있는 난간 같은 물리적인 울타리를 만들어 안전지대를 만드는 것이다. 안전지대는 물리적으로 충분히 이동할 수 있도록 크고, 사용자가 잠재적인 위험 지역에 다가가지 못할 만큼 작아야 한다.

가상 울타리도 효과적일 수 있다. 사용자가 안전지대의 경계에 다가갈 때 시각적으로 나타나는 유형이 일반적이다. 전면 카메라는 포함하는 일부 시스템은 사용자가 위험한 지역으로 가까이 갈 때 시스템에 실제 세계의 시야를 표시할 수 있다.

> **Tip**
> 빈 공간에서 인터랙션을 제한하고 기기를 놓을 공간을 제공한다.

인터페이스 디자인은 사용자의 손이 물리적으로 닿지 않는 자유 공간의 인터랙션을 제한해야 한다. 예를 들어 이미지 평면 인터랙션 기술(7장의 7.5.1절)은 객체를 선택하고 자 사용자는 빈 손을 쥐어야 하는데 장시간이라면 아주 짜증스럽다. 따라서 빈 공간 인 터랙션은 중간에 휴식 시간을 두고 짧은 시간에 발생하도록 연속적인 인터랙션을 디 자인해야 한다. 사용자는 인터랙션의 흐름을 깨지 않고 손이나 팔을 쉬게 할 수 있어야 한다. 또한 사용자가 착용한 기기가 아니라면 기기를 놓아둘 공간을 제공하는 것도 고 려해야 한다. 스탠드나 고리, 공구 벨트 등 기기가 필요하지 않을 때 놓아둘 방법이 될 수 있다.

> **Tip**
> 공공 시스템은 위생적으로 디자인한다.

많은 수의 사용자가 같은 기기를 입거나 만지고 손을 댈 때 위생과 건강 문제가 중요 하다(스태니 등 1998). 디자이너는 기기를 청소하는 정기 일정도 고려해야 한다. 또 다 른 접근법은 글러브 기반의 입력 기기에서 글러브 안감을 사용하거나 사용자가 HWD 를 사용하기 전에 쓸 수 있는 가벼운 플라스틱의 일회용 모자 등 한 번 사용한 후에 처 리할 수 있게 일부분을 제거할 수 있게 만드는 것이다. 또한 일부 HWD 제공자는 교체 가능한 얼굴 쿠션을 판매한다.

> **Tip**
> 상대적으로 짧은 세션으로 디자인하고 휴식을 권장한다.

몰입형 가상환경 시스템을 사용할 때 사이버 멀미와 피로는 중요한 문제다. 그래픽, 광학, 추적이 상당히 개선됐지만 여전히 많은 사용자가 30분에서 1시간 가량의 사용 후에 통증이나 피로를 느낄 수 있다. 공공 VR 설치는 사용자가 시스템에서 보내는 시간을 명시적으로 제한할 수 있다(데이비스와 해리슨 1996). 다른 애플리케이션에서는 인터페이스 디자이너가 짧은 시간 동안 사용할 수 있도록 제한해 이 문제를 완화시킬 수 있다.

> **Tip**
> 편안한 자세를 위한 디자인을 한다.

첫 번째 팁에서 언급했듯이 편안한 자세를 제공하는 것은 시간이 지남에 따라 사용자의 편안함이 상당히 향상될 수 있다. 특히 제스처 인터페이스와 손으로 쥐는 AR 인터페이스에서 자세를 유지하거나 특정 높이에서 동작을 수행하는 것은 매우 불편하다. 손을 비교적 낮게 두고 가능한 기울이며 몸에 가까이 하도록 한다(그림 10.13 참고. 비아와 크루이프 2008, 2010). 상업적 제스처 시스템은 사용자가 게임 중에 쉬도록 제안하고 전체 지속 시간을 제한해 불편과 반복 운동으로 인한 부상을 피한다.

그림 10.13 사용자 편의를 위해 팔을 기울인 자세로 손에 들고 쓰는 AR 기기를 잡고 있는 사용자(비아와 크루이프 2008, 2010. 이미지 출처: 에른스트 크루이프)

피드백과 제약 사항과 관련해 다음과 같은 팁이 있다.

> **Tip**
> 피드백 관점 사이에서 시간과 공간의 준수 사항을 보장한다.

반응적, 도구적, 운영적 피드백 관점 간의 시간적 공간적 관련성을 보장하는 것이 중요하다. 특히 사용자의 입력과 시스템으로부터 받는 피드백 사이의 직접적인 준수 사항을 보장하도록 인터페이스를 디자인해야 한다. 지연 시간을 줄이고 시각과 결합된 청각과 햅틱 피드백과 같이 여러 감각의 피드백을 적절하게 사용한다.

> **Tip**
> 제약을 사용한다.

제약을 사용하면 객체 조작이나 이동 같은 연속적인 운동 제어에 의존하는 작업의 인터랙션 속도와 정확성을 상당히 향상시킬 수 있다. 하지만 더 자유로운 입력이 필요할 때 사용자가 제약 사항을 끌 수 있도록 하는 기능을 포함시키는 것을 고려한다.

> **Tip**
> 전문적인 작업에서 소품과 수동 피드백 사용을 고려한다.

소품과 수동적인 햅틱 피드백을 사용해 쉽고 저렴한 방법으로 더 재미있고 효과적인 인터랙션을 디자인한다. 소품의 단점은 아주 전문적이라는 점이다. 소품의 물리적인 형태를 변경할 수 없고 따라서 전문적인 애플리케이션에서 특히 효과적이다.

> **Tip**
> 양손 인터페이스를 디자인할 때 기아드의 원칙을 사용한다.

기아드의 프레임워크는 효과적인 양손 인터페이스 디자인에서 유용한 도구임이 증명됐다. 각 손에 할당할 기능을 결정하고자 이 원칙들을 사용한다.

메타포같이 일상적이거나 또는 특수한 목적의 도구를 적용하는 것은 3D 인터랙션 기술을 위한 아주 효과적인 방법이다. 사용자가 이미 실제 세계의 인공물에 익숙하기 때문에 이를 기반으로 하는 3D 인터랙션 기술의 목적과 방법을 이해하기 쉽다.

이차원 인터랙션 기술은 매력적인 특성이 많다. 연구가 많이 이뤄졌고 잘 정립됐으며 대부분의 사용자가 이미 2D 인터랙션에 능숙하다. 그리고 이차원의 인터랙션은 3D 환경의 인터랙션에 비해 상당히 쉽다.

3D UI의 진짜 힘은 마법 인터랙션 기술을 사용해 '더 나은' 현실감을 만드는 데 있다. 마법 인터랙션은 인지적, 지각적, 신체적, 운동 능력의 제약을 극복할 수 있게 한다. 마법 인터랙션 기술을 위한 효과적이고 눈에 띄는 메타포를 발견하기 쉽지 않지만, 일단 하나를 찾으면 아주 재미있고 효과적인 3D UI로 이어질 수 있다.

많은 애플리케이션에서 포토리얼리즘이 전혀 필요 없을 수 있다. 스케치, 만화 같은 랜더링이 인터랙션의 상태를 전달하기에 효과적이고 눈에 띄며 동시에 재미있을 수 있다. 논포토리얼리즘 만화 랜더링은 몇 가지의 강한 시각적 단서를 사용해 유사성을 제시하고 결과적으로 단순하면서 더 효과적인 랜더링을 한다. 3D 인터페이스에서 논 포토리얼리즘 미학의 또 다른 장점은 기분 또는 분위기를 만들고 또한 명시적으로 랜 더링하지 않고도 환경의 특성을 제시할 수 있다는 점이다.

10.5 사례 연구

10.5절에서는 10장에서 살펴본 개념을 적용하기에 좋은 두 연구 사례의 디자인 접근 법을 살펴본다. 2.4절에서 소개된 사례다.

10.5.1 VR 게임 사례 연구

10장에서 살펴본 많은 3D UI 디자인 접근법이 VR 액션 어드벤처 게임의 디자인에 영 향을 미쳤다. 양손 인터랙션을 사용하고 우위적인 손과 비우위적인 손의 역할을 구별 했다. 선택할 수 있는 아이템을 제한하는 제약으로 섬광을 제공한다. 손에 잡는 제어기 를 통해 수동 햅틱 피드백을 제공한다.

하지만 직면한 주요 디자인 문제는 게임 3D UI가 자연스러워야 한다는 점(또는 인터랙 션 충실도)이다. 이는 많은 애플리케이션 개발자들이 직면하는 가장 중요한 디자인의 어려움이기 때문에 특정 게임 디자인에서 이 어려움을 해결하는 방법을 살펴보는 것 이 좋다.

VR 게임은 전적으로 가상의 환경에서 일어나는 일이고 사용자는 게임 세계가 실제 세 계와 완전히 똑같을 것을 기대하지 않기 때문에 디자이너는 다양한 게임 인터랙션을 위한 자연스러움의 정도를 자유롭게 선택할 수 있다. 게다가 인터랙션마다 자연스러움 의 정도가 다를 수 있다(예를 들어 주요 이동 기술로 자연스럽게 몸을 움직이지만 주요 선택 기 술로는 환상적인 개구리의 혓바닥 총을 선택한다).

하지만 자유를 과용하지는 않는다. 게임은 일부 현실적인 환경에서 일어나고 플레이어 는 어느 정도 비슷한 것을 찾을 것이다. 따라서 현실 세계 인터랙션의 규칙과 모든 물 리 현상을 바꾼다면 게임은 꽤 혼란스러울 것이다. 많은 게임과 마찬가지로 현실 세계 를 기반으로 하고(호텔에 있다, 익숙한 광경을 본다, 중력은 평범하게 동작한다, 실생활에서 하 듯이 주위를 둘러보고 주위를 걸을 수 있다, 손에 손전등을 든다), 이를 향상시킨다(다른 손에 한

번도 갖지 못했던 도구를 들지만 개구리 혀 총의 전제를 받아들이면 상상했던 동작을 한다. 가방으로 아이템을 옮기지만 또한 가방 안으로 들어가서 안의 모든 객체를 볼 수도 있다).

사용자가 알고 있는 지식과 세계에 대한 이해를 사용하지만 실제 세계와 동일하게 제한하지 않을 수 있는 이 접근법을 과도한 자연주의hypernaturalism라 한다. 실제 세계의 인터랙션을 정확하게 복제하려 하고 일반적으로 부족하며 열등한 사용자 경험을 초래하는 순수 자연주의와 비교해 본다. 항상 과도한 자연주의 접근법을 사용할 수 있는 것은 아니지만(예를 들어 외과 수술용 훈련 애플리케이션은 실제 세계의 인터랙션을 가능한 완벽하게 재현해야 한다) 많은 3D UI 애플리케이션의 강력하고 자유로운 디자인 전략이 될 수 있다.

주요 개념

- 3D UI의 인터랙션 충실도 정도를 주의 깊게 살핀다. 자연주의가 항상 가장 바람직하거나 가장 효과적인 접근법은 아니다.
- 특히 게임에서는 재미있고 장난스러운 과도한 자연주의 인터랙션이 사용자 경험을 상당히 향상시킬 수 있다.

10.5.2 휴대용 AR 사례 연구

하이드로시스 시스템 개발의 디자인 전략은 앞서 살펴본 지각적, 인지적, 신체적 인체 공학 문제와 같은 인간 요소에 의해 좌우된다. 10장에서 언급했듯이 인간 요소 관점에서 시스템을 디자인하는 것은 여러 목표가 있고, 많은 연구원과 개발자가 선택하는 뚜렷한 유용성 또는 순수 성능에 대한 디자인 접근법에서 이 목표들이 항상 분명하지는 않다. 인간 요소 문제는 AR 시스템의 여러 면과 상당히 연관성이 높다. 지각적 문제는 일반적인 시야 관리에 영향을 끼치고, 인지 문제는 이동 기술의 디자인에서 중요하고, 신체적 인체 공학은 전체적인 시스템 설정을 만드는 디자인의 제약이 된다. 이런 문제에 대한 분석을 하지 않는다면 시스템의 사용자 경험 수준이 상당히 떨어질 수 있다.

인간 요소 문제는 종종 시스템의 최종 사용자가 알아채지 못할 수 있지만 우리 시스템은 꽤 오랜 기간 동안 사용됐고 높은 수준의 복잡성을 보였다. 그중에서 복잡성은 대규모의 공간 데이터와 사용자의 필요에 의한 많은 기능이 원인이다. 오랜 기간 동안 사용하려면 편안하게 사용할 수 있어야 한다.

인간 요소의 다양한 관점을 처리하고자 상호작용 디자인 접근법을 적용했다. 숫자 형식의 정적 데이터에 접근하고자 이미 일반적인 휴대 기기가 사용되고 있기 때문에 인간 요소 문제를 해결하지 않으면 시스템의 수용 기회가 줄어든다. 최종 사용자에게 그래픽 분석과 QR의 추가 장점을 보여 줘야 했다.

10장에서 특별한 두 접근법을 사용한다. 양손 인터랙션과 서로 다른 사용자 그룹을 위한 디자인이다.

장비를 양손으로 잡고 있으면서 인터랙션을 수행하는 것은 가능하지만 어렵고 따라서 성능에 제약이 있다. 사용자 편의성과 인터랙션 성능 중 무엇이 더 중요한지 다시 살펴봤다. 해결 방법은 사용자가 어깨 끈을 제공해 한 손으로 장비를 잡고 다른 손으로 인터랙션을 할 수 있도록 선택권을 주는 것이다. 디자이너는 이런 상황에서 특히 사용자 편의성에 있어 다른 물리적인 인터랙션 모드와 비교해 세심하게 평가해야 한다. 결국 디자이너의 직감이 아닌 사용자의 데이터가 문제를 결정한다. 사용자는 몇 가지 제약에 대처할 수 있다.

두 번째 문제는 사용자 그룹의 다양성이다. 능력이 서로 다른 다양한 사용자들이 시스템과 상호작용하고 요구 사항이 서로 다르다. 사용자는 환경 연구 과학자부터 보험회사 분석가, 일반 대중까지 다양했다. 대부분의 환경 과학자는 관찰하는 환경에 대한 공간적 지식이 있는 신체적으로 잘 훈련된 사용자였지만, 다른 사용자는 이 범주에 어려움이 있었다. 오직 환경 과학자들이 사용하는 시스템은 인체 공학과 인지 문제에 있어 비교적 수준 높은 요구 사항을 제시했고, 사용자는 개발 단계 동안 시스템을 주로 사용했다. 많은 연구 프로젝트에서 디자인 기간 동안 사용자 분류와 관련자는 제한적이다. 종종 동료 또는 학생이 직접 피드백을 했다. 이 때문에 시스템은 실제 사용자 전체를 위해 동작하지 않을 수 있다. 우리의 경우 빈번하게 다양한 배경의 최종 사용자와 인터뷰를 하거나 그들이 연구에 참여하도록 초대했다.

주요 개념

- **인간 요소 기반 디자인**: 지각, 인지, 물리적 인체 공학을 염두에 두고 디자인하는 것은 AR 시스템을 디자인할 때 잠재력이 크다. 이런 문제가 단순한 시스템에서 명

확하지 않을 수 있지만 복잡성이 증가되면 이런 문제를 해결하는 것이 사용자의 성능과 수용의 성패를 좌우하는 항목이 될 수 있다.

- **사용자 그룹**: 잠재적인 최종 사용자의 전체 범위를 항상 고려하고 반복적인 시스템 디자인의 모든 사이클에 그들을 자주 참여시킨다.

10.6 결론

3D UI 작업의 즐거움과 어려움 중 하나는 디자인 영역이 아주 크고 넓게 열려 있다는 점이다. 훌륭한 혁신의 기회를 제공하지만 또한 어떻게 시작하고 어떤 아이디어를 따라야 하는지 결정하기 어렵다. 10장에서는 디자이너가 이런 복잡성을 처리하기 위한 몇 가지 유명한 디자인 접근법과 전략을 살펴봤다. 하지만 어떤 디자인도 처음부터 완벽할 수 없다. 3D UI 개발자도 그들의 디자인을 평가하고 결과를 기반으로 반복해야 한다. 11장에서는 평가에 대해 자세히 알아본다.

추천 도서 및 논문

피드백 제어 메커니즘에서 기초에 대한 훌륭한 검토와 이 분야의 초기 심리와 인간 요소 실험을 살펴보려면 다음 책을 살펴보기 바란다.

- Smith, T., and K. Smith (1987). "Feedback-Control Mechanisms of Human Behavior." In G. Salvendy (ed.), *Handbook of Human Factors*. G. Salvendy, 251–293. New York: John Wiley & Sons.
- Norman, Donald (1988). *Design of Everyday Things*. New York: Basic Books.

현실성 및 상세 정도와 사용자 경험에 미치는 영향을 더 알아보려면 다음 책을 참고한다.

- Luebke, D., M. Reddy, J. Cohen, A. Varshney, B. Watson, and R. Huebner (2002). *Level of Detail for 3D Graphics*. Boston, MA: Morgan Kaufmann.

구조적인 디자인과 철학에 대한 대표적인 두 글이 새 인터랙션 기술과 가상 환경 설계 및 개발 접근법을 개발하는 데 영감을 줄 수 있을 것이다.

- Alexander, C., S. Ishikawa, and M. Silverstein (1977). *A Pattern Language: Towns, Buildings, Construction*. New York: Oxford University Press.

- Lynch, K. (1960). *The Image of the City*. Cambridge, MA: MIT Press.

11장

3D 사용자 인터페이스 평가

이 책의 대부분은 3D UI 디자인의 다양한 면을 다뤘다. 하지만 HCI의 가장 중요한 사실은 가장 세심하게 잘 설계된 디자인도 여전히 여러 면에서 잘못될 수 있다는 점이다. 따라서 사용자 인터페이스의 평가가 중요하다. 11장에서 3D UI에서 사용되는 몇 가지 평가 방법과 3D 사용자 경험을 설명하는 측정 항목, 3D UI 평가의 고유한 특성, 3D UI 평가 방법을 선택하기 위한 가이드라인을 살펴본다. 평가는 디자인이 완성됐을 때뿐 아니라 전체 디자인 과정에서 수행돼야 한다.

11.1 소개

수년 동안 3D UI와 VR, AR 분야는 아주 신기하고 가능성이 무한해 많은 연구가가 훌륭한 디자인을 새로 개발하는 데 시간을 들이기보다 새로운 기기와 인터랙션 기술, UI 메타포(디자인 공간을 탐험)를 개발하는 데 집중했다. 하지만 분야가 발달함에 따라 연구원들은 사용자 경험에 대한 3D UI 디자인의 성과(사용성, 유용성, 정서적 영향을 포함)를 더 자세히 살피고 있다. 실제로 사용될 3D UI라면 반드시 기기와 인터랙션 기술, UI, 애플리케이션을 비판적으로 분석하고 평가하며 비교해야 한다.

11.1.1 평가 목적

간단히 말해 평가evaluation는 인공물의 분석, 평가assessment, 검사다. UI 평가에서 인공물은 전체 UI 또는 그 일부로 특정 입력 기기나 인터랙션 기술일 수 있다. UI 평가의 주요 목적은 사용성 문제나 오류를 확인하고 UI 디자인을 수정하게 하는 것이다. 다시 말해 디자인과 평가는 반복적으로 수행돼야 하고, 디자인 후에 다시 디자인할 수 있도록 평가가 이뤄지고 이후에 또 평가하는 것이다. 반복의 끝은 설정 측정 항목을 기반으로 UI가 '충분히 좋을 때'다(또는 실제 세계의 상황에서는 예산이 다 떨어졌을 때나 마감 기한에 도달했을 때가 되는 경우가 더 빈번하다).

평가의 주요 목표는 문제 확인과 수정이지만 부수적인 목표도 있을 수 있다. 그중 하나는 특정 기술과 기기, 메타포의 사용성을 더 일반적으로 이해하는 것이다. 일반적인 이해는 (이 책 전반에서 제시한 것 같은) **디자인 가이드라인**design guideline이 될 수 있고, 새로운 디자인은 처음부터 시작하는 대신 꽤 좋은 위치에서 시작할 수 있다. 예를 들어 인터페이스 디자이너가 잘 알려진 디자인 가이드라인을 따른다면 사용자가 데스크톱 애플리케이션의 풀다운 메뉴에서 항목을 선택할 때 사용성 문제가 없을 것이라고 합리적으로 확신할 수 있다. 이런 메뉴 디자인은 이미 많이 평가되고 반복적으로 수정됐기 때문이다.

또 UI 평가의 더 큰 목표는 **성능 모델**performance model의 개발이다. 이런 모델은 인터페이스 내의 특정 작업을 할 때 사용자의 성능을 예측하는 것을 목표로 한다. 3장에서 다뤘던 '인간 요소와 기본 요소들'에서 피츠의 법칙(피츠 1954)는 대상까지의 거리, 대상의 크기, 포인터를 옮기는 데 필요한 근육 그룹을 기반으로 사용자가 대상 영역의 위치를 가리킬 수 있는지 예측한다. 이런 성능 모델은 반드시 다양한 범위의 일반적인 작업에 대한 많은 실험적 시도를 기반으로 하고, 항상 비판의 대상이 된다(예를 들어 모델은 중요한 요소를 고려하지 않거나, 특정 유형의 작업을 적용하지 않는다). 그럼에도 유용한 모델을 개발한다면 디자이너를 위한 중요한 지침이 될 수 있다.

UI 평가는 사용자 경험^{UX} 평가의 한 부분일 뿐이라는 사실을 기억한다. 훌륭한 디자인의 UI도 사용자가 사용 중에 원하는 목표를 달성하고자 필요한 기능을 제공(사용성)하지 않거나 사용자를 만족시키지 못하거나 또는 기쁨을 주지 못하면(정서적 영향) 여전히 좋지 않은 사용자 경험을 제공할 수 있다. 11장에서는 UI 평가에 초점을 맞추지만 3D 애플리케이션 제품은 더 넓은 UX를 중심으로 평가돼야 한다는 점을 유념한다.

11.1.2 전문 용어

계속해서 3D UI 평가를 살펴보기 전에 중요한 용어를 정의한다. 가장 중요한 용어(이미 몇 번 사용한)는 **유용성**^{usability}이다. 유용성은 인공물과 사람이 인공물을 사용하는 데 영향을 미치는 사람까지 모든 것을 아우른다. 따라서 평가는 인터페이스 유용성의 일부 측면을 측정한다(하나의 점수로 인터페이스 유용성을 수량화할 가능성은 낮다). 유용성 측정 항목은 시스템 성능, 사용자 작업 성능, 주관적인 반응 등 몇 개의 카테고리로 나뉜다(11.3절 참고).

유용성 평가에서 사람들은 최소 두 가지의 역할을 수행한다. 디자인을 하고 구현하며, 관리하고, 평가를 분석하는 사람을 **평가자**^{evaluator}라고 한다. 인터페이스를 사용하고 작업을 수행하며 질문에 대답함으로써 평가에 참여하는 사람을 **사용자**^{user}라 한다. 공식적인 실험에서 사용자는 참가자라 불리기도 한다.

마지막으로 **평가 방법**$^{evaluation method}$과 **평가 접근법**$^{evaluation approache}$을 구분한다. 평가 방법은 평가에 사용되는 자세한 단계다. 반면에 평가 접근법은 전체 유용성 평가를 구성하기 위해 특정 순서로 사용되는 방법의 결합이다.

11.1.3 11장의 로드맵

4장 '인간-컴퓨터 상호작용의 일반 원칙들' 4.4.5절에서 이미 UI 평가의 기초를 살펴봤다. 평가 방법과 측정 항목은 3장 '인간 요소와 기본 사항들'에서 다뤘다. 11장은 3D

UI의 평가 방법의 배경 정보로 시작한다(11.2절). 그리고 3D UI 평가 측정 항목(11.3절)
과 3D UI 평가의 독특한 특성(11.4)을 중심으로 살펴본다. 11.5절에서는 3D UI 평가
방법을 구분해 보고 11.6절에서는 3D UI 평가의 세 종합적인 접근법인 순차 평가, 테
스트베드 평가, 컴포넌트 평가를 설명하고 비교한다. 그리고 이런 3D UI 평가를 수행
하기 위한 가이드라인을 제시한다(11.7절). 마지막으로 두 연구 사례의 3D UI 평가를
살펴본다.

11.2 3D UI 평가 방법

11.2절에서는 3D UI평가에서 일반적으로 사용하는 방법을 설명한다. 이 방법들은 모
두 3D UI에서 새롭거나 독특한 것이 아니다. 다른 많은 유용성 평가 상황에서 사용되
고 확인된 방법들이다. UX 평가를 공부하지 않은 독자들을 위해 여기서 이번 주제에
대한 소개로 이 방법들을 제시한다. 더 자세한 정보는 많은 UX 평가에 관한 책의 소개
에서 찾을 수 있다(11장의 마지막에 있는 추천 도서 참고).

책에서는 3D UI에 적용된 유용성 평가 방법들을 엮었다(여기서 살펴보는 일부 기술이 많
은 서적에서 참고됐지만 가장 잘 알려지고 이해하기 쉬운 인용을 포함시켰다). 이 방법 대부분은
2D 또는 GUI 유용성을 위해 개발됐고 나중에 3D UI 평가를 지원하고자 확장됐다.

인지 검토

인지 검토cognitive walkthrough(폴슨Polson 등 1992)는 사용자가 수행하는 일반적인 작업의 단
계와 각 단계를 지원하는 인터페이스의 사용성 평가를 기반으로 UI를 평가하는 접근
법이다. 이 접근법은 처음 또는 드물게 사용하는 사용자, 즉 사용자 탐색적 학습 모드
의 사용자를 위해 시스템의 유용성에 대해 이해시키는 것이 목표다. 스티드와 트롬프
(1998)는 공동의 가상 환경을 평가하고자 인지 검토 접근법을 사용한다.

체험 평가

체험hHeuristic 또는 **가이드라인 기반 전문 평가**guidelines-based expert evaluation(닐슨과 몰리치 1992)
는 유용성 전문가가 체험하거나 어떤 UI에도 적용할 수 있게 일반적이거나 또는 특별
히 3D UI에 맞춘 디자인 가이드라인(아마도 프로토타입)을 적용해 개별적으로 UI 디자

인을 평가한 방법이다. 대표 사용자는 포함하지 않는다. 몇몇 전문가에 의한 결과를 종합하고 디자인과 재디자인을 반복하면서 발견한 유용성 이슈의 우선순위를 매긴다. 현재의 3D UI 디자인과 평가를 위한 훌륭한 가이드라인과 체험이 부족하므로 이 접근법을 3D UI에 적용하기는 어렵다. 3D UI에 적용된 이 접근법의 예는 가바드Gabbard 등 (1999)과 스태니와 리브스(2000), 스티드와 트롬프Tromp(1998)에서 찾을 수 있다.

구성 평가

구성 평가formative evaluation(공식과 비공식, 힉스와 하트슨 1993)는 관찰과 경험에 의한 평가 방법으로 디자인의 단계가 진행되는 동안 적용되고, 유용성 문제를 구별하고자 작업 기반 시나리오에서 반복적으로 대표 사용자를 뒤 사용자 인터랙션을 평가하고 사용자의 탐색과 학습, 작업 성능을 지원하기 위한 디자인 가용성을 평가한다. 구성 평가는 중요한 사건, 사용자의 지적, 일반적인 반응 같은 대부분의 질적 결과를 제공하는 상당히 비공식적인 평가부터 질과 양적 결과(작업 시간이나 오류 같은)를 모두 제공하는 아주 공식적인 평가까지 그 범위가 넓다.

사용자의 작업 성능과 만족도에 영향을 미치는 UI 컴포넌트를 확인하고자 수집한 데이터를 분석한다. 구성 평가를 하고 디자인 또는 재디자인을 하는 노력으로 결국 UI 디자인을 반복적으로 개선하게 된다. 3D UI 애플리케이션의 유용성 평가 대부분은 구성 평가 카테고리로 나뉜다. 힉스 등(1999)의 작업이 좋은 예다.

종합 평가

종합summative 또는 **비교 평가**comparative evaluation는 (공식과 비공식, 힉스와 하트슨 1993, 스크리븐 1967) (a) 사용자의 편의를 위한 UI의 유용성을 비교하거나 또는 (b) UI 디자인과 UI 컴포넌트, UI 기술 중 둘 이상의 환경 설정을 비교하는 방법이다. 구성 평가와 마찬가지로 대표 사용자가 작업 시나리오를 수행하고, 평가자가 정량적 및 정성적 데이터를 수집한다. 구성 평가와 마찬가지로 종합 평가는 공식적 또는 비공식적으로 적용될 수 있다.

종합 평가는 일반적으로 UI 디자인(또는 컴포넌트)이 완성된 이후에 수행된다. 종합 평가는 평가자가 측정하고 나중에 생산성과 다른 UI 디자인과 관련된 손익을 비교할 수 있다. 3D UI는 (구성 평가의 노력으로부터 차용 또는 개선된) 사용자 작업 시나리오의 제약이 필요하고, 특별한 사용자 작업 성능을 위한 디자인의 지원을 비교(작업별)하는 정량적인 결과가 된다.

공식적인 실험처럼 수행되는 종합 평가는 실험적인 디자인을 위한 체계적인 과정을 따라야 한다. 연구 과제는 'Z에 대한 X와 Y의 효과는 무엇인가?' 형식이 일반적이다. 예를 들어 공식적인 3D UI 실험은 '조작 작업의 정확성에 대한 인터랙션 기술과 출력되는 시야에서의 효과는 무엇인가?'라고 물을 수 있다. 이 연구 과제에서 X와 Y(예제의 인터랙션 기술과 출력되는 시야)를 **독립 변수**independent variable라 하고, Z(정확성)을 **종속 변수** dependent variable라고 한다. 독립 변수는 여러 레벨에서 명시적으로 다룬다. 예제로 인터랙션 기술 변수는 두 레벨(간단한 가상 손과 고-고, 7.4.1절)이 될 수 있는 반면, 출력 FOV 변수는 세 레벨(60, 80, 100도)이 될 수 있다. **팩토리얼 디자인**factorial design(가장 일반적인 디자인)은 각 독립 변수의 레벨의 조합이 조건condition이 된다. 즉 예제에서 조건은 여섯이다(두 인터랙션 기술과 세 출력 FOV의 곱).

실험자는 각 참가자가 얼마나 많은 조건을 경험할지 결정해야 한다. 참가자가 한 조건에서 다음을 위한 중대한 학습이 필요할 가능성이 있다면 가장 좋은 접근법은 객체 간 디자인, 즉 각 참가자가 하나의 조건에만 노출되도록 하는 것이다. 참가자가 조건을 비교할 수 있어야 하고 학습이 기대되지 않는다면 참가자가 모든 조건을 경험할 수 있는 객체 내 디자인이 적절할 것이다. 일부 독립 변수들이 주제 사이에 있고 나머지는 주제 내에 있는 혼합도 가능하다.

이런 유형의 디자인은 독립 변수가 종속 변수에 미치는 영향을 확인하는 것이 목표다. 하나의 독립 변수가 종속 변수에 직접 미치는 영향인 **주요 효과**main effects가 있고, 둘 이상의 독립 변수가 결합돼 종속 변수에 영향을 미치는 **인터랙션**interaction이 있다. 이 효과를 확인하려면 독립 변수들 외의 다른 요소를 일정하게 유지하고, 즉 한 조건과 다른 조건의 유일한 차이가 독립 변수여야 한다. 또한 독립 변수 내에서 혼동을 피하는 것이 중요하다. 예를 들어 HWD를 서라운드 스크린 출력과 비교해 효과를 확인하려면 이런 효과가 FOV, FOR, 공간 해상도, 헤드기어의 무게, 또는 두 디스플레이 사이의 다른 많은 차이에 의한 것인지 알 수 없다. 가장 좋은 실험 디자인은 오직 하나의 레벨만 다른 독립 변수가 있는 것이다. 더 자세한 실험 디자인을 원하는 독자라면 케언스Cairns와 콕스^{Cox}(2008) 같은 주제에 대한 책 중 하나를 살펴보기 바란다.

이 책의 4부에서 다룬 많은 공식적인 실험은 3D 인터랙션 기술의 포괄적인 평가다. 예를 들어 바우만, 존슨, 호지스(1999)와 푸피레프, 웨그호스트, 동료들(1997)을 살펴 본다.

질문서

질문서^{questionnaire}(힉스와 하트슨 1993)는 유용성 평가에 참여하기 전 또는 참여 후에 사용 자로부터 얻은 정보를 포함하는 질문들로 구성된다. 질문서는 인구통계학적 정보(예를 들어 나이, 성별, 컴퓨터 경험)와 주관적인 데이터(예를 들어 의견, 지적, 선호, 순위)를 수집하 기 좋고 음성 인터뷰보다 편리하고 일관성이 있다.

3D UI의 문법에서, 질문서는 특히 현존감(위트머^{Witmer}와 싱어^{Singer} 1998)이나 질병/사 이버 멀미(케네디 등 1993)와 같은 주관적인 심리에 대한 정보를 끌어내고자 자주 사용 된다.

인터뷰와 시연

인터뷰^{interview}(힉스와 하트슨 1993)는 사용자와 직접 이야기를 나눠 정보를 모으는 기술 이다. 인터뷰는 질문서보다 더 많은 정보를 더 상세한 수준까지 얻을 수 있다. 주관적 인 반응과 의견, 사람들에 문제에 대해 어떻게 생각하는지 알기 좋다. 체계적인 인터뷰 는 사전에 정의된 질문의 흐름이 있다. 제약이 없는 인터뷰는 응답자(인터뷰 대상자)가 추가 정보를 제공하는 것을 허용하고, 인터뷰하는 사람이 인터뷰하는 동안에 자발적으 로 질문의 경로를 탐구할 수 있다. 시연(일반적으로 프로토타입)은 사용자가 인터페이스 에 대해 이야기하는 것을 돕고자 사용자 인터뷰와 결합해 사용하곤 한다.

3D UI 평가에서 인터뷰는 명시적으로 연구되지 않았지만 비공식 인터뷰는 구성 또는 종합 유용성 평가의 마지막에 종종 사용되곤 한다(바우만과 호지스1997).

11.3 3D UI 평가 측정 항목

이제 측정 항목을 살펴본다. 즉 평가할 때 3D UI의 특성을 어떻게 측정할까? 유용성의 측정 항목을 살펴본다. 3D UI는 사용자가 목표에 도달할 수 있을 때 사용한다. 즉 다른 시스템을 사용할 때, 보다 중요한 작업을 더 잘, 더 쉽게 또는 더 빠르게 할 수 있을 때 사용자가 혼란스럽거나 불편하지 않을 때다. 이 모든 것들이 사용자와 관련 있다. 시스템 성능 측정 항목, 작업 성능 측정 항목, 주관적인 반응 측정 항목 유형의 3D UI 측정 항목을 살펴본다.

11.3.1 시스템 성능 측정 항목

시스템 성능은 일반적인 컴퓨터 또는 그래픽 시스템 성능을 말하고, 프레임률, 지연 시간, 네트워크 지연, 광학적 변형과 같은 측정 항목을 사용한다. 인터페이스 관점에서는 시스템 성능 측정 항목은 중요하지 않다. 하지만 사용자 경험이나 작업에 영향을 주는 경우에는 중요하게 다뤄야 한다. 예를 들어 몰입형 시각 디스플레이의 프레임률은 사이버 멀미를 유발하지 않을 만큼 충분히 높아야 한다. 또한 공통 설정에서 네트워크 지연이 심하다면 작업 성능에 부정적인 영향을 미칠 가능성이 높다.

11.3.2 작업 성능 측정 항목

사용자 작업 성능은 3D 애플리케이션의 특정 작업에서 성능의 질, 즉 특정 위치로 이동하는 시간, 객체 위치의 정확성 또는 사용자가 객체를 선택할 때 발생하는 에러의 수와 같은 것을 말한다. 작업 성능 측정 항목은 특수 영역일 수 있다. 예를 들어 평가자는 교육 애플리케이션에서 학생들의 학습을 평가하거나 군인 훈련 가상 환경에서 공간적 인식을 측정하고 싶을 수 있다.

일반적으로 속도와 정확성은 가장 중요한 작업 성능 측정 항목이다. 속도와 정확성 모두 측정할 때의 문제는 그들 사이에 관계가 내포돼 있기 때문이다. 즉 더 빨리 갈 수 있지만 정확성은 떨어지거나 속도를 늦춰 정확성을 높일 수 있다. 아마 모든 작업에서 이 속도/정확성의 균형이 곡선으로 표현되고, 사용자는 (의식적으로가 아니더라도) 곡선 위의 원하는 위치를 결정해야 한다. 그러므로 평가에서 참가자에게 가능한 한 빠르고 정확하게 작업을 수행하라고 하면 아마도 결국에는 아주 가변적인 데이터를 얻게 된다.

그러므로 곡선의 한 끝이나 다른 끝에 있기를 원한다면 정확한 방법으로 사용자에게 지시를 해야 한다. 균형을 관리하는 또 다른 방법으로 사용자에게 한 번은 가능한 한 빠르게 작업을 수행하고 두 번째에는 가능한 한 정확하게 그리고 세 번째에는 속도와 시간의 균형을 맞춰 수행하도록 지시한다. 이렇게 해 찾으려는 특정 작업의 균형 곡선에 대한 정보를 얻는다.

11.3.3 주관적인 반응 측정 항목

주관적인 반응은 사용자의 인터페이스에 대한 개인적인 인식과 경험(사용 용이성, 학습 용이성, 만족도 등)을 말한다. 이런 반응은 종종 설문지 또는 인터뷰를 통해 측정되고 정성적(서술적) 또는 정량적(수치적)일 수 있다. 주관적인 반응 측정 항목은 종종 감정적인 효과와 관련이 있지만 일반적으로 유용성에 기여한다. 유용한 애플리케이션은 작업을 완료하고자 인터페이스를 사용하는 데 큰 어려움이 없다. UI는 직관적이면서 지원성이 좋고(4장의 '인간-컴퓨터 상호작용의 일반 원칙들' 참고), 훌륭한 피드백을 제공하며 지나치지 않아야 한다. 애플리케이션은 사용하려는 사용자의 의지가 없다면 효과가 없다. 3D UI가 사용자의 작업을 지원하는 기능을 제공할 수 있더라도 주관적인 사용자 경험에 대한 관심이 부족하면 사용자에게 외면받을 수 있다.

특히 3D UI의 경우 **현존감**presence과 **사용자 편의**user comfort(3장 '인간 요소와 기본 요소들'의 3.3.6절과 3.5절 참고)는 전통적인 UI 평가에서 일반적으로 고려되지 않는 중요한 측정 항목이다. 현존감은 중요하지만 가상 환경 시스템에 잘 맞는 측정 항목은 아니다. '거기 있는 것 같은 느낌'인데 물리적인 세계보다 가상 세계에 존재하는 것이다. 현존감을 어떻게 측정할 수 있을까? 한 방법은 단순하게 사용자에게 그곳에 있는 것 같은 느낌의 비율을 1에서 10까지로 묻는 것이다. 설문지를 사용할 수 있고, 다양한 질문을 포함시키고 현존감의 서로 다른 면에 대해 알 수 있게 한다. 정신적 물리적 측정 항목은 자극을 조절해 사용자의 현존감 비율과 연관시키는 통제된 실험에서 사용된다(예를 들어 환경이 모노 모드와 스테레오 모드 때의 비율은 어떻게 변하는가?). 더 객관적인 측정 항목도 있다. 일부는 생리적이다(가상 환경에 대해 몸이 어떻게 반응하는가? 심장 박동을 예로 든다). 또는 가상 환경의 이벤트에 대한 사용자의 반응을 살필 수 있다(예를 들어 사용자는 가상 광선에 맞기 직전에 사용자가 피하는가?). 환경과 환경 내 객체에 대한 메모리 테스트로 현존감을 직접 측정할 수 있다. 마지막으로 현존감이 필요한 작업을 알면 그 작업에서 사용자의 성능을 측정하고 현존감의 레벨을 추론할 수 있다. 여전히 현존감의 정의, 현존감을 측정하는 최선의 방법, 측정 항목으로서 현존감의 중요성에 대한 논쟁이 많이 남아 있다(예를 들어 슬레이터 등 2009, 우소 등 2000, 위트머와 싱어 1998).

3C 시스템의 또 다른 새로운 주관적인 반응 측정 항목이 사용자 편의다. 이는 다양한 몇 가지를 포함한다. 가장 주목할 만하고 잘 연구된 부분이 사이버 멀미(비행 시뮬레이터에서 처음 알려져 **가상 현실 멀미**라 부르고, VR 매체에서의 멀미 문제라고 해 **VR 멀미**라 부르기도 한다)다. 징후는 멀미와 비슷하고 감각 정보의 불일치에 의한 결과일 수 있다(예로 눈은 뇌로 움직이고 있다고 알려 주는데 신경 시스템은 움직이고 있지 않다고 알린다). 3D 애플리케이션은 노출의 물리적 후유증을 초래할 수 있다. 예를 들어 3D UI에서 가상 손과 실제 손을 잘못 등록하면(물리적으로 동일한 위치가 아니다) 사용자는 가상 세계에 노출된 후에 실제 세계에서 정확한 조작에 어려움을 겪을 수 있다. 감각 운동 시스템이 잘못 등록된 노출에 적응했기 때문이다. 더 심각하게 상당히 긴 시간 노출된 후에는 운전이나 걷는 활동이 악화될 수 있다. 마지막으로 3D 기기의 사용으로 인해 팔, 손, 눈의 부담이 있다. 사용자 편의도 주로 평가 척도 또는 설문지를 사용해 주관적으로 측정한다. 가장 유명한 설문지는 케네디 등(1993)이 개발한 가상 현실 멀미 설문지[SSQ, Simulator Sickness Ques-tionnaire]다. 연구원들은 후유증 연구에서 객관적인 측정 항목을 사용했다. 예를 들면 가상 세계의 노출 이후에 실제 세계에서 조종 작업의 정확성을 측정했다(완[Wann]과 몬-윌리엄스[Mon-Williams] 2002).

11.4 3D UI 평가의 특성

GUI 같은 기존 UI의 평가와 3D UI 평가의 차이로 인해 앞서 살펴본 3D UI 평가를 위한 접근법을 개발하고 사용했다. 많은 기본 개념과 목표가 비슷하지만 3D UI 환경에서 접근법은 명백히 다르게 사용된다. 여기서 3D UI 평가를 구별하고 몇 개의 문제를 카테고리로 정리한다. 카테고리들은 중복되는 고려 사항을 포함하지만 이 중요한 문제들을 개략적으로 구분한다. 이런 여러 문제는 문서에서 필연적으로 발견되지는 않지만 동료들의 개인적인 경험이나 광범위한 토론에서 대신 볼 수 있다.

11.4.1 물리적인 환경 문제

3D UI와 기존 UI의 확실한 차이 중 하나는 인터페이스를 사용하는 **물리적 환경**physical en-vironment이다. 많은 3D UI 에서 비전통적인 입력과 출력 기기를 사용하고, 이는 일부 유형의 평가를 사용할 수 없다. 사용자가 앉기보다 서 있을 수 있고, 전신을 이동해 넓은 공간을 이동할 수 있다. 이런 특성으로 유용성 평가의 몇 가지 문제가 나타났다. 다음 예제들을 살펴보자.

- 불투명한 HWD를 사용하는 인터페이스에서 사용자는 주변의 물리적 세계를 볼 수 없다. 그러므로 평가자는 사용자가 벽이나 다른 물리적 객체로 돌진하지 않고, 케이블에 걸려 넘어지거나 추적 기기의 범위 밖으로 이동하지 않게 해야 한다 (비에르Viirre 1994). CAVE(크루즈-네이라Cruz-Neira 등 1993)와 같은 서라운드 스크린 가상환경의 문제는 눈에 보이는 그래픽 때문에 물리적인 벽을 보기 어렵다는 점이다. 이런 종류의 문제는 평가의 결과에 좋지 않은 영향을 주고(예를 들어 사용자가 시간이 정해진 작업 중에 발을 헛디디면), 더 중요한 점을 사용자가 다칠 수 있다는 점이다. 위험을 줄이고자 평가자는 케이블은 묶고 사용자의 이동 경로에 두지 않는다(케이블을 위에서 내려오게 하거나 케이블 보조 인력이 필요할 수 있다). 일부 최신 시스템은 무선 기술을 사용해 이 문제를 줄인다. 또 사용자를 물리적인 객체가 없는 지역에서만 이동하도록 제한하는 물리적인 울타리를 만들 수 있다.

- 많은 3D 화면을 여러 사람이(즉 사용자와 평가자) 동시에 볼 수 없으므로 평가자가 사용자와 같은 그림을 볼 수 있도록 설정하는 하드웨어 또는 소프트웨어가 필요하다. 일반적으로 HWD에서 사용자는 일반 모니터에 그려지는 화면을 본다. 서라운드 스크린 또는 작업대 가상 환경에서는 한쪽 눈으로만 보는 화면을 모니터에 출력하거나 성능에 부정적인 영향이 없다면 사용자와 평가자를 모두 추적할 수 있다(하지만 이는 다른 문제의 원인이 될 수 있다. 11.4.2의 평가자 고려 사항 참고). 이미지를 모니터로 본다면 사용자의 동작과 가상 환경의 시야를 동시에 보고 이해하기 어려울 수 있다. 또 다른 접근법으로 평가자가 가상환경의 조건에서 사용자를 볼 수 있는 그린 스크린 설정을 사용할 수 있다.

- 유용성 평가 세션 동안 중요한 정성적 데이터를 생성하고자 일반적이고 매우 효과적인 기술은 '소리 내어 생각하기'(힉스와 하트슨 1993) 프로토콜이다. 이 기술을

사용해 참가자는 특정 작업을 수행하는 동안 동작과 목표, 인터페이스에 대한 생각을 이야기한다. 하지만 일부 3D UI에서 음성 인식이 인터랙션 기술로 사용되므로 소리 내어 생각하기 프로토콜이 훨씬 어렵거나 불가능할 수 있다. 세션 후 인터뷰를 통해 소리 내어 생각하기 프로토콜에서 얻은 일부 정보를 되찾을 수 있다.

- 또 다른 일반적인 기술은 사용자와 인터페이스의 비디오를 녹화하는 것이다(힉스와 하트슨 1993). 3D 사용자가 모바일 사용자일 수 있기 때문에 하나의 고정된 카메라로 넓은 촬영이 필요하고, 이는 동작을 정확하게 식별하지 못할 수 있다. 카메라 추적(불행히도 비용과 복잡성의 증가) 또는 카메라 운영(인력 추가)으로 이를 해결할 수 있다. 게다가 사용자의 시야와 그래픽 환경은 동기화되므로 원인과 결과를 비디오에서 확실하게 볼 수 있다. 마지막으로 입체 그래픽 이미지의 비디오를 녹화하지 못하는 것이 문제가 될 수 있다.

- 둘 이상의 사용자가 공동 또는 공유하는 3D 애플리케이션이 계속 증가한다(글렌크로스Glencross 등 2007, 탕Tang 등 2010, 베크 등 2013, 첸 등 2015). 이런 공동 3D UI는 사용자의 물리적인 분리(즉 사용자들이 하나 이상의 물리적 위치에 있을 수 있다)와 각 사용자에 대해 기록돼야 하는 추가 정보, 유용성에 영향을 미치는 요소인 예측 불가능한 네트워크 동작, 각 사용자의 서로 다른 기기의 사용 가능성, 충돌이나 다른 문제의 원인이 될 수 있는 시스템의 추가 복잡성으로 인해 단일 사용자의 3D UI 보다 평가하기 어렵다.

11.4.2 평가자 문제

두 번째 문제는 3D UI 평가에서 평가자의 역할과 관련 있다. 3D UI의 복잡성과 고유한 특성 때문에 연구에 많은 평가자, 서로 다른 역할과 동작을 하는 평가자 또는 두 조건의 평가자가 모두 필요할 수 있다. 다음이 예다.

- 많은 가상 환경에서 사용자가 **현존감**, 즉 실제로 물리 세계 대신 가상 세계에 있는 것 같은 느낌을 갖게 하려고 한다. 사용자가 평가자 또는 케이블 보조를 감지하면 현존감이 깨진다. 평가자가 사용자의 필드 시야 안으로 이동하면 가상 환경에서 그래픽을 비춰 사용자가 평가자를 볼 수 있다. 특히 CAVE 환경(크루즈-네이라 등 1993)에서는 사용자의 현존감에 영향을 미치지 않고 사용자의 정면(따라서 사용자

의 표정과 손에 쥐는 기기의 세부적 사용)을 보기 어렵다. 평가자는 가상 세계의 일부가 아니므로 현존감을 깰 수 있다. 어떤 종류의 가상 환경에서는 사용자에게 닿거나 말을 거는 것도 현존감을 깨는 원인이 될 수 있다. 평가자가 현존감을 평가하거나 현존감이 성능에 영향을 미친다고 가정하면 평가자는 평가 기간 동안 감지되지 않아야 한다.

■ 특정 가상 환경에서 현존감이 아주 중요할 때 모든 평가 세션 동안 평가자가 개입하지 않는 것이 좋을 수 있다. 이는 세션이 문제를 해결하는 데 방해가 되지 않도록 실험적인 애플리케이션/인터페이스가 강력해야 한다는 의미다. 또한 사용자에게 주어지는 지시가 상세하고 분명하며 정밀해야 하고, 평가자는 세션 시작 전에 사용자가 절차와 작업을 완벽하게 이해하게 한다.

■ 3D UI 하드웨어와 소프트웨어는 기존의 UI 하드웨어와 소프트웨어보다 더 복잡하고 덜 강력하다. 다시 말해 출력이나 입력 하드웨어를 통해 사용자를 돕고, 그래픽이나 다른 출력을 위한 소프트웨어를 실행시키고, 시간이나 에러 같은 데이터를 기록하고 중요한 사건과 사용자 동작의 다른 정성적인 관찰을 기록하는 등의 여러 평가자 작업이 필요할 수 있다.

■ 기존의 UI는 일반적으로 분리된 입력 스트림(즉 마우스 또는 키보드)만 필요하지만, 많은 3D UI는 분리된 이벤트, 제스처, 음성 또는 전신 동작을 포함하는 다양한 입력을 포함한다. 평가자가 이런 여러 입력 스트림을 동시에 관찰하고 사용자 동작의 정확한 로그를 기록하기 어렵다. 이런 어려움으로 인해 자동 데이터 수집(11.4.4절 참고)이 매우 중요하다.

11.4.3 사용자 문제

3D UI 유용성 평가에서 참가하는 사용자 집단과 관련된 문제도 많다. 기존의 평가에서 참가자는 애플리케이션의 대상 사용자 집단 또는 비슷한 대표자 집단에서 모았다. 예를 들어 대상 사용자 집단을 대표하는 차이점이 있다면 성별의 균형을 맞추고 나이가 적절하게 분포되게 하고 전문가와 초보자가 모두 확인할 수 있도록 노력을 기울였다. 하지만 3D UI 평가의 성격이 항상 사용자를 적절하게 선택할 수 있는 것은 아니다. 다음은 그 예다.

- 3D 인터랙션 기술은 여전히 '해결책을 찾고 있는 문제'이다. 이 때문에 3D 애플리케이션의 대상 사용자 집단이나 평가해야 할 인터랙션 기술이 잘 알려지지 않았거나 이해하기 어려울 수 있다. 예를 들어 2개의 가상 이동 기술을 비교하는 연구는 특정 사용자 집단을 목표로 하지 않는다. 따라서 성능 결과를 일반화하기 어려울 수 있다. 가장 좋은 행동 방침은 나이, 성별, 기술 능력, 신체적 특성 등의 면에서 가장 다양한 사용자 집단을 평가하고 성능 모델에 이런 요소를 포함시키는 것이다.

- (상황이 바뀔 수 있겠지만) 3D UI의 전문가로 볼 수 있는 잠재적인 참가자가 아주 적기 때문에 초보와 전문 사용자를 구분하기 어려울 수 있다. 연구 환경에서 전문가로 볼 수 있는 대부분의 사용자는 연구실 동료가 될 것이고 평가에서 결과에 혼란을 초래할 수 있는 참가자다. 또한 대부분의 사용자가 초보자이기 때문에 평가자는 해당 인터랙션 기술이나 기기를 이해하고 사용할 것이라는 초보 사용자의 능력에 대한 가정이 없어야 한다.

- 3D UI는 많은 잠재적인 참가자에게 새롭기 때문에 평가의 결과는 변동성이 크고 개인마다 차이가 있을 수 있다. 즉 기존의 유용성 평가보다 훌륭한 결과를 얻으려면 많은 참가자가 필요하다. (수행되는 유용성 평가의 종류에 따라) 통계적으로 중요한 결과가 필요하다면 훨씬 더 많은 참가자가 필요할 것이다.

- 연구원은 여전히 3D 인터랙션 기술과 기기를 위한 큰 디자인 공간을 연구하고 있다. 이 때문에 평가에서 종종 둘 이상의 기술, 기기 또는 둘의 결합을 비교한다. 객체 내 디자인을 사용하는 평가를 수행하고자 사용자는 다양한 상황에 적응할 수 있어야 한다. 객체 간 디자인을 사용하면 더 많은 수의 객체가 추가로 필요하다.

- 3D UI 평가는 참가자의 사이버 멀미 효과와 피로도에 대해 고려해야 한다. 일부 사이버 멀미의 원인은 알려져 있지만, 여전히 예측 모델이 없고(케네디 등 2000), 허용할 수 있는 3D UI 노출 시간은 거의 알려지지 않았다. 그러므로 평가를 위해 최악의 가정을 해야 한다. 장시간의 실험은 참가자의 병이나 피로에 대비해 계획된 휴식 시간과 만일의 사태에 대한 계획을 포함해야 한다. 특히 통계적으로 중요한 결과가 필요하다면 실험을 줄여서는 안 된다.

- 정확히 어떤 3D UI 상황이 피로나 통증의 원인이 되는지 알 수 없기 때문에 대부분의 3D UI 평가는 이런 요소의 측정 항목(예를 들어 주관적 항목, 설문지 기반 또는 신체적 항목)을 포함해야 한다. 만약 참가자의 30퍼센트를 아프게 만드는 인터랙션 기술이 있고 이 기술을 평가받는 다른 기술보다 50퍼센트 빠른 인터랙션 기술이라고 표현하는 것은 오해의 소지가 있다. 따라서 사용자 편의 측정 항목이 하위 레벨의 3D UI 평가에 포함돼야 한다.

- 현존감은 기존 UI 평가에서와 달리 가상 환경 평가에서 측정이 필요한 또 다른 예다. 가상 환경 평가는 인지된 현존감에 대한 주관적인 보고서, 인지된 가상 세계의 충실도 등을 고려해야 한다. 질문지(우소 등 2000, 위트머와 싱어 1998)는 이런 요소에 대한 신뢰할 수 있고 일관성 있는 측정 항목을 포함하도록 개발됐다. 3장의 '인간 요소와 기본 요소들' 3.4.3절에서 현존감을 측정하고자 사용되는 일부 기술을 살펴봤다.

11.4.4 평가 유형 문제

기존의 UI 평가는 형태가 다양하다. 비공식적인 사용자 연구, 공식적인 실험, 작업 기반 유용성 연구, 체험 평가, 성능 예측 모델의 사용(이런 유형의 평가를 더 살펴보려면 4장의 '인간-컴퓨터 상호작용의 일반 원칙들'과 11.2절 참고)을 포함한다. 3D UI에서 다양한 유형의 유용성 평가를 사용하는 것과 관련된 몇 가지 문제가 있다. 다음이 그 예다.

- 3D UI의 복잡성과 새로움 때문에 시스템 성능과 3D UI 소프트웨어 또는 부수적인 소프트웨어의 작업 성능 측정 항목에 대한 자동 데이터 수집은 거의 필수다. 예를 들어 앞의 몇 가지 문제는 하나 이상의 평가자 또는 비디오 기록이 필요하다고 언급했다. 자동 데이터 수집은 하나의 세션 동안 필요한 평가자의 수를 줄일 수 있다. 게다가 자동 데이터 수집은 평가자 기반의 관찰보다 더 정확하다. 작업 시간은 (초 단위 대신) 밀리초로 측정할 수 있고 미리 정의된 오류는 항상 식별되고 수를 센다. 성능 측정 항목을 식별하고 기록하고자 자동 데이터 수집의 주요 제약 요소는 프로그래밍이 추가로 필요하다. 이는 종종 인터랙션 기술이나 인터페이스의 주요 이벤트와 긴밀한 통합이 필요하다.

- 검증된 3D UI 디자인 가이드라인 출판물이 부족하기 때문에 유용성 전문가가 수행한 체험 기반 평가(즉 디자인 가이드라인)는 3D UI에서 아주 어렵다. 주목할 만한 예외가 있지만(맥마한 등 2014, 바우만 등 2008, 티더와 스튀어즐링거 2008, 콩카르Conkar 등 1999, 가바드 1997, 카우르Kaur 1999, 카우르 등 1999, 밀즈Mills와 노엑스 1999, 스태니와 리브스 2000), 대부분의 경우 3D UI의 대표 작업을 하게 될 실제 사용자의 연구 없이 3D 인터페이스의 유용성을 예측하기 어렵다. 3D 입출력 기기가 표준화될 때까지 다수의 체험이 있을 가능성이 낮다. 하지만 표준화 기기를 가정하더라도 3D 인터랙션 기술과 인터페이스의 디자인 공간이 아주 커서 평가의 기초로 사용하기 위한 효과적이고 보편적인 체험을 하기 어렵다.

- 체험 평가와 유용성 검사의 다른 유형은 사실상 분석적이고 일반적으로 전문가에 의한 프로토타입 검사로 이뤄진다. 아주 초기 프로토타입을 사용하더라도(스토리보드 또는 비디오 프로토타입) 사용자 경험을 이해하기 전에 3D UI를 직접 체험해야 하기 때문에 전문가가 이런 종류의 분석을 자신 있게 수행하기 매우 어렵다. 따라서 초기 체험 평가의 결과를 절대적으로 받아들이지 않는다.

- 이 책에서 몇 번 언급했듯이 어려움은 3D UI 디자인의 세부 사항에 있다. 따라서 디자이너는 모든 인터랙션 세부 사항이 명시되지 않은 개략적인 프로토타입을 기반으로 하는 3D UI 구성 평가의 결과에 너무 무게를 두지 않는다.

- 사용자가 필요 없는 또 다른 주요한 유형의 평가는 애플리케이션의 성능 모델이다(GOMS, 피츠의 법칙). 일부 예제 외에는 (코퍼 등 2010, 자이와 볼티에르 2003) 이 유형에 해당되는 적은 수의 모델이 3D UI를 위해 개발되고 적용됐다. 하지만 체험 평가와 성능 모델 애플리케이션의 저렴한 비용 때문에 매력적인 평가다.

- 다양한 3D 인터랙션 기술, 입력 장치, 인터페이스 요소 등의 유용성을 평가하고 수량화하고자 통계적인 실험을 수행할 때 근본적으로 어떤 요소가 결과에 영향을 미치는지 알기 어려울 때가 있다. 뿐만 아니라 주요한 독립 변수(인터랙션 기술 같은), 환경, 작업, 시스템, 사용자 특성과 같은 많은 수의 잠재적인 요소가 포함될 수 있다. 단일 실험을 하는 동안 잠재적으로 이런 중요한 요소를 가능한 한 다양하게 하려고 노력하는 접근법이 있다. 이 '테스트베드 평가' 접근법(바우만 등 1999, 스노우와 윌릭스 1998)은 일부 성공 사례에서 사용됐다(11.4.2절 참고). 정반대는 단순하게 가능한 한 많은 수의 요소를 제한하고 특정 환경에서만 평가를 수행

한다. 따라서 통계적인 3D UI 실험 평가는 몹시 복잡하거나 몹시 단순할 수 있고, 적절한 균형을 찾는 것이 어렵다.

11.4.5 일반적인 문제

다음과 같은 3D UI 평가와 관련된 일반적인 문제가 있다.

- 3D UI 유용성 평가는 일반적으로 기존 UI 평가보다 더 낮은 레벨에 집중한다. GUI 환경에서 표준 모양과 느낌, 표준 인터페이스 집합과 인터랙션 기술이 있고, 따라서 평가에서는 일반적으로 드문 인터페이스의 차이점, 전반적인 인터페이스 메타포, 정보 구조, 기능, 또는 수준 높은 문제를 살핀다. 하지만 3D UI에는 인터 페이스 표준이 없다. 그러므로 3D UI 평가는 대부분 인터랙션 기술이나 입력 기 기 등 낮은 수준의 컴포넌트를 평가한다.

- 일반적인 (비애플리케이션) 상황에서 수행되는 3D 인터랙션 평가의 결과는 지나치 게 일반화되는 경향이 있다. 하지만 3D UI가 빠르게 변하고 복잡하기 때문에 실 제 3D 애플리케이션의 특징에 대해 어떤 것(출력 유형, 입력 기기, 그래픽 처리 파워, 추적 정확성 등)도 추측할 수 없다. 모든 것이 변할 가능성이 있다. 그러므로 어떤 평가에서 사용된 장치에 대한 정보를 기록하고 가능한 다양한 설정(다양한 기기 사 용 등)을 사용해 평가해야 한다.

- 일반적으로 3D UI 평가의 참가자로 사용자가 필요하다. 이런 참가자를 보호하기 위한 적절한 조치를 보장하는 것은 3D UI 평가자의 책임이다. 이 과정은 잘 정의 된 절차를 갖고 있고 제도적 재검토 위원회[IRB, Institutional Review Board] 또는 비슷한 윤 리 위원회로부터 평가를 수행하기 위한 승인을 얻는 것을 포함한다.

11.5 평가 방법 분류

3D UI 유용성 평가 방법의 분류 공간은 평가 방법을 비교하기 위한 체계적인 수단을 제공한다. 이런 공간 분류 방법 중 하나는 **대표 사용자의 포함, 평가 환경, 산출 결과의 유형** 이라는 3개의 주요 특징을 따른다(그림 11.1).

첫 번째 특징은 (디자인 또는 사용 기반 경험과 옵션을 제공하고자) 대표 사용자의 참여가 필요한 방법과 필요하지 않은 방법으로 구별한다(사용자가 필요하지 않은 방법도 여전히 유용성 전문가가 필요하다). 두 번째 특징은 평가가 수행되는 환경의 종류를 말한다. 특히 이 특징은 일반적인 상황에서 적용되는 방법과 애플리케이션별 상황에 적용되는 방법을 구별한다. 평가의 환경은 본질적으로 결과의 적용성과 보편성을 제한한다. 따라서 비슷한 특정 애플리케이션에 가장 적합한 애플리케이션별 평가 방법에 의한 결과보다 일반적인 상황에서 수행된 평가의 결론이나 결과가 일반적으로 더 넓게 (즉 더 많은 유형의 인터페이스에) 적용된다. 세 번째 특징은 해당 평가 방법의 결과가 주로 정성적인가 또는 정량적인가로 구별한다.

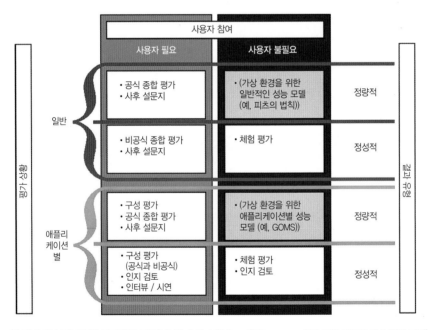

그림 11.1 3D UI의 유용성 평가 방법 분류(이미지 출처: MIT Press와 Presence: 원격 조종 장치와 가상 환경 그림)

이런 특징은 상호 배타적으로 설계되지 않고 대신 (여럿 중) 하나의 유용성 평가 방법 특징을 전달하도록 설계된다. 예를 들어 특정 유용성 평가 방법은 정량적과 정성적 결과를 생산한다. 확실하게 확인된 많은 방법이 여러 레벨의 관점을 제공할 만큼 충분히 유연하다. (여러 잠재적인 특성 중) 이 세 특징이 유용성에 전반적인 영향을 미치므로 (평가자에게) 가장 중요하다. 즉 유용성 평가 수행에 관심이 있는 연구원은 평가에 필요한 비용, 평가의 영향, 결과 적용 방법을 알아야 할 가능성이 높다. 세 특성 각각은 이런 관심을 해결한다. 사용자 참여 정도는 평가를 감독하고 분석하기 위한 비용에 직접적으로 영향을 미친다. 처리 결과는 (주어진 예산으로) 어떤 유형의 정보를 생산하는지 보여 준다. 평가 환경은 본질적으로 결과가 어느 정도 적용될 수 있는지 결정한다.

이런 분류는 여러 단계에서 유용하다. 평가 방법의 공간을 구성하고 연구 커뮤니티에서 방법을 논의하기 위한 현실적인 어휘를 제공한다. 또한 연구원들이 둘 이상의 방법을 비교하고 근본적인 수준에서 어떻게 비슷하고 다른지 이해할 수 있게 한다. 마지막으로 세 특징의 결합은 UI 커뮤니티에서 드물게 또는 거의 시도하지 않았다는 공간의 '구멍'을 폭로한다(카드 등 1990).

그림 11.1은 이 공간에 두 구멍(음영 처리된 박스)이 있음을 보여 준다. 더 정확히, 현재 사용자가 필요 없고 정량적인 결과를 얻고자 일반적인 상황에 적용할 수 있는 3D UI 유용성 평가 방법이 부족하다(그림의 오른쪽 상단). 사용할 수 있는 기존의 2D와 GUI 평가 방법이 괄호 안에 있지만 이런 방법 중 적은 수만 3D UI에 적용됐거나 또는 전혀 3D UI에 적용되지 않았다. 비슷하게 사용자가 필요 없고 애플리케이션별 설정에서 정량적인 결과를 얻는 방법도 보이지 않는다(그림의 오른쪽 세 번째 박스). 이 영역은 향후 연구를 위한 흥미로운 길이 될 수 있다.

11.6 세 가지 다중 메서드 접근법

4장의 4.4.5절에서 살펴본 평가 방법 분류의 단점은 UX 수명 주기 중 언제 메서드를 적용하는 것이 좋은지 또는 얼마나 많은 메서드를 적용해야 할지 알려 주지 않는다. 대부분의 경우 이 문제에 대한 답은 각 메서드에 대한 종합적인 이해 없이 결정할 수 없다. 11.6절에서 훌륭하게 개발된 세 3D UI 평가 접근법을 살펴보고 실제 사용과 결과에 대해 비교해 본다.

11.6.1 순차 평가 접근법

가바드 등(1999)은 특정 3D 애플리케이션의 유용성 평가를 위한 순차 접근법을 보여 준다. 이 순차 평가 접근법은 UX 기술 접근법으로 3D UI의 디자인과 평가 모두를 처리한다. 하지만 11장에서는 다양한 종류의 평가에 집중하고, 평가에 직접적으로 영향을 미치는 경우의 분석, 설계, 프로토타입 처리를 다룬다.

일부 컴포넌트는 일반적인 인터랙션 기술의 평가에 잘 맞더라도 완전한 순차 평가 접근법은 특정 애플리케이션을 위해 사용할 수 있는 유용한 인터페이스를 만들고자 애플리케이션별 가이드라인, 특수 영역의 대표 사용자, 애플리케이션별 사용자 작업에서 사용한다. 많은 경우 결과나 학습 내용은 다른 유사 애플리케이션에 적용할 수 있다(예를 들어 비슷한 입출력 기기를 사용하거나 유사한 유형의 작업을 하는 3D 애플리케이션). 다른 경우 (빈도는 적더라도) 일반적인 사용을 위한 결과를 얻을 수 있다. 3D 애플리케이션 제품(즉 실사용자가 실제 세계에서 사용할 대상 애플리케이션)을 디자인할 때 순차 평가와 같은 접근법을 고려해야 한다.

순차 평가는 기존의 2D와 GUI 유용성 평가 메서드를 발전시키고 반복적으로 적용하며 발전했다. 특히 복잡한 인터랙션 기술, 비표준 동적 UI 컴포넌트, 다양한 3D UI 고유 작업에 대한 설명을 위해 특정 메서드로 수정되고 확장됐다. 게다가 개조 및 확장된 메서드는 UX 엔지니어링 과정을 간소화하고 유용성의 충분한 범위를 제공한다. 여러 메서드가 순차적으로 적용되는 것을 암시하는 이름이지만, 하나의 특정 메서드에서 또는 여러 메서드에서 반복하기 위한 상당한 기회가 있다.

이 접근법의 모든 부분이 GUI 유용성 평가에서 오랜 기간 사용됐다는 사실에 주목해야 한다. 가바드 등(1999)의 작업은 애플리케이션별 상황에서 이런 기술을 점진적으로 사용하고 3D UI를 평가의 필요에 따라 조정해 이 접근법에 기여했다. 게다가 진행 중 각 단계에서 다음 단계를 알려 주는 방법이 중요한 발견으로 메서드의 순서를 통해 개발자가 유용한 애플리케이션을 개발할 수 있게 한다.

그림 11.2는 순차 평가 접근법을 보여 준다. 이는 개발자가 경험 기반과 사용자 기반 기술을 결합시켜 통해 3D UI를 향상시킬 수 있게 한다. 이 접근법은 순차적으로 수행되는 사용자 작업 분석(그림 11.2의 1단계), 체험(또는 가이드라인 기반 전문가) 평가(그림 11.2의 2단계), 구성 평가(그림 11.2의 3단계), 종합 평가(그림 11.2의 4단계)를 기반으로 개별 유형의 평가 내 또는 각 평가를 적절하게 반복한다. 이 접근법은 좋은 비용 효율로 3D UI를 정의 및 개선해 각 메서드의 결과에 영향을 미친다.

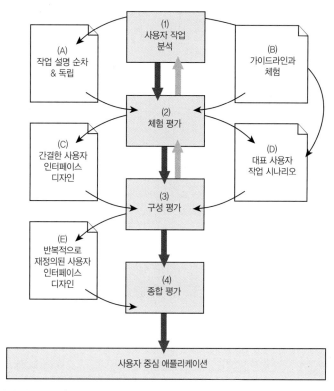

그림 11.2 순차 평가 접근법(이미지 출처: MIT Press와 Presence: 원격 조종장치와 가상 환경 그림 사용 허가)

애플리케이션의 본질적인 특징에 따라 이 순차 평가 접근법은 엄격하게 연속 접근법을 적용하거나(그림 11.2의 검은색 화살표) 또는 반복적으로 여러 번 적용(전체 또는 개별 메서드, 그림 11.2의 회색 화살표)될 수 있다. 예를 들어 복잡한 명령과 통제 전장 시각화 애플리케이션(힉스 등 1999)을 평가할 때 사용자 작업 분석은 체험과 구성 평가를 여러 번 반복하고 마지막으로 한 번의 광범위한 종합 평가를 수행한다.

경험으로 볼 때 순차 평가 접근법은 특정 3D 애플리케이션에서 평가의 비용 효율이 높고 유용성을 개선한다. 확실히 특정 평가 노력의 정확한 비용과 이익은 애플리케이션의 복잡성과 성숙도에 의해 결정된다. 일부 경우에 (사용자를 포함하기 때문에 일반적으로 계획하고 수행하는 시간이 가장 많이 걸리는) 구성 평가를 빠르고 가볍게 수행해 비용을 관리할 수 있다. 게다가 '복도 방법론hallway methodology'를 사용해 단순히 자체 조직 내에서 지원자를 찾아 사용자 기반의 메서드를 빠르고 비용 효율이 높게 수행할 수 있다.

이 접근법은 마지막 수단으로 사용하거나 누구나 대표 사용자 그룹이 될 수 있는 경우에만 사용한다. 이 방법을 사용할 때 애플리케이션의 궁극적인 최종 사용자와 상당히 비슷한 대표 사용자를 '복도hallway' 사용자로 제공해야 한다.

순차 평가에 포함된 개별 메서드는 4장 앞부분(4.4.2절의 사용자 작업 분석과 4.4.5절의 체험, 구성, 종합 평가)과 11.2절에서 소개했다.

접근법 예제

순차 평가 접근법은 해군 연구소의 드래곤Dragon 애플리케이션(전장 시각화를 위한 가상 환경, 가바드 등 1999) 등 일부 3D UI에 적용됐다. 드래곤은 작업대(5장 '3D 사용자 인터페이스 출력 하드웨어'의 5.2.2절)에 표시되고 지휘관과 다른 전쟁 계획자가 전쟁터 정보를 관찰하고 관리할 수 있도록 3D 디스플레이를 제공한다. 연구원들은 9개월 동안 몇 번의 구성 평가를 수행했고, 한 명에서 세 명의 사용자와 둘 또는 세 명의 평가자를 세션마다 배정했다. 각 평가 세션은 유용성의 문제들을 밝히고 대응되는 권고 사항을 만들었다. 개발자들은 반복해서 수행할 다음 평가를 위해 권고 사항을 처리하고 UI를 개선했다. 연구원들은 드래곤의 평가 기간 동안 네 번의 반복 주기로 수행했고, 각 주기에서 이번 장에서 설명한 점진적인 유용성 메서드를 사용했다.

전문가 가이드라인 기반 평가에서 다양한 사용자 인터랙션 디자인 전문가가 혼자 또는 협력해 드래곤을 위한 사용자 인터랙션 디자인 개선을 평가했다. 전문가 평가에서는 힉스 등(1999)에서 상세히 설명한 일부 주요 디자인 문제를 발견하지 못했다. 사용자 작업 분석과 초기 전문가 가이드라인 기반 평가를 토대로 연구원들은 사용자 작업 시나리오 집합을 만들었다. 각 구성 평가 세션 동안 최소한 둘 또는 세 명의 평가자가 참석했다.

마지막으로 종합 평가는 통계적으로 운동 메타포(자기 중심 vs 외부 중심), 제스처 제어(제어율 vs 위치), 시각 표시 장치(작업대, 데스크톱, CAVE), 입체 영상(현재 vs 현재 아님)의 네 가지 요소의 효과를 검사했다. 힉스와 가바드(2002)에서 이런 노력의 결과를 설명한다. 순차 평가를 사용할 때 유용성과 효과가 입증됐다.

11.6.2 테스트베드 평가 접근법

바우만과 호지스(1999)는 애플리케이션의 상황 외(즉 특정 애플리케이션 내의 상황보다는 일반적인 상황)의 인터랙션 기술을 경험으로 평가하는 접근법을 사용하고 여기서 요약한 디자인과 평가를 위한 프레임워크를 추가 지원한다. 이 테스트베드 접근법은 주로 인터랙션 기술과 입력 기기를 이해하려는 연구원들과 다른 시나리오에서 사용한 그들의 디자인에 포함된 절충안을 대상으로 한다.

원칙을 따르는 체계적인 디자인과 평가 프레임워크는 경험과 직관에만 의존하지 않는 인터랙션을 연구하고자 형식론과 구조를 제공한다. 공식 프레임워크는 현재 기술의 장단점을 이해할 수 있게 할 뿐 아니라 평가를 통해 얻은 지식을 기반으로 수행하기 좋고 강력한 새 기술을 만들 수 있는 더 좋은 기회를 제공한다. 그러므로 이 접근법은 다음 절에서 설명할 중요한 몇 가지 평가 개념을 따른다.

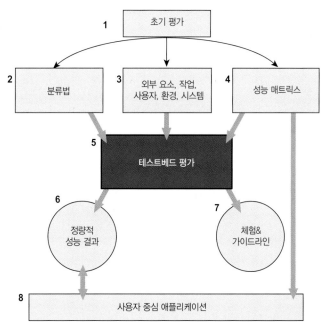

그림 11.3 테스트베드 평가 접근법(이미지 출처: MIT Press와 Presence: 원격 조종 장치와 가상 환경 이미지 사용 허가)

초기 평가

인터랙션 기술을 디자인하고 평가 및 적용하기 위한 공식적인 첫 단계는 관심이 있고 현재 작업에서 사용할 수 있는 기술인 일반적인 인터랙션 작업에 대한 직관적인 이해를 얻는 것이다(그림 11.3의 1단계). 인터랙션 기술을 사용한 경험과 사용자 집단의 관찰 및 평가를 통해 이뤄진다. 이런 초기 평가 경험은 분류법 설계 과정, 유용성의 외부 영향 열거, 성능 측정 항목 열거에 이용된다. 그러므로 이런 종류의 경험을 가능한 한 많이 하는 것이 도움이 되고 다음 단계의 형식화에서 좋은 결정을 할 수 있게 한다.

분류법

다음 단계는 평가할 인터랙션 작업을 위한 인터랙션 기술의 분류법(그림 11.3의 2단계)을 수립하는 것이다. 특히 테스트베드 접근법은 7장 '선택 및 조작'의 7.3.1절 8장 '탐색'의 8.3.1절에서 살펴본 작업 해체 분류법을 사용한다. 예를 들어 객체의 색상을 변경하는 작업은 객체를 선택하고, 색상을 선택하고, 색상을 적용하는 3개의 하위 작업으로 구성된다. 색상을 선택하는 하위 작업은 R, G, B 슬라이더의 값을 바꾸거나 또는 3D 색상 영역에서 한 지점을 선택하는 2개의 기술 컴포넌트를 사용할 수 있다. 하위 작업과 관련 기술 컴포넌트는 객체 색상 작업을 위한 분류법으로 구성된다.

이상적으로 이 접근법에 의해 수립된 분류법은 정확하고 완전하며 일반적이어야 한다. 작업을 위해 구상한 모든 인터랙션 기술은 분류법에 맞아야 한다. 따라서 하위 작업은 필연적으로 추상적일 것이다. 분류에서 각 하위 작업을 위해 사용할 수 있는 몇 가지 기술 컴포넌트를 열거할 것이지만 모든 컴포넌트를 열거하는 것은 아니다.

분류법을 만드는 것은 인터랙션 기술들의 하위 레벨의 구조를 이해하고 기술 간의 차이를 공식화하는 좋은 방법이고, 일단 분류하고 나면 디자인 과정에서 사용할 수도 있다. 분류법은 특징으로 생각할 수 있을 뿐 아니라 디자인 공간으로도 생각할 수 있다. 분류법은 작업을 별개의 하위 작업으로 분리하기 때문에 각 하위 작업의 기술 구성 요소를 다양하게 결합함으로써 넓은 범위의 디자인을 빠르게 고려할 수 있다. 해당 결합으로 완전한 인터랙션 기술이 된다는 보장은 없지만, 분류법의 체계적인 특성으로 디자인을 생성하기 쉽고 부적절한 결합을 거부하기 쉽다.

외부 요소

인터랙션 기술은 외부와 단절된 상태에서 평가할 수 없다. 기술의 유용성은 다양한 요소에 의해 영향을 받고(그림 11.3의 단계 3), 인터랙션 기술은 그중 하나다. 평가 프레임워크를 완성하고자 평가에 이런 요소를 명시적으로 포함해야 하고 부수적인 독립 변수로 사용해야 한다. 바우만과 호지스(1999)는 외부 요소의 네 종류를 확인했다.

첫째, 작업 특징은 이동할 거리 또는 조작할 객체의 크기 등의 유용성에 영향을 미치는 작업의 속성이다. 둘째, 접근법은 3D 장면에서의 장애물의 수와 활동 또는 움직임의 수준 같은 환경 특징을 고려한다. 셋째, 공간적 능력 같은 인지 측정 항목과 팔 길이 같은 신체적 속성을 포함하는 사용자 특성도 유용성에 영향을 미칠 수 있다. 마지막으로 사용하는 조명 모델이나 평균 프레임 비율 같은 시스템 특징이 중요할 수 있다.

성능 매트릭스

이 접근법은 일반적인 3D 인터랙션 작업에서 인간적인 성능에 대한 정보를 포함해 디자인한다. 하지만 성능이 무엇일까? 속도와 정확성은 측정하기 쉽고, 정량적이며, 인터랙션 기술의 평가에서 아주 중요하지만 고려해야 할 다른 성능 매트릭스(그림 11.3의 단계 4)도 있다. 따라서 이 접근법은 또한 인지할 수 있는 사용 편의성, 학습 용이함, 사용자의 편의 등 주관적인 유용성 매트릭스도 고려한다. 인터랙션 기술의 선택에 따라 생각할 수 있는 이 모든 것에 영향을 미칠 수 있고 무시해서는 안 된다. 또한 현재의 다른 컴퓨팅 패러다임보다 사용자의 감각과 신체가 3D UI에 포함된다. 따라서 사용자 중심의 성능 측정 항목에 집중하는 것이 필수다. 인터랙션 기술이 사람의 기술을 잘 활용하지 못하거나 피로나 불편을 초래하면 다른 영역에서의 성능이 훌륭하더라도 종합적으로 유용성을 제공하지 못할 것이다.

테스트베드 평가

바우만과 호지스(1999)는 3D 인터랙션 작업의 인터랙션 기술의 평가 마지막 단계에서 테스트베드 평가(그림11.3의 5단계)를 사용한다. 이 접근법으로 기술의 각 컴포넌트를 평가하고 성능에 있어서 외부 요소(인터랙션 기술 등 요소)를 고려하며 다중 성능 측정 항목이 있는 환경과 작업의 모든 중요한 면을 포함하는 테스트베드를 생성함으로써 종합적이고 일반화할 수 있으며 재사용할 수 있는 평가가 가능하다. 테스트베드 실험은 형식적인 요인 실험 디자인과 많은 참가자가 필요하다. 평가에 많은 인터랙션 기술 또는 외부 요소가 포함되면 개체별 시험의 수가 커지고 인터랙션 기술은 일반적으로 객체 간 변수(각 객체는 오직 하나의 인터랙션 기술을 사용)가 되고, 반면 다른 요소들은 객체 내 변수가 된다.

애플리케이션과 일반화의 결과

테스트베드 평가는 결과 집합이나 모델(그림 11.3의 6단계)을 생성해, 명시된 작업을 위한 인터랙션 기술의 유용성 특징을 밝힌다. 유용성은 다양한 수준의 외부 요소와 관련된 다중 성능 매트릭스의 관점에서 제공된다. 이 결과는 인터랙션 작업의 성능 데이터베이스의 일부가 되고, 테스트베드를 통해 새 기술을 평가할 때마다 더 많은 정보가 데이터베이스에 추가된다. 이런 결과는 체험 또는 가이드라인(그림 11.3의 7단계)으로 일반화시킬 수 있고, 3D UI 개발자가 쉽게 평가하고 적용할 수 있다.

마지막 단계는 더 유용하고 쓰기 좋게 만들고자 성능 결과를 3D 애플리케이션에 적용(그림 11.3의 8단계)하는 것이다. 애플리케이션을 위한 적절한 인터랙션 기술을 선택하고자 애플리케이션의 인터랙션 요구 사항을 이해해야 한다. 하나의 애플리케이션을 위한 가장 좋은 기술은 요구 사항이 다른 애플리케이션을 위한 최선은 아니기 때문에 가장 좋은 기술이 있는 것이 아니다. 그러므로 애플리케이션은 가장 적절한 인터랙션 기술을 선택하기 전에 인터랙션 요구 사항을 명시해야 한다. 이 명세서는 공식 프레임워크의 일부로 이미 정의된 성능 매트릭스에 관해 명시됐다. 일단 요구 사항을 준비하면 테스트베드 평가의 성능 결과는 이런 요구 사항을 만족시키기 위한 인터랙션 기술을 추천하고자 사용한다.

접근법 예제

테스트베드 평가는 거의 모든 종류의 상호작용 시스템에 적용할 수 있지만, 낮은 수준 인터랙션 기술에 집중하고 있기 때문에 특히 3D UI에 적절하다. 이동(바우만 등 1999)과 선택/조작(바우만과 호지스1999) 작업을 위한 기술을 비교하고자 수행한 2개의 테스트베드 실험을 살펴본다.

이동 테스트베드 실험은 순수 검색과 미리 준비된 검색 작업을 위한 7개의 이동 기술을 비교했다. 미리 준비된 검색 시험에서는 대상의 초기 가시성과 필요한 이동의 정확성이 다양했다. 종속 변수는 작업 완료 시간과 주관적인 사용자 편의 등급이었다. 44명의 참가자가 실험에 참가했다. 연구원은 각 주제에 대한 인구 통계와 공간 능력 정보를 수집했다.

선택/조작 테스트베드에서는 9개의 서로 다른 인터랙션 기술의 유용성과 성능을 비교했다. 선택 작업에서 독립변수는 사용자와 객체 간의 거리, 객체의 크기, 그 외 객체의 밀도였다. 조종 작업에서 요구되는 배치 정확성, 요구되는 자유도, 객체가 이동한 거리가 다양했다. 이 실험에서 종속 변수는 작업 완료 시간, 선택 오류 수, 주관적인 사용자 편의 등급이었다. 48명의 참가자가 참여했고, 연구원들은 또 인구 통계와 공간적 능력 점수를 얻었다.

두 사례에서 테스트베드 접근법은 단순한 실험에서 발견하지 못했던 예상 외의 재미있는 결과를 얻었다. 예를 들어 선택/조작 테스트베드에서 확장된 가상 손을 사용하는 선택 기술(7장 '선택 및 조작'의 7.4.1절)에서 더 크고 더 가까운 객체에서 작업을 수행하기 좋았고, 더 작고 더 먼 객체에서 좋지 않았다. 반면에 광선 투사(7.5.1절) 기반의 선택 기술에서는 객체의 크기와 거리에 상관없이 수행하기 좋았다. 테스트베드 환경과 작업은 재사용이 가능함이 분명해졌다. 탐색 테스트베드는 새로운 탐색 기술을 평가하고 기존의 기술과 비교하고자 사용됐지만, 조작 테스트베드는 서로 다른 가상 환경 디스플레이 기기에서 일반적인 기술의 유용성을 평가하고자 재사용됐다.

11.6.3 구성 요소 평가 접근법

또 다른 프레임워크 기반 평가 접근법은 동작의 단계와 이 단계에 영향을 미치는 구성 요소에 초점을 맞춘다. 맥마한 등(2015)은 이 접근법의 기초로 **사용자-시스템 루프**User-System Loop라고 불리는 노먼의 7단계 행동Seven Stages of Action(노먼 2013)을 시스템 중심으로 적용했다(4장의 4.2.2절 참고). 모든 인터랙션은 입력기기가 감지하거나 입력 기기를 조작하는 사용자의 동작으로 시작하고, 전송 기능에 의해 의미 있는 시스템 결과로 해석된다. 이런 효과는 시뮬레이션의 객체와 신체, 인공 지능의 근본이 되는 데이터와 모델을 바꾼다. 랜더링 소프트웨어는 시뮬레이션의 업데이트된 상태를 저장하고 사용자가 감지하도록 감각적 자극을 생성하는 명령어를 출력 기기로 보낸다.

사용자-시스템 루프의 각 단계에서 시스템의 유용성과 전반적인 인터랙션에 영향을 미치는 구성 요소가 있다. 예를 들어 출력 기기 단계에서 볼 수 있는 시각 디스플레이 영역은 사용자가 동시에 볼 수 있는 3D UI의 양에 영향을 미칠 것이다. 디스플레이가 입체적인지 아닌지도 사용자의 깊이 단서에 영향을 미칠 것이다. 전송 기능 단계에서 입력 기기가 감지한 입력이 출력 결과로 일대일 방식으로 매핑되면 인터랙션은 직접 조작이 가능할 것이다(슈나이더만 1998). 하지만 매핑된 입력을 극적으로 또는 비선형 방식으로 변경하고 조작하면 인터랙션은 10장의 10.3.3절에서 설명한 것과 같은 '마법' 기술이 될 것이다. 앞에서 살펴봤듯이 인터랙션의 이런 변화는 사용자 경험에 인상적인 영향을 미칠 수 있다.

구성 요소 평가

테스트베드 평가와 마찬가지로 구성 요소 평가도 다른 요소는 동일하게 유지하면서 특정 구성 요소를 조사한다. 첫째, 혼란스러운 변수 또는 조사하지 않은 요소가 평가의 결과에 영향을 미치지 못하게 한다. 예를 들어 서라운드 스크린 기반의 3D UI와 HWD 기반의 3D UI를 비교할 때 시야, 사용자 주변 시야의 크기, 대기 시간, 밝기와 HWD의 무게 대비 스테레오 유리의 무게와 같이 UI 간의 중대한 차이가 생기게 하는 여러 혼란스러운 변수가 있을 수 있다. 구성 요소 평가에서는 조사를 하지 않은 구성 요소를 명확하게 제어하고 동일하게 해 잠재적인 혼란을 막는다.

둘째, 구성 요소 평가는 평가를 사용해 여러 구성 요소를 조사하는 경우 구성 요소를 함께 사용하는 가장 좋은 방법에 대한 중요한 지식을 얻을 수 있다. 예를 들어 맥마한 등(2012)은 1인칭 슈팅 게임에서 입력과 출력 구성 요소를 일치시킨 상태, 즉 사용자 주변의 시각 필드와 6-자유도 과녁을 사용하는 경우보다 입력과 출력 요소를 혼합한 상태, 즉 사용자 주변의 시각 필드와 마우스를 사용하는 경우의 사용자 성능이 상당히 낮은 것을 발견했다. 이 흥미로운 결과는 더 단순하고 통제가 적은 실험에서는 발견되지 않았을 것이다.

셋째, 구성 요소 평가는 조사된 다른 구성 요소와 상호작용하는 효과가 없다면 개별적인 구성 요소의 효과에 대한 정보를 얻을 수 있다. 예를 들어 레이건 등(2015)은 시야와 시각 복잡성, 즉 화면의 세부 사항의 양, 잡동사니와 객체(올리바 등 2004)를 조사했고, 사용자가 영상 검사 작업을 위해 미리 구성된 전략을 배우는 방법에 영향을 미치는 구성 요소 간의 상호작용 효과를 발견하지 못했다. 하지만 연구원들은 시각 복잡성이 사용자가 전략을 배우는 방법에 각각 영향을 미치고, 복잡성이 높게 훈련한 사용자가 복잡성이 낮게 훈련한 사용자보다 더 나은 전략을 보여 주는 것을 발견했다.

구성 요소 결과 적용

개별 구성 요소와 결합 구성 요소가 미치는 영향을 이해하고자 통제된 실험에 초점은 맞춘 구성 요소 평가 접근법은 주로 연구원들을 위해 설계됐다. 많은 3D UI 디자인에 적용할 수 있는 일반적인 지식을 얻는다.

순차 평가 접근법은 인터랙션을 통해 특정 애플리케이션을 향상시키는 데 초점을 맞추고 테스트베드 평가 접근법은 특정 인터랙션 기술의 유용성을 특성화하는 데 주목하는 반면, 구성 요소 평가 접근법의 결과는 특정 애플리케이션을 향상시키거나 대부분의 3D UI와 3D 인터랙션 기술의 특정 구성 요소의 효과를 일반화하고자 사용한다. 3D UI를 설계하고 반복적으로 개발하는 동안 디자인을 선택해야 하고 가장 좋은 선택이 분명하지 않을 수 있다. 예를 들어 넓은 시야의 가상 환경은 더욱 현실적이지만 또한 사이버 멀미를 증가시킨다. 구성 요소 평가 특히 시야의 영향을 조사하는 평가는 해당 3D UI 애플리케이션에서 더 작은 시야로 사이버 멀미를 줄이면서 가상환경의 현실적인 시야를 제공할 수 있는지 확인하고자 사용된다. 그 외에도 일부 3D UI 애플리케이션에서 시야의 효과를 일반화하고 현실적인 시각과 사이버 멀미 사이의 균형을 맞추고자 연속적인 구성 요소 평가를 사용한다.

구성 요소 정의

구성 요소 평가 접근법을 사용하고자 고려해야 할 점은 동작의 각 단계에 영향을 미치는 구성 요소를 정의하는 방법이다. 예를 들어 4장에서 설명한 GOMS 모델(카드 등 1983)은 구성 요소를 동작의 각 단계에 필요한 연산자로 정의해 확장할 수 있다. 이 전략을 사용하는 구성 요소 평가는 기본적인 동작이 시스템 내에서 인터랙션에 미치는 영향에 대한 지식과 정보를 얻을 수 있다.

강력한 방법은 **충실도**fidelity 또는 리얼리즘(바우만과 맥마한 2007, 맥마한 등 2010, 2012, 2015, 맥마한 2011, 바우만 등 2012, 라하Laha 등 2013, 2014, 레이건 등 2015, 나비요니 등 2015) 면에서 구성 요소를 정의하는 것이다. 맥마한 등(2015)은 사용자-시스템 루프 기반으로 충실도 구성 요소를 인터랙션 충실도, 시나리오 충실도, 출력 충실도라는 세 카테고리로 구분했고, 다음 절에서 더 살펴보기로 한다.

인터랙션 충실도 구성 요소

맥마한 등(2012)은 실제 세계의 동작을 상호작용 시스템에 복제해 객관적인 정확성의 정도로 **인터랙션 충실도**interaction fidelity를 정의했다. 예를 들어 실제 걷는 기술(8장의 8.4.1 절)은 가장 높은 수준의 인터랙션 충실도를 제공하는 반면 제자리 걷기(8장의 8.4.2절)는 수준이 낮다. 인터랙션 충실도는 사용자 동작, 입력 기기, 전송 기능의 단계 동안 역할 을 수행한다.

맥마한(2011)은 **인터랙션 충실도 분석을 위한 프레임워크**FIFA, Framework for Interaction Fidelity Analysis라고 불리는 인터랙션 충실도 구성 요소의 프레임워크를 제시한다. 대부분의 최 신 버전 FIFA(맥마한 등 2015)에서 인터랙션 충실도의 구성 요소는 생체역학적 균형, 입 력 정확성, 제어 균형의 세 하위 카테고리로 분류된다.

생체역학적 균형은 인터랙션 동안 작업을 위한 실제 세계의 신체 이동을 재현하는 객 관적인 정확성의 정도다(맥마한 2011). 생체역학 측면을 기반으로 하는 3개의 구성 요 소, 인체 계측 균형, 운동학적 균형, 운동 균형으로 구성된다. **인체 계측 균형**anthropometric symmetry 구성 요소는 실제 세계의 작업에 포함되는 신체 부위가 인터랙션 기술에 필요 한 객관적인 정확도의 정도다. 예를 들어 제자리 걷기는 실제 세계에서 걷는 것과 같은 신체 부위(허벅지, 종아리와 발)를 포함하기 때문에 인체 계측 균형이 높다. **운동학적 균형** kinematic symmetry 구성 요소는 인터랙션 동안 실세계에서 작업을 위한 신체 움직임의 객 관적인 정확도의 정도다. 예를 들어 제자리 걷기는 실제 걷기에는 있는 보행 주기의 흔 들림을 포함하지 않기 때문에 운동학적 균형이 실제 걷기보다 낮다. 마지막으로 **운동 균형**kinetic symmetry은 실세계 동작에 포함되는 힘을 인터랙션에 복제하는 주관적인 정확 도의 정도다. 예를 들어 가상구를 굴리거나 멈추려면 구의 무게와 관성 때문에 내부 근 육에 큰 힘이 필요하다(나비요니 등 2015).

맥마한 등(2015)은 **입력 정확성**input veracity을 입력 기기가 사용자 동작을 캡처하고 측정하는 정확도의 객관적인 정도로 정의한다. 또한 정확도와 정밀도, 대기 시간이라는 세 요소로 구성된다. 입력 기기의 **정확도**accuracy는 읽은 값이 감지한 '진짜' 값과 얼마나 가까운가(테일러Taylor 1997). 정확도는 증강 현실AR처럼 현실 세계와 아주 비슷한 시스템의 인터랙션에서 특히 중요하다. AR에서 가상 이미지와 객체를 실세계의 사용자 시야와 정렬하는 것(즉 등록)이 가장 어렵다(키퍼Kipper 등 2012). '반복성'이라고도 부르는 입력 기기의 **정밀도**precision는 같은 조건에서 얻은 측정 결과가 동일한 결과를 나타내는 정도를 말한다 (테일러 1997). 정밀도의 부족은 지터jitter와 관련된다(레이건 등 2009). 입력 정확성의 마지막 요소는 대기 시간으로 사용자 입력과 이에 대한 반응으로 시스템이 생성하는 감각 피드백 사이의 일시적인 **지연**latency이다(프리스톤과 스티드 2014). 여러 연구에서 지연 시간은 사용자 성능에 부정적인 영향을 미치는 것을 확인했다(앨리슨 등 2001, 엘리스 등 1999).

마지막으로 맥마한(2011)은 **제어 균형**control symmetry을 인터랙션이 제공하는 실제 세계에서 작업 제어의 정확도의 객관적인 정도라고 말한다. 대부분 최신 버전의 FIFA(맥마한 등 2015)에서 제어 균형 하위 카테고리로 하나의 구성 요소 **전송 기능 균형**transfer function symmetry이 있고, 이는 인터랙션을 통해 복제되는 실제 세계 전송 기능 정확도의 객관적인 정도다. 대부분의 실제 세계의 동작은 실제 전송 기능을 포함하지 않기 때문에 맥마한 등(2015)은 구성 요소를 사용해 인터랙션 기술의 전송 기능과 대응되는 실제 세계 동작 중에 영향을 미치는 물리적인 특성과 비교한다.

요약하면, 맥마한 등(2015)은 인터랙션 충실도의 구성 요소를 생체역학적 균형, 입력 정확성, 제어 균형 측면으로 분류한다. 이 카테고리는 사용자의 동작, 입력 기기, 사용자-시스템 루프의 전송 기능과 직접적으로 대응된다.

시나리오 충실도 구성 요소

레이건 등(2015)에서 충실도의 두 번째 카테고리로 정의한 **시나리오 충실도**scenario fidelity는 실제와 비교해 시뮬레이션에 행위, 규칙, 객체 속성을 복제하는 정확도의 객관적인 정도를 말한다. 예를 들어 캠벨(1996)이 설계한 것과 같이 기본적인 건축학 규칙을 사용해 설계한 가상 환경은 수마 등(2012)이 만든 것과 같이 불가능한 건축학을 사용해 디자인된 가상환경보다 훌륭한 시나리오 충실도 정도를 제공한다. 시나리오 충실도는 시뮬레이션의 기본이 되는 데이터와 모델에 영향을 미친다.

시나리오 충실도는 인터랙션 충실도나 출력 충실도만큼 광범위하게 연구되지는 않았다. 현재 이 구성 요소는 행위, 규칙, 객체 속성이라는 큰 범주로 정의된다(레이건 등 2015). **행위**behavior는 시뮬레이션 내에서 가상 물질과 객체를 제어하는 인공 지능 속성을 나타낸다. **규칙**rule은 시뮬레이션 내에서 객체에 발생하는 일을 결정하는 물리학과 다른 모델을 나타낸다. 마지막으로 **객체 속성**object property은 객체의 치수(높이, 너비, 모양)와 빛(질감, 색상), 물리학(무게, 질량)을 나타낸다.

시나리오 충실도의 구성 요소는 3개의 넓은 카테고리로 대략적으로 정의됐기 때문에 개별적인 구성 요소를 더 구분하고자 수행해야 할 연구가 많다.

출력 충실도 구성 요소

마지막으로 충실도 구성 요소의 세 번째 카테고리는 **출력 충실도**display fidelity로, 맥마한 등(2012)은 시스템이 실세계 감지 자극을 재생성하는 정확도의 객관적인 정도로 정의한다(출력 충실도는 몰입으로도 불린다. 맥마한 등 2012). 예를 들어 360도 FOR와 입체 유리를 사용하는 서라운드 스크린 출력은 단일 데스크톱 모니터보다 더욱 훌륭한 출력 충실도를 제공한다. 출력 충실도는 랜더링 소프트웨어와 출력 기기, 생성된 감지 자극의 질에 의해 직접적으로 영향을 받는다.

바우만과 맥마한(2007)에서는 **입체 영상**(추가적인 깊이 단서를 제공하기 위해 각 눈에 서로 다른 이미지 출력), **시야 필드**(FOV, 사용자가 동시에 볼 수 있는 시야의 크기), **관련 필드**(FOR, 사용자 주변 시각 필드의 전체 크기), **출력 해상도**(화면이나 표면에 출력되는 전체 픽셀), **출력 크기**(출력 화면이나 표면의 물리적인 크기), **리프레시 비율**(제공되는 랜더링 데이터를 화면에 그리는 빈도), **프레임률**(랜더링 데이터를 화면에 제공하는 빈도) 등 많은 시각적인 출력 충실도의 구성 요소를 구별한다.

시각적 구성 요소 외에도 출력 충실도는 청각, 촉각, 후각, 미각 측면으로도 구성된다. 하지만 바우만과 맥마한(2007)은 시각적인 측면에 집중하고 이런 감각적인 속성의 구성 요소는 다루지 않았다.

구성 요소 평가 접근법의 예제

구성 요소 평가 접근법은 거의 모든 유형의 상호작용 시스템을 평가하고자 사용할 수 있지만, 충실도 구성 요소 전략은 특별히 3D UI을 대상으로 한다. 많은 연구에서 여러 충실도 구성 요소의 영향과 인터랙션을 조사하는 데 많이 사용됐다. 이런 연구는 세 가지 종류의 카테고리로 구분될 수 있다. 구성 요소의 인터랙션 충실도, 구성 요소의 출력 충실도, 그리고 둘 다의 경우다. 일부 연구에서는 시나리오 충실도의 영향과 인터랙션을 명시적으로 조사했다.

인터랙션 충실도 조사는 구성 요소 간의 필수적인 관계 때문에(예를 들어 운동학적으로 영향을 미치지 않으며 인터랙션의 운동을 바꾸기 어렵다) 가지각색의 개별 구성 요소가 아닌 전체적인 인터랙션 충실도의 상대적인 수준을 비교했다. 맥마한 등(2010)은 핸들 메타포를 기반으로 하는 기술과 가상 자동차를 조종하고자 조이스틱을 사용하는 게임 제어 장치를 비교했다. 핸들 기술은 조이스틱 기술보다 생체역학적 균형과 제어 균형이 높음에도 불구하고 확실히 조종하기에는 좋지 않았다. 유사하게 나비요니 등(2015)은 가상구 기술이 조이스틱 기술보다 생체역학적 균형과 제어 균형이 높음에도 불구하고 탐색 작업에 좋지 않다는 것을 발견했다. 하지만 상당히 높은 수준의 생체역학적 균형과 제어 균형을 제공하는 실제 걷기는 가상구보다 훨씬 좋았다.

인터랙션 충실도와 달리 출력 충실도의 구성 요소는 관리되고 연구됐다. 아서(Arthur, 2000)는 시각 검색 작업을 위해 세 레벨의 HWD(48°, 112°, 176°)에서 FOV를 평가하고 향상된 FOV가 가상 환경 내의 검색을 향상시키는 것을 확인했다. 유사하게 나이 등(2006)은 가상환경에서의 검색과 정보 비교를 위해 두 레벨의 출력 해상도(1280×720와 2560×1440)와 두 레벨의 물리적 시야각(42.8°와 90°)을 조사했다. 더 높은 수준의 출력 해상도와 출력 크기에서 사용자 성능 평가 항목이 개선됐다. AR 도메인에서는 기시시타Kishishita 등(2014)에서는 100도의 시야각에 가깝게 출력됨에 따라 발견 비율이 인뷰 라벨링in-vew labelling에서는 떨어지고 인시튜 라벨링in-situ labelling에서는 증가되는 유사한 결과를 보여 줬다. 이 지점을 지나서 두 시야 관리 방법의 성능이 수렴되기 시작해 약 130도 정도의 시야에서 동등한 발견 비율이 된다.

마지막으로 일부 연구는 인터랙션 충실도와 출력 충실도를 모두 조사했다. 맥마한 등(2012)는 1인칭 슈팅 게임을 위해 낮은 수준과 높은 수준 모두로 조절했다. 낮은 수준

(조준과 이동 각각을 위해 마우스와 키보드 기술을 사용)과 높은 수준(조준을 위해 6-자유도 추적 기술을 사용하고 이동을 위해 중간 정도 충실도의 조이스틱 기술(8장의 8.4.2절 참고) 사용) 사이에서 인터랙션 충실도의 변화를 줬다. 또한 입체 영상이 없고 90도 시야인 낮은 수준과 입체 영상과 360도 시야 사이에서 출력 충실도에 변화를 줬다. 결과는 조합된 조건(낮은 충실도의 인터랙션과 높은 충실도의 출력 조합 그리고 높은 충실도의 인터랙션과 낮은 충실도의 출력 조합)은 일치된 조건(낮은 충실도의 인터랙션과 낮은 충실도의 출력, 높은 충실도의 인터랙션과 높은 충실도의 출력)보다 사용자 성능이 확연히 나빴다.

앞서 살펴본 대부분의 연구와 다른 연구에서 구성 요소 평가 접근법은 예상하지 못한 결과를 만들고 독특한 통찰을 제공했다. 첫째, 결과는 중간 수준 충실도의 많은 구성 요소는 낮은 수준보다 더 나쁜 성과를 보여 줬다(맥마한 등 2010, 2012, 맥마한 2011, 나비요니 등 2015). 때로는 실제 세상의 충실도가 높은 동작과 달리 중간 수준의 충실도 인터랙션이나 데스크톱 기반의 충실도가 낮은 인터랙션 때문일 수 있지만, 자연스러운 것 같지만 그렇지 않은 '불쾌한 골짜기^{uncanny valley}' 효과와 유사한 중간 수준의 충실도의 제약 때문일 수도 있다. 둘째, 일부 연구에서 인터랙션 충실도가 변하지 않는다면(맥마한 등 2012) 출력 충실도가 향상될수록 더 좋은 성능을 내는 것을 시현했다(아서 2000, 나이 등 2006, 맥마한 2011, 라하 등 2014). 이런 흥미로운 관점은 구성 요소 평가를 수행하지 않고서는 불가능할 것이다.

11.6.4 접근법 비교

3D UI의 유용성과 사용자 경험을 이해하고 향상시키고자 같은 문제에 대해 서로 다르게 접근하는 3개의 주요한 3D UI 평가 접근법인 순차 평가, 테스트베드 평가, 구성 요소 평가를 살펴봤다. 순차 평가는 특정 애플리케이션의 상황에서 수행하고 정량적 그리고 정성적 결과를 모두 얻을 수 있다. 테스트베드 평가는 일반적인 평가 상황에서 수행하고 일반적으로 정량적인 결과를 추구한다. 구성 요소 평가는 특정 디자인을 선택해 특정 애플리케이션에 맞추거나, 여러 애플리케이션 상황에 맞춰 적용할 수 있게 하나 이상의 구성 요소 효과를 일반화할 수 있다. 테스트베드 평가와 마찬가지로 구성 요소 평가는 정량적인 결과를 우선으로 한다. 세 접근법 모두 평가에 사용자를 고용한다.

11.6.4절에서는 이 세 접근법의 유사점과 차이점을 더 상세히 살펴본다. 각 접근법에

대한 몇 가지 핵심 질문에 대한 대답으로 이 비교를 정리한다. 이런 질문 중 대다수는 다른 평가 방법에서도 질문할 수 있고 어쩌면 3D UI 평가를 설계하기 전에 질문을 해야 한다. 확실히 이런 질문에 대한 답은 적절한 평가 방법과 해당 연구나 설계, 개발 목표를 확인하는 데 도움이 된다. 또 다른 가능성은 각 접근법의 일반적인 특성과 강도, 약점을 이해해 세 접근법을 상호 보완적인 방법으로 연결할 수 있다.

접근법의 목표는 무엇일까?

앞서 언급했듯이 세 접근법 모두 궁극적으로 3D UI의 유용성과 사용자 경험을 향상시키는 것이 목표다. 하지만 세 접근법의 차이를 보여 주는 더 명확한 목표가 있다.

순차 평가의 직접적인 목표는 특정 3D 애플리케이션의 UI가 더 좋아지도록 반복하는 것이다. 어떤 시나리오와 인터랙션 기술을 포함해야 하는지 확인하고자 애플리케이션의 사용자 작업을 살펴본다. 이는 일반적으로 개발 중인 특정 애플리케이션의 가장 좋은 인터페이스 디자인을 위한 꽤 구체적인 접근법이다.

테스트베드 평가는 인터랙션 기술의 일반적인 성능 특성을 찾는다는 구체적인 목표가 있다. 이는 수준이 높고 추상적인 방법이며 특정 애플리케이션의 상황이 아닌 인터랙션 기술 성능을 이해하는 것이 좋다는 의미다. 이 목표를 성취하면 폭넓게 적용할 수 있는 결과를 얻을 수 있기 때문에 중요하다. 일반적인 평가를 위해 테스트베드 접근법은 보편적인 공통 작업(이동, 선택, 조작)의 일반적인 기술로 제한된다. 이를 다르게 말하면 테스트베드 평가는 특정 작업을 위한 특수 목적용 기술을 평가하고자 설계되지 않았다는 말이다. 오히려 작업의 일반적인 특성과 사용자, 환경, 시스템을 사용해 이런 세부 사항을 추상화한다.

구성 요소 평가는 특정 시스템 구성 요소의 주요 효과와 특정 또는 일반 애플리케이션 상황, 또는 다중 애플리케이션 상황에서 모든 인터랙션의 효과를 확인하는 것을 목표로 한다. 특정 애플리케이션 상황에서 수행할 때 가장 좋은 디자인 선택을 결정하고자 구성 요소 평가를 사용할 수 있다. 대안으로 대부분의 3D UI 구성 요소가 유용성과 사용자 경험이 미치는 일반적인 영향에 대한 예상을 하고자 다중 애플리케이션 상황에서 일련의 구성 요소 평가를 수행할 수 있다. '친숙함과 유용성이 중요할 때 보통 수준의 충실도 인터랙션 기술을 사용하지 않는다'와 같은 디자인 가이드라인을 만들고자 이런 예상을 사용할 수 있다(맥마한 등 2012).

언제 접근법을 사용해야 할까?

순차 접근법은 3D 애플리케이션의 디자인 주기의 전반에서 지속적으로 사용해야 한다. 첫 번째 인터페이스 프로토타입을 만들기 전에 사용자 작업 분석이 필요하다. 프로토타입의 체험 및 구성 평가는 반복적인 하위 디자인에 적용할 수 있는 권장 사항을 제시한다. 디자인(예로 인터랙션 기술 선택)을 확실하게 선택하지 못했을 때 다양한 디자인 가능성에 대한 구성 평가를 할 수 있다.

이렇게 특정 애플리케이션에 맞지 않는 성질로 인해 테스트베드 접근법은 실제로 특정 애플리케이션의 디자인 주기에서 완전히 빠진다. 이상적인 테스트베드 평가는 애플리케이션이 개발자의 눈에 보이기 전에 완료돼야 한다. 테스트베드 평가로 인터랙션 기술의 일반적인 성능/유용성 결과를 얻기 때문에 새로운 3D UI의 디자인을 시작하는 시점에 이런 결과를 사용할 수 있다.

테스트베드 평가와 마찬가지로 구성 요소 평가도 애플리케이션의 시스템 개념을 작성하기 전에 사용될 수 있다. 다중 애플리케이션 상황에서 대한 일련의 구성 요소 평가는 하나 이상의 구성 요소의 일반적인 영향에 대한 지식을 얻고 디자인 가이드라인으로 표시할 수 있을 것이다. 또는 3D 애플리케이션의 개발 중에 불확실한 디자인 선택을 결정해야 할 때 단일 구성 요소 평가를 사용할 수 있다.

테스트베드 평가와 순차 평가를 사용하는 별개의 기간으로 두 접근법을 결합하는 것이 가능하고 바람직하다고 제안한다. 테스트베드 평가는 일반적인 결과와 3D 애플리케이션의 UI 디자인을 위한 시작점으로 제공할 수 있는 잘 구성된 가이드라인을 만들 수 있다. 다음으로 순차 평가로 초기 디자인을 애플리케이션에 맞게 개선할 수 있다. 비슷하게 구성 요소 평가는 3D 애플리케이션의 초기 디자인에서 순차 평가에 필요한 특정 구성 요소에 대한 디자인 가이드라인을 얻고자 사용할 수 있다. 그렇지 않으면 특정 디자인을 결정하고자 순차 평가 동안 구성 요소 평가를 할 수 있다.

어떤 상황에서 접근법이 유용할까?

앞서 살펴봤듯이 순차 평가 접근법은 3D UI 디자인 주기 전반에서 사용해야 하지만 인터페이스 디자인의 초기 단계에서 특히 유용하다. 순차 평가는 아주 낮은 충실도의 프로토타입이나 디자인 명세에서도 결과를 얻을 수 있기 때문에 3D 애플리케이션의 UI를 더 빨리 개선할 수 있고 따라서 비용을 더욱 절감할 수 있다. 또한 개발에서 이 접근법을 빨리 사용할수록 디자인 인터랙션을 만들 시간을 더 할당할 수 있고 궁극적으로 더 좋은 제품을 얻을 수 있다. 또한 이 접근법은 사용자 작업 분석을 이미 수행했을 때 가장 좋다. 분석은 평가를 더욱 의미 있고 효과적으로 만드는 작업 시나리오를 제안할 것이다.

테스트베드 평가는 연구원들이 일반적인 인터랙션 기술의 상세한 성능 특징, 특히 사용자 성능을 이해할 수 있게 한다. 다양한 상황에 적용할 수 있도록 폭넓은 범위의 성능 데이터를 제공한다. 일반적인 인터랙션 기술과 인터페이스 요소를 사용하는 애플리케이션이 필요한 개발 과정에서 테스트베드 평가는 이 선택을 위한 정량적인 근거를 제공할 수 있다. 개발자들은 애플리케이션의 넓은 범위의 작업과 환경, 사용자들이 잘 실행시키는 인터랙션 기술을 선택할 수 있기 때문이다. 그들의 선택은 실증적인 근거로 뒷받침된다.

구성 요소 평가는 하나 이상의 시스템 구성 요소의 일반적인 효과를 확인하고 이런 구성 요소를 디자인에서 제어하거나 바로잡는 방법의 디자인 가이드라인을 수립하는 데 유용하다. 단일 구성 요소 평가는 어떤 FOV를 제공해야 하거나 사물을 입체적으로 보는 그래픽을 사용할지 등 하나 이상의 시스템 구성 요소를 직접 포함하는 디자인을 선택해야 할 때도 유용하다.

접근법을 사용하기 위한 비용은 무엇일까?

일반적으로 순차 평가 접근법은 추상화 비용이 들지 않고 특정 3D 애플리케이션에 집중하기 때문에 테스트베드 접근법 평가보다 비용이 적게 든다. 하지만 일부 중요한 비용은 여전히 이 접근법과 연관 있다. 여러 명의 평가자가 필요할 수 있다. 유용한 작업 시나리오의 개발은 많은 노력이 필요할 수 있다. 평가를 평가자 스스로 수행하는 것은 작업 시나리오의 복잡성에 따라 시간 관점에서 비용이 더 들 수 있다. 가장 중요한 것은 반복적인 디자인 작업의 일부이기 때문에 각 평가 라운드 이후에 권고하는 디자인 변경 내용을 반영하고자 개발자가 사용하는 시간을 고려해야 한다는 것이다.

테스트베드 평가 접근법은 비용이 많이 들 것으로 보이고 분명히 모든 상황에는 적합하지 않다. 하지만 시나리오가 확실한 경우 추가의 노력을 가치 있게 만들 수 있다. 테스트베드 평가와 관련된 가장 중요한 비용은 어려운 실험 디자인(일부 변수의 조합은 테스트할 수 없는 여러 독립 및 종속 변수), 중요한 결과를 보장하는 데 많은 시험이 필요한 실험, 많은 수의 참여자와 시험으로 인한 긴 실험 수행 시간 등이 있다. 일단 시험을 수행하면 결과는 개발자가 원하는 만큼 상세하지 않을 수 있다. 테스트베드 평가는 일반적인 상황을 살피기 때문에 대개 라벨링, 아이콘 모양 등과 같은 특정 인터페이스 상세 내용 정보를 사용할 수 없다.

구성 요소 평가 접근법은 언제 어떻게 사용하는가에 따라 비용이 다양하다. 하나 이상의 구성 요소 효과를 일반화하고자 일련의 구성 요소 평가를 수행하면 평가의 비용은 테스트베드의 평가와 비슷하다. 많은 독립 및 종속 변수를 사용하는 어려운 실험 디자인은 대개 일련의 구성 요소 평가를 수행하는 데 많은 시험, 참여자, 시간이 필요하다. 반면에 3D 애플리케이션을 디자인하는 동안 사용하는 하나의 구성 요소 평가는 순차 평가 접근법보다 비용이 적게 든다.

접근법 사용의 이점은 무엇일까?

특정 애플리케이션에서 순차 평가 접근법이 아주 좋을 수 있다. 테스트베드와 구성 요소 평가에서 할 수 있는 넓은 의미의 재사용 가능한 결과나 일반적인 규칙을 만들지 못하지만, 테스트베드나 구성 요소 평가 결과를 단독으로 적용할 때보다 향상된 유용한 3D UI를 만들 가능성이 높다. 이 방법의 또 다른 주요 장점은 개발 과정에서 사용자의 참여와 관련이 있다. 대표적인 사용자 그룹의 일원은 많은 평가에 참여하기 때문에 3D UI를 그들의 요구에 맞출 가능성이 높고, 사용자 동의와 생산성을 높이고 사용자 오류를 감소시키며 사용자 만족도를 향상시키게 된다. 다른 애플리케이션도 작업이나 요구 사항이 비슷할 수 있기 때문에 결과의 이동성이 있을 수 있고 또는 프로세스에서 생성된 세련된 인터랙션 기술을 사용할 수 있다.

테스트베드 평가는 비용이 상당히 많이 필요하기 때문에 유용한 평가 방법이 되려면 확실한 이점이 있어야 한다. 이점 중 하나는 결과의 보편성이다. 테스트베드 실험은 보편화된 상황에서 수행되기 때문에 결과를 다양한 애플리케이션에 여러 번 적용할 수 있다. 물론 어떤 결과가 특정 3D UI와 관련 있는지 개발자가 결정해야 하기 때문에 결과를 사용할 때마다 관련된 비용이 발생한다. 두 번째로 특정 작업을 위한 테스트베드를 여러 번 사용할 수 있다. 새로운 인터랙션 기술을 제안할 때 테스트베드에서 그 기술을 수행하고 이미 평가된 기술들과 비교할 수 있다. 테스트베드 평가는 일반적으로 객체 간 디자인을 사용하기 때문에 동일한 참가자들은 필요하지 않다. 마지막으로 실험의 일반성으로 일반적인 가이드라인과 체험적 방법의 개발에 도움이 된다.

비용과 마찬가지로 구성 요소 평가 접근법의 이점은 언제 어떻게 접근법을 사용하는가에 따라 다양하다. 여러 3D UI 상황에서 접근법을 사용하면 한 가지 장점은 테스트베드 접근법과 유사한 결과의 일반성이다. 하지만 테스트베드 접근법과 달리 결과를 사용할 때의 비용은 적다. 대부분의 3D UI 시스템에 존재하는 시스템 구성 요소를 기반으로 하고 대부분의 결과가 3D UI와 관련이 있기 때문이다. 다중 3D UI 상황에서 구성 요소 접근법을 사용할 때의 또 다른 이점은 3D UI 내의 구성 요소를 분명하게 제어하는 일반적인 가이드라인이다. 마지막으로 단일 구성 요소 평가는 특정 3D 애플리케이션에서 하나 이상의 시스템 구성 요소에 의해 영향을 받는 디자인을 선택할 때 가장 좋은 디자인을 선택할 수 있는 이점이 있다.

접근법의 평가 결과는 어떻게 적용할까?

순차 평가 접근법의 결과는 적용하기 단순하다. 체험 및 구성 평가를 통해 애플리케이션의 UI 또는 인터랙션 기술의 변경을 제안할 수 있다. 종합 평가의 결과는 비교를 통한 연구에서 훌륭한 또는 가장 유용한 인터페이스 또는 인터랙션 기술이다. 어쨌든 평가의 결과는 3D 애플리케이션의 인터페이스 변화에 직접적으로 연관이 있다.

테스트베드 평가의 결과는 테스트베드에서 연구된 작업을 사용하는 모든 3D UI에 적용할 수 있다. 예를 들어 테스트베드 결과는 3D UI의 가장 일반적인 작업 중 일부인 탐색과 선택/조작에서 사용할 수 있다(바우만 등 2001). 두 가지 방법으로 결과를 적용할 수 있다. 첫 번째 비공식적인 기술은 애플리케이션의 인터랙션 기술을 선택할 때 테스트베드 결과에 의해 생성된 가이드라인을 사용하는 것이다(바우만 등 1999). 조금 더 공식적인 기술은 (테스트베드의 성능 측정 평가 면에서 명시된)애플리케이션의 요구 사항을 사용해 요구 사항과 가장 가까운 인터랙션 기술을 선택한다. 두 접근법 모두 직관으로만 디자인된 동일한 애플리케이션보다 더 유용한 애플리케이션이 되도록 인터랙션 기술의 집합을 만든다. 하지만 결과가 상당히 일반적이기 때문에 3D UI는 확실히 더 많은 개선이 필요할 것이다.

다중 3D UI 상황에서의 일련의 구성 요소 평가의 결과는 평가된 시스템 구성 요소를 포함해 모든 3D UI 시스템에 적용할 수 있다. 많은 3D UI 시스템이 동일한 시스템 구성 요소를 포함하기 때문에 구성 요소 평가의 결과는 테스트베드 접근법의 결과보다 더욱 일반적으로 적용할 수 있다. 마지막으로 단일 구성 요소 평가는 하나 이상의 시스템 구성 요소를 제어하는 방법을 기반으로 디자인을 선택할 때 직접 적용할 수 있다.

11.7 3D UI 평가를 위한 가이드라인

11.7절에서는 3D UI의 유용성 평가를 수행하고자 하는 이들을 위한 몇 가지 가이드라인을 제시한다. 첫 번째 세부 항목은 일반적인 가이드라인이고, 두 번째 세부 항목은 공식적인 실험에 초점을 맞춘다.

11.7.1 일반적인 가이드라인

일반적인 가이드라인은 약간 비공식적인 평가 방법을 포함한다.

> **Tip**
> 비공식적인 평가를 한다.

비공식적인 평가는 애플리케이션의 개발 과정과 기본 인터랙션 조사 과정 모두에서 아주 중요하다. 애플리케이션의 상황에서 비공식 평가를 통해 디자인 영역을 좁히고 디자인의 결점을 지적할 수 있다. 기초적인 연구에서 비공식적인 평가는 좀 더 공식적인 분류와 실험으로 가기 전에 직관적인 수준의 작업과 기술을 이해하는 데 도움이 된다.

> **Tip**
> 기존의 UI와 3D UI 평가 사이의 차이점을 인정하고 계획한다.

11.4절에서 3D UI 평가의 여러 독특한 특징을 상세히 살펴봤다. 연구를 설계할 때 이런 차이점을 고려해야 한다. 예를 들어 여러 평가자를 준비하고 절차에 휴식을 포함시키며 휴식이 결과에 영향을 미치는지 평가한다.

> **Tip**
> 요구 사항에 적합한 평가 접근법을 선택한다.

인터랙션 기술 측면에서 살펴본 것과 같이 가장 좋은 유용성 평가 방법이나 접근법은 없다. 방법의 범위를 고려하고 11.6.4절의 질문과 같은 중요한 질문을 해야 한다. 예를 들어 새로운 인터랙션 기술을 설계하고 구현에 앞서 디자인의 유용성을 개선하려면 체험 평가 또는 인지 검토가 알맞다. 반면에 약간의 효율 차이가 중요한 작업을 위해 두 입력 기기 사이에서 선택을 해야 하면 공식적인 실험이 필요하다.

> **Tip**
> 넓은 범위의 측정 항목을 사용한다.

속도와 정확성이 유용성과 같은 것은 아니라는 점을 기억한다. 또한 유용성과 인터페이스의 사용자 경험에 대해 확실히 알고자 학습, 편의, 존재, 다른 측정 항목들을 살펴본다.

11.7.2 공식적인 실험을 위한 가이드라인

11.7.2절에서는 3D 인터페이스의 유용성 문제를 조사하는 공식 실험을 위한 다수의 가이드라인을 제시한다.

> **Tip**
> 일반적으로 적용할 수 있는 실험 설계

공식적인 실험을 한다면 많은 시간과 노력을 투자할 것이다. 그러므로 결과를 가능한 한 일반화하는 것이 좋다. 따라서 일반적인 설계 방법과 실제 애플리케이션과 관련될

수 있는 성능 측정 항목, 애플리케이션에 결과를 쉽게 적용할 수 있는 방법을 많이 고
민해야 한다.

> **Tip**
> 주요 실험에서 테스트해야 하는 변수를 확인하고자 시범 연구를 사용한다.

공식적인 실험을 수행할 때 특히 테스트베드 평가에서 무한한 시간과 참가자 없이 실
제 테스트를 수행하기 위한 변수가 종종 너무 많다. 작은 시범 연구는 수행 중인 작업
에 영향을 미치지 않기 때문에 특정 변수들을 제거할 수 있는 경향을 보인다.

> **Tip**
> 시스템 성능과 작업 성능 측정 항목을 위한 데이터 수집을 자동화한다.

11.4.1절에서 다뤘듯이 3D UI의 복잡성은 평가자를 위한 데이터 수집을 어렵게 할 수
있고, 3D UI 내에서 대상의 동작과 동작의 결과를 동시에 관찰하기 어려울 수 있다. 이
문제의 간단하지만 효과적인 해결 방법은 자동화된 데이터 수집 메서드를 3D UI 소프
트웨어 내에 또는 부수적인 소프트웨어로 구현하는 것이다. 이런 자동화된 데이터 수
집 메서드는 밀리초로 측정하고 모든 사전 정의된 에러를 식별하는 등 평가자 기반의
관찰보다 더 정확하다. 자동화 데이터 수집의 주요한 제약 사항은 추가의 데이터 수집
메서드를 프로그래밍하기 위한 시간과 노력이다.

> **Tip**
> 다양한 인터랙션을 찾아본다. 모든 상황에 가장 적합한 하나의 기술은 거의 없다.

3D UI의 유용성에 대한 대부분의 공식 실험에서 가장 흥미로운 결과는 인터랙션이다.
즉 A라는 기술이 항상 B라는 기술보다 좋은 것은 아니다. 오히려 X라는 특징이 있는
환경에서는 A라는 기술이 좋고, Y라는 특징이 있는 환경에서는 B라는 기술이 좋다. 통
계 분석은 이런 다양한 인터랙션을 보여 준다.

11.8 사례 연구

11.8절에서 두 사례연구의 평가 측면을 살펴본다. 다시 말해 이 책을 연속적으로 읽지 않았다면 2.4절에서 사례 연구에 대한 소개를 그리고 5~10장의 끝 부분에서 사례 연구에 대한 디자인 결정을 찾을 수 있을 것이다.

11.8.1 VR 게임 사례 연구

VR 게임 사례 연구의 소개에서 언급했듯이 이 디자인은 순수하게 생각으로 진행한 실험thought experiment이다. 3D UI를 디자인 경험이 많지만 여기서 제시하는 3D UI 디자인이 가장 좋다거나 특별히 좋은 것이라고 할 만큼 오만하지는 않다. 반대로, 경험에서 마음속으로 3D 인터랙션을 상상할 때 그 인터랙션 개념이 아주 흥미롭고 강력하지만, 실제로 구현했을 때 멋지거나 효과적이지 않았다. 이는 인터랙션이 어떻게 보이고 느껴지는지에 대한 모든 세부 사항을 상상하기 어렵기 때문이다. 상상에서는 아주 상세한 내용은 지나치는 경향이 있고, 3D UI 디자인에서는 상세한 내용이 생각보다 골치 아프기 때문이다.

이런 사례 연구는 VR 게임을 위한 완벽한 3D UI의 다양한 세부 디자인에 대해 고민하는 방법을 찾는 데 도움이 되고 여기서 설명한 일부 인터랙션 개념이 꽤 잘 동작하겠지만, 실제 프로젝트라면 효과적인 3D UI를 구현하고자 몇 차례의 프로토타입과 공식 평가가 필요할 것이다.

3D UI에서 프로토타입이 특히 중요하다. 기존 UI(데스크톱, 핸드폰 등)의 초기 프로토타입은 종종 낮은 충실도의 종이 프로토타입이나 와이어프레임이었지만, 더 완전한 구현이 필요하곤 하는 3D UI 프로토타입에 이런 접근법을 적용하기 어렵다. 불행히도 이는 3D UI 디자인은 빠르게 내뱉는 듯한 프로토타입을 3D UI에 적용할 가능성이 낮기 때문에 초기 단계에서 기존의 UI만큼 빠르게 진행할 수 없다는 의미다. 하지만 여전히 3D UI 개발 도구는 점점 더 강력해지고 많은 게임 엔진이 VR, AR, 추적 등을 지원한다. 그리고 게임의 다른 부분은 충실도가 높은 묘사 없이 인터랙션 개념의 프로토타입을 만들 수 있다.

이번 사례 연구에서는 개별 인터랙션 개념(선택/조절, 탐색, 시스템 제어)의 프로토타입 작업과 일부 비공식적인 구성 유용성 연구를 시작하고, 인터랙션의 빠른 개선을 위해 몇 차례 반복할 것을 제안한다. 이런 연구에서 많은 유용성 문제(중요한 기술의 재설계가 요구되는)와 기술을 수정해 적용할 곳을 찾을 수 있다.

다음 단계는 전체 게임의 대표가 되는 일부 공간을 사용해 모든 인터랙션 기술을 완벽한 UI 프로토타입으로 넣는 것이다. 개별적인 기술이 효과적이더라도 항상 함께 잘 동작하는 것은 아니기 때문에 모든 인터랙션 기술을 함께 평가해야 한다. 이런 구성 연구에서 인터랙션이 동작하지 않거나 함께 잘 연결되지 않는 중요한 문제를 발견할 것이다. 또한 표준 유용성 질문을 관리할 것이다.

완전한 3D UI가 만족스럽다면 실제 게임의 여러 레벨에 대한 넓은 범위의 실행 테스트로 넘어가 유용성뿐 아니라 더 넓은 범위의 사용자 경험을 살핀다. 이런 평가는 게임의 대상 고객의 일부를 참여시키고, 표준 UX 설문지와 재미, 불만, 감정과 같은 게임의 영향을 확인하기 위한 인터뷰를 해야 한다.

주요 개념

VR 게임 사례 연구와 관련해 살펴본 주요 개념은 다음과 같다.

- 상상 속에서나 종이에서 좋을 것 같은 3D 인터랙션 개념은 항상 효과적인 구현으로 이어지는 것은 아니다. 프로토타입 작업을 하는 것은 3D UI 디자인의 잠재력을 이해하는 데 중요하다.
- 개별 인터랙션 기술이 아닌 완전한 UI 평가를 확인한다.
- 유용성 평가부터 시작하지만 실제 UI 애플리케이션의 경우에는 더 넓은 사용자 경험을 이해하고자 유용성 평가 이상으로 확인해야 한다.

11.8.2 모바일 AR 사례 연구

10장의 모바일 AR 사례 연구 절의 내용에 이어 여기서는 하이드로시스 시스템의 다양한 지각적, 인지적, 물리적 인체 공학 문제 분석에 영향을 미치는 평가 접근법을 더 살펴본다.

지각적 문제와 관련해 AR 시스템은 넓은 범위의 다양한 문제를 보여 준다(크루이프 등 2010). 시스템의 개발 초기 단계에서 결과를 다소 궁금해 하며 가독성과 가시성 문제를 해결하고자 사용자 연구를 수행했다. 단순한 문서 기반의 실험에서 다양한 구조와 색상 특성이 있는 사용 환경을 묘사하는 다양한 배경을 사용했다. 이런 환경과 더불어 다양한 색상 스키마를 사용하는 라벨을 볼 수 있다. 약 10명의 사용자와 함께한 비공식 연구 결과는 그다지 놀라울 것도 없이 고대비의 조합을 가장 선호하는 것을 보여 줬다. 특히 전경과 배경 사이, 그리고 라벨과 본문 사이의 대비가 높게 묘사되는 이런 색상을 선호했다. 이 연구에서 특별한 결과도 하나 얻었다. 가장 알아보기 좋고 읽기 좋은 것으로 밝혀진 색상은 분홍색으로, 자연스러운 배경에서 눈에 띄고 글자를 읽기 쉽기 때문이다. 하지만 그 색상이 적합하지 않다고 결정했다. 적어도 우리 눈에는 시각적으로 만족스러운 디자인을 제공하지 못했기 때문이다. 하지만 다른 문화에서 이 색상 스키마가 전적으로 수용될 수도 있다.

서로 다른 디스플레이의 결과가 서로 다를 수 있다. 예를 들어 시야가 넓은 머리에 쓰는 디스플레이를 사용해 주변의 정보를 가시화할 수 있다. 하지만 시야 외부 영역은 중앙의 시선과 상당히 다른 색상으로 반응할 수 있다(기시시타 등 2014). 시야의 경계로 색상을 지각하기 위한 능력이 갈수록 줄어들기 때문이다. 이 문제와 서로 다른 디스플레이의 라벨 레이아웃 문제를 조사하고자 추가 연구를 수행할 수 있었다.

야외 평가를 수행할 때 무시할 수 없는 또 다른 문제는 환경 제어다. 야외에서 AR의 지각 중심 실험을 수행할 때의 가장 큰 어려움은 조명 제어다. 조명과 관련된 문제(화면 반사 등)의 영향을 최소화하는 방법이 있긴 하지만 제어하기가 거의 불가능하다. 예를 들어 날씨가 비슷하면 햇빛의 방향을 더 잘 제어하고자 매일 유사한 시간대를 선택할 수 있다. 반면에 의도적으로 서로 다른 조명 제어 상황에서 수행하는 평가는 평가하는 기술의 잠재력과 문제점을 더 잘 드러낼 수 있다. 최소한 평가의 결과를 더 잘 이해하고자 외부 조건(밝기, 가능하다면 햇빛의 각도)을 기록해야 한다.

하이드로시스에서 인지 문제도 중요한 역할을 했다. 다중 카메라를 사용하는 내비게이션 시스템을 통해 증강된 정보의 공간적 평가를 개선하고자 다양한 기술을 평가했다. 8장에서 살펴봤듯이 공간 지식 습득과 검색 성능에 대한 서로 다른 기술의 영향을 분석하고자 두 가지 연구를 수행했다. 첫 번째 실험(비아 등 2010)은 3개의 서로 다른 기술(모자이크, 터널, 전이)을 비교하는 총괄 평가였다. 어떤 기술이 지식 습득과 공간 인지에 가장 좋은 기술일지 평가하며 동시에 인지 부하와 사용자 선호도를 처리한다. 서로 다른 지역에서 여러 기술과 원격 카메라를 결합해 사용했다. 물리적인 위치들 간의 공간적인 지식 습득을 막고자 사용자의 눈을 가렸고 사전 지식의 영향을 줄이고자 잘 방문하지 않는 장소를 선택했다. 사용자에게 습득한 지식을 기반으로 위치의 공간 구성을 그리도록 요청했다.

사용자의 공간적 능력을 측정하고자 참가자는 실험 전에 SBSOD 설문지를 작성했다. 또한 NASA TLX와 RSME 등급을 사용해 주관적으로 느끼는 인지 부하 기술을 평가했다. 등급을 더 알아보려면 3장 '인간 요소와 기본 요소들'을 참고하자. 이 실험은 해당 방법의 긍정적인 면과 부정적인 면을 보여 줬다. 공간 능력과 인지 부하를 해결하기 위한 이런 등급은 유용하고 참가자들이 합리적으로 잘 수행할 수 있었다. 하지만 이렇게 자체 보고된 측정 항목은 초기 방향만 제시한다. 객관적인 측정 항목은(생체 센서를 사용한 스트레스 측정과 같은) 더 신뢰할 수 있고 유효한 결론을 얻기 좋다.

NASA TLX와 RSME는 기술들 사이의 결과가 크게 다르지 않았다. 게다가 지도를 해석하기 상당히 어렵다는 점을 발견했다. 이는 참가자에게 그림을 부분적으로 부호화하는 방법을 나타내는 범례를 초기에 제공하지 않았기 때문이거나 또는 결과를 비교하기 어렵기 때문이었다. 예를 들어 눈에 띄는 척도와 회전 오류를 발견했다. 하지만 이런 오류는 단순한 오프셋으로 정의하기 어렵기 때문에 오류를 수량화할 측정 항목을 만들기 어렵다. 이런 이유로 두 번째 실험에서 지도 그림과 RSME 척도를 없앴고 대신 주요 측정 항목으로 수행 시간을 사용했다.

실험은 사용자의 능력과 인지 부하 문제의 해결 가능성을 보여 줬고, 이 경우의 기술 선호도는 사용자의 수용 능력과 관련이 있었다. 또한 여러 사용자의 능력이 매우 다르고 결과를 해석하는 것이 항상 단순하지 않았기 때문에 인지 문제를 해결하는 것이 쉽지 않다는 결론을 내렸다. 일반적으로 두 번째 실험은 주관적인 측정 항목과 객관적인 측정 항목을 혼합했기 때문에 더 유효하고 신뢰할 만한 결과를 얻었다. 인지와 관련된 문제를 분석할 때 이 접근법을 추천한다. 주관적인 방법과 객관적인 방법의 결합으로 더 완벽하게 이해할 수 있다.

마지막으로, 인체 공학적 문제는 사용자의 편의와 시스템의 성능에 주요한 영향을 미침에도 불구하고 종종 3D UI 디자인에서 무시되곤 한다. 베스페르Vesp'r와 하이드로시스 장치의 다양한 공식 및 비공식 연구에서(5장의 '3D 사용자 인터페이스 출력 하드웨어' 참고) 인체 공학과 밀접한 관계가 있는 두 문제, 즉 손으로 잡는 방법과 자세를 분석했다. 우리가 개발한 손에 쥐는 여러 장치는 기기를 편안하게 잡고 조종 장치 또는 화면과 상호작용할 수 있도록 여러 잡는 법과 자세를 제공했다. 3장에서 살펴봤듯이 사용자 편의는 자세와 특정 자세를 잡고 있어야 하는 시간의 영향을 많이 받는다.

이 지식을 평가에 포함시키는 방법의 예로, 한 연구에서 사용자들은 서로 다른 자세로 작업을 수명하면서 다양하게 손에 쥐는 방법을 비교했다(그림 11.4 참고). 상대적으로 긴 사용 시간 동안 높은 각도 및 낮은 각도의 자세로 한 손과 두 손으로 쥐는 법을 비교했다. 기간은 약 30분 정도였다. 더 짧을 경우 모든 중요한 인체 공학 문제가 나타나지 않을 수 있다. 사용자들은 테이블에서 객체를 벽을 향해 상당히 높게 들었다. 실험 이후 사용자에게 물건과 무게, 손에 쥐는 형태, 손에 쥐는 재질, 자세, 사용자 편의 등 다양한 질문에 대한 응답을 요청했다. 실험에서는 사용자 편의와 선호도가 매우 다양하기 때문에 오로지 인체 공학에만 초점을 맞춘 장시간 테스트의 중요성이 나타났다. 더 자세한 내용은 베아스와 크루이프(2008)를 참고한다.

그림 11.4 사용자의 편의를 입증하고자 서로 다른 손에 쥐는 방법과 자세(이미지 출처: 에른스 크루이프와 에두아르도 베아스)

주요 개념

- **지각**: 시스템 제어 요소의 시각적인 형태와 일반적인 시야 관리를 확인한다. 시스템이 배치된 환경에서 AR 시스템을 평가하도록 한다. 결과에 선입견을 가질 수 있으므로 평가 중 외부 조건을 적절하게 처리한다.

- **인지**: 성능에 크게 영향을 미칠 수 있으므로 복잡한 시스템의 주관적인 정신적 부하를 평가한다. 더욱 정확하고 믿을 수 있는 관점을 가질 수 있도록 객관적인 측정 항목(성능 또는 생체 센서와 같은)을 사용해 확장하고 연관성을 보여 준다.
- **인체 공학**: 오랫동안 사용하는 시스템의 인체 공학을 연구한다. 사용자 편의와 피로도를 평가하고자 서로 다른 자세와 손에 쥐는 방법으로 설계된 작업을 사용해 장시간의 사용 기간을 평가한다.

11.9 결론

11장에서 3D UI의 평가와 관련된 문제의 개요를 살펴봤다. 배워야 할 가장 중요한 메시지는 거의 항상 평가가 필요하다는 점이다. 앞에서 다뤘던 모든 디자인 지식과 가이드라인, 기술에도 불구하고 초기 3D UI 디자인은 유용성과 사용자 경험 평가가 필요하고 이로써 반복적으로 디자인을 개선할 수 있다. 게다가 연구원들에 의한 공식 실험을 통해 3D 인터랙션을 더욱 잘 이해하고 모델 및 이론 설계를 위해 사용할 수 있는 새로운 지식, 가이드라인, 증거를 얻는다.

추천 도서 및 논문

다음과 같이 많은 초보 수준의 도서에서 유용성 평가와 UX 공학 기술을 훌륭하게 소개한다.

- Hartson, R., and P. Pyla (2012). *The UX Book: Process and Guidelines for Ensuring a Quality User Experience*. Waltham, MA: Morgan Kaufmann Publishers.

- Hix, D., and H. Hartson (1993). *Developing User Interfaces: Ensuring Usability Through Product & Process*. New York: John Wiley & Sons.

- Rosson, M., and J. Carroll (2001). *Usability Engineering: Scenario-Based Development of Human Computer Interaction*. San Francisco, CA: Morgan Kaufmann Publishers.

감사

11장의 일부 내용은 학술지 「Presence」의 더그 바우만, 조셉 가바드, 데보라 힉스의 기사 'A Survey of Usability Evaluation in Virtual Environments: Classification and Comparison of Meth-ods.'(*Presence: Teleoperators and Virtual Environments* 11(4): 404 – 424)에서 참고했다.

공저자와 자료의 재사용을 허가해 준 MIT Press에 감사한다. ⓒ 2002 MIT Press의 내용이다.

6부

3D 인터페이스의 미래

3D UI는 지난 몇 년 동안 숙성돼 왔지만 여전히 연구해야 할 문제가 많다. 문제는 근본적인 인간 요소 문제부터 다양한 일반 기술들을 하나의 복잡하지만 자연스러운 인터페이스로 매끄럽게 통합하는 문제까지 다양하다. 6부에서는 주요한 미해결 문제를 알아본다.

12장

3D 사용자 인터페이스의 미래

마지막 장에서는 연구원이나 학생, 또는 개발자들이 해결해야 할 미해결 문제들을 제시한다. 더욱 중요한 문제들을 많이 열거할 수 있지만, 이 분야의 연구 과제로 활용됐으면 하는 '상당히 어려운' 3D UI의 문제로 보이는 것들만 제한적으로 열거한다.

이 책의 첫 번째 판이 출판된 지 10년이 넘었지만, 그때 제기한 일부 문제는 아직도 해결되지 않았고 중요하다. 이는 일부 주요 도전이 이 도메인에서 해결하기 어려움을 말해 준다. 동시에 지난 10년간 이 분야가 상당히 변했고 특히 수준이 높은 고객 레벨의 기술과 실세계의 애플리케이션과 관련 있다. 이 모든 변화로 새로운 어려움이 생겼고 미해결 문제의 목록도 상당히 업데이트됐다.

물론 도전 과제의 목록 중 일부는 어느 정도 주관적이고, 투기적이며, 저자의 전제에 의해 편향적일 것이다. 그럼에도 이 목록은 3D UI의 다음 단계를 생각하고 이런 중요한 문제와 씨름하는 이들에게 도움이 될 것이다.

12.1 3D 디스플레이를 사용하는 사용자 경험

이 책의 대부분이 입력 기기와 인터랙션 기술 관점에서 본 3D UI에 관한 내용이지만, 출력 하드웨어(5장)가 VR, AR 등의 3D UI의 전반적인 사용자 경험에 큰 역할을 하는 것은 분명하다. 디스플레이의 어려움에 대한 미해결 연구 과제의 목록을 살펴본다.

완벽한 깊이 단서를 사용하는 미래의 시각 디스플레이는 3D UI 사용자 경험에 어떻게 영향을 줄까?

오늘날의 3D 디스플레이는 덜 현실적으로 보이게 만드는 많은 시각적 인공물이 있다. 한 가지로 이른바 수용체-수렴 불일치가 있다(5장의 5.2.1절 참고). 그래픽은 고정된 깊이로 나타나는 화면에 출력되기 때문에 사용자는 그래픽에 초점을 맞춰 보려면 화면의 깊이를 수용해야 한다. 하지만 입체 그래픽을 사용했을 때 왼쪽과 오른쪽 눈 그림이 그려져 사용자의 눈은 가상의 깊이로 객체를 보고자 회전할 것이다. 가상 객체 깊이와 화면의 깊이가 다르면 사용자의 눈은 뇌로 객체까지의 거리에 대한 모순된 신호를 보낸다.

투사되는 디스플레이(HWD 외)를 사용할 때의 또 다른 문제는 차폐 문제다. 이는 물리적 객체(사용자의 손과 같은)가 가상 객체 뒤를 지나갈 때 발생한다. 객체의 '실제' 위치에 따라 물리 객체가 가려져야 하지만 실제로는 가상 객체가 물리적 객체 뒤의 화면에 출력되고 가상 객체는 가려진다. 차폐 문제는 시스템이 실제 세계에 있는 객체의 깊이 정보를 충분히 갖고 있지 않을 때 AR 디스플레이에서도 발생한다.

이런 문제들은 '진짜 3D' 디스플레이로 해결할 수 있다. 즉 가상 객체 그래픽을 그 객체의 실제 깊이로 보여 줘 빛이 3D 공간의 적절한 지점에 오게 하고 모든 깊이 단서가 일치하게 한다. 이런 디스플레이의 프로토타입(용적, 홀로그램, 다초점, 조명 영역)이 개발됐지만(5장 5.2.2절 참고), 실제 사용을 위한 준비가 되지 않았고 기술적인 문제가 남아 있다.

3D UI의 관점에서 볼 때 이런 디스플레이를 사용하는 사용자 경험과 이런 디스플레이를 위해 적절하게 3D UI를 설계하는 방법에 관해 아는 것이 거의 없다. 더 완벽한 깊이 단서는 사용자의 공간적 이해 향상, 현존감 증가, 불편 감소, 거리와 크기에 대한 지각 향상에 도움이 될 것이라고 추정한다. 하지만 시각적 경험은 여전히 모든 면(FOV, 공간 해상도, 색상 재현, 동적 범위 등)에서 실제 세계와 구분되지 않는 것은 아니므로 이런 디스플레이는 뜻밖의 영향이 있을 수 있다. 이런 제약이 3D UI 사용자 경험에 어떤 영향을 미칠까?

사용자에게 짐이 되지 않는 효과적인 전신 햅틱 피드백 시스템을 어떻게 만들 수 있을까?

수십 년 동안 햅틱 기기와 시스템을 개발하고 연구했지만 진행은 느리다. 5장(5.4절)에서 살펴본 기기는 여전히 현실감과 일반적인 용도의 햅틱 느낌을 만드는 것과는 거리가 멀다. 일부 기기는 아주 현실적인 압력 피드백을 만들지만 일부 지점에서만 그리고 작은 작업 공간에서만 가능하다. 다른 기기들은 촉각을 제공하지만 사용자가 가상 객체를 통해 손을 계속 움직일 수 없다. 그러므로 햅틱 감각의 모든 다양한 요소, 즉 사용자의 손과 전신의 많은 지점의 저항과 탄성, 질감, 온도를 통합시켜 햅틱 시스템을 개발하는 것이 하나의 도전 과제다. 일반적인 용도로 쓰기 위한 시스템은 사용자가 걸을 햅틱 지형을 제공하고 또한 보행 시스템을 통합해야 한다.

공중에서 이동하는 것처럼 가상 객체를 통과하지 못하게 손 전체에 지형 참고 압력 피드백을 제공하고 가상 객체를 잡는 것처럼 디스플레이가 손가락에 압력을 가하는 움켜쥐는 피드백을 제공하는 그림 5.30의 시스템처럼 하나의 이상의 햅틱 감각을 통합하려고 시도한 시스템이 있다. 하지만 이것들은 상당히 많은 기초 시설이 필요하고 입거나 사용하고 벗기가 쉽지 않다. 따라서 두 번째 도전은 즐거운 사용자 경험을 제공하는 유용한 햅틱 시스템의 설계다. 이는 여러 학문 분야와 관련된 연구가 필요하다.

사용자의 모든 감각이 몰두하는 시스템을 설계할 수 있을까?

대부분의 VR과 AR 시스템은 가상의 자극을 하나의 감각 양식(시각)으로 제공하도록 설계되고 현실적인 오디오는 추가 기능으로 간주된다. 현실적인 3D 입체 그래픽으로 사용자의 시각적 감각을 가득 채우고 현실적인 가상 세계로 사용자를 감싸는 수준 높은 HWD가 있다. 물론 다른 감각 양식을 완전히 무시하는 것은 아니다. 모든 3D 장소에서 그럴듯한 소리를 만드는 공간 오디오 시스템이 있고, 현실감 있는 표면이나 질감을 출력하는 햅틱 기기도 있다. 몇 년 동안 많은 프로토타입이 증가하고 있지만 냄새, 맛, 전정 표시에 대한 작업은 적었다.

하지만 진짜 도전은 이런 모든 단일 감각 출력 유형을 매끄럽게 다중 감각 출력 시스템으로 통합하는 것이다. '스타트렉'의 홀로덱Holodeck처럼 어떤 시스템에서 객체와 환경을 완벽하게 현실적으로 보고, 듣고, 느끼고, 냄새 맡으며 맛을 느낄 수 있을 것이다. 구체적인 하나의 도전은 햅틱을 몰입형 영상과 통합하는 것이다. 가장 현실적인 햅틱 시스템은 지면을 참고하면서 사용자가 자유롭게 이동할 수 있는 몰입형 영상 시스템이 가장 좋다. 책상에 앉아야 하거나 많은 와이어와 기계 팔, 다른 하드웨어가 필요하기 때문에 대부분의 햅틱 기기는 서라운드 화면 디스플레이나 HWD와 통합하기 너무 복잡하다. 가령 이 기술적인 통합 문제를 해결하더라도 지각 단계에서 다양한 다중 감각 단서의 상호작용에 대한 연구 과제도 있다. 완벽한 다중 감각 디스플레이가 없다면 사용자는 보통 수준의 다중 감각 충실도에 사용자는 어떻게 반응할까?

12.2 3D UI 디자인

인터랙션 기술의 광범위한 지식과 디자인 전략, 실증적인 연구, 3D UI 디자인 가이드라인에도 불구하고 여전히 3D UI 디자인 영역에서 해야 할 연구가 많다.

기기와 작업, 인터랙션 기술, 애플리케이션 사이의 가장 좋은 조합은 무엇일까?

더 좋은 3D 기술 개발의 핵심은 더 좋은 3D 애플리케이션을 가능하게 하는 것이지만, 현재에도 여전히 특정 애플리케이션에서 사용하는 특정 기술의 사용성을 완전히 전부 알지 못한다. 이상적인 가이드라인(심지어 자동화된 프로세스)에서 애플리케이션의 설명(도메인, 작업, 사용자, 요구 사항, 제약 사항)과 적절한 기기(입력과 출력) 장비들, 인터랙션 기술을 제안한다. 이를 현실로 만들려면 많은 경험적인 연구를 수행해야 한다. 참가자의 작업과 도메인에 대한 다양한 3D 디스플레이 기기와 입력 기기의 유용성을 비교해야 한다. 입력 기기와 인터랙션 기술의 호환성을 평가하고, 입력과 출력 기기가 서로에게 영향을 미치는 방법을 이해해야 한다. 모든 기기와 기술의 단계에서 이렇게 한다고 해도 모든 문제의 답을 찾을 가능성은 낮다. 새로운 기기가 항상 개발되고, 같은 일반 유형의 두 기기도 중요한 차이가 있기 때문이다. 따라서 디스플레이 기기와 입력 기기, 인터랙션 기술의 기본적인 구성 요소와 특징에 대한 연구를 수행해야 한다. 구성 요소가 기초적인 작업과 복합적인 작업에 미치는 영향을 조사해야 한다. 11장의 11.6.3절에서 소개한 구성 요소 평가 접근법은 이런 목적에 적합하다.

AR 인터랙션 기술은 어떻게 현실과 가상 세계 모두에서 매끄러운 인터랙션이 가능할까?

완전한 가상 세계에서 UI 디자이너는 충분히 자연스러운 기술이나 마법 기술 또는 그 사이 어디쯤을 선택한다. 하지만 AR에서 사용자가 실제 세계와 상호작용하며 또한 가상 세계와도 상호작용을 하기 때문에 UI 디자이너가 자유롭게 선택할 수 없다. 어떤 경우에는 애플리케이션의 실제와 가상 부분에 서로 다른 인터랙션 방법을 사용하는 것이 적합하고 효과적일 수 있지만, 대부분의 애플리케이션에서 두 부분 모두에서 매끄러운 인터페이스가 가장 좋은 선택일 가능성이 높다. 그러므로 물리적 그리고 가상 객체 모두와 상호작용하는 인터랙션 기술에 도전해 본다.

이를 해결하는 일반적인 방법은 분명하게 보이는 인터페이스, 즉 가상 객체와 연결돼 있는 물리적 객체를 사용하는 것이다. 그러면 사용자는 가상 객체를 조종하고자 단순히 연결된 실제 객체를 집어 든다. 하지만 살펴봤듯이 마법 인터랙션 기술이 강력할 수 있으므로 AR 연구원들은 마법 기술을 사용해 실제 객체와 상호작용이 가능한지를 고려해야 한다. 단순한 예로 시스템이 실제 세계의 객체에 대한 정보를 갖고 있어야 광선 투사와 같은 마법 기술을 사용해 가상과 실제 객체를 모두 정확하게 선택할 수 있다는 점에 주의한다.

충분히 매끄러운 실제-가상 UI가 항상 가능한 것은 아니다. 그러므로 사용자가 실제 세계와 가상 세계를 전환하는 방법을 고려해야 한다. AR 디스플레이와 실제 세계의 시야 간 또는 가상과 실제 세계의 인터랙션 기술 간 전환할 때 사용자의 동작 흐름은 얼마나 끊기게 될까?

개별 3D 인터랙션 기술의 집합으로 어떻게 부드럽고 일관적인 3D UI를 만들까?

이 책의 4부에서 일반적인 3D 인터랙션 작업을 위한 많은 수의 개별적인 인터랙션과 개발자가 애플리케이션을 위한 인터랙션 기술 선택하는 데 도움을 주는 가이드라인을 살펴봤다. 하지만 애플리케이션에 유용한 인터랙션 기술을 선택하는 것은 전투의 절반일 뿐이다. 개별 디스플레이의 경우와 마찬가지로 다양한 기술을 하나의 매끄러운 3D UI로 통합하는 것이 해결해야 하는 또 다른 도전 과제다.

예를 하나 들어 본다. 이동을 위해서 포인팅 기술, 선택과 조작을 위한 광선 투사 기술을 선택하고, 하나의 입력 버튼만 있는 입력 기기를 사용한다고 하자. 사용자가 특정 방향으로 포인트를 가리키며 버튼을 누를 때 무슨 의미일까? 그 방향으로 이동할 생각일 수 있고 또는 그 방향의 객체를 선택하려고 했을 수 있다. 통합된 3D UI는 어떤 방법으로든 이 동작의 차이를 분명히 해야 한다. 예를 들어 사용자가 버튼을 빠르게 누른다면 선택 동작으로 처리하지만, 사용자가 버튼을 누르고 있다면 이동 동작으로 처리한다고 결정할 수 있다.

이런 통합 문제는 여러 작업을 위해 같은 메타포나 동작을 사용하는 통합 기술 또는 작업 호환 기술을 사용해 해결할 수 있지만, 일반적으로 기술을 통합하기 위한 가장 좋은 방법을 확인하고자 여전히 더 많은 작업이 필요하다. 어떤 기술들이 함께 잘 동작하는지 추가로 확인해야 한다.

어떻게 모든 가상 환경에서 이동할 수 있는 자연스러운 보행 기술을 제공할 수 있을까?

가상 세계를 물리적으로 걷는 것은 아주 흥미로운 경험이다. 걷기는 사용자가 아무 고민할 필요 없이 충분히 자연스러운 이동 기술을 제공하고, 현존감을 향상시키며 규모에 대한 감각을 증가시킨다. 하지만 걷기 영역이 가상 환경에서의 영역보다 작기 때문에 대부분의 가상 환경에서 유용한 이동 기술로 실제로 걷는 것을 사용할 수는 없다. 따라서 8장 8.4절에서 살펴봤듯이 3D UI 커뮤니티는 어떤 크기와 모양의 가상 환경에서든 제약 없이 보행이 가능한 자연스러운 걷기와 유사한 기술을 제공하는 것을 장기 목표로 한다.

이로써 한 곳에서 사용자가 계속 걷는 것 같은 보행 기기가 증가했으나, 지금까지 완전히 자연스러운 걷기 경험을 제공하고 사람이 걸어서 이동하는 전체 범위를 허락하는 기기는 없다. 또 다른 접근법은 자연스러운 걷기를 입력으로 사용하지만, 방향을 바꿔 걷는 기술처럼 사용자에게 제약이 없는 공간을 걷는 환상을 주고자 출력을 미묘하게 수정한다. 지금까지 방향을 바꿔 걷는 것은 여전히 큰 걷기 공간이 필요하고 사용자가 (a) 물리적 공간의 경계에 절대 닿지 않고 (b) 방향이 바뀌는 것을 알아채지 못한다고 보장하는 일반적인 용도의 방법이 없다.

이런 접근법은 모두 이뤄지겠지만 여전히 갈 길이 멀다. 어떤 의미에서 완전히 자연스러운 범용 보행 기기나 방향 전환 걷기 기술은 VR 이동 연구의 '성배'다.

맨손 입력을 기반으로 3D UI를 디자인하는 가장 좋은 접근법은 무엇일까?

제스처 기반의 인터랙션은 처음부터 3D UI의 일부였다. 1980년대 후기의 VPL의 데이터 장갑은 VR 시스템을 사용해 상호작용하는 가장 자연스러운 방법으로 여겨졌다. 확실히 가상 객체와 상호작용하는 가장 직접적인 방법이었고 도구는 손이었다. 실제 세계의 동작에서 내구성, 정확성, 표현력을 제공하는 잘 조정된 기기였다. 할리우드는 '마이너리티 리포트'와 '아이언맨2'와 같은 영화에서 제스처로 된 인터페이스의 인상적인 비전을 제시했다. 하지만 제스처 기반의 3D 인터랙션의 현실은 기대에 부응하지 못했고, 대부분의 실제 세계 3D UI는 손에 쥐는 3D 마우스, 게임 조종기 또는 터치 스크린을 통해 처리된다.

시각 센서를 통해 사용자의 맨손을 더 정확하게 추적하는 기술의 발달로 최근 제스처 기반의 인터랙션에 대한 관심이 다시 살아나고 있다. 아마도 이는 3D 제스처가 성공하지 못한 이유가 사용자가 3D 제스처를 사용하려면 다루기 힘든 장갑을 착용해야 하기 때문이라고 생각된다. 오늘날의 추적 시스템은 지난날의 제스처 감지 기술과 상당히 다르다. 하지만 여전히 가려졌을 때 손 모양의 정확한 예측, 엄지와 검지 사이의 핀치 같은 터치 이벤트의 정확한 감지 등의 기술적 어려움이 있다.

동시에 제스처 기반의 3D 인터랙션의 장애물은 단순히 기술적인 것만이 아니다. 자연스러워 보이지만 많은 작업을 위한 제스처 기반의 인터랙션을 설계하는 것은 단순하지 않다. 실제 세계의 모든 인터랙션에서 제스처를 사용하는 것이 아니므로 이는 단순히 실제 세계를 복제하는 문제가 아니다. 많은 시스템 제어 작업과 같이 3D UI에는 실제 세계와 유사하지 않은 작업이 있다. 그리고 중요한 인체 공학적 장애물이 있다. 사람은 피로하지 않게 오랫동안 공중에 팔/손을 들고 있을 수 없다. 흥미로운 연구 프로토타입이 있지만, 제스처와 맨손 3D UI가 흔해질지 또는 신기한 것으로 남을지는 지켜봐야 한다.

머신러닝 기반의 암시적 인터랙션과 명시적 인터랙션을 결합한 '스마트 3D UI'를 어떻게 디자인할 수 있을까?

제스처 인식과 제스처 기반의 인터랙션의 문제를 해결하고 이를 자연스럽게 느끼게 하고자 더 지능적인 인터페이스를 사용하는 방법이 있다. 미리 동작에 미리 정의된 매핑을 적용하기보다 사용자의 의도를 추론할 수 있다. 머신러닝^{ML} 기술은 3D UI 기술과 마찬가지로 성숙되고 있는 것 같으므로 더욱 강력한 3D 인터랙션이 가능하도록 이들의 결합에 대해 생각해 본다.

예를 들어 사용자가 어떤 방향의 제스처와 함께 '그거 거기다 둬'라고 말하면 기존의 인터페이스는 객체('그거')에 대한 정확한 설명과 그 시점에 정확하게 가리키는 제스처를 통해 목표 위치('거기')에 대해 요구한다. 반면에 지능적인 3D UI는 어떤 객체를 옮길 가능성이 높은지, 어떤 장소가 선택한 객체를 옮기기에 적합한지, 지난 몇 초 동안 사용자가 눈길을 준 객체가 어떤 것인지, 특정 사용자가 가리키는 경향이 어떤지 등 여러 요소를 기반으로 특정 객체와 목표 위치를 예측한다. 장면 이해와 딥러닝을 위한 기존 기술을 활용해 이런 관찰이 가능할 수 있다.

시스템이 사용자가 행동하기 전에 무엇을 생각하는지 아는 것처럼 사용자를 돕고 3D 인터랙션을 마법같이 느낄 수 있게 예측 및 제안하도록 여러 방법으로 ML 기술을 사용할 수 있다. 그리고 ML은 3D 인터랙션의 복잡성 때문에 다른 유형의 인터페이스 보다

3D UI를 개선할 가능성 있다.

하지만 이는 현재의 3D UI보다 상당히 어려운 유형의 인터랙션이다. 이런 스마트 3D UI는 명확한 입력(사용자가 직접적으로 무엇을 원하는지 가리키는)과 암시적 입력(시스템이 학습과 확률을 기반으로 사용자 의도에 대한 모델을 만들고자 사용자를 지켜보는 시스템)의 결합을 기반으로 한다. 본질적으로 이는 사용자가 완전히 통제하지 않고 시스템의 동작을 완전히 이해하지 못할 수 있다는 의미이다. 따라서 ML 기반의 스마트 3D 인터랙션에 대해 흥분하고 있지만, 3D UI 디자이너에게는 스마트 3D UI가 훌륭한 사용자 경험을 제공하기 위한 큰 도전이기도 하다.

AR과 VR 사이를 자연스럽게 전환하는 인터페이스를 어떻게 디자인할 수 있을까?

오늘날 일반적으로 AR과 VR은 서로 다른 기술적인 플랫폼에 의해 가능한 별개의 두 경험으로 여겨진다. 하지만 물론 AR과 VR은 많은 요소(3D 그래픽, 추적, 3D 입력)를 공유한다. 그리고 개념적으로 AR과 VR은 실제 세계와 가상 세계가 어느 정도 혼합된 연속체의 한 지점으로 볼 수 있다(밀그램과 기시노1994). 그러므로 AR과 VR의 기술은 결국은 하나의 혼합된 현실MR 플랫폼으로 통합될 가능성이 높고, 완전 몰입형 VR과 속이 다 비치는 AR 사이의 전환이 가능한 HWD를 예로 들 수 있다.

이렇게 결합된 플랫폼은 아주 강력할 수 있다. 특히 안경처럼 항상 착용할 수 있는 형태 요소의 경우, 특별한 방에 들어가거나 특수 장비를 착용하지 않고도 언제 어디서든 VR과 AR를 경험할 수 있을 것이다.

하지만 3D UI에서 이는 어떤 의미일까? 디스플레이 전환이 자연스럽다면 인터페이스의 변환도 자연스럽길 기대할 것이다. 한 모드의 인터페이스에 익숙한 사용자는 다른 모드에서도 익숙한 지식을 재사용할 수 있어야 한다. 또한 사용자가 각 모드에서 사용할 서로 다른 입력 기기를 선택해야 한다면 듀얼 모드 디스플레이는 쓸모가 없다.

동시에 앞서 논쟁했듯이 VR은 실제 세계의 제약이 없기 때문에 VR 인터랙션이 AR 인터랙션보다 더욱 표현력이 좋고 마법 같은 잠재력이 있다. 3D UI 디자이너는 일관성 있고 부드러우며 동시에 각각의 독특한 기회를 활용할 수 있는 AR과 VR의 인터페이스의 균형을 잡아야 한다.

어떻게 표현에 적합한 범용 핸즈프리 3D UI를 디자인할 수 있을까?

사람들은 손을 사용해 작업을 해왔지만 3장의 '인간 요소와 기본 요소들'과 4장의 '인간-컴퓨터 상호작용의 일반 원칙들'에서 살펴봤듯이 실제와 가상 객체를 사용하는 수동 인터랙션의 연구 역사가 길다. 하지만 어떤 상황에서는 핸즈프리 인터페이스가 요구된다. 예를 들어 팔 또는 손이 없는 장애인은 어떻게 가상환경을 사용할까? 운전자는 어떻게 이동 정보가 실제 세계 위에 겹쳐져 출력되는 AR 시스템과 상호작용을 할까? 오랫동안 대체 감각이 주요한 역할을 해야 할 때 필요한 보조 기술이 핸즈프리 인터페이스를 위한 영감의 원천이었다. 3D UI 디자이너는 항상 언어, 머리의 이동, 눈의 추적, 표정을 3D 인터페이스의 입력으로 제공하는 새로운 방법을 고려해야 한다.

하지만 아주 극단적인 상황에서 모든(또는 아주 제한적인) 신체 기반의 입력이 가능하지는 않다. 이는 뇌-컴퓨터 인터페이스의 영역이다(BCI, 6장의 6.4.2절 참고). 현재 BCI는 단순한 트리거를 만들거나 제한된 수의 대안 사이에서 선택하고자 사용할 수 있는 아주 제한적이고 아주 조잡한 신호만 제공한다. 탐색과 객체 조종과 같은 범용 3D 인터랙션을 위해 BCI(시선 추적 같은 다른 입력과 결합하려면)를 사용하려면 아주 많은 연구가 필요하다. 컴퓨터는 복잡하고 시끄러운 뇌 신호에서 사용자의 의도를 파악하고자 학습하므로 머신 러닝이 이런 노력에 중요한 역할을 할 가능성이 높다.

표준 3D UI가 있어야 할까?

UI가 어느 정도 표준화되지 않는다면 일반적인 사람들에게 컴퓨터가 유용하지 않을 것이다. 오랜 기간 데스크톱 컴퓨터는 WIMP(윈도우, 아이콘, 메뉴, 포인트와 클릭) 인터랙션 스타일을 사용했고, 모든 애플리케이션에서 이런 표준 인터페이스 요소를 사용하도록 만들었기 때문에 사용자는 긴 훈련이나 안내 책자를 읽지 않고도 애플리케이션을 바르게 이용할 수 있었다. 스마트폰이나 태블릿의 터치 기반 인터랙션도 마찬가지다. 사용자가 기대하는 것과 상호작용 하는 방법을 알 수 있는 사실상의 표준이 있다.

현재 3D UI를 위한 표준 비슷한 것도 없다. 인터페이스는 새로운 각각의 애플리케이션을 위해 별도로 설계하고 구현한다. 일부 기술과 메타포는 꽤 일반적이긴 하지만 같은 기술을 서로 다른 두 애플리케이션에 사용할 때 완전히 다르게 구현될 수 있다.

표준을 정의하고자 다양한 기술과 메타포의 유용성 그리고 다양한 기기와 이런 기술 및 메타포의 결합에 대한 더 많은 경험적 증거가 필요하다. 표준을 실제로 사용하고자 표준의 집합과 모든 애플리케이션에서 재사용할 수 있는 일반적인 구현도 필요하다.

하지만 어쩌면 가장 큰 문제는 표준을 원하는지 여부다. 누군가는 3D UI는 2D UI보다 상당히 복잡하다고 그리고 3D UI를 위한 입력과 출력 기기는 하나의 표준의 맞추기에 상당히 다양하다고, 3D UI 애플리케이션은 최적의 유용성을 위해 전문적인 전용 인터페이스 디자인이 필요하다고 주장할 수 있다.

하지만 소비자 중심의 VR과 AR 시스템이 나타나면서 3D UI 표준에 가까워져야 한다. 첫째, 이런 시스템을 사용하는 '실제 사람'의 수(단지 연구원들과 개발자가 아닌)가 기하급수적으로 증가하고, 이런 사용자는 다양한 여러 애플리케이션을 사용한다. 둘째, 시스템은 애플리케이션 간의 사용자 경험(사용자가 앱을 실행하고 설정을 조정하는 기본적인 홈 월드)을 제공하려 하고 이는 자체 3D UI가 필요하다. 이런 모든 경험을 사용자가 이해할 수 있고 유용하게 하고자 디자이너는 선택과 메뉴 같은 기본적인 내용에 대한 최소한의 표준을 정의해야 한다. 기본적으로 표준은 어떤 상황에서든 그리고 어떤 기술과 함께 사용하든 누구나 이해할 수 있을 가능성이 높다. 상당히 큰 3D UI 디자인 영역에서 일관성 있고 이해할 수 있는 UI를 제공하면서 계속해서 혁신하는 것은 어려울 것이다.

12.3 3D UI 개발과 평가

하드웨어 기술과 설계 문제 외에 3D UI의 개발 과정과 관련된 어려움도 있다.

어떻게 3D UI의 프로토타이핑을 빠르게 할 수 있을까?

UX 개발 수명 주기는 분석, 설계, 구현, 평가(4장 '인간-컴퓨터 상호작용의 일반 원칙들'의 4.4절 참고)의 기본적인 네 액티비티를 포함한다. 이 중에서 구현은 3D UI 연구원들에게 가장 주목받지 못했다. 실제로 3D UI의 소프트웨어를 위한 프로토타이핑 방법은 심하게 부족하다(3D UI 입력 기기를 위한 프로토타이핑 접근법은 많다. 6장의 6.6절 참고). 새로운 소프트웨어 기반의 인터랙션 기술을 사용하는 3D 인터랙션 디자이너는 프로토타입에서 구상 중인 사용자 경험을 구현할 때 선택에 제약이 있다. 아주 낮은 충실도의 종이 프로토타입(예를 들어 스토리보드)이나 높은 충실도의 완전한 구현(예를 들어 게임 엔진에서 개발된 애플리케이션)을 사용할 수 있지만 3D UI를 위한 보통 충실도의 프로토타이핑 도구는 부족하다. 설계와 평가 프로세스 작업을 반복적으로 수행하려면 비용과 시간 측면에서 많은 비용이 들지 않고 상호작용을 하는 사용자 경험의 훌륭한 근사치를 얻을 수 있는 보통 충실도의 빠른 프로토타이핑 기술이 필요하다.

여기서 여러 방향의 가능성이 있다. 개발자가 상세한 구현 내용을 지정하지 않고 3D UI를 설명할 수 있도록 플랫폼에서 독립적인 설명 언어가 필요하다. 유용한 추상적 개념일 뿐 아니라 연구원들이 서로 다른 플랫폼이나 엔진을 사용하더라도 그들의 UI 디자인을 공유하는 방법을 제공한다. 여러 일반적인 인터랙션 기술이 구현돼 있고 개발자가 단순하게 기술(그리고 기기)을 따로 선택해 완전한 3D UI를 완성하는 플러그-앤드-플레이 3D UI 툴킷이 사용하기 좋다. 특정 작업(예를 들어 조작, 이동)을 위한 프로토타이핑 기술을 위해 디자인된 일반적인 환경에서 디자이너는 각 프로토타입에 대한 테스트 환경을 설계하지 않아도 된다. 마지막으로 예제를 통한 개발 접근법은 복잡한 제스처 인식기를 구현하지 않고 제스처 기반의 인터페이스 프로토타입 동작을 개발하는 데 유용하다. 이 분야의 연구가 유망하다.

AR 애플리케이션을 어떻게 효과적으로 평가할 수 있을까?

11장에서 살펴봤듯이 VR 인터페이스의 평가는 어렵다. 하지만 어떻게 보면 AR 애플리케이션의 평가는 문제가 더 많다. 일반적인 AR 설정은 시각적으로 비치는 HWD를 사용할 수 있고, 따라서 사용자는 실제 세계의 직접적인 시야 위에 겹쳐지는 그래픽을 본다. 이런 형태에서 평가자는 사용자가 보는 것을 정확하게 볼 방법이 없다. 평가자의 눈은 사용자의 눈과 똑같은 위치에 있을 수 없기 때문이다. HWD에 정면 카메라와 안구 추적기가 있다면 시스템은 사용자의 시야에 근접할 수 있겠지만, 실제 세계의 시각 자료의 질이 상당히 떨어지고 관점은 정확하게 일치하지는 않을 것이다. 이런 제약으로 사용자가 무엇을 하고 있는지, 무슨 문제가 있는지 또는 무엇을 가리키거나 무엇에 대해 말하고 있는지 이해하는 데 어려움이 있다.

대안은 추가의 HWD 또는 추적 카메라를 사용해 평가자에게 동일한 증강 화면을 보여주는 별도의 관점을 주는 것이다. 이는 사용자 행동을 자연스럽게 볼 수 있지만 여전히 사용자의 직접적인 경험을 재현하지 못한다. 두 접근법을 결합해 사용할 수 있지만, 이는 데이터를 이해하는 데 여러 평가자 그리고/또는 세션 이후 리뷰가 필요할 것이다.

야외용 모바일 AR은 평가가 더 어렵다. 예를 들어 환경(날씨, 조명, 화면 내의 다른 사람들의 존재)을 제어할 수 없다. 이 문제를 해결하기 위한 접근법은 AR 시뮬레이션에서 연구를 수행하는 것이다(즉 VR과 함께 AR을 시뮬레이션한다). AR 평가 방법은 더 많은 연구를 하기에 적합한 영역이다.

어떻게 추적 평가 세션을 수행할 수 있을까?

서로 다른 많은 영역에서 자주 단기 평가를 수행했지만, 종종 특정 인터페이스 사용의 장기적인 영향을 확인하기는 어렵다. 이런 영향을 포착하는 데 정기적인 간격으로 또는 며칠 또는 몇 주간 지속적으로 같은 연구 참가자들을 관찰하는 추적 평가가 필요하다. 예를 들어 사용자가 시스템을 학습할 때 작업 설정에서 AR의 작업 성능이 어떻게 향상되는지 또는 긴 VR 세션 과정 동안 실제 세계의 알림에 대한 사용자의 반응이 어떻게 바뀌는지 살펴보는 것이 흥미롭다.

하지만 기존 사용자 인터페이스에서도 까다로운 추적 연구는 3D UI에서 특히 문제가 된다. VR과 AR의 장기적인 사용의 영향은 여전히 알려지지 않았고, 평가자는 연구 기간과 이후에 참가자 부작용의 위험을 감수해야 한다. 게다가 현재 많은 3D UI 중 특히 실험적인 것은 충분히 견고하지 않아서 오랜 연구 과정 동안 문제 없이 지속적으로 동작하리라 보장할 수 없다. 그럼에도 3D UI가 빠르게 일상 생활의 일부가 되고 있기 때문에 곧 이런 평가를 수행해야 할 필요가 있을 것이다.

12.4 실세계의 3D UI

실세계에서 주요 액티비티를 위해 사용되는 3D UI가 적었기 때문에 몇 년 동안 3D UI 연구원들의 단일 작업과 간단한 애플리케이션, 단기 사용에 대한 연구는 충분했다. 이제 소비자 기술과 유명한 게임 애플리케이션으로 인해 모든 것이 변했다. 마라톤 VR 게임 세션이 개최되고, 사람들은 언제 어디서든 스마트폰을 꺼내 좋아하는 AR 게임을 확인하며 심지어 일부 사무실 근로자들은 데스크톱 모니터를 완전히 없애고 모든 작업을 3D UI로 하고 싶어한다. 이런 용감한 새 세상은 심각한 연구 과제를 의미한다.

사이버 멀미를 방지하는 가장 효과적인 전략은 무엇일까?

수십 년의 연구에서 시뮬레이터 멀미와 사이버 멀미를 측정하고 이해하며 왜 이런 현상이 발생하는지 설명하는 이론을 세우게 됐다. 하지만 궁극적으로 소수만이 그들을 아프게 할 수 있는 자극들에 정기적으로 노출됐다. 이제 모든 것이 바뀌었다. VR 제조사들은 이것이 심각한 문제라고 인식한다. 만약 그들의 시스템을 사용한 누군가 심각하게 아프다면 더이상 사용하지 않거나 친구들에게 추천하지 않을 것이다. 따라서 일반적인 경고 메시지를 제공할 뿐 아니라 편안함 평가와 편안함 모드를 제공해 어디서든 사용자 경험 중 사용자가 아프지 않도록 노력한다.

그래서 사이버 멀미 연구가 긴급해졌다. 하지만 사람들이 아픈 이유를 이해하는 것에서 아프지 않도록 막는 것으로 초점을 바꿔야 한다. 단순하게 사용자에게 시스템을 사용하지 말라고 하거나 사용을 제한할 수 없다. 예를 들어 사용자는 강렬한 게임을 하고 싶어 한다고 하자. 환경 조작, 탐색 기술 변경, 멀미약 사용, 단서의 충돌을 줄이기 위한 최소한의 전정 단서 제공, 심지어 직접적인 전정 시스템 자극 등 사이버 멀미를 막을 것으로 기대되는 방법이 있다. 가장 효과적인 방법을 찾아내는 연구원은 AR과 VR의 편의성에 막대한 영향을 끼칠 것이다.

장시간 VR 세션의 영향은 무엇일까?

앞서 살펴봤듯이 오늘날의 높은 질과 낮은 비용의 콘텐츠, 디스플레이, 추적으로 많은 사람들이 VR에서 많은 시간을 보낸다. 하지만 장시간 사용과 그 영향에 대한 연구는 아주 적다. 이것이 3D UI에 대한 추적 연구 방법이 필요한 이유다(앞 절 참고). 마지막 질문에서 설명했듯이 긴 세션 동안의 사용자 편의에 대한 연구가 반드시 필요하지만 다른 많은 효과가 있을 수 있다.

얼마나 오랜 시간 VR에 노출돼야 실제 세계에서의 지각과 활동에 영향을 미치고 이후 유증은 얼마나 지속될까? 작업 성능과 관련해 - 학습을 위한 긴 세션 동안 작업 성능이 향상될까? 또는 일정한 시간 이후 고장날까? 사용자가 VR에 더 오래 몰입할수록 현존감 수준도 높아질까? 폭력이나 무서운 상황을 묘사하는 실감나는 가상 세계에 몰입하면 심리적인 영향이 있을까? 반복되는 장시간 VR 노출이 실제 세계의 사회적 상호작용과 관계에 어떤 영향을 미칠까? 이런 중요한 문제와 다른 많은 것들이 이제 처음으로 연구될 수 있다.

항상 켜져 있는 AR은 어떤 영향이 있을까?

장시간의 AR 사용의 연구와 비슷하지만, 또한 미묘하게 다르다. 오랜 시간 동안 'AR에 들어가'는 대신, 미래에는 오늘날의 스마트폰을 사용하는 것과 같이 AR 디스플레이를 사용할 수 있다. 즉 AR 디스플레이가 충분히 편안하고 사용 가능하며 유용하다면 사용자는 디스플레이를 하루 종일 착용할 수 있다. 확실히 모바일과 웨어러블 인터랙션에 대한 연구는 관련이 있지만, AR은 일부 새로운 차원이 더 추가되고 모바일이나 웨어러블 기기보다 더 많은 영향을 미칠 가능성이 크다.

여기서 주의 분산과 같은 문제에 대한 연구가 필요하다. AR 디스플레이로 인해 실제 세계의 잠재적인 위험이나 아니면 중요한 일들에 대한 사용자의 집중이 흐트러질까? 한편으로는 항상 실제 세계가 시야에 보이므로 AR 디스플레이가 스마트폰보다 낫다. 하지만 다른 한편으로는 실제 세계에 잡동사니를 추가하고 별도의 정보 레이어로 인식되게 해 사용자에게 증강 또는 현실 중 하나를 선택해 주목하도록 강요할 수 있다. 또한 항상 켜져 있는 AR은 사용자가 AR 기기에 집중하고 AR 기기로 상호작용을 하면서 동시에 다른 사람들과 사회적인 관계를 맺는 등 사회적 영향이 크다. 마지막으로 어떻게 사람들의 실제 세계의 활동에 대한 집중을 너무 흐트러뜨리지 않고 격려하는 AR의 세부적인 상호작용을 설계할까?

3D UI의 실질적인 이익을 수치화할 수 있을까?

VR과 AR, 다른 3D UI 기술은 여전히 산업 환경에서 상대적으로 적게 사용된다(기름이나 가스 탐사, 자동차 설계, 훈련/시뮬레이션과 같은 분야에서 눈에 띌 만한 성공을 했지만). 산업은 종종 이런 기술을 시연하기에 멋지고 좋지만 일상적으로 사용하기에는 충분한 이익이 없는 것으로 인식한다. 그러므로 3D UI 커뮤니티를 위한 도전은 이런 기술의 이익을 수치화하는 것이다. 즉 돈으로 전환할 수 있는 구체적인 결과를 입증하는 것이다. 다른 영역에서 이런 이익은 다른 형태일 수 있다. 제조업에서의 이익은 작업자의 생산성 향상일 것이다. 교육자의 이익은 학생의 이해 증진이고, 과학자의 이익은 데이터셋에 대한 더 훌륭한 통찰력일 수 있다.

이런 이익은 증명하는 것이 어렵지만 이를 측정하기 위한 유효한 실험을 설계하는 것은 더욱 힘들다. 기존의 HWD 기반의 VR 시스템과 기존 데스크톱 컴퓨터 시스템의 작업 완료 시간을 비교하는 실험을 수행하고, HWD의 경우가 확실히 빠르다는 사실을 발견했다고 하자. 그렇다면 결론은 무엇일까? 차이점의 원인은 무엇일까? 물리적인 몰입이나 머리 추적, 현존감, 3D 입력 기기의 사용, 3D 인터랙션 기술의 사용 또는 이런 것들의 결합일까?

그러면 3D UI 기술의 이익을 수량화하기 위한 첫 단계는 이런 모든 변수들을 분리하는 방법론을 사용해 어디서 이익이 생기는지 아는 것이다. 다시 11장 11.6.3절의 구성 요소 평가 접근법을 참고한다. 앞의 예제에서 구성 요소 평가는 3D 입력 기기가 결정적인 차이라고 보여 준다. 그러면 아마도 비용, 복잡성, 잠재적인 불편이 있는 HWD 기반 시스템을 피하고 표준 데스크톱 출력 모니터와 3D 입력 기기를 사용해 같은 이익을 얻을 수 있다.

12.5 3D UI 애플리케이션

12.5절에서는 3D UI의 최종 사용자 애플리케이션에 대한 연구 과제를 설명한다.

일상적인 작업을 위한 3D UI를 어떻게 설계할 수 있을까?

12장에서 지금까지 살펴봤듯이 3D UI와 관련된 기술들은 실세계의 다양한 영역에서 사용이 폭발적으로 증가하는 변곡점에 있다. 게임과 특정 산업의 일부 틈새 애플리케이션에서는 이미 그렇지만, 다른 많은 환경의 일반적인 대중은 아직 3D UI의 잠재적인 이익을 알아차리지 못했다.

수년간 연구원들은 몇 가지 예로 다양한 건축물 설계, 건설 시각화, 가상 관광, 의료 훈련, 신체적 재활, 교실 교육, 현장 데이터 분석, 정보 분석 영역의 작업을 위한 VR과 AR 애플리케이션의 프로토타입을 설계했다. 하지만 사무실, 교실 또는 현장에서 실제 작업을 위한 애플리케이션이 가능한 적절한 시기가 아니었기 때문에 이런 애플리케이션의 대부분은 개념 연구로만 설계됐다. 이제 3D UI 디자이너의 도전은 장난감 시연이 아닌 실제 사용자 경험을 설계하는 어렵고 세부적인 작업이다.

3D UI 개발 및 모델링 도구로 3D UI를 사용할 수 있을까?

추가 3D UI 개발을 가능하게 하는 도구로 3D UI의 사용 가능성이 흥미롭다. 예를 들어 VR 애플리케이션의 화면을 모델링하기에 VR보다 더 좋은 곳이 있을까? 또는 선생님이 AR 시스템을 사용해 가상 객체가 어디 있어야 하는지 어떻게 반응해야 하는지 정의한 AR 전시품을 교실에 놓아두면 어떨까?

앞의 질문에서 설명한 대부분의 애플리케이션처럼 많은 연구 프로토타입이 있었고, 특히 VR 설계 도구는 VR 화면 모델링의 의미가 있었다. AR과 VR에서 대화형 AR과 VR 애플리케이션 개발에 대한 연구는 거의 없었지만 개념은 어느 정도 확장됐다. 아직 증명되지 않은 것은 이런 접근법이 실제 3D 애플리케이션을 설계하기 위한 생산에서 사용될 수 있는지 그리고 효율성, 이해도, 사용자 만족 측면에서 3D UI를 사용해 3D UI를 설계하는 것이 정말 더 좋은지다.

소셜 및 협업을 위한 3D UI를 어떻게 설계해야 할까?

많은 3D UI 기술은 기본적으로 단일 사용자를 고려한다. 하지만 이런 기술이 여러 사람들을 연결하고 심지어 함께 작업하는 데 도움이 될 수 있다는 사실을 아는 것이 어렵지 않다. 소셜 및 협업을 위한 3D UI이 확실히 나타날 것이고, 이런 사용자 경험을 훌륭하게 만들기 위한 연구가 필요하다.

일부 애플리케이션은 온전히 소셜이다. 예를 들어 VR은 전 세계의 사람들을 같은 가상 공간으로 데려오기 위해 사용할 수 있다. 하지만 이는 사람들을 어떻게 묘사해야 하는지(즉 아바타 디자인), 언어 능력과 조잡한 제스처 이상의 적절한 사회적 단서를 줄지, 가상 세계에 있을 때 적합한 사회적 규약은 무엇인지(즉 두 가상 캐릭터가 같은 가상 공간에 거주할 때 어떻게 '개인 공간'을 유지할지 또는 다른 사용자가 바로 옆으로 순간적으로 이동할 때 어떻게 개인적인 대화를 할지) 등 많은 문제를 발생한다.

많은 3D UI 애플리케이션 영역에서 협업과 다중 사용자 작업은 일반적이다. 자동차 제조를 생각해 보자. 새로운 차 모델을 설계할 때 한 사람이 모든 작업을 하지 않는다. 전문가의 팀이 긴 시간 동안 최종 디자인을 만들고자 함께 일한다. 이런 팀을 위한 공동의 3D UI는 평범하지 않다. 단순하게 단일 사용자 UI의 합이 아니다. 협업은 앞서 설명한 소셜 과제를 포함해 아주 많은 인터페이스 과제뿐 아니라 인식(누가 여기 있는가? 어디에 있는가? 무엇을 하고 있는가?)과 작업장 제어(누가 객체로 작업을 하고 있는가? 객체를 어떻게 얻을까?) 문제도 있다. 점차 소셜 및 협업을 위한 VR과 AR 연구를 볼 수 있겠지만 여전히 해야 할 일이 많다.

3D UI의 킬러 앱은 무엇일까?

널리 성공한 기술들은 모든 사람이 그 기술 없이는 사용할 수 없다고 느끼게 만드는 어떤 애플리케이션 때문에 성공했다. 퍼스널 컴퓨터에서 원래의 킬러 앱은 (VisiCalc 프로젝트에서 개척된) 스프레드시트로, 개발할 필요 없이 복잡하고 지루한 비즈니스 및 회계 작업을 단순하게, 자동으로, 시각적으로 만들었다. 대부분의 사람들이 이에 대해 알기 전부터 수년 동안 인터넷이 존재했지만 월드 와이드 웹과 웹 브라우저가 모든 사람이 방대한 양의 정보에 접근할 수 있게 하고 인터넷을 세계 각국의 생활의 일부로 만들었다.

그렇다면 3D UI는 어떨까? 언젠가 모든 집에서 (VR 기반의 게임 콘솔을 넓게 채용해) 몰입형 VR을 찾게 될까? 모든 비즈니스 전문가가 모바일 AR 시스템을 필요로 할까? 그렇다면 어떤 애플리케이션이 실제로 이 채용을 주도할까? 아니면 3D UI는 일부 영역의 특수 작업을 위해 제한적으로 사용될까? 물론 후자의 결과가 3D UI의 실패를 의미하지는 않는다. 특수한 상황에서만 사용되는 많은 기술이 있고(잠수함, 야간 투시경, MRI 기계 등) 그 기술들도 성공한 것으로 평가된다.

이 질문의 분명한 답은 게임이 3D UI의 킬러 앱이고, 분명히 현재의 유행이라는 것이다. 하지만 콘솔 제조사들은 차세대 기기의 판매를 위해 최신 혁신 기술을 찾기 때문에 게임 기술은 나타났다가 사라지는 경향이 있다. AR이 클라우드에서 모든 정보에 대한 기본적인 포털이 된다면 정보 접속이 3D UI의 킬러 앱이 될 것이다. 하지만 미래는 확실하지 않다. 우리는 알란 카이와 함께 3D UI 디자이너에게 '미래를 예측하는 가장 좋은 방법은 이를 발명하는 것이다'라고 말한다.

Accot, J., and S. Zhai (1997). "Beyond Fitts' Law: Models for Trajectory-Based HCI Tasks." *Proceedings of the 1997 ACM Conference on Human Factors in Computing Systems (CHI '97)*, 295–302.

Accot, J., and S. Zhai (1999). "Performance Evaluation of Input Devices in Trajectory-Based Tasks: An Application of the Steering Law." In *Proceedings of the SIGCHI conference on Human Factors in Computing Systems*, 466–472.

Achibet, M., M. Marchal, F. Argelaguet, and A. Lécuyer (2014). "The Virtual Mitten: A Novel Interaction Paradigm for Visuo-Haptic Manipulation of Objects Using Grip Forces." In *Proceedings of the IEEE Symposium on 3D User Interfaces*, 29–30 March 2014, 59–66.

Adler, H. E. (ed.) (1971). "Introduction: Orientation In Animals and Man." *Annals of the New York Academy of Science*, 188, 3–4. doi: 10.1111/j.1749-6632.1971.tb13084.x.

Agrawala, M., A. C. Beers, I. McDowell, B. Fröhlich, M. Bolas, and P. Hanrahan (1997). "The Two-User Responsive Workbench: Support for Collaboration through Individual Views of a Shared Space." *Proceedings of SIGGRAPH '97*, 327–332.

Airey, J., J. Rohlf, and F. Brooks (1990). *Toward Image Realism with Interactive Update Rates in Complex Virtual Building Environments*. University of North Carolina at Chapel Hill, TR90–001.

Akenine-Möller, T., E. Haines, and N. Hoffman (2008). *Real-Time Rendering,* Third Edition. Natick, MA: AK Peters.

Alahi, A., R. Ortiz, and P. Vandergheynst (2012). "FREAK: Fast Retina Keypoint." In *Proceedings of the IEEE Conference on Computer Vision and Pattern Recognition (CVPR),* 510–517.

Alakrishnan, Ravin B, and K. Hinckley (1999). "The Role of Kinesthetic Reference Frames in Two-Handed Input Performance." *Proceedings of the 12th Annual ACM Symposium on User Interface Software and Technology*. November 07–10, 1999, Asheville, NC, 171–178.

Alexander, C., S. Ishikawa, and M. Silverstein (1977). *A Pattern Language: Towns, Buildings, Construction*. Oxford University Press.

Allen, B. D., G. Bishop, and G. Welch (2001). "Tracking: Beyond 15 Minutes of Thought." *SIGGRAPH Course #11.*

Allen, B. D., and G. Welch (2005 November). "A General Method for Comparing the Expected Performance of Tracking and Motion Capture Systems. In *Proceedings of the ACM Symposium on Virtual Reality Software and Technology*, ACM, 201–210.

Allison, R., L. Harris, M. Jenkin, U. Jasiobedzka, and J. Zacher (2001). "Tolerance of Temporal Delay in Virtual Environments." *Proceedings of IEEE Virtual Reality 2001,* 247–256.

Altmann, J. (2001). "Acoustic Weapons—A Prospective Assessment." *Science & Global Security* 9, 165–234.

Anabuki, M., H. Kakuta, H. Yamamoto, and H. Tamura (2000). "Welbo: An Embodied Conversational Agent Living in Mixed Reality Spaces." *Proceedings of the 2000 ACM Conference on Human Factors in Computing Systems (CHI 2000), Extended Abstracts,* 10–11.

Anderson, C. (2014). *Makers: The New Industrial Revolution*. New York: Crown Business.

Anderson, J. (1983). *The Architecture of Cognition*. Cambridge, MA: Harvard University Press.

Andre, T. S., R. H. Hartson, S. M. Belz, and F. A. McCreary (2001). "The User Action Framework: A reliable foundation for usability engineering support tools." *International Journal of Human-Computer Studies* 54(1): 107–136.

Andujar, C. and F. Argelaguet (2007). "Virtual Pads: Decoupling Motor Space and VisualSpace for Flexible Manipulation of 2d Windows within VEs." *Proceedings of the 2007 IEEE Symposium on 3D User Interfaces (3DUI' 07)*, 99–106.

Angel, E., and D. Shreiner (2011). *Interactive Computer Graphics: A Top-Down Approach with Shader-Based OpenGL*, sixth Edition. New York: Addison-Wesley.

Angus, I., and H. Sowizral (1996). "VRMosaic: Web Access from Within a Virtual Environment. *IEEE Computer Graphics and Applications* 16(3): 6–10.

Argelaguet, F., and C. Andujar (2013). "A Survey of 3D Object Selection Techniques for Virtual Environments." *Computers & Graphics* 37: 121–136.

Arthur, K. (2000). "Effects of Field of View on Performance with Head-Mounted Displays." Doctoral Dissertation, University of North Carolina at Chapel Hill.

Atkinson, R. C., and R. M. Shiffrin (1971). "The Control of Short-Term Memory." *Scientific American* 224 (2): 82–90.

Ayers, M., and R. Zeleznik (1996). "The Lego Interface Toolkit." *Proceedings of the 1996 ACM Symposium on User Interface Software and Technology* (UIST '96), 97–98.

Azmandian, M., Hancock, M., Benko, H., Ofek, E., and Wilson, A. D. (2016, May). "Haptic Retargeting: Dynamic Repurposing of Passive Haptics for Enhanced Virtual Reality Experiences." In *Proceedings of the 2016 CHI Conference on Human Factors in Computing Systems,* 1968–1979.

Azuma, R. (1997). "A Survey of Augmented Reality." *Presence: Teleoperators and Virtual Environments* 6(4): 355–385.

Azuma, R., and G. Bishop (1994). "Improving Static and Dynamic Registration in an Optical See-Through HMD." *Proceedings of SIGGRAPH '94,* 197–204.

Azuma, R., Y. Baillot, R. Behringer, S. Feiner, S. Julier, and B. MacIntyre. "Recent Advances in Augmented Reality." *Computer Graphics and Applications, IEEE* 21(6): 34–47.

Bacim, F. (2015). "Increasing Selection Accuracy and Speed through Progressive Refinement." Doctoral dissertation, Virginia Polytechnic Institute and State University.

Bacim, F., D. Bowman, and M. Pinho (2009). "Wayfinding Techniques for Multiscale Virtual Environments." *Proceedings of the 2009 IEEE Symposium on 3D User Interfaces*, 67–74.

Bacim, F., M. Nabiyouni, and D. A. Bowman (2014). "Slice-n-Swipe: A Free-Hand Gesture User Interface for 3D Point Cloud Annotation." In *3D User Interfaces (3DUI)*, (2014 IEEE Symposium on), 185–186.

Baddeley, A. (1986). *Working Memory*. Oxford: Oxford University Press.

Baddeley, A. D. and G. Hitch (1974). "Working Memory." In G. H. Bower (ed.), *The Psychology of Learning and Motivation: Advances in Research and Theory*, Vol. 8, 47–89. New York: Academic Press.

Bajura, M., H. Fuchs, and R. Ohbuchi (1992). "Merging Virtual Objects with the Real World: Seeing Ultrasound Imagery within the Patient." *Proceedings of SIGGRAPH '92,* 203–210.

Bakker, N., P. Werkhoven, and P. Passenier (1998). "Aiding Orientation Performance in Virtual Environments with Proprioceptive Feedback." *Proceedings of the 1998 IEEE Virtual Reality Annual International Symposium (VRAIS '98),* 28–35.

Balakrishnan, R., and K. Hinckley (1999). "The Role of Kinesthetic Reference Frames in Two-Hand Input Performance." In *Proceedings of the 12th Annual ACM Symposium on User Interface Software and Technology* (UIST'99), Asheville, NC, 171–178.

Balakrishnan, R., and G. Kurtenbach (1999). "Exploring Bimanual Camera Control and Object Manipulation in 3D Graphics Interfaces." *Proceedings of the 1999 ACM Conference on Human Factors in Computing Systems (CHI '99),* 56–63.

Balakrishnan, R., G. Fitzmaurice, and G. Kurtenbach (2001). "User Interfaces for Volumetric Displays." *IEEE Computer* 34(3): 37–45.

Balakrishnan, R., G. Fitzmaurice, G. Kurtenbach, and K. Singh (1999). "Exploring Interactive Curve and Surface Manipulation Using a Bend and Twist Sensitive Input Strip." *Proceedings of the 1999 ACM Symposium on Interactive 3D Graphics (I3D '99),* 111–118.

Balakrishnan, R., T. Baudel, G. Fitzmaurice, and G. Kurtenbach (1997). "The Rockin' Mouse: Integral 3D Manipulation on a Plane." *Proceedings of the 1997 ACM Conference on Human Factors in Computing Systems (CHI '97),* 311–318.

Barker, L. (2009). "Measuring and Modeling the Effects of Fatigue on Performance: Specific Application to the Nursing Profession." PhD thesis, Department of Industrial and Systems Engineering, Virginia Tech.

Barrilleaux, J. (2000). *3D User Interfaces with Java 3D.* Greenwich, CT: Manning Publications.

Basdogan, C., and M. A. Srinivasan (2002). "Haptic Rendering in Virtual Environments." K. Stanney (ed.), *Handbook of Virtual Environments: Design, Implementation, and Applications,* 117–134. Mahwah, NJ: Lawrence Erlbaum Associates.

Basu, A., C. Saupe, E. Refour, A. Raij, and K. Johnsen (2012). "Immersive 3DUI on One Dollar a Day." *2012 IEEE Symposium on 3D User Interfaces (3DUI),* 97–100.

Bau, O., I. Poupyrev, M. Le Goc, L. Galliot, and M. Glisson (2012). "REVEL: Tactile Feedback Technology for Augmented Reality." *ACM SIGGRAPH 2012 Emerging Technologies (SIGGRAPH '12).* Article 17, 1 pp.

Bau, O., I. Poupyrev, A. Israr, and C. Harrison (2010). "TeslaTouch: Electrovibration for Touch Surfaces." *Proceedings of the 23nd Annual ACM Symposium on User Interface Software and Technology (UIST '10),* 283–292.

Bau, O., and W. E. Mackay. "OctoPocus: A Dynamic Guide for Learning Gesture-Based Command Sets." In *Proceedings of the 21st Annual ACM Symposium on User Interface Software and Technology,* 37–46.

Baudel, T., and M. Beaudouin-Lafon (1993). "CHARADE: Remote Control of Objects using Free-Hand Gestures." *Communications of the ACM* 36(7): 28–35.

Bay, H., A. Ess, T. Tuytelaars, and L. van Gool (2008). "Speeded-up Robust Features (SURF)." *Computer Vision and Image Understanding* 10(3):346–359.

Beck, S., A. Kunert, A. Kulik, and B. Froehlich (2013). "Immersive Group-to-Group Telepresence." *Visualization and Computer Graphics, IEEE Transactions* 19(4): 616–625.

Beckhaus, S., K. Blom, and M. Haringer (2007). "ChairIO–the Chair-Based Interface." *Concepts and Technologies for Pervasive Games: A Reader for Pervasive Gaming Research*, 1: 231–264.

Beckhaus, S., and E. Kruijff (2004). "Unconventional Human Computer Interfaces." ACM SIGGRAPH Course Notes #18.

Begault, D. R. (1992). "Perceptual Effects of Synthetic Reverberation on Three-Dimensional Audio Systems." *Journal of the Audio Engineering Society* 40(11): 895–904.

Begault, D. R. (1994). *3D Sound for Virtual Reality and Multimedia*. San Diego, CA: Academic Press.

Bell, B., T. Höllerer, and S. Feiner (2002). "An Annotated Situation-Awareness Aid for Augmented Reality." *Proceedings of the 2002 ACM Symposium on User Interface Software and Technology (UIST '02)*, 213–216.

Benko, H., and S. Feiner (2007). "Balloon Selection: A Multi-Finger Technique for Accurate Low-Fatigue 3D Selection." *Proceedings of the 2007 IEEE Symposium on 3D User Interfaces*, 79–86.

Benko, H., Ishak, E.W., and S. Feiner (2005). "Cross-Dimensional Gestural Interaction Techniques for Hybrid Immersive Environments." *Proceedings of IEEE Virtual Reality,* 209–116.

Bertelson, P. (1961). "Sequential Redundancy and Speed in a Serial Two-Choice Responding Task." *Quarterly Journal of Experimental Psychology* 13: 90–102.

Beyer, H., and K. Holtzblatt (1988). *Contextual Design: Defining Customer-Centered Systems*. Vol. 1. San Francisco, CA: Morgan Kaufmann.

Bhowmik, A. (2014). *Interactive Displays: Natural Human-Interface Technologies*. Hoboken, NJ: Wiley.

Bickmore, T. W., L. M. Pfeifer, and B. W. Jack (2009, April). "Taking the Time to Care: Empowering Low Health Literacy Hospital Patients with Virtual Nurse Agents." In *Proceedings of the SIGCHI Conference on Human Factors in Computing Systems,* 1265–1274.

Bier, E. (1986). "Skitters and Jacks: Interactive 3D Positioning Tools." *Proceedings of the 1986 Workshop on Interactive 3D Graphics,* 183–196.

Bier, E. (1990). "Snap-Dragging in Three Dimensions." *Proceedings of the 1990 ACM Symposium on Interactive 3D Graphics* (I3D '90), 193–204.

Bier, E., M. Stone, K. Pier, B. Buxton, and T. DeRose (1993). "Toolglass and Magic Lenses: The See-Through Interface." *Proceedings of SIGGRAPH '93* 73–80.

Bierbaum, C.R., L.A. Fulford, and D.B. Hamilton (1991). *Task Analysis/Workload (TAWL) User's Guide,* Fourth Edition, https://books.google.com/books/about/Task_Analysis_Workload_ TAWL_User_s_Guide.html?id=IQRBQAAACAAJ.

Bigdelou, A., Schwarz, L., and Navab, N. (2012). "An Adaptive Solution for Intra-Operative Gesture Based Human-Machine Interaction." *Proceedings of the ACM International Conference on Intelligent User Interfaces*, 75–84.

Biggs, S. J., and M. A. Srinivasan (2002). "Haptic Interfaces." In K. Stanney (ed.), *Handbook* of Virtual Environments: Design, Implementation, and Applications, 93–115. Mahwah, NJ: Lawrence Erlbaum Associates.

Billinghurst, M. (1998). "Put That Where? Voice and Gesture at the Graphic Interface." *Computer Graphics* 32(4): 60–63.

Billinghurst, M. (2014). "The Glass Class: Designing Wearable Interfaces." ACM SIGGRAPH 2014 Course.

Billinghurst, M., A. Clark, and G. Lee (2015). "A Survey of Augmented Reality." *Foundations and Trends in Human Computer Interaction* 8(2–3): 73–272.

Billinghurst, M., H. Kato, and I. Poupyrev (2001). "The MagicBook—Moving Seamlessly between Reality and Virtuality." *IEEE Computer Graphics and Applications* 21(3): 6–8.

Billinghurst, M., I. Poupyrev, H. Kato, and R. May (2000). "Mixing Realities in Shared Space: An Augmented Reality Interface for Collaborative Computing." *Proceedings of IEEE International Conference on Multimedia and Expo (ICME 2000)*, 1641–1644.

Billinghurst, M., and S. Weghorst (1995). "The Use of Sketch Maps to Measure Cognitive Maps of Virtual Environments." In *Proceedings of Virtual Reality Annual International Symposium (VRAIS '95)*, 40–47.

Bimber, O. (2006). "Augmenting Holograms." *IEEE Computer Graphics and Applications*, 26(5): 12–17.

Bimber, O., and R. Raskar (2005). *Spatial Augmented Reality: Merging Real and Virtual Worlds*. Natick, MA: A. K. Peters Ltd.

Bimber, O., B. Fröhlich, D. Schmalstieg, and L. Encarnação (2001). "The Virtual Showcase." *IEEE Computer Graphics and Applications* 21(6): 48–55.

Biocca, F. (1992). "Virtual Reality Technology: A Tutorial." *Journal of Communication* 42(4): 23–72.

Bishop, G., and D. Weimer (1986). "Fast Phong Shading." *Proceedings of SIGGRAPH '86,* 103–105.

Blake, R., K. Sobel, and W. James (2004). "Neural Synergy Between Kinetic Vision and Touch." *Psychological Science* 15(6): 397–402.

Blascovich, J., J. Loomis, A. C. Beall, K. R. Swinth, C.L. Hoyt, and J. N. Bailenson (2002). "Immersive Virtual Environment Technology as a Methodological Tool for Social Psychology." *Psychological Inquiry 13*(2): 103–124.

Blasko, G., F. Coriand, and S. Feiner (2005). "Exploring Interaction with a Simulated Wrist-Worn Projection Display." *Proceedings of the Ninth IEEE International Symposium on Wearable Computers (ISWC'05)*, 2–9.

Blauert, J. (1997). *Spatial Hearing: The Psychoacoustics of Human Sound Localization*. Cambridge, MA: MIT Press.

Bliss, J., P. Tidwell, and M. Guest (1997). "The Effectiveness of Virtual Reality for Administering Spatial Navigation Training to Firefighters." *Presence: Teleoperators and Virtual Environments* 6(1): 73–86.

Blom, K., G. Lindhal, and C. Cruz-Neira (2002). "Multiple Active Viewers in Projection-Based Immersive Environments." *Proceedings of the Seventh Annual Immersive Projection Technology Workshop*.

Blundell, B. G. (2012). "Volumetric 3D Displays." J. Chen, W. Cranton, and M. Fihn (eds.), *Handbook of Visual Display Technology*, 1917–1931. New York: Springer.

Blundell, B. G., and A. J. Schwarz (2000). *Volumetric Three-Dimensional Display Systems*. New York: John Wiley and Sons.

Bobeth, J., S. Schmehl, E. Kruijff, S. Deutsch, and M. Tscheligi (2010). "Evaluating Performance and Acceptance of Older Adults Using Freehand Gestures for TV Menu Control." *Proceedings of the 10th European conference on Interactive TV and Video*, 35–44.

Bobeth, J., S. Schmehl, E. Kruijff, S. Deutsch, and M. Tscheligi (2012). "Evaluating Performance and Acceptance of Older Adults Using Freehand Gestures for TV Menu Control." In *Proceedings of the 10th ACM European Interactive Conference*, Berlin, Germany.

Bødker, S. (1991). *Through the Interface: A Human Activity Approach to User Interface Design*. Hillsdale, NJ: Lawrence Erlbaum Associates.

Bolas, M. T. (1994). "Human Factors in the Design of an Immersive Display." *IEEE Computer Graphics and Applications* 14(1): 55–59.

Bolt, R. (1980). "'Put-That-There': Voice and Gesture at the Graphics Interface." *Proceedings of SIGGRAPH '80*, 262–270.

Bolter, J., L. Hodges, T. Meyer, and A. Nichols (1995). "Integrating Perceptual and Symbolic Information in VR." *IEEE Computer Graphics and Applications* 15(4): 8–11.

Bordegoni, M., and M. Hemmje (1993). "A Dynamic Gesture Language and Graphical Feedback for Interaction in a 3D User Interface." *Computer Graphics Forum* 12(3): 1–11.

Bornik, A., R. Beichel, E. Kruijff, B. Reitinger, and D. Schmalstieg (2006). "A Hybrid User Interface for Manipulation of Volumetric Medical Data." *Proceedings of the Symposium on 3D user interfaces, IEEE conference on Virtual Reality* 29–36.

Borst, C., and A. Indugula (2005). "Realistic Virtual Grasping." *Proceedings of the 2005 IEEE Virtual Reality Conference (VR '05)* 91–98.

Bott, J., J. Crowley, and J. LaViola, (2009). "Exploring 3D Gestural Interfaces for Music Creation in Video Games." *Proceedings of the ACM International Conference on Foundations of Digital Games*, 18–25.

Bowman, D. (2002). "Principles for the Design of Performance-Oriented Interaction Techniques." In K. Stanney (ed.), *Handbook of Virtual Environments: Design, Implementation, and Applications*. Mahwah, NJ: Lawrence Erlbaum Associates, 277–300.

Bowman, D. A., Coquillart, S., Froehlich, B., Hirose, M., Kitamura, Y., Kiyokawa, K., and Stuerzlinger, W. (2008). "3D User Interfaces: New Directions and Perspectives." *IEEE Computer Graphics and Applications* 28(6): 20–36.

Bowman, D. A., McMahan, R. P., and Ragan, E. D. (2012). "Questioning Naturalism in 3D User Interfaces." *Communications of the ACM 55*(9): 78–88.

Bowman, D., and R. McMahan (2007). "Virtual Reality: How Much Immersion is Enough?." *IEEE Computer* 40(7): 36–43.

Bowman, D., A. Datey, Y. S. Ryu, U. Farooq, and O. Vasnaik (2002). "Empirical Comparison of Human Behavior and Performance with Different Display Devices for Virtual Environments." *Proceedings of the Human Factors and Ergonomics Society Annual Meeting*

2002 2134–2138.

Bowman, D., and C. Wingrave (2001). "Design and Evaluation of Menu Systems for Immersive Virtual Environments." *Proceedings of IEEE Virtual Reality 2001* 149–156.

Bowman, D., and L. Hodges (1997). "An Evaluation of Techniques for Grabbing and Manipulating Remote Objects in Immersive Virtual Environments." *Proceedings of the 1997 ACM Symposium on Interactive 3D Graphics (I3D '97),* 35–38.

Bowman, D., and L. Hodges (1999). "Formalizing the Design, Evaluation, and Application of Interaction Techniques for Immersive Virtual Environments." *The Journal of Visual Languages and Computing* 10(1): 37–53.

Bowman, D., C. Rhoton, and M. Pinho (2002). "Text Input Techniques for Immersive Virtual Environments: An Empirical Comparison.:" *Proceedings of the Human Factors and Ergonomics Society Annual Meeting, 2002,* 2154–2158.

Bowman, D., C. Wingrave, J. Campbell, and V. Ly (2001). "Using Pinch™ Gloves for Both Natural and Abstract Interaction Techniques in Virtual Environments." *Proceedings of HCI International,* New Orleans, LA.

Bowman, D., C. Wingrave, J. Campbell, V. Ly, and C. Rhoton (2002). "Novel Uses of Pinch™ Gloves for Virtual Environment Interaction Techniques." *Virtual Reality* 6(3): 122–129.

Bowman, D., D. Johnson, and L. Hodges (1999). "Testbed Evaluation of VE Interaction Techniques." *Proceedings of the 1999 ACM Symposium on Virtual Reality Software and Technology (VRST '99),* 26–33.

Bowman, D., D. Johnson, and L. Hodges (2001). "Testbed Evaluation of VE Interaction Techniques." *Presence: Teleoperators and Virtual Environments* 10(1): 75–95.

Bowman, D., D. Koller, and L. Hodges (1997). "Travel in Immersive Virtual Environments: An Evaluation of Viewpoint Motion Control Techniques." *Proceedings of the 1997 IEEE Virtual Reality Annual International Symposium (VRAIS '97),* 45–52.

Bowman, D., D. Koller, and L. Hodges (1998). "A Methodology for the Evaluation of Travel Techniques for Immersive Virtual Environments." *Virtual Reality: Research, Development, and Applications* 3: 120–131.

Bowman, D., E. Davis, A. Badre, and L. Hodges (1999). "Maintaining Spatial Orientation during Travel in an Immersive Virtual Environment." *Presence: Teleoperators and Virtual Environments* 8(6): 618–631.

Bowman, D., J. Wineman, L. Hodges, and D. Allison (1998). "Designing Animal Habitats within an Immersive VE." *IEEE Computer Graphics and Applications* 18(5): 9–13.

Bresciani, J.-P., M. Ernst, K. Drewing, G. Bouyer, V. Maury, and A. Kheddar (2004). "Feeling What You Hear: Auditory Signals can Modulate Tactile Tap Perception." *Experimental Brain Research* 162: 172–180.

Bresenham, J. (1965). "Algorithm for Computer Control of a Digital Plotter." *IBM Systems Journal* 4(1): 25–30.

Brewster, S. (1998). "Using Nonspeech Sounds to Provide Navigation Cues." *ACM Transactions on Computer-Human Interaction* 5(3): 224–259.

Brogan, D., R. Metoyer, and J. Hodgins (1998). "Dynamically Simulated Characters in Virtual

Environments." *IEEE Computer Graphics and Applications* 15(5): 58–69.

Brewster, S.A., J. Lumsden, M. Bell, M., Hall, and S. Tasker (2003). "Multimodal 'Eyes-Free' interaction Techniques for Wearable Devices." *Proceedings of the ACM Conference on Human Factors in Computing Systems*, 173–480.

Brooks, F. (1986). "A Dynamic Graphics System for Simulating Virtual Buildings." *Proceedings of the 1986 Workshop on Interactive 3D Graphics,* ACM Press, 9–21.

Brooks, F. (1999). "What's Real about Virtual Reality?" *IEEE Computer Graphics and Applications* 19(6): 16–27.

Brooks, F., M. Ouh-Young, J. Batter, and P. Kilpatrick (1990). "Project GROPE: Haptic Displays for Scientific Visualization." *Proceedings of SIGGRAPH '90,* 177–185.

Brown, L., H. Hua, and C. Gao (2003). "A Widget Framework for Augmented Interaction in SCAPE." *Proceedings of the 16th Annual ACM Symposium on User Interface Software and Technology (UIST '03)*, 1–10.

Bruce, V., and P. Green (1990). *Visual Perception: Physiology, Psychology, and Ecology,* Hillsdale, NJ: Lawrence Erlbaum Associates.

Bruder, G., P. Lubas, and F. Steinicke (2015). "Cognitive Resource Demands of Redirected Walking." *IEEE Transactions on Visualization and Computer Graphics* 21(4): 539–544.

Bryson, S. (1996). "Virtual Reality in Scientific Visualization." *Communications of the ACM* 39(5): 62–71.

Bukowski, R., and C. Séquin (1995). "Object Associations: A Simple and Practical Approach to Virtual 3D Manipulation." *Proceedings of the 1995 Symposium on Interactive 3D Graphics (I3D '95),* 102–109.

Bullinger, H., P. Kern, and M. Braun (1997). "Controls." G. Salvendy (ed.), *Handbook of Human Factors and Ergonomics*, 697–728. New York: John Wiley and Sons.

Burdea, G. (1996). *Force and Touch Feedback for Virtual Reality*. Wiley Interscience.

Burdea, G., and P. Coiffet (2003). *Virtual Reality Technology,* Second Edition. New York: John Wiley and Sons.

Burdea, G., G. Patounakis, and V. Popescu (1998). "Virtual Reality Training for the Diagnosis of Prostate Cancer." *Proceedings of the 1998 IEEE Virtual Reality Annual International Symposium (VRAIS '98),* 190–197.

Burdea, G., J. Zhufang, E. Roskos, D. Silver, and N. Langrana (1992). "A Portable Dextrous Master with Force Feedback." *Presence: Teleoperators and Virtual Environments* 1(1): 18–27.

Burr, D., and D. Alais (2006). "Combining Visual and Auditory Information." *Progress in Brain Research* 155: 243–258.

Butterworth, J., A. Davidson, S. Hench, and M. Olano (1992). "3DM: A Three-Dimensional Modeler Using a Head-Mounted Display." *Proceedings of the 1992 ACM Symposium on Interactive 3D Graphics (I3D '92),* 135–138.

Buxton, W. (1983). "Lexical and Pragmatic Considerations of Input Structures." *Computer Graphics* 17(1): 31–37.

Buxton, W. (1986). "There's More to Interaction Than Meets the Eye: Some Issues in Manual Input." In D. Norman, and S. Draper (eds.), *User Centered System Design: New Perspectives on*

Human-Computer Interaction, 319–337. Hillsdale, NJ: Lawrence Erlbaum Associates.

Buxton, W. (1992). "Telepresence: Integrating Shared Task and Person Spaces." Proceedings of the 1992 Graphics Interface Conference, 123–129.

Buxton, W., and B. Myers (1986). "A Study in Two-Handed Input." Proceedings of the 1986 ACM Conference on Human Factors in Computing Systems (CHI '86), 321–326.

Cairns, P., and Cox, A. L. (eds.) (2008). Research Methods for Human-Computer Interaction, Vol. 12. New York: Cambridge University Press.

Campbell, D. (1996). Design in Virtual Environments Using Architectural Metaphor: A HIT Lab Gallery. Master's Thesis, HIT Lab, University of Washington.

Cao, W., H. Gaertner, S. Conrad, E. Kruijff, D Langenberg, and R. Schultz (2004). "Digital Product Development in a Distributed Virtual Environment." Proceedings of the IEEE and ACM International Conference on Virtual Reality and its Application in Industry, 322–326.

Cao, W., H. Gaertner, H., Guddat, A. Straube, S. Conrad, E. Kruijff, and D. Langenberg (2006) "Design Review in a Distributed Collaborative Virtual Environment." International Journal of Image and Graphics (IJIG) 6(1): 45–64.

Card, S., J. Mackinlay, and G. Robertson (1990). "The Design Space of Input Devices." Proceedings of the 1990 ACM Conference on Human Factors in Computing Systems (CHI '90), 117–124.

Card, S., J. Mackinlay, and G. Robertson (1991). "A Morphological Analysis of the Design Space of Input Devices." ACM Transactions on Information Systems 9(2):99–122.

Card, S., T. Moran, and A. Newell (1980). "The Keystroke-Level Model for User Performance Time with Interactive Systems." Communications of the ACM 23(7): 398–410.

Card, S., T. Moran, and A. Newell (1983). The Psychology of Human-Computer Interaction. Hillsdale, NJ: Lawrence Erlbaum Associates.

Card, S., T. Moran, and A. Newell (1986). "The Model Human Processor." In K. Boff, L. Kaufman, and J. Thomas (eds.), Handbook of Perception and Human Performance, Vol. 2, 1–35 Oxford, England: John Wiley & Sons.

Carlile, S. (1996). Virtual Auditory Space: Generation and Application. Berlin, Heidelberg: Springer.

Carlin, A., H. Hoffman, and S. Weghorst (1997). "Virtual Reality and Tactile Augmentation in the Treatment of Spider Phobia: A Case Report." Behavior Research and Therapy 35(2): 153–159.

Carroll, J.M. (2012). "Human Computer Interaction (HCI)." In Soegaard, Mads and Dam, Rikke Friis (eds.), Encyclopedia of Human-Computer Interaction. Aarhus, Denmark: The Interaction Design Foundation. (http://www.interaction-design.org/encyclopedia/human_computer_interaction_hci.html)

Carstensen, P. H., and K. Schmidt (1999). "Computer Supported Cooperative Work: New Challenges to Systems Design." In K. Itoh (ed.), Handbook of Human Factors.

Cashion, J., C. Wingrave, and J. LaViola (2012). "Dense and Dynamic 3D Selection for Game-Based Virtual environments." IEEE Transactions on Visualization and Computer Graphics 18(4): 634–642.

Cashion, J., C. Wingrave, and J. LaViola (2013). "Optimal 3D Selection Technique Assignment using Real-Time Contextual Analysis." *Proceedings of the 2013 IEEE Symposium on 3D User Interfaces (3DUI '13)*, 107–110.

Celentano, A., and F. Pittarello (2004). "Observing and Adapting User Behavior in Navigational 3D Interfaces." *Proceedings of the International Working Conference on Advanced User Interfaces*, 275–282.

Chaffin, D. B., and G. B. Andersson (1991). *Occupational Biomechanics*. New York: Wiley.

Chance, S., F. Gaunet, A. Beall, and J. Loomis (1998). "Locomotion Mode Affects the Updating of Objects Encountered during Travel: The Contribution of Vestibular and Proprioceptive Inputs to Path Integration." *Presence: Teleoperators and Virtual Environments* 7(2): 168–178.

Chee, Y. S., and C.M. Hooi (2002). "C-VISions: Socialized Learning Through Collaborative, Virtual, Interactive Simulations." *Proceedings of the Conference on Computer Support for Collaborative Learning: Foundations for a CSCL Community*, 687–696.

Cheema, S., M. Hoffman, and J. LaViola (2013). "3D gesture classification with linear acceleration and angular velocity sensing devices for video games." *Entertainment Computing* 4(1): 11–24.

Chen, J., and D. A. Bowman (2009). "Domain-Specific Design of 3D Interaction Techniques: An Approach for Designing Useful Virtual Environment Applications." *Presence: Teleoperators and Virtual Environments* 18(5): 370–386.

Chen, K., K. Lyons, S. White, and S. Patel (2013). "uTrack: 3D Input using Two Magnetic Sensors." *Proceedings of the 26th Annual ACM Symposium on User Interface Software and Technology (UIST '13)*, 237–244.

Chen, L., H. Wei and J. Ferryman (2013). "A Survey of Human Motion Analysis using Depth Imagery." *Pattern Recognition Letters* 34(15):1995–2006.

Chen, M., S. Mountford, and A. Sellen (1988). "A Study in Interactive 3-D Rotation using 2-D Control Devices." *Computer Graphics* 22(4): 121–129.

Chen, W., N. Ladeveze, C. Clavel, D. Mestre, and P. Bourdot (2015). "User Cohabitation in Multi-Stereoscopic Immersive Virtual Environment for Individual Navigation Tasks." In *2015 IEEE Virtual Reality (VR)*, IEEE, 47–54.

Chinthammit, W., E. Seibel, and T. A. Furness (2002). "Unique Shared-Aperture Display with Head or Target Tracking." *Proceedings of IEEE Virtual Reality 2002*, 235–242.

Chiras, D. (2013). *Human Body Systems: Structure, Function, and Environment*. Burlington, MA: Jones & Bartlett Learning.

Cho, I., and Z. Wartell (2015). "Evaluation of a Bimanual Simultaneous 7DOF Interaction Technique in Virtual Environments." *Proceedings of the 2015 IEEE Symposium on 3D User Interfaces (3DUI '15)*, 133–136.

Choi, J., and R. Gutierrez-Osuna. (2010). "Estimating Mental Stress using a Wearable Cardio-Respiratory Sensor." *Proceedings of the IEEE Sensors Conference*, Waikoloa, HI, 150–154.

Cholewiak, R., and A. Collins (1991). "Sensory and Physiological Bases of Touch." In M. Heller and W. Schiff (eds.), *The Psychology of Touch*, 23–60. Lawrence Erlbaum.

Chuah, J., and B. Lok (2012). "Experiences in Using a Smartphone as a Virtual Reality Interaction Device." *Workshop on Off-The-Shelf Virtual Reality, IEEE Conference on Virtual*

Reality (VR 2012), Orlando, FL.

Chun, W. H., and T. Höllerer (2013). "Real-Time Hand Interaction for Augmented Reality on Mobile Phones." In *Proceedings of the 2013 International Conference on Intelligent User Interfaces*, ACM 307–314.

Clark, F. J., and K. W. Horch (1986). "Kinesthesia." In K. Boff, L. Kaufman, and J. Thomas (eds.), *Handbook of Perception and Human Performance*, Vol. 1: 13-1–13-62. New York: John Wiley & Sons.

Cohen, M., and E. Wenzel (1995). "The Design of Multidimensional Sound Interfaces." In W. Barfield and T. Furness (eds.), *Virtual Environments and Advanced Interface Design*, 291–346. Oxford University Press.

Cohen, M. D., and P. Bacdayan (1994). "Organizational Routines Are Stored as Procedural Memory: Evidence from a Laboratory Study." *Organization Science* 5(4): 554–568.

Colley, S. (2001). *Vector Calculus,* Second Edition. Upper Saddle River, NJ: Prentice-Hall.

Conkar, T., J. Noyes, and C. Kimble (1999). "CLIMATE: A Framework for Developing Holistic Requirements Analysis in Virtual Environments." *Interacting with Computers* 11(4): 387–403.

Conner, B. D., Snibbe, S. S., Herndon, K. P., Robbins, D. C., Zeleznik, R. C., and Van Dam, A. (1992, June). "Three-Dimensional Widgets." *Proceedings of the 1992 Symposium on Interactive 3D Graphics* (ACM): 183–188.

Constantine, L., and L. A. D. Lockwood (1999). *Software for Use: A practical Guide to the Models and Methods of Usage-Centered Design*. New York: Addison-Wesley.

Cooper, A. 2004. *The Inmates Are Running the Asylum: Why High Tech Products Drive Us Crazy and how to Restore the Sanity,* Second Edition. Indianapolis, IN: Sams Publishing.

Cooper, W. (ed.) (1983). *Cognitive Aspects of Skilled Typewriting*. New York: Springer Verlag.

Coquillart, S., and G. Wesche (1999). "The Virtual Palette and the Virtual Remote Control Panel: A Device and Interaction Paradigm for the Responsive Workbench." *Proceedings of IEEE Virtual Reality '99,* 213–217.

Cree, G. S., and K. McRae (2003). "Analyzing the Factors Underlying the Structure and Computation of the Meaning of Chipmunk, Cherry, Chisel, Cheese and Cello (and Many Other Such Concrete Nouns)." *Journal of Experimental Psychology: General* 132(2): 163–201.

Creem-Regehr, S, Willemsen, P., Gooch, A., and W. Thompson (2005). "The Influence of Restricted Viewing Conditions on Egocentric Distance Perception: Implications for Real and Virtual Environments." *Perception* 34, 2, 191–204.

Cress, J., L. Hettinger, J. Cunningham, G. Riccio, G. McMillan, and M. Haas (1997). "An Introduction of a Direct Vestibular Display into a Virtual Environment." *Virtual Reality Annual International Symposium,* IEEE Press, 80–86.

Crichton, M. (1994). *Disclosure*. New York: Knopf.

Crowford, B. (1964). "Joystick vs. Multiple Levers for Remote Manipulator Control." *Human Factors* 6(1): 39–48.

Cruz-Neira, C., and R. Lutz (1999). "Using Immersive Virtual Environments for Certification." *IEEE Software* 16(4): 26–30.

Cruz-Neira, C., D. Sandin, and T. Defanti (1993). "Surround Screen Projection-Based Virtual

Reality." *Proceedings of SIGGRAPH '93*, 135–142.

Cuffaro, D. *The Industrial Design Reference & Specification Book: Everything Industrial Designers Need to Know Every Day*. Rockford Publishers, 2013.

Cutler, L., B. Fröhlich, and P. Hanrahan (1997). "Two-Handed Direct Manipulation on the Responsive Workbench." *Proceedings of the 1997 ACM Symposium on Interactive 3D Graphics (I3D '97)*, 107–114.

Dachselt, R., and A. Hübner (2007) "Three-Dimensional Menus: A Survey and Taxonomy." *Computers & Graphics* 31(1): 53–65

Daiber, F., E. Falk, and A. Krüger (2012). "Balloon Selection Revisited: Multi-Touch Selection Techniques for Stereoscopic Data. *Proceedings of the International Working Conference on Advanced Visual Interfaces* (ACM): 441–444.

Daneman M, and P. Carpenter. (1980). "Individual Differences in Working Memory and Reading." *Journal of Verbal Learning and Verbal Behavior*. 19:450–466.

Dang, N., M. Tavanti, I. Rankin, and M. Cooper (2009). "A Comparison of Different Input Devices for a 3D Environment." *International Journal of Industrial Ergonomics* 39(3): 554–563.

Darken, R., and B. Peterson (2002). "Spatial Orientation, Wayfinding, and Representation." In K. Stanney (ed.), *Handbook of Virtual Environments: Design, Implementation, and Applications*, 493–518. Mahwah, NJ: Lawrence Erlbaum Associates.

Darken, R., and H. Cevik (1999). "Map Usage in Virtual Environments: Orientation Issues." *Proceedings of IEEE Virtual Reality '99*, 133–140.

Darken, R., and J. Sibert (1996). "Wayfinding Strategies and Behaviors in Large Virtual Worlds." *Proceedings of the 1996 ACM Conference on Human Factors in Computing Systems (CHI'96)*, 142–149.

Darken, R., and S. Goerger (1999). "The Transfer of Strategies from Virtual to Real Environments: An Explanation for Performance Differences." *Proceedings of Virtual Worlds and Simulation '99*, 159–164.

Darken, R., and W. Banker (1998). "Navigating in Natural Environments: A Virtual Environment Training Transfer Study." *Proceedings of the 1998 IEEE Virtual Reality Annual International Symposium (VRAIS '98)*, 12–19.

Darken, R., W. Cockayne, and D. Carmein (1997). "The Omni-Directional Treadmill: A Locomotion Device for Virtual Worlds." *Proceedings of the 1997 ACM Symposium on User Interface Software and Technology (UIST '97)*, 213–221.

Darrah, J., Watkins, B., Chen L., and C. Bonin (2003). *Effects of Conductive Education Intervention for Children with a Diagnosis of Cerebral Palsy:* An AACPDM Evidence Report. American Academy for Cerebral Palsy and Developmental Medicine (AACPDM).

Davies, C., and J. Harrison (1996). "Osmose: Towards Broadening the Aesthetics of Virtual Reality." *Computer Graphics* 30(4): 25–28.

Davis, E. (1996). "Visual Requirements in HMDs: What Can We See and What Do We Need to See?" In J. Melzer and K. Moffitt (eds.), *Head-Mounted Displays: Designing for the User*, 207–249. McGraw-Hill.

Davis, E., and L. Hodges (1995). "Human Stereopsis, Fusion, and Virtual Environments." In W.

Barfield and T. Furness (eds.), *Virtual Environments and Advanced Interface Design,* 145–174. Oxford: Oxford University Press.

Davis, E., K. Scott, J. Pair, L. Hodges, and J. Oliviero (1999). "Can Audio Enhance Visual Perception and Performance in a Virtual Environment?" *Proceedings of the Human Factors and Ergonomics 43rd Annual Meeting,* 1197–1201.

Debarba, H., L. Nedel, and A. Maciel (2012). "LOP-Cursor: Fast and Precise Interaction with Tiled Displays using One Hand and Levels of Precision." *Proceedings of the 2012 IEEE Symposium on 3D User Interfaces (3DUI '12),* 125–132.

Defanti, T., and D. Sandin (1977). "Final Report to the National Endowment of the Arts." University of Illinois at Chicago.

Deisinger, J., R. Breining, A. Robler, D. Ruckert, and J. Hofle (2000). "Immersive Ergonomic Analyses of Console Elements in a Tractor Cabin." *Proceedings of the Immersive Projection Technology Workshop,* Ames, Iowa.

Demiralp, C., C. Jackson, D. Karelitz, S. Zhang, and D. Laidlaw (2006). "CAVE and Fishtank Virtual-Reality Displays: A Qualitative and Quantitative Comparison." *IEEE Transactions on Visualization and Computer Graphics* 12(3): 232–330.

Diaper, D., and P. Johnson (1989). "Task Analysis for Knowledge Descriptions: Theory and Application in Training." *Cognitive Ergonomics and Human Computer Interaction* (1989): 191–224.

Dickinson, J. (1976). *Proprioceptive Control of Human Movement*. London, England: Lepus Books, http://eric.ed.gov/?id=ED130997.

DiMaggio, P. (1997). Culture and Cognition. *Annual Review of Sociology*, 23, 263–287.

Dinh, H. Q., Walker, N., Hodges, L. F., Song, C., and Kobayashi, A. (1999). "Evaluating the Importance of Multi-Sensory Input on Memory and the Sense of Presence in Virtual Environments." *Virtual Reality, 1999. IEEE Proceedings,* 222–228.

Dipietro, L., A. Sabatini, and P. Dario (2008). "A Survey of Glove-Based Systems and Their Applications." *IEEE Transactions on Systems, Man, and Cybernetics, Part C: Applications and Reviews* 38(4): 461–482.

Dissanayake, M., P. Newman, S. Clark, H. Durrant-Whyte, and M. Csorba (2001). "A Solution to the Simultaneous Localization and Map Building (SLAM) Problem." *IEEE Transactions on Robotics and Automation* 17(3): 229–241.

Dobashi, Y., T. Yamamoto, and T. Nishita (2003). "Real-Time Rendering of Aerodynamic Sound Using Sound Textures Based on Computational Fluid Dynamics." *ACM Transactions on Graphics* 23(3): 732–740.

Dodgson, N. (2005). "Autostereoscopic 3D Displays." *IEEE Computer* 38(8): 31–36.

Dornhege, G., J. Millán, T. Hinterberger, D. McFarland, and K. Müller (2007). *Toward Brain Computer Interfacing*. Cambridge, MA: MIT Press.

Doug Schuler. 1994. "Social computing." *Communications of the ACM* 37(1): 28–29.

Dourish, P., 2001. *Where the Action Is*. Cambridge, MA: MIT Press.

Downs, R., and D. Stea (1977). *Maps in Minds, Reflections on Cognitive Mapping*. Harper and Row.

Downing, E., L. Hesselink, J. Ralston, and R. Macfarlane (1996). "A Three-Color, Solid-State, Three Dimensional Display." *Science* 273(5279): 1185.

Draper, M. (1995). "Exploring the Influence of a Virtual Body on Spatial Awareness." Master of Science in Engineering, Department of Engineering, University of Washington.

Drasci, D., and P. Milgram (1996). "Perceptual Issues in Augmented Reality." *SPIE Volume 2653, Stereoscopic Displays and Virtual Reality Systems III*, 123–124.

Drew, D., J. Newcomb, W. McGrath, F. Maksimovic, Mellis, and B. Hartmann (2016). "The Toastboard: Ubiquitous Instrumentation and Automated Checking of Breadboarded Circuits." *Proceedings of the 29th User Interface Software and Technology Symposium (UIST 2016)*, 677–686.

Driver, J., and C. Spence (1998). Cross-modal links in spatial attention. *Philosophical Transactions of the Royal Society B: Biological Sciences*. Aug 29; 353(1373): 1319–1331.

Duchowski, A. T. (2009). *Eye Tracking Methodology: Theory and Practice.* Second Edition. London: Springer.

Duchowski, A. T., E. Medlin, A. Gramopadhye, B. Melloy, and S. Nair (2001). "Binocular Eye Tracking in VR for Visual Inspection Training." *Proceedings of the 2001 ACM Symposium on Virtual Reality Software and Technology (VRST 2001)*, 1–9.

Durlach, N. (1991). "Auditory Localization in Teleoperator and Virtual Environment Systems: Ideas, Issues, and Problems." *Perception* 20: 543–554.

Durlach, N., and A. Mavor (1995). *Virtual Reality: Scientific and Technical Challenges.* Washington, D.C.: National Academy Press.

Durso, F. T., Truitt, T. R., Hackworth, C. A., Crutchfield, J. M., Ohrt, D. D., Nikolic, D., Moertl, P. M., and Manning, C. A. (1995). "Expertise and Chess: A Pilot Study Comparing Situation Awareness Methodologies." In D. J. Garland, and M. R. Endsley (eds.), *Experimental Analysis and Measurement of Situation Awareness,* 295–303. Daytona Beach, FL: Embry-Riddle Aeronautical Press.

Dvorak, A., N. Merrick, W. Dealey, and G. Ford (1936). *Typewriting Behavior.* American Book Company.

Ebert, D., E. Bedwell, S. Maher, L. Smoliar, and E. Downing (1999). "Realizing 3D Visualizations Using Crossed-Beam Volumetric Displays." *Communications of the ACM* 42(8): 101–107.

Ellis, S., and B. Menges. (1988). "Localization of Virtual Objects in the Near Visual Field." *Human Factors* 40(3): 415–431.

Ellis, S., B. Adelstein, S. Baumeler, G. Jense, and R. Jacoby (1999). "Sensor Spatial Distortion, Visual Latency, and Update Rate Effects on 3D Tracking in Virtual Environments." *Proceedings of IEEE Virtual Reality '99,* 218–221.

Ellson, D. (1947). *The Independence of Tracking in Two or Three Dimensions with B-29 Pedestal Sight.* Aero Medical Laboratory, Wright Air Development Center, TSEAA-694-2G.

Elvins, T., D. Nadeau, and D. Kirsh (1997). "Worldlets: 3D Thumbnails for Wayfinding in Virtual Environments." *Proceedings of the 1997 ACM Symposium on User Interface Software and Technology (UIST '97),* 21–30.

Enderle, G., K. Kanasay, and G. Pfaff (1984). *GKS: The Graphics Standard, Computer Graphics*

Programming. New York: Springer-Verlag.

Endsley, M. (1988). "Situation Awareness Global Assessment Technique (SAGAT)." *Proceedings of the National Aerospace and Electronics Conference (NAECON),* 789–795.

Endsley, M. (2000). "Theoretical underpinnings of situation awareness: A critical review." In M. R. Endsley, and D. J. Garland (eds), *Situation Awareness Analysis and Measurement.* Hillsdale, NJ: Lawrence Erlbaum Associates.

Endsley, M. (2012). "Situation Awareness." In S. Galvendy (ed.), *Handbook of Human Factors and Ergonomics.* Fourth Edition.

Engeström, Y. (1987). *Learning by Expan*ding. Helsinki: Orienta-konsultit.

England, D (2011). Springer Human Computer Interaction Series.

Englebart, D. C., and W. K. English (1968). "A Research Center for Augmenting Human Intellect." *Proceedings of the 1968 Fall Joint Computer Conference,* 395–410.

Ernst, M., and M. Banks. (2002). "Humans Integrate Visual and Haptic information in a Statistically Optimal Fashion." *Nature* 415(6870): 429–433.

Ernst, M., and Bülthoff, H. (2004). "Merging the Senses in a Robust Percept." *Trends in Cognitive Sciences* 8(4): 162–169.

Eubanks, J., V. Somareddy, R. McMahan, and A. Lopez (2016). "Full-Body Portable Virtual Reality for Personal Protective Equipment Training." In S. Lackey, and R. Shumaker (eds.), Virtual, Augmented and Mixed Reality. VAMR 2016. Lecture Notes in Computer Science, Vol. 9740. Springer, Cham.

Fairchild, K., L. Hai, J. Loo, N. Hern, and L. Serra (1993). "The Heaven and Earth Virtual Reality: Designing Applications for Novice Users." *Proceedings of the IEEE Symposium on Research Frontiers in Virtual Reality,* 47–53.

Feasel, J., M. Whitton, and J. Wendt (2008). "LLCM-WIP: Low-Latency, Continuous-Motion Walking-in-Place." *Proceedings of the 2008 IEEE Symposium on 3D User Interfaces,* 97–104.

Feiner, S. K., and C. Beshers (1990). "Worlds Within Worlds: Metaphors for Exploring n-Dimensional Virtual Worlds." In *Proceedings of the ACM Symposium on User Interface Software and Technology.* ACM, 76–83.

Feiner, S., B. MacIntyre, and D. Seligmann (1993). "Knowledge-Based Augmented Reality." *Communications of the ACM* 36(7): 53–62.

Fels, S., (1994). "Glove-Talk II: Mapping Hand Gestures to Speech Using Neural Networks: An Approach to Building Adaptive Interfaces." PhD Dissertation, University of Toronto.

Fels, S., and G. Hinton (1998). "Glove-Talk II: A Neural Network Interface Which Maps Gestures to Parallel Formant Speech Synthesizer Controls." *IEEE Transactions on Neural Networks* 9(1): 205–212.

Figueroa, P., M. Green, and H. Hoover (2001). "3DML: A Language for 3D Interaction Techniques Specification." *Proceedings of Eurographics,* Manchester, UK.

Fitts, P. (1954). "The Information Capacity of the Human Motor System in Controlling the Amplitude of Movement." *Journal of Experimental Psychology* 47: 381–391.

Fitts, P., and M. Jones (1953). "Compatibility: Spatial Characteristics of Stimulus and Response Codes." *Journal of Experimental Psychology* 46: 199–210.

Fitts, P., and M. Posner. (1967). *Human Performance*. Belmont, CA: Brooks/Cole.

Fitts, P., and C. Seeger. (1953). "S-R Compatibility: Correspondence among Paired Elements within Stimulus and Response Codes." *Journal of Experimental Psychology* 48, 483–492.

Fitzmaurice, G. (1993). "Situated Information Spaces and Spatially Aware Palmtop Computers." *Communications of the ACM* 36(7): 38–49.

Fitzmaurice, G., H. Ishii, and W. Buxton (1995). "Bricks: Laying the Foundations for Graspable User Interfaces." *Proceedings of the 1995 ACM Conference on Human Factors in Computing Systems (CHI '95)*, 442–449.

Foley, J. (1987). "Interfaces for Advanced Computing." *Scientific American* 257(4): 126–135.

Foley, J., A. van Dam, S. Feiner, and J. Hughes (1996). *Computer Graphics: Principles and Practice.* Reading, MA: Addison-Wesley.

Foley, J., and V. Wallace (1974). "The Art of Natural Graphics Man-Machine Conversation." *Proceedings of the IEEE* 62(4): 462–471.

Foley, J., V. Wallace, and P. Chan (1984). "The Human Factors of Computer Graphics Interaction Techniques." *IEEE Computer Graphics and Applications* 4(11): 13–48.

Follmer, S., D. Leithinger, A. Olwal, A. Hogge, and H. Ishii (2013). "inFORM: Dynamic Physical Affordances and Constraints through Shape and Object Actuation." *Proceedings of the 26th Annual ACM Symposium on User Interface Software and Technology (UIST '13)*, 417–426.

Forman, E., and C. Lawson (2003). "Building Physical Interfaces: Making Computer Graphics Interactive." *SIGGRAPH Course #30.*

Forsberg, A., Prabhat, G. Haley, A. Bragdon, J. Levy, C. Fassett, D. Shean, J. Head III, S. Milkovich, and M. Duchaineau (2006). "Adviser: Immersive Field Work for Planetary Geoscientists." *IEEE Computer Graphics and Applications* 26(4): 46–54.

Forsberg, A., J. LaViola, and R. Zeleznik (1998). "ErgoDesk: A Framework for Two and Three Dimensional Interaction at the ActiveDesk." *Proceedings of the Second International Immersive Projection Technology Workshop,* Ames, Iowa.

Forsberg, A., J. LaViola, L. Markosian, and R. Zeleznik (1997). "Seamless Interaction in Virtual Reality." *IEEE Computer Graphics and Applications* 17(6): 6–9.

Forsberg, A., K. Herndon, and R. Zeleznik (1996). Aperture Based Selection for Immersive Virtual Environments. *Proceedings of the 1996 ACM Symposium on User Interface Software and Technology (UIST '96),* ACM Press, 95–96.

Forsberg, A., M. Kirby, D. Laidlaw, G. Karniadakis, A. van Dam, and J. Elion (2000). "Immersive Virtual Reality for Visualizing Flow through an Artery." *Proceedings of IEEE Visualization 2000,* 457–460.

Forsyth, D., and J. Ponce (2011). *Computer Vision: A Modern Approach*, Second Edition. Pearson.

Foskey, M., M. Otaduy, and M. Lin (2002). "ArtNova: Touch-Enabled 3D Model Design." *Proceedings of IEEE Virtual Reality 2002,* IEEE Press, 119–126.

Foxlin, E. (2002). "Motion Tracking Requirements and Technologies." In K. Stanney (ed.), *Handbook of Virtual Environments: Design, Implementation, and Applications,* 163–210. Mahwah, NJ: Lawrence Erlbaum Associates.

Foxlin, E., and L. Naimark (2003). "VIS-Tracker: A Wearable Vision-Inertial Self Tracker."

Proceedings of IEEE Virtual Reality 2003, 199–206.

Freeman, A. Davison, and A. Fitzgibbon (2011). "KinectFusion: Real-time 3D Reconstruction and Interaction using a Moving Depth Camera." *Proceedings of the 24th Annual ACM Symposium on User Interface Software and Technology (UIST '11)*, 559–568.

Frees, S., and G. Kessler (2005)." Precise and Rapid Interaction through Scaled Manipulation in Immersive Virtual Environments." *Proceedings of the 2005 IEEE Virtual Reality Conference (VR '05)*, 99–106.

Friston, S., and A. Steed (2014). "Measuring Latency in Virtual Environments. *IEEE Transactions on Visualization and Computer Graphics* 20(4): 616–625.

Fröhlich, B., and J. Plate (2000). "The Cubic Mouse: A New Device for Three-Dimensional Input." *Proceedings of the 2000 ACM Conference on Human Factors in Computing Systems (CHI 2000)*, 526–531.

Fuentes-Pacheco, J., J. Ruiz-Ascencio, and J. Rendón-Mancha (2015). "Visual Simultaneous Localization and Mapping: A Survey." *Artificial Intelligence Review* 43(1): 55–81.

Funkhouser, T., N. Tsingos, I. Carlbom, G. Elko, M. Sondhi, J. E. West, G. Pingali, P. Min and A Ngan (2004). "A Beam Tracing Method for Interactive Architectural Acoustics." *The Journal of the Acoustical Society of America* 115(2): 739–756.

Gabbard, J. (1997). "Taxonomy of Usability Characteristics in Virtual Environments., Master's Thesis, Department of Computer Science, Virginia Polytechnic Institute and State University.

Gabbard, J., Swan II, J. Hix, D., Kim, S., and Fitch, G. (2007). "Active Text Drawing Styles for Outdoor Augmented Reality: A User-Based Study and Design Implications." *Proceedings of IEEE Virtual Reality Conference*, 35–42.

Gabbard, J., D. Hix, and J. Swan (1999). "User-Centered Design and Evaluation of Virtual Environments." *IEEE Computer Graphics and Applications* 19(6): 51–59.

Gale, N., R. Golledge, J. Pellegrino, and S. Doherty (1990). "The Acquisition and Integration of Route Knowledge in an Unfamiliar Neighbourhood." *Journal of Environmental Psychology* 10: 3–25.

Galitz, W. O. (2007). *The Essential Guide to User Interface Design: An Introduction to GUI Design Principles and Techniques.* Indianapolis, IN: John Wiley & Sons.

Gallistel, C. (1990). *The Organization of Learning.* Cambridge, MA: The MIT Press.

Galyean, T. (1995). "Guided Navigation of Virtual Environments." *Proceedings of the 1995 ACM Symposium on Interactive 3D Graphics (I3D '95)*, 103–104.

Garas, J. (2000). *Adaptive 3D Sound Systems.* Kluwer Academic Publishers, http://link.springer.com/book/10.1007%2F978-1-4419-8776-1.

Garcia-Palacios, A., Hoffman, H. G., Kwong See, S., Tsai, A, and C. Botella-Arbona (2001). "Redefining Therapeutic Success with VR Exposure Therapy." *CyberPsychology and Behavior.* 4: 341–8.

Gardner, W. (1998). *3D Audio Using Loudspeakers.* Kluwer Academic Publishers.

Garner, W. (1974). *The Processing of Information and Structure.* Lawrence Erlbaum Associates.

Gaver, William W. (1991). "Technology affordances." In *Proceedings of the SIGCHI conference on*

Human factors in computing systems, 79–84.

Gebhardt, S., Pick, S., Leithold, F., Hentschel, B., and Kuhlen, T(2010). "Extended Pie Menus for Immersive Virtual Environments." *IEEE Transactions on Visualization and Computer Graphics* 19(4): 644–651.

Gelfand, S. (1998). *Hearing: An Introduction to Psychological and Psychophysical Acoustics.* Marcel Dekker.

Gibson, J., (1962). "Observations on Active Touch." *Psychological Review* 69(6): 477–491.

Gibson, J. J. (1977). "The Theory of Affordances." In R. Shaw, and J. Bransford (eds.), *Perceiving, Acting and Knowing,* 67–83. Hillsdale, NJ: LEA.

Gibson, W. (1984). *Neuromancer.* New York: Ace Books.

Giesler, A., D. Valkov and K. Hinrichs (2014). "Void Shadows: Multi-Touch Interaction with Stereoscopic Objects on the Tabletop." *Proceedings of the 2nd ACM Symposium on Spatial User Interaction,* 104–112.

Glencross, M., C. Jay, J. Feasel, L. Kohli, M. Whitton, and R. Hubbold (2007). "Effective Cooperative Haptic Interaction Over the Internet." In 2007 *IEEE Virtual Reality Conference,* IEEE, 115–122.

Gleue, T., and P. Dahne (2001). "Design and Implementation of a Mobile Device for Outdoor Augmented Reality in the Archeoguide Project." *Conference on Virtual Reality, Archeology, and Cultural Heritage* *(ACM): 161–168.

Glocker, B., S. Izadi, J. Shotton, and A. Criminisi (2013). "Real-Time RGB-D Camera Relocalization." *2013 IEEE International Symposium on Mixed and Augmented Reality,* 173–179.

Goldstein, E. (2014). *Sensation and Perception,* Ninth Edition. Belmont, CA: Wadsworth.

Golledge, R. (1999). *Wayfinding Behavior: Cognitive Mapping and Other Spatial Processes.* Baltimore: John Hopkins University Press.

Golub, G., and C. Van Loan (1996). *Matrix Computations.* Baltimore: Johns Hopkins University Press.

Gopher, D., and E. Donchin. (1986). "Workload—An Examination of the Concept." In K. R. Boff, L. Kaufman, and J. P. Thomas (eds.), *Handbook of Perception and Human Performance, Vol II, Cognitive Processes and Performance,* 41–49. New York: Wiley & Sons, https://ntrs.nasa.gov/search.jsp?R=19870046254.

Graham, W., C. Thomas, S. Sriram, and A. B. Stephen (2014). "Perception of Ultrasonic Haptic Feedback on the Hand: Localisation and Apparent Motion." *In Proceedings of the SIGCHI Conference on Human Factors in Computing Systems* (CHI '14). ACM, New York, NY, USA, 1133–1142.

Grammenos, G., M. Filou, P. Papadakos, and C. Stephanidis (2002). "Virtual Prints: Leaving Trails in Virtual Environments." *Proceedings of the Eighth Eurographics Workshop on Virtual Environments (VE 2002),* 131–138.

Grassia, F. S. (1998). "Practical Parameterization of Rotations Using the Exponential Map." *Journal of Graphics Tools* 3(3): 29–48.

Grasso, M., D. Ebert, and T. Finin (1998). :The Integrality of Speech in Multimodal Interfaces."

ACM Transactions on Computer-Human Interaction 5(4): 303–325.

Greenburg, S., and C. Fitchett (2001). "Phidgets: Easy Development of Physical Interfaces through Physical Widgets." *Proceedings of the 2001 ACM Symposium on User Interface Software and Technology (UIST 2001),* 209–218.

Greenburg, S., and M. Boyle (2002). "Customizable Physical Interfaces for Interacting with Conventional Applications." *Proceedings of the 2002 ACM Symposium on User Interface Software and Technology (UIST 2002),* 31–40.

Greunke, L., and A. Sadagic (2016). "Taking Immersive VR Leap in Training of Landing Signal Officers."

Grosjean, J., J-M. Burkhardt, S. Coquillart, and P. Richard (2002). "Evaluation of the Command and Control Cube." *Proceedings of the Fourth International Conference on Multimodal Interfaces (ICMI 2002),* 14–16.

Grossman, T., and R. Balakrishnan (2008). "Collaborative Interaction with Volumetric Displays." *Proceedings of the SIGCHI Conference on Human Factors in Computing Systems (CHI '08),* 383–392.

Grossman, T., and R. Balakrishnan (2006). "The Design and Evaluation of Selection Techniques for 3D Volumetric Displays." *Proceedings of the 19th Annual ACM Symposium on User Interface Software and Technology (UIST '06),* 3–12.

Grossman, T., and R. Balakrishnan (2005). "The Bubble Cursor: Enhancing Target Acquisition by Dynamic Resizing of the Cursor's Activation Area." *Proceedings of the SIGCHI Conference on Human Factors in Computing Systems,* 281–290.

Grossman, T., D. Wigdor, and R. Balakrishnan (2004). "Multi-Finger Gestural Interaction with 3D Volumetric Displays. *Proceedings of the 17th Annual ACM Symposium on User Interface Software and Technology (UIST '04).* 61–70.

Grossman, T., R. Balakrishnan, and K. Singh (2003). "An Interface for Creating and Manipulating Curves Using a High Degree-of-Freedom Curve Input Device." *Proceedings of 2003 ACM Conference on Human Factors in Computing Systems (CHI 2003),* 185–192.

Guiard, Y. (1987). "Symmetric Division of Labor in Human Skilled Bimanual Action: The Kinematic Chain as a Model." *The Journal of Motor Behaviour* 19(4): 486–517.

Guna, J., G. Jakus, M. Pogačnik, S. Tomažič, and J. Sodnik (2014). "An Analysis of the Precision and Reliability of the Leap Motion Sensor and its Suitability for Static and Dynamic Tracking." *Sensors 14*(2): 3702–3720.

Gupta, S., D. Morris, S. Patel, and D. Tan (2012). "Soundwave: Using the Doppler Effect to Sense Gestures." *Proceedings of the ACM SIGCHI Conference on Human Factors in Computing Systems (CHI 2012),* 1911–1914.

Hachet, M., Bossavit, B., Cohé, A., and De La Rivière, J. (2011) "Toucheo: Multitouch and Stereo Combined in a Seamless Workspace." *Proceedings of the 2011 ACM Symposium on User Interface Software and Technology,* 587–592

Hachet, M., F. Decle, S. Knodel, and P. Guitton (2008). "Navidget for Easy 3D Camera Positioning from 2D Inputs." *Proceedings of the 2008 IEEE Symposium on 3D User Interfaces (3DUI '08),* 83–89.

Hachet, M., P. Guitton, and P. Reuter (2003). "The CAT for Efficient 2D and 3D Interaction as an Alternative to Mouse Adaptations." *Proceedings of the 2003 ACM Symposium on Virtual Reality Software and Technology (VRST 2003),* 205–212.

Hackos, J., and J. Redish (1998). *User and Task Analysis for Interface Design.* New York: John Wiley & Sons.

Hagedorn, J. G., S. G. Satterfield, J. T. Kelso, W. Austin, J. E. Terrill, and A. P. Peskin (2007). "Correction of Location and Orientation Errors in Electromagnetic Motion Tracking." *Presence: Teleoperators and Virtual Environments* 16(4):352–366.

Hainich, R., and O. Bimber (2011). *Displays: Fundamentals and Applications.* Boca Raton, FL: AK Peters.

Hale, K., and Stanney, K. (eds.) (2014). *Handbook of Virtual Environments: Design, Implementation, and Applications,* Second Edition. Boca Raton, FL: CRC Press.

Hall, J. (2015). *Guyton and Hall Textbook of Medical Physiology*, 13th Edition. Philadelphia: Elsevier.

Hamilton, Sir W. (1853). *Lectures on Quaternions.* Hodges and Smith.

Han, J. (2005). "Low-Cost Multi-Touch Sensing through Frustrated Total Internal Reflection." *Proceedings of the 18th Annual ACM Symposium on User Interface Software and Technology (UIST '05),* 115–118.

Hancock, M., F. Vernier, D. Wigdor, S. Carpendale, and C. Shen (2006). "Rotation and Translation Mechanisms for Tabletop Interaction." *First IEEE International Workshop on Horizontal Interactive Human-Computer Systems (TABLETOP '06),* 8.

Hanson, A. (1992). "The Rolling Ball." In D. Kirk (ed.), *Graphics Gem III* 51–60. Academic Press.

Harmon, R., W. Patterson, W. Ribarsky, and J. Bolter (1996). "The Virtual Annotation System." *Proceedings of the 1996 IEEE Virtual Reality Annual International Symposium (VRAIS '96),* 239–245.

Harris, L., M. Jenkin, and D. Zikovitz (1999). "Vestibular Cues and Virtual Environments: Choosing the Magnitude of the Vestibular Cue." *Proceedings of IEEE Virtual Reality '99,* 229–236.

Hart, S. (2006). "NASA- Task Load Index [NASA-TLX]; 20 Years Later." *Proceedings of the HFES Annual Meeting,* 50: 904–908.

Hart, S., and L. Staveland. (1988). "Development of NASA-TLX (Task Load Index): Results of Empirical and Theoretical Research." In P. A. Hancock, and N. Meshkati (eds.), *Human Mental Workload.* 139–183. Amsterdam: North Holland Press

Hartson, H., and P. Gray (1992). "Temporal Aspect of Tasks in the User Action Notation." *Human Computer Interaction* 7(1): 1–45.

Hartson, R., and Hix, D. (1989). "Human-Computer Interface Development: Concepts and Systems for Its Management." *ACM Computing Surveys* 21(1): 5–92.

Hartson, R., and P. Pyla. (2012). *The UX Book: Process and Guidelines for Ensuring a Quality User Experience.* Waltham, MA: Morgan Kaufmann Publishers.

Hartson, R. (2003) "Cognitive, Physical, Sensory, and Functional Affordances in Interaction Design." *Behaviour & Information Technology* 22(5): 315–338.

Hatch, M. (2013). *The Maker Movement Manifesto: Rules for Innovation in the New World of Crafters, Hackers, and Tinkerers*. McGraw-Hill Education.

Hatzfeld, C., and T. A. Kern (2014). *Engineering Haptic Devices: A Beginner's Guide,* Second Edition. London: Springer-Verlag.

Hayes, A. T., C. L. Straub, L. A. Dieker, C. E. Hughes, and M. C. Hynes (2013). "Ludic learning: Exploration of TLE TeachLivE™ and Effective Teacher Training." *International Journal of Gaming and Computer-Mediated Simulations (IJGCMS)* 5(2): 20–33.

He, C., H. Şen, S. Kim, P. Sadda, and P. Kazanzides (2014). "Fusion of Inertial Sensing to Compensate for Partial Occlusions in Optical Tracking Systems." *Augmented Environments for Computer-Assisted Interventions, Lecture Notes in Computer Science* 8678: 60–69.

Hegarty, M., Richardson, A., Montello, D., Lovelace, K., and I. Subbiah (2002). "Development of a Self-Report Measure of Environmental Spatial Ability." *Intelligence* 30: 425–448.

Helms, J. W., J. Arthur, D. Hix, and H. Hartson (2006). "A Field Study of the Wheel—A Usability Engineering Process Model." *Journal of Systems and Software* 79(6): 841–858.

Hemmings, B., and T. Holder (2009). *Applied Sport Psychology: A Case-Based Approach*. New York: Wiley and Sons.

Hendrix, C., and W. Barfield (1995). "Presence in Virtual Environments as a Function of Visual and Auditory Cues." *Proceedings of the Virtual Reality Annual International Symposium'95 (IEEE)* 74–82.

Henry, D., and T. Furness (1993). "Spatial Perception in Virtual Environments: Evaluating an Architectural Application." *Proceedings of the 1993 IEEE Virtual Reality Annual International Symposium (VRAIS '93)*, 33–40.

Hermann, T., A. Hunt, and J. Neuhoff (2011). *The Sonification Handbook*. Berlin: Logos Verlag.

Herndon, K., A. van Dam, and M. Gleicher (1994). "The Challenges of 3D Interaction." *SIGCHI Bulletin* 26(4): 36–43.

Herndon, K., R. Zeleznik, D. Robbins, D. Conner, S. Snibbe, and A. van Dam (1992). "Interactive Shadows." *Proceedings of the 1992 ACM Symposium on User Interface Software and Technology (UIST '92)*, 1–6.

Hesselink, J. Ralston, and R. Macfarlane (1996). "A Three-Color, Solid-State, Three-Dimensional Display." *Science* 273(5279): 1185–1189.

Hick, W. (1952). "On the Rate of Gain in Information." *Quarterly Journal of Experimental Psychology* 40: 199–222.

Hinckley, K., J. Tullio, R. Pausch, D. Proffitt, and N. Kassell (1997). "Usability Analysis of 3D Rotation Techniques." *Proceedings of the 1997 ACM Symposium on User Interface Software and Technology (UIST '97)*, 1–10.

Hinckley, K., R. Pausch, D. Proffitt, J. Patten, and N. Kassell (1997). Cooperative Bimanual Action. *Proceedings of the 1997 ACM Conference on Human Factors in Computing Systems (CHI '97)*, 27–34.

Hinckley, K., R. Pausch, J. Goble, and N. Kassell (1994). "Passive Real-World Interfaces Props for Neurosurgical Visualization." *Proceedings of the 1994 ACM Conference on Human Factors in Computing Systems (CHI '94)*, 452–458.

Hinrichs, U., and S. Carpendale (2011). "Gestures in the Wild: Studying Multi-Touch Gesture Sequences on Interactive Tabletop Exhibits." *Proceedings of the SIGCHI Conference on Human Factors in Computing Systems*, 3023–3032.

Hix, D., and H. Hartson (1993). *Developing User Interfaces: Ensuring Usability through Product and Process*. John Wiley and Sons.

Hix, D., and J. Gabbard (2002). "Usability Engineering of Virtual Environments." In K. Stanney (ed), *Handbook of Virtual Environments: Design, Implementation, and Applications*. 681–699 Mahwah, NJ: Lawrence Erlbaum Associates.

Hix, D., J. Swan, J. Gabbard, M. McGee, J. Durbin, and T. King (1999). "User-Centered Design and Evaluation of a Real-Time Battlefield Visualization Virtual Environment." *Proceedings of IEEE Virtual Reality '99*, 96–103.

Hodges, L., B. Rothbaum, R. Alarcon, D. Ready, F. Shahar, K. Graap, J. Pair, P. Herbert, B. Wills, and D. Baltzell (1999). "Virtual Vietnam: A Virtual Environment for the Treatment of Chronic Post-Traumatic Stress Disorder." *CyberPsychology and Behavior* 2(1): 7–14.

Hodges, L., B. Rothbaum, R. Kooper, D. Opdyke, T. Meyer, M. North, J. de Graff, and J. Williford (1995). "Virtual Environments for Treating the Fear of Heights." *IEEE Computer* 28(7): 27–34.

Hodgson, E., and Bachmann, E. (2013). "Comparing Four Approaches to Generalized Redirected Walking: Simulation and Live User Data." *IEEE Transactions on Visualization and Computer Graphics* 19(4): 634–643.

Hodgson, E., Bachmann, E., and Thrash, T (2014). "Performance of Redirected Walking Algorithms in a Constrained Virtual World." *IEEE Transactions on Visualization and Computer Graphics* 20(4): 579–587.

Hoffman, H. G., D. R. Patterson, M. Soltani, A. Teeley, W. Miller, and S. R. Sharar (2008). "Virtual Reality Pain Control during Physical Therapy Range of Motion Exercises for a Patient with Multiple Blunt Force Trauma Injuries." *Cyberpsychological Behaviour* 12(1): 47–49 (Nov 19).

Hoffman, M., P. Varcholik, and J. LaViola (2010). "Breaking the Status Quo: Improving 3D Gesture Recognition with Spatially Convenient Input Devices." *Proceedings of IEEE Virtual Reality 2010*, 59–66.

Hoffman, H., A. Hollander, K. Schroder, S. Rousseau, and T. Furness (1998). "Physically Touching and Tasting Virtual Objects Enhances the Realism of Virtual Experiences." *Virtual Reality: Research, Development and Application* 3: 226–234.

Hogue, A., M. Robinson, M. R. Jenkin, and R. S. Allison (2003). "A Vision-Based Head Tracking System for Fully Immersive Displays." *Proceedings of Immersive Projection Technology and Virtual Environments 2003*, 179–188.

Hollerbach, J. (2002). "Locomotion Interfaces." In K. Stanney (ed.), *Handbook of Virtual Environments: Design, Implementation, and Applications*. 239–254. Mahwah, NJ: Lawrence Erlbaum Associates.

Höllerer, T., S. Feiner, T. Terauchi, G. Rashid, and D. Hallaway (1999). "Exploring MARS: Developing Indoor and Outdoor User Interfaces to a Mobile Augmented Reality System." *Computers and Graphics* 23(6): 779–785.

Holliman, N., N. Dodgson, G. Favalora, and L. Pockett (2011). "Three-Dimensional Displays: A Review and Applications Analysis." *IEEE Transactions on Broadcasting* 57(2):362–371.

Holmqvist, K., Nyström, N., Andersson, R., Dewhurst, R., Jarodzka, H., and J. van de Weijer (eds.) (2011). *Eye Tracking: A Comprehensive Guide to Methods and Measures*. Oxford: Oxford University Press.

Hongyong, T., and Y. Youling (2012). "Finger Tracking and Gesture Recognition with Kinect." *Proceedings of the 12th International Conference on Computer and Information Technology (CIT '12)*, 214–218.

Honkamaa, P., S. Siltanen, J. Jäppinen, C. Woodward and O. Korkalo (2007). "Interactive Outdoor Mobile Augmentation Using Markerless Tracking and GPS." *Proceedings of the Virtual Reality International Conference (VRIC)*, 285–288.

Hosseini S. A., Khalilzadeh M. A., and M. Branch. (2010). "Emotional Stress Recognition System Using EEG and Psychophysiological Signals: Using New Labelling Process of EEG Signals in Emotional Stress State." *Proceedings of International Conference on Biomedical Engineering and Computer Science*, Wuhan, China. 23–25 April 2010.

Houde, S. (1992). "Iterative Design of an Interface for Easy 3-D Direct Manipulation." *Proceedings of the 1992 ACM Conference on Human Factors in Computing Systems (CHI '92)*, 135–142.

Howard, I. (1991). "Spatial Vision within Egocentric and Exocentric Frames of Reference." In A. Grunwald (ed.), *Pictorial Communication in Virtual and Real Environments*, 338–357. London: Taylor and Francis Ltd.

Howell, M. J., N. S. Herrera, A. G. Moore, and R. P. McMahan (2015). "A Reproducible Olfactory Display for Exploring Olfaction in Immersive Media Experiences. *Multimedia Tools and Applications*, 75(20): 12311–12330.

Hua, C., Ellis, S., and J. Swan II. (2014). "Calibration and Depth Matching Accuracy with a Table-Mounted Augmented Reality Haploscope." In Poster Compendium, *Proceedings of ACM SIGGRAPH Symposium on Applied Perception* (SAP 2014), 127.

Hua, H., C. Gao, F. Biocca, and J. Rolland (2001). An Ultra-Light and Compact Design and Implementation of Head-Mounted Projective Displays." *Proceedings of IEEE Virtual Reality 2001*, 175–182.

Hua, H., C. Gao, L. Brown, D. Ahuja, and J. Rolland (2002). "A Testbed for Precise Registration, Natural Occlusion, and Interaction in an Augmented Environment Using a Head-Mounted Projective Display." *Proceedings of IEEE Virtual Reality 2002,* 81–89.

Huang, J. Y. (2003). "An Omnidirectional Stroll-Based Virtual Reality Interface and Its Application on Overhead Crane Training." *IEEE Transactions on Multimedia 5*(1): 39–51.

Hughes, C., Stapleton, C., Hughes, D., and E. Smith. (2005). "Mixed Reality in Education, Entertainment, and Training." *Computer Graphics and Applications* 25(6): 24 – 30.

Hughes, J. M. (2016). *Arduino: A Technical Reference: A Handbook for Technicians, Engineers, and Makers*. O'Reilly Media.

Hughes, J., A. van Dam, M. McGuire, D. Sklar, J. Foley, S. Feiner, and K. Akeley (2013). *Computer Graphics: Principles and Practice*. Third Edition. Upper Saddle River, NJ: Addison-Wesley Professional.

Hultquits, J. (1990). "A Virtual Trackball." *Graphics Gems I,* 462–463. San Diego: Academic Press.

Huopaniemi, J. (1999). "Virtual Acoustics and 3D Sound in Multimedia Signal Processing."

PhD Dissertation, Department of Electrical and Communications Engineering, Helsinki University of Technology.

Hyman, R. (1953). "Stimulus Information as a Determinant of Reaction Time." *Journal of Experimental Psychology* 45: 188–196.

Igarashi, T., R. Kadobayahi, K. Mase, and H. Tanaka (1998). "Path Drawing for 3D Walkthrough." *Proceedings of the 1998 ACM Symposium on User Interface Software and Technology (UIST '98)*, 173–174.

Igarashi, T., S. Matsuoka, and H. Tanaka (1999). "Teddy: A Sketching Interface for 3D Freeform Design." *Proceedings of SIGGRAPH '99*, 409–416.

Ingram, R., J. Bowers, and S. Benford (1996). "Building Virtual Cities: Applying Urban Planning Principles to the Design of Virtual Environments." *Proceedings of the 1996 ACM Symposium on Virtual Reality Software and Technology (VRST '96)*, 83–92.

Insko, B. E. (2001). "Passive Haptics Significantly Enhances Virtual Environments." PhD Dissertation, Dept. of Computer Science, University of North Carolina at Chapel Hill.

Interrante, V., Anderson, L., and B. Ries. (2006). "Distance Perception in Immersive Virtual Environments, Revisited." *Proceedings of the IEEE Virtual Reality Conference*, 3–10.

Interrante, V., B. Ries, and L. Anderson (2007). "Seven League Boots: A New Metaphor for Augmented Locomotion through Moderately Large Scale Immersive Virtual Environments." *Proceedings of the 2007 IEEE Symposium on 3D User Interfaces (3DUI '07)*, 167–170.

Ishii, H. (2008). "Tangible Bits: Beyond Pixels." *Proceedings of the 2nd International Conference on Tangible and Embedded Interaction*, xv–xxv. Bonn, Germany, February 18–20, 2008.

Ishii, H., and B. Ullmer (1997). "Tangible Bits: Towards Seamless Interfaces between People, Bits, and Atoms." *Proceedings of the ACM Conference on Human Factors in Computing Systems*, 234–241.

Ishii, M., and M. Sato (1994). "A 3D Spatial Interface Device Using Tensed Strings." *Presence: Teleoperators and Virtual Environments* 3(1): 81–86.

Israr, A., and I. Poupyrev (2011). "Tactile Brush: Drawing on Skin with a Tactile Grid Display." *Proceedings of the SIGCHI Conference on Human Factors in Computing Systems (CHI 2011)*, 2019–2028.

Itoh, Y., and G. Klinker (2014). "Interaction-Free Calibration for optical See-Through Headmounted Displays Based on 3D Eye Localization," *Proceedings of the 2014 IEEE Symposium on 3D User Interfaces (3DUI)*, Minneapolis, MN, 75–82.

Itoh, Y., H. Ishii, C. Ratti, B. Piper, Y. Wang, A. Biderman, and E. Ben-Joseph, E. (2004). "Bringing Clay and Sand into Digital Design: Continuous Tangible User Interfaces." *BT Technology Journal* 22, 4 (2004), 287–299.

Ives, B., and M. H. Olson (1985). "User Involvement and MIS Success: A Review of Research." *Management Science* 30(5): 586–603.

Iwamoto, T., M. Tatezono, and H. Shinoda (2008). "Non-Contact Method for Producing Tactile Sensation Using Airborne Ultrasound." In M. Ferre (eds.) Haptics: Perception, Devices and Scenarios. EuroHaptics 2008. Lecture Notes in Computer Science, Vol. 5024. Springer: Berlin, Heidelberg

Iwata, H. (1999). "Walking about Virtual Environments on an Infinite Floor." *Proceedings of IEEE Virtual Reality '99,* 286–293.

Iwata, H. (2001). "GaitMaster: A Versatile Locomotion Interface for Uneven Virtual Terrain." *Proceedings of IEEE Virtual Reality 2001,* 131–137.

Iwata, H., and T. Fujii (1996). "Virtual Perambulator: A Novel Interface Device for Locomotion in Virtual Environment." *Proceedings of the 1996 IEEE Virtual Reality Annual International Symposium (VRAIS '96),* 60–65.

Iwata, H., H. Yano, H. Fukushima, and H. Noma (2005). "Circulafloor: A Locomotion Interface Using Circulation of Movable Tiles." In *Proceedings of IEEE Virtual Reality.* IEEE Computer Society, 223–230.

Izadi, S., D. Kim, O. Hilliges, D. Molyneaux, R. Newcombe, P. Kohli, J. Shotton, S. Hodges, H. Iwata, H. Yano, H. Fukushima, and H. Noma (2005). "Circulafloor." *IEEE Computer Graphics and Applications* 25(1): 64–67.

Izadi, S. D. Kim, O. Hilliges, D. Molyneaux, R. Newcombe, P. Kohli, J. Shotton, S. Hodges, D. Freeman, A. Davison, and A. Fitzgibbon (2011). Kinect Fusion: Real-Time 3D Reconstruction and Interaction Using a Moving Depth Camera. In *Proceedings of the 24th Annual ACM Symposium* on User *Interface Software and Technology* (UIST '11). ACM, New York, NY, USA, 559–568.

Jack, D.; Boian, R., Merians, A., Tremaine, M., Burdea, G., Adamovich, S., Recce, M., and H. Poizner. (2001). "Virtual Reality-Enhanced Stroke Rehabilitation." *Transactions on Neural Systems and Rehabilitation Engineering* 9(3): 308–318.

Jacko, J., J. Yi, F. Saintfort, F., and M. McClellan (2012). Human Factors and Ergonomics Methods." In G. Salvendy (ed.), *Handbook of Human Factors and Ergonomics*.) Hoboken, NJ: John Wiley & Sons.

Jackson, B., D. Schroeder, and D. Keefe (2012). "Nailing Down Multi-Touch: Anchored Above the Surface Interaction for 3D Modeling and Navigation." *Proceedings of Graphics Interface 2012,* 181–184.

Jacob, R. (1995). "Eye Tracking in Advanced Interface Design." *Virtual Environments and Advanced Interface Design.* W. Barfield and T. Furness (eds.), 258–288. Oxford: Oxford University Press.

Jacob, R. (1996). "Input Devices and Techniques." In A. B. Tucker (ed.), *The Computer Science and Engineering Handbook,* 1494–1511. Boca Raton, FL: CRC Press.

Jacob, R., and L. Sibert (1992). "The Perceptual Structure of Multidimensional Input Devices." *Proceedings of the 1992 ACM Conference on Human Factors and Computing Systems (CHI '92),* 211–218.

Jacobs, J., and B. Froehlich (2011). "A Soft Hand Model for Physically-Based Manipulation of Virtual Objects." *Proceedings of the 2011 IEEE Virtual Reality Conference (VR '11),* 11–18.

Jacobson, D. (1996). "Talking Tactile Maps and Environmental Audio Beacons: An Orientation and Mobility Development Tool for Visually Impaired People." *Proceedings of the ICA Commission on Maps and Graphics for Blind and Visually Impaired People,* 21–25 October, 1996, Ljubjiana, Slovenia.

Jacoby, R., M. Ferneau, and J. Humphries (1994). "Gestural Interaction in a Virtual

Environment." *Proc. SPIE 2177, Stereoscopic Display and Virtual Reality Systems: The Engineering Reality of Virtual Reality,* 355–364, April 15, 1994; doi:10.1117/12.173892.

Johansen, Robert. (1989). "Groupwise and Collaborative Systems—A Big Picture View." *Global Telecommunications Conference and Exhibition'Communications Technology for the 1990s and Beyond'(GLOBECOM),* 1217–1220.

Johnsen, K., and B. Lok (2008). "An Evaluation of Immersive Displays for Virtual Human Experiences." *IEEE Virtual Reality Conference 2008,* 133–136.

Johnson, A., M. Roussos, J. Leigh, C. Vasilakis, C. Barnes, and T. Moher (1998). "The NICE Project: Learning Together in a Virtual World." *Proceedings of the 1998 IEEE Virtual Reality Annual International Symposium (VRAIS '98),* 176–183.

Johnson, Jeff. (2014). *Designing with the Mind in Mind (Second Edition): Simple Guide to Understanding User Interface Design Guidelines.* Waltham, MA: Elsevier.

Johnson-Laird, P. (1993). *The Computer and the Mind: An Introduction to Cognitive Science (Second Edition).* Fontana Press.

Jones, H. (2001). *Computer Graphics through Key Mathematics.* London: Springer-Verlag.

Jones, J., Swan J, II, Singh G, Kolstad E, and S. Ellis. (2008). "The Effects of Virtual Reality, Augmented Reality, and Motion Parallax on Egocentric Depth Perception." *Proceedings of the 2008 Symposium on Applied Perception in Graphics and Visualization,* 9–14.

Jones, L. (2008). "Warm or Cool, Large or Small? The Challenge of Thermal Displays." *IEEE Transactions on Haptics* 1(1): 53–70.

Jongyoon C., and R. Gutierrez-Osuna. (2011). "Removal of Respiratory Influences from Heart Rate Variability in Stress Monitoring." *IEEE Sensor Journal* (11): 2649–2656.

Jorgensen, C., K. Wheeler, and S. Stepniewski (2000). "Bioelectric Control of a 757 Class High Fidelity Aircraft Simulation." *Proceedings of the World Automation Conference,* 1–8.

Julier, S., M. Lanzagorta, Y. Baillot, L. Rosenblum, S. Feiner, T. Hollerer, and S. Sestito (2000). "Information Filtering for Mobile Augmented Reality." In *Augmented Reality,* ISAR 2000), *Proceedings of IEEE and ACM International Symposium,* 3–11.

Jurafsky, D., and J. Martin (2008). *Speech and Language Processing: An Introduction to Natural Language Processing, Computational Linguistics, and Speech Recognition.* Prentice-Hall

Kaczmarek, K., J. Webster, P. Pach-y-Rita, and W. Tompkins (1991). "Electrotactile and Vibrotactile Displays for Sensory Substitution Systems." *IEEE Transactions on Biomedical Engineering* 38(1): 1–16.

Kaiser, E., Olwal, A., McGee, D., Benko, H., Corradini, A., Li, X., Cohen, P. and S. Feiner (2003). "Mutual Disambiguation of 3D Multimodal Interaction in Augmented and Virtual Reality." *Proceedings of the 5th ACM international Conference on Multimodal Interfaces* (ICMI '03), 12–19.

Kajastila, R., and Lokki, T. (2009) "A Gesture-Based and Eyes-Free Control Method for Mobile Devices." *Proceedings of the ACM Conference on Human Factors in Computing Systems,* 3559–3564.

Kalkofen, D., C. Sandor, S. White, and D. Schmalstieg (2011). "Visualization Techniques for Augmented Reality." *Handbook of Augmented Reality,* 65–98.

Kalawsky, R. S. (1993). *The Science of Virtual Reality and Virtual Environments*. Wokingham, England: Addison-Wesley.

Kandell, E., Kupfermann, I., and S. Iversen (2000). "Learning and Memory." In E. Kandell, J. Schwartz and T. Jessell (eds.), *Principles of Neuroscience*, Fourth Edition. 1127–1246. New York: McGraw-Hill.

Kane, M., and R. Engle. (2000). "Working-Memory Capacity, Proactive Interference, and Divided Attention: Limits on Long-Term Memory Retrieval." *Journal of Experimental Psychology: Learning, Memory, and Cognition* 26: 336–358.

Kang, H., C. Lee, and K. Jung (2004). "Recognition-Based Gesture Spotting in Video Games." *Pattern Recognition Letters* 25 (15): 1701–1714.

Kapralos B., M. Jenkin, and E. Milios (2003). "Auditory Perception and Virtual Environments." Dept. of Computer Science, York University, CS-2003-07.

Kaptelinin, V., and Nardi, B. A. (2006). *Acting with Technology: Activity Theory and Interaction Design*. Cambridge, MA: MIT Press.

Kaptelinin, V., and B. Nardi (2012). "Activity Theory in HCI: Fundamentals and Reflections." *Synthesis Lectures Human-Centered Informatics* 5(1): 1–105.

Kasik, D., J. Troy, S. Amorosi, M. Murray, and S. Swamy (2002). "Evaluating Graphics Displays for Complex 3D Models." *IEEE Computer Graphics and Applications* 22(3): 56–64.

Kato, H., and M. Billinghurst (1999). "Marker Tracking and HMD Calibration for a Video-Based Augmented Reality Conferencing System." *Proceedings of the 2nd International Workshop on Augmented Reality,* 85–94.

Kato, H., M. Billinghurst, I. Poupyrev, K. Imamoto, and K. Tachibana (2000). "Virtual Object Manipulation on a Table-Top AR Environment." *Proceedings of the IEEE and ACM International Symposium on Augmented Reality.*

Kaufman, N., I. Poupyrev, E. Miller, M. Billinghurst, P. Oppenheimer, and S. Weghorst (1997). "New Interface Metaphors for Complex Information Space Visualization: An ECG Monitor Object Prototype." *Medicine Meets Virtual Reality 5,* 131–140. IOS Press

Kaur, K. (1999). "Designing Virtual Environments for Usability." PhD Dissertation, Department of Computer Science, University College.

Kaur, K., N. Maiden, and A. Sutcliffe (1999). "Interacting with Virtual Environments: An Evaluation of a Model of Interaction." *Interacting with Computers* 11(4): 403–426.

Kaye, J. (1999). "Symbolic Olfactory Display." Brain and Cognitive Science Department. Boston, Massachusetts Institute of Technology.

Keefe, D., D. Acevedo, T. Moscovich, D. Laidlaw, and J. LaViola (2001). "CavePainting: A Fully Immersive 3D Artistic Medium and Interactive Experience." *Proceedings of the 2001 Symposium on Interactive 3D Graphics (I3D 2001),* 85–93.

Kendall, G. (1995). "A 3D Sound Primer: Directional Hearing and Stereo Reproduction." *Computer Music Journal* 19(4): 23–46.

Kendon, A. (1988). "How Gestures Can Become Like Words." In F. Potyatos (ed.), *Crosscultural Perspectives in Nonverbal Communication, 131–141.* Hogrefe.

Kennedy, R., K. Stanney, and W. Dunlap (2000). "Duration and Exposure to Virtual Environments:

Sickness Curves during and across Sessions." *Presence: Teleoperators and Virtual Environments* 9(5): 463–472.

Kennedy, R., Lane, N., Berbaum, K., and M. Lilienthal. (1993). "Simulator Sickness Questionnaire: An Enhanced Method for Quantifying Simulator Sickness." *The International Journal of Aviation Psychology* 3(3): 203–220.

Kennedy, R., N. Lane, K. Berbaum, and M. Lilienthal (1993). "A Simulator Sickness Questionnaire (SSQ): A New Method for Quantifying Simulator Sickness." *International Journal of Aviation Psychology* 3(3): 203–220.

Kessler, G., D. Bowman, and L. Hodges (2000). "The Simple Virtual Environment Library: An Extensible Framework for Building VE Applications." *Presence: Teleoperators and Virtual Environments* 9(2): 187–208.

Kessler, G., L. Hodges, and N. Walker (1995). "Evaluation of the CyberGlove as a Whole-Hand Input Device." *ACM Transactions on Computer-Human Interaction* 2(4): 263–283.

Khosrowabadi R., Quek C., Ang K. K., Tung S. W., and M. Heijnen (2011). "Brain-Computer Interface for Classifying EEG Correlates of Chronic Mental Stress." *Proceedings of International Joint Conference on Neural Networks (IJCNN)*; San Jose, CA, USA. 757–762. 31 July–5 August 2011.

Khotake, N., J. Rekimoto, and Y. Anzai (1999). "InfoStick: An Interaction Device for Inter-Appliance Computing. "*Proceedings of Handheld and Ubiquitous Computing: First International Symposium,* 246–258. Berlin: Springer-Verlag.

Kieseyer, U. (2001). *Georges Seurat: 1859–1891: The Master of Pointillism*. Los Angeles: TASCHEN America LLC.

Kim, M. J., and Maher, M. L. (2008). "The impact of tangible user interfaces on spatial cognition during collaborative design." *Design Studies* 29(3): 222–253.

Kim, J., D. Gračanin, K. Matković, and F. Quek (2008). "Finger Walking in Place (FWIP): A Traveling Technique in Virtual Environments." In A. Butz et al. (eds), *Smart Graphics, Lecture Notes in Computer Science #5166*, 58_69. Berlin: Springer.

Kim, Jinwoo, and Jae Yun Moon (1998). "Designing towards Emotional Usability in Customer Interfaces—Trustworthiness of Cyber-Banking System Interfaces." *Interacting with computers* 10(1): 1–29.

Kim, S., A. Israr, and I. Poupyrev (2013). "Tactile Rendering of 3D Features on Touch Surfaces." *Proceedings of the 26th Annual ACM Symposium on User Interface Software and Technology (UIST '13)*, 531–538.

Kindratenko, V. (2000). "A Survey of Electromagnetic Position Tracker Calibration." *Virtual Reality: Research, Development, and Applications* 5(3): 169–182.

Kipper, G., and J. Rampolla (2012). *Augmented Reality: An Emerging Technologies Guide to AR.* Elsevier.

Kishishita, N., Kiyokawa, K., Kruijff, E., Orlosky, J., Mashita, T., and H. Takemura (2014). "Analysing the Effects of a Wide Field of View Augmented Reality Display on Search Performance in Divided Attention Tasks." *Proceedings of the IEEE International Symposium on Mixed and Augmented Reality* (ISMAR'14), Munchen, Germany, 2014.

Kiyokawa, K., and H. Takemura (2005). "A Tunnel Window and Its Variations: Seamless

Teleportation Techniques in a Virtual Environment." *Proceedings of HCI International,* Las Vegas, NV.

Kiyokawa, K., H. Takemura, and N. Yokoya (2000). "Seamless Design for 3D Object Creation." *IEEE MultiMedia* 7(1): 22–33.

Klatzky, R., J. Loomis, A. Beall, S. Chance, and R. Golledge (1998). "Spatial Updating of Self-Position and Orientation during Real, Imagined and Virtual Locomotion." *Psychological Science* 9: 293–298.

Klein, A., W. Li, M. Kazhdan, W. Correa, A. Finkelstein, and T. Funkhouser (2000). "Non-Photorealistic Virtual Environments." *Proceedings of SIGGRAPH 2000,* 527–534.

Klein, G., and D. Murray (2008). "Improving the Agility of Keyframe-Based SLAM." In D. Forsyth, P. Torr, and A. Zisserman (eds.), Computer Vision—ECCV 2008. ECCV 2008. Lecture Notes in Computer Science, Vol. 5303. Springer: Berlin, Heidelberg.

Klein, G., and D. Murray (2007). Parallel Tracking and Mapping for Small AR Workspaces. *6th IEEE and ACM International Symposium on Mixed and Augmented Reality*, 225–234.

Kleiner, M., D. I. Dalenback, and P. Svensson (1993). "Auralization: An Overview." *Journal of the Audio Engineering Society* 41(11): 861–875.

Knapp, J., and J. Loomis (2004). "Limited Field of View of Head-Mounted Displays Is not the Cause of Distance Underestimation in Virtual Environments." *Presence: Teleoperators and Virtual Environments* 13(5): 572–577.

Knight, J. (1987). "Manual Control and Tracking." In G. Salvendy (ed.), *Handbook of Human Factors,* 182–218. John Wiley and Sons.

Knoedel, S., and M. Hachet (2011). "Multi-Touch RST in 2D and 3D Spaces: Studying the Impact of Directness on User Performance." *Proceedings of the 2011 IEEE Symposium on 3D User Interfaces (3DUI '11),* 75–78.

Kohli, L., E. Burns, D. Miller, and H. Fuchs (2005). "Combining Passive Haptics with Redirected Walking." *Proceedings of the 2005 International Conference on Augmented Tele-existence (ICAT '05)*, 253–254.

Koller, D., M. Mine, and S. Hudson (1996). "Head-Tracked Orbital Viewing: An Interaction Technique for Immersive Virtual Environments." *Proceedings of the 1996 ACM Symposium on User Interface Software and Technology (UIST '96),* 81–82.

Kontrarinis, D., and R. Howe (1995). "Tactile Display of Vibrotactile Information in Teleoperation and Virtual Environments." *Presence Teleoperators and Virtual Environments* 4(4): 387–402.

Kopper, R., D. Bowman, M. Silva, and R. McMahan (2010). "A Human Motor Behavior Model for Distal Pointing Tasks." *International Journal of Human-Computer Studies* 68(10): 603–615.

Kopper, R., F. Bacim, and D. Bowman (2011). "Rapid and Accurate 3D Selection by Progressive Refinement." *Proceedings of the 2011 IEEE Symposium on 3D User Interfaces (3DUI '11),* 67–74.

Kopper, R., T. Ni, D. Bowman, and M. Pinho (2006). "Design and Evaluation of Navigation Techniques for Multiscale Virtual Environments." *Proceedings of the 2016 IEEE Virtual Reality Conference (VR '06),* 175–182.

Körner, O., and R. Männer (2003). "Implementation of a Haptic Interface for a Virtual Reality

Simulator for Flexible Endoscopy." *11th International Symposium on Haptic Interfaces for Virtual Environments and Teleoperator Systems,* 278–284.

Kosslyn, S. (1993). *Image and Brain.* Cambridge, MA: MIT Press.

Kramer A., and R. Parasuraman (2007). "Neuroergonomics—Application of Neuroscience to Human Factors." In J. Caccioppo, L., Tassinary, and G. Berntson (eds), *Handbook of Psychophysiology,* Second Edition, 704–722. New York: Cambridge University Press.

Kramer, J. (1991). "Communication System for Deaf, Deaf-Blind and Non-Vocal Individuals Using Instrumented Gloves." Patent No. 5,047,952.

Kramer, J. (1993). "Force Feedback and Texture Simulating Interface Device." Patent No. 5,047,952.

Kreitzberg, C. (2008). "The LUCID framework." Cognetics Corporation (2008).

Krueger, M., T. Gionfriddo, and K. Hinrichsen (1985). "VIDEOPLACE: An Artificial Reality." *Proceedings of the 1985 ACM Conference on Human Factors in Computing Systems (CHI '85),* 35–40.

Krüger, W., and B. Fröhlich (1994). "The Responsive Workbench." *IEEE Computer Graphics and Applications* 14(3): 12–15.

Krüger, W., C. Bohn, B. Fröhlich, H. Schuth, W. Strauss, and G. Wesche (1995). "The Responsive Workbench: A Virtual Work Environment." *IEEE Computer* 28(7): 42–48.

Kruijff, E. (2007). "Unconventional 3D User Interfaces for Virtual Environments." PhD Thesis, Graz University of Technology.

Kruijff, E. (2013). "Human-Potential Driven Design of 3D User Interfaces." *Proceedings of the IEEE International Conference on Artificial Reality and Telexistence* (ICAT 2013), 129-136. Tokyo, Japan.

Kruijff, E., A. Marquardt, C. Trepkowksi, J. Schild, and A. Hinkenjann (2016). Designed Emotions: Challenges and Potential Methodologies for Improving Multisensory Cues to Enhance User Engagement in Immersive Systems. Springer the Visual Computer, doi:10.1007/s00371-016-1294-0.

Kruijff, E., D. Schmalstieg, and S, Beckhaus (2006). "Using Neuromuscular Electrical Stimulation for Pseudo-Haptic Feedback." In *Proceedings of the ACM Symposium on Virtual Reality Software and Technology* (VRST'06), Limassol, Cyprus, 312–315.

Kruijff, E. Wesche, G., Riege, K., Goebbels, G., Kunstman, M., and D., Schmalstieg (2006) "Tactylus, a Pen-Input Device Exploring Audiotactile Sensory Binding." *In Proceedings of the ACM Symposium on Virtual Reality Software and Technology* (VRST'06), 316–319, Limassol, Cyprus.

Kruijff, E., and A. Pander. (2005). "Experiences of Using Shockwaves for Haptic Sensations." *Proceedings of the 3D User Interface Workshop, IEEE Conference on Virtual Reality* (VR 2005), Bonn, Germany.

Kruijff, E., B. Riecke, C. Trekowski, and A. Kitson (2015). "Upper Body Leaning Can Affect Forward Self-Motion Perception in Virtual Environments." *Proceedings of the 3rd ACM Symposium on Spatial User Interaction (SUI '15),* 103–112.

Kruijff, E., Marquardt, A., Trepkowski, C., Lindeman, R. W., Hinkenjann, A., Maiero, J., and

Riecke, B. E. (2016). "On Your Feet!: Enhancing Vection in Leaning-Based Interfaces through Multisensory Stimuli." *Proceedings of the 2016 Symposium on Spatial User Interaction,* 149–158.

Kruijff, E., S. Conrad, and A. Mueller (2003). "Flow of Action in Mixed Interaction Modalities." *Proceedings of HCI International Conference.*

Kruijff, E., E. Swan II, and S. Feiner (2010). "Perceptual issues in Augmented Reality Revisited." *Proceedings of the IEEE and ACM International Symposium on Mixed and Augmented Reality,* 3–12.

Kuipers, J. (2002). *Quaternions and Rotation Sequences: A Primer with Applications to Orbits, Aerospace and Virtual Reality.* Princeton, NJ: Princeton University Press.

Kulik, A., A. Kunert, S. Beck, R. Reichel, R. Blach, A. Zink, and B. Froehlich (2011). "C1x6: A Stereoscopic Six-User Display for Co-Located Collaboration in Shared Virtual Environments." *ACM Transactions on Graphics* 30(6), Article 188, 12 pages.

Kulkanri, A., and H. Colburn (1993). "Evaluation of a Linear Interpolation Scheme for Approximating HRTFs." *Journal of the Acoustical Society of America* 93(4): 2350.

Kulshreshth, A., and LaViola, J. (2014). "Exploring the Usefulness of Finger-Based 3D Gesture Menu Selection." *Proceedings of the ACM Conference on Human Factors in Computing Systems,* ACM, 1093–1102.

Kurtenbach, G., and W. Buxton (1991). "Issues in Combining Marking and Direct Manipulation Techniques." *Proceedings of the 1991 ACM Symposium on User Interface Software and Technology (UIST '91),* 137–144.

Kuutti, K., (1997). "Activity Theory as a Potential Framework for Human-Computer Interaction Research." *Context and Consciousness: Activity Theory and Human-Computer Interaction* (1996): 17–44.

Laha, B., D. A. Bowman, and J. D. Schiffbauer (2013). "Validation of the MR Simulation Approach for Evaluating the Effects of Immersion on Visual Analysis of Volume Data." *IEEE Transactions on Visualization and Computer Graphics* 19(4): 529–538.

Laha, B., D. A. Bowman, and J. J. Socha (2014). "Effects of VR System Fidelity on Analyzing Isosurface Visualization of Volume Datasets." *IEEE Transactions on Visualization and Computer Graphics* 20(4): 513–522.

Lai, C., R. McMahan, and J. Hall (2015). "March-and-Reach: A Realistic Ladder Climbing Technique." *Proceedings of the 2015 IEEE Symposium on 3D User Interfaces (3DUI '15),* 15–18.

Lampton, D., B. Knerr, S. Goldberg, J. Bliss, M. Moshell, and B. Blau (1994). "The Virtual Environment Performance Assessment Battery (VEPAB): Development and Evaluation." *Presence: Teleoperators and Virtual Environments* 3(2): 145–157.

Lanman, D., and D. Luebke (2013). "Near-Eye Light Field Displays." *ACM Transactions on Graphics* 32(6): Article 220, 10pp.

Larrue, F., H. Sauzéon, L. Aguilova, F. Lotte, M. Hachet, and B. N. Kaoua (2012). "Brain Computer Interface vs Walking Interface in VR: The Impact of Motor Activity on Spatial Transfer." *Proceedings of the 18th ACM Symposium on Virtual Reality Software and Technology (VRST '12),* 113–120.

Lascara, C., G. Wheless, D. Cox, R. Patterson, S. Levy, A. E. Johnson, and J. Leigh (1999) "TeleImmersive Virtual Environments for Collaborative Knowledge Discovery." *Proceedings of Advanced Simulation Technologies Conference,* San Diego, CA.

Latoschik, M. (2001). "A Gesture Processing Framework for Multimodal Interaction in Virtual Reality." *Proceedings of the 1st International Conference on Computer Graphics, Virtual Reality and Visualization in Africa,* 95–100.

LaViola, J. (2000). "A Discussion of Cybersickness in Virtual Environments." *ACM SIGCHI Bulletin* 32: 47–56.

LaViola, J. (1999a). "Whole-Hand and Speech Input in Virtual Environments." Master's Thesis, Department of Computer Science, Brown University.

LaViola, J. (1999b). "Flex and Pinch: A Case Study of Whole-Hand Input Design for Virtual Environment Interaction." *Proceedings of the IASTED International Conference on Computer Graphics and Imaging '99,* 221–225.

LaViola, J. (2000a). "A Discussion of Cybersickness in Virtual Environments." *SIGCHI Bulletin* 32(1): 47–56.

LaViola, J. (2000b). "MSVT: A Virtual Reality-Based Multimodal Scientific Visualization Tool." *Proceedings of the Third IASTED International Conference on Computer Graphics and Imaging,* 1–7.

LaViola, J. (2013). "3D Gestural Interaction: The State of the Field." *ISRN Artificial Intelligence,* Vol. 2013, Article ID 514641, 18 pages, 2013.

LaViola, J., Buchanan, S., and Pittman, C. (2014). "Multimodal Input for Perceptual User Interfaces." In A. Bhowmik (ed), *Interactive Displays,* 285–312. Wiley.

LaViola, J., D. Acevedo, D. Keefe, and R. Zeleznik (2001). "Hands-Free Multi-Scale Navigation in Virtual Environments." *Proceedings of the 2001 Symposium on Interactive 3D Graphics (I3D 2001),* 9–15.

LaViola, J., D. Keefe, D. Acevedo, and R. Zeleznik (2004). "Case Studies in Building Custom Input Devices for Virtual Environment Interfaces." *Proceedings of the VR 2004 Workshop on Beyond Wand and Glove Interaction,* 67–71.

Lederman, S., and R. Klatzky (1987). "Hand Movements: A Window into Haptic Object Recognition." *Cognitive Psychology* 19(3): 342–368.

Lederman, S., G. Thorne, and B. Jones. (1986). "Perception of Texture by Vision and Touch: Multidimensionality and Intersensory Integration." *Journal of Experimental Psychology: Human Perception & Performance* 12(2): 169–180.

Lee, C., Y. Hu, and T. Selker (2005). "iSphere: A Proximity-Based 3D Input Interface." In B. Martens and A. Brown (eds.), *Computer Aided Architectural Design Futures 2005,* 281–290. Netherlands: Springer.

Lee, G., Yang, U., Kim, Y., Jo, D., Kim, K., Kim, J., and J. Choi (2009). "Freeze-Set-Go Interaction Method for Handheld Mobile Augmented Reality Environments." *Proceedings of the 16th ACM Symposium on Virtual Reality Software and Technology (VRST '09),* 143–146.

Lee, S., Sohn, M., Kim, D., Kim, B., and Kim, H. (2013). "Smart TV Interaction System using Face and Hand Gesture Recognition." *Proceedings of the IEEE International Conference on Consumer Electronics,* 173–174.

Lee, H., and Woo, W. (2010). "Tangible Spin Cube for 3D Ring Menu in Real Space." *Proceedings of the 28th International Conference on Human Factors in Computing Systems,* CHI 2010, Extended Abstracts Volume, 4147–4152.

Lehrer, K. (1990). *Theory of Knowledge*. London: Routledge.

Lehto, M., Nah, F., and J. Yi. (2012). "Decision-Making Models, Decision Support and Problem Solving." In S. Galvendy (ed.), *Handbook of Human Factors and Ergonomics,* Fourth Edition.

Lenay, C., O. Gapenne, S. Hanneton, C. Genouëlle and C. Marque (2003). "Sensory Substitution: Limits and Perspectives. " In Y. Hatwell, A. Streri and E. Gentaz (eds.), *Touching for Knowing*. 275–292.

Leont'ev, A. (1978). *Activity, Consciousness, and Personality*. Englewood Cliffs, NJ: Prentice-Hall.

Leykin, A. and M. Tuceryan (2004). "Automatic Determination of Text Readability Over Textured Backgrounds for Augmented Reality Systems." *In Proceedings of the Third IEEE/ACM International Symposium on Mixed and Augmented Reality*.

Li, D., Z. Fu, L. Xie, and Y. Zhang (2012). "Comprehensive Comparison of the Least Mean Square Algorithm and the Fast Deconvolution Algorithm for Crosstalk Cancellation." *2012 International Conference on Audio, Language and Image Processing (ICALIP)*, 224–229.

Li, T., and Hsu, S. (2004). "An Intelligent 3D User Interface Adapting to User Control Behavior." *Proceedings of the ACM International Conference on Intelligent User interfaces*, 184–190.

Liang, J., and M. Green (1994). "JDCAD: A Highly Interactive 3D Modeling System." *Computers and Graphics* 18(4): 499–506.

Liang, J., C. Shaw, and M. Green (1991). "On Temporal-Spatial Realism in the Virtual Reality Environment. *Proceedings of the 1991 ACM Symposium on User Interface Software and Technology (UIST '91),* ACM Press, 19–25.

Lieberknecht, S., A. Huber, S. Ilic, and S. Benhimane (2011). "RGB-D Camera-Based Parallel Tracking and Meshing." *10th IEEE International Symposium on Mixed and Augmented Reality*, 147–155.

Lien, J., N. Gillian, M. Karagozler, P. Amihood, C. Schwesig, E. Olson, H. Raja, and I. Poupyrev (2016). "Soli: Ubiquitous Gesture Sensing with Millimeter Wave Radar." *ACM Transactions on Graphics (TOG)* - Proceedings of *ACM SIGGRAPH 2016* 35(4): Article No. 142.

Lin, M. C., and M. Otaduy (2008). *Haptic Rendering: Foundations, Algorithms and Applications*. Boca Rotan, FL: AK Peters, Ltd.

Lincoln, P., Blate, A., Singh, M., Whitted, T., State, A., Lastra, A., and Fuchs, H. (2016). "From Motion to Photons in 80 Microseconds: Towards Minimal Latency for Virtual and Augmented Reality." *IEEE Transactions on Visualization and Computer Graphics* 22(4): 1367–1376.

Lindeman, R., J. Sibert, and J. Hahn (1999). "Hand-Held Windows: Towards Effective 2D Interaction in Immersive Virtual Environments." *Proceedings of IEEE Virtual Reality '99,* 205–212.

Livingston, M., et al. (2003). "Resolving Multiple Occluded Layers in Augmented Reality." *Proceedings of the 2nd IEEE/ACM International Symposium On Mixed and Augmented Reality,* 56.

Livingston, M., J. Gabbard, J. Swan II, C. Sibley, and J. Barrow. (2012). "Basic Perception in Head-Worn Augmented Reality Displays." In Tony Huang, Leila Alem, and Mark A. Livingston (eds.), *Human Factors in Augmented Reality Environments*, 35–65. New York: Springer.

Loftin, R. B., and P. Kenney (1995). "Training the Hubble Space Telescope Flight Team." *IEEE Computer Graphics and Applications* 15(5): 31–37.

Loomis J., and J. Knapp (2003). Visual Perception of Egocentric Distance in Real and Virtual Environments." In L. J. Hettinger and M.W Haas (eds.), *Virtual and Adaptive Environments*, 21–4. Mahwah, NJ: Lawrence Erlbaum Associates6.

Loomis, J. (2003). "Sensory Replacement and Sensory Substitution: Overview and Prospects for the Future." In M. C. Roco, and W. S. Bainbridge (eds.), *Converging Technologies for Improving Human Performance: Nanotechnology, Biotechnology, Information Technology and Cognitive Science*. Boston: Kluwer Academic Publishers.

Loomis, J., and S. Lederman (1986). "Tactual Perception." In K. Boff, L. Kaufman, and J. Thomas (eds.), *Handbook of Perception and Human Performance*, Vol. 1, 12-1–12-57. New York: John Wiley & Sons.

Lowe, D. (2004). "Distinctive Image Features from Scale-Invariant Keypoints." *International Journal of Computer Vision* 60(4):91–110.

Lucas, J. (2005). "Design and Evaluation of 3D Multiple Object Selection Techniques." M.S. Thesis, Virginia. Polytechnic Institute and State University, Blacksburg, VA, USA.

Lucas, John F., Ji-Sun Kim, and Doug A. Bowman. "Resizing beyond Widgets: Object Resizing Techniques for Immersive Virtual Environments." In *CHI'05 Extended Abstracts on Human Factors in Computing Systems,* 1601–1604.

Lucente, M. (1997). "Interactive Three-Dimensional Holographic Displays: Seeing the Future in Depth." *Computer Graphics* 31(2): 63–67.

Lucente, M., G. Zwart, and A. George (1998). "Visualization Space: A Testbed for Deviceless Multimodal User Interface." *Proceedings of Intelligent Environments '98, The AAAI Spring Symposium Series,* 87–92.

Luebke, D., M. Reddy, J. Cohen, A. Varshney, B. Watson, and R. Huebner (2002). *Level of Detail for 3D Graphics.* New York: Morgan Kaufmann.

Lueder, E. (2012). *3D Displays.* New York: Wiley.

Lund, A. M. (2001) "Measuring Usability with the USE Questionnaire." *STC Usability SIG Newsletter* 8:2

Lynch, K. (1960). *The Image of the City.* Cambridge, MA: MIT Press.

Lyons, K., C. Skeels, T. Starner, C. Snoeck, B. Wong, and D. Ashbrook (2004). Augmenting Conversations Using Dual-Purpose Speech. *Proceedings of the 17th Annual ACM Symposium on User Interface Software and Technology* (UIST '04), 237–246.

MacKenzie, C., and T. Iberall (1994). *The Grasping Hand.* Amsterdam: North-Holland.

MacKenzie, I. (2013). *Human-Computer Interaction: An Empirical Research Perspective.* Waltham, MA: Morgan Kaufmann.

MacKenzie, I. S. (1992). "Fitts' Law as a Research and Design Tool in Human Computer

Interaction." *Human Computer Interaction* 7: 91–139.

MacKenzie, I. S. (1995). "Input Devices and Interaction Techniques for Advanced Computing." In W. Barfield and T. Furness (eds.), *Virtual Environments and Advanced Interface Design*, 437–472. Oxford: Oxford University Press.

MacKenzie, I. S., and K. Tanaka-Ishii (2007). *Text Entry Systems: Mobility, Accessibility, Universality*. San Francisco: Morgan Kaufmann.

MacKenzie, I. S., and R. Soukoreff (2002). "Text Entry for Mobile Computing: Models and Methods, Theory and Practice." *Human Computer Interaction* 17: 147–198.

Mackinlay, J., S. Card, and G. Robertson (1990a). "Rapid Controlled Movement through a Virtual 3D Workspace." *Proceedings of SIGGRAPH '90,* 171–176.

Mackinlay, J., S. Card, and G. Robertson (1990b). "A Semantic Analysis of the Design Space of Input Devices." *Human–Computer Interaction* 5(2–3): 145–190.

Macleod, M., R. Bowden, N. Bevan, and I. Curson (1997). "The MUSiC Performance Measurement Method." *Behaviour & Information Technology* 16(4–5): 279–293.

Madgwick, S., A. Harrison, and R. Vaidyanathan (2011). "Estimation of IMU and MARG Orientation Using a Gradient Descent Algorithm." *Proceedings of the 2011 IEEE International Conference on Rehabilitation Robotics*, 1–7.

Maes, P. (1997). "The ALIVE System: Wireless, Full-Body Interaction with Autonomous Agents." *ACM Multimedia Systems* 5(2): 105–112.

Majumder, A., and B. Sajadi (2013). "Advances in Large Area Displays: The Changing Face of Visualization." *IEEE Computer* 46(5):26–33.

Mankoff, J., and G. Abowd (1998). "Cirrin: A Word-Level Unistroke Keyboard for Pen Input." *Proceedings of the 1998 ACM Symposium on User Interface Software and Technology (UIST '98),* 213–214.

Manocha, D., P. Calamia, M. Lin, L. Savioja, and N. Tsingos (2009). "Interactive Sound Rendering." *ACM SIGGRAPH 2009 Courses* (SIGGRAPH '09). ACM, New York, NY, USA, Article 15, 338 pages.

Mapes, D., and J. Moshell (1995). "A Two-Handed Interface for Object Manipulation in Virtual Environments." *Presence: Teleoperators and Virtual Environments* 4(4): 403–416.

Marchal, M., J. Pettré, and A. Lécuyer (2011). "Joyman: A Human-Scale Joystick for Navigating in Virtual Worlds." *Proceedings of the 2011 IEEE Symposium on 3D User Interfaces (3DUI '11),* 19–26.

Marr, D. (1982). *Vision.* New York: W. H. Freeman.

Marras, W. (1997). "Biomechanics of the Human Body." In G. Salvendy (ed.), *Handbook of Human Factors and Ergonomics* 233–267. New York: John Wiley & Sons.

Marras, W. (2012). "Basic biomechanics and workstation design. In G. Salvendy (ed.), *Handbook of Human Factors and Ergonomics.* 347–382. Hoboken, NJ, John Wiley & Sons.

Marriott, K., and P. Stuckey (1998). *Programming with Constraints: An Introduction.* Cambridge MA: MIT Press

Martin J. (1998). "Tycoon: Theoretical Framework and Software Tools for Multimodal Interfaces." In John Lee (ed.), *Intelligence and Multimodality in Multimedia Interfaces.* AAAI

Press.

Massie, T. H. (1993). *Design of a Three Degree of Freedom Force Reflecting Haptic Interface*. Cambridge, MA: MIT Press.

Massimino M., and T. Sheridan (1993). "Sensory Substitution for Force Feedback in Teleoperation." *Presence Teleoperators and Virtual Environments* 2(4): 344–352.

Matsumoto, K., Y. Ban, T. Narumi, T. Tanikawa, and M. Hirose (2016). "Curvature Manipulation Techniques in Redirection using Haptic Cues." *Proceedings of the IEEE Symposium on 3D User Interfaces*.

May, J., and D. Badcock (2002). Vision and Virtual Environments. In K. Stanney (ed.), *Handbook of Virtual Environments: Design, Implementation, and Applications*, 29–64. Mahwah, NJ: Lawrence Erlbaum Associates.

Mayhew, D. (1999). "The Usability Engineering Lifecycle." *CHI'99 Extended Abstracts on Human Factors in Computing Systems*, 147–148.

McCormick, B., T. DeFanti, and M. Brown (1987). "Visualization in Scientific Computing." *Computer Graphics* 21(6): 15–21.

McCormick, E. (1970). *Human Factors Engineering,* McGraw-Hill.

McGrenere, J., and W. Ho (2000). "Affordances: Clarifying and Evolving a Concept." In *Graphics Interface*, 2000: 179–186.

McGurk, H., and J. Macdonald (1976). "Hearing Lips and Seeing Voices." *Nature* 264: 746–748.

McMahan, R. (2011). "Exploring the Effects of Higher-Fidelity Display and Interaction for Virtual Reality Games." PhD Dissertation, Department. of Computer Science, Virginia Tech.

McMahan, R. P., A. J. D. Alon, S. Lazem, R. J. Beaton, D. Machaj, M. Schaefer, M. G. Silva, A. Leal, R. Hagan, and D. A. Bowman (2010). "Evaluating Natural Interaction Techniques in Video Games." In *Proceedings of the IEEE Symposium on 3D User Interfaces*, IEEE, 11–14.

McMahan, R., D. Bowman, D. Zielinski, and R. Brady (2012). "Evaluating Display Fidelity and Interaction Fidelity in a Virtual Reality Game." *IEEE Transactions on Visualization and Computer Graphics (Proceedings of IEEE Virtual Reality)* 18(4): 626–633.

McMahan, R., R. Kopper, and D. Bowman (2014). "Principles for Designing Effective 3D Interaction Techniques." *Handbook of Virtual Environments: Design, Implementation and Applications,* 285–311. Boca Raton, FL: CRC Press.

McMahan, R., E. Ragan, D. Bowman, F. Tang, and C. Lai, (2015). "FIFA: The Framework for Interaction Fidelity Analysis." Technical Report UTDCS-06-15, Dept. of Computer Science, The University of Texas at Dallas.

McMahan, R. P., and D. A. Bowman (2007). "An Empirical Comparison of Task Sequences for Immersive Virtual Environments." *IEEE Symposium on 3D User Interfaces, 2007. 3DUI'07...*

McMillan, G., R. Eggelston, and T. Anderson (1997). "Nonconventional Controls." In G. Salvendy (ed.), *Handbook of Human Factors and Ergonomics*, 729–771. New York: John Wiley & Sons.

McQuaide, S., E. Seibel, R. Burstein, and T. Furness (2002). "Three-Dimensional Virtual Retinal Display System Using Deformable Membrane Mirror." *SID Symposium Digest of Technical Papers* 33(1): 1324–1327.

McTear, M. (2002). "Spoken Dialogue Technology: Enabling the Conversational User Interface."

ACM Computing Surveys 34(1): 90–169.

Medlock, M.C., Wixon, D., McGee, M., and Welsh, D. (2005). "The Rapid Iterative Test and Evaluation Method: Better Products in Less Time." In G. Bias, and D. Mayhew (eds.), *Cost Justifying Usability,* 489–517. San Francisco: Morgan Kaufmann

Melzer, J. (2014). Head-Mounted Displays. In C. R. Spitzer, U. Ferrell, and T. Ferrell (eds.), *Digital Avionics Handbook,* Third Edition, 257–280. Boca Raton, FL: CRC Press,.

Medina, E., R. Fruland, and S. Weghorst (2008). "VIrtusphere: Walking in a Human Size VR Hamster Ball." *Human Factors and Ergonomics Society Annual Meeting Proceedings* 52(27): 2102–2106.

Melzer, J., and K. Moffitt (2011). *Head-Mounted Displays: Designing for the User.* CreateSpace Independent Publishing Platform.

Menashe, I., O. Man, D. Lancet and Y. Gilad (2003). "Different Noses for Different People." *Nature Genetics* 34(2): 143–144.

Meshram, A., R. Mehra, Y. Hongsheng, E. Dunn, J. Franm, and D. Manocha (2014). "P-HRTF: Efficient Personalized HRTF Computation for High-Fidelity Spatial Sound." *2014 IEEE International Symposium on Mixed and Augmented Reality (ISMAR),* 53–61.

Meyer, K., and H. Applewhite (1992). "A Survey of Position Trackers." *Presence: Teleoperators and Virtual Environments* 1(2): 173–200.

Michael, D.C., and P. Bacdayan (1994). "Organizational Routines Are Stored as Procedural Memory: Evidence from a Laboratory Study." *Organization Science* 5(4): 554–568.

Milgram, P., and F. Kishino (1994). "A Taxonomy of Mixed Reality Visual Displays." *IECE Transactions on Information and Systems* E77-D(12): 1321–1329.

Milgram, P., H. Takemura, A. Utsumi, and F. Kishino (1994). "Augmented Reality: A Class of Displays on the Reality-Virtuality Continuum." *Telemanipulator and Telepresence Technologies,* 282–292. SPIE.

Millán, J. (2003). "Adaptive Brain Interfaces." *Communications of the ACM* 46(3): 74–80.

Mills, S., and J. Noyes (1999). "Virtual Reality: An Overview of User-Related Design Issues." *Interacting with Computers* 11(4): 375–386.

Mine, M. (1995a). "Virtual Environment Interaction Techniques." Department of Computer Science, University of North Carolina at Chapel Hill, TR95-018.

Mine, M. (1995b). "ISAAC: A Virtual Environment Tool for the Interactive Construction of Virtual Worlds." Department of Computer Science, University of North Carolina at Chapel Hill, TR-95-020.

Mine, M. (1997). "ISAAC: A Meta-CAD System for Virtual Environments." *Computer-Aided Design* 29(8): 547–553.

Mine, M. (2003) "Towards Virtual Reality for the Masses: 10 Years of Research at Disney's VR Studio." *Proceedings of Eurographics Workshop on Virtual Environments*, 11–17.

Mine, M., F. Brooks, and C. Séquin (1997). "Moving Objects in Space: Exploiting Proprioception in Virtual Environment Interaction." *Proceedings of SIGGRAPH '97,* 19–26.

Moeser, S. (1988). "Cognitive Mapping in a Complex Building." *Environment and Behavior* 20(1): 21–49.

Mohammad Shahnewaz Ferdous, S., I. M. Arafat, and J. Quarles (2016). "Visual Feedback to Improve the Accessibility of Head Mounted Displays for Persons with Balance Impairments." *Proceedings of the 2016 IEEE Symposium on 3D User Interfaces (3DUI)*, 121–128.

Monk, S. (2016). *Raspberry Pi Cookbook: Software and Hardware Problems and Solutions,* 2nd Edition. Sebastopol, CA: O'Reilly Media.

Mon-Williams, M., Wann, J. P., and S. Rushton. (1993). "Binocular Vision in a Virtual World: Visual Deficits Following the Wearing of a Head-Mounted Display. *Ophthalmic and Physiological Optics.* 13(4): 387–391.

Moore, A. G., M. J. Howell, A. W. Stiles, N. S. Herrera, and R. P. McMahan (2015). "Wedge: A Musical Interface for Building and Playing Composition-Appropriate Immersive Environments." *2015 IEEE Symposium on 3D User Interfaces* (3DUI), 205–206.

Mouchtaris, A., P. Reveliotis, and C. Kyrakakis (2000). "Inverse Filter Design for Immersive Audio Rendering over Loudspeakers." *IEEE Transactions on Multimedia* 2(2): 77–87.

Mulder, A. (1996). *Hand Gestures for HCI.* School of Kinesiology, Simon Fraser University, Technical Report 96–1.

Muller, Michael J. (1991). "PICTIVE—An Exploration in Participatory Design." Proceedings of the SIGCHI Conference on Human factors in Computing Systems, ACM, 225–231.

Mueller, A., S. Conrad, and E. Kruijff (2003). "Multifaceted Interaction with a Virtual Engineering Environment Using a Scenegraph-Oriented Approach." In *Proceedings of the International Conference in Central Europe on Computer Graphics, Visualization and Computer Vision (WSCG 2003)*, Plzen, Czech Republic.

Mundel, M. (1978). *Motion and Time Study.* Englewood Cliffs, NJ: Prentice-Hall.

Nabiyouni, M., and Bowman, D. A. (2015). "An Evaluation of the Effects of Hyper-Natural Components of Interaction Fidelity on Locomotion Performance in Virtual Reality." *Proceedings of the 25th International Conference on Artificial Reality and Telexistence and 20th Eurographics Symposium on Virtual Environments*, 167–174.

Nabiyouni, M., Saktheeswaran, A., Bowman, D. A., and Karanth, A. (2015, March). "Comparing the Performance of Natural, Semi-Natural, and Non-Natural Locomotion Techniques in Virtual Reality. *IEEE Symposium on 3D User Interfaces (3DUI), 2015,* 3–10.

Naer, M., O. Staadt, and M. Gross (2002). "Spatialized Audio Rendering for Immersive Virtual Environments." *Proceedings of the 2002 ACM Symposium on Virtual Reality Software and Technology (VRST 2002),* 65–72.

Nahon, D., Subileau, G., and Capel, B. (2015). "'Never Blind VR' Enhancing the Virtual Reality Headset Experience with Augmented Virtuality." *2015 IEEE Virtual Reality (VR),* 347–348)

Nakamoto, T. (2013). *Human Olfactory Displays and Interfaces: Odor Sensing and Presentation.* Hershey, PA: IGI Global.

Nakamura, S., and Shimojo, S. (1998). "Orientation of Selective Effects of Body Tilt on Visually Induced Perception of Self-Motion." *Perceptual and Motor Skills*, 87(2): 667–672.

Nanayakkara, S., R. Shilkrot, K. Peen Yeo, and P. Maes (2013). "EyeRing: A Finger-Worn Input Device for Seamless Interactions with our Surroundings." *Proceedings of the 4th Augmented Human International Conference (AH '13)*, 13–20.

Nardi, B. A. (1996). "Studying Context: A Comparison of Activity Theory, Situated Action Models, and Distributed Cognition." *Context and Consciousness: Activity Theory and Human-Computer Interaction* (1996): 69–102.

Narumi, T., S. Nishizaka, T. Kajinami, T. Tanikawa, and M. Hirose (2011). "Meta Cookie+: An Illusion-Based Gustatory Display." In R. Shumaker (ed.), *Virtual and Mixed Reality—New Trends, Lecture Notes in Computer Science #6773*, 260–269. Berlin: Springer.

Neale, D. (1998). "Head Mounted Displays: Product Reviews and Related Design Considerations." Blacksburg, Department of Industrial Systems and Engineering, Virginia Tech, HCIL-98-02.

Neuberger, G. (2003). "Measures of Fatigue: The Fatigue Questionnaire, Fatigue Severity Scale, Multidimensional Assessment of Fatigue Scale, and Short Form-36 Vitality (Energy/Fatigue) Subscale of the Short Form Health Survey." *Arthritis Care and Research* 49(S5): S175–S183.

Newell, A., P. Rosenbloom, and J. Laird (1989). "Symbolic Architectures for Cognition." In M. Posner (ed.), *Foundations in Cognitive Science*, 93–131. Cambridge, MA: MIT Press.

Nguyen, H. (2007). *GPU Gems 3*. Upper Saddle River, NJ: Addison-Wesley Professional.

Ni, T., D. A. Bowman, and J. Chen (2006). "Increased Display Size and Resolution Improve Task Performance in Information-Rich Virtual Environments." In *Proceedings of Graphics Interface 2006*, Canadian Information Processing Society, 139–146.

Ni, T., Bowman, D., North, C., and McMahan, R. (2010)." Design and Evaluation of Freehand Menu Selection Interfaces using Tilt and Pinch Gestures." *International Journal of Human-Computer Studies* 69: 551–562.

Ni, T., R. McMahan, and D. Bowman (2008). "Tech-note: rapMenu: Remote Menu Selection Using Freehand Gestural Input." *Proceedings of the 2008 IEEE Symposium on 3D User Interfaces (3DUI)*, 55–58.

Nielsen, J. (1994). "Heuristic Evaluation." In J. Nielsen, and R. L. Mack (eds.), *Usability Inspection Methods*. New York: John Wiley & Sons.

Nielsen, J., and R. Molich (1992). "Heuristic Evaluation of User Interfaces." *Proceedings of the 1992 ACM Conference on Human Factors in Computing Systems (CHI '92)*, 249–256.

Nielsen, J. (1999) "User Interface Directions for the Web." *Communications of the ACM* 42(1): 65–72.

Nilsson, N., S. Serafin, M. Laursen, K. Pedersen, E. Sikström, and R. Nordahl (2013). "Tapping-in-Place: Increasing the Naturalness of Immersive Walking-in-Place Locomotion through Novel Gestural Input." *Proceedings of the IEEE Symposium on 3D User Interfaces (3DUI), IEEE*, 31–38.

Nilsson, N. C., S. Serafin, and R. Nordahl. "A Comparison of Different Methods for Reducing the Unintended Positional Drift Accompanying Walking-in-Place Locomotion." *2014 IEEE Symposium on 3D User Interfaces* (3DUI), 103–110.

Noma, H., and T. Miyasato (1998). Design for Locomotion Interface in a Large Scale Virtual Environment—ATLAS: ATR Locomotion Interface for Active Self Motion. *ASME-DSC* 64: 111–118.

Norman, D. (1988). *The Psychology of Everyday Things*. New York: Basic Books.

Norman, D. (1990). *The Design of Everyday Things.* New York: Doubleday.

Norman, D. (2004). *Emotional Design: Why We Love (or Hate) Everyday Things.* New York: Basic Books.

Norman, D. (2013). *The Design of Everyday Things: Revised and Expanded Edition.* New York:Basic Books.

Norman, D., and D. Bobrow. (1975). "On Data-Limited and Resource Limited Processes." *Cognitive Psychology*, 7:44–64.

Normand, V., C. Babski, S. Benford, A. Bullock, S. Carion, Y. Chrysanthou, N. Farcet, J. Harvey, N. Kuijpers, N. Magnenat-Thalmann, S. Raupp-Musse, T. Rodden, M. Slater, and G. Smith (1999). "The Coven Project: Exploring Applicative, Technical and Usage Dimensions of Collaborative Virtual Environments." *Presence: Teleoperators and Virtual Environments* 8(2): 218–236.

Norton, J., Wingrave, C., and LaViola, J. (2010). "Exploring Strategies and Guidelines for Developing Full Body Video Game Interfaces." *Proceedings of the Fifth International Conference on the Foundations of Digital Games,* June 2010, 155–162.

Noyes, J. (1983). "Chord Keyboards." *Applied Ergonomics* 14: 55–59.

Nurminen, A., Kruijff, E., and E. Veas, (2011). "HYDROSYS—A Mixed Reality Platform for On-Site Visualization of Environmental Data." *Proceedings of the 10th International Symposium on Web and Wireless Geographical Information Systems*, Springer Lecture Notes in Computer Science, 159–175. Kyoto, Japan, 2011

Ohnishi, T., N. Katzakis, K. Kiyokawa, and H. Takemura (2012). "Virtual Interaction Surface: Decoupling of Interaction and View Dimensions for Flexible Indirect 3D Interaction." *Proceedings of the 2012 IEEE Symposium on 3D User Interfaces (3DUI '12),* 113–116.

Ohshima, T., K. Sato, H. Yamamoto, and H. Tamura (1998). "AR2Hockey: A Case Study of Collaborative Augmented Reality." *Proceedings of the 1998 IEEE Virtual Reality Annual International Symposium (VRAIS '98),* 268–275.

Olano, M., and A. Lastra (1998). "A Shading Language on Graphics Hardware: The PixelFlow Rendering System." *Proceedings of SIGGRAPH '98,* 159–168.

Oliva, A., M. L. Mack, M. Shrestha, and A. Peeper (2004). "Identifying the Perceptual Dimensions of Visual Complexity of Scenes." In *Proceedings of the 26th Annual Meeting of the Cognitive Science Society*, 101–106.

Olwal, A., and S. Feiner (2003). "The Flexible Pointer: An Interaction Technique for Augmented and Virtual Reality." *User Interface Software and Technology (UIST) 2003 Conference Supplement,* 81–82.

Omura, K., S. Shiwa, and F. Kishino (1996). "3D Display with Accommodative Compensation (3DDAC) Employing Real-Time Gaze Detection." *Society for Information Display Digest*, 889–892.

Ortega, M. (2013). "Hook: Heuristics for Selecting 3D Moving Objects in Dense Target Environments." *Proceedings of the 2013 IEEE Symposium on 3D User Interfaces (3DUI),* 119–122.

Osawa, N., X. Ren, and M. Suzuki. (2003). "Investigating Text Entry Strategies for an Immersive Virtual Environment." *Information* 6(5): 577–582.

Oviatt, S. (1999). "Mutual Disambiguation of Recognition Errors in a Multimodal Architecture." *Proceedings of the 1999 ACM Conference on Human Factors in Computing Systems (CHI '99),* 576–583.

Oviatt, S., and P. Cohen (2000). "Multimodal Interfaces That Process What Comes Naturally." *Communications of the ACM* 43(3): 45–51.

Paas, F., and J. van Merriënboer. (1993). "The Efficiency of Instructional Conditions: An Approach to Combine Mental Effort and Performance Measures." *Human Factors: The Journal of the Human Factors and Ergonomics Society* 35 (4): 737–743.

Pachella, R. (1974). "The Interpretation of Reaction Time in Information-Processing Research." In B. Kantowitz (ed), *Human Information Processing: Tutorials in Performance and Cognition,* 41–82.

Pai, D. (2003). "Multisensory Interaction: Real and Virtual." In P. Dario and R. Chatila (eds.), Robotics Research. The Eleventh International Symposium. Springer Tracts in Advanced Robotics, Vol. 15. Springer, Berlin, Heidelberg.

Pakkanen, T., and R. Raisamo. (2004). "Appropriateness of Foot Interaction for Non-Accurate Spatial Tasks." *Proceedings of CHI '04 Extended Abstracts on Human Factors in Computing Systems (CHI EA '04),* 1123–1126.

Pang, A. and C. M. Wittenbrink (1997). "Collaborative 3D Visualization with CSpray." *IEEE Computer Graphics and Applications* 17: 32–41.

Patterson, K., P. Nestor, and T. Rogers (2007). "Where Do You Know What You Know? The Representation of Semantic Knowledge in the Human Brain." *Nature Reviews Neuroscience* 8(12): 976–987.

Pausch, R., D. Proffitt, and G. Williams (1997). "Quantifying Immersion in Virtual Reality." *Proceedings of SIGGRAPH '97,* 13–18.

Pausch, R., J. Snoddy, R. Taylor, S. Watson, and E. Haseltine (1996). "Disney's Aladdin: First Steps toward Storytelling in Virtual Reality." *Proceedings of SIGGRAPH '96,* 193–203.

Pausch, R., T. Burnette, D. Brockway, and M. Weiblen (1995). "Navigation and Locomotion in Virtual Worlds via Flight into Hand-Held Miniatures." *Proceedings of SIGGRAPH '95,* 399–400.

Pausch, R., T. Crea, and M. Conway (1993). "A Literature Survey for Virtual Environments: Military Flight Simulator Visual Systems and Simulator Sickness." *Presence: Teleoperators and Virtual Environments* 1(3): 344–363.

Pavlov, I. P. (1927). *Conditioned Reflexes: An Investigation of the Physiological Activity of the Cerebral Cortex.* London: Oxford University Press.

Payne, J., Keir, P., Elgoyhen, J., Mclundie, M., Naef, M., Horner, M., and Anderson, P. (2006). "Gameplay Issues in the Design of Spatial 3d Gestures for Video Games." *Proceedings of ACM Conference on Human Factors in Computing Systems,* 1217–1222.

Peck, T. C., Fuchs, H., and Whitton, M. C. (2009). "Evaluation of Reorientation Techniques and Distractors for Walking in Large Virtual Environments." *IEEE Transactions on Visualization and Computer Graphics* 15(3): 383–394.

Pedro L., I. Alexandra, and B. Patrick (2015). "Impacto: Simulating Physical Impact by Combining Tactile Stimulation with Electrical Muscle Stimulation." In *Proceedings of the*

28th Annual ACM Symposium on User Interface Software & Technology (UIST '15). ACM, New York, NY, USA, 11–19.

Penfield, W., and T. Rasmussen. (1950). *The Cerebral Cortex of Man. A Clinical Study of Localization of Function*. New York: Macmillan.

Periverzov, F., and H. Ilieş (2015). "IDS: The Intent Driven Selection Method for Natural User Interfaces." *Proceedings of the 2015 IEEE Symposium on 3D User Interfaces (3DUI '15),* 121–128.

Perlin, K. (1998). "Quikwriting: Continuous Stylus-Based Text Entry." *Proceedings of the 1998 ACM Symposium on User Interface Software and Technology* (UIST '98), 215–216.

Perlin, K., S. Paxia, and J. Kollin (2000). "An Autostereoscopic Display." *Proceedings of SIGGRAPH 2000,* 319–326.

Péruch, P., M. May, and F. Wartenburg (1997). "Homing in Virtual Environments: Effects of Field of View and Path Layout." *Perception* 26: 301–312.

Pesyna Jr, K. M., Heath Jr, R. W., and Humphreys, T. E. (2014). "Centimeter Positioning with a Smartphone-Quality GNSS Antenna." *Proceedings of the 27th International Technical Meeting of the Satellite Division of the Institute of Navigation (ION GNSS 2014)*, Tampa, FL, 1568-1577.

Peterson, L., and M. Peterson. (1959). "Short-Term Retention of Individual Verbal Items." *Journal of Experimental Psychology*, 58(3): 193–198.

Pfeil, K., Koh, S., and LaViola, J. (2013). "Exploring 3D Gesture Metaphors for Interaction with Unmanned Aerial Vehicles." *Proceedings of ACM International conference on Intelligent User Interfaces*, 257–266.

Pfurtscheller, G., R. Leeb, C. Keinrath, D. Friedman, C. Neuper, C. Guger, and M. Slater (2006). "Walking from Thought." *Brain Research* 1071(1), 145–152.

Pheasant, Stephen, and Christine M. Haslegrave (2005). *Bodyspace: Anthropometry, Ergonomics and the Design of Work, Third Edition*. Boca Raton, FL: CRC Press.

Philbin, D. A., W. Ribarsky, N. Walker, and C. Ellis Hubbard. (1998) "Training in Virtual Environments: Analysis of Task Appropriateness." *Proceedings of the IEEE Virtual Reality Annual International Symposium*.

Phillips, L., Interrante, V., Kaeding, M., Ries, B., and L. Anderson. (2012). "Correlations between Physiological Response, Gait, Personality, and Presence in Immersive Virtual Environments." *Presence: Teleoperators and Virtual Environments* 21(3) (Spring 2012): 119–141.

Pick, S., A. Puika, T. Kuhlen. "SWIFTER: Design and Evaluation of a Speechbased Text Input Metaphor for Immersive Virtual Environments." *Proceedings of the 2016 IEEE Symposium on 3D User Interfaces (3DUI)*, 109–112.

Piekarski, W., and Thomas, B. (2001) "Tinmith-evo5—An Architecture for Supporting Mobile Augmented Reality Environments." *Proceedings of the IEEE and ACM Symposium on Augmented Reality,* 177–178.

Piekarski, W., and B. H. Thomas (2003). "Augmented Reality User Interfaces and Techniques for Outdoor Modelling." In *I3D 2003, ACM SIGGRAPH Symposium on Interactive 3D Graphics*, 28–30 April 2003, Monterey, CA, USA.

Pieraccini, R. (2012). *The Voice in the Machine: Building Computers That Understand Speech.* Cambridge, MA: MIT Press.

Pierce, J., A. Forsberg, M. Conway, S. Hong, R. Zeleznik, and M. Mine (1997). "Image Plane Interaction Techniques in 3D Immersive Environments." *Proceedings of the 1997 ACM Symposium on Interactive 3D Graphics (I3D '97),* 39–44.

Pierce, J., B. Stearns, and R. Pausch (1999). "Voodoo Dolls: Seamless Interaction at the Multiple Scales in Virtual Environments." *Proceedings of the 1999 ACM Symposium on Interactive 3D Graphics (I3D '99),* 141–145.

Pique, M. (1995). "Rotation Tools." In A. Glassner (ed.), *Graphics Gems 1,* 465–469. San Diego: Morgan Kaufman Publishers.

Polson, P., C. Lewis, J. Rieman, and C. Wharton (1992). Cognitive Walkthroughs: A Method for Theory-Based Evaluation of User Interfaces. *International Journal of Man-Machine Studies* 36: 741–773.

Posner, M., and S. Boies. (1971). "Components of Attention." *Psychological Review* 78(5): 391–408.

Posner, M., and Y. Cohen. (1984). "Components of Visual Orienting." *Attention and Performance* X 32: 531–556.

Poupyrev, I., and T. Ichikawa (1999). "Manipulating Objects in Virtual Worlds: Categorization and Empirical Evaluation of Interaction Techniques." *Journal of Visual Languages and Computing* 10(1): 19–35.

Poupyrev, I., D. Tan, M. Billinghurst, H. Kato, H. Regenbrecht, and N. Tetsutani (2002). "Developing a Generic Augmented-Reality Interface." *IEEE Computer* 35(3): 44–49.

Poupyrev, I., D. Tan, M. Billinghurst, H. Kato, H. Regenbrecht, and N. Tetsutani (2001). "Tiles: A Mixed Reality Authoring Interface." *Proceedings of INTERACT 2001,* 334–341.

Poupyrev, I., M. Billinghurst, S. Weghorst, and T. Ichikawa (1996). "The Go-Go Interaction Technique: Non-Linear Mapping for Direct Manipulation in VR." *Proceedings of the 1996 ACM Symposium on User Interface Software and Technology (UIST '96),* 79–80.

Poupyrev, I., N. Tomokazu, and S. Weghorst (1998). "Virtual Notepad: Handwriting in Immersive VR." *Proceedings of the 1998 IEEE Virtual Reality Annual International Symposium (VRAIS '98),* 126–132.

Poupyrev, I., R. Berry, J. Kurumisawa, K. Nakao, M. Billinghurst, C. Airola, H. Kato, T. Yonezawa, and L. Baldwin (2000). "Augmented Groove: Collaborative Jamming in Augmented Reality." *SIGGRAPH 2000 Conference Abstracts and Applications,* 77.

Poupyrev, I., S. Weghorst, and S. Fels (2000). "Non-Isomorphic 3D Rotational Interaction Techniques." *Proceedings of the 2000 ACM Conference on Human Factors in Computing Systems (CHI 2000),* 540–547.

Poupyrev, I., S. Weghorst, M. Billinghurst, and T. Ichikawa (1997). "A Framework and Testbed for Studying Manipulation Techniques for Immersive VR." *Proceedings of the 1997 ACM Symposium on Virtual Reality Software and Technology (VRST '97),* 21–28.

Poupyrev, I., S. Weghorst, M. Billinghurst, and T. Ichikawa (1998). "Egocentric Object Manipulation in Virtual Environments: Empirical Evaluation of Interaction Techniques." *Computer Graphics Forum, EUROGRAPHICS '98* 17(3): 41–52.

Poupyrev, I., S. Weghorst, T. Otsuka, and T. Ichikawa (1999). "Amplifying Rotations in 3D Interfaces." *Proceedings of the 1999 ACM Conference on Human Factors in Computing Systems (CHI '99)*, 256–257.

Prachyabrued, M., and C. Borst (2012). "Virtual Grasp Release Method and Evaluation." *International Journal of Human-Computer Studies 70*(11): 828–848.

Preece, J., Y. Rogers, and H. Sharp (2002). *Interaction Design: Beyond Human-Computer Interaction*. New York: John Wiley and Sons.

Prince, S., A. Cheok, F. Farbiz, T. Williamson, N. Johnson, M. Billinghurst, and H. Kato (2002). "3-D Live: Real Time Interaction for Mixed Reality." *Proceedings of the ACM Conference on Computer Supported Cooperative Work,* 364–371.

Proctor, R., and K. Vu. (2010). "Cumulative Knowledge and Progress in Human Factors." *Annual Review of Psychology* 61: 623–651

Proctor, R., and K. Vu. (2012). "Selection and control of action." In G. Salvendy (ed.), *Handbook of Human Factors and Ergonomics*, Fourth Edition, 95–116. Hoboken, NJ, John Wiley & Sons.

Pulkki, V., (2001). "Spatial Sound Generation and Perception by Amplitude Panning Techniques." PhD Dissertation, Department of Electrical Engineering and Communications Engineering, Helsinki University of Technology.

Pulkki, V., and M. Karjalainen (2014). *Communication Acoustics: An Introduction to Speech, Audio and Psychoacoustics.* New York: John Wiley & Sons.

Qi, W., R. Taylor, C. Healey, and J. Martens (2006). "A Comparison of Immersive HMD, Fish Tank VR and Fish Tank with Haptics Displays for Volume Visualization." *Proceedings of the 3rd Symposium on Applied Perception in Graphics and Visualization (APGV '06)*: 51–58.

Qian, C., X. Sun, Y. Wei, X. Tang, and J. Sun (2014). "Realtime and Robust Hand Tracking from Depth." *Proceedings of the IEEE Conference on Computer Vision and Pattern Recognition (CVPR)* 1106–1113.

Ragan, E., C. Wilkes, D. A. Bowman, and T. Hollerer (2009). "Simulation of Augmented Reality Systems in Purely Virtual Environments." In *2009 IEEE Virtual Reality Conference*, IEEE, 2009. 287–288.

Ragan, E., D. Bowman, R. Kopper, C. Stinson, S. Scerbo, and R. McMahan (2015). "Effects of Field of View and Visual Complexity on Virtual Reality Training Effectiveness for a Visual Scanning Task." *IEEE Transactions on Visualization and Computer Graphics* (forthcoming).

Ragan, E., R. Kopper, P. Schuchardt, and D. Bowman (2013). "Studying the Effects of Stereo, Head Tracking, and Field of Regard on a Small-Scale Spatial Judgment Task." *IEEE Transactions on Visualization and Computer Graphics* 19(5): 886–896.

Raskar, R., G. Welch, and H. Fuchs (1998). "Spatial Augmented Reality." *Proceedings of the First IEEE Workshop on Augmented Reality*, 63–72.

Razzaque, S., D. Swapp, M. Slater, M. Whitton, and A. Steed (2002). "Redirected Walking in Place." *Proceedings of the 2002 Eurographics Workshop on Virtual Environments,* Eurographics Association, 123–130.

Regenbrecht, H., T. Schubert, and F. Friedman (1998). "Measuring the Sense of Presence and Its Relations to Fear of Heights in Virtual Environments." *International Journal of Human-Computer Interaction* 10(3): 233–250.

Reid, G., and T. Nygren. (1988). "The Subjective Workload Assessment Technique: A Scaling Procedure for Measuring Mental Workload." In P. A. Hancock and N. Meshkati (eds.), *Human Mental Workload,* 185–218. Amsterdam: Elsevier.

Rekimoto, J. (1998). "Matrix: A Realtime Object Identification and Registration Method for Augmented Reality." *Proceedings of Asia Pacific Computer Human Interaction (APCHI '98), 63–69.*

Rekimoto, J. (2002). Smartskin: An Infrastructure for Freehand Manipulation on Interactive Surfaces. In *Proceedings of the SIGCHI Conference on Human factors in Computing Systems.* ACM Press, 113–120.

Rekimoto, J., and K. Nagao (1995). "The World through the Computer: Computer Augmented Interaction with Real World Environments." *Proceedings of the 1995 ACM Symposium on User Interface Software and Technology (UIST '95),* 29–36.

Rekimoto, J., and M. Saitoh (1999). "Augmented Surfaces: A Spatially Continuous Work Space for Hybrid Computing Environments." *Proceedings of the 1999 ACM Conference on Human Factors in Computing Systems (CHI '99),* 378–385.

Ren, G., and O'Neill, E. (2013) "Freehand Gestural Text Entry for Interactive TV." Proceedings of the 11th European Conference on Interactive TV and Video, 121–130.

Renner, R. S., Velichkovsky, B. M., and Helmert, J. R. (2013). "The Perception of Egocentric Distances in Virtual Environments—A Review." *ACM Computing Surveys (CSUR), 46*(2): 23.

Rice, A. D., and J. W. Lartigue (2014). "Touch-Level Model (TLM): Evolving KLM-GOMS for Touchscreen and Mobile Devices." *Proceedings of the 2014 ACM Southeast Regional Conference,* 53.

Riecke, B., Feuereissen, D., Rieser, J., and T. McNamara. (2012). "Self-Motion Illusions (Vection) in VR – Are They Good for Anything?" *IEEE Virtual Reality 2012,* 35–38.

Riecke, B. E., H. A. Van Veen, and H. H. Bülthoff (2002). "Visual Homing Is Possible without Landmarks: A Path Integration Study in Virtual Reality." *Presence: Teleoperators and Virtual Environments* 11(5), 443–473.

Riecke, B., Feuereissen, D., and J. Rieser. (2009). "Auditory Self-Motion Simulation Is Facilitated by Haptic and Vibrational Cues Suggesting the Possibility of Actual Motion." *ACM Transactions on Applied Perception* 6(3): 1–22.

Riege, K., T. Holtkamper, G. Wesche, and B. Frohlich (2006). "The Bent Pick Ray: An Extended Pointing Technique for Multi-User Interaction." *Proceedings of the 2006 IEEE Symposium on 3D User Interfaces (3DUI '06),* 62–65.

Riener, A. (2012). "Gestural Interaction in Vehicular Applications." *Computer* 45(4): 42–47.

Rivers, A., and D. James (2007). "FastLSM: Fast Lattice Shape Matching for Robust Real-Time Deformation." *ACM Transactions on Graphics (TOG)* 26(3): 82.

Robertson, G., M. Czerwinski, and M. van Dantzich (1997). "Immersion in Desktop Virtual Reality." *Proceedings of the 1997 ACM Symposium on User Interface Software and Technology (UIST '97),* 11–19.

Rosenfeld, R., D. Olsen, and A. Rudnicky (2001). "Universal Speech Interfaces." *Interactions* 8(6): 33–44.

Rosson, M., and J. Carroll (2002). *Usability Engineering: Scenario-Based Development of Human Computer Interaction*. San Francisco: Morgan Kaufmann Publishers.

Roussou, M., Oliver, M., and Slater, M. (2008). "Exploring activity theory as a tool for evaluating interactivity and learning in virtual environments." *Cognition, Technology & Work* 10(2): 141–153.

Rubinshtein, S. L. (1946). *Foundations of General Psychology*. Moscow: Academic Pedagogical Science.

Ruddle, R., S. Payne, and D. Jones (1998). "Navigating Large-Scale 'Desktop' Virtual Buildings: Effects of Orientation Aids and Familiarity." *Presence: Teleoperators and Virtual Environments* 7(2): 179–192.

Ruddle, R., S. Payne, and D. Jones (1999). "The Effects of Maps on Navigation and Search Strategies in Very-Large-Scale Virtual Environments." *Journal of Experimental Psychology* 5(1): 54–75.

Sachs, E., A. Roberts, and D. Stoops (1991). "3-Draw: A Tool for Designing 3D Shapes." *IEEE Computer Graphics and Applications* 11(6): 18–26.

Salvendy, G. (1997). *The Handbook of Human Factors and Ergonomics*. New York: John Wiley and Sons.

Salvendy, G. (2012). *Handbook of Human Factors and Ergonomics*. New York: John Wiley and Sons.

Saponas, T., D. Tan, D. Morris, J. Turner, and J. Landay (2010). "Making Muscle-Computer Interfaces More Practical." *Proceedings of the SIGCHI Conference on Human Factors in Computing Systems (CHI 2010)*, 851–854.

Sanders, A. (1998). *Elements of Human Performance*. Mahwah, NJ: Lawrence Erlbaum Associates.

Saponas, T., D. Tan, D. Morris, and R. Balakrishnan (2008). "Demonstrating the Feasibility of Using Forearm Electromyography for Muscle-Computer Interfaces." *Proceedings of the SIGCHI Conference on Human Factors in Computing Systems (CHI '08)*, 515–524.

Savage, V., S. Follmer, J. Li, and B. Hartmann (2015). "Makers' Marks: Physical Markup for Designing and Fabricating Functional Objects." *Proceedings of the 28th Annual ACM Symposium on User Interface Software & Technology (UIST '15)*, 103–108.

Savage, V., S. Follmer, N., Sawant, C. Scharver, J. LiLeigh, A. Johnson, G. Reinhart, E. Creel, S. Batchu, S. Bailey, and B. Hartmann, R. Grossman (2015). "The Tele-Immersive Data Explorer: A Distributed Architecture Makers' Marks: Physical Markup for Designing and Fabricating Functional Objects." *Proceedings of the 28th Annual ACM Symposium on User Interface Software & Technology*, 103–108, 2015.

Sawant, N., C. Scharver, J. Leigh, A. Johnson, G. Reinhart, E. Creel, S. Batchu, S. Bailey, and R. Grossman (2000). "The tele-immersive data explorer: A distributed architecture for collaborative interactive visualization of large data-sets." In *4th International Immersive Projection Technology Workshop, Ames, Iowa*.

Schall G., Mendez E., Kruijff E., Veas E., Junghanns S., Reitinger B., and D. Schmalstieg (2009) "Handheld Augmented Reality for Underground Infrastructure Visualization." *Personal and Ubiquitous Computing* 13: 281–291.

Schell, J., and J. Shochet (2001). "Designing Interactive Theme Park Rides." *IEEE Computer Graphics and Applications* 21(4): 11–13.

Schkolne, S., M. Pruett, and P. Schröder (2001). "Surface Drawing: Creating Organic 3D Shapes with the Hand and Tangible Tools." *Proceedings of the 2001 ACM Conference on Human Factors in Computing Systems (CHI 2001),* 261–268.

Schmalstieg, D., and T. Höllerer (2016). *Augmented Reality: Principles and Practice.* Addison-Wesley Professional.

Schmalstieg, D., and Wagner, D. (2007). "Experiences with Handheld Augmented Reality." *Sixth IEEE and ACM International Symposium on Mixed and Augmented Reality, 2007. ISMAR 2007,* 3–18.

Schmalstieg, D., A. Fuhrmann, Z. Szalavári, and M. Gervautz (1998). "Studierstube: An Environment for Collaboration in Augmented Reality." *Proceedings of the Collaborative Virtual Environment '96 Workshop.*

Schmalstieg, D., M. Encarnação, and Z. Szalavári (1999). "Using Transparent Props for Interaction with the Virtual Table." *Proceedings of the 1999 ACM Symposium on Interactive 3D Graphics (I3D '99),* 147–154.

Schmandt, C. (1983). "Spatial Input/Display Correspondence in a Stereoscopic Computer Graphic Work Station." *Proceedings of SIGGRAPH '83,* 253–262.

Schultheis, U., J. Jerald, F. Toledo, A. Yoganandan, and P. Mlyniec (2012). "Comparison of a Two-handed Interface to a Wand Interface and a Mouse Interface for Fundamental 3D Tasks." *IEEE Symposium on 3D User Interface*s (3DUI 2012), 117–124.

Schulze, J., A. Forsberg, A. Kleppe, R. Zeleznik and D. Laidlaw (2005). "Characterizing the Effect of Level of Immersion on a 3D Marking Task." *Proceedings of HCI International*, Vol. 5.

Schwaiger, M., T. Thuimmel, and H. Ulbrich (2007). "Cyberwalk: An Advanced Prototype of a Belt Array Platform." *Proceedings of the 2007 IEEE International Workshop on Haptic, Audio and Visual Environments and Games (HAVE '07),* 50–55.

Schwarz, L., A. Bigdelou, and N. Navab (2011). "Learning Gestures for Customizable Human Computer Interaction in the Operating Room." *Proceedings of the Medical Image Computing and Computer-Assisted Intervention,* 129–136.

Schwerdtner, A., and H. Heidrich (1998). "Dresden 3D Display (D4D)." *Stereoscopic Display and Virtual Reality Systems V,* 3295: 203–210.

Scriven, M. (1967). "The Methodology of Evaluation." In R. Stake (ed), *Perspectives of Curriculum Evaluation,* 39–83. American Educational Research Association.

Sedwick, H. (1988). "Space Perception." In K. Boff, L. Kaufman, and J. Thomas (eds.), *Handbook of Perception and Human Performance,* Vol. 1, 1–21. New York: John Wiley and Sons.

Seibel, R. (1963). "Discrimination Reaction Time for a 1,023-Alternative Task." *Journal of Experimental Psychology* 66: 215–226.

Sekuler, R., and R. Blake (1994). *Perception.* New York: McGraw-Hill.

Sekuler, R., Sekuler, A., and R. Lau. (1997). "Sound Alters Visual Motion Perception." *Nature.* 385(6614): 308.

Senders, J., and N. Moray. (1991). *Human Error: Cause, Prediction, and Reduction.* Boca Raton,

FL: Lawrence Erlbaum Associates.

Senders, J., J. Christensen, and R. Sabeh (1955). "Comparison of Single Operator Performance with Team Performance in a Tracking Task." Aero Medical Laboratory, Wright Air Development Center.

Serruya, M., N. Hatsopoulos, L. Paninski, M. Fellows, and J. Donoghue (2002). "Instant Neural Control of a Movement Signal." *Nature* 416: 141–142.

Sharit, J. (2012). "Human Error and Human Reliability Analysis." In Galvendy, S. (ed), *Handbook of Human Factors and Ergonomics,* Fourth Edition, 734–800. Hoboken, NJ: Wiley.

Shaw, C., and M. Green (1994). "Two-Handed Polygonal Surface Design." *Proceedings of the 1994 ACM Symposium on User Interface Software and Technology* (UIST '94), 205–212.

Shepard, R., and J. Metzler (1971). "Mental Rotation of Three-Dimensional Objects." *Science* 171: 701–703.

Shepherd G. (2012). *Neurogastronomy: How the Brain Creates Flavor and Why It Matters*. New York: Columbia University Press.

Sheridan, T. (2008). "Risk, Human Error, and System Resilience: Fundamental Ideas." *Human Factors*. 50(3): 418–426.

Sherman, B., and A. Craig (2003). *Understanding Virtual Reality.* San Francisco, CA: Morgan Kauffman Publishers.

Sherrington C.S. 1907. "On the Proprioceptive System, Especially in Its Reflex Aspect." *Brain* 29 (4): 467–85.

Shih, Yi-Hsuen, and Min Liu (2007). "The Importance of Emotional Usability." *Journal of Educational Technology Systems* 36(2):: 203–218.

Shimojo S., and L. Shams, (2001). "Sensory Modalities Are Not Separate Modalities: Plasticity and Interactions." *Current Opinion in Neurobiology* 11(4): 505–509.

Shneiderman, B. (1996). "The Eyes Have It: A Task by Data Type Taxonomy for Information Visualizations." *Proceedings of IEEE Symposium on Visual Languages, 1996,* 336–343.

Shneiderman, B. (1998). *Designing the User Interface: Strategies for Effective Human–Computer Interaction,* Third Edition Boston: Addison-Wesley.

Shneiderman, B. (2000). "The Limits of Speech Recognition. *Communications of the ACM* 43(9): 63–65.

Shneiderman, B. (2003). "Why Not Make Interfaces Better Than 3D Reality?" *IEEE Computer Graphics and Applications* 23(6): 12–15.

Shneiderman, Ben and Catherine Plaisant (2009). *Designing the User Interface,* Fifth Edition. Boston: Addison-Wesley.

Shoemake, K. (1985). "Animating Rotations with Quaternion Curves." *Proceedings of SIGGRAPH '85,* 245–254.

Shoemake, K. (1992). "ARCBALL: A User Interface for Specifying Three-Dimensional Orientation Using a Mouse." *Proceedings of Graphics Interface (GI '92),* 151–156.

Shotton, J., T. Sharp, A. Kipman, A. Fitzgibbon, M. Finocchio, A. Blake, M. Cook, and R. Moore. (2011). "Real-Time Human Pose Recognition in Parts from Single Depth Images." *Communications of the ACM,*56(1):116–124.

Sidorakis, N., G. Koulieris, and K. Mania (2015). "Binocular Eye-Tracking for the Control of a 3D Immersive Multimedia User Interface." *Proceedings of the IEEE 1st Workshop on Everyday Virtual Reality (WEVR),* 15–18.

Siegel, A. (1981). "The Externalization of Cognitive Maps by Children and Adults: In Search of Ways to Ask Better Questions." In L. S. Liben, A. H. Patterson, and N. Newcombe (eds.), *Spatial Representation and Behavior across the Life Span: Theory and Application,* 167–194. New York: Academic Press.

Siegel, A., and Sapru, H. (2010). *Essential Neuroscience.* Baltimore, MD: Lippincott Williams & Wilkins.

Siegl, C., J. Süßmuth, F. Bauer, and M. Stamminger (2014). "Evaluating the Usability of Recent Consumer-Grade 3D Input Devices." *2014 International Conference on Computer Graphics Theory and Applications (GRAPP),* 1–7.

Simeone, A. (2016). "Indirect Touch Manipulation for Interaction with Stereoscopic Displays." *Proceedings of the 2016 IEEE Symposium on 3D User Interfaces (3DUI '16),* 13–22.

Simon, A. and M. Doulis (2004). "NOYO: 6DOF Elastic Rate Control for Virtual Environments.: In *Proceedings of the ACM Symposium* on Virtual *Reality Software* and *Technology* (VRST '04). ACM, New York, NY, USA, 178–181.

Simon, A., and B. Fröhlich (2003). "The YoYo: A Handheld Device Combining Elastic and Isotonic Input." *Proceedings of INTERACT 2003,* 303–310.

Simons, D., and Rensink, R. (2005). "Change Blindness: Past, Present, and Future." *Trends in Cognitive Sciences* 9: 16–20.

Singer, M., Witmer, B., and J. Bailey. (1994). "Development of 'Presence' Measures for Virtual Environments." Poster presented at the Human Factors Society 38th Annual Meeting, Nashville, TN.

Singh, G., Swan II, J. Jones, and S. Ellis. (2012). "Depth Judgments by Reaching and Matching in Near-Field Augmented Reality." *Poster Compendium, Proceedings of IEEE Virtual Reality,* 165–166.

Siochi, A., and D. Hix (1991). "A Study of Computer-Supported User Interface Evaluation Using Maximal Repeating Pattern Analysis." *Proceedings of the 1991 ACM Conference on Human Factors in Computing Systems (CHI '91),* 301–305.

Slater, M., B. Lotto, M. M. Arnold, and M. V. Sanchez-Vives (2009). "How We Experience Immersive Virtual Environments: The Concept of Presence and Its Measurement. *Anuario de psicología/The UB Journal of Psychology* 40(2): 193–210.

Slater, M., and Usoh, M. (1993). "Representations Systems, Perceptual Position, and Presence in Immersive Virtual Environments." *Presence: Teleoperators and Virtual Environments,* 2(3): 221–233.

Slater, M., B. Spanlang, and D. Corominas (2010). "Simulating Virtual Environments within Virtual Environments as the Basis for a Psychophysics of Presence." *ACM Transactions on Graphics,* 29(4): Article 92, 9 pp.

Slater, M., M. Usoh, and A. Steed (1994). "Depth of Presence in Virtual Environments." *Presence: Teleoperators and Virtual Environments* 3(2): 130–144.

Slater, M., M. Usoh, and A. Steed (1995). "Taking Steps: The Influence of a Walking Technique on Presence in Virtual Reality." *ACM Transactions on Computer-Human Interaction* 2(3): 201–219.

Smith, E., and S. Kosslyn. (2013). *Cognitive Psychology*. Pearson Education.

Smith, R. (1987). "Experiences with Alternative Reality Kit: An Example of Tension between Literalism and Magic." *IEEE Computer Graphics and Applications* 7(8): 42–50.

Smith, T., and K. Smith (1987). Feedback-Control Mechanisms of Human Behavior. In G. Salvendy (ed.), *Handbook of Human Factors*, 251–293. New York: John Wiley & Sons.

Sodhi, R., I. Poupyrev, M. Glisson, and A. Israr (2013). "AIREAL: Interactive Tactile Experiences in Free Air." *ACM Transactions on Graphics (TOG) – SIGGRAPH 2013 Conference Proceedings*, Article 134: 10 pages.

Snow, M., and R. Williges (1998). "Empirical Models Based on Free-Modulus Magnitude Estimation of Perceived Presence in Virtual Environments." *Human Factors* 40(3): 386–402.

Song, D., and M. Norman (1993). "Nonlinear Interactive Motion Control Techniques for Virtual Space Navigation." *Proceedings of the 1993 IEEE Virtual Reality Annual International Symposium (VRAIS '93),* 111–117.

Sousa Santos, B., P. Dias, A. Pimentel, J. Baggerman, C. Ferreira, S. Silva, and J. Madeira (2009). "Head-Mounted Display versus Desktop for 3D Navigation in Virtual Reality: A User Study." *Multimedia Tools and Applications* 41(1): 161–181.

Sridhar, S., F. Mueller, A. Oulasvirta, and C. Theobalt (2015). "Fast and Robust Hand Tracking Using Detection-Guided Optimization." *Proceedings of the IEEE Conference on Computer Vision and Pattern Recognition (CVPR)*, 3213–3221.

Srinivasan, M., and J. Chen (1993). "Human Performance in Controlling Normal Forces of Contact with Rigid Objects." *Proceedings of* Advances *in Robotics, Mechatronics, and Haptic Interfaces,* 119–125.

Staal, M. (2004). "Stress, Cognition, and Human Performance: A Literature Review and Conceptual Framework." NASA Technical Memorandum—2004–212824.

Stanney, K., and L. Reeves (2000). "COVE Evaluation Report." Orlando, Florida, Naval Air Warfare Center, Training Systems Division.

Stanney, K., M. Mollaghasemi, and L. Reeves (2000). "Development of MAUVE, The Multi-Criteria Assessment of Usability for Virtual Environments System." Orlando, Florida, Naval Air Warfare Center, Training Systems Division.

Stanney, K., R. Mourant, and R. Kennedy (1998). "Human Factors Issues in Virtual Environments: A Review of the Literature." *Presence: Teleoperators and Virtual Environments* 7(4): 327–351.

Starner, T., Leibe, B., Singletary, B., and Pair, J. (2000). "Mind-Warping: Towards Creating a Compelling Collaborative Augmented Reality Game." *Proceedings of the ACM International Conference on Intelligent User Interfaces*, 256–259.

Starner, T., J. Weaver, and A. Pentland (1998). "Real-Time American Sign Language Recognition Using Desk and Wearable Computer Based Video." *IEEE Transactions on Pattern Analysis and Machine Intelligence* 20(12): 1371–1375.

Stassen, H., and G. Smets (1995). "Telemanipulation and Telepresence." *Proceedings of the 6th IFAC/IFIP/IFORS/IEA Symposium on Analysis, Design, and Evaluation of Man-Machine Systems,* 13–23.

State, A., K. P. Keller, and H. Fuchs (2005). "Simulation-Based Design and Rapid Prototyping of a Parallax-Free, Orthoscopic Video See-Through Head-Mounted Display." In *Proceedings of the 4th IEEE/ACM International Symposium on Mixed and Augmented Reality* (ISMAR '05). IEEE Computer Society, Washington, DC, USA, 28–31.

State, A., M. Livingston, G. Hirota, W. Garrett, M. Whitton, H. Fuchs, and E. Pisano (1996). "Technologies for Augmented Reality Systems: Realizing Ultrasound-Guided Needle Biopsies." *Proceedings of SIGGRAPH '96,* 439–446.

Stavness, S., B. Lam, and S. Fels (2010). "pCubee: A Perspective-Corrected Handheld Cubic Display." *Proceedings of the SIGCHI Conference on Human Factors in Computing Systems* (CHI '10), 1381–1390.

Steck, S., and H. Mallot (2000). "The Role of Global and Local Landmarks in Virtual Environment Navigation." *Presence: Teleoperators and Virtual Environments* 9(1): 69–83.

Steed, A., and S. Julier (2013). "Design and Implementation of an Immersive Virtual Reality System Based on a Smartphone Platform." *IEEE Symposium on 3D User Interfaces (3DUI 2013),* 43–46.

Steed, A., and J. Tromp (1998). "Experiences with the Evaluation of CVE Applications." *Proceedings of Collaborative Virtual Environments 1998,* Manchester, UK.

Stefani, O., and J. Rauschenbach (2003). "3D Input Devices and Interaction Concepts for Optical Tracking in Immersive Environments." *Proceedings of Immersive Projection Technology and Virtual Environments 2003,* 317–318.

Steinicke, F., Bruder, G., Jerald, J., Frenz, H., and Lappe, M. (2010). "Estimation of Detection Thresholds for Redirected Walking Techniques." *IEEE Transactions on Visualization and Computer Graphics* 16(1): 17–27.

Steinicke, F., D. Keefe, A. Krüger, J. Rivière, and H. Benko (2013). "Foreword" to the Special Section on Touching the 3rd Dimension. *Computers & Graphics,* 37(3): A1–A2.

Steinicke, F., K. Hinrichs, J. Schöning, and A. Krüger (2008). "Multi-Touching 3D Data: Towards Direct Interaction in Stereoscopic Display Environments Coupled with Mobile Devices." *Proceedings of the AVI Workshop on Designing Multi-Touch Interaction Techniques for Coupled Public and Private Displays*, 46–49.

Steinicke, F., Visell, Y., Campos, J., and Lécuyer, A. (2013). *Human Walking in Virtual Environments*. New York: Springer.

Stellmach, S., and R. Dachselt (2012). "Looking at 3D User Interfaces." *Proceedings of the CHI 2012 Workshop on The 3rd Dimension of CHI (3DCHI),* 95–98.

Stephenson, N. (1992). *Snow Crash*. Bantam Books.

Stevens, A., and P. Coupe (1978). "Distortions in Judged Spatial Relations." *Cognitive Psychology* 10: 422–437.

Stiles, R., L. McCarthy, A. Munro, Q. Pizzini, L. Johnson, and J. Rickel (1996). "Virtual Environments for Shipboard Training." *Intelligent Ships Symposium.*

Stoakley, R., M. Conway, and R. Pausch (1995). "Virtual Reality on a WIM: Interactive Worlds in Miniature." *Proceedings of the 1995 ACM Conference on Human Factors in Computing Systems (CHI '95)*, 265–272.

Stoev, S., and D. Schmalstieg (2002). Application and taxonomy of through-the-lens techniques. *Proceedings of the 2002 ACM Symposium on Virtual Reality Software and Technology (VRST '02)*, 57–64.

Stone, D., C. Jarrett, M. Woodroffe, and S. Minocha (2005). *User Interface Design and Evaluation*. San Francisco, CA: Morgan Kaufmann.

Storms, R., and M. Zyda. (2000). "Interactions in Perceived Quality of Auditory-Visual Displays." *Presence: Teleoperators and Virtual Environments* 9(6): 557–580.

Strothoff, S., D. Valkov, and K. Hinrichs (2011). "Triangle Cursor: Interactions with Objects Above the Tabletop." *Proceedings of the ACM International Conference on Interactive Tabletops and Surfaces*, 111–119.

Steuer, J. (1992). "Defining Virtual Reality: Dimensions Determining Telepresence." *Journal of Communication* 42(4): 73–93.

Stuart, R. (1996). *The Design of Virtual Environments*. McGraw-Hill.

Sturman, D. J., and Zeltzer, D. (1994). "A Survey of Glove-Based Input." *IEEE Computer Graphics and Applications* 14(1): 30–39.

Sukan, M., S. Feiner, B. Tversky, and S. Energin (2012). "Quick Viewpoint Switching for Manipulating Virtual Objects in Hand-Held Augmented Reality using Stored Snapshots." *Proceedings of the 2012 IEEE International Symposium on Mixed and Augmented Reality (ISMAR '12)*, 217–226.

Sullivan, A. (2003). A Solid-State Multi-planar Volumetric Display. *Society for Information Display Digest*, 354–356.

Suma, E. A., Lipps, Z., Finkelstein, S., Krum, D. M., and Bolas, M. (2012). "Impossible Spaces: Maximizing Natural Walking in Virtual Environments with Self-Overlapping Architecture." *IEEE Transactions on Visualization and Computer Graphics* 18(4), 555–564.

Sundstedt, V. (2010). "Gazing at Games: Using Eye Tracking to Control Virtual Characters." In *ACM SIGGRAPH 2010 Courses (SIGGRAPH '10)*. ACM, New York, NY, USA, Article 5, 160 pages.

Sutherland, I. (1968). "A Head-Mounted Three-Dimensional Display." *Proceedings of the Fall Joint Computer Conference*, 757–764.

Sutherland, I. (1965). "The Ultimate Display." *Proceedings of the IFIP Congress*, 505–508.

Swain, A., and H. Guttman. (1983). *Handbook of Human Reliability Analysis with Emphasis on Nuclear Power Plant Applications*. NUREG/CR-1278 (Washington D.C.).

Swan, J., Gabbard, J., Hix, D., Schulman, R., and K. Kim (2003). "A Comparative Study of User Performance in a Map-Based Virtual Environment." *Proceedings of IEEE Virtual Reality 2003*, 259–266.

Swapp, D., J. Williams, and A. Steed (2010). "The Implementation of a Novel Walking Interface within an Immersive Display." *Proceedings of the 2010 IEEE Symposium on 3D User Interfaces (3DUI '10)*, 71–74.

Sweller, J. (1994). "Cognitive Load Theory, Learning Difficulty, and Instructional Design."

Learning and Instruction 4(4): 295–312.

Szalavári, Z., D. Schmalstieg, A. Fuhrmann, and M. Gervautz (1997). "Studierstube: An Environment for Collaboration in Augmented Reality." *Virtual Reality: Systems, Development and Applications* 3(1): 37–49.

Takahasi, M., Fujii, M., Naemura, M., and Satoh, S. (2013). "Human Gesture Recognition System for TV Viewing Using Time-of-Flight Camera." *Multimedia Tools and Applications* 62 (3): 761–783.

Takala, T., and M. Matveinen (2014). "Full Body Interaction in Virtual Reality with Affordable Hardware." *Proceedings of the 2014 IEEE Virtual Reality (VR) Conference,* IEEE, 157.

Talvas, A., M. Marchal, and A. Lécuyer (2013). "The God-Finger Method for Improving 3D Interaction with Virtual Objects through Simulation of Contact Area." *Proceedings of the 2013 IEEE Symposium on 3D User Interfaces (3DUI '13),* 111–114.

Tan, D., K. Stefanucci, D. Proffitt, and R. Pausch (2002). "Kinesthetic Cues Aid Spatial Memory." *Proceedings of the 2002 ACM Conference on Human Factors in Computing Systems, Extended Abstracts (CHI 2002),* ACM Press, 806–807.

Tang, Z., G. Rong, X. Guo, and B. Prabhakaran (2010). "Streaming 3D Shape Deformations in Collaborative Virtual Environment." *IEEE Virtual Reality* 2010: 183–186.

Tannen, R. (2009). "Ergonomics for Interaction Designers: Part 3." *Designing for Humans.* January 25, 2009. URL: http://www.designingforhumans.com/idsa/2009/01/ergonomics-for-interaction-designers-part-3.html

Tate, D., Sibert, L., and T. King. (1997). "Using Virtual Environments to Train Firefighters." *Computer Graphics and Applications* 17(6): 23–29.

Tatzgern, M., D. Kalkofen, and D. Schmalstieg (2013). "Dynamic Compact Visualizations for Augmented Reality." *Proceedings of the 2013 IEEE Virtual Reality (VR) Conference,* 3–6.

Taylor, J. (1997). *Introduction to Error Analysis, the Study of Uncertainties in Physical Measurements,* Vol. 1.

Teather, R., and W. Stuerzlinger (2008). "Assessing the Effects of Orientation and Device on (Constrained) 3D Movement Techniques." *IEEE Symposium on 3D User Interfaces (3DUI 2008),* 43–50.

Teather, R. J., A. Pavlovych, W. Stuerzlinger, and I. S. MacKenzie (2009). "Effects of Tracking Technology, Latency, and Spatial Jitter on Object Movement." In *Proceedings of the IEEE Symposium on 3D User Interfaces,* IEEE, 43–50.

Templeman, J., P. Denbrook, and L. Sibert (1999). "Virtual Locomotion: Walking in Place through Virtual Environments." *Presence: Teleoperators and Virtual Environments* 8(6): 598–617.

Ten Hoope, G., Akerboom, S., and E. Raymakers. (1982). "Vibrotactile Choice Reaction Time, Tactile Receptor Systems and Ideamotor Compatibility." *Acta Psychologica* 50: 143–157.

Teplan, M. (2002). "Fundamentals of EEG measurement." In *Measurement Science Review,* Section 2, Vol. 2, 1–11.

Thibaut, J., G. Bailly, E. Lecolinet, G. Casiez, and M. Teyssier. 2016. "Desktop Orbital Camera Motions Using Rotational Head Movements." In Proceedings of the 2016 Symposium on

Spatial User Interaction (SUI '16). ACM, New York, NY, USA, 139–148.

Thomas, B., S. Tyerman, and K. Grimmer (1998). "Evaluation of Text Input Mechanisms for Wearable Computers." *Virtual Reality: Research, Development, and Applications* 3: 187–199.

Thomas G. Zimmerman, Jaron Lanier, Chuck Blanchard, Steve Bryson, and Young Harvill (1986). "A Hand Gesture Interface Device." In *Proceedings of the SIGCHI/GI Conference on Human Factors in Computing Systems and Graphics Interface* (CHI '87), John M. Carroll and Peter P. Tanner (eds.), 189–192. ACM, New York, NY, USA.

Thomas, J. C., and W. A. Kellogg (1989). "Minimizing Ecological Gaps in Interface Design." (IEEE) *Software* 6(1): 78–86.

Thorndyke, P., and B. Hayes-Roth (1982). "Differences in Spatial Knowledge Obtained from Maps and Navigation." *Cognitive Psychology* 14: 560–589.

Tidwell, M., R. Johnston, D. Melville, and T. Furness (1995). "The Virtual Retinal Display: A Retinal Scanning Imaging System." *Proceedings of Virtual Reality World '95*, 325–333.

Tlauka, M., and P. Wilson (1996). "Orientation Free Representations of Navigation through a Computer-Simulated Environment." *Journal of Environmental Psychology* 28(5): 305–313.

Torkington J, Smith S., Rees, B., and A. Darzi. 2001. "Skill Transfer from Virtual Reality to a Real Laparoscopic Task." *Surgical Endoscopy* . 15(10): 1076–1079.

Treisman, A., and G. Gelade. (1980). "A Feature-Integration Theory of Attention." *Cognitive Psychology*. 12(1):97–136.

Tsang, M., G. Fitzmaurice, G. Kurtenbach, A. Khan, and B. Buxton (2002). "BOOM Chameleon: Simultaneous Capture of 3D Viewpoint, Voice, and Gesture Annotations on a Spatially Aware Display." *Proceedings of the 2002 ACM Symposium on User Interface Software and Technology (UIST 2002)*, 111–120.

Tufte, E. (1990). *Envisioning Information*. Cheshire, CN: Graphics Press.

Turk, M., and Robertson,G. (2000). "Perceptual User Interfaces – An Introduction. *Communications of the ACM* 43(3): 32–34.

Turk, M., and V. Fragoso (2015). "Computer Vision for Mobile Augmented Reality." In G. Hua and X.-S. Hua (eds.), *Mobile Cloud Visual Media Computing*, 3–42.

Ulinski, A., Z. Wartell, P. Goolkasian, E. Suma, and L. Hodges (2009). "Selection Performance Based on Classes of Bimanual Actions." *Proceedings of the 2009 IEEE Symposium on 3D User Interfaces (3DUI '09)*, 51–58.

Ulinski, A., Zanbaka, C., Wartell, Z., Goolkasian, P., and Hodges, L. F. (2007). "Two Handed Selection Techniques for Volumetric Data." *2007 IEEE Symposium on 3D User Interfaces*, 107–114.

Ullmer, B., and H. Ishii (1997). "The metaDesk: Models and Prototypes for Tangible User Interfaces." *Proceedings of the 1997 ACM Symposium on User Interface Software and Technology (UIST '97)*, 223–232.

Ullmer, B., and H. Ishii (2001). "Emerging Frameworks for Tangible User Interfaces." In J. Carroll (ed.), *Human-Computer Interaction in the New Millennium*, 579–601. Addison-Wesley.

Ullrich, S., and Torsten Kuhlen (2012). "Haptic Palpation for Medical Simulation in Virtual Environments." *IEEE Transactions on Visualization and Computer Graphics* 18(4): 617–625.

Underkoffler, J., and H. Ishii (1998). "Illuminating Light: An Optical Design Tool with a Luminous-Tangible Interface." *Proceedings of the 1998 ACM Conference on Human Factors in Computing Systems (CHI '98),* 542–549.

Usoh, M., E. Catena, S. Arman, and M. Slater (2000). "Using Presence Questionnaires in Reality." *Presence: Teleoperators and Virtual Environments* 9(5): 497–503.

Usoh, M., K. Arthur, M. Whitton, R. Bastos, A. Steed, M. Slater, and F. Brooks Jr. (1999). "Walking > Walking-in-Place > Flying in Virtual Environments." *Proceedings of SIGGRAPH '99,* 359–364.

van Dam, A. (1997). "Post-WIMP User Interfaces: The Human Connection." *Communication of the ACM* 40(2): 63–67.

van Dam, A., A. Forsberg, D. Laidlaw, J. LaViola, and R. Simpson (2000). "Immersive VR for Scientific Visualization: A Progress Report." *IEEE Computer Graphics and Applications* 20(6): 26–52.

Vanacken, L., T. Grossman, and K. Coninx (2007). Exploring the effects of environment density and target visibility on object selection in 3D virtual environments. *Proceedings of the 2007 IEEE Symposium on 3D User Interfaces (3DUI '07)*, IEEE, 117–124.

Vasylevska, K., Kaufmann, H., Bolas, M., and Suma, E. A. (2013). "Flexible Spaces: Dynamic Layout Generation for Infinite Walking in Virtual Environments." In *2013 IEEE Symposium on 3D User Interfaces (3DUI),* 39–42.

Veas, E., and E. Kruijff. (2008). "Vesp'R—Design and Evaluation of a Handheld AR Device." *Proceedings of the IEEE and ACM International Symposium on Mixed and Augmented Reality,* 43–52.

Veas, E., Grasset, R., Ferencik, I, Gruenewald, T., and D. Schmalstieg (2013). Mobile Augmented Reality for Environmental Monitoring. *Personal and Ubiquitous Computing* 17 (7), 1515–1531.

Veas, E., Grasset, R., Kruijff, E., and D. Schmalstieg (2012). "Extended Overview Techniques for Outdoor Augmented Reality." *IEEE Transactions on Visualization and Computer Graphics* 18(4): 565–572.

Veas, E., Kruijff, E. (2010) "Handheld Devices for Mobile Augmented Reality. *Proceedings of the 9th ACM International Conference on Mobile and Ubiquitous Multimedia.* DOI 10.1145/1899475.1899478

Veas, E., Mulloni, A., Kruijff, E., Regenbrecht, H., and D. Schmalstieg. (2010). "Techniques for View Transition in Multi-Camera Outdoor Environments." *Proceedings of Graphics Interface 2010 (GI2010),* Ottawa, Canada, 193–200.

Vidulich, M., and G. McMillan. (2000). "The Global Implicit Measure: Evaluation of Metrics for Cockpit Adaptation." In P. McCabe, M., Hanson, and S. Robertson (eds.), *Contemporary Economics 2000,* 75–80. London: Taylor and Francis.

Vidulich, M., and P. Tsang. (2012). "Mental Workload and Situation Awareness." In S. Galvendy (ed), *Handbook of Human Factors and Ergonomics,* Fourth Edition. New York: John Wiley & Sons, 243–273.

Viirre, E. (1994). "A Survey of Medical Issues and Virtual Reality Technology." *Virtual Reality World,* 16–20.

Villarejo, M., Zapirain, B., and A. Zorrilla (2012). "A Stress Sensor Based on Galvanic Skin Response (GSR) Controlled by ZigBee." *Sensors* (Basel) 12(5): 6075–6101.

Vinson, N. (1999). "Design Guidelines for Landmarks to Support Navigation in Virtual Environments." *Proceedings of the 1999 ACM Conference on Human Factors in Computing Systems (CHI '99)*, 278–285.

Vitevitch. M. (2003). "Change Deafness: The Inability to Detect Changes Between Two Voices." *Journal of Experimental Psychology: Human Perception and Performance* 29(2): 333–342.

von Kapri, A., T. Rick, and S. Feiner (2011). "Comparing Steering-Based Travel Techniques for Search Tasks in a CAVE." *Proceedings of the 2011 IEEE Virtual Reality Conference*, 91–94.

Vorländer, M. (2007). *Auralization: Fundamentals of Acoustics, Modelling, Simulation, Algorithms and Acoustic Virtual Reality*. Berlin: Springer.

Vorländer, M., and B. Shinn-Cunningham (2015). "Virtual Auditory Displays." In K. Hale and K. Stanney (eds.), *Handbook of Virtual Environments: Design, Implementation, and Applications*, Second Edition, 87–114. Boca Raton, FL: CRC Press

Vorlander, M., and B. Shinn-Cunningham (2015). Virtual Auditory Displays. In K. Hale, and K. Stanney (eds.), *Handbook of Virtual Environments: Design, Implementation, and Applications*, Second Edition, 87–114. CRC Press.

Vygotsky, Lev Semenovich (1980). *Mind in Society: The Development of Higher Psychological Processes*. Cambridge, MA: Harvard University Press.

Wagner, D., G. Reitmayr, A. Mulloni, T. Drummond, D. Schmalstieg (2010). "Real-Time Detection and Tracking for Augmented Reality on Mobile Phones. *IEEE Transactions on Visualization and Computer Graphics* 16(3): 355–368

Waller, D., E. Hunt, and D. Knapp (1998). "The Transfer of Spatial Knowledge in Virtual Environment Training." *Presence: Teleoperators and Virtual Environments* 7(2): 129–143.

Wang, F.-Y., K. M. C., D. Zeng, and W. Mao (2007). "Social Computing: From Social Informatics to Social Intelligence." *Intelligent Systems* (IEEE) 22(2): 79–83.

Wang, R. Y., and J. Popović (2009). "Real-Time Hand-Tracking with a Color Glove." *ACM Transactions on Graphics (TOG)* 28(3): Article No. 63.

Wang, R., S. Paris, and J. Popović (2011). "6D Hands: Markerless Hand-Tracking for Computer Aided Design." *Proceedings of the 24th Annual ACM Symposium on User Interface Software and Technology*, 549–558.

Wang, X., and B. Winslow. (2015). "Eye Tracking in Virtual Environments." In K. Hale and K. Stanney (eds.), *Handbook of Virtual Environments: Design, Implementation, and Applications*, Second Edition, 197–210. Boca Raton, FL: CRC Press.

Wann, J., and M. Mon-Williams (2002). "Measurement of Visual Aftereffects Following Virtual Environment Exposure." In K. Stanney (ed.), *Handbook of Virtual Environments: Design, Implementation, and Applications*, 731–750. Mahwah, NJ: Lawrence Erlbaum Associates.

Ward, D., A. Blackwell, and D. MacKay (2002). "Dasher: A Gesture-Driven Data Entry Interface for Mobile Computing." *Human–Computer Interaction* 17(2–3): 199–228.

Ward, David, Jim Hahn, and Kirsten Feist. "Autocomplete as a Research Tool: A Study on Providing Search Suggestions." *Information Technology and Libraries* (Online) 31, no. 4 (2012): 6.

Ware, C. (2000). *Information Visualization: Perception for Design.* San Francisco, CA: Morgan Kaufman.

Ware, C., and D. Jessome (1988). "Using the Bat: A Six-Dimensional Mouse for Object Placement." *Proceedings of Graphics Interface '88,* 119–124.

Ware, C., and J. Rose (1999). "Rotating Virtual Objects with Real Handles." *ACM Transactions on Computer-Human Interaction* 6(2): 162–180.

Ware, C., and S. Osborne (1990). "Exploration and Virtual Camera Control in Virtual Three Dimensional Environments." *Proceedings of the 1990 ACM Symposium on Interactive 3D Graphics (I3D '90),* 175–183.

Ware, C., K. Arthur, and K. Booth (1993). "Fishtank Virtual Reality." *Proceedings of INTERCHI '93,* 37–42.

Watsen, K., R. Darken, and M. Capps (1999). "A Handheld Computer as an Interaction Device to a Virtual Environment." *Proceedings of the Third Immersive Projection Technology Workshop,* Stuttgart, Germany.

Watson, B., V. Spaulding, N. Walker, and W. Ribarsky (1997). "Evaluation of the Effects of Frame Time Variation on VR Task Performance." *Proceedings of 1997 IEEE Virtual Reality Annual International Symposium (VRAIS '97),* 38–44.

Watt, A., and M. Watt (1992). *Advanced Animation Rendering Techniques: Theory and Practice.* New York: ACM Press.

Weidlich, D., L. Cser, T. Polzin, D. Cristiano, and H. Zickner (2007). "Virtual Reality Approaches for Immersive Design." *CIRP Annals—Manufacturing Technology* 56(1): 139–142.

Weisenberger, J., and G. Poling. (2004). "Multisensory Roughness Perception of Virtual Surfaces: Effects of Correlated Cues." *Proceedings of the 12th International Symposium on Haptic Interfaces for Virtual Environments and Teleoperators Systems,* 161–168 *(HAPTICS'04).*

Weiser, M. (1991). "The Computer for the 21st Century." *Scientific American* 265(3): 66–75.

Welch, G. (2004). "Tracking Bibliography." http://www.cs.unc.edu/~tracker/ref/biblio/index.html.

Welch, G., and E. Foxlin (2002). "Motion Tracking: No Silver Bullet, but a Respectable Arsenal." *IEEE Computer Graphics and Applications, Special Issue on "Tracking"* 22(6): 24–38.

Welch, G., G. Bishop, L. Vicci, S. Brumback, K. Keller, and D. Colucci (1999). "The HiBall Tracker: High-Performance Wide-Area Tracking for Virtual and Augmented Environments." *Proceedings of the 1999 ACM Symposium on Virtual Reality Software and Technology (VRST '99),* 1–10.

Welch, G., L. Vicci, S. Brumback, K. Keller, and D. Colucci (2001). "High-Performance Wide-Area Optical Tracking: The HiBall Tracking System." *Presence: Teleoperators and Virtual Environments* 10(1): 1–21.

Welch, R., and D. Warren (1986). "Intersensory Interactions." In K. Boff, L. Kaufman, and J. Thomas (eds.), *Handbook of Perception and Human Performance* 2:25-1–25-36. New York: John Wiley and Sons.

Wellner, P. (1993). "Interaction with Paper on the Digital Desk." *Communications of the ACM* 36(7): 87–96.

Wellner, P., W. Mackay, and R. Gold (1993). "Back to the Real World." *Communications of the ACM* 36(7): 24–27.

Wells, M., B. Peterson, and J. Aten (1996). "The Virtual Motion Controller: A Sufficient-Motion Walking Simulator." *Proceedings of the 1996 IEEE Virtual Reality Annual International Symposium (VRAIS '96)*, 1–8.

Wenzel, E. M., M. Arruda, D. J. Kistler, and F. L. Wightman (1993). "Localization Using Nonindividualized Head-Related Transfer Functions." *The Journal of the Acoustical Society of America* 94(1): 111–123.

Wetzstein, G., D. Lanman, M. Hirsch, W. Heidrich, and R. Raskar (2012). "Compressive Light Field Displays." *IEEE Computer Graphics and Applications* 32(5): 6–11

Whittle, M. W. (1996). "Clinical Gait Analysis: A Review." *Human Movement Science* 15(3): 369–387.

Wickens, C. (1986). The Effects of Control Dynamics on Performance. In K. Boff, L. Kaufman, and J. Thomas (eds.), *Handbook of Perception and Human Performance,* 2:39–60. New York: John Wiley & Sons.

Wickens, C. (2008). "Multiple Resources and Mental Workload." *Human Factors.* 50(3): 449–455.

Wickens, C., and C. Carswell (1997). "Information Processing." In G. Salvendy (ed.), *Handbook of Human Factors and Ergonomics,* 130–149. New York: John Wiley & Sons.

Wickens, C., S. Todd, and K. Seidler (1989). "Three-Dimensional Displays: Perception, Implementation, Applications." Ohio, CSERIAC SOAR-89-01 Wright Patterson AFB.

Wickens, D. (2001). "Workload and Situation Awareness." In P. Hancock, and P. Desmond (eds), *Stress, Workload and Fatigue,* 443–450. Boca Raton, FL: Erlbaum.

Weidlich, D., L. Cser, T. Polzin, D. Cristiano, and H. Zickner (2007). "Virtual Reality Approaches for Immersive Design." *CIRP Annals—Manufacturing Technology* 56(1): 139–142.

Wiener, N. (1948). *Cybernetics, or Control and Communication in the Animal and the Machine.* New York: John Wiley & Sons.

Wigdor, D., and Wixon, D. (2011). *Brave NUI World: Designing Natural User Interfaces for Touch and Gesture.* Burlington, MA: Morgan Kaufmann.

Wilkes, C., and D. Bowman (2008). "Advantages of Velocity-Based Scaling for Distant 3D Manipulation." *Proceedings of the 2008 ACM Symposium on Virtual Reality Software and Technology*, 23–29.

Williams, G., H. Faste, I. McDowall, and M. Bolas (1999). "Physical Presence in Virtual Spaces." *Proceedings of SPIE, Stereoscopic Displays and Virtual Reality Systems VI* 3639: 374–384.

Williamson, B., C. Wingrave, and J. LaViola (2010). "Realnav: Exploring Natural User Interfaces for Locomotion in Video Games." *Proceedings of IEEE Symposium on 3D User Interfaces 2010*, 3–10.

Williamson, B., C. Wingrave, J. LaViola, T. Roberts, and P. Garrity (2011). "Natural Full Body Interaction for Navigation in Dismounted Soldier Training. "*Proceedings of the Interservice/Industry Training, Simulation, and Education Conference*, 2103–2110.

Williamson, B., C., Wingrave, and J. LaViola (2013) "Full body locomotion with video game motion controllers". In F. Steinicke, Y. Visell, J. Campos, and A. Lecuyer (eds.), *Human*

Walking in Virtual Environments, Springer, pp. 351–376.

Wilson, A., H. Benko, S. Izadi, and O. Hilliges (2012). "Steerable Augmented Reality with the Beamatron." *Proceedings of the 25th Annual ACM Symposium on User Interface Software and Technology (UIST '12)*, 413–422.

Winfield, L., J. Glassmire, J. Colgate, and M. Peshkin (2007). "T-PaD: Tactile Pattern Display Through Variable Friction Reduction." *Proceedings of the Second Joint Eurohaptics Conference and Symposium on Haptic Interfaces for Virtual Environment and Teleoperator Systems*, 421–426.

Wingrave, C., B. Williamson, P. Varcholik, J. Rose, A. Miller, E. Charbonneau, J. Bott, and J. LaViola (2010). "Wii Remote and Beyond: Using Spatially Convenient Devices for 3DUIs." *IEEE Computer Graphics and Applications* 30(2):71–85.

Wingrave, C. A., Haciahmetoglu, Y., and Bowman, D. A. (2006). "Overcoming World in Miniature Limitations by a Scaled and Scrolling WIM." *3D User Interfaces (3DUI'06)*, 11–16.

Winston, P. (1992. *Artificial Intelligence,* Third Edition. Reading, MA: Addison-Wesley.

Wiseman, J. (1995). *The SAS Survival Handbook*. Collins Publications.

Wither, J., R. Allen, V. Samanta, J. Hemanus, Y.-T. Tsai, R. Azuma, W. Carter, R. Hinman, and T. Korah (2010). "The Westwood Experience: Connecting Story to Locations via Mixed Reality." *Proceedings of ISMAR 2010*, 39–46.

Witmer, B., and M. Singer (1998). "Measuring Presence in Virtual Environments: A Presence Questionnaire." *Presence: Teleoperators and Virtual Environments* 7(3): 225–240.

Wloka, M. M., and E. Greenfield (1995). "The Virtual Tricorder: a Uniform Interface for Virtual Reality." In *Proceedings of the 8th annual ACM Symposium on User Interface Software and Technology*, ACM, 39–40.

Woeckl, B., U. Yildizoglu, I. Buber, B. Aparicio Diaz, E. Kruijff, and M. Tscheligi (2012). "Basic Senior Personas: A Representative Design Tool Covering the Spectrum of European Older Adults." In *Proceedings of the 14th Internationals ACM SIGACCESS Conference on Computers and Accessibility*, Boulder, USA.

Wobbrock, J., M. Morris, and A. Wilson (2009). "User-Defined Gestures for Surface Computing." *Proceedings of the SIGCHI Conference on Human Factors in Computing Systems*, 1083–1092.

Wolf, K., and J. Willaredt (2015). "PickRing: Seamless Interaction Through Pick-Up Detection." *Proceedings of the 6th Augmented Human International Conference (AH '15)*, 13–20.

Wolfe, J. (1998). "What Do 1,000,000 Trials Tell Us about Visual Search?" *Psychological Science* 9(1), 33–39.

Wolpaw, J., and E. Wolpaw (2012). *Brain-Computer Interfaces: Principle and Practice*. Oxford: Oxford University Press.

Wormell, D., and E. Foxlin (2003). "Advancements in 3D Interactive Devices for Virtual Environments." *Proceedings of Immersive Projection Technology and Virtual Environments 2003*, 47–56.

Wright, C., Marino, V., Belovsky, S., and C. Chubb. (2007). "Visually Guided, Aimed Movements Can Be Unaffected by Stimulus-Response Uncertainty." *Experimental Brain Research*, 179: 475–499.

Wuest, H., F. Vial, and D. Strieker (2005). "Adaptive Line Tracking with Multiple Hypotheses for Augmented Reality." *Proceedings of the Fourth IEEE and ACM International Symposium on Mixed and Augmented Reality*, 62–69.

Wyss, H., R. Blach, and M. Bues (2006). "iSith-Intersection-Based Spatial Interaction for Two Hands." *Proceedings of the 2006 IEEE Symposium on 3D User Interfaces (3DUI '06)*, 59–61.

Xie, B. (2013). *Head-Related Transfer Function and Virtual Auditory Display*. Plantation, FL: J. Ross Publishing.

Yamada, H. (1980). "A Historical Study of Typewriters and Typing Methods: From the Position of Planning Japanese Parallels." *Journal of Information Processing* 2(4): 175–202.

Yamakoshi T., Yamakoshi K., Tanaka S., Nogawa M., Park S. B., Shibata M., Sawada Y., Rolfe P., and Y. Hirose. (2008). "Feasibility Study on Driver's Stress Detection from Differential Skin Temperature Measurement." *Proceedings of 30th Annual Conference of the IEEE in Engineering in Medicine and Biology Society*, 1076–1079.

Yaras, F., H. Kang, and L. Onural (2010). "State of the Art in Holographic Displays: A Survey." *Journal of Display Technology* 6(10): 443–454.

Yost, W. A. (1994). *Fundamentals of Hearing: An Introduction,* Third Edition. San Diego, CA: Academic Press.

You, S., and U. Neumann (2001). "Fusion of Vision and Gyro Tracking for Robust Augmented Reality Registration." *Proceedings of IEEE Virtual Reality 2001*, 71–78.

You, S., U. Neumann, and R. Azuma (1999). "Hybrid Inertial and Vision Tracking for Augmented Reality Registration." *Proceedings of IEEE Virtual Reality 1999*, 260–267.

Zarchan, P., and H. Musoff (2015). *Fundamentals of Kalman Filtering: A Practical Approach,* Fourth Edition. Reston, VA: American Institute of Aeronautics and Astronautics.

Zeleznik, R., A. Forsberg, and P. Strauss (1997). "Two Pointer Input for 3D Interaction." *Proceedings of the 1997 ACM Symposium in Interactive 3D Graphics (I3D '97)*, 115–120.

Zeleznik, R., and A. Forsberg (1999). "UniCam: 2D Gestural Camera Controls for 3D Environments." *Proceedings of the 1999 ACM Symposium on Interactive 3D Graphics (I3D '99),* 169–173.

Zeleznik, R., J. LaViola, D. Acevedo, and D. Keefe (2002). "Pop-Through Buttons for Virtual Environment Navigation and Interaction." *Proceedings of IEEE Virtual Reality 2002,* 127–134.

Zeleznik, R., K. Herndon, and J. Hughes (1996). "SKETCH: An Interface for Sketching 3D Scenes." *Proceedings of SIGGRAPH '96,* 163–170.

Zhai, S. (1995). "Human Performance in Six Degree of Freedom Input Control." PhD Dissertation, Department of Computer Science, University of Toronto.

Zhai, S. (1998). 'User Performance in Relation to 3D Input Device Design." *Computer Graphics* 32(4): 50–54.

Zhai, S., and P. O. Kristensson (2012). "The Word-Gesture Keyboard: Reimagining Keyboard Interaction." *Communications of the ACM* 55(9): 91–101.

Zhai, S., and J. Senders (1997a). "Investigating Coordination in Multidegree of Freedom Control I: Time-on-Target Analysis of 6 DOF Tracking." *Human Factors and Ergonomics Society 41st Annual Meeting,* 1249–1253.

Zhai, S., and J. Senders (1997b). "Investigating Coordination in Multidegree of Freedom Control II: Correlation Analysis in 6 DOF Tracking." *Human Factors and Ergonomics Society 41st Annual Meeting,* 1254–1258.

Zhai, S., and P. Milgram (1993). "Human Performance Evaluation of Manipulation Schemes in Virtual Environments." *Proceedings of the 1993 IEEE Virtual Reality Annual International Symposium (VRAIS '93),* 155–161.

Zhai, S., and P. Milgram (1998). "Quantifying Coordination in Multiple DOF Movement and Its Application to Evaluating 6 DOF Input Devices." *Proceedings of the 1998 ACM Conference on Human Factors in Computing Systems (CHI '98),* 320–327.

Zhai, S., and R. Woltjer (2003). "Human Movement Performance in Relation to Path Constraint: The Law of Steering in Locomotion." *Proceedings of IEEE Virtual Reality 2003,* 149–158.

Zhai, S., E. Kandogan, B. Smith, and T. Selker (1999). "In Search of the 'Magic Carpet': Design and Experimentation of a Bimanual 3D Navigation Interface." *Journal of Visual Languages and Computing* 10: 3–17.

Zhai, S., M. Hunter, and B. Smith (2000). "The Metropolis Keyboard: An Exploration of Quantitative Techniques for Virtual Keyboard Design." *Proceedings of the 2000 ACM Symposium on User Interface Software and Technology (UIST 2000),* 119–128.

Zhai, S., P. Milgram, and A. Rastogi (1997). "Anisotropic Human Performance in Six Degree-of-Freedom Tracking: An Evaluation of Three-Dimensional Display and Control Interfaces." *IEEE Transactions on Systems, Man and Cybernetics* 27(4): 518–528.

Zhai, S., P. Milgram, and W. Buxton (1996). "The Influence of Muscle Groups on Performance of Multiple Degree-of-Freedom Input." *Proceedings of the 1996 ACM Conference on Human Factors in Computing Systems (CHI '96),* 308–315.

Zhai, S., W. Buxton, and P. Milgram (1994). "The 'Silk Cursor': Investigating Transparency for 3D Target Acquisition." *Proceedings of the 1994 ACM Conference on Human Factors in Computing Systems (CHI '94),* 459–464.

Zhou, H., and Hu Huosheng (2008). "Human Motion Tracking for Rehabilitation—A Survey." *Biomedical Signal Processing and Control* 3(1): 1–18.

Zilles, C., and J. Salisbury (1995). "A Constraint-Based God-Object Method for Haptic Display." *Proceedings of the 1995 IEEE/RSJ International Conference on Intelligent Robots and Systems,* 146–151.

Zimmerman, T. G., J. Lanier, C. Blanchard, S. Bryson, and Y. Harvill (1987 May). "A Hand Gesture Interface Device." *ACM SIGCHI Bulletin* 18(4): 189–192.

Zwaga, H., T. Boersema, and H. Hoonhout (1999). *Visual Information for Everyday Use: Design and Research Perspectives.* London: Taylor & Francis.

| 찾아보기 |

3D 사용자 인터페이스 2/e

AR/VR 인터페이스 개발자를 위한 필독서

발 행 | 2022년 4월 25일

지은이 | 조셉 라비올라 주니어 · 에른스트 크루이프 · 라이언 맥마한 · 더그 바우만 · 이반 푸피레프
옮긴이 | 장 혜 림 · 이 지 은

펴낸이 | 권 성 준
편집장 | 황 영 주
편 집 | 이 지 은
　　　　 김 진 아
디자인 | 송 서 연

에이콘출판주식회사
서울특별시 양천구 국회대로 287 (목동)
전화 02-2653-7600, 팩스 02-2653-0433
www.acornpub.co.kr / editor@acornpub.co.kr

한국어판 © 에이콘출판주식회사, 2022, Printed in Korea.
ISBN 979-11-6175-634-9
http://www.acornpub.co.kr/book/3d-user-interface

책값은 뒤표지에 있습니다.